晋城年鉴

JINCHENG YEARBOOK

2022

中共晋城市委党史研究室
晋 城 市 地 方 志 研 究 室 编

方志出版社
Publishing House of Local Records

图书在版编目(CIP)数据

晋城年鉴. 2022 / 中共晋城市委党史研究室　晋城市地方志研究室编. —北京：方志出版社，2022.12

ISBN 978-7-5144-5524-3

Ⅰ. ①晋…　Ⅱ. ①中…　Ⅲ. ①晋城－2022－年鉴
Ⅳ. ①Z522.53

中国版本图书馆CIP数据核字(2022)第252600号

责任编辑： 顾　洁
责任校对： 刘玉霞
责任印制： 梅中英
出 版 者： 方志出版社
地　　址： 北京市朝阳区潘家园东里9号(国家方志馆4层)
邮　　编： 100021
网　　址： http://www.zgfzcb.cn
发　　行： 方志出版社图书营销中心(010-67110500)
印　　刷： 山西新浪印业有限公司
开　　本： 889毫米×1194毫米　1/16
印　　张： 24.5
字　　数： 818千字
版　　次： 2022年12月第1版
印　　次： 2022年12月第1次印刷
定　　价： 380.00元

《晋城年鉴（2022）》编纂委员会

《晋城年鉴（2022）》编辑部

晋城市地图

审图号：晋S（2022）005号

山西省自然资源厅 监制

晋城市地势图

审图号：晋S（2022）005号

山西省自然资源厅　监制

数字晋城 2021

综 合

地区生产总值	1912.42 亿元
第一产业	76.99 亿元
第二产业	1154.27 亿元
第三产业	681.16 亿元
人均地区生产总值	87625 元

人 口

常住人口	218.86 万人
男性	110.82 万人
女性	108.04 万人
城镇人口	139.08 万人
乡村人口	79.78 万人

对外经济贸易

海关进出口总额	52.12 亿元
出口总额	12.24 亿元
进口总额	39.88 亿元
实际利用外资额	3.84 亿美元

物 价

居民消费价格指数（上年 =100）101.0

商品零售价格指数（上年 =100）102.1

工业生产者出厂价格指数（上年 =100）130.2

工业生产者购进价格指数（上年 =100）116.3

就 业

就业人员合计	128.37 万人
第一产业	28.17 万人
第二产业	38.81 万人
第三产业	61.39 万人
城镇就业人员	77.39 万人
乡村就业人员	50.98 万人

固定资产投资

全社会固定资产投资	652.3 亿元
第一产业	30.7 亿元
第二产业	257.2 亿元
第三产业	364.3 亿元

人民生活

居民人均可支配收入	29891 元
城镇居民人均可支配收入	39089 元
农村居民人均可支配收入	17744 元

农 业

农作物种植面积	18.05 万公顷
粮食种植面积	16.07 万公顷
粮食产量	67.0 万吨
设施蔬菜产量	7.70 万吨
肉类产量	15.30 万吨

数字晋城 2021

工　业

规模以上工业企业单位数	471 个
原煤产量（全社会）	12542 万吨
煤层气产量	52 亿立方米
生铁产量	498 万吨
钢材产量	478 万吨
水泥产量	349 万吨
化肥产量	231 万吨
光电子器件	125370 万只（片、套）
发电量	248 亿千瓦时

建筑业

建筑业企业单位数	194 个
建筑业企业总产值	123.10 亿元
房屋建筑施工面积	741.50 万平方米

住宿　餐饮业和旅游

A 级以上旅游景区	29 个
星级饭店	17 家
重点监测景区接待游客	137.01 万人次
门票收入	5037.21 万元
经营性收入	9034.81 万元

财政　金融　保险

财政总收入	364.60 亿元
一般公共预算收入	201.30 亿元
一般公共预算支出	292.10 亿元
各项存款余额	2961.50 亿元
保费收入	56.75 亿元

交通运输　邮电　通信业

公路线路里程	9716 千米
高速公路里程	429 千米
民用汽车拥有量	53.76 万辆
邮电业务总量	22.43 亿元
移动电话户数	252 万户

国内贸易

社会消费品零售总额	536.4 亿元
城镇消费品零售额	449.2 亿元
乡村消费品零售额	87.1 亿元

教育　科技

普通高等学校数	1 所
普通高等学校在校学生数	3959 人
中等职业学校在校学生数	15402 人
普通高中在校学生数	40606 人
初中在校学生数	53432 人
小学在校学生数	111065 人
市级科技项目	45 项

文化　体育　卫生　环保

文化馆数	7 个
公共图书馆数	7 个
各级各类体育场馆数	9238 个
各级医疗卫生机构数	3135 个
自然保护区数	5 个

（数据来源于 2021 年晋城市国民经济和社会发展统计公报，部分数据因四舍五入，存在总计与分项合计不等的情况）

▲ 2021年，晋城市实施城市建设三年行动，环境优美、山水交融的现代化城市初显雏形。图为晋城市景图

（程立胜　供图）

2021年5月8日，丹河国家湿地公园“多彩花海”
（张少毅　供图）

2021年10月，晋城白马寺山高端康养示范区

2021年5月8日，凤栖湖鱼鳞坝
（张少毅　供图）

（李剑锋　供图）

▲ 2021年10月，“多彩花海”行动的主要点位之一——金凤凰广场　（程立胜　供图）

▲ 2021年5月6日，改造后的凤台社区　（宁绍雄　供图）

▲ 2021年9月7日，市区太行路凤鸣小区人行过街天桥投入使用　　（李剑锋　供图）

▲ 2021年10月，中原街景观大道初步建成　　（程立胜　供图）

2021年8月17日，为庆祝中国共产党成立100周年，市人民检察院、市中级人民法院、市公安局等2000余人参加“奋进新征程 建功新时代”合唱活动

（太行日报社　供图）

2021年5月13日，晋城市“学党史、守初心”主题宣讲暨“庆祝中国共产党成立100周年”群众文化活动进农村活动启动仪式在瓦窑头村举行

（李思思　李茜　摄）

2021年6月，晋城市组织党员干部群众、中小学生共唱《唱支山歌给党听》，庆祝党的百年华诞

（太行日报社　供图）

◀ 2021年6月20日，晋城市举办“永远跟党走‘盛世鼓乐’”八音会大赛

（太行日报社　供图）

▼ 2021年6月17日，“诵读红色经典、礼赞百年党史”2021年晋城市城区红色经典诵读大赛决赛

（李剑锋　供图）

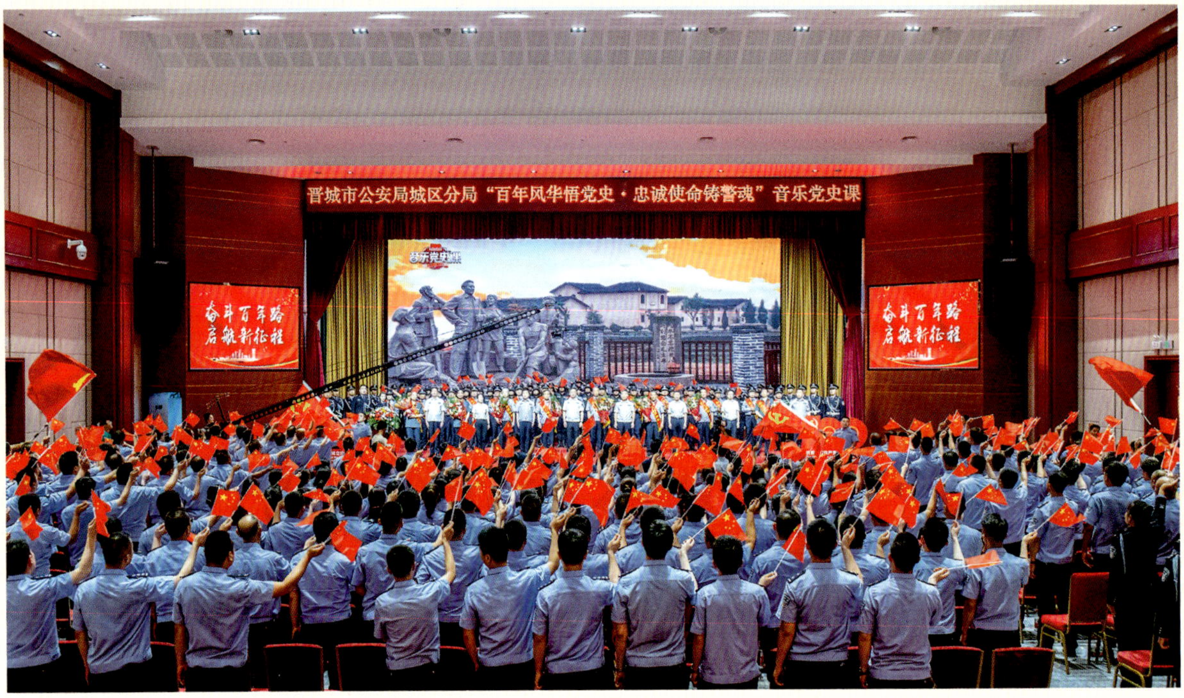

▲ 2021年6月29日，晋城市城区公安分局举行“百年风华悟党史 · 忠诚使命铸警魂”音乐党史课

（李剑锋　供图）

▲ 2021年6月30日，沁水县在梅杏水上广场举行“永远跟党走”大合唱活动

（太行日报社　供图）

▲ 2021年7月3日，“百年党史 文献之光”地方党史图书文献展在阳城县图书馆展出

（陈来全　供图）

◀ 2021年9月10日至25日，“庆祝中国共产党成立100周年”百年红色写生作品展在晋城市美术馆展出

（晋城在线　供图）

2021年6月18日，市直机关“光荣在党50年”纪念章颁发仪式 ▶

（晋城在线　供图）

▲ 2021年5月10日，康硕（山西）智能制造项目投产运营　（段云雷　王艾伟　供图）

▲ 2021年7月，位于晋城市区太岳街的立体智能停车楼投入使用　（太行日报社　供图）

▲ 2021年，晋城市首家高生态、高绿化率的花园式企业山西智创城NO.6基地建成

（李剑锋　供图）

▲ 2021年3月15日，晋城市“转型出雏型”2021年重点工作任务誓师大会召开　（李剑锋　供图）

▲ 2021年1月6日，晋城市防疫工作人员对过往车辆进行防疫检测　（申江峰 供图）

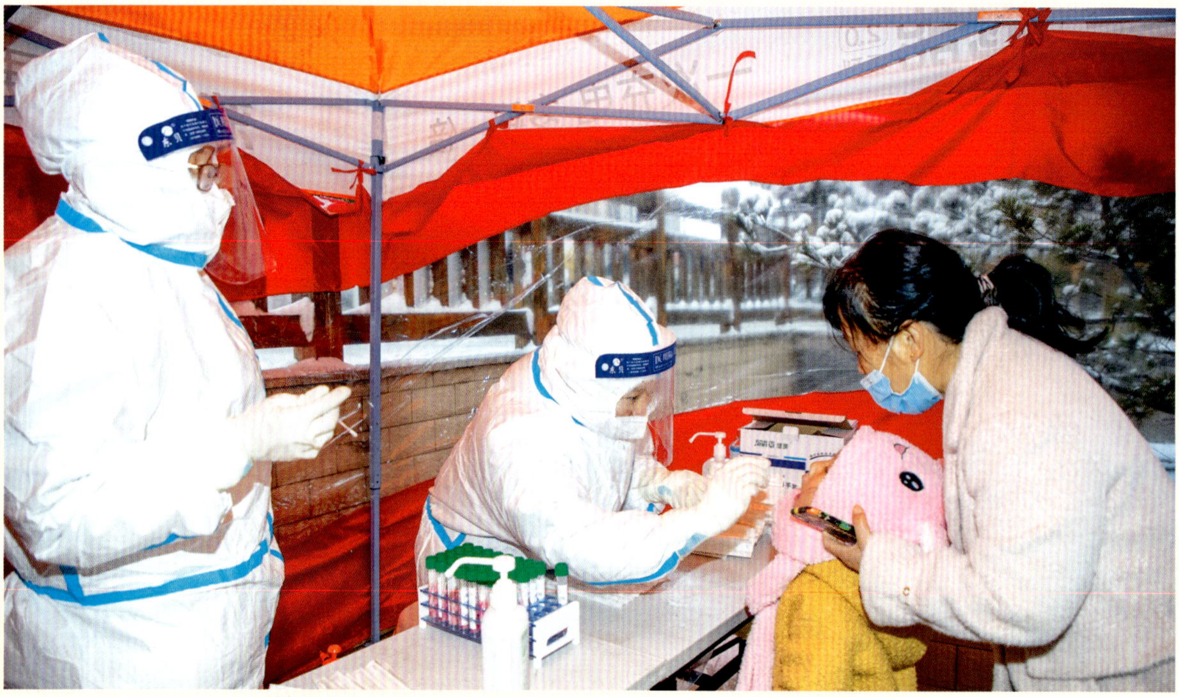

▲ 2021年12月24日至26日，晋城市在重点区域、重点人群中开展全员核酸检测应急演练

（李剑锋　供图）

▲ 2021年1月6日起，晋城市市区各高速路口设置防疫检测点　（申江峰　供图）

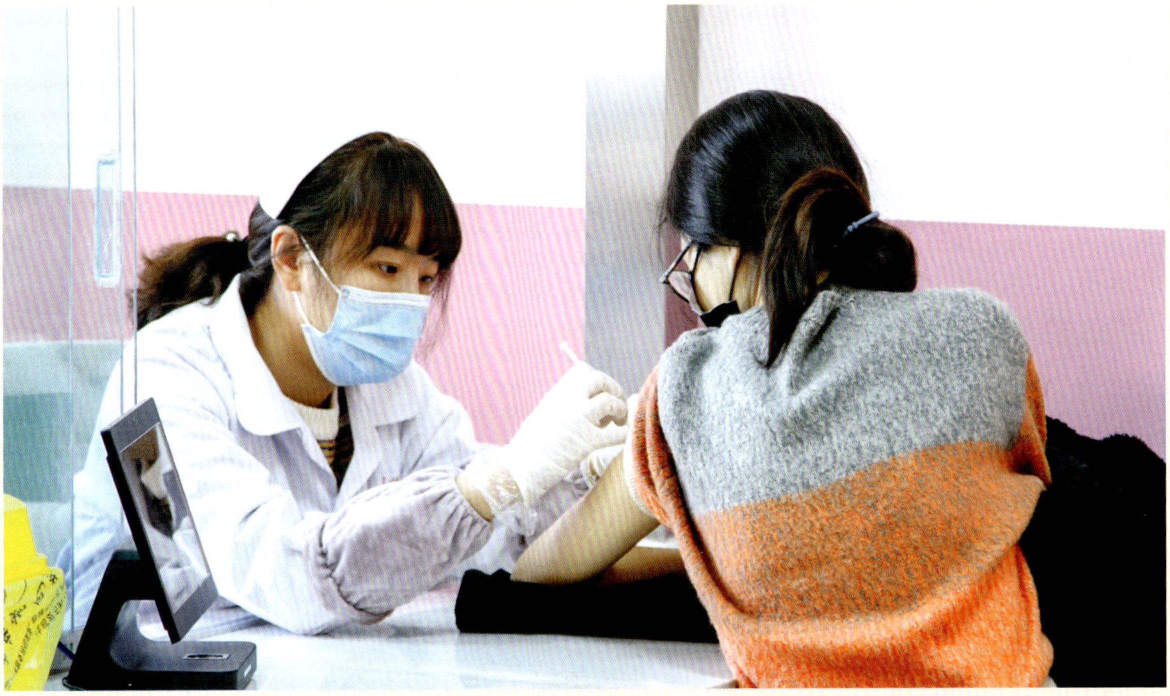

▲ 2021年，市区重点人群在城区钟家庄卫生服务中心接种新冠肺炎疫苗　（朱瑞波　供图）

◀ 2021年9月29日，山西（晋城）甘薯产业发展研讨活动
（晋伟波　供图）

▲ 2021年5月8日，晋城市推进“党建共创、服务三农”联点包村工作　（崔登科　供图）

▲ 2021年5月8日，游客在沁水县杏则村游览　　（张旭东　供图）

▲ 2021年1月1日，阳城县农业生态种植园里工作人员对大棚草莓进行管护　　（尹　萍　供图）

▲2021年5月19日，沁水康养全景图　　（太行日报社　供图）

▲2021年5月19日，松庙睡眠小镇　　（太行日报社　供图）

▼2021年5月19日，丈河康养特色村精品民宿　　（太行日报社　供图）

▲2021年5月19日，浙水古镇驿站　　（太行日报社　供图）

▲ 2021年4月30日，"新时代理论宣讲快车"在晋城三中开展"学党史、守初心"专题宣讲

（市委宣传部　供图）

▲ 2021年7月，为庆祝中国共产党百年华诞，晋城市委党史研究室（市地方志研究室）编纂的《中国共产党晋城简史》出版发行

（张　燕　供图）

▲ 2021年7月，晋城市挖掘红色历史，推出上党梆子《申纪兰》、舞剧《路》、情景剧《冲锋号》等一大批红色文艺精品。图为舞剧《路》

（市委宣传部　供图）

▲ 2021年7月，由市委宣传部、市委党史研究室（市地方志研究室）、市融媒体中心联合录制的党史纪录片《追寻》在晋城新闻综合频道播出

（太行日报社　供图）

▲ 2021年4月20日，晋城新时代理论宣讲快车开进泽州县山耳东村，开展“学党史、守初心”专题宣讲

（晋城在线　供图）

▲ 2021年4月29日，“学党史、强信念、跟党走——百年风华恰青春”青年主题月开幕

（晋城在线　供图）

编辑说明

一、《晋城年鉴(2022)》以马克思列宁主义、毛泽东思想、邓小平理论、"三个代表"重要思想、科学发展观、习近平新时代中国特色社会主义思想为指导,坚持辩证唯物主义和历史唯物主义的立场、观点和方法,全面、客观、系统记载晋城市自然、政治、经济、文化、社会等各个领域基本情况,以及市委、市政府新思路、新举措、新进展、新成就和新经验,为全市科学发展提供决策依据和借鉴,为广大读者了解晋城、认识晋城、研究晋城、投资晋城、建设晋城提供信息和资料。

二、《晋城年鉴》是由中共晋城市委、晋城市人民政府主办,中共晋城市委党史研究室(晋城市地方志研究室)组织编纂的大型市级年度综合资料性文献。《晋城年鉴》编纂始于1999年,初为两年一鉴,2014年后逐年编纂,《晋城年鉴(2022)》为第16卷。

三、《晋城年鉴(2022)》记述时限为2021年1月1日至2021年12月31日。

四、《晋城年鉴(2022)》遵循年鉴通例分类编排。全书分4个层次,即类目、分目、次分目、条目。全书设特载、大事记、市情概览、中国共产党晋城市委员会、晋城市人民代表大会、晋城市人民政府、中国人民政治协商会议晋城市委员会、中国共产党晋城市纪律检查委员会 晋城市监察委员会、民主党派 工商联、群众团体、法治、军事、经济管理、农业、水利、工业、建筑业、商贸服务业、金融业、旅游业、房地产业、信息服务业、经贸合作、开发区、交通 邮政、城乡建设与管理、生态环境、教育、科技、文化、卫生健康、体育、乡村振兴、社会生活、应急管理、区县概况、人物 荣誉、附录，共38个类目。在保持原框架基本稳定的情况下，根据2021年晋城市经济社会发展实际，部分类目适当作了调整，取消“专文”类目，原“脱贫攻坚”类目改为“乡村振兴”类目。全书设有中英文目录和索引。

五、《晋城年鉴(2022)》稿件由晋城市各级党、政、军机关和企事业单位提供。由于行业和地区统计口径等方面的原因，《晋城年鉴(2022)》个别数据有不一致之处，以晋城市统计局发布统计数字为准。

六、数字用法、标点符号用法分别采用国家标准《出版物上数字用法》(GB/T 15835-2011)、《标点符号用法》(GB/T 15834-2011)，计量单位采用国家技术监督局1993年12月发布的《量和单位》系列国家标准。

七、读者可以在晋城市人民政府门户网站“晋城在线”阅读《晋城年鉴(2022)》。

特 载

大事记

市情概览

中国共产党晋城市委员会

晋城市人民代表大会

晋城市人民政府

中国人民政治协商会议
晋城市委员会

中国共产党晋城市纪律检查委员会
晋城市监察委员会

民主党派 工商联

群众团体

商贸服务业

金融业

旅游业

房地产业

信息服务业

交通　邮政

城乡建设与管理

市政市容

生态环境

生态环境质量

生态保护

节能减排

污染防治

环境监管

教　育

综　述

基础教育

职业教育

高等教育

科　技

文　化

社会生活

附　录

索　引

CONTENTS

Mass Organizations

Rule of Law

Military

Economic Administration

Agriculture

Water Conservancy

Industry

Construction Industry

Trade Service Industry

Financial Industry

Tourism Industry

晋城市第八次党代会报告(节选)

中共晋城市委书记 王 震

(2021年10月15日)

一、过去五年工作回顾

市第七次党代会以来的五年,是晋城发展历史上极不平凡的五年。五年来,市委团结带领全市党员干部群众,认真贯彻习近平总书记视察山西重要讲话重要指示精神,全面落实党中央和省委决策部署,顶住了经济下行巨大压力,经受了新冠疫情严峻考验,打赢了三大攻坚战,圆满完成了市第七次党代会确定的各项目标任务,如期全面建成了小康社会,高质量发展进入全省第一方阵。

五年来,我们抓大事、办要事,多年梦想一一成真。在全省率先实现整市脱贫,200个贫困村全部退出,8.45万建档立卡贫困人口全部脱贫。山西科技学院正式招生,填补了我市独立本科院校空白。太郑高铁顺利通车,晋城进入"高铁时代"。太行山机场立项审批要件基本齐备,试验段已开工建设。成功摘取"全国文明城市"桂冠,"太行明珠"更加光彩夺目。

五年来,我们抓发展、稳增长,综合实力大幅提升。经济增速强劲回升,地区生产总值逼近1500亿元大关,人均突破1万美元,一般公共预算收入增长54.7%。特别是2020年,8项主要经济指标中4项增速排名全省第一,城市综合经济竞争力在省内仅次于太原;7项指标增速排名中原城市群前十。今年上半年,在全省高质量发展综合绩效考核中排名第一,城市品牌综合影响力指数进入地级市百强。

五年来,我们抓"六新"、调结构,转型发展取得重大成果。光机电产业年均增长20%以上,产值突破170亿元,全国首个锑化物激光器研发生产平台试运行。煤层气年产量达到37.74亿立方米,产量、增量均居全省第一。文旅康养产业势头强劲,太行一号旅游公路主线贯通,白马寺山高端康养示范区起步良好,"百村百院"首批村院开门迎客,阳城、泽州入选国家全域旅游示范区,中国·山西康养产业发展大会永久会址落户我市,被联合国老龄所授予"世界康养示范城市"。现代服务业发展迅速,服务业增加值年均增长7.5%,快于GDP和工业增速,社会消费品零售总额增速连续四年全省第一。数字经济乘势兴起,核心产业增加值占GDP比重达5.2%,高出全省1.4个百分点。

五年来,我们抓改革、谋创新,发展活力不断增强。"一枚印章管审批"、县域医疗卫生一体化、农村集体经营性建设用地入市等改革走在全省、全国前列。党政机构改革和事业单位重塑性改革圆满完成。入选营商环境国评试点城市。“智创城”6号投入运营，光机电产业研究院获批省级工程研发中心，规上工业企业实现研发活动全覆盖，高新技术企业数量实现翻番。开发区整体进入全省中上游水平，晋城经济技术开发区在全省工业类开发区考评中排名第一。

五年来，我们抓统筹、提品质，城乡面貌发生历史性变化。确定“一体两翼、六大组团、多片区”的城市空间布局，形成系统完备的规划体系，理顺规划建设管理体制机制，深入开展拆违治乱，承办全省城市工作会议，启动城市建设三年行动，老城更新步伐加快，丹河新城形象初成，中心城市建成区面积由41.8平方公里扩大到70平方千米。脱贫攻坚与乡村振兴有效衔接，“三带一工程”等重大牵引性项目开工建设。沁水被评为“全国文明城市”，阳城入选全国新型城镇化建设示范县，高平成为国家农业绿色发展先行区，陵川荣获“全国百佳乡村旅游目的地”，省级以上特色小镇数量全省第一，大阳、松庙、杏则等美丽乡村成为网红打卡地。

五年来，我们抓民生、促和谐，群众获得感、幸福感、安全感连续九年全省第一。成功创建国家公共文化服务体系示范区，清华、北大等“双一流”名校录取人数连续5年全省领先，东南新区学校、市民文化艺术中心投入使用，市人民医院易址扩建项目即将完工。高沁、阳蟒高速通车运营，G342、G208改线基本完成，开通与郑州、焦作等地的城际公交，市域内实现“一元公交”全覆盖。$PM_{2.5}$平均浓度五年下降19.30%，去年空气质量改善幅度全省排名第一、“2+26”城市排名第二，劣V类水体全部消除。安全生产平稳向好。扫黑除恶专项斗争取得决定性胜利。入选全国市域社会治理现代化试点城市，成为全省首批新型智慧城市试点。实现全国双拥模范城“四连冠”。

五年来，我们抓党建、固根本，全面从严治党取得显著成效。“两学一做”学习教育、“不忘初心、牢记使命”主题教育、党史学习教育扎实开展。选人用人导向更加鲜明，干部素质提升工程持续深化，党员干部干事创业的激情明显增强。县乡换届顺利完成，实现“五好”目标。坚持大抓基层导向，深入实施“整乡推进、整县提升”示范创建，各领域基层党建全面加强。政法队伍教育整顿取得阶段性成效。稳妥有序完成监察体制改革，监督执纪问责力度持续加大，“四风”问题得到有效纠治，七届市委任期内实现巡察全覆盖，反腐败斗争取得压倒性胜利并不断巩固发展，风清气正的政治生态加快形成。

这些成绩的取得，是党中央和省委坚强领导的结果，是历届市委接续奋斗的结果，是全市上下共同努力的结果。在此，我代表市委，向全市各级党组织和广大党员干部群众，以及所有为晋城经济社会发展作出贡献、给予支持的同志们、朋友们，致以崇高的敬意和衷心的感谢！

回顾五年来的奋斗历程，我们深刻体会到：做好晋城工作，必须始终坚持以习近平新时代中国特色社会主义思想为指导，增强“四个意识”、坚定“四个自信”、做到“两个维护”，确保各项工作始终沿着正确方向前进；必须认真践行以人民为中心的发展思想，多干群众所想所愿、所急所盼的事情，多干顺民意、解民忧、惠民生的事情，不断增进民生福祉；必须完整准确全面贯彻新发展理念，结合晋城实际，坚持理念引领、突出规划先行、搭建干事平台、强化机制保障、营造良好氛围，创造性地抓好落实；必须扭住转型不动摇，坚持把转型作为高质量发展的主攻方向，一切为了转型，一切服务转型，在转型发展上率先蹚出一条新路来；必须强化执行力、落实力，以跑马拉松的心态、以百米冲刺的激情，保持战略定力、锐意拼搏进取，干在每一天、干好每件事；必须坚持和加强党对一切工作的领导，全面从严管党治党，汇聚正气充盈、干事创业的强大合力。

在充分肯定成绩的同时，也要清醒认识到：我市“一煤独大”的结构性矛盾仍然突出，新兴产业储备不足、投资占比不高；重点领域改革还不到位，民营经济总量不大、活力不足，创新生态和营商环境还需持续优化；中心城市规模过小，基础设施和公共服务欠账较多，精细化治理水平亟需提升；农业产业集约化程度低，农民收入低于全国平均水平，乡村振兴还有很多难题亟待破解；大气污染防治形势依然严峻，安全型经济特征明显，社会治理现代化水平不高；部分党员干部抓落实的能力和本领还需提升。对此，我们一定要采取有效措施，切实加以解决。

二、今后五年的指导思想和主要目标

今后五年，是全方位推进高质量发展、建设共同富裕新晋城的关键时期。谋划好未来五年的工作，至关重要、意义重大。随着新一轮科技革命和产业变革加速演进，新发展格局加快构建，中部地区高质量发展、黄河流域生态保护和高质量发展等国家战略深入实施，转型综改试验区、中原城市群核心发展区等政策红利持续释放，“三带一工程”等重大牵引性项目引领带动，交通和区划瓶颈逐步破解，晋城的比较优势将更加凸显，发展空间将更加广阔。

为此，我们确定今后五年工作的指导思想是：高举习近平新时代中国特色社会主义思想伟大旗帜，深入贯彻习近平总书记视察山西重要讲话重要指示精神，认真落实党中央和省委决策部署，立足新发展阶段、贯彻新发展理念、紧抓构建新发展格局机遇，坚持稳中求进工作总基调，以推动高质量发展为主题，以深化供给侧结构性改革为主线，以改革创新为根本动力，以满足人民日益增长的美好生活需要为根本目的，聚焦“六大战略定位”，用好“六化工作方法”，抓好“八方面重点工作”，勇蹚转型新路，为全方位推进高质量发展建设共同富裕新晋城而努力奋斗。

今后五年，我们必须聚焦“六大战略定位”：加快建设绿色转型的示范城市、能源革命的领跑城市、对外开放的先行城市、数字经济的标杆城市、光机电产业的集聚城市、文旅康养的样板城市。这是市委顺应时代要求、把握发展机遇确定的新定位，是对历届市委发展思路的延续拓展，是建设共同富裕新晋城的具体支撑，必须一张蓝图绘到底，一以贯之抓落实！

经过五年努力，全市GDP突破2300亿元，年均增长9%以上，人均GDP达到全国平均水平，主要经济指标增速保持全省和中原城市群第一方阵；光机电、煤层气、数字经济、文旅康养等产业集群加速形成，战略性新兴产业增加值占GDP比重达到18%，高端装备制造业增加值年均增长18%，研发经费年均增长20%以上，现代产业体系初步形成；中心城市“一体两翼”协同推进，乡村面貌整体改善，全市常住人口城镇化率达到72%以上，城乡一体化水平明显提升；节能、环保、绿化等约束性指标完成省定目标，生态优势更加凸显；城乡居民人均可支配收入倍差缩小至2.0以内，高平、阳城成功创建全国文明城市，市域社会治理现代化走在全国前列，人民群众获得感、幸福感、安全感保持全省领先。

完成上述奋斗目标，必须完整准确全面贯彻新发展理念，结合晋城实际，用好“六化工作方法”：

一是系统化。不谋全局者，不足以谋一域。做任何工作，都要从战略、宏观、全局的角度看问题，按照系统、集成、整合的理念谋划推进，避免就事论事，避免碎片化，实现发展质量、结构、规模、速度、效益、安全相统一。

二是市场化。充分发挥市场在资源配置中的决定性作用，是市场经济的本质要求。做工作、上项目都要按市场规律办事，考虑投入产出比例，实现效益最大化。要强化经营城市的理念，坚持把城市作为最大的国有资产来经营，提升整体开发运营水平。

三是生态化。生态是晋城的优势，一定要自觉践行“两山”理论，把这个优势发挥好。无论什么项目，凡是涉及生态的，都要慎之再慎、三思而行，决不能为了一个项目破坏我们的生态底色，决不能为了一点利益牺牲我们的生态优势。

四是特色化。特色是灵魂。没有特色，就没有吸引力、没有竞争力。实现高质量发展，必须找准定位、突出特色、放大优势，做到“人无我有、人有我优、人优我特”，以特色增强吸引力、提升竞争力。

五是精细化。凡事必作于细、必成于精。市域治理，必须充分体现人性化、智慧化、现代化，每项工作都要从小处着眼、细处着手，下足绣花功夫、做好精细文章，不断提升管理和服务水平。

六是品质化。品质决定成败。做任何工作，都要树牢精品意识，提升审美品位，发扬工匠精神，做到精益求精，把结果导向和过程管控紧密结合起来，确保干一件、成一件，经得起历史和人民的检验。

“六化工作方法”是新发展理念在晋城的具体体现，是实践证明行之有效的思维方式和工作方法，必须坚持在实践中深化、在深化中实践。

三、今后五年的重点工作

今后五年，要抓好"八方面重点工作"，以务实举措全方位推进高质量发展。

（一）聚力产业转型，打造高质量发展新引擎

产业转型是高质量发展的关键所在。要聚焦"六新"突破，大力实施非均衡发展战略，加快推进新旧动能转换，构建多元支撑的现代产业体系。

加快传统产业改造提升。稳住经济基本面，为转型赢得时间和空间。用数字赋能煤炭、煤化工、电力等传统产业，到"十四五"末，全市所有煤矿基本实现智能化开采，煤炭先进产能占比提高到80%以上。推动钢铁铸造产业向集群化、绿色化、智能化方向发展，重点抓好晋钢智造科技产业园和机电装备产业园、南村绿色智能铸造创新产业园等项目，打造千亿级产业集群。积极推动食品、陶瓷、纺织等产业增品种、提品质、创品牌。

加快光机电产业集群发展。紧盯产值"3年500亿、5年1000亿"发展目标，明年形成"1+100"产业集聚，着力打造"世界光谷"。强化政策保障，用好支持晋城经济技术开发区发展的系列政策，促进"政产学研用金服"七位一体、高效联动。完善体制机制，对开发区每年上划市级税收增量部分全额返还；每年安排5亿元资金，年初一次性下达，支持开发区全面加强基础设施建设。加强金融支撑，用好100亿元光机电产业引导基金，形成300亿元产业基金群。加快产业导入，深化与深圳光博会、中关村朝阳园、北纬三十八度等机构的合作，聚焦"机器视觉"和"硬质合金"两个细分领域，着力推进先进半导体、碳基新材料、超高速机器视觉、纳米陶瓷玻璃等"六新"项目产业化、规模化、集群化发展。

加快煤层气全产业链发展。全力推进煤层气综合改革试点，建设"一枢纽三基地一中心"。大力实施增储上产和"气化晋城"战略，到"十四五"末，年产量达到100亿方，就地消纳利用量力争达到60亿方，城乡居民气化率提高到95%以上。加速整合燃气市场，实现规划、配置、价格、标准"四统一"。积极争取区块核减权限下放我市。

加快文旅康养融合发展。坚持把全市域作为功能完整的文旅康养目的地来规划、建设、管理，构建"一核、两环、两带、十片"发展格局，叫响"东方古堡、人间晋城，云锦太行、诗画晋城"品牌。以王莽岭、皇城相府、珏山、炎帝陵、太行洪谷等大景区建设为龙头，以白马寺山高端康养示范区、"百村百院"等重点项目为支撑，促进大健康、大文旅、大康养深度融合。实施基础提升、景区提级、服务提标、品牌提质"四大行动"，让游客进得来、留得住、游得好。

加快现代服务业提质增效。推动生产性服务业向专业化和价值链高端延伸、生活性服务业向高品质和多样化升级，打造区域商贸物流中心。做大平台经济，围绕货运、商贸等十大领域，整合打造一批优质平台企业。发展现代物流，重点抓好蓝远、中通、空港等十大物流园区建设。做强数字服务业，着力引进一批数字经济头部企业和上市公司，建设大数据产业园。促进消费升级，以城市更新为抓手，激发商业活力，释放消费潜力，抓好万达广场、东滩会商业新地标等龙头项目，建设"一刻钟便民生活圈"。培育新产业、新业态、新商业模式，大力吸引各类投资主体在我市布局现代服务业，打造特色服务业集聚区。到"十四五"末，确保全市服务业增加值突破千亿元。

加快数字经济蓄势赋能。实施"数字晋城"战略，促进数字经济与实体经济深度融合，确保数字经济核心产业增加值占GDP比重达到7.5%以上。加速新基建布局，实现全市域5G网络全覆盖，乡镇以上区域千兆光网全接入，打造数字经济高速公路。推进产业数字化，以工业企业数字化转型为重点，搭建一批工业互联网平台，建成一批数字车间、智能工厂、智慧园区，培育一批智慧农业、智慧旅游、智慧物流等新业态。推进数字产业化，引进数字产业领域大型企业，培育孵化本土数字化中小企业，依托工业富联、安恒信息、网库集团等企业，重点建设10个数字产业园区。推进治理数字化，深化"5G+人工智能"在政务服务、城市管理、医疗养老等场景的迭代应用，加快经济社会智能化转型。

（二）聚力项目建设，构筑高质量发展新支撑

项目是高质量发展的第一支撑。今后五年，计

划实施总投资8000亿元的项目盘子，完成固定资产投资4000亿元以上。要坚持“一切围着项目转、一切扭住项目干”，持续掀起项目建设热潮，不断为高质量发展积蓄后劲。

下好项目谋划“先手棋”。按照系统化的工作方法，进一步用好工作专班、增加专项经费、聘请专业团队，持续在项目谋划储备的体量、质量、深度上下功夫，积极争取上级政策、资金和人文支持。

打好招商引资“组合拳”。聚焦主导产业，紧盯行业领军企业，灵活运用产业链招商、小分队招商、以商招商、平台招商、基金招商、飞地招商、大赛招商等模式，落实好要素保障优惠政策，真正把大项目好项目引进来、落下来。

跑出项目推进“加速度”。充分发挥市县两级项目推进中心作用，创新清单管理、观摩点评、领导包联等机制，强化全口径调度、全流程服务、全要素保障，及时研究解决项目推进中的困难和问题。

夯实开发区项目招引“主平台”。每个开发区至少建成1个特色产业园区，实现优势互补、错位发展。深化“三化三制”改革，滚动开展“三个一批”活动。坚持优存量、扩增量并举，推动各类开发区提档升级、争先进位。到“十四五”末，力争全市开发区工业投资占到全市总量的75%以上，规上工业增加值占到全市总量的50%以上，晋城经济技术开发区挺进全国百强，其他开发区全部进入全省第一方阵，开发区转型发展的主战场、主引擎、主力军作用更加凸显。

扭住重大项目建设“牛鼻子”。聚焦“三带一工程”，以“指挥部＋项目公司”方式强力推进，充分发挥对我市未来发展的战略性、支撑性、标杆性作用。聚焦“两新一重”，持续扩大有效投资，推动太行山机场建成通航，力争晋侯高铁开工，建成晋城东南过境高速，加快构建现代综合立体交通体系。聚焦产业转型，谋划建设一批“六新”项目，推动我市产业类项目投资占比大幅提升，高于全省平均水平。

（三）聚力改革创新，培育高质量发展新动能

改革创新是高质量发展的动力源泉。必须更加注重改革推动、开放带动、创新驱动，为高质量发展赋能增效。

深入推进能源革命。实施碳达峰晋城行动，深化能源革命综合改革试点，坚持“稳煤、优电、增气、上新”，巩固拓展清洁煤市场，积极推进终端用能电气化，稳步推进煤炭、电力、煤层气交易平台建设，加快发展风电、光伏、氢能、生物质能等新能源产业，到“十四五”末，新能源和清洁能源装机容量占比达到50%以上。

激发市场主体活力。深化要素市场化配置改革，大力实施市场主体倍增工程，力争“十四五”末各类市场主体达到35万家、规上工业企业突破800家、规范化股份制改造企业达到400家。深化国资国企改革，继续做好国有资本布局优化和结构调整，加强穿透式监管，强化国投公司投融资平台作用，加快兰花集团“瘦身健体”。扎实推进民营经济增总量、扩规模、提质效，全面落实减税降费政策，健全完善促进民营经济高质量发展考核协调机制，切实解决民营企业融资难、融资贵等问题，构建亲清新型政商关系，到“十四五”末，民营经济占全市GDP比重达到50%以上。支持驻市央企、省属企业、外资企业在我市设立区域总部和子公司。

实施创新驱动战略。坚持把创新摆在核心位置，全力打造一流创新生态。支持龙头企业组建产业技术战略联盟，深入推进规上工业企业研发提升工程，力争“十四五”末高新技术企业突破160家、省级“专精特新”企业突破150家。支持现有各类创新平台开展实质性研发，完善“创业苗圃＋孵化器＋加速器＋产业园”产业孵化链条，推动“智创城”6号高效运行。全面贯彻新时代人才工作新理念新战略新举措，完善人才“引、育、用、留、服”全方位工作体系；着眼产业链布局人才链，聚焦市校合作“12大基地”抓平台、抓项目，打通产学研用深度融合的人才通道；坚持引育并举、以用为本，不求所有、但求所用，千方百计吸引紧缺型高精尖人才和创新团队，下大力气培育实用型本土工程师和专业技能人才，为人才提供全生命周期服务，让事业激励人才，让人才成就事业。

打造一流营商环境。以“承诺制＋标准地＋全代办”改革为牵引，全面落实“三无”“三可”要求，努力打造市场化、法治化、国际化营商环境。推动“一

校章”集中审批向“一件事”集成服务升级，实现“证照分离”全覆盖。构建市县乡村四级政务服务标准化体系，形成全市政务服务“一张网”，打造“晋心服务”品牌。对照国评省考指标体系，常态化开展专项整治，全力补差补短，确保营商环境总体评价保持全省领先，更多指标进入全国第一方阵。

全面提升开放水平。抢抓构建新发展格局机遇，主动承接京津冀、长三角、珠三角产业转移。深度融入中原城市群，以资源引项目、以优势争市场，积极参与产业分工协作，加快区域协同发展。更好发挥晋城海关、兰花保税物流中心等开放平台作用，让更多本地产品走出晋城。

（四）聚力城市更新，展示高质量发展新形象

城市是高质量发展的主战场，是幸福美好生活的重要承载地。要按照“一体两翼、六大组团、多片区”的空间布局，全力实施总投资超千亿元的城市建设三年行动，加快建设山水交融的现代化城市。

拓展城市空间。按照“东进、西连、南延、北转、中优”的思路，积极推进区划调整，促进老城更新和丹河新城建设“一体两翼”联动发展。“东进”，举全市之力推进丹河新城高质量发展，着力打造绿色、智慧、低碳、宜居的现代化精品之城。到2025年，13平方千米起步区基本建成，集商务、康养、双创、政务等功能于一体，吸引集聚10万人，为金村组团发展提供有力支撑。“西连”，推动南村镇区、金匠园区、主城区互联互通，加快南村组团产城融合步伐。“南延”，以太行山机场建设为牵引，稳步推进空港组团和柳泉组团建设。“北转”，充分发挥白马寺山康养示范区的辐射带动作用，促进北石店组团转型发展。“中优”，调整优化主城区空间结构，提升功能品质，精心打造“城市会客厅”。

优化城市布局。按照城市总体规划，科学划定若干片区，整体谋划定位、功能和基础设施建设，以市场化手段提升城市整体开发运营水平，促进生产、生活、生态“三生”融合。重点打造中原街两侧、东南片区、西北片区、吴王山片区、东西大街北侧等10个功能完善、规模适中、主题鲜明的特色片区。

完善城市功能。加快完善路网体系，补齐公共服务设施和市政基础设施短板。全力打造“三环两线两轴”骨干交通网，贯通80千米高速环、60千米国道环和32千米主城外环；完成晋阳高速改扩建工程，建成北留周村工业园到市区的快速通道；连通太岳街、书院街和G342国道，打通文博路至文峰路瓶颈路段、向南连接机场大道，形成新的“十字轴”；打通“断头路”、畅通微循环，实现各组团各片区联动发展、市县畅通连接。加快建设“两馆三中心”等重大公共服务设施项目，2023年全部建成投用。大力实施“城市承载力提升行动”，第三水厂、阳电至市区集中供热工程年内完工，大气源、晋城东输变电项目明年建成；生活垃圾焚烧发电项目年内投运，正源污水处理厂改造工程2023年完工，有力支撑中心城市持续健康发展。

提升城市品质。实施中心城区清水复流工程，对总长50千米的12条河流进行系统治理，统筹做好暗河复明、水体治理、水源保障、滨河空间整治、生态湿地建设等工作，彰显“山水交融、水城互动”的城市风貌。实施“多彩花海”秋季行动，建成英雄公园、崇实公园、时家岭公园等一批城市公园和街头游园，全力创建国家生态园林城市。完成全市434个老旧小区改造任务，彻底解决城市内涝问题，着力打造“海绵城市”“韧性城市”。

加强城市治理。建成城市大脑和智能算力中心，推动城市管理手段、管理模式、管理理念创新，全力打造中等新型智慧城市标杆；持续推动执法力量下沉，深入开展拆违治乱、背街小巷治理、市容环境整治，大力提升城市精细化管理水平；严格执行城市规划建设管理各项制度，让城市更智慧、更宜居、更有序，让老百姓生活得更方便、更温馨、更有归属感。

同时，要充分发挥县城对县域经济的龙头带动作用，加快推进大县城建设；充分发挥小城镇连接城市、服务农村的桥梁纽带作用，打造一批产业强镇，促进城乡融合发展。

（五）聚力乡村振兴，拓展高质量发展新空间

实施乡村振兴战略，是新时代做好“三农”工作的总抓手，是缩小城乡差别、实现共同富裕的必由之路。要推动巩固拓展脱贫攻坚成果同乡村振兴有效衔接，促进农业高质高效、乡村宜居宜业、农民富裕富足。

突出“三带”引领示范。三年内实现“多规合一”村庄规划编制全覆盖，因地制宜实施乡村建设行动。加快建设太行一号文旅康养和乡村振兴融合发展示范带。按照“快进慢游深体验”的理念，坚持“路、景、村、业”系统谋划、一体推进。新建154千米太行一号旅游公路支线、50千米沁河古堡群环线，提升150千米“百村百院”连接线，完善全市旅游公路“一张网”；建成慢行、服务、景观、信息、农田财化“五大配套系统”；推动沿线243个村（社区）人居环境整治全部达到三星级以上标准；持续提升多元化、特色化产业支撑和发展水平，真正把太行一号旅游公路建成观光路、文化路、生态路和致富路。加快建设百里沁河生态经济带。聚焦解决环境敏感问题，对端氏至润城50千米核心地段进行系统谋划，统筹推进山水林田湖草沙一体化保护和修复、古堡活化利用、交通网络提升、产业优化升级等工作，实现“环境治、交通畅、文化兴、布局优、产业旺、生态美”，打造区域经济新的增长极。加快建设丹沁两河沿线农村生活污水治理示范带。明年10月前，268个重点村全部完成污水治理，将沿河村庄污水治理覆盖率由27%提高到70%，2025年实现全收集、全处理，有效解决农村面源污染问题。

大力发展六大特优农业产业集群。在守牢粮食安全底线基础上，全力培育蔬菜、中药材、生猪、家禽、肉羊、蜂业六大特优产业集群。坚持项目带动。重点抓好华北种质资源活化工程、丹河现代农业园区、北方食用菌生产基地等标杆项目，“十四五”末，形成“一业一标杆、一业一链条”的发展格局，确保一产增加值突破150亿元。壮大龙头企业。新增省级以上龙头企业30家、市级以上龙头企业60家，年销售收入亿元以上龙头企业达到30家以上。补齐冷链短板。新建500处乡村冷藏保鲜设施，各县（市）至少建成一个冷链仓储物流基地，建设市级冷链物流总仓。创优支持政策。市级每年安排不少于2亿元资金，支持农业农村优先发展，其中用于特优产业发展的不少于1/3。

多措并举推进落实。建好发展平台，组建乡村振兴投资开发公司，设立乡村产业发展基金，搭建市场化投融资平台，破解乡村振兴资金难题。加强政策研究，抢抓国家实施乡村振兴战略的重大机遇，找准定位，精准对接，努力争取最大政策红利。超前谋划项目，围绕“三带”工程、“六大”集群等重点工作，跟进谋划一批乡村振兴重大项目。积极培育新型农业经营主体，大力引进和壮大农业龙头企业，加快发展农民合作社、家庭农场、农业社会化服务组织，抓好新型职业农民培育。盘活土地资源，纵深推进农村集体经营性建设用地入市，持续深化“四块地”“点供用地双平衡”改革，积极盘活农村闲置和低效利用土地，为乡村振兴注入新动能、增添新活力。

（六）聚力生态环保，擦亮高质量发展新底色

生态是晋城的优势，但环保仍是晋城的短板。必须深入践行“两山”理论，坚定不移地走绿色发展之路，让青山常在、绿水长流、空气常新。

巩固拓展污染防治成果。紧盯“十大任务”，用好“十项机制”，突出抓好大气污染防治。加强工业企业深度治理，按照区域环境容量，调整优化产业布局，严控“两高”项目建设，强化源头治理；加快已关停企业搬迁步伐，全面淘汰市区10千米范围内污染企业，20千米范围内不再新上涉气项目；实施全过程信息化监管，严格实行绩效评估差异化管控，推动重点行业提标改造。强化社会化管控，加快推进“公转铁”，扎实开展扬尘、机动车、散煤、餐饮油烟等污染综合整治，推动环境空气质量持续改善。同时，加大水、土壤污染防治力度，建设天蓝、地绿、水清的美丽家园。

加快推进生态修复治理。严格落实“三线一单”生态环境分区管控要求，巩固提升河（湖）长制、林长制工作成效，统筹推进山水林田湖草沙一体化保护和修复。以丹河湿地群为中心，打造城市“绿肺”，争创国家湿地公园。以396平方千米环城生态圈建设为抓手，坚持绿化彩化财化同向发力，持续开展大规模国土绿化，巩固国家森林城市创建成果。以太行一号旅游公路、丹沁两河沿线和城市周边为重点，扎实推进破损山体、废弃矿山、采煤沉陷区生态修复治理。

大力推动绿色低碳发展。坚持“双碳”引领，深入推进国家低碳试点市和循环经济示范市建设，推动减污降碳协同增效。建立能源消费强度和总量

“双控”机制，确保“十四五”末万元GDP能耗下降18%，非化石能源消费占比超过5%。加快工业园区和传统制造行业清洁化、循环化、低碳化改造，推动城乡生活垃圾分类全覆盖，让绿色办公、绿色消费、绿色出行成为自觉行动。

（七）聚力民生福祉，共享高质量发展新成果

人民对美好生活的向往就是我们的奋斗目标。要坚持以人民为中心的发展思想，用心用情用力办好群众牵肠挂肚、急难愁盼的事情，在高质量发展中促进共同富裕。

坚持把就业优先放在更加突出位置。实行更加积极的就业政策，鼓励支持高校毕业生、退役军人、农村劳动力等群体就业创业，强化公益性岗位托底安置和失业保险兜底保障。深入推进全民技能提升工程，到2025年，全市从业人员持证率达到55%以上，中高技能人才占技能人才比重达到80%。

努力办好人民满意的教育。优化教育资源配置，逐步缩小区域、城乡、校际差距。新（改）建70所标准化公办幼儿园，从根本上解决学前教育入园难、入园贵问题。新（改）建50所中小学校，促进义务教育优质均衡发展。坚持高中教育多样化特色化发展，把晋城一中建成全国一流名校。高标准高起点建设山西科技学院，办出质量、办出特色，实现学院与城市融合发展。大力发展职业教育、特殊教育、继续教育，规范民办教育。持续深化教育改革，认真落实“双减”政策。全力培养高素质专业化教师队伍。

全面推进健康晋城建设。强化重大疾病防控，提高突发公共卫生事件监测预警和应急处置能力。加快建设全省县域医疗卫生一体化改革示范市，构建普惠共享优质的公共卫生服务体系。完善医保制度。扎实推进国家长期护理保险试点城市建设。全面启用市人民医院新院区，完成市传染病医院和康复医院迁建工程，改造提升市妇幼保健院。全力建设中医药强市。深入开展爱国卫生运动和全民健身运动。坚决落实“四个最严”要求，奋力争创国家食品安全示范城市。

健全多层次社会保障体系。大力发展健康养老新业态新模式，深入推进社区居家养老服务，提档升级日间照料中心，办好老年大学，加强城乡社区适老化改造，推进养老事业和养老产业协同发展。深入实施全民参保计划。落实“三孩”生育配套政策，支持社会力量发展普惠性托育服务。完善特殊群体福利保障政策体系，强化退役军人服务保障工作，加强社会救助，推动慈善事业健康发展。坚持“房住不炒”，租购并举，扩大保障性住房供给，促进房地产市场平稳健康发展。

加快推动文化繁荣发展。加强社会主义核心价值观引领，深入开展全域文明城市创建，促进人民群众精神生活共同富裕。统筹策划、一体建设华谊兄弟星剧场和程颢书院文化产业园，精心打造文化产业集聚区。深入实施文明守望、文化惠民等工程，完善提升市县图书馆、文化馆、博物馆和基层综合文化服务站点等基础设施，巩固拓展国家公共文化服务体系示范区创建成果。深入挖掘我市优秀传统文化资源，推出更多具有时代特征、晋城特色的文艺精品，持续办好海峡两岸神农炎帝经贸文化交流等节会活动。加强文化遗产活化利用，持续推进古堡申遗，积极创建国家级文化生态保护实验区，叫响珐华器、潞绸、铁器等非遗文创品牌。

（八）聚力社会治理，优化高质量发展新环境

加强和创新社会治理，是人民幸福、社会稳定的客观要求。要统筹发展和安全，建设更高水平的法治晋城、平安晋城。

加强民主法治建设。支持和保证人大及其常委会依法充分行使职权，做好立法、监督、决定、任免工作，保障人大代表依法履职。支持政协提高政治协商、民主监督、参政议政水平。完善大统战工作格局，发挥各民主党派、工商联和无党派人士的积极作用，做好民族、宗教、侨务、外事、对台等工作。强化工会、共青团、妇联等群团组织的桥梁纽带作用。加强双拥工作和国防后备力量建设，推进军民融合发展。全面依法治市，建设法治政府，严格规范公正文明执法，深化司法体制综合配套改革，抓好“八五”普法工作，推动全社会尊法学法守法用法。

筑牢安全生产底线。严格执行新修改的《安全生产法》，全面落实“十抓安全”总体要求，压实企业安全生产主体责任。深入开展安全生产专项整治三年行动，紧盯煤矿、危化品、森林防火、道路交通等重

点行业领域，常态化开展大排查大整治，坚决遏制重特大事故发生。全面推进应急管理体系和能力现代化，不断提升本质安全水平。

扎实推进市域治理现代化。以“全科网格”建设为牵引，深化“五治”融合，做好市域社会治理现代化试点工作。加强社区工作经费保障，提高网格员工资待遇，完善相关督查考核机制，强化网格化管理、精细化服务、信息化支撑，解决好服务群众“最后一百米”的问题。加快建设矛盾纠纷多元化解平台，健全完善立体化社会治安防控体系，常态化开展扫黑除恶专项斗争。严格落实信访稳定“5+1”责任制，坚决控新治旧，把风险隐患化解在萌芽、解决在基层。

四、加强党的全面领导，以高质量党建引领高质量发展

办好晋城的事情，关键在党。要始终把抓好党建作为最大政绩，大力弘扬伟大建党精神，认真贯彻新时代党的建设总要求，着力提升党建工作质量，为全方位推进高质量发展提供坚强有力的政治保证。

（一）突出政治建设，不断提高政治判断力、政治领悟力、政治执行力。政治建设是党的根本性建设。要坚持把政治建设摆在首位，引导广大党员干部胸怀“两个大局”、心怀“国之大者”，切实增强“四个意识”、坚定“四个自信”、做到“两个维护”。要坚持和加强党的全面领导，充分发挥党委议事机构职能作用，把党的领导贯穿全市工作的各领域各环节。要严明政治纪律和政治规矩，严格执行重大事项请示报告制度，引导党员干部把讲政治体现到贯彻党中央和省委决策部署的具体行动上。

（二）强化理论武装，坚定不移听党话、跟党走。政治上的坚定来源于理论上的清醒。要深入学习贯彻习近平新时代中国特色社会主义思想和习近平总书记视察山西重要讲话重要指示精神，不断提高运用创新理论破解发展难题的能力和水平。要严格落实意识形态工作责任制，加强互联网内容建设和管理，牢牢掌握意识形态工作领导权。要深入推进党史学习教育常态化，不断汲取奋进力量，引导党员干部坚定理想信念、筑牢初心使命。

（三）科学选人用人，着力锻造“狮子型”“老黄牛型”干部队伍。忠诚干净担当是干部最基本的政治要求。要坚持新时期好干部标准，把政治标准放在首位，树牢“重实干、重担当、重实绩”导向，把有魄力敢担当、有本领能担当、有智慧会担当的“狮子型”干部和有定力能吃苦、有口碑能奉献、有韧劲能负重的“老黄牛型”干部选出来、用起来。要坚持“刀在石上磨、人在事上练”，激励广大干部特别是年轻干部到基层一线、吃劲岗位、急难险重任务中壮筋骨、长才干。要坚持有为才能有位，鼓励担当作为、宽容干事失误、鞭策停滞不前，让想干事、能干事、干成事的干部脱颖而出。

（四）筑牢战斗堡垒，推动基层组织全面进步、全面过硬。基础不牢、地动山摇。要树牢大抓基层导向，持续推动重心下移、资源下沉、保障下倾，全面增强基层党组织的政治功能和组织力。要健全党组织书记抓基层党建工作机制，抓好党建领域重点条例落实，强化述职评议考核结果运用，层层压实党建工作主体责任。要全面推进各领域基层党组织建设，高质量完成村（社区）“两委”换届，实施抓党建促乡村振兴“群雁矩阵”“加零增效”“五新阵地”三大工程，深化街道管理体制改革，统筹抓好国企、机关、事业单位党建工作，突出抓好非公企业、社会组织和新兴领域党组织有效覆盖，提升基层党建引领基层治理效能。要强化对党员的教育管理监督，建立“我为群众办实事”长效机制，引导广大党员在各条战线当标杆、作表率。

（五）从严正风肃纪，一体推进不敢腐、不能腐、不想腐。巩固发展反腐败斗争压倒性胜利，既要坚持用好治标利器，又要不断向治本迈进。要坚持严的主基调不动摇，持续加大腐败案件查办力度，锲而不舍纠治“四风”，深入整治群众身边腐败和作风问题，始终保持“不敢腐”高压震慑。要健全完善监督体系，强化对“一把手”和领导班子的监督，扎实推进届内巡察全覆盖，加强重点领域制度建设，扎紧织密“不能腐”制度笼子。要深化清廉晋城建设，统筹推进党性教育、纪法教育、警示教育、家风教育，大力实施廉洁文化建设行动，持续提升“不想腐”思想自觉。要坚持严管厚爱结合，激励约束并

重，正确把握纪法界限，旗帜鲜明为担当者担当、为负责者负责、为干事者撑腰。

（六）创新制度机制，不断强化执行力、落实力。机制科学才能保障工作高效推进。要完善落实机制，实施县（市、区）和市直单位“一把手”工作动态日报告、重点任务常态化调度、信息化督办等机制，推动干部认真履职。要健全考核机制，完善年度目标责任考核体系，深化乡镇“三农”工作、街道重点工作、县（市、区）差异化等考核，激励干部主动履职。要强化监督机制，坚持“两办”督查、部门监管、媒体曝光、纪委监委监督相结合，充分发挥人大依法监督、政协民主监督作用，倒逼干部规范履职。

（七）营造良好氛围，汇聚正气充盈、干事创业的强大合力。全方位推进高质量发展，必须依靠全市上下的共同努力。要弘扬担当精神，建立健全正向激励和容错纠错机制，鼓励广大党员干部大胆试、大胆闯、大胆干，让敢担当、能担当、会担当的干部在建设共同富裕新晋城的征程中奋勇争先、大显身手。要凝聚各方力量，坚持党的全面领导，充分调动一切积极因素，广泛团结一切可以团结的力量，汇聚起推动晋城发展的强大合力。要强化宣传引导，大力培树先进典型，广泛凝聚榜样力量，牢固树立祛邪扶正、激浊扬清的鲜明导向，奏响全方位推进高质量发展的最强音。

政府工作报告（节选）

——在晋城市第八届人民代表大会第一次会议上

晋城市人民政府代市长　薛明耀

（2022年2月22日）

一、2021年及市七届人民政府工作回顾

2021年，是党和国家历史上具有里程碑意义的一年，也是晋城发展史上极不平凡的一年。市第八次党代会胜利召开，描绘了“十四五”乃至更长时期的宏伟蓝图，吹响了全方位推动高质量发展建设共同富裕新晋城的进军号角。在省委、省政府和市委的坚强领导下，全市上下坚决拥护“两个确立”，自觉践行“两个维护”，坚持以习近平新时代中国特色社会主义思想为指导，深入贯彻习近平总书记视察山西重要讲话重要指示精神，全面落实市第八次党代会精神，全方位推动高质量发展，顺利实现“十四五”良好开局，和全国、全省一道实现第一个百年奋斗目标，全面开启向第二个百年奋斗目标进军的新征程。

一年来的主要工作和成效是：

（一）经济运行交出高分答卷。统筹推进疫情防控和经济社会发展，扎实做好“六稳”“六保”工作，全市经济运行稳定恢复、稳中加固、稳中向好。全年GDP增长11.6%，排名全省第一；总量1912.4亿元，排名全省第五，较上年前进两位，5个县（市）中4个进入全省前十。一般公共预算收入增长38.6%，排名全省第一；总量201.3亿元，6个县（市、区）中4个进入全省前十。规上工业增加值增长15.7%，排名全省第二。固定资产投资增长12.8%，排名全省第三。主要经济指标增速普遍高于全国、全省平均水平。

（二）“1+5”现代产业体系加快形成。建成69处煤矿智能化采掘工作面，排名全省第一，全国首个智能矿山算力中心建成投运；晋钢冷轧薄板生产线投产运行，山西康硕被认定为国家级智能制造试点示范工厂。光机电“1+100”产业集群初步形成，产值近200亿元。煤层气产量42.67亿立方米，产值突破150亿元，产量和完成率均居全省第一。成功举

办第二届中国·山西(晋城)康养产业发展大会,白马寺山高端康养示范区初具规模,王莽岭景区整治全面提速,“百村百院”首批村院开门迎客。制定实施服务业提质增效“60条”,组建25家平台公司,服务业增加值增速排名全省第二。新建5G基站1058座,引进安恒信息、北京千方等11家头部企业和上市公司,数字经济核心产业增加值突破100亿元。

(三)项目建设取得重大突破。102项省市重点工程完成投资444.5亿元,完成率102.8%,省级重点工程完成投资额排名全省第二。举办4期“三个一批”活动,累计推进项目281个,总投资951.9亿元。积极融入黄河流域生态保护和高质量发展国家战略,沁河流域山水林田湖草沙一体化保护与修复项目竞选成为我省唯一上报项目,正在全力争取中央资金支持。晋城机场立项审批要件基本齐备,晋侯高铁正式列入省“十四五”现代综合交通运输体系发展规划。成功举办长三角系列推介活动,组团参加中博会、深圳光博会,全年招商签约项目445个,总投资1594.4亿元,招商引资高质量转型发展指标综合排名全省第一。为201个项目匹配融资385亿元,争取各类项目资金和地方政府债券86.2亿元,创历史新高。

(四)改革创新活力持续迸发。能源革命综合改革试点不断深化,国资国企改革纵深推进,泽州、陵川两县转型综改牵引性集成改革试点积极开展,土地要素、地方金融等改革均取得明显成效。智创城6号投入运营,引进产业化项目31个、科研机构4家。光机电产业研究院入选全省第一批新型研发机构,全国首个锑化物激光器研发生产平台试运行。大力推进市校合作“12大基地”建设,与清华、北大等34所高校签约合作项目129项,中南大学硬质合金等一批“六新”项目落地。全年新增高新技术企业18家,入库国家科技型中小企业148家,新认定省级众创空间2家、星创天地3家,率先实现省级小微企业双创基地县域全覆盖。

(五)优化营商环境成效显著。扎实开展四个专项整治,出台优化营商环境“130条”,打造“晋心服务”品牌。推出132项“一件事一次办”服务套餐,申请材料、审批环节、审批时限分别压减36%、43%、86%,47个事项实现即来即办。大力推行“承诺制+标准地+全代办”,“一本制”改革领跑全省,开发区项目报批平均用时降至20天。全年新增市场主体2.7万户、规上工业企业133户,新增减税降费超10亿元,中小企业发展环境评估全省第一。

(六)城市建设三年行动首战告捷。加快老城新城联动发展,中原街两侧、西北片区、东南新区等6个片区特色化改造取得明显成效,丹河新城基本实现“路网成、水系成、学校成、配套成、新城初成”。深入开展“多彩花海”生态绿化项目,中原街、太岳街两条生态廊道基本成形,英雄、崇实等5大城市公园加快建设,七叉口连通、太行路中段等12条道路建成通车。文化艺术中心投入使用,市人民医院易址扩建项目基本完工,阳电大热源工程供热运行。有序推进121个老旧小区改造,治理背街小巷424条,拆违面积76万平方米。新增公共停车位1.1万个、便民充电桩2003个。建成算力基础设施“一云一网一中心”,跻身全国数字政府建设50强,入选全国城市体检样本城市。

(七)乡村振兴开启薪新篇章。全力推动巩固拓展脱贫攻坚成果同乡村振兴有效衔接,四大牵引性工程全面启动实施。百里沁河生态经济带“1+3”规划编制完成,79个重点项目16个开工建设;太行一号文旅康养和乡村振兴融合发展示范带“五大配套系统”基本建成,沿线243个村(社区)人居环境整治全部达到三星级以上标准;沁丹两河沿线农村生活污水治理示范带“改污、改厕、改水”同步实施,268个重点村102个完成治理;环城水系清水复流工程12条河流黑臭水体全面消除,6条完成综合治理。组建乡村振兴投资开发有限公司,设立市级乡村振兴产业投资基金,实施264个特优农业产业项目。克服历史罕见汛情影响,实现粮食稳产增收。

(八)基本民生保障坚实有力。有效应对多轮疫情冲击,连续23个月无本土新增病例,疫苗接种各项指标完成率稳居全省第一。蝉联国家卫生城市,长期护理保险制度试点工作受到国家医保局通报表扬。山西科技学院正式成立,建设普惠性幼儿园33所,新改扩建义务教育学校30所。新增技能人才7.44万人、高技能人才1.6万人,圆满实现“两个

30%”目标。$PM_{2.5}$浓度下降23.91%，改善幅度全省排名第二、“2+26”城市排名第三。集中攻坚房产办证难问题，应发证房屋登记比例达到76%。灾后重建有力有效，安全形势总体平稳，荣获“2017—2020年度平安中国建设示范市”。

各位代表，2021年各项任务的完成，为市七届政府工作画上了圆满句号。本届政府任职以来，在市委的坚强领导下，高举伟大旗帜，牢记领袖嘱托，解放思想、先行先试，凝心聚力、狠抓落实，干成了一批打基础利长远的大事要事，办成了一批惠民生暖民心的好事实事，解决了一批补短板强弱项的急事难事，如期全面建成小康社会，较好完成了市七届人大历次会议确定的目标任务。

我们锚定目标、加压奋进，综合实力大幅提升。GDP总量由949.7亿元增加到1912.4亿元，年均增长6.8%；人均GDP预计达到1.35万美元，超过全国平均水平。一般公共预算收入由89.3亿元增加到201.3亿元，年均增长13.6%。高质量发展综合绩效考核进入全省最前列，城市品牌综合影响力指数挺进全国地级市百强。

我们锐意进取、改革创新，发展动能显著增强。相对集中行政许可权改革、煤层气综合改革、县域医疗卫生一体化、农村集体经营性建设用地入市、不动产登记等改革走在全省、全国前列。规上工业企业实现研发活动全覆盖，高新技术企业数量增长近2倍，战略性新兴产业增加值年均增长11.9%。

我们统筹兼顾、融合发展，城乡面貌焕然一新。中心城市建成区面积由41.8平方千米扩展到70平方千米，常住人口城镇化率提高5个百分点。成功创建2个国家卫生县城和2个国家园林县城。清洁村庄比例达到93.5%，“四好农村路”建设领跑全国。郑太高铁顺利通车，5条城际公交线路相继开通，实现市域“一元公交”全覆盖。成功创建全国文明城市，太行明珠更加光彩夺目。

我们践行宗旨、倾心为民，民生福祉逐年改善。民生支出占比保持在80%以上。居民人均可支配收入年均增长7.5%，城镇累计新增就业28.2万人。清华、北大等“双一流”名校录取人数全省领先。三大攻坚战取得决定性成就，8.45万建档立卡贫困人口全部脱贫，$PM_{2.5}$浓度累计下降34%，银行业不良贷款率全省最低。城乡低保标准分别提高33%和77%，基本养老和医疗保险参保率分别达到95%和96.8%。成功创建国家公共文化服务体系示范区，连续四届获评全国双拥模范城，人民群众安全感获得感幸福感连续9年排名全省第一。

我们转变作风、提升效能，政府自身建设不断加强。认真履行政府系统管党治党政治责任，深入推进党风廉政建设和反腐败斗争，扎实开展“两学一做”学习教育、“不忘初心、牢记使命”主题教育和党史学习教育。自觉接受市人大、市政协和社会各界监督，共办理人大代表建议2321件、政协委员提案2893件。配合市人大及其常委会制定出台12部地方性法规，制定实施3部政府规章。同时，民族宗教、外事侨务、妇女儿童、青少年、关心下一代、红十字、残疾人、国防动员、对口援疆等工作均取得积极成效。

各位代表，6年砥砺奋进，换得春华秋实。这些成绩的取得，是习近平新时代中国特色社会主义思想科学指引的结果，是省委、省政府和市委正确领导的结果，是市人大、市政协监督支持的结果，是全市上下凝心聚力、攻坚克难的结果。在此，我代表市人民政府，向全市人民，向各民主党派、工商联和无党派人士，向各位人大代表、政协委员和离退休老同志，向驻市部队、武警官兵和公安民警，向所有关心支持晋城改革发展的各界人士和朋友，致以崇高的敬意和衷心的感谢！

在总结成绩的同时，我们也清醒地认识到：“一煤独大”结构性矛盾仍然突出，大项目好项目新项目储备不足，制造业总量占比偏低，经济持续稳定向好的态势还不稳固；市场主体总量不大，民营经济活力不足，营商环境还需改善；科技创新引领作用发挥不够，人才支撑不足，重点领域改革还不到位；中心城市规模偏小，基础设施和公共服务欠账较多，城乡一体化步伐还需加快；大气污染防治形势依然严峻，安全型经济特征明显，民生领域还有短板；不少干部抓落实的能力亟待提升，素质本领与新形势新要求还有差距。对此，我们要采取有效措施，切实加以解决。

二、新一届政府的努力方向和2022年工作安排

各位代表，今后一段时期是全方位推动高质量发展建设共同富裕新晋城的关键时期，市第八次党代会明确了晋城未来五年的发展方向和路径，我们将倍加珍惜前所未有的大好局面，深刻把握“六个必须”的宝贵经验，锚定目标不放松、狠抓落实不懈怠，一步一个脚印把市委绘制的愿景图变成“兴市富民”的实景图，在全方位推动高质量发展的生动实践中交上满意答卷。

新一届政府工作的总体要求是：坚持以习近平新时代中国特色社会主义思想为指导，深入贯彻党的十九大和十九届历次全会精神，弘扬伟大建党精神，认真贯彻习近平总书记视察山西重要讲话重要指示精神和考察调研山西重要指示精神，全面落实省第十二次党代会和市第八次党代会精神，坚持稳中求进工作总基调，立足新发展阶段，完整准确全面贯彻新发展理念，积极服务和融入新发展格局，以推动高质量发展为主题，以深化供给侧结构性改革为主线，以改革创新为根本动力，以满足人民日益增长的美好生活需要为根本目的，聚焦“六大战略定位”，用好“六化工作方法”，抓好“八方面重点工作”，勇于转型新路，为全方位推动高质量发展建设共同富裕新晋城而努力奋斗。

围绕上述总体要求，我们将朝着五大目标不懈努力：

——奋力实现更高质量的发展。GDP总量实现大幅跃升，民营经济占GDP比重达到50%以上，“1+5”产业集群加速迈向千亿级规模，居民人均可支配收入达到全国平均水平，主要经济指标增速保持全省和中原城市群第一方阵。

——奋力实现更有效率的发展。重点领域改革取得突破性进展，营商环境更多指标进入全国第一方阵，建成一批国家级、省级创新平台，打造通往中原城市群和对接长三角的桥头堡，成为山西乃至中部地区最具吸引力、竞争力和发展活力的地区之一。

——奋力实现更加公平的发展。中心城市辐射力带动力大幅提升，丹河新城13平方公里起步区基本建成，常住人口城镇化率达到72%以上。乡村振兴战略深入推进，四大牵引性工程顺利完成。就业、教育、医疗、文化、养老等基本公共服务普惠共享，共同富裕的基础更加坚实。

——奋力实现更可持续的发展。“一山两河一流域”生态保护与修复取得实质性成效，治山治水治气治城一体推进，建成一批“两山”理论实践创新基地和国家生态文明建设示范区，绿色低碳生产生活方式基本形成，人居环境更加优质，绿色发展效应进一步凸显。

——奋力实现更为安全的发展。全面贯彻落实总体国家安全观，建立责任全覆盖、管理全方位、监管全过程的安全生产综合治理体系，本质安全水平明显增强，防范化解重大风险机制不断完善，建成全国市域社会治理现代化城市，平安晋城成色更足、品牌更亮。

各位代表，2022年是党的二十大召开之年，是全方位推动高质量发展的关键一年，也是新一届政府履职的开局之年，做好今年工作意义重大。综合考虑各方面因素，今年全市地区生产总值增长8%，固定资产投资增长9%，规上工业增加值增长8%，社会消费品零售总额增长7.5%，服务业增加值增长8.8%，一般公共预算收入增长6.5%，外贸进出口总额增长10%，城镇居民人均可支配收入增长8%以上，农村居民人均可支配收入增长9%以上。约束性指标控制在省定目标以内。这些指标的设定，体现了高质量发展和共同富裕的要求，实际工作中要争取更好结果。

在统筹做好各项工作的基础上，重点抓好十方面工作。

（一）着力加快产业转型升级，打造高质量发展新引擎

聚焦建设绿色转型示范城市，大力实施非均衡发展战略，促进新旧动能转换，全力构建“1+5”多元支撑的现代产业体系。

加快传统产业改造提升。煤炭产业，抓好寺河东井、兰花玉溪、天地王坡、亚美大宁等智能化矿山建设，完成151处、新开工100处煤矿采掘工作面智能化改造，推动先进产能占比达到70%以上，产量稳定在1.2亿吨左右。钢铁产业，抓好晋钢智造科技产业园、机电装备产业园“双百亿”园区建设，打造生产

智能集中管控平台，加快硅钢产品研发和低碳氢冶金项目建设，全年产值突破500亿元。铸造产业，加快南村绿色铸造产业园和康硕智能铸造产业园建设，打造“一院一中心一联盟”，壮大汉通鑫宇、科裕达、泫氏铸管等行业龙头企业，重点抓好新能源汽车关键零部件研发、试制和生产基地等项目，推动铸造产业转型升级。煤化工产业，抓住原料用能消费政策调整机遇，大力发展煤基新材料和精细化工，尽快完成巴公、北留－周村等4个化工园区省级达标认定。建材产业，抓好阳明新材料陶瓷岩板等项目建设，大力推进陶瓷研发创新，培育壮大装配式建筑产业，加快水泥行业绿色转型。电力产业，推动阳城电厂2×100万千瓦发电项目尽快核准、节能技改项目开工建设，抓好128万千瓦集中式光伏项目和9万千瓦屋顶分布式光伏项目建设，打造“源网荷储”和“风光火储”一体化示范基地，新能源装机总量达到250万千瓦以上。消费品产业，推动纺织、医药、食品等产业增品种、提品质、创品牌，重点抓好绿洲纺织万吨麻纤维、景柏服饰40万套家纺和仓储智能化改造等项目，建设国内知名的丝麻纺织基地。

加快光机电产业集群发展。聚焦产值“3年500亿、5年1000亿”目标，加快建设光机电产业集聚城市。用足用好支持光机电产业发展八方面政策，尽快完成第一期谷雨基金出资和子基金设立，加速推进光机电产业园二、三期标准厂房项目建设。抢抓深圳等发达地区产业转移的机遇，持续延链、补链、强链，推动已签约项目尽快投产达效，加快新材料新装备产业园、新能源动力电池产业园等大项目落地，真正形成“一康世界领先，百企专精特新”，聚能成势、积健为雄的“1＋100”光机电产业集群。

加快煤层气全产业链发展。聚焦建设能源革命领跑城市，大力实施增储上产和“气化晋城”战略。支持华新燃气与央企合作开展区块勘探开发，抓好10个煤层气地面开采项目，完善61座高瓦斯和瓦斯突出矿井抽放系统，全年完成地面抽采47亿方、井下瓦斯抽采20亿方。加强储运体系建设，开展晋焦长输管道项目前期，开工建设3条管道和1座增压站，加快伟联液化、聚力民生等储气调峰项目建设，筹建煤层气管道公司。推动全市燃气市场整合，尽快实现同域同价，城乡居民用气覆盖率达到90%以上。推进工业领域燃料、原料双替代，探索煤层气制氢、制乙烯等转化利用新途径，切实把资源优势转化为产业优势。

加快文旅康养融合发展。聚焦建设文旅康养样板城市，深入实施基础提升、景区提级、服务提标、品牌提质“四大行动”。全力推进白马寺山高端康养示范区建设，加快建成4平方公里核心区，打造全市康养产业发展标杆；抓好环城绿廊和太行一号“三线路网”建设，打造两大康养环；抓好王莽岭、炎帝陵、皇城相府、大阳古镇、太行洪谷等大景区建设，打造10个文旅康养融合发展片区；稳步推进“百村百院”工程，新建22个康养特色村和20处康养院落，加快形成“一核示范带动、两环串珠成链、十片交相辉映、百村星罗棋布”的文旅康养发展格局。继续办好中国·山西（晋城）康养产业发展大会、海峡两岸神农炎帝文化旅游系列活动，扩大“东方古堡、人间晋城，云锦太行、诗画晋城”的传播力和美誉度。

加快现代服务业提质增效。围绕货运、商贸等十大领域，整合组建70家平台公司，年营业收入达到200亿元以上。完善城乡商贸流通体系，培育建设10个夜经济专区、10个特色商贸小镇和100个品牌连锁便利店，新建3个县级电商直播基地和一批乡村e镇，实现农村寄递物流全覆盖。促进消费提质升级，加快总投资280亿元的15个服务业龙头项目建设，万达广场、华谊兄弟星剧场建成投运，东滩会商业新地标加快建设，程颢书院文化新地标全面开工。大力发展研发设计、中介咨询、会展服务、项目管理等生产性服务业，推动总投资205亿元的十大物流园区全面开工，南村智慧物流园加快建设，蓝远快递物流园投入运营，吸引大型物流企业进驻，打造区域物流中心。

加快数字经济蓄势赋能。围绕数字产业化、产业数字化，大力实施“数字晋城”战略，加快建设数字经济标杆城市。新建5G基站1800座，搭建城市智能中枢系统，打通经济社会发展的信息“大动脉”。实施传统产业数字化转型三年行动，抓好晋钢智能制造系统、三甲炼焦数字工厂、晋东南建投产业园等一批工业互联网、智能工厂和数字化车间建设，推动数字经济与实体经济深度融合。加快丹河新城数字产业园、太行数岛、工业富联"智造谷"等10个数字产业园建设,大力培育机器人产业链、数据要素交易市场、数字产业区域总部基地以及智能呼叫、直播带货、无人配送等新业态新模式,力争数字经济核心产业增加值突破200亿元。

各位代表,如今的晋城,可以生产世界一流的光学镜头和相机模组,拥有国际领先的锑化物半导体和碳纳米技术,我们要放眼世界,胸怀天下,敢想敢干,敢行敢试,在更多新产业新领域奋勇争先、实现突破!

(二)着力培育壮大市场主体,激发高质量发展新活力

大力开展市场主体建设年活动,实施七大行动,推动市场主体稳存量、扩增量、提质量,力争"十四五"末突破35万家,年均增长18%以上。

放宽市场准入,壮大民营经济。严格执行市场准入负面清单,清理与企业性质挂钩的规定和做法,消除政府采购和招投标领域隐性壁垒。鼓励民营企业进入基础设施、公共服务、公用事业、生态保护修复等领域,参与混合所有制改革。加快建设民营经济发展改革示范市,持续推进"个转企、小升规、规改股、股上市",力争规上服务业企业突破200家,新增规上工业企业76家以上,完成规范化股份制改造企业50家,"晋兴板"挂牌企业25家,全年新增市场主体3万家。

强化政策支持,降低经营成本。用足用活上级政策,创新创优我市做法,形成操作性强、含金量高的"1+N"政策体系。小微企业信用贷款风险补偿金规模扩大一倍,科技型小微企业贷款损失实行100%先行补偿。推进"房证同交""地证同交"改革,优化涉企用地供给,实行工业用地弹性出让。加强对战略性新兴产业的环境容量和能耗保障。推动减税降费政策全面落实,实施重点企业落户奖补,及时兑现资金奖励、纳税扶持、用地保障、厂房补贴、水电气暖等各项优惠政策。

优化营商环境,释放便企红利。对标全省最优、全国一流,增强"晋心服务"品牌效应,打造"三无""三可"营商环境,全力冲刺国评省考,力争1~3项指标跻身国家标杆城市行列。推动"一件事"提档升级,新增20个以上高频服务套餐,政务服务自助办理事项达到300项以上,申请材料、审批环节、企业开办时限再分别压减20%、40%、50%。深化"证照分离"改革全覆盖,实行连锁企业免核查、规上企业全代办、引资企业亮绿灯。推行部门联合"双随机、一公开"监管,对新业态新领域包容审慎监管,做到既"无事不扰",又"无处不在"。构建亲清政商关系,用好常态化联系服务企业机制,真心实意为企业办实事解难题,用政府的"服务指数"换取市场主体的"倍增指数"。

(三)着力加快重点项目建设,跑出高质量发展新速度

系统谋划项目。围绕"十四五"期间"8000亿盘子、4000亿固投"目标,紧跟上级政策和投资导向,聚焦产业转型、"两新一重"、生态环保、基本民生、基础设施、防灾减灾等领域,谋划实施一批重大项目。用好建设项目、重点工程项目、专项债券项目、中央预算内投资项目"四张清单",积极争取上级资金支持,全力抢占市场先机和政策先机。

精准招引项目。瞄准京津冀、长三角、大湾区、中原城市群等重点区域,精准制定、及时更新产业地图和招商图谱,灵活运用七种招商模式,办好各类招商活动,加快引进一批补短板、提效益、增后劲的优质项目。加强招商引资信息化平台建设,打造市场化、专业化招商队伍,出台驻外招商机构考核办法,提高招商精准度和项目落地率。

强力推进项目。用好重大项目"指挥部+公司"和项目攻坚"166"指挥体系,严格落实清单化管理、常态化调度、差异化考核、集中式观摩等机制,全力推进1743个建设项目,年内完成投资915.4亿元,其中省市重点工程147项,年内完成投资315.4亿元。产业转型方面,重点推进总投资136亿元的晋钢智造科技产业园、总投资100亿元的晋钢机电装备产业园、总投资22亿元的聚力民生LNG调峰储备中心、总投资20亿元的氢驰动力甲醇制氢燃料电池等项目建设。基础设施方面,重点推进总投资135亿元的丹河新城金村起步区、总投资62亿元的晋阳高速改扩建、总投资43亿元的太行一号旅游公路环线

等项目建设。社会民生方面，重点推进总投资254亿元的百里沁河生态经济带、总投资57亿元的丹河新城教育园区等项目建设。

高效服务项目。发挥“三个中心”作用，领导重点包联、专班全程跟进、执法强力保障，实行“24小时直通车”制度，及时解决项目推进中的困难和问题。市县两级继续安排6000万元，用于企业投资项目供地前服务事项统一办理。采取“四不两直”“13710”等方式，强化跟踪督导问效，倒逼各项服务落实到位。开展前期手续集中办理活动，确保新建项目一季度开工35%、上半年开工75%，续建项目3月底前全部复工。

（四）着力提升改革开放水平，培育高质量发展新动能

打造开发区建设升级版。持续深化“三化三制”“管运分离”改革，建立精简高效的管理运行机制，做好全省改革样板。深化“承诺制+标准地+全代办”改革，全面推行“一本制”，出让标准地1500亩以上，新建标准化厂房70万平方米，做到“熟地等项目、厂房等企业”。支持开发区优势互补、错位发展，加快晋城开发区光机电产业园、高平开发区台湾产业园、阳城开发区苏州智慧产业园、沁水开发区煤层气综合利用产业园、陵川示范区中药材产业园等特色园区建设。滚动推进“三个一批”活动，确保开发区工业投资占到全市59%以上，规上工业增加值占到全市41%以上。

打赢国企改革三年行动收官战。按照省委“32字”改革要求，不折不扣推进90项改革任务。加大“处僵治困”力度，完成全市11户僵尸企业、15户未改制企业、8户未脱钩企业出清改制。完成市属国有企业“六定”改革，加快建设现代企业制度，不断提高企业市场化经营水平。强化国投公司“四个平台”作用，推动兰花集团瘦身健体，提升兰花科创资本赋能水平。“一企一策”加快混合所有制改革，推动国有企业全面提质增效，打造一批具有区域影响力的企业集团。

打好财税金融改革组合拳。压减“三公”经费预算和一般性支出，提高资金使用效率，兜牢基层“三保”底线。优化财税收入结构，加强煤炭行业重点税源和房地产行业税收征管，实现国有产权转让收入及时入库。引导金融机构加大对小微企业、科技创新、绿色发展的支持力度，推广知识产权质押、林权抵押等创新融资产品，提升金融服务普惠性。支持企业进军资本市场，提升直接融资水平。加强地方银行机构风险防控，严厉打击恶意逃废债、非法集资等违法犯罪行为，维护金融市场秩序稳定。

打开对外开放合作新局面。聚焦建设对外开放先行城市，立足晋东南城镇圈，主动服务山西中部城市群，深度融入中原城市群，积极申建晋东南国家级承接产业转移示范区。大力拓展对外通道，力争晋城机场跑道开工建设，加快推进晋侯高铁前期。建设外贸转型升级基地，拓展兰花保税物流中心功能，支持本土跨境电商开展自主进口。培育壮大一批亿元以上外贸骨干企业，引导企业充分利用RCEP自由贸易区协定，拓展新兴市场份额。加强国际友城建设，不断扩大“朋友圈”。

（五）着力打造一流创新生态，厚植高质量发展新优势

加强创新主体培育。推动产业链上中下游、大中小企业融通创新，年内高新技术企业突破110家，新培育认定“专精特新”企业20家。鼓励龙头企业牵头组建产业技术战略联盟，支持山西科技学院、晋城职业技术学院与本地企业深度合作。发挥财政资金导向作用，引导企业和社会资本加大研发投入，国有企业研发投入纳入经营业绩考核，持续提高R&D经费投入强度。

加强创新平台建设。推进以光机电产业研究院为代表的新型研发机构建设，加快半导体激光器芯片、碳纳米材料应用、纳米硬质合金、纳米晶陶瓷玻璃等科技项目孵化转化，两个以上项目实现量产。做优做强煤与煤层气共采国家重点实验室、晋城市安理工能源工程技术研究院等创新平台，建设煤层气全产业链研发中心，推动智创城6号全面建成、高效运行。

加强关键技术攻关。围绕构建“1+5”现代产业体系，抓好35项省市科技研发项目，支持重点企业在煤炭高效清洁开采利用、智能化矿山改造、快速掘进装备、半导体光电器件、数字产业等方面开展技术

攻关和成果转化。制定煤层气勘探开发行业系列技术标准,开展深部煤层气、薄煤层、采空区资源开发技术研究,加快老井精准改造,推动单井产量翻番。

加强创新人才引育。持续推动市校合作“12大基地”建设,3年内引进100名以上高层次人才、20个以上高层次创新团队。深化科技体制机制改革,推行科研项目经费“包干制”和首席专家负责制,探索科研创新容错机制,赋予科研人员更大技术路线决定权、经费支配权、资源调度权。落实人才引进政策,优化人才发展服务环境,靠事业留人、靠感情留人、靠待遇留人,让各类人才创业有机会、干事有平台、发展有空间。

(六)着力推进新型城镇化建设,展示高质量发展新形象

坚持提品质、出精品、创经典,全力推进总投资超千亿的城市建设三年行动,今年重点抓好97个重大项目建设,加快中心城市能级提升,辐射带动大县城和重点镇协同发展。

优化空间布局。按照“一体两翼、六大组团、多片区”的空间布局,持续推进主城区10个片区特色化改造,完成老城改造一期工程,确保4271户居民顺利回迁。加快丹河新城起步区建设,今年投资54亿元实施39个项目,3个回迁安置小区交付入住,凤展假日广场、合聚大健康产业园主体完工,金村文化产业园基本建成,推动丹河新城迈向产城融合发展新阶段。

完善城市功能。全力打造“三环两线两轴”骨干交通网,百灵街、南村环镇路等10条断头路瓶颈路全面打通,英雄路、松柏街等10条支路环路建成通车;晋阳高速改扩建工程、G342与G208连接线加快推进,西上庄至北留—周村工业园连接线、金村大道南延及红星街东延全线动工,文博路至文峰路连通工程开工建设;东南过境高速、机场大道和玉屏路加快前期。抓好“两馆三中心”建设,城市规划展览馆、公安综合执法监管中心、康养会展中心开工建设,科技馆、全民健身中心完成前期。建设养老幸福社区、儿童友好社区、青年活力社区,增强老年关爱型、儿童友好型、青年发展型城市功能。

提升城市品质。深入实施“多彩花海”生态绿化项目,英雄公园清明节前全面完工,崇实公园、时家岭公园“五一”前形成雏形,高标准建成太岳街、中原街两条生态廊道,全面完成太行路南段、白水街西段等15条道路沿线景观提升。实施180个老旧小区改造,完成既有住宅加装电梯50部,新建10处公共停车场,完成12处城市内涝点治理。申报全国海绵城市建设示范城市、城市更新试点城市。建成智慧晋城运营指挥中心,打造全国一流的智能应用场景,全面提升城市治理水平。

促进城乡融合。发挥县域经济实力较强的优势,瞄准建设中部和全国经济百强县目标,做大做强县城和重点镇,构建“一核四极、五指成拳”的新型城镇化格局。支持高平市“三区联动”发展,阳城县“五凤朝阳”组团式发展,陵川县打造中原地区生态康养旅游度假中心,沁水县建设山水园林县城。持续推进巴公、北石店国家级新型城镇化试点、润城全国乡村旅游重点镇和大阳省级特色小镇建设,做好国家级传统村落集中连片保护利用示范工作。

各位代表,如今的晋城,是太行山上最美的城市,是三晋大地最靓的城市,我们要向美而行、晋善晋美,把明天的晋城建成环境美、人文美、生活美的新型现代化城市!

(七)着力实施乡村振兴战略,拓展高质量发展新空间

牢牢守住两条底线。压紧压实粮食安全责任,坚决遏制耕地“非农化”、防止“非粮化”,大力发展有机旱作农业,新建高标准农田22.85万亩,确保粮食播种面积稳定在241.1万亩以上、总产量6.65亿千克以上。启动华北种质资源活化带项目,以种业振兴稳固种源安全。巩固拓展脱贫攻坚成果,落实好防止返贫动态监测和帮扶机制,加大受灾群众救助帮扶力度,坚决守住不发生规模性返贫底线。

持续抓好四大牵引性工程。百里沁河生态经济带,今年完成所有规划方案编制和30个项目的前期手续,重点抓好山水林田湖草沙一体化保护与修复项目。太行一号文旅康养和乡村振兴融合发展示范带,重点推进“三线路网”建设,布局10个规模适度、业态多元、功能完善的精品片区。沁丹两河沿线农村生活污水治理示范带,268个重点村治理任务全部

完成，沿河村庄污水治理覆盖率达到70%，全面改善沁丹两河水质。环城水系清水复流工程，启动剩余6条河流综合整治，统筹做好暗河打开、水源保障、生态湿地建设等工作，2023年全部完工。

大力发展特优农业。推进蔬菜、中药材、生猪、家禽、肉羊、蜂业六大特优产业集群建设，稳定甘薯、蚕桑、黄梨三大特色产业发展，抓好丹河现代农业产业园、北方食用菌生产基地、山西朔增万只种羊场等重点标杆项目，加快构建"6＋3"现代农业发展格局。新培育农业产业化联合体6个、省级示范家庭农场12家，支持高平申报国家级现代农业产业园，建设完善农产品冷链物流体系。注册推广市级统一的农产品区域公用品牌。

加快建设美丽乡村。分类有序推进"多规合一"村庄规划全覆盖。开展"双百"乡村示范创建，启动20个美丽乡村和20个宜居乡村建设。接续推进农村人居环境整治，新改造户厕3.1万户，卫生厕所普及率达到75%以上；因地制宜推进农村垃圾、污水处理设施建设，垃圾收运体系覆盖自然村比例达到92%以上。新改建"四好农村路"300千米，完成农村危房改造1012户，提升12万农村人口供水保障水平。分类推进农村千兆网络覆盖，加快建设数字乡村。

充分激发"三农"活力。深化农村综合改革，扩大农业生产托管范围，稳慎推进宅基地改革试点，纵深推进农村集体经营性建设用地入市，建成全市统一的农村产权交易市场。发挥乡村振兴投资开发有限公司和产业基金作用，搭建市场化投融资平台，破解"三农"发展资金难题。市级每年安排不少于2亿元支持农业农村优先发展。设立5000万元支农贷款风险补偿金。

（八）着力加强生态文明建设，擦亮高质量发展新底色

推动绿色低碳发展。以"双碳"目标为牵引，深化能源革命。统筹推进"稳煤、优电、增气、上新"，加快构建清洁低碳安全高效的现代能源体系。开展煤炭消费量全口径统计，加大火电、化工等行业节能技改，分类推进低效产能腾退压减，稳步减少全社会煤炭消费总量。建立能耗监察体系，实行重点用能企业预算化管理，开展企业初始能耗核定，探索用能权市场化交易。加快调整产业、能源、交通运输结构，强化42个"两高"项目分类处置与精准管控，推动能耗"双控"向碳排放总量和强度"双控"转变。

巩固提升环境质量。落实"十大任务"，用好"十项机制"，协同推进工业、社会两大污染源精细化管控，全力攻坚臭氧、一氧化碳两大治理顽疾，优良天数比例达到75%以上。坚持"四水四定"，统筹"五水综改"，抓好"一断面一方案"问题整改，加快正源污水处理厂提标扩容，推动县乡两级污水处理工程建设，新建3处人工湿地，确保国、省考监测断面水质稳定达标。强化固体废物贮存处置场所整治，加快生活垃圾焚烧发电项目建设，推进垃圾分类处置，创建"无废城市"。

加强生态修复治理。推进国土绿化行动，创建国家生态园林城市。严格落实林长制，加快全国林业改革发展综合试点建设。高标准编制生态修复规划，以太行一号旅游公路、沁丹两河沿线、城市周边为重点，开展破损山体、废弃矿山、采煤沉陷区、小流域及坡耕地生态修复治理。严厉打击私挖滥采等违法行为，扎实抓好土地卫片执法问题和森林督查问题整改，牢牢守住生态保护红线。

（九）着力抓好民生社会事业，共享高质量发展新成果

积极促进就业增收。统筹做好高校毕业生、下岗失业人员等重点群体就业工作，全年新增城镇就业3.8万人，转移农村劳动力2.5万人，城镇登记失业率控制在4.5%以内。确保零就业家庭动态清零。深入推进职业技能提升行动，技能人才占从业人员比例达到35%以上，打造具有一定影响力的特色劳务品牌。

办好人民满意教育。全面对标国内一流，加快构建高质量教育体系，建设中部地区教育强市。实施教育均衡工程，新改建20所标准化公办幼儿园和11所中小学校，有效缓解公办幼儿园入园难和优质学校入学难问题。实施校长教师培优工程，全面推行校长职级制改革，加快名师工作室建设，打造高素质专业化师资队伍。实施高中教育强市工程，晋城一中丹河校区和泽州一中新校区投入使用，用3~5

年时间把晋城一中建成全国一流名校。实施产教融合工程,支持山西科技学院加快发展,推动晋城职业技术学院提质发展,筹建文旅康养职业学院,争创国家级康养高技能人才培养基地。实施智慧教育工程,启动“互联网+教育”云平台、示范性智慧校园等项目建设。抓好“双减”政策落地。办好特殊教育、继续教育,规范民办教育发展。

加快建设健康晋城。深化卫生领域改革,抓好全省县域医疗卫生一体化改革示范市建设。强化公共卫生重大平台建设,提高突发公共卫生事件监测预警和应急处置能力。加快中医药强市建设。全面启用市人民医院新院区,开工建设市康复医院迁建项目,完成市传染病医院迁建项目前期,改造提升市妇幼保健院。深入开展爱国卫生运动和全民健身活动,促进医体融合。积极备战第十六届省运会。争创国家食品安全示范城市。

健全社会保障体系。深入实施全民参保计划,稳步推进社保提标扩面。统筹做好社会救助、社会福利、慈善事业等工作,切实保障困难群众基本生活。深化医疗保障制度改革,抓好全国长期护理保险制度试点建设。持续完善养老服务体系,实施8个城镇社区养老幸福工程。全面落实三孩政策,大力发展婴幼儿托育服务。开展房地产市场秩序集中整治,扎实推进灵活就业人员缴存公积金试点,棚户区住房改造开工5465套。做好退役军人接收安置工作,争创省级双拥模范城“七连冠”。

大力繁荣文化事业。巩固国家公共文化服务体系示范区创建成果,深入实施文化惠民、文明守望、乡村文化记忆等工程,提升人民群众精神生活品质。打造一批特色品牌活动广场,建设一批地域特色博物馆。加强历史文化遗产和红色资源保护利用,加快古堡申遗,积极创建国家级文化生态保护试验区,带动非物质文化遗产区域性整体保护。深入推进群众性精神文明“五大创建”活动,巩固拓展全国文明城市创建成果。创作一批文艺精品,向党的二十大献礼。

各位代表,在做好上述工作的同时,市政府还将全力办好本次人民代表大会确定的12件民生实事。我们要始终以民为本,在补齐短板上持续用力,在共建共享上善作善成,让人民群众的生活年年都有新改善、一年更比一年好!

(十)着力守牢安全稳定底线,护航高质量发展新征程

今年大事多、要事多、喜事多,要更好统筹发展和安全两件大事,建设更高水平的平安晋城。

慎终如始抓好疫情防控。坚持“外防输入、内防反弹”总策略和“动态清零”总方针,全面压实四方责任,始终保持疫情防控指挥体系处于激活状态,从严从紧落实各项防控措施。健全常态化防控和应急处置转换机制,全面加强核酸检测、流调溯源、集中隔离、医疗救治、院感防控、物资保障等能力建设,提升智慧防控水平,坚决守好山西东南大门。

毫不松懈抓好安全生产。严格落实“十抓安全”总体要求,贯彻执行新修改的《中华人民共和国安全生产法》,压紧压实党政领导责任、部门监管责任、企业主体责任。扎实推进安全生产专项整治三年行动,持续深化煤矿、非煤矿山、危化品、道路交通等19个重点行业领域隐患排查治理,坚决遏制重特大事故发生。完善应急救援体系,加强应急队伍、物资储备和信息化建设,科学有效应对处置各类事故灾害。

尽忠职守建设平安晋城。加快“全科网格”建设,扎实做好市域社会治理现代化试点工作,积极创建全省社会治安防控体系建设示范市。严格落实信访稳定“5+1”责任制,建成市域社会治理中心,全力做好重要时期和敏感节点的维稳保障工作,常态化推进扫黑除恶专项斗争和电信网络诈骗治理,确保社会大局和谐稳定。

与此同时,支持国防和军队建设。更好发挥工会、共青团、妇联等群团组织作用,大力发展妇女、儿童、老龄、残疾人、红十字和关心下一代等事业。扎实做好民族宗教、外事侨务、港澳台、人防、气象、地震、治超、科普、史志、档案、援疆等工作。

三、全面加强政府自身建设

面对发展重任和人民重托,新一届政府将树牢狠抓落实的鲜明导向,全面贯彻“十个狠抓落实”工作要求,不断强化执行力、落实力,努力建设忠诚政府、法治政府、服务政府、效能政府、廉洁政府。

旗帜鲜明讲政治。严守政治纪律和政治规矩,

坚决捍卫“两个确立”，切实增强“四个意识”、坚定“四个自信”、做到“两个维护”，不断提高政治判断力、政治领悟力、政治执行力。巩固深化党史学习教育成果，弘扬伟大建党精神。坚持把党的全面领导贯穿始终，不折不扣推动党中央国务院、省委、省政府和市委各项决策部署落地见效。

规范用权崇法治。落实权责清单制度，推进综合行政执法和行政复议体制改革，做好“八五”普法工作，争创省级法治政府建设示范市。自觉接受人大法律监督、政协民主监督和各方面监督，认真办理人大代表建议和政协委员提案。强化审计监督和统计监督，抓好巡视和审计反馈问题整改。深入推进政务公开和信息公开，持续开展《请人民阅卷》评议活动，让政府工作始终在法治轨道上运行。

主动作为优服务。始终把人民放在心上、把责任扛在肩上、把工作抓在手上。带头做好调查研究，坚持问政于民、问需于民、问计于民。带头扛起主责首责，强化政治担当、责任担当、历史担当。带头深入基层一线，帮助企业投融资、闯市场、抓创新，解决群众的操心事、烦心事、揪心事，打造人民满意的服务型政府。

履职尽责强效能。坚持行动导向，效率变革，全方位争先，高质量落实。要闻令而动，对中央、省、市各项决策部署，全链条深度思考，针对性拿出方案，全要素建立清单。要谋定快动，实行“1＋N”抓落实工作机制，扁平化管理，递进式推动，全过程督办，闭环式运行。要高效行动，发扬斗争精神，敢于较真碰硬，奔着问题去，迎着困难上，牵住“牛鼻子”，啃下“硬骨头”，推动改革发展各项工作干在实处、走在前列。

风清气正守廉洁。深入贯彻落实市委“清廉晋城”建设部署，扛牢全面从严治党政治责任，深入推进政府系统党风廉政建设和反腐败斗争，加强国资国企、资源能源等重点领域监管。严格落实中央八项规定及其实施细则精神，坚决与形式主义、官僚主义作斗争，进一步改进文风会风，切实为基层松绑减负。

名词解释

1.“两个确立”：确立习近平同志党中央的核心、全党的核心地位，确立习近平新时代中国特色社会主义思想的指导地位。

2.“两个维护”：维护习近平总书记党中央的核心、全党的核心地位，维护党中央权威和集中统一领导。

3.“六稳”“六保”：稳就业、稳金融、稳外贸、稳外资、稳投资、稳预期；保居民就业、保基本民生、保市场主体、保粮食能源安全、保产业链供应链稳定、保基层运转。

4.“1+5”现代产业体系：“1”，就是加快传统产业优化升级，以数字化赋能煤炭、煤化工、钢铁铸造、电力等传统产业，不断增强生存力发展力。“5”，就是加快光机电、煤层气、文旅康养、现代服务业、数字经济五个战略性新兴产业集群化、规模化发展。

5. 光机电“1+100”产业集群：“1”是富士康，“100”是通过招商引资，至少引进100家光机电企业，形成产业集群。

6.“百村百院”：以“太行人家”为统一品牌，打造100个康养特色村、100个康养特色院落。

7.“三个一批”：开发区项目签约一批、开工一批、投产一批。

8. 市校合作“12大基地”：大学生实习实训基地、大学生就业创业基地、高校科研平台延伸基地、高校科技成果转化基地、智库合作基地、高校优质生源基地、红色教育和国情教育基地、大学生联合培养基地、高校干部人才培养基地、校友招商引才基地、高校农产品供应基地、技能服务人才培养基地。

9.“六新”：2020年5月，习近平总书记视察山西时作出重要指示，大力加强科技创新，在新基建、新技术、新材料、新装备、新产品、新业态上不断取得突破。

10.“四个专项整治”：针对破坏营商环境的突出问题，扎实开展阻工扰工、行政审批领域、建筑施工和房地产领域、违法建设四个专项整治。

11. 承诺制+标准地+全代办：承诺制，按照政府统一服务、企业承诺的方式精简企业投资项目报建审批事项；标准地，在城镇开发边界内具备供地条件的区域，对新建工业项目先行完成区域评价、先行设定控制指标，并实现项目动工开发所必需的通水、通电、通路、土地平整等基本条件的可出让的国有建设用地；全代办，由政府指定专人指导企业编制审批材料，跟踪解决疑难问题,提供全过程、个性化的无偿代办服务。

12.“一本制”改革:围绕政府统一服务“承诺制”,为企业投资项目提供供地前高效集成服务的一项创新举措。通过有机糅合项目设计的环评、能评、水土保持、防洪、取水等评估评价类事项,编制评审“一本制”综合文本,明确项目建设的条件和标准,企业作出具有法律效力的书面承诺后,“拿地即开工”,大幅减少项目前期的时间成本和经济成本。

13.“一云一网一中心”:全市统一的城市云平台、电子政务外网和大数据中心。

14.“四大牵引性工程”:百里沁河生态经济带工程、太行一号文旅康养和乡村振兴融合发展示范带工程、沁丹两河沿线农村生活污水治理示范带工程、环城水系清水复流工程。

15.百里沁河生态经济带“1+3”规划:百里沁河生态经济带发展规划和产业专项规划、生态水系及景观专项规划、交通专项规划。

16.“五大配套系统”:慢行、服务、景观、信息、农田财化系统。

17.“两个30%”目标:技能人才总量占从业人员总量的30%,高技能人才总量占技能人才总量的30%。

18.“2+26”城市:京津冀大气污染传输通道城市,“2”即北京、天津,“26”即河北省石家庄、唐山、廊坊、保定、沧州、衡水、邢台、邯郸,山西省太原、阳泉、长治、晋城,山东省济南、淄博、济宁、德州、聊城、滨州、菏泽,河南省郑州、开封、安阳、鹤壁、新乡、焦作、濮阳。

19.“四好农村路”:把农村公路建好、管好、护好、运营好,逐步消除制约农村发展的交通瓶颈。

20.“六个必须”:市第八次党代会提出,做好晋城工作,必须始终坚持以习近平新时代中国特色社会主义思想为指导,增强“四个意识”、坚定“四个自信”、做到“两个维护”,确保各项工作始终沿着正确方向前进;必须认真践行以人民为中心的发展思想,多干群众所想所愿、所急所盼的事情,多干顺民意、解民忧、惠民生的事情,不断增进民生福祉;必须完整准确全面贯彻新发展理念,结合晋城实际,坚持理念引领、突出规划先行、搭建干事平台、强化机制保障、营造良好氛围,创造性地抓好落实;必须扭住转型不动摇,坚持把转型作为高质量发展的主攻方向,一切为了转型,一切服务转型,在转型发展上率先蹚出一条新路来;必须强化执行力、落实力,以跑马拉松的心态、以百米冲刺的激情,保持战略定力、锐意拼搏进取,干在每一天、干好每件事;必须坚持和加强党对一切工作的领导,全面从严管党治党,汇聚正气充盈、干事创业的强大合力。

21.“六大战略定位”:加快建设绿色转型的示范城市、能源革命的领跑城市、对外开放的先行城市、数字经济的标杆城市、光机电产业的集聚城市、文旅康养的样板城市。

22.“六化工作方法”:系统化、市场化、生态化、特色化、精细化、品质化。

23.“一山两河一流域”:一山,即太行山;两河,即沁河、丹河;一流域,即黄河流域。

24.“一院一中心一联盟”:省级铸造产业研究院、国家级增材制造检验检测中心、市级铸造业技术创新战略联盟。

25.源网荷储:以“电源、电网、负荷、储能”为整体规划的新型电力运行模式,可精准控制社会电力系统中的用电负荷和储能资源,有效解决电力系统因新能源发电量占比提高而造成的系统波动,提高新能源发电量消纳能力,提高电网安全运行水平。

26.风光火储:围绕电源基地开发,因地制宜采取风能、太阳能、煤炭等多能源品种发电互相补充,并适度增加一定比例储能,统筹各类电源的规划、设计、建设、运营,有效提升新能源利用效率和发展质量,促进能源转型和经济社会发展。

27.太行一号“三线路网”:154千米太行一号旅游公路支线、50千米沁河古堡旅游环线、150千米“百村百院”连接线。

28.“十大领域”:围绕货运、商贸、餐饮、煤炭销售服务、信息服务、广告服务、家政服务、租赁服务、科技服务、电子商务等十大领域,整合打造一批服务业优质平台企业。

29.“十大物流园区”:蓝远快递物流园、中通快递产业园、阳城·苏州智慧物流园、嘉润综合物流园、空港物流园、南村智慧物流园、高平二广高速物流园、中农联冷链物流中心、远中物流园、犁川重卡物流园。

30.市场主体倍增“七大行动”:实施新型农业培

育行动、制造业扩规行动、能源产业供给优化行动、建筑业提质行动、现代服务业发展行动、新业态新经济成长行动、小微企业和个体工商户涌流行动“七大行动”。

31.市场主体倍增“1+N”政策体系：“1”是《晋城市市场主体倍增工程实施方案》。“N”是若干配套政策，其中包含1个专项配套政策，即《关于强化市场主体倍增要素保障服务支撑的若干措施》；围绕支持制造业市场主体倍增、支持个体工商户倍增、支持新型农业市场主体发展、支持文旅康养市场主体发展、保持城市“烟火气”、发展乡村e镇、支持“双创”、降低物流成本等方面，制定实施8个分行业专项政策。

32.“房证同交”“地证同交”改革：“房证同交”改革是指通过部门协调联动，加强过程管控，进一步压缩办理时限，优化业务流程，使得新建商品房项目交付前完成规划验收、房屋竣工验收备案、缴纳税费等工作，具备不动产登记条件，购房人在领取房屋钥匙时同步领取不动产权证书，实现居住权与产权同步。“地证同交”改革是指通过主动靠前服务、提前介入、并行办理等举措，优化业务办理流程，使得土地交付时完成权籍调查、缴纳税费等工作，具备不动产登记条件，用地单位取得土地时同步领取不动产权证书，实现用权与产权同步。

33.“三无”“三可”：打造无差别、无障碍、无后顾之忧，可预期、可信赖、可发展的营商环境。

34.“证照分离”改革：依法推动对涉企行政审批事项采取直接取消审批、审批改为备案、实行告知承诺、优化准入服务等改革方式，将许可类的“证”分离出来，尽可能减少审批发证。有效区分“证”“照”功能，从事前审批向强化事中事后监管转变，着力破解“准入不准营”难题。

35.“双随机、一公开”：在监管过程中随机抽取检查对象，随机选派执法检查人员，抽查情况及查处结果及时向社会公开。

36.“两新一重”：新型基础设施，新型城镇化，交通、水利等重大工程。

37.“七种招商模式”：产业链招商、小分队招商、以商招商、平台招商、基金招商、飞地招商、大赛招商。

38.项目攻坚“166”指挥体系：“1”即项目建设数字化服务平台，“6”即工业项目、数字经济、能源项目、乡村振兴、现代服务业、基础设施6个分指挥部，“6”即综合协调小组、项目谋划小组、招商引资小组、项目前期小组、项目推进小组、督办监督小组6个作战小组。

39.“三个中心”：项目推进中心、公用事业建设服务中心、预算评审中心。

40.“四不两直”：不发通知、不打招呼、不听汇报、不用陪同接待，直奔基层、直插现场。

41.“13710”：省委、省政府践行习近平总书记“以钉钉子精神做实做细做好各项工作”重要论述重要指示精神，发挥信息化技术优势，有效提升抓落实质量和效率的制度创新。对纳入“13710”系统的工作任务，1天内要研究部署，3天内向省委、省政府反馈办理情况，一般性问题原则上7天内落实，重大问题复杂问题1个月内落实解决，所有事项都要追踪到底、销号清零。

42.“三化三制”改革：加快建设开发区专业化、市场化、国际化的管理团队，实行开发区领导班子任期制、全员岗位聘任制和绩效工资制。

43.“管运分离”改革：实行开发区行政管理体制和市场化运营模式分离，引入市场化机制，支持有能力的企业组建运营团队经营开发区，承担招商引资、投融资、园区建设、园区运营等职能；开发区管理机构则主要承担行政管理、公共服务、执法监管和考核评价等职能。通过采取“管委会+运营公司”模式，建立起科学、合理和可持续发展的管理体制和运营机制，实现开发区治理体系和治理能力现代化。

44.省委国企改革“32字”要求：主强辅优、分灶吃饭，对标挖潜、突破“两线”，管控流程、数智支撑，业绩考核、奖罚分明。

45.“六定”：定职数、定员额、定机构、定机制、定薪酬、定任期。

46.国投公司“四个平台”：投资、融资、运营、整合平台。

47.基层“三保”：保工资、保运转、保基本民生。

48.RCEP：区域全面经济伙伴关系，是由东盟十国发起，邀请中国、日本、韩国、澳大利亚、新西兰共同参加（“10+5”），通过削减关税及非关税壁垒，建立15国统一市场的自由贸易协定。

49.专精特新：专业化、精细化、特色化、新颖化。

50.R&D经费投入强度：R&D经费指全社会研究与试验发展经费。R&D经费投入强度指R&D经费与地区生产总值的比值。

51.科研项目经费“包干制”：由科技项目负责人具体进行经费使用管理，但是所有支出项目必须符合项目委托方的规定和机构的财务管理规定。

52.“六大组团”：指主城区、南村、北石店、金村、柳泉和空港新区。

53.多片区：指白马寺山片区、中原街两侧片区、东西大街以北片区、西北片区、兰花路片区、高速南口片区、三区绿心片区、西部片区、东南片区、空港片区等多个特色片区。

54.“三环两线两轴”骨干交通网：市第八次党代会提出全力打造“三环两线两轴”骨干交通网，即贯通80千米高速环、60千米国道环和32千米主城外环；完成晋阳高速改扩建工程，建成北留周村工业园到市区的快速通道；连通太岳街、书院街和G342国道，打通文博路至文峰路瓶颈路段、向南连接机场大道，形成新的“十字轴”；打通“断头路”、畅通微循环，实现各组团各片区联动发展、市县畅通连接。

55.“双百”乡村：聚焦“百村百院”工程所在村、生态旅游重点村、特色产业专业村，对标国家美丽休闲乡村，创建100个“美丽乡村”：聚焦镇区所在地和人口集聚村，集中提升基础设施、公共服务水平，配套发展生产生活服务业，创建100个“宜居乡村”。

56.能耗“双控”：能耗总量和强度双控。

57.“十大任务”：在环保工作中，强化工业企业深度治理和精准管控，强化机动车辆污染管控，强化扬尘综合管控和治理，强力推进冬季清洁取暖工程，强化煤炭管控，深入开展锅炉综合整治，强化露天烧烤、焚烧和喷涂管控，强化餐饮油烟管理，加强重点区域环境污染整治，加强重污染天气应对。

58.“十项机制”：在环保工作中，坚持每日调度，实施部门联动，严格源头管控，完善预警机制，强化信息化管控，强化督查巡查，实行有奖举报，加强舆论引导，完善考核体系，从严追责问责。

59.“四水四定”：以水定城、以水定地、以水定人、以水定产。

60.“五水综改”：全面推进水源、水权、水利、水工、水务改革。

61.无废城市：通过推动形成绿色发展方式和生活方式，持续推进固体废物源头减量和资源化利用，最大限度减少填埋量，将固体废物环境影响降至最低的城市发展模式。

62.“双减”：有效减轻义务教育阶段学生过重作业负担和校外培训负担。

63.群众性精神文明“五大创建”活动：创建文明城市、文明村镇、文明单位、文明家庭、文明校园。

64.“四方责任”：常态化疫情防控要全面落实属地、部门、单位、个人的四方责任，建立全社会共同防控体系。

65.“十抓安全”：提高站位抓安全、问题导向抓安全、突出重点抓安全、强化责任抓安全、严格整改抓安全、强化监督抓安全、夯实基础抓安全、加大投入抓安全、强化应急处置抓安全、从严问责抓安全。

66.全科网络：在城市综合治理网格工作基础上，把所有的工作进行整合细化，按照网格化的管理模式来进行统筹管理。

67.信访稳定“5+1”责任制：“5”即市委常委包县区、副市长包分管领域、专项治理小组包专项问题、项目领导包项目诉求、四套班子领导包重点案件，“1”即压实属地责任。

68.“十个狠抓落实”：提高站位狠抓落实，解放思想狠抓落实，系统思维狠抓落实，把握关键狠抓落实，创新机制狠抓落实，提升能力狠抓落实，压实责任狠抓落实，依靠群众狠抓落实，改进作风狠抓落实，严格奖惩狠抓落实。

69.“四个意识”：政治意识、大局意识、核心意识、看齐意识。

70.“四个自信”：道路自信、理论自信、制度自信、文化自信。

71.“1+N”抓落实工作机制：省政府建立抓落实的总体工作机制，各牵头单位分别围绕重点工作建立抓落实的专项工作机制，形成“1+N”抓落实工作机制体系。

1月

1日　晋城市与全省同步举行2021年第一期开发区项目“三个一批”（签约一批、开工一批、投产一批）活动。74个项目集中签约、开工、投产，总投资358亿元。项目涉及光机电、高端装备制造、新基建、新材料、大健康等新兴产业。市委书记张志川、市长王震共同出席活动。

2日　市新冠肺炎疫情防控领导小组办公室发布通告，城区疾控中心对国内某涉疫企业抽样送检的汽车轮胎外包装样本新冠病毒核酸检测结果呈阳性。市新冠肺炎疫情防控领导小组办公室立即启动应急响应机制，全面开展排查、封存、检测及人员摸排管控等工作。

4日　市委书记张志川主持召开市委常委会会议，审议《关于在全市推行林长制的实施意见》《中共晋城市委关于全面加强政治监督的实施意见》《2021年度晋城市街道办事处重点工作考核办法》《晋城市改革创新先进集体和先进个人表彰实施方案》《晋城市乡级行政区划调整方案》《关于建设中医药强市的实施方案（2020—2030年）》《关于支持晋城经济技术开发区先行先试的若干措施》《培育产业基金生态促进形成千亿光机电产业集群的若干政策》《晋城经济技术开发区光机电产业引导基金管理办法》《关于支持晋城市光机电产业研究院改革创新的若干政策》《关于推进光机电产业研究院重点实验室建设的意见》。

5日　市委书记、市新冠肺炎疫情防控领导小组组长张志川主持召开市新冠肺炎疫情防控工作领导小组会议，强调坚决克服侥幸心理和麻痹思想，坚持“外防输入、内防反弹、人物同防、多病共防、科技兜底”的原则，紧盯重点领域关键环节，采取科学精准、坚决果断的措施，全面消除风险隐患，确保人民群众生命安全和全市经济社会发展稳定。市长、市新冠肺炎疫情防控领导小组组长王震提出具体要求。

6日　市新冠肺炎疫情防控领导小组办公室第四十一次例会召开。安排部署疫苗接种、核酸检测、防疫物资储备等方面工作。

7日　市委书记张志川到富士康（晋城）工业园区和市客运东站，调研指导疫情防控工作。

8日　市长王震到晋城东高速口、市核酸检测基地、钟家庄街道社区卫生服务中心，调研疫情防控工作。

11日　市新冠肺炎疫情防控领导小组办公室发布《关于从严从紧疫情防控措施的通告》，要求从严外来人员管控、从严聚集活动管控、从严公共场所管控、从严发热患者管控、从严风险排查管控。

△　山西省文物局公布全省第一批革命文物名录，晋城市69处（套）入选。

14日　市长王震主持召开市政府第68次常务会。研究《晋城市2020年法治政府建设情况报告》，安排部署晋城市2021年法治政府建设工作；听取城市规划体系建设工作汇报；研究并原则通过《关于高质量建设丹河新城的意见》《晋城市2021年省市重点工程项目建议名单》《晋城市市级政府投资项目管理办法》《晋城市市级政府基本建设项目资金拨付管理办法》《晋城市城建三年行动计划(2021—2023年)》;审议《晋城市自然资源统一确权登记总体工作方案》和《晋城市城市建筑垃圾管理办法》。

15日　市委书记张志川主持召开市委常委会会议,听取太原科技大学华科学院转设工作进展情况汇报,审议通过《关于高质量建设丹河新城的意见》;听取全市维护稳定、春节期间安全生产、市场供应等工作情况汇报。

19日　省十三届人大四次会议晋城代表团召开代表团会议。会议推选了晋城代表团团长、副团长、小组召集人,党代表选举临时党支部成员,审议预备会议文件。

△　省政协十二届四次会议在太原开幕。晋城市政协主席常国荣、市委一级巡视员李根田等驻晋城市各界别的14名省政协委员和各县(市、区)政协主席参加大会。

20日　省委书记、省人大常委会主任楼阳生到所在的晋城代表团,与代表们一起审议政府工作报告,审查山西省国民经济和社会发展第十四个五年规划和二〇三五年远景目标纲要(草案)等文件。楼阳生强调,要把加快数字化转型、大力发展数字经济作为转型发展的基础性、引领性、战略性工程,牢牢把握经济发展主动权。

△　省十三届人大四次会议在太原开幕。晋城代表团代表张志川、范丽霞、王震、姚逊等30名代表参加大会。

23日　市委书记张志川主持召开全市新冠肺炎疫情防控工作会议,对全市疫情防控工作进行再安排、再部署。

△　省十三届人大四次会议举行第三次全体会议,省人大代表、市委书记张志川当选山西省第十三届人民代表大会常务委员会副主任。

24日　市新冠肺炎疫情防控领导小组办公室下发通知,调整全市学校2021年寒假放假时间,要求全市所有校外培训机构于1月28日起全面停止线下培训、授课与研学活动。

26日　省人大常委会副主任、市委书记张志川主持召开市委常委会(扩大)会议,审议《中共晋城市委关于认真做好县乡换届工作的实施意见》《晋城市2020年法治政府建设情况报告》;听取市疫情防控工作汇报和《晋城市城市建设三年行动计划(2021—2023年)》《晋城市2021年省市重点工程项目建议名单》《晋城市市级政府投资项目管理办法》有关情况汇报;听取市人大常委会党组、市政府党组、市政协党组、市中级人民法院党组、市人民检察院党组工作汇报。

△　县(市、区)委书记、市直党(工)委书记抓基层党建工作述职评议会召开。

△　县(市、区)抓脱贫攻坚工作述职评议会召开。省人大常委会副主任、市委书记张志川主持会议并讲话,强调要认真贯彻省委对晋城市"三农"工作提出的新要求,充分挖掘农业发展优势,保持定力、保持耐力、继续努力,在全省农业发展中带好头,全面推进脱贫成果巩固和乡村振兴有效衔接。市长王震进行工作点评。

27日　省人大常委会副主任、市委书记张志川与在晋城市考察的中国科学院院士、太原理工大学教指委主任赵阳升及其科研团队举行工作会谈,就设立研究院、院士工作站,加快产学研一体化合作,推动新能源领域科技成果转化等内容进行深入交流并达成初步共识。市长王震参加会谈。

27日至28日　省人大常委会副主任岳普煜在晋城市调研《山西省一枚印章管审批条例(草案)》立法工作。

28日　2021年全市春运道路交通安全暨道路交通安全领导小组工作例会召开。

29日　全市安全生产电视电话会议召开,贯彻落实省政府安委会第一次全体(扩大)暨安全生产电视电话会议精神,安排部署2021年及春节、全国"两会"期间安全生产工作。市长王震出席会议并讲话。

31日　市政府召开座谈会,就《中共晋城市委关于制定国民经济和社会发展第十四个五年规划和二〇三五年远景目标的建议》征求部分市级离退休干部的意见建议。市长王震出席会议并讲话。

是月　2020年,晋城市煤层气完成投资30.50亿元,新增产能

12.43亿立方米、新增钻井526口、新增产量6.29亿立方米，年产量达到37.74亿立方米，产量、增量、产量占比均位居全省第一。晋城市环境空气质量综合指数5.30，同比下降15.30%，改善幅度全省第一，是全省唯一6项大气污染物浓度指标均有10%以上改善幅度的城市。晋城市人民群众安全感、获得感、幸福感调查排名全省第一，获得“九连冠”。

2月

2日　市长王震主持召开市政府第69次常务会议。

3日　2020年度晋城市改革创新和五一劳动奖表彰大会在泽州会堂召开。省人大常委会副主任、市委书记张志川强调，要大力弘扬改革创新精神和劳模精神，奋力谱写新时代美丽晋城高质量高速度转型发展新篇章。市长王震主持大会。市人大常委会主任范丽霞、市政协主席常国荣等市领导出席会议。

4日　省人大常委会副主任、市委书记张志川主持召开市委常委会会议。审议《中共晋城市纪委七届六次全体会议工作报告》《中共晋城市委关于制定国民经济和社会发展第十四个五年规划和二〇三五年远景目标的建议》；研究2021年主要经济指标的安排建议、各县（市、区）召开党代表大会事宜等。

△　省人大常委会副主任、市委书记张志川主持召开市委常委会（扩大）会议。听取2020年度“三农”工作专项考核汇报；审议《新一轮“晋城的事，大家想、大家说、大家干”思想解放大讨论活动实施方案》。

△　晋城市2020年最有影响10件大事发布。分别是：①众志成城打赢疫情防控阻击战，成功实现“双零”目标（确诊病例“零”病亡、医务人员“零”感染）、守好“晋城阵地”；②举全市之力，下非常之功，成功摘取“全国文明城市”桂冠，荣膺全国双拥模范城“四连冠”；③郑太高铁全线开通运营，全市人民期盼已久的“高铁梦”成为现实；④从洞头速度、丹河速度到白马速度，不断刷新狠抓落实的“晋城速度”；⑤老城“颜值”华彩蝶变、丹河新城实现“四成”（路成、水成、树成、形象初成），“一体两翼、协同发展”（一体两翼，协同发展）“老城新城”“泽州城区”城市空间发展布局成型，全省城市工作会议在晋城市召开，“三宜三晋”（宜业宜居宜游、晋善晋美晋城）晋城名片叫响全国；⑥脱贫攻坚胜利收官，全面小康实现程度位列全省第一方阵；⑦“一枚章”改革向纵深推进，晋城入选中国营商环境国评样本城市；⑧首届康养产业发展大会成功举办，中国·山西康养产业发展大会永久会址落地晋城；⑨太行一号国家风景道主线建成通车，“0千米文化驿站”成网红打卡地；⑩五级公交体系全面建成，全国率先实现“1元公交”全覆盖。

5日　在太原召开的山西省第十二届精神文明建设“五个一工程”表彰座谈会上，晋城市选送的电视剧《一代名相陈廷敬》、上党梆子《太行娘亲》获“优秀作品奖”，市委宣传部获“组织工作奖”。

6日　市委决定开展新一轮“晋城的事，大家想、大家说、大家干”思想解放大讨论活动。省人大常委会副主任、市委书记张志川作动员讲话，指出全市上下要以新一轮的思想大解放为起点，对晋城的发展进行全方位、战略性梳理，进一步理清思路、明确方向、找准路径，进一步解放思想、先行先试、狠抓落实，在高质量高速度发展中不断创造更快的“晋城速度”、更生动的“晋城故事”、更精彩的“晋城传奇”、更恢宏的“晋城篇章”。

6日至8日　中共晋城市第七届委员会第十次全体会议暨市委经济工作会议召开。

8日　省人力资源和社会保障厅印发《关于给予山西省事业单位工作人员和集体脱贫攻坚记大功奖励的决定》，陵川县人力资源和社会保障局工伤保险所工作人员、驻附城镇台北村第一书记郭子涵，阳城县扶贫开发中心政策股股长、县脱贫攻坚领导小组办公室综合协调组组长孟荀熊，沁水县扶贫开发服务中心副主任、县脱贫攻坚指挥部问题整改组组长裴丽娜获个人记大功奖励；晋城市扶贫开发中心、陵川县抗旱服务队获集体记大功奖励。

9日　中共晋城市第七届纪律检查委员会第六次全体会议召开。审议通过市委常委、市纪委书记、市监委主任那志茂代表市纪委常委会作的《监督保障执行、促进完善发展，高质量保障晋城

“十四五”发展开好局起好步》工作报告和《中国共产党晋城市第七届纪律检查委员会第六次全体会议决议》。出席全会的有市纪委委员25人，列席116人。省人大常委会副主任、市委书记张志川出席全会并讲话。

△ 省人大常委会副主任、市委书记张志川主持召开丹河新城建设领导小组第一次会议。强调要认真落实市委、市政府《关于高质量建设丹河新城的意见》，紧盯年度建设任务，确保2021年底前实现“路网成、水系成、学校成、配套成、新城初成”目标。市长王震出席会议并讲话。

11日 农历除夕，省人大常委会副主任、市委书记张志川到城区市容环卫中心、市区金辇岗、武警晋城支队、市人民医院核酸检测基地PCR方舱实验室、丹河新城晋城一中丹河校区和泽州一中新校区工地，代表市委、市政府慰问坚守岗位的广大干部职工和武警官兵。

12日 农历大年初一，市长王震到市热力公司苇匠中继泵站、市消防救援支队、市公安局、市融媒体中心，代表市委、市政府慰问坚守岗位的干部职工、公安民警和消防救援指战员。

18日 农业农村部公布“2020年全国村庄清洁行动先进县”名单，沁水县入选。

19日 晋城军分区党委全体（扩大）会议召开。省人大常委会副主任、市委书记、晋城军分区党委第一书记张志川出席会议并讲话，晋城军分区党委书记、政治委员王冉主持会议并代表军分区党委常委会作工作报告，市委常委、晋城军分区党委副书记、司令员荆俊明就做好2021年工作提出要求，晋城军分区副司令员兼纪委书记杜海峻作纪委工作报告。

△ 市长王震主持召开市政府第70次常务会议。

21日 省人大常委会副主任、市委书记张志川主持召开市委常委会会议，审议通过《中共晋城市委关于落实省委第十二巡视组反馈意见的整改方案》《中共晋城市委关于落实省委第十二巡视组意识形态工作责任制落实情况专项检查反馈意见的整改方案》《中共晋城市委关于落实省委第十二巡视组选人用人专项检查反馈意见的整改方案》。

△ 全市森林防灭火工作紧急视频会议召开，安排部署全市森林防灭火工作。市长王震出席会议并讲话。

22日 全市党史学习教育部署会召开。省人大常委会副主任、市委书记张志川强调，要深刻认识开展党史学习教育的重要意义，切实增强“四个意识”、坚定“四个自信”、做到“两个维护”，全力以赴学好党史这门“必修课”，满怀信心走好高质量高速度转型发展新征程，乘势而上书写晋城践行新时代中国特色社会主义新篇章。市长王震主持会议，市人大常委会主任范丽霞、市政协主席常国荣等市领导参加会议。

22日至24日 市政协七届六次会议召开。会议应到委员317人，实到270人。听取和审议政协第七届晋城市委员会常务委员会工作报告、政协第七届晋城市委员会常务委员会关于七届五次会议以来提案工作情况的报告；听取和讨论市政府工作报告、“十四五”规划纲要及其他有关报告；审议通过政协第七届晋城市委员会第六次会议关于常务委员会工作报告的决议、政协第七届晋城市委员会提案委员会关于市政协七届六次会议提案审查情况的报告、政协第七届晋城市委员会第六次会议政治决议等。市政协七届六次会议举行第三次全体会议，冯志亮当选政协第七届晋城市委员会主席。

23日至25日 市七届人大第七次会议召开。会议应出席代表322人，出席265人。

24日 中国文明网发布中宣部命名的第六批全国学雷锋活动示范点和岗位学雷锋标兵名单，泽州县税务局入选第六批全国学雷锋活动示范点。

25日 全国脱贫攻坚总结表彰大会在北京举行，在《中共中央、国务院关于表彰全国脱贫攻坚先进个人和先进集体的决定》中，陵川县附城镇台北村第一书记、陵川县人力资源和社会保障局工伤保险所科员郭子涵获“全国脱贫攻坚先进个人”称号，陵川县附城镇丈河片区脱贫攻坚联合党总支获“全国脱贫攻坚先进集体”称号。

是月 全国妇联发布表彰名单，陵川县附城镇台北村第一书记、陵川县人力资源和社会保障局郭子涵获2020年度“全国三八红旗手”；晋城市人民检察院第七检察部、晋城市妇联、山西祥达集团家政服务有限公司获“全国巾帼文明岗”；陵川县乡土人家农业综合开发有限公司董事长许雪梅、晋城市辉昊煤安科技有限公司董事长王文霞获“全国巾帼建功标兵”；山西禹珈豪丝业股份有限公司获“全国巾帼建功先进集体”。

3月

2日　省人大常委会副主任、市委书记张志川主持召开市委常委会会议，传达全国、全省宣传部长会议、统战部长会议、政法队伍教育整顿动员会议等主要会议精神，研究贯彻落实意见。

3日　省人大常委会副主任、市委书记张志川到泽州县大阳古镇调研“百院”工程建设情况。强调要加快建设进度，以一流标准把大阳古镇打造成百年精品工程、“百院”（百家特色康养院落）示范标杆，发挥引领示范作用，推动全市康养产业蓬勃发展。

△　七届市委第十二轮巡察动员部署会召开。此轮巡察时间为2021年3月上旬至4月底。市委派出3个巡察组，分别对市规划和自然资源局党组进行常规巡察，对全市重点工程项目相关责任单位党组织履职情况进行机动式巡察，对市供销社党组进行机动式巡察。

3日至5日　省人大常委会副主任李俊明到晋城调研县乡人大换届选举、沁河流域生态修复与保护市市协同立法试点工作。市长王震、市人大常委会主任常青陪同调研。

4日　市文学艺术工作者联合会第四次会员代表大会召开。省人大常委会副主任、市委书记张志川强调，要坚持以文铸魂、以文增信、以文化人、以文塑城、以文兴产、以文惠民，进一步守正创新、培根铸魂，奋力谱写晋城文艺事业和文联工作新篇章。省文联党组书记李斌，省作协党组书记、主席杜学文到会指导。全市文艺界208名代表参会。会议选举产生市文联新一届领导班子，通过市文联第三届委员会所作的工作报告，通过新修订的《晋城市文学艺术工作者联合会章程》。

△　全市政法队伍教育整顿动员部署会议召开。

5日　省人大常委会副主任、市委书记张志川主持召开市委常委会（扩大）会议，审议通过《中共晋城市委全面深化改革委员会2021年先行先试改革、牵引性重大改革和重点改革任务清单》《关于切实加强和改进新时代海外统战工作的实施意见》。

8日　副省长贺天才到晋城调研春耕备耕、设施农业、护林防火、农林文旅康产业融合等工作。

9日　省人大常委会副主任、市委书记张志川，市长王震与上海园林（集团）有限公司总裁张勇伟一行举行工作会谈，就高标准、高质量、高效率推进凤栖湖、龙马湖等合作项目进行交流。

△　省人大常委会副主任、市委书记张志川，市长王震与山西建投集团党委书记、董事长孙波一行举行工作会谈，就“百村百院”工程的合作项目、合作模式等进行交流。

10日　市长王震到沁水县和阳城县，调研煤层气增储上产、管网建设及相关产业发展工作。要求把资源优势转化为产业优势，推进“气化晋城”建设，实现煤层气全产业链发展再上新台阶。

12日　省人大常委会副主任、市委书记张志川，市长王震，市人大常委会主任常青，市政协主席冯志亮等市四大班子领导到丹河新城参加义务植树活动。

15日　市委农村工作会议召开。省人大常委会副主任、市委书记张志川强调，要咬定目标、只争朝夕、抢抓机遇、赶超跨越，奋力谱写“三农”工作新篇章。市长王震出席会议并对“三农”重点工作进行安排部署。

△　省政法队伍教育整顿第9驻点指导组进驻晋城动员部署会召开。第9驻点指导组组长赵春雷出席动员部署会并讲话。省人大常委会副主任、市委书记、市政法队伍教育整顿领导小组组长张志川作表态发言。市委常委、市委政法委书记、市委统战部部长、市政法队伍教育整顿领导小组常务副组长石云峰主持会议，并通报晋城市近期教育整顿工作开展情况。

△　晋城市“转型出雏型”2021年重点工作任务誓师大会在泽州会堂召开。省人大常委会副主任、市委书记张志川强调，要坚定必胜信心，勇于担当作为，全力攻坚克难，推动全市各项目标任

务圆满完成，努力夺取“转型出雏型”开局新胜利。市长王震主持会议。

△ 省人大常委会副主任、市委书记张志川主持召开市委常委会（扩大）会议，审议通过《2021年度晋城市乡镇“三农”工作专项考核办法》《中共晋城市委常委会2021年工作要点》。

△ 市政府制定《关于规范中心城市规划区土地征收储备供应管理实施意见》。

16日 兰花科创玉溪煤矿有限责任公司年产240万吨新建矿井及配套选煤厂项目投产，成为核定生产能力最大的市属矿井。该项目位于沁水县胡底乡玉溪村，井田面积26.18平方千米，批准开采3号煤层，地质储量2.16亿吨，可采储量1.35亿吨。

△ 省商务厅发布第二批“三晋老字号”名单，晋城市兰花酿造有限公司（字号白马寺）入选。

16日至17日 省政协副主席、九三学社中央常委、山西省委主委李青山到晋城就“加强‘六新’建设，推动科技成果产业化发展”“加大科技创新平台建设力度”“促进晋医晋药传承创新发展”等进行专题调研。

17日 全市宣传统战政法工作会议暨“三零”单位创建工作推进会召开。省人大常委会副主任、市委书记张志川主持会议，强调全市上下要牢记初心使命，勇于开拓进取，扎实有效工作，不断提高全市宣传、统战、政法工作和“三零”单位创建水平。

△ 上海市合作交流办原副书记鹿金东带领上海考察团到晋城考察。省人大常委会副主任、市委书记张志川与考察团一行举行工作会谈。

18日至19日 市长王震赴京到教育部、自然资源部、军委联合参谋部就晋城高等教育发展、百里沁河经济带项目、民用机场项目等有关事宜进行沟通对接。

22日 晋城市与全省同步举行开发区2021年第二期项目“三个一批”（签约一批、开工一批、投产一批）活动。39个项目集中签约、开工、投产，总投资132.22亿元。省人大常委会副主任、市委书记张志川，市长王震参加活动。

△ 市长王震与中石油华北油田党委书记、执行董事修景涛一行举行工作会谈，双方就深化煤层气增储上产合作事宜进行深入对接。

23日 市长王震到沁水、阳城和泽州县，就百里沁河经济带工作进行调研。

△ 全市政法队伍教育整顿廉政教育报告暨警示教育大会召开。

24日 市政府制定《晋城市房地产市场监管办法（试行）》《晋城仲裁机构综合改革试点实施方案》。

25日 省人大常委会副主任、市委书记张志川与到晋城访问的英国驻华大使馆区域合作处参赞康恩俊一行举行工作会谈，就双方加强合作进行交流。

△ 省人大常委会副主任、市委书记张志川到泽州县北石店镇、金村镇，就县乡换届工作进行专题调研。强调要严肃换届纪律，通过换届切实选优配强县乡班子，换出新气象，激发推动高质量高速度转型发展活力。

△ 党史学习教育省委宣讲团晋城宣讲报告会在市委、市政府多功能会议厅举行。省委宣讲团成员、省委党史研究院副院长、研究员郭秀翔作宣讲报告。省人大常委会副主任、市委书记张志川主持报告会并讲话。

△ 市政府制定《关于做好2021年安全生产和应急管理工作的通知》。

26日 市长王震主持召开市政府第71次常务会议。安排部署政府系统2021年市人大代表建议和政协提案办理工作；研究通过《关于贯彻落实〈交通强国建设纲要〉的实施意见》《晋城市推进交通强国建设行动计划（2021—2022年）》《关于强化知识产权保护的实施办法》；审议通过《关于支持农业高质量高速度发展推进乡村产业振兴二十条政策举措》《2021年太行一号旅游公路环线乡村振兴示范带建设实施方案》。

△ 全市招商引资工作会议召开，市长王震出席会议并讲话。

28日 省人大常委会副主任、市委书记张志川，市人大常委会主任常青，市长王震，市政协主席冯志亮在城区东街街道第一选区市政府投票站参加投票，选举城区第十届人大代表。

31日至4月1日 副省长韦韬在晋城市城区、沁水县、泽州县，就乡村旅游公路、传统村落保护、老旧小区改造、公交体系建设及丹河新城规划建设等情况进行实地调研。

是月 全国首条双层宽体高端窑炉落户阳城。窑炉内宽3.5米，可以生产中板、大板等多种规格产品，实现年可节约天然气200万立方米，是全国首条、全球最先进的“4.0能效标杆数智时代”窑炉。

4月

1日 省委党史学习教育第三巡回指导组督导晋城汇报会召开。省委党史学习教育第三巡回指导组组长李体柱出席会议并讲话。省人大常委会副主任、市委书记张志川主持并做工作汇报。

△ 省人大常委会副主任、市委书记张志川主持召开市委常委会（扩大）会议，审议《关于支持农业高质量高速度发展推进乡村产业振兴二十条政策举措》。

△ 市政府制定《晋城市市级政府投资项目管理办法（试行）》。该办法自印发之日起试行，有效期一年。

△ 市政府制定《2021年太行一号旅游公路环线乡村振兴示范带建设实施方案》。明确到2021年年底，太行一号旅游公路环线道路及附属景观系统全部建成，途经乡（镇、办）“一乡一特”产业布局全部完成，实现路成、景观成、产业布局成和人居环境整体提升的“三成一提升”目标。

2日 省人大常委会副主任、市委书记张志川，市长王震与高通公司中国区董事长孟樸带领的高科技领军企业考察团举行工作会谈，就加强地企合作深入交流。

△ 《人民日报》刊载《一元公交，开进太行深处（决胜全面小康·一线故事）》报道，介绍晋城市推出“一元公交”惠民工程，解决山区群众出行难、出行贵等问题的经验。

7日 市委政法委召开干部会议，宣布市委关于市委政法委主要负责人职务调整的决定：市委常委、阳城县委书记姚逊任市委政法委书记、市委全面依法治市委员会办公室主任（兼）；免去石云峰市委政法委书记、市委全面依法治市委员会办公室主任（兼）职务。

△ 晋城市举行《关于支持农业高质量高速度发展推进乡村产业振兴二十条政策举措》新闻发布会。文件内容共分为指导思想、支持政策、保障措施三部分，具体从提升粮食生产能力、加快特优产业发展、壮大生产经营主体、优化流通营销体系四个方面明确二十条支持政策。

△ 晋城市与意大利罗马二区政府举行线上会议并签订建立友好城市关系意向书。

8日 全国政法队伍教育整顿中央第三督导组下沉晋城市督导工作见面会召开。省人大常委会副主任、市委书记、市政法队伍教育整顿领导小组组长张志川做工作汇报并表态发言。省政法队伍教育整顿第9驻点指导组组长赵春雷出席会议。

9日 市长王震主持召开市政府第72次常务会议。审议通过《晋城市农村生活污水治理PPP项目实施方案》《晋城市建制镇生活污水处理设施建设攻坚行动实施方案（2021—2022年）》和《晋城市促进3岁以下婴幼儿照护服务发展实施方案》。

△ 全市党史学习教育巡回指导工作动员部署会召开，就高标准高质量做好巡回指导工作进行安排部署。

12日 全市生态环境保护工作会议召开。市长王震出席会议并讲话。

13日 市长王震到主城区就水系治理工作进行调研。强调要始终坚持生态化治理理念，营造“山水交融、水城互动”的城市新景观。

15日 市长王震率队到北京与国家中医药管理局局长于文明座谈，就“2021中国·山西（晋城）康养产业发展大会”有关事宜进行沟通对接。

18日 省人大常委会副主任、市委书记张志川主持召开市委常委会（扩大）会议，审议《晋城市党委（党组）意识形态工作责任制实施细则》《政协晋城市委员会2021年度协商计划》《晋城市2021年政党协商计划》等。

△ 市文明委主任办公会议召开。

△ 省人大常委会副主任、市委书记张志川与县级公安机关主要负责人集体谈话，强调要提高政治站位，认真履职尽责。

19日 在中华全国总工会举行的全国先进女职工集体和个人表彰大会上，山西交通控股集团晋城高速分公司路网运行监测中心、山西汽运集团晋城汽车运输有限公司晋城市客运东站金凤凰服务小组被评为全国五一巾帼标兵岗获得者，晋城市城区钟家庄社区卫生服务中心主任薛琴芹被评为全国五一巾帼标兵。

20日　省人大常委会副主任、市委书记张志川，市长王震与杭州云栖工程院院长王亚卿举行工作会谈，就携手推动数字经济高质量发展进行交流。

21日　市长王震到白水街西延项目现场，督导检查中央生态环境保护督察反馈问题整改落实情况。要求要坚持标本兼治、因案施策，做到边督边改、立行立改。

23日　“畅通循环，晋材晋用”2021晋城市工业产品、建设项目供需对接洽谈会在金凤凰广场举行，60家企业参加现场展示，278家企业参与洽谈，30家企业现场签订合作协议。市长王震出席会议并讲话。

△　晋城市第二届“晋城工匠”选树活动人物揭晓仪式举行。刘惠斌、贾法屯、李定明、田东方、刘子群、杨建荣、乔琳、闫大鹏、许亚军、陈文刚、闫军顿、刘轲轲、晋战平、刘志远、武卫兵、申国平、茹小红、丁建忠、侯志云、赵家亮被评为第二届“晋城工匠”人物。

26日　2021山西（晋城）康养产业发展大会新闻发布会在京举办。此次康养产业发展大会定于5月18日至19日在晋城市举行。大会主题为“康养山西、夏养山西”，活动由“1+5+N”组成。“1”2021山西（晋城）康养产业发展大会开幕式，“5”指包括高峰论坛、高端国医论坛、康养产业博览会、康养产业招商洽谈活动、文旅康养考察活动在内的五项子活动，“N”指晋城市及各县（市、区）配套举办的相关康养活动。

△　市政府制定《晋城市推进交通强国建设行动计划（2021—2022年）》。

27日　第六届（辛丑年）海峡两岸“问祖炎帝寻根高平”神农炎帝经贸文化旅游招商系列活动在高平市羊头山炎帝祭祀广场启动。此次活动签约项目24个，投资金额近200亿元。

△　中华全国总工会表彰的2021年全国五一劳动奖和全国工人先锋号名单揭晓，山西兰花科技创业股份有限公司田悦化肥分公司总工程师王有被授予“全国五一劳动奖章”，富泰华精密工业（晋城）有限公司iPEBG华北晋城制造处组装一厂、山西天地王坡煤业有限公司综采二队被授予“全国工人先锋号”。

△　省委宣传部和省总工会联合发布2020年度山西省“新时代最美劳动者”名单，市上党梆子传习所所长陈素琴、泽州县特殊教育学校校长王平入选。

29日　省人大常委会副主任、市委书记张志川主持召开市委常委会会议。听取一季度全市安全生产、社会稳定、意识形态领域形势分析汇报，研究部署下一步工作；审议《中共晋城市委全面深化改革委员会2020年工作总结报告》《关于贯彻落实〈交通强国建设纲要〉实施意见》；研究“人人持证、技能社会”建设、国企改革、生态环境保护等工作。

是月　在公安部的通报表彰中，市公安局城区分局刑侦大队大队长王光明被表彰为“成绩突出个人”。

5月

1日　市长王震到泽州县大阳镇调研“百村百院”工程进展情况、旅游景区安全及疫情防控工作。

3日　省人大常委会副主任、市委书记张志川到陵川县调研“百村百院”建设、运营情况和旅游安全进行。

△　共青团中央、全国青联共同颁授第25届“中国青年五四奖章”，陵川县人力资源和社会保障局工伤保险所工作人员、台北村第一书记郭子涵获第25届“中国青年五四奖章”。4日，央视焦点访谈播出《奋斗的青春、成为更好的自己》报道其先进事迹。

4日　市长王震到太岳街、丹河快线、晋城高铁东站、五谷山公园、白马寺康养片区等重点工程现场进行调研。并主持召开项目推进会，对下一步工作进行部署。

6日　全市政法队伍教育整顿队伍建设专项巡查动员会召开，下发《晋城市政法队伍教育整顿队伍建设专项巡查实施方案》。

6日至8日　省委书记楼阳生在晋城市城区、泽州县、陵川县和高平市，就文旅康养产业、农村土地制度改革、创新驱动发展和重点项目建设进行调研。强调要深入学习贯彻习近平总书记视察山西重要讲话重要指示，坚决贯彻落实新发展理念，紧紧扭住转型发展不松劲，持续在培育壮大新动能上下功夫，在高质量高速度发展中展现更大作为。省领导李凤岐、张志川、贺天才一同调研。

8日　晋城市中级人民法院执行服务中心成立，在全省率先实现市、县两级法院执行服务中心全覆盖。

9日　省人大常委会副主任、市委书记张志川主持召开市委常委会（扩大）会议，传达学习省委书记楼阳生在晋城调研时的讲话和指示精神，研究晋城市贯彻落实意见；审议通过《中共晋城市委外事工作委员会2021年工作要点》《晋城市进一步加强新时代民营经济统战工作实施方案》等。

10日　市区七叉口连通工程（太岳街—书院街隧道及地面道路）、白水街西段（黄华街至景西路）全线通车。

10日至12日　晋城市党政代表团在浙江省杭州市考察学习，并与杭州市党政领导举行工作会谈。省人大常委会副主任、市委书记张志川，市长王震参加工作会谈和考察学习。

11日　晋城市首期县处级领导干部“江浙沪”专题培训班，分别在复旦大学、浙江大学、苏州市委党校举行开班仪式，来自市直单位、县（市、区）、重点国有企业的241名县处级领导干部参加培训。

12日至14日　“山西晋城·扬帆起航”晋城市长三角（杭州）系列推介活动在杭州市举行。包括晋城市重点产业项目长三角（杭州）主旨推介大会、晋城市与长三角知名企业家对接座谈会、晋城市文化旅游康养（杭州）博览会和晋城市装备制造企业产品展。大会现场集中签约30个项目，投资总额855.5亿元。

13日至14日　省委常委、省纪委书记、省监委主任、省政法队伍教育整顿组副组长王拥军，在晋城调研督导政法队伍教育整顿和集中治理重复信访、化解信访积案工作。省人大常委会副主任、市委书记、市政法队伍教育整顿领导小组组长张志川汇报全市教育整顿进展情况和中央督导组反馈问题整改情况并表态。市委副书记、市委政法委书记、市政法队伍教育整顿领导小组常务副组长姚逊汇报全市集中治理重复信访、化解信访积案专项工作推进情况。

15日至16日　第二十届山西省青少年机器人竞赛决赛在省科技馆举行。晋城市参赛的12支代表队全部获奖，其中2支代表队获一等奖、5支代表队获二等奖、5支代表队获三等奖。

17日　2021中国·山西（晋城）康养产业博览会启动。博览会以“康养山西，夏养山西”为主题，设文旅康养、活力养生、山西省各地市、百村百院等11大主题展区。展览期间举办“我为晋城代言”主播大赛、养老健康产业供需对接会等活动。

17日至18日　省长林武在晋城市调研文旅康养、先进装备制造等产业发展情况。强调要深入贯彻习近平总书记视察山西重要讲话重要指示，落实省委“四为四高两同步”总体思路和要求，充分发挥特色资源优势，在项目建设、一流创新生态培育等方面持续用力、久久为功，不断提升产业发展水平。省人大常委会副主任、晋城市委书记张志川，副省长张复明参加调研。

18日　2021中国·山西（晋城）康养产业发展大会开幕式在晋城举行。大会以“康养山西、夏养山西”为主题。

19日　由中华炎黄文化研究会、山西省炎帝文化研究会、民革山西省委会主办的第六届（辛丑年）海峡两岸神农炎帝民间拜祖大典在高平市炎帝陵举行。全国政协十三届副主席、民革中央常务副主席郑建邦，国家卫健委党组成员、全国老龄办常务副主任王建军，中国侨联副主席隋军，海峡两岸关系协会副会长李文辉；省委副书记蓝佛安，省人大常委会副主任、晋城市委书记张志川，副省长、民革山西省委会主委张复明，省政协副主席李正印等出席拜祖典礼。市长王震主持拜祖典礼。第九届、第十届全国人大常委会副委员长、中华炎黄文化研究会会长许嘉璐发来贺词。省人大常委会副主任、晋城市委书记张志川读拜祖文。随后，举行祭拜神农炎帝的传统仪式“敬十献礼”。拜祖大典以“两岸同祖共祈福、神农炎帝佑中华”为主题，采取“线上＋线下”“传承＋创新”“现场＋参访”的模式进行。现场拜祖的同时，通过“云拜祖”祈福平台，吸引台湾同胞和全球华人在网上体验“问祖寻根”之旅。同时开设第二演播室，知名主持人白燕升与中央民族大学教授蒙曼、北京中医药大学国学院教授张其成就弘扬炎帝文化进行专题访谈。

△ 省委副书记蓝佛安到高平市、泽州县、晋城市城区就深化农村改革等进行调研。

20日 晋城市召开脱贫攻坚领导小组会暨农村人居环境“六乱”整治百日攻坚专项行动部署会议，就开展全市农村人居环境“六乱”（乱搭乱建、乱堆乱放、乱扔乱倒）整治百日攻坚专项行动进行安排部署。

21日 全市考核工作总结部署会在市委、市政府多功能会议厅召开。通报2020年度全市目标责任考核情况，安排部署2021年度全市目标责任考核工作。

24日 晋城市“三个规定”（《领导干部干预司法活动、插手具体案件处理的记录、通报和责任追究规定》《司法机关内部人员过问案件的记录和责任追究规定》《关于进一步规范司法人员与当事人、律师、特殊关系人、中介组织接触交往行为的若干规定》）集中宣讲暨党政领导干部公开承诺大会召开。省第9驻点指导组组长赵春雷，市四大班子领导及成员参加会议，并现场集中签订公开承诺书。

△ 全市2021年职业教育活动周启动仪式在市中等专业学校举行。此次活动周以“技能：让生活更美好”为主题，旨在全面展示全市职业教育改革发展成就，弘扬劳动光荣、技能宝贵、创造伟大的时代风尚，营造人人皆可成才、人人尽展其才的社会氛围。

25日 全市领导干部会议召开。省委组织部主持日常工作的副部长卢建明出席会议并宣布省委决定：王震任晋城市委书记；张志川不再担任晋城市委书记、常委、委员职务。

△ 山西省脱贫攻坚总结表彰暨乡村振兴全面推进大会在太原召开。晋城7个集体被表彰为脱贫攻坚先进集体，13名个人被表彰为脱贫攻坚先进个人。

△ 2021数字政府高峰论坛在贵阳召开，晋城市大数据应用局提报的“市域治理基层综合服务平台”获“2021数字政府管理创新奖”。

27日 市委书记、市长王震与华新燃气集团董事长刘军、总经理崔建军举行工作会谈，就进一步深化合作进行沟通对接。

28日 市委书记、市长王震主持召开市政府第73次常务会议。审议《晋城市加快推进向开发区赋权实施方案》《晋城经济技术开发区认领省级赋权事项清单》《晋城经济技术开发区承接市级赋权事项清单》《县级向开发区赋权事项基本目录》《晋城市中小银行深化改革和补充资本工作实施方案》；研究通过《关于全面推进乡村振兴加快农业农村现代化的实施方案》《关于巩固拓展脱贫攻坚成果有效衔接乡村振兴的实施方案》《关于促进劳动力和人才社会性流动体制机制改革的实施意见》《晋城市管行业必须管安全、管业务必须管安全、管生产经营必须管安全实施细则》《晋城市开展“证照分离”改革全覆盖工作实施方案》等方案；部署未成年人思想道德建设等具体工作。

△ 市政府制定《晋城市国民经济和社会发展第十四个五年规划和2035年远景目标纲要》。明确晋城市在全面建成小康社会的基础上，经过15年努力，主要经济指标达到或超出全国平均水平，保持全省前列，进入中原城市群第一方阵。

△ 《晋城市沁河流域生态修复与保护条例》经山西省第十三届人民代表大会常务委员会第27次会议批准。该条例由晋城市牵头，联合临汾市、长治市共同制定，为全省首次市市协同立法，于2021年10月1日施行。

31日 市乡村振兴局正式挂牌成立。

△ 国家公共文化服务体系示范区（项目）创建工作领导小组办公室公示第四批国家公共文化服务体系示范区（项目）名单，山西省晋城市入选。

是月 中国城市品牌评价项目组、人民日报社属中国城市报社依据国际标准和国家标准，对全国293个地级市进行标准化分析，发布前100名城市名单，晋城市入选中国地级市百强榜单，位列第99。

△ 晋城市首个乡村科技馆——高平市陈区镇乡村科技馆投入使用。该馆位于陈区镇新时代文明实践中心，分为趣味动手区、航天科普区、现代农业区3个区域。

6月

1日 由共青团晋城市委、市文明办、市教育局、市少工委牵头主办的庆祝“六一”国际儿童节“红领巾心向党”主题队日暨标准化入队仪式在市实验小学举行。

△ 市政府制订《关于切实加快推进中心城区城中村改造的实施意见》。

3日 2021年晋城文化旅游推介会在武汉市举行。晋城市文旅局推介晋城市优秀的旅游资源和产品线路，东方国际旅行社、凤凰国际旅行社、天泽国际旅行社分别同武汉的组团社进行现场签约。

7日 晋城市被山西省发展改革委研究确定为山西省第一批省级新型智慧城市试点市。

9日 市委书记、市长王震到山西智创城六号专题调研人才工作。

10日 陵川钢板书入选第五批国家级非物质文化遗产代表性项目名录。

△ 晋城市“光荣在党50年”纪念章首批颁发仪式在泽州县金村镇举行。

16日 山西省深化资本市场县域工程工作推进会在晋城市召开。

17日 山西省英烈英模家属宣讲团到晋城市开展“坚定不移跟党走，革命精神永相传”主题宣讲报告会。

20日 市委书记、市长王震主持召开市委专题会议，会议印发《全市安全生产隐患大排查大整治工作方案》，对加强安全生产工作再强调、再安排、再部署。

21日 市委书记、市长王震到晋普山煤矿和南村镇，检查安全生产工作。

△ 市委书记、市长王震会见中国电子系统技术有限公司总裁陈士刚一行，双方就加强合作，推进传统产业转型升级等进行沟通交流。

△ 市委书记、市长王震与浙江盘石信息技术股份有限公司董事局主席田宁、总裁章海江举行工作会谈，就深化数字项目合作，加快推动数字城市、数字政府建设和数字经济发展等进行交流。

△ 高平市入选全国农民合作社质量提升整地区推进试点单位。

25日 受市委书记、市长王震委托，市委常委、常务副市长张利锋主持召开市政府第74次常务会议。研究《关于新时代加快完善社会主义市场经济体制的实施方案》《晋城市延河泉域和三姑泉域水资源保护条例（草案）》；审议《晋城市推进数字化转型大力发展数字经济争先领跑三年行动计划（2021—2023年）》《晋城市互联网租赁自行车管理办法（试行）》等。

28日 全市政法队伍教育整顿总结大会召开，总结通报全市政法队伍教育整顿工作情况，评价全市政法队伍教育整顿工作成效，对巩固教育整顿成果、推进持续整改等工作进行安排部署。

△ 全国“两优一先”表彰大会在北京人民大会堂举行。高平市寺庄镇伯方村村民毕腊英（女）获“全国优秀共产党员”，泽州县巴公镇党委书记李俊文获“全国优秀党务工作者”，晋城市税务局机关党委获“全国先进基层党组织”。

△ 市政府制定《晋城市市级政府基本建设项目资金拨付管理办法》。

29日 晋城市“两优一先”表彰大会在市委、市政府多功能会议厅召开，向“光荣在党50年”党员代表颁发纪念章。授予100名共产党员“全市优秀共产党员”称号，授予100名党务工作者“全市优秀党务工作者”称号，授予100个基层党组织“全市先进基层党组织”称号。

△ 市七届人大常委会召开第44次会议。会议审议并表决通过市政府关于2020年度环境状况和环境保护目标完成情况的报告、关于第七个五年法治宣传教育情况的报告、关于非物质文化遗产保护工作情况的报告、市人大常委会法工委关于七届人大以来暨2020年规范性文件备案审查工作情况的报告、市人大常委会关于第八个五年法治宣传教育的决议，审议《晋城市延河泉域和三姑泉域水资源保护条例（草案）》，审议并表决通过人事任免议案。

△ 由市委、市政府主办，市委宣传部、市文化和旅游局、市新闻传媒集团承办的庆祝中国共产党成立100周年大型歌舞诗剧《光辉的历程》在市歌舞剧院上演。

△ 市政府制定《晋城市开展"证照分离"改革全覆盖工作实施方案》。

30日 市委书记、市长王震与市委常委等领导到市党史馆参观，重温入党誓词。强调晋城各级党组织和广大共产党员始终忠诚党的事业，始终与人民心心相印，在党领导革命、建设和改革的伟大进程中作出了巨大贡献。要深入开展党史学习教育，从百年党史中汲取奋进的智慧和力量，团结拼搏、接续奋斗，全方位推进高质量发展。

△ 市领导王震、常青、冯志亮等到各地走访慰问老党员和生活困难党员，送去党组织的关怀和温暖。

△ 山西省政府公布山西省第四批国防教育基地名单，晋城市泽州县橄榄绿国防教育基地、町店战斗纪念园、中国抗日军政大学太岳分校旧址入选。

△ 市政府制定《晋城市"三线一单"生态环境分区管控实施方案》《晋城市2021年度国有建设用地供应计划》。

是月 由中共晋城市委党史研究室(晋城市地方志研究室)编写的《中国共产党晋城简史》出版发行，向党的百年华诞献礼。

△ 晋城市制定《晋城市房屋产权登记确权颁证清零行动攻坚推进方案》，提出57项具体措施。

7月

1日 全市广大干部群众通过多种方式收听收看庆祝中国共产党成立100周年大会实况直播，聆听习近平总书记重要讲话。市委书记、市长王震，市人大常委会主任常青，市政协主席冯志亮等市四大班子领导在市政府三楼会议室集中收看实况直播。

5日 全市城市建设工作推进会召开。市委书记、市长王震出席会议，强调要坚持规划引领，坚持项目为王，健全机制保障，掀起城市建设新高潮。

6日至8日 副省长卢东亮到晋城经济技术开发区、阳城县、泽州县，调研古城保护及特色民宿建设、河道生态治理、公建民营医养结合养老、企业发展和开发区建设等工作。

8日 晋城市庆祝中国共产党成立100周年座谈会召开，市委书记、市长王震主持会议并讲话。

9日 2021年"新时代晋城好少年"发布会在市新闻传媒集团二楼演播厅举行，为评选出的30名新时代晋城好少年颁发证书。

12日 副省长贺天才在晋城指导防汛救灾工作。他先后到泽州县南岭镇曹河村、太焦铁路东坡段查看灾情，慰问救援人员，了解转移安置人员情况，召开现场办公会，并到市水旱灾害预警指挥中心检查指导工作。

△ 晋城军分区党委召开大会，山西省军区少将副政委刘兴安宣布山西省军区党委批复并讲话。批复同意增补王震为中共山西省晋城军分区委员会委员、常务委员会委员，任党委第一书记。

△ 市委组织部、市委老干部局、市委教育工委、市委党史研究室组织举办的"晋城本土红色教材进校园"活动在晋城歌舞剧院举行，参加活动的师生共同观看晋城党史学习教育情景剧《冲锋号》首演。

13日 市委书记、市长王震在市委党校为党员干部讲授党史学习教育专题党课。

14日至16日 省政协原副主席、省生产力学会会长李雁红到晋城市调研乡村振兴产业融合发展情况。

20日 晋城市派出2辆消防救援车辆、5名消防救援人员，到河南省洛阳市参加抗洪救援工作。

△ 晋城市大学生实习实训基地启动仪式在晋城经济技术开发区山西智创城举行。中南大学、武汉理工大学的140余名师生参加仪式，开启实习实训。

22日 阳城县人民剧团创编的大型上党梆子现代戏《长江支队》入选2020年度国家艺术基金资助项目。

23日 2021年晋城市星火项目创业大赛总决赛暨颁奖仪式在市新闻传媒集团演播厅举行。25个优秀项目获得创业扶持奖励，并代表晋城市参加省级比赛。

24日 市委书记、市长王震到陵川县、高平市调研受灾情况和灾后重建工作。

26日　市委、市政府召开专题会议，安排部署灾后恢复重建和下一步重点工作。市委书记、市长王震参加会议。

△　晋城市委组织部和新疆生产建设兵团第6师五家渠市党委组织部联合摄制的党员教育电视片《家在远方》在市新闻传媒集团二楼演播厅举行首映仪式。

27日　市委书记、市长王震主持召开市委常委会会议，听取上半年全市经济运行、安全生产、社会安全稳定、生态环保和意识形态工作情况汇报，研究部署下一步工作；审议《关于围绕“12大基地”建设进一步深化市校合作的行动方案》《深入实施文明创建工程全力巩固文明城市创建成果工作方案》；听取上半年全市党风廉政建设和反腐败工作汇报。

△　受市委书记、市长王震委托，市委常委、常务副市长张利锋主持召开市政府第75次常务会议。

△　“双拥花开太行山”晋城市第二届“最美退役军人”发布仪式暨2021双拥主题晚会在市新闻传媒集团演播大厅举行。

28日　第25届中国少儿戏曲小梅花颁奖晚会在上海举办，晋城职业技术学院艺术系戏曲专业学生郭静宇获“小梅花”称号，并入选地方戏十佳。

△　市政府制定《晋城市互联网租赁自行车管理办法（试行）》，该办法自2021年8月28日起试行，有效期两年。

29日　2021年上半年“山西好人”评选揭晓，晋城市星月食品有限公司总经理程大军获评诚实守信好人。

30日　省委学习贯彻习近平总书记“七一”重要讲话精神专题宣讲团在晋城市宣讲。市委书记、市长王震主持会议并讲话。省委宣讲团成员、省委党史办公室原副巡视员杨玉堂作宣讲报告。

△　市委书记、市长、晋城军分区党委第一书记王震等市党政军领导集体参加市委议军会议暨“八一”军事日活动。

△　全省首家大型仓储会员店——山西蓝远快递物流园区联华蓝远仓储会员店投入运营。市委书记、市长王震出席运营仪式。

△　市政府、市中级人民法院制定《关于建立晋城市企业破产处置府院联动机制的实施方案》。

30日至31日　湖南省政协副主席张大方带领考察组到晋城市考察矿山生态修复与治理工作。

是月　晋能控股装备制造集团有限公司（原山西晋城无烟煤矿业集团有限责任公司）、山西智慧景潮包装印刷有限公司入选2020年度全省版权示范单位、示范园区（基地）名单。

△　山西省委平安建设领导小组印发《关于命名2020年度省级平安县（市、区）的决定》，泽州县、阳城县入选“2020年度省级平安县（市、区）”。

8月

3日　市委书记、市长王震到市区医院、药店、交通卡口等，就疫情防控工作落实情况进行督导检查。

4日　市政府制定《晋城市推进数字化转型大力发展数字经济争先领跑三年行动计划（2021—2023年）》。

5日　全市巩固拓展脱贫攻坚成果暨农村人居环境“六乱”整治工作会召开。市委书记、市长王震出席会议并讲话。巩固拓展脱贫攻坚成果，推进农村人居环境“六乱”（乱搭乱建、乱堆乱放、乱设摊点、乱拉乱挂、乱贴乱写乱画、乱扔乱吐）整治，打造山清水秀、天蓝地绿、村美人和、宜居宜业宜游的美丽乡村。

△　全市第一次全国自然灾害综合风险普查工作推进会召开。

△　市委书记、市长王震与中国联通山西省分公司党委书记、总经理李占伟一行举行工作会谈，双方就深化数字经济、智慧城市建设领域合作进行交流。

6日　山西科技学院举行揭牌成立大会。副省长吴伟出席大会并讲话，省教育厅党组书记、厅长李秋柱主持会议，市委书记、市长王震致辞。该院为省属公办理工类本科高校，由省政府举办、省教育厅管理，实行省市共建，是山西省第3所独立学院转设成立的省属公办本科院校，也是晋城市第一所普通本科院校，主要培养应用型技术技能型人才。学院设置光机电产业学院、能源工程学院、文旅康养学院等10个学院，拟设本科专业47个，涵盖工学、经济学、管理学、法学、文学、艺术学、教育学、医学8个学科门类。在校生规模1.2万人。从2021年秋季开始招生。

10日　山西省农业农村厅公布山西省2021年度农业产业化省级示范联合体名单，晋城市2家单位入选。分别是山西皇城相府生态农业区产业化联合体（牵头企业山西皇城相府文化旅游有限公司生态农业区）、山西凯永养殖产业化联合体（牵头企业山西凯永养殖有限公司）。

16日　市委书记、市长王震就“结合党史学习教育，晋城是如何引导全市党员干部学党史、悟思想、办实事、开新局，确保‘十四五’开好局、起好步”等话题接受人民网专访。

17日　市委常委会召开（扩大）会议，宣布省委关于晋城市有关干部人事调整的决定：薛明耀任市委委员、常委、副书记。

18日　市委书记王震到丹河新城调研。强调要推进丹河新城高质量发展，打造绿色、智慧、低碳、宜居的现代化精品之城。

△　市第七届人民代表大会常务委员会第45次会议决定，接受王震辞去市人民政府市长职务的请求，任命薛明耀为市人民政府副市长、代理市长。

△　第20届全国青年文明号集体评选结果揭晓，晋城市3家集体上榜。分别是晋城市消防救援支队、晋城市市场监督管理局办公室、山西煤炭运销集团晋城沁水有限公司乌金宾馆。

19日至21日　代市长薛明耀到城区、泽州县、晋城经济技术开发区、陵川县调研指导工作。

23日　晋城市大数据应用局获国家机关事务管理局、中共中央直属机关事务管理局、国家发展和改革委员会、财政部联合颁发的“节约型机关”证书。

23日至24日　省委书记林武到晋城市城区、泽州县调研基层党建、城市建设、现代物流、文旅康养等工作。省委常委、秘书长李凤岐，市委书记王震，市委副书记、代市长薛明耀等参加调研。

24日　省委书记林武到晋城市包联接访，并主持召开专题会，强调要坚持以人民为中心的发展思想，坚持人民信访为人民，依法维护为人民群众合法权益，用心用情用力为群众解难事办实事。省委常委、秘书长李凤岐，市委书记王震，市委副书记、代市长薛明耀等参加活动。

25日　文化和旅游部、国家发展改革委公布第三批全国乡村旅游重点村和第一批全国乡村旅游重点镇（乡）名单，阳城县润城镇入选第一批全国乡村旅游重点镇（乡）。

26日　代市长薛明耀主持召开市政府第76次常务会议。研究《晋城市农村自建房管理条例（草案）》《晋城市乡村振兴投资开发有限公司组建方案》；审议《2021年新型智慧城市建设工作方案》；安排部署当前重点工作。

28日　代市长薛明耀到阳城县调研沁河经济带建设工作。

29日　市委书记王震到高平市调研土地卫片执法工作。

30日　全市换届工作推进会议召开。市委书记王震主持会议并讲话。

是月　工业和信息化部公布第三批国家级专精特新“小巨人”企业名单，山西天巨重工机械有限公司、山西铁峰化工有限公司、晋城市金工铸业有限公司3家企业上榜。

△　文化和旅游部、财政部公布第四批国家公共文化服务体系示范区名单，全国27个市（区、州）被命名为国家公共文化服务体系示范区，晋城市成为山西省唯一一家入选城市。

9月

1日　晋城市原产地农产品官方电商平台启动仪式在泽州县北石店镇大张村远中物流园举行。

3日　2021中国特色旅游商品大赛、中国特色旅游商品展暨第八届四川国际旅游交易博览会在四川省乐山市举行，高平市吉利尔潞绸集团的“潞绸馆藏丝巾”获得金奖。

4日　代市长薛明耀到城区调研中原街景观提升、征拆及两侧道路多彩花海节点规划工作。

5日　广联航空工业股份有限公司航空航天零部件加工项目入区投资发展签约仪式在晋城经济技术开发区举行，是晋城经济技术开发区引进的第一家上市公司。

6日　市委书记王震到中国海洋石油集团，就深化煤层气产业发展事宜进行对接，中国海洋石油有限公司总裁夏庆龙出席对接座谈会。

7日　山西省评选出首批30个全省法治政府建设示范地区和示范项目，高平市入选第一批全省法治政府建设示范市（县、区）。

△　晋城经济技术开发区与北京中关村朝阳园举行战略合作协议签署仪式。市委书记王震，代市长薛明耀，朝阳区委常委、副区长、朝阳园工委书记、管委会主任暴剑，出席仪式并见证签约。

8日　高平市、陵川县入选全国整县（市、区）屋顶分布式光伏开发试点县（市、区）。

9日　市委书记王震主持召开市委常委会会议，审议《晋城市乡村振兴投资开发有限公司组建方案》，听取全市网络安全工作情况汇报。

△　市委常委会召开（扩大）会议，宣布省委关于晋城市干部人事调整的决定：刘振华任晋城市委委员、常委、市纪委书记；免去那志茂晋城市委常委、委员和市纪委书记职务，免去张利锋晋城市委常委、委员职务。

△　市政府新闻办举行晋城市"全面建成小康社会"系列新闻发布会的首场新闻发布会。市工信局（国资委）相关负责人介绍晋城市在全面建成小康社会进程中工业和信息化方面的情况，并回答记者提问。

12日至13日　全省殡葬基础设施建设暨民政领域移风易俗现场推进会在晋城市召开，副省长卢东亮出席会议并讲话。

14日　市委书记王震主持召开市委专题会议，听取全国文明城市创建、市容环境整治、"多彩花海"秋季行动等工作汇报。要求坚持全国文明城市创建、市容环境整治、"多彩花海"秋季行动三位一体统筹推进，按照系统化、精品化理念要求，确保各项目标任务按时保质完成。

15日　晋城市2021年中国农民丰收节系列活动在陵川县开幕。此次活动时间为9月1—30日，以"庆丰收、感党恩"为主题，组织开展"推荐农产品、开拓新市场""宣讲感党恩、共话新家园""举办现场会、推广新技术""各方共参与，展现新气象"4个篇章的系列活动。

16日　晋城市第一届残疾人及残疾人工作者书法绘画摄影比赛优秀作品展开展。此次展览由市残联主办，共征集作品160幅。经专家评委评选，99幅作品入选，其中残疾人作品57幅，残疾人工作者作品42幅。

△　全国群众体育先进单位先进个人、全国体育系统先进集体先进工作者表彰大会在陕西召开。晋城市游泳学校、晋城市体育舞蹈协会、晋城市城区钟家庄街道办事处、高平市卫生健康和体育局4个单位被评为"2017—2020年度全国群众体育先进单位"；晋城市体育局党组书记、局长范春俊，晋城市体育服务中心科员赵海瑞，沁水县玛里集训冠深青少年体育俱乐部教练段春雷，晋城市城区卫生健康和体育局主任科员陈建军4人被评为"2017—2020年度全国群众体育先进个人"。

17日　省校市校合作建设"12大基地"推进会暨晋城市智库合作示范基地揭牌仪式在凤城国际酒店举行。晋城市与清华大学、中国矿业大学、中国地质大学、安徽理工大学、山西农业大学5所高校代表，为晋城市首批5个省校合作智库示范基地揭牌。

△　晋城市民政事业发展中心获评"全国农村留守儿童关爱保护和困境儿童保障工作先进集体"。

23日　市委书记王震到城区调研村（社区）"两委"换届、社区治理、背街小巷整治、平台经济和市场主体孵化等工作。

△　晋城市城区钟家庄街道洞头村、陵川县附城镇丈河村入选第二批全国乡村治理示范村镇。

△　山西省农业农村厅举办2021山西农业品牌发布会。晋城市"中晋百草盛"紫苏籽油和"珍当红"连翘叶茶入选2021年度山西功能农产品品牌、"南义城红薯"入选2021年度市域公用品牌，"沁河浪花蜂蜜"和"巴公大葱"入选2021年首批100个晋字号特优农产品品牌。

24日　在第七届中国（山西）特色农产品交易博览会上，晋城市签约招商引资项目18个，引资额28.04亿元；签约贸易项目25个，签约额3.82亿元。

△　由晋城市歌舞剧院创作排演的原创舞剧《路》在晋城文化艺术中心（晋城大剧院）首演，该剧目是晋城市推出的首部原创舞剧。

25日　全国工商联发布2021中国民营企业500强名单，山西晋城钢铁控股集团有限公司入选。

26日　2021年山西省第七次旅游发展大会晋城分会场系列活动启动仪式暨“世界康养示范城市”授牌仪式在大阳古镇举行。代市长薛明耀出席活动。联合国老龄所所长马文·佛尔莫萨发来视频致辞，联合国老龄所特使原野出席仪式。

28日　代市长薛明耀主持召开市政府第77次常务会议。审议《晋城市招才引智若干举措（试行）》《晋城市国企改革行动实施方案（2021—2022年）》《晋城市城乡规划管理技术规定》和组建晋城市市政公用集团有限责任公司，成立晋城市城乡规划建设委员会等事宜。

29日　晋城市召开市区市容环境整治暨“多彩花海”秋季行动动员部署会。市委书记王震参加会议并讲话。代市长薛明耀主持会议。

是月　山西圣康生物科技股份有限公司经山西省知识产权局授权成为“沁水蜂蜜”地理标志专用标志使用者，是晋城市首家获准地理标志专用标志的合法使用人。

10月

1日　副省长贺天才到晋城市检查安全生产工作。

4日　市委书记王震到阳城电厂至晋城市区集中供热热网工程项目现场调研阳电大热源项目建设进展情况。

8日　市直机关第九届“凝心聚力”杯系列体育大赛开幕。此次比赛包括拔河、跳绳、自行车、羽毛球、乒乓球等7项比赛，市直61个单位，200余支代表队、2400余名运动员参加比赛。

△　工信部中小企业局公布第六届“创客中国”中小企业创新创业大赛500强名单，晋城市孵化项目“微液滴系统”入选。

12日　代市长薛明耀与中国电子信息产业发展研究院副院长乔标一行进行工作会谈，双方围绕光机电产业发展、深化合作空间进行交流。

13日　中共晋城市委七届十二次全会召开。审议通过中国共产党晋城市第八次代表大会市委工作报告和市纪委工作报告；研究通过晋城市第八届市委委员、候补委员，第八届市纪委委员候选人预备人选名单；采用无记名投票方式确定晋城市出席山西省第十二次党代会代表候选人预备人选。市委常委会主持会议。市委书记王震讲话。

△　中共晋城市纪委七届七次全会召开。审议通过《中共晋城市第七届纪律检查委员会向中国共产党晋城市第八次代表大会的工作报告（讨论稿）》，同意将《工作报告》提请市委七届十二次全会讨论和市第八次党代会审议。市委常委、市纪委书记、市监委代主任刘振华主持会议并讲话。

△　晋城市第七届运动会在市体育场开幕。此次运动会首创市县两级全域办赛模式，共设置19个竞赛大项、211个竞赛小项，全市31个代表团、3000多名运动员参赛，决出奖牌2016枚。

△　市委书记王震与中石油华北油田党委书记、执行董事修景涛一行举行工作会谈，就深化煤层气增储上产等方面合作进行交流。

△　代市长薛明耀到沁水县调研灾后重建工作进行调研。

14日　《生物多样性公约》缔约方大会第15次会议（COP15）第一阶段会议生态文明论坛在云南昆明召开。阳城县入选第五批国家生态文明建设示范区。

△　阳城县皇城相府文旅融合发展项目入选2021全国文化遗产旅游百强案例。

△　市政府制定《晋城市未成年人保护工作实施方案》。从加强统筹谋划以及夯实家庭、学校、网络、政府、司法、社会等“六大保护”方面细化24项举措，推动进一步构建权责明确、分工协作、务实管用的未成年人保护工作体系。

15日至17日　中国共产党晋城市第八次代表大会在泽州会堂举行。大会应到代表416名，实到代表381名，符合规定人数。王震代表中国共产党晋城市第七届委员会向大会作题为《牢记初心使命永蹚转型新路为全方位推进高质量发展建设共同富裕新晋城而努力奋斗》的报告。大会选举出45名委员、9名候补委员组成中国共产党晋城市第八届委员会，26名委员组成中国共产党晋城市纪律检查委员会和晋城市出席中国共产党山西省第十二次代表大会的代表；通过关于中国共产党晋城市第七届委员会报告的决议、关于中国共产党晋城市纪律检查委员会工作报告的决议。

15日至18日　全省第33次铸造会议在晋城市召开。10余名国内铸造行业专家，65家参展企业，全省各地相关部门和铸造企业负责人200余名代表参会。会议表彰2021年度优秀企业家、卓越工程师、铸造大工匠和巾帼铸造工作者。

17日　中国共产党晋城市第八届委员会第一次全体会议在市委市政府多功能会议厅举行。会议通过《中国共产党晋城市第八届委员会第一次全体会议选举办法》，选举产生中国共产党晋城市第八届委员会常务委员会委员和书记、副书记。王震当选市委书记，薛明耀、姚逊当选市委副书记，孙世新、石云峰、辛艾艾、荆俊明、陈望远、武健鹏、刘振华、田志军当选市委常委。会议通过中国共产党晋城市第八届纪律检查委员会第一次全体会议的选举结果，刘振华当选市纪委书记，杨德培、王煜东、杨晓红当选市纪委副书记，霍晋斌、岳友谊、闫立志、梁飞昊、程晋霞当选市纪委常委。

18日　代市长薛明耀到华新燃气集团，调研企地融合发展和煤层气增储上产等工作，并与华新燃气集团高层座谈。

19日　晋城市灾后恢复重建指挥部第一次会议暨灾后恢复重建推进会召开。代市长薛明耀参加会议并讲话。

△　晋城市城区开发区街道东圣社区和沁水县龙港镇梅苑社区入选2021年全国示范性老年友好型社区。

20日　晋城市举行2021年度“美丽晋城·诚信商家”放心消费创建活动授牌仪式，为获选的286家商户颁发牌匾及证书。

△　2021年山西省星火项目创业大赛获奖名单揭晓，晋城市共11个项目获奖，其中山西山里乐农业开发有限公司参赛项目“车厘子引进农业创业”获得全省大赛创业组一等奖，山西锐帆生物科技有限公司参赛项目“智能化出菇方舱”获得全省大赛创新组一等奖。

22日　晋城市重点项目政金企对接大会在太原举行。市委书记王震致辞，代市长薛明耀作主旨推介。14家省级金融机构与晋城市签署战略合作协议，15家金融机构与晋城市27个重点项目实现精准对接，总金额288亿元。

26日　山西省人民政府与中部战区空军签订新建晋城民用机场军地协议。

28日　《晋城市农村自建房管理条例》（以下简称《条例》）经晋城市第七届人民代表大会常务委员会第48次会议通过。《条例》共设8章45条，主要内容包含总则、规划和用地、申请和审批、设计和施工、经营性管理、监督管理、法律责任和附则。

29日　山西景柏服饰股份有限公司景柏家纺厂智能化家纺生产线在晋城经济技术开发区金匠工业园区投产，填补山西省纺织家纺服装新材料领域的空白。

11月

1日　代市长薛明耀到市大数据应用局调研“12345”政务服务便民热线工作。

△　晋城市少儿艺术团原创电影《七彩梦》获第六届“金童象”儿童电影周“优秀故事片奖”。

2日　山西省人民政府发布山西省第一批省级红色文化遗址名录，晋城8处入选，分别是泽州县晋冀鲁豫野战军十二纵队整军地旧址、阳城县太岳烈士陵园、阳城县町店战斗遗址、阳城县阳城晋豫边区抗日纪念馆、沁水县赵树理故居、沁水县抗日军政大学太岳分校旧址、沁水县烈士陵园、城区晋城市烈士陵园。

3日　泽州县大阳镇古镇民俗入选文化和旅游部公布的2021—2023年度“中国民间文化艺术之乡”名单。

4日　首届全国应急管理系统先进模范和消防忠诚卫士表彰大会在北京举行。晋城市应急管理局事故调查科科长、一级主任科员崔天方，泽州县消防救援大队政治教导员陈念念获全国应急管理系统先进工作者称号。

5日　第八届全国道德模范座谈会和颁奖仪式在北京举行。晋城市郭子涵、宰红斌获第八届全国道德模范提名奖。

5日至6日　第四届中国国际进口博览会在上海举行。晋城市路宝汽车铝部件制造有限公司、山西瑞亚力科技有限公司、阳城县旭昇陶瓷科技有限公司、晋韵堂古泽州铁货开发有限公司4家企业参展。代市长薛明耀参加博览会。

7日　代市长薛明耀到欣旺达电子股份有限公司深圳总部参观考察，并与欣旺达电子创始人王明旺等高层座谈。

△　2021晋城市重点产业项目（上海）招商推介会在上海举办。该活动是晋城“对接大上海、融入长三角”的重要举措，旨在展示晋城独特的区位条件、良好的产业基础和投资环境，推动晋沪两地合作向纵深发展。来自上海与长三角一带的60余名企业代表与晋城有关部门、企业进行现场交流，共谋商机、发展。

9日　市委书记王震与到晋城挂职的省科技博士服务团成员刘杨、高岩举行座谈，并为他们颁发中共晋城市委联系的高级专家证书。

10日　农业农村部公布第十一批全国“一村一品”示范村镇及2021年全国特色产业十亿元镇亿元村名单，阳城县北留镇皇城村入选。

11日至12日　代市长薛明耀到太原华远国际陆港集团、富士康（太原）科技工业园、省电力勘测设计院等企业考察调研，就相关合作进行对接磋商。

12日　农业农村部印发《关于公布2021年中国美丽休闲乡村和2010—2017年中国美丽休闲乡村监测合格名单的通知》，泽州县大阳镇一分街入选2021年中国美丽休闲乡村名单，阳城县北留镇皇城村入选2010—2017年中国美丽休闲乡村监测合格名单。

△　阳城蚕桑文化系统入选农业农村部发布的第六批中国重要农业文化遗产名单。

△　市政府制定《推动晋城市“山西精品”公用品牌建设助力全方位高质量发展实施方案》。

14日　市委书记王震主持召开市委专题会议，研究信访“百日攻坚”专项行动、村（社区）“两委”换届、疫情防控工作。

△　市委书记王震与康硕电气集团有限公司董事长刘斌一行举行工作会谈，就进一步深化合作进行交流。代市长薛明耀参加会谈。

15日　市政府制定《晋城市行政执法监督暂行办法》。该《办法》自2021年12月1日起施行，有效期两年。

17日　代市长薛明耀主持召开市政府第78次常务会议。

18日　晋城市文化和旅游局获人力资源和社会保障部、文化和旅游部评选表彰的“全国文化和旅游系统先进集体”称号。

22日　市委书记王震主持召开市委常委会会议，审议《党的十九届六中全会精神宣传工作实施方案》《学习贯彻党的十九届六中全会及省第十二次党代会精神宣讲工作方案》；听取全市网信工作情况汇报。

△　代市长薛明耀主持召开市政府第79次常务会议，会议审议有关人事事项。

23日　晋城市第一本不动产电子证照在市不动产登记交易中心颁发，标志着晋城市不动产登记迈入电子证照时代。

△　泽州县北义城镇中心小学（八音会）、泽州县川底乡川底中心小学（花鼓、威风锣鼓）入选教育部公布的第三批全国中小学中华优秀传统文化传承学校名单。

△　农业农村部发布全国十大优异农作物种质资源，泽州县芹菜入选。

△　第22届阿含·桐山杯中国围棋快棋公开赛八强赛结束，中国围棋国家队队员、陵川籍棋手赵晨宇晋升为职业九段，是晋城市第1位围棋职业选手。

28日　中国民主促进会晋城市第七次代表大会召开。会议听取并审议通过民进晋城市第六届委员会工作报告，选举产生民进晋城市第七届委员会，郭向阳当选为新一届民进晋城市委会主委。

△　中央宣传部、中央文明办、全国妇联在浙江嘉兴召开加强家庭家教家风建设工作推进会，晋城市柴登峰家庭、李起翠家庭获2021年“全国最美家庭”称号。

29日　生态环境部公布21个地下水污染防治试验区名单。晋城市入选，成为山西省首个地下水污染防治试验区建设城市。试验区建设时间为2021年至2024年。

△　山西省青年联合会十二届二次常委（扩大）会议在太原召开，晋城市青年联合会被评选为2020—2021年度山西省青年联合会优秀会员团体。

30日　晋城市举行“宪法宣

传周”暨“八五”普法启动仪式。

△ 八届市委第一轮巡察动员部署会召开。巡察时间为2021年11月下旬至2022年1月下旬。市委派出3个巡察组，对市农业农村局、市住建局、市行政审批服务管理局、市委党史研究室、市扶贫开发中心、市妇联、市红十字会等7家单位党组织开展常规巡察。

是月 中央民族乐团与文化和旅游部全国公共文化发展中心公布首批10家中国民族音乐普及推广中心入选单位名单，晋城市群众文化发展中心（文化馆）入选。

△ 晋城市历山舜王坪亚高山草甸、阳城析城山圣王坪亚高山草甸、沁水示范牧场国家草原自然公园入选山西省林草局评选的山西十大最美草原。

12月

1日 晋城经济技术开发区职工书屋“涵芬书院”被评为中华全国总工会职工书屋示范点，授牌仪式在“涵芬书院”举行。

2日 泽州县行政审批服务管理局四级主任科员李素琴入选中央组织部、中央宣传部公布的全国最美公务员的名单，并记一等功。

3日 晋城市首批47个市级名师工作室经市教育局批准并授牌成立。

3日至4日 中国农工民主党晋城市第五次代表大会召开。会议听取并审议通过农工党晋城市第四届委员会工作报告，选举产生农工党晋城市第五届委员会。赵红亮当选为新一届农工党晋城市委会主委。

5日 市委书记王震主持召开市委专题会议，研究推进百里沁河生态经济带项目及山水林田湖草沙一体化生态修复和保护工程。代市长薛明耀出席会议。

6日 山西省妇联公布2021年山西省绿色家庭名单，晋城市8户家庭入选，分别是：陈先林家庭、成莉娜家庭、申永胜家庭、牛兰芳家庭、常连平家庭、王新年家庭、段二铣家庭、柳亚军家庭。

9日至10日 省委副书记商黎光到晋城市调研产业振兴工作。市委书记王震、代市长薛明耀等市领导参加调研。

10日 学习贯彻省第十二次党代会精神省委宣讲团宣讲报告会在晋城市举行。省委宣讲团成员、省直工委副书记余国琦作宣讲报告。市委书记王震主持报告会并讲话。代市长薛明耀、市人大常委会主任常青、市政协主席冯志亮等市领导出席报告会。

12日 九三学社晋城市第六次代表大会召开。会议听取并审议通过九三学社晋城市第五届委员会工作报告，选举产生九三学社晋城市第六届委员会。程春明当选为新一届九三学社晋城市委会主委。

14日 代市长薛明耀主持召开市政府第80次常务会议。

△ 全省首个数字化智能蜂场在沁水县龙港镇柿元村“蜜蜂小镇”试点通过验收。

15日 平安中国建设表彰大会在北京召开，晋城市被表彰为“2017—2020年度平安中国建设示范市”。市委书记王震参加表彰大会。

△ 阳城县海会书院景区、泽州县司徒小镇景区晋级国家AAAA级旅游景区。

△ “德耀晋城”第八届“晋城好人”授奖仪式举行，孙国锋等52人评选为“晋城好人”。此次表彰的“晋城好人”分助人为乐、见义勇为、诚实守信、敬业奉献、孝老爱亲五大类型。

16日 中国（山西）知识产权维权援助中心晋城经济技术开发区工作站挂牌成立。

△ 由中国电子信息产业发展研究院指导，中国软件评测中心（工业和信息化部软件与集成电路促进中心）主办的2021年数字政府服务能力评估暨第二十届政府网站绩效评估结果公布，晋城市人民政府网站“晋城在线”位列第42名，连续两年入选地市级政府门户网站评估榜单50强。

17日 省商务厅公布全省农村电商强县强镇名单，高平市入选山西省农村电商强县，高平市陈区镇、高平市米山镇、陵川县崇文镇、陵川县西河底镇、沁水县端氏镇、沁水县龙港镇、阳城县润城镇、阳城县演礼镇8个镇入选山西省农村电商强镇。

20日 全市安全生产工作会议以电视电话会议方式召开。市委书记王震出席会议并讲话。市委副书记、代市长薛明耀主持会议。会议分析研判当前全市安全生产形势，对下一步安全生产工作，以及疫情防控、社会稳定、考核指标落实、2022年工作谋划、灾后重建等工作进行具体安排。

△　山西省首个大型地面煤层气高端钻机项目建成投产。项目位于晋城经济技术开发区金匠工业园区，总投资1亿元，是山西煤层气装备基地项目之一，也是山西省煤成气增储上产行动计划(2020—2022)的重点项目。

21日至22日　市四大班子领导带领各县(市、区)党政主要负责人及相关市直部门、市属企业和部分设计、施工单位负责人，到城区、泽州县、高平市和晋城经济技术开发区，实地观摩"多彩花海"行动暨市容环境整治工作。市委书记王震参加观摩并在点评会上讲话，代市长薛明耀参加观摩并主持点评会。

22日　中国国民党革命委员会晋城市第七次代表大会召开。会议听取并审议通过民革晋城市第六届委员会工作报告，选举产生民革晋城市第七届委员会。黄登宇当选为新一届民革晋城市委会主委。

△　农业农村部办公厅公布全国第六批率先基本实现主要农作物生产全程机械化示范县(市、区)名单，高平市获评全国主要农作物生产全程机械化示范县。

△　"学习强国"APP晋城学习平台上线。晋城市注册学员超过31.50万人。

23日　第46届世界技能大赛CAD机械设计项目中国集训基地在晋城技师学院举行揭牌仪式。

24日　市委书记王震主持召开市委专题会议暨市疫情防控工作领导小组会议。强调要以更坚决的态度、更迅速的行动、更有力的措施，抓紧抓实抓细各项防控工作，坚决守牢疫情防控的"晋城阵地"。

24日至26日　晋城市在全市重点区域、重点人群中开展全员核酸检测演练。市大数据应用局为全市核酸检测工作提供技术支撑，为全市核酸检测演练构筑数字战线。

26日　市委书记王震采取"四不两直"(不发通知、不打招呼、不听汇报、不用陪同接待、直奔基层、直插现场)的方式到交通卡口、物流企业、社区、商场、食品药品销售企业等，督导检查疫情防控工作落实情况。

△　中国赵树理研究会第六届全国会员代表大会在晋城市召开，选举产生新一届会长、副会长、秘书长，杨占平当选为会长。

27日　代市长薛明耀到沁水县调研疫情防控工作。强调要发扬"严细实快"的工作作风，扎实做好疫情防控各项工作，确保全市安全稳定的工作大局。

28日　代市长薛明耀与江苏鑫华半导体材料科技有限公司总经理田新一行举行工作会谈，就进一步加强合作进行交流。

△　全市教育系统新冠肺炎疫情防控调度会召开。强调要时刻绷紧学校疫情防控之弦，周密细致落实各项防控举措，守好校园安全底线。

△　第五期"晋城楷模"发布仪式在市新闻传媒集团演播大厅举行，崔晓满、韩小抗获"晋城楷模"称号。

△　晋城市政务服务中心启用"7×24小时政务服务超市"。地址位于晋城市文博路366号晋城市政务服务中心南门。

29日　全市新冠肺炎疫情防控工作日调度会召开。强调要充实流调检测、物资储备和医疗力量，全力提升应急响应能力。

△　全市重点工业企业新冠肺炎疫情防控调度会召开。强调要组织企业开展专项应急演练，常态化开展督导检查，坚决筑牢疫情防控的坚固防线。

30日　代市长薛明耀主持召开市政府第81次常务会议。

△　民建晋城市第五次代表大会召开。会议审议通过《民建晋城市第四届委员会工作报告》，选举产生民建晋城市第五届委员会。阴建正当选为民建晋城市第五届委员会主委。

31日　由中国地方志指导小组、中国地方志学会组织开展的第八届全国地方志优秀成果(年鉴类)评审结果揭晓，晋城市委党史研究室(市地方志研究室)编纂的《晋城年鉴(2020)》被评为一等年鉴。

是月　市委书记王震入选2021年度全国"推进医改服务百姓健康"十大新闻人物。

△　中国电子信息产业发展研究院发布《中国城市数字化转型白皮书》，晋城市入选"2021中国城市数字化治理百强榜"。

△　晋城市入选"四好农村路"省级示范市，高平市、阳城

县入选“四好农村路”省级示范县。

△ 省政府通报表扬减税降费助企发展、扩内需保就业保民生、深化“放管服”改革优化营商环境、推进创新驱动发展4个方面20项典型经验做法，晋城市2项做法入选扩内需保就业保民生方面典型经验。分别是：晋城市在文旅、住宿餐饮、商贸、用工补贴及金融支持5个方面采取13条措施，强力刺激服务业复苏回暖，持续促进服务业恢复稳定增长。2021年前3季度，全市服务业增加值增长13.10%，全省排名第1；全市社会消费品零售总额实现397.70亿元，同比增长24.40%，全省排名第1。阳城县围绕“民生为本、人才优先”工作主线，推进“人人持证、技能社会”建设，打造“濩泽厨工”“濩泽匠工”等富有特色的劳务品牌。企业职工培训“濩泽家政”1万余人，重点群体培训6000余人。

△ 据统计，2021年全市生产总值1912.4亿元，同比增长11.6%；人均生产总值达到13000美元，超过全国平均水平；社会消费品零售总额536.4亿元，同比增长12.8%；一般公共预算收入201.3亿元，同比增长38.6%；居民人均可支配收入29891元，同比增长8.8%。高质量发展综合绩效考核保持全省第一方阵。

（编辑部）

自然理地

【位置　面积】 位置　晋城市古称泽州，位于山西省东南隅、太行山南麓。地理坐标为：北纬35° 11′12″~36° 13′56″，东经111° 56′05″~113° 37′15″。最东端在陵川县古郊乡锡崖沟村当中洼东，最南点在泽州县山河镇龙门村南槽自然村南，最西端在沁水县中村镇后河庄村西，最北点在沁水县十里乡范庄村果角岭庄北。因四周多山，与周边县、市多以山为界，四至分界变迁不大，基本上与古泽州相同，分别为：东与河南省的辉县市、修武县相接，南与河南省的博爱县、沁阳市、济源市交界，西与省内临汾市的安泽县、浮山县、翼城县及省内运城市的垣曲县为邻，北与省内长治市的上党区、长子县、壶关县相连接。

面积　晋城市平面轮廓略呈卵形，东西长160千米，南北宽100千米，总面积9424.9平方千米，约占全省总面积的6%。晋城市区位于境域南部偏东，与所属各县、市的距离为：北距高平市40千米，西距阳城县36千米，西北距沁水县86千米，东北距陵川县56千米。

【地质　地貌】 地质　晋城市位于华北地台（一级构造单元），吕梁—太行断块南部（二级构造单元），主体构造线方向为北北东向，西部边缘跨越豫皖断块，构造线方向转为北东。构造格架形成于中生代，所处的三级构造单元有：吕梁—太行断块的沁水块坳、太行块隆、豫皖断块的中条山断块隆、济源—渑池块坳。地层出露齐全，有太古界赞皇群、林山群，元古界长城系，古生界寒武系、奥陶系、石炭系、二叠系，中生界三叠系和新生界第三系、第四系，且由南向北、由东向西呈由老到新分布。

地貌　晋城市位于山西高原的东南部，在平面上呈一椭圆形，地形起伏较大，总体趋势是东、西两侧高，中部低、北部高、南部低，且由东、西两侧向中部，由北向南逐渐下降。最高点位于市境西侧舜王坪，海拔2358米，最低点位于市境南部沁河、丹河下游河谷，海拔不足300米，相对高差约2000余米，境内大部分地区海拔在800米以上。地貌以中山和中低山为主，次为低山及丘陵，并有部分山间盆地、山间宽谷及高中山。山地面积约占总面积的88%，山间盆地、河流宽谷约占12%。

【气候】 晋城市属暖温带大陆性季风气候，基本特征是四季分明，冬长夏短，雨热同季。境内大部分地区年日照时数在2393小时~2630小时，平均为2565小时，属于“长照地区”。太阳辐射数值在每平方厘米130.8千卡~136.3千卡，属光线资源比较丰富的地区。多年平均降水量624.6毫米~680.6毫米，且降水多集中于每年的6月、7月、8月，降水量占全年的60%~70%。多年平均蒸发量1794.6毫米。多年平均气温为7℃~12℃，其中东西山区为7.9℃，其余地区均在10℃左右。35℃以上极端最高气温和－20℃以下极端最低气温很少出现。全境年平均气温≥0℃的持续天数达264天～274天，大部分地区在255天左右。冬夏温差不太悬殊，夏季即使在高温酷暑的年份，高温天数也只有半个月左右，尤其是陵川县，由于地形条件，温差很小，即使到严冬也不太冷，盛夏则是清凉避暑的胜地。境内平均无霜期为165天～198天，少数地区农作物为一年一熟，多数地区为两年三熟。

2021年，晋城市各地区平均温度：市区13.1℃、高平市11.8℃、阳城县13.3℃、陵川县9.9℃、沁水县11.5℃；各地区平均相对湿度：市区58%、高平市67%、阳城县58%、陵川县66%、沁水县60%；各地区降水量：市区1399.8毫米、高平市1054.7毫米、阳城县1202.0毫米、陵川县1224.7毫米、沁水县1049.0毫米；各地区日照时数：市区2192.3小时、高平市2142.6小时、阳城县2198.5小时、陵川县2279.7小时、沁水县2143.4小时。

【土地资源】 晋城市古为上党地，地势高峻险要，素称“天下之脊”。境内除被称为“泽州盆地”的狭小平川地带外，到处是层峦叠嶂，群峰壁立。全市域面积9424.9平方千米，山地和丘陵占总面积的88%。其中，山地占58.5%，丘陵占29.5%。东部、西部和南部，群山连绵；北部和中部丘陵起伏，盆地相间。盆地及山间宽谷占总面积的12%，大部分地区海拔在800米以上。

【矿产资源】 晋城市矿产资源丰富。境内发现的矿藏有20余种，有大量的煤、铁、铝、硫黄、石膏、石英、石灰石、白云岩、耐火黏土、大理石、花岗岩等，还有稀有金属锰、铜、铅以及铀。在各种矿藏中，煤、铁储量最大。境内煤炭总储量预计为808.1亿吨，探明储量273.3亿吨，其中无烟煤储量占山西储量的1/2多和全国储量的1/4多。

【水资源】 晋城市是华北地区相对富水区，境内有沁河、丹河、卫河3条水系。2021年，全市水资源总量37.69亿立方米，其中地表水资源量（河川径流量）34.79亿立方米，地下水资源量11.15亿立方米，地表水与地下水资源重复量8.25亿立方米。

【森林资源】 晋城市境内属温暖半湿润地区，林木生长条件较好。2021年，全市森林面积389808公顷，其中：城区2787公顷，泽州县57630公顷，高平市18330公顷，阳城县88443公顷，陵川县92711公顷，沁水县129907公顷。全市森林覆盖率35.51%，林木蓄积量1545.1万立方米。其中，天然林占全市森林面积的70.2%，以天然次生林为主，主要分布于西南部中条山区和东部的太行山南端。中条山是全市树种最多的地区，有“山西植物宝库”之称，发现的高等植物有1000余种，其中有国家重点保护的树种10余种。2006年4月、2007年11月，晋城市分别被授予“国家园林城市”“全国绿化模范城市”称号；2012年，被授予“国际花园城市”称号。

【动植物资源】 晋城市物种丰富，生态良好。全市陆生野生动物343种。其中，兽类45种，鸟类256种，两栖爬行类42种，主要有金钱豹、原麝、猕猴、中国大鲵、林麝等国家一、二级保护野生动物275种；勺鸡、金雕、秃鹫、猎隼等国家一、二级保护鸟类45种；省级保护野生动物23种。全市重点保护植物8种，其中包括南方红豆杉、水曲柳等国家一、二级保护植物。

（编辑部）

历史文化

【建置沿革】 山西省东南部古时统称上党。上党有两个中心：北边以长治为中心，称北上党；南边以晋城为中心，称南上党。故古时有“两上党”之说。

夏商时期，晋城属“帝都畿内”。春秋时，境内属晋。战国时期，史籍记载晋城境内的城有长平、泫氏、濩泽、高都、端氏、光狼（今高平康营）、阳阿（今泽州大阳）等。

秦于境内置5个县，分属2个郡，其中濩泽（今阳城县）、端氏（今沁水县）属河东郡（治所在今夏县北）；泫氏（今高平市）、高都、阳阿（今泽州县）属上党郡（治所在今长治市）。县分若干乡，乡下设亭、里。

汉承秦制，东汉时于阳阿、濩泽置侯国，其余不变，三国时期魏因之。

西晋废阳阿县，境内置4个县，濩泽、端氏属平阳郡（治所在今临汾市），泫氏、高都属上党郡。

东晋十六国时，境域先后为刘渊、石勒占据。西燕慕容永称帝后，复置阳阿县，并于阳阿置建兴郡，领阳阿、高都、泫氏、端氏、濩泽5个县，境内始有县以上建置。

北魏于高都置建州（治所在今泽州县高都镇），领4个郡、10个县：高都郡，领高都、阳阿2个县，治高都；长平郡，领高平（称高平始于此，治所即今高平市）、泫氏2个县，治泫氏（今高平王报村）；安平郡，领端氏、濩泽2个县，治端氏；泰宁郡，领东永安（治所在今沁水县西）、西河（治所在今阳城县西）、西濩泽（治所在今阳城县泽城村）、高延（治所已不可考，约在今沁水县境内）4个县。县下设党、里、邻，五家为一邻，五邻为一里，五里为一党。

北齐仍置建州，裁安平、泰宁2个郡，其属县西濩泽并入濩泽，东永安、西河、高延并为永宁县。建州领长平、高都2个郡，辖高都、阳阿、泫氏、高平、濩泽、端氏、永宁7个县。

北周并长平、高都郡为高平郡，改高都为丹川县，为高平郡治。

隋开皇三年（583），改建州为泽州，泽州之称始于此，废高平郡，泫氏并入高平，析高平置陵川县，改永宁为沁水县。泽州领丹川、高平、濩泽、陵川、沁水、端氏6个县，治丹川。此后，或改称长平郡，或为泽州，辖县不变，县下设党、里、保，五家为保，五保为里，五里为党。

唐初，实行州管县制，于丹川置建州、濩泽置泽州、高平置盖州。唐武德三年（620），分丹川置晋城县，移治今市区，晋城之名始于此，增置盖城县（治所今陵川县盖城村）。其时，境内设3个州、8个县：泽州辖濩泽、端氏、沁水3个县，治濩泽；建州辖丹川、晋城2个县，治丹川；盖州辖高平、陵川、盖城3个县。武德六年（623），废建州并入盖州，丹川、盖城2个县并入晋城县，为盖州治所。其时，境内设2个州、6个县，分别是：泽州，辖濩泽、沁水、端氏3个县，治所移至端氏；盖州，辖晋城、高平、陵川3个县。贞观元年（627），废盖州，泽州州治由端氏迁至晋城，领晋城、高平、陵川、濩泽（天宝年间改名阳城）、端氏、沁水6个县，县下设乡，乡下设里，每里辖一百户。从其时起奠定今市行政区划雏形，直至清末，其间，虽有过名称变化或县的短时裁置，但千余年一州（府）五县格局基本无大的变化。

辛亥革命后，全国废府、州，存县，实行道辖县，民国3年（1914），废泽州府，改凤台县为晋城县，与高平、阳城、陵川、沁水同属冀宁道。民国19年（1930），全省统一废道，由省直管县。

抗日战争初期，阎锡山为便于统治，在全省设7个专员行政公署，代省府管辖各县，于长治设山西省第五专署，晋城、高平、阳城、陵川、沁水5个县属第五专署。后又设4个行署，其中第三行署驻阳城岩山，晋城、高平、阳城、陵川、沁水5个县属第三行署。

民国27年（1938），日本侵略军侵占境内大部分城镇及交通沿线，阎锡山委任的行政长官不得不依附于部队四处游散，原有的行政区划失去应有作用，名存实亡。在此情形下，中国共产党为便于发动和组织军民抗日，统一秩序，先后成立太行、太岳行署，并于境内设太岳二、四专署，太行八专署，于广大山区先后设置沁（水）南、士敏（端氏）、高平、阳（城）南、阳（城）北、晋（城）沁（阳）、晋（城）北、晋（城）东、陵（川）高（平）、建宁等县。

民国34年（1945），晋城全境解放，太岳行署先后移驻沁水郑庄、阳城县城，恢复原5个县建置，于晋城县设太岳四专署，领导晋城、阳城、高平、士敏4个县。民国36年（1947），士敏县并入沁水县，属太岳二专署，陵川县属太行四专署。民国37年（1948）二月，析晋城县城关区设晋城市，属太岳四专署，1949年8月，撤销晋城市重新并归晋城县。

1949年9月，撤销太岳行署、太岳四专署，成立长治专署，晋城、高平、阳城、陵川属长治专署，沁水县归翼城临时专署。1950年1月，翼城临时专署撤销，沁水县归属长治专署，从此至1985年4月，境内无独立行政区划，5个县属长治（1958年改为晋东南）专区管辖。其间，1958年11月，陵川、高平一度并入晋城县，沁水县并入阳城县，境内只设2个县。

1959年7月，陵川县从晋城县分设；同年10月，沁水县从阳城县分设；1961年5月，高平县从晋城县分设，恢复原5个县建置。1971年，晋东南专区改为晋东南地区，5个县仍属晋东南地区。1983年7月，晋城撤县设市，为省辖县级市，由晋东南地区代管。1985年4月30日，经国务院批准，晋城市升为地级市，原晋东南地区所辖的高平、阳城、陵川、沁水4个县划为晋城市辖区。原县级晋城市分为城区和郊区。晋城市辖城、郊2个区和高平、阳城、陵川、沁水4个县，至此，境内重新成为独立的行政区划。1993年5月，高平撤县设市，为省辖县级市，由晋城市代管。1996年8月，晋城市郊区改为泽州县。全市6个县（市、区）共设立办事处8个，建制镇35个、乡80个。2001年撤并乡镇后，至2021年，晋城市辖1个区、1个市、4个县，共设52个镇、15个乡、10个街道办事处。

【人文】 晋城市历史悠久，文化遗产丰厚，是华夏文明发祥地之一。早在两万年前的旧石器时代晚期，这里就有人类生活的足迹。相传伏羲、女娲、炎帝、虞舜、大禹、商汤等中华文明的始祖先贤都曾在这里活动过，并留下丰富的文化遗存。其中，古昆仑丘伏羲创世文化、羊头山炎帝神农文化、历山虞舜德孝文化、析城山商汤雩祭文化的遗产最为丰厚，在华人世界中具有重要影响力。

古昆仑丘伏羲创世文化 8000年前，伏羲氏部落曾在以析城山为核心的古昆仑丘区域活动，伏羲氏在这里建立部落联盟、推历授时、创立八卦、始创九针、开辟洪荒。

羊头山炎帝神农文化 高平羊头山是神农文化的中心区域之一，传说因炎帝部落以羊为图腾而得名。羊头山现存神农文化遗址遗迹40余处，碑刻100余块，包括神农城、神农井、神农泉、五谷畦、炎帝中庙、炎帝行宫、炎帝陵等。北齐天保二年（551）的羊头山五佛碑，是国内最早记载炎帝遗迹的石刻文字。羊头山炎帝庙宇密集、文化遗存繁多、碑刻记载丰富，构成全国极为罕见的神农文化景观。近年来，每年农历四月初八在高平市炎帝陵举办海峡两岸共祭神农炎帝活动，在海外华人中产生了广泛的影响，吸引广大台湾同胞和海外侨胞到羊头山寻根祭祖。

历山虞舜德孝文化 历山位于沁水、阳城交界处，主峰舜王坪是山西南部第一高峰。相传，舜帝曾在此编制华夏第一部历法《七十二候》，历山因此而得名。至今“舜耕历山，历山之人皆让畔”的故事深入人心，广为流传。舜文化精髓可以归纳为：孝悌忠信、仁民爱物、厚生利用、恭敬谐和等，是中华民族传统道德的重要组成部分。

析城山商汤雩祭文化 阳城析城山，相传为商汤祈雨处。《竹书纪年》记载：“（汤）二十四年大旱，王祷于桑林，雨。”《吕氏春秋》记载：“汤乃以身祷于桑林。”汤帝作为雨神，受到晋城百姓的普遍信仰，香火绵延，至今不衰。据记载，宋元以来，阳城、沁水地区汤庙数量最多时达380多处。今阳城县境内尚保存百余座规模宏大、建筑精美的汤庙及古建筑，一些乡村还延续着“过赛”祈雨的风俗，形成深厚的商汤文化。

古人类遗址 晋城气候宜人，植被茂盛，非常适合人类居住，境内保存有许多古人类文化遗址。其中，下川遗址、塔水河遗址、西瑶泉遗址为旧石器文化代表，高都遗址、八里坪遗址为新石器文化代表，表明晋城在远古时期便有灿烂文明。

太行古堡 太行山南段自然地理条件的优势和丹河、沁河的滋养，使得晋城境内保存有丰富完整的古堡群落。据不完全统计，晋城市范围内遗存堡寨多达117处，相对完整的有54处，具有开发价值的有34处。其中皇城相府、湘峪古城、上庄天官王府、柳氏民居、砥洎城、郭峪城等景区早已名噪天下。2018年12月，晋城市举办首届“太行古堡国际论坛”；2019年9月，举办“东西方古堡对话”活动，太行古堡群得到国际国内知名专家的推崇。

古建 晋城有“古建博物馆”的美称。根据第三次全国文物普查统计，晋城各个时期的文物总量多达6767处。其中，全国重点文物保护单位73处，数量居全国前列，密度为全国之最。其中，仅宋金时期木结构建筑就有46座，约占全国总数的1/3，是全国早期古建最集中的地区。晋城古建筑种类齐全，石窟、古堡、寺庙、宝塔、戏台、楼阁、桥梁、牌坊应有尽有。

古关隘、古商道　晋城市地处晋豫交界的太行之巅，俯视中原，为山西通向中州大地的要冲，自古为兵家必争之地。太行陉、白陉是“太行八陉”中最南端的两条，主体部分都位于晋城境内。白陉是太行八陉中目前保存距离最长、最完整的古道，具有独特的旅游开发价值。除古道外，晋城境内古代军事要塞众多，有天井关、高平关、横望隘等。其中天井关最为著名，是山西东南部第一大关。

书院　晋城古代书院众多，其中位于城区的程颢书院影响最为深远。程颢是北宋著名理学家，是程朱理学创始人之一。他“以兴起斯文为己任”，在任晋城县令短短3年内创设乡学72所、社学数十处，并在州城之北创办程颢书院，又名“明道书院”，是中国北方创建最早的书院之一。程颢兴学影响重大，晋城民风为之一变，开创“泽州学者如牛毛”的文化局面，为晋城古代教育和人才培养做出了卓越贡献。此后，晋城先后诞生棣华堂、鹤鸣堂、尼山书院、望洛书院、海会书院、文华书院等众多的书院，培养出杨继宗、白所知、孙居相、孙鼎相、王国光、张慎言、白胤谦、田从典、张敦仁、陈廷敬等众多国之栋梁。

戏曲　从北宋泽州艺人孔三传归纳“诸宫调”开始，戏曲艺术就深深根植于晋城这片土地，高平市王报村的金代戏台是中国现存最早的戏台，一代代艺人用才华与心血哺育和滋养上党梆子艺术，使其成为晋城人民的精神家园。从诸宫调发端，上党梆子代代相传、日盛一日，晋城先后有吴国华、张爱珍、张保平、陈素琴、杜建萍获得戏曲界最高荣誉“梅花奖”。近年来，上党梆子新剧频出，诸如《太行娘亲》《长江支队》《申纪兰》等优秀剧目在全国产生重大的影响。

蚕桑文化　晋城地区种桑养蚕历史悠久，是我国文字记载中最早发展蚕桑的地区之一。唐以前，晋城就是中国北方重要的养蚕基地，历史上有“泽州蚕丝之利甲于他郡”的说法。明清时期，晋城丝绸不但作为贡品上贡皇宫，而且是泽州商人最重要的商业物资，创造了巨大的商业财富。由蚕而起的蚕谣、蚕谚、蚕事、蚕忌和蚕戏等，深深融入百姓生活，在晋城形成独特的蚕桑文化。从种桑、养蚕到缫丝、织绸再到刺绣、服装，晋城如今形成桑蚕丝绣系列化产业链条，蚕桑业成为全市最具优势的农业特色产业，也是农民增收致富的主导产业。

煤铁文化　晋城自古以来就是煤炭和铁矿石重要产地，素有“煤铁之乡”“冶铸之都”的美誉。汉朝时，晋城采煤、冶铁已经颇具规模。北齐时设立七大冶炼局，其中在晋城就设有两局。唐宋时期，晋城所产铁器品类众多，尤以锅鼎著称。到明清时期，晋城成为中国煤铁生产中心之一，其铁货曾占据中国北方大半个市场。阳阿古剑、大阳钢针、泰山义剪刀、阳城犁镜、兰花炭等产品名扬天下，与此相伴而生的“九头十八匠”等土小手工业繁荣发展，古阳阿城也被誉为“九州针都”。至今，“阳城生铁冶铸技艺”被列入国家级非遗项目名录，“大阳手工制针技艺”“泽州打铁花习俗”等被列入省级非遗项目名录。

围棋文化　晋城是围棋发源地，尧造围棋教子于丹朱岭，箕子观星谋棋于陵川棋子山。陵川县棋子山又称箕子山、谋棋山，经国家有关部门考察论证是中国围棋发源地。相传，殷商沦亡后箕子避难于此，在这里发明了围棋。如今，棋子山发展为世界围棋起源纪念地和历史文化名人箕子的纪念地，还成为当代围棋文化与赛事的活动中心。晋城围棋文化节从2007年开始举办，吸引陈祖德、聂卫平、曹薰铉、武宫正树等国内外围棋名家聚首晋城。

红色文化　晋城是革命老区，是全国较早建立中国共产党组织的地区之一，是华北敌后抗战主战场之一，也是抗日战争、解放战争重要的兵源、物资供应基地。朱德、刘伯承、邓小平、陈赓等老一辈革命家都在晋城战斗和生活过。桂涛声在晋城陵川创作的《在太行山上》传遍敌后根据地。晋城全境解放后，解放区人民参军参战，英勇支前；解放区干部北上南下支援新区，为新中国的建立立下不朽功勋。

【方言】 晋城方言属于山西方言东南区的晋城片，分为晋城（包括城区、泽州）、高平、阳城、陵川、沁水（东）5个点。沁水城关方言无入声，属山西方言南区。晋城方言与普通话的差异主要表现在语音和词汇方面。晋城方言有19个声母，即没有z、c、s。普通话的z、c、s在晋城方言中都作zh、ch、sh，只是发音部位比普通话稍微靠前。晋城方言有47个韵母，比普通话多出8个，两者之间对应关系较复杂，但大多有一定规律可循，最突出一点是，普通话中的鼻音韵尾，在晋城方言中除ong以外大都消失。

晋城话起源于古泽州南部地区。晋城话中存在明显的绕声和大量的儿化音，且所用词汇有80%以上和中原官话方言同源（如"喷一会儿""得劲儿""使慌""枯出""今儿""夜儿个"等），不但语音语调不同于晋语，而且也没有多数晋语中普遍的惯用词汇（如"后生""乃""寡"等），因此和长治、大同、太原等山西北部、西部地区方言有极大的差别。

（编辑部）

行政区划

【概况】 截至2021年，晋城市辖1个区、1个市、4个县，共设52个镇、15个乡、10个街道。

【区划调整】 2021年，晋城市人民政府发布《关于我市部分乡级行政区划掉表的通告》，对乡级行政区划进行调表。调表后，全市乡镇（街道）总数由84个（26个乡、48个镇、10个街道）优化为77个（15个乡、52个镇、10个街道）。

（编辑部）

人口 民族 宗教

【人口】 2021年底，晋城市常住人口2188632人，其中城镇人口1390775人，乡村人口797857人。人口出生率8.03‰，人口死亡率8.16‰。

【民族】 2021年，晋城市共有39个少数民族，7114人。其中，回族人数最多，有4749人，其他人口数上百的少数民族有满族、苗族、蒙古族、彝族、土家族和壮族。

【宗教】 晋城市有佛教、道教、伊

表1 2021年晋城市行政区划一览表

地 区	乡、镇、街道名称
城 区	1个镇、7个街道：北石店镇，东街街道、西街街道、南街街道、北街街道、钟家庄街道、西上庄街道、开发区街道
泽州县	16个镇：川底镇、南岭镇、大东沟镇、周村镇、犁川镇、晋庙铺镇、南村镇、高都镇、巴公镇、大阳镇、下村镇、金村镇、山河镇、大箕镇、柳树口镇、北义城镇
高平市	3个乡、9个镇、3个街道：建宁乡、石末乡、原村乡，米山镇、三甲镇、神农镇、陈区镇、北诗镇、河西镇、马村镇、野川镇、寺庄镇，东城街街道、南城街街道、北城街街道
阳城县	3个乡、12个镇：寺头乡、西河乡、董封乡，演礼镇、白桑镇、凤城镇、北留镇、润城镇、次营镇、河北镇、东冶镇、町店镇、芹池镇、蟒河镇、横河镇
陵川县	4个乡、7个镇：夺火乡、马圪当乡、古郊乡、六泉乡，崇文镇、礼义镇、杨村镇、附城镇、西河底镇、潞城镇、平城镇
沁水县	5个乡、7个镇：土沃乡、张村乡、胡底乡、固县乡、十里乡，龙港镇、中村镇、郑庄镇、端氏镇、嘉峰镇、郑村镇、柿庄镇

斯兰教、天主教、基督教五大宗教。2021年,全市有佛教协会、道教协会、伊斯兰教协会、天主教爱国会、基督教协会和基督教三自爱国运动委员会6个市级宗教团体。全市有130处宗教活动场所,其中,佛教73处、道教11处、伊斯兰教13处、天主教8处、基督教25处。有288名备案教职人员。

(贾婧婧)

经济社会发展

【概况】 2021年,晋城市生产总值为1912.4亿元,按可比价格计算,比上年同期增长11.6%,分别高于全国(8.1%)、全省(9.1%)3.5个和2.5个百分点;两年平均增长8.8%,分别高于全国(5.1%)、全省(6.3%)3.7个和2.5个百分点。分产业看,第一产业76.9亿元,增长7.4%;第二产业1154.3亿元,增长12.7%;第三产业681.2亿元,增长10.7%。分县(市、区)看,全年生产总值按增幅由高到低排序分别为:泽州县15.4%;陵川县12.3%;阳城县11.9%;高平市11.6%;沁水县11.0%;城区8.0%。

【农业】 2021年,晋城市粮食产量增长1.0%,水果和油料产量分别增长8.8%、1.0%,蔬菜及食用菌产量增长18.6%。

【工业】 2021年,晋城市规上工业增加值同比增长15.7%,增速排全省第2位,分别高于全国(9.6%)、全省(12.7%)6.1个和3个百分点;两年平均增长11.4%,增速排全省第2位,分别高于全国(6.1%)、全省(9.1%)5.3个和2.3个百分点。按照六大主导行业分类。煤炭行业(占比73.2%)增长20.0%;煤层气行业(占比6.1%)增长4.9%;装备制造业(占比5.6%)增长3.0%(其中光机电增长1.6%);化工行业(占比2.6%)增长7.7%;电力行业(占比2.5%)下降4.8%;冶铸行业(占比3.7%)下降5.5%。分县(市、区)看,全年规上工业增加值按增幅由高到低排序分别为:陵川县29.7%;泽州县19.2%;阳城县18.2%;高平市15.2%;沁水县14.4%;城区2.0%。开发区(一区四园)13.1%。

企业效益:全年全市规上工业企业实现利税总额472.2亿元,增长80.2%;实现利润总额285.6亿元,增长89.1%。全年全市全社会用电量227.8亿千瓦时,增长7.1%;其中,工业用电量197.3亿千瓦时,增长6.3%。

【服务业】 2021年,晋城市服务业增加值681.2亿元,比上年增长10.7%。批发和零售业增加值102.6亿元,比上年增长13.5%;交通运输、仓储和邮政业增加值99.5亿元,增长9.8%;住宿和餐饮业增加值17.2亿元,增长16.5%;金融业增加值80.2亿元,增长7.0%;房地产业增加值90.2亿元,增长22.2%;营利性服务业增加值

表2 2021年晋城市各县(市、区)常住人口一览表

地　区	总人口(人)	男(人)	女(人)	比重(%)
全　市	2188632	1108250	1080382	100
城　区	582364	286639	295725	26.61
泽州县	414416	215228	199188	18.93
高平市	450767	224823	225944	20.60
阳城县	346832	175242	171590	15.85
陵川县	199491	101212	98279	9.11
沁水县	194762	105106	89656	8.90

102.6亿元，增长8.1%；非营利性服务业增加值185.4亿元，增长7.7%。全年规模以上服务业企业营业收入比上年增长16.0%。

【固定资产投资】 2021年，晋城市全年全市实现固定资产投资652.3亿元，同比增长12.8%，增速排全省第3位，分别高于全国(4.9%)、全省(8.7%)7.9个和4.1个百分点；两年平均增长11.6%，增速排全省第3位，分别高于全国(3.9%)、全省(9.6%)7.7个和2.0个百分点。全市固定资产投资中，第一产业完成投资30.7亿元，同比增长34.6%；第二产业完成投资257.2亿元，同比增长14.8%；第三产业完成投资364.3亿元，同比增长10.0%。三次产业投资比重为4.7∶39.4∶55.9。分县(市、区)看，全年固定资产投资按增幅由高到低排序分别为：泽州县18.5%；陵川县15.3%；沁水县11.4%；阳城县10.7%；高平市10.1%；城区7.2%。开发区(一区四园)18.6%。

【消费】 2021年，晋城市实现社会消费品零售总额536.4亿元，同比增长14.4%，增速排全省第9位，高于全国(12.5%)1.9个百分点，低于全省(14.8%)0.4个百分点；两年平均增长7.1%，增速排全省第1位，分别高于全国(3.9%)、全省(5.0%)3.2个和2.1个百分点。其中，限额以上消费品零售额161.1亿元，增长16.6%。按经营地统计，城镇消费品零售额449.2亿元，增长12.2%；乡村消费品零售额87.1亿元，增长26.8%。按消费形态分，商品零售额448.1亿元，增长10.9%；餐饮收入额88.3亿元，增长35.9%。分县(市、区)看，全年社会消费品零售总额按增幅由高到低排序分别为：沁水县16.6%；高平市15.9%；阳城县15.7%；陵川县15.0%；泽州县14.5%；城区13.6%。

【财政】 2021年，晋城市一般公共预算收入完成201.3亿元，同比增长38.6%，增速排全省第1位，其中：税收收入完成113.6亿元，同比增长34.3%；非税收入完成87.7亿元，同比增长44.6%。一般公共预算支出292.2亿元，同比增长2.9%，增速排全省第2位。其中，民生支出234亿元，占一般公共预算支出的80.1%。

【金融】 2021年12月末，晋城市金融机构本外币各项存款余额2961.5亿元，比年初增加202亿元，比上年同期多增73.9亿元；各项贷款余额2104.4亿元，比年初增加392.6亿元，比上年同期多增227.9亿元。12月末，全市金融机构本外币存贷比71.1%。

【物价】 2021年，晋城市居民消费价格上涨1.0%，涨幅较上年全年回落1.9个百分点，与全省价格涨幅持平。分类别看，食品烟酒价格上涨1.3%，衣着上涨1.2%，居住下降0.8%，生活用品及服务上涨0.1%，交通和通信上涨3.2%，教育文化和娱乐上涨5.2%，医疗保健下降2.1%，其他用品和服务下降1.3%。

【居民收入】 2021年，晋城市城镇居民人均可支配收入为39089元，增长7.6%，较上年全年加快2.7个百分点，同期全省增长7.6%。农村居民人均可支配收入为17744元，增长10.5%，较上年全年加快2.1个百分点，同期全省增长10.3%。

【旅游】 2021年，晋城市共有国家A级以上旅游景区29个。其中，AAAAA级旅游景区1个，AAAA级旅游景区12个，AAA级旅游景区15个，AA级旅游景区1个。共有星级饭店17家。其中，五星级2家、四星级9家、三星级5家、二星级1家。全年全市重点监测景区接待游客137.01万人次，门票收入5037.21万元，经营性收入9034.81万元。

【社会保障】 2021年年末，晋城市参加基本养老保险171.80万人，比上年末增加3.9万人，其中，参加职工基本养老保险59.76万人，增加3.76万人；参加城乡居民基本养老保险112.04万人，增加0.14万人。参加基本医疗保险213.87万人，增加0.78万人，其中，参加职工基本医疗保险51.72万人，增加2.17万人；参加城乡居民基本医疗保险162.15万人，减少1.4万人。参加失业保险35.41万人，增加1.81万人。参加工伤保险51.0万人，增加1.6万人。年末城市低保人数6339人，减少1851人；农村低保人数31293人，减少8600人。享受国家定期抚恤补助的优抚对象17592人。全年共发放最低保障资金2.23亿元。全市共有住养型养老机构69所，床位数7289张，其中，公办35所，床位数2749张；民办34所，床位数4540张。全市社区养老机构和设施996个。福利彩票发行单位1个。

【教育】 2021年年末，晋城市有普通高等学校1所，独立设置的成人高等学校1所。高中阶段毛入学率98.3%。

【科技】 2021年，晋城市组织实施市级科技项目45项。其中，市级重点研发计划（高新领域）项目13项、市级社发类项目32项。全年全市技术合同交易456项，交易总额73.88亿元；新认定省级新型研发机构1个，新认定省级重点实验室1个，新认定省级众创空间2个，新认定省级星创天地3个，新认定省级技术创新中心1个，新认定市级技术创新中心7个。截至2021年末，全市拥有国家级重点实验室1个，省级重点实验室2个，省级新型研发机构1个，省级技术创新中心1个，省级科技企业孵化器3家，省级众创空间7个，通过国家备案众创空间2个，国家级星创天地2个，省级星创天地3个，省级民营科技企业25家，省级科普基地11个，市级技术创新中心7个。

【文化】 2021年年末，晋城市共有艺术表演团体10个，演出场次1882场，演出收入1145.8万元；全市共有艺术表演场馆3个，文化馆7个，美术馆2个，公共图书馆7个，总藏量344万册。

【卫生健康】 2021年年末，晋城市共有各级医疗卫生机构3135个，其中妇幼保健院（所、站）7个。医院和卫生院床位14.1千张，卫生专业技术人员1.73万人。村卫生室覆盖率100%、县乡村三级医疗机构达标率均为100%。全年各县（市、区）的儿童“五苗”（卡介苗、乙肝、脊髓灰质炎、百白破、麻疹）全程接种率以乡镇为单位均达90%以上。碘盐覆盖率达99.61%，合格碘盐食用率达95.5%，各种地方病得到有效控制。全市乡镇卫生监督站覆盖率达100%。

【体育】 2021年年末，晋城市拥有各级各类体育场馆9238个，全年晋城市运动员在省级以上重大比赛中获金、银、铜牌分别为53枚、52枚和29枚（包括非奥运项目比赛）。全市销售中国体育彩票2.24亿元，增长41.2%。

【资源环境】 2021年，晋城市全市有自然保护区5个，自然保护区面积达到14.6万公顷。全年全市一次能源生产折标准煤9628.6万吨，增长5.1%；二次能源生产折标准煤8048.7万吨，增长18.9%。全年全市向省外运输煤炭6392.3万吨，增长17.9%，外运煤炭占原煤产量51.0%。向省外输送电力149.5亿千瓦时，下降9.7%，外输电量占发电量的60.3%。全年全市全社会用电总量227.8亿千瓦时。其中，第一产业用电1.4亿千瓦时，占全社会用电量的0.6%；第二产业用电198.5亿千瓦时，占全社会用电量的87.1%，其中，工业用电197.3亿千瓦时；第三产业用电16.6亿千瓦时，占全社会用电量的7.3%；城乡居民生活用电11.3亿千瓦小时，占全社会用电量的5.0%。全年市区环境空气质量二级以上天数达到253天。其中，一级天数54天。空气综合污染指数为4.53，较上年下降14.5%。细颗粒物（$PM_{2.5}$）年平均浓度35微克／米^3，比上年下降23.9%。7个国家地表水考核断面中，达到或优于Ⅲ类水体比例为85.7%，劣Ⅴ类水体比例为0。城市污水处理率达到99.4%；城市生活垃圾无害化处理率达到100%。

（编辑部）

中国共产党晋城市委员会

综　述

【概况】 2021年，中共晋城市委落实党中央和省委决策部署，勇蹚转型新路，提出并实施全方位推动高质量发展建设共同富裕新晋城的目标要求，推动党的建设和党领导的事业迈上新台阶、取得新成效。2021年，全市生产总值1912.4亿元，比上年增长11.6%，增速排名全省第1；总量排名全省第5，较上年前进两位，5个县（市）中4个进入全省前10。一般公共预算收入增长38.6%，排名全省第1；总量201.3亿元，6个县（市、区）中4个进入全省前10。规模以上工业增加值增长15.7%，排名全省第2。固定资产投资增长12.8%，排名全省第3。主要经济指标增速普遍高于全国、全省平均水平。

【现代产业体系“1+5”】 2021年，中共晋城市委聚焦“六大战略定位”，改造提升传统优势产业和培育壮大战略性新兴产业，建设绿色转型的示范城市、能源革命的领跑城市、对外开放的先行城市、数字经济的标杆城市、光机电产业的集聚城市、文旅康养的样板城市，加快构建“1+5”多元支撑的现代产业体系。“1”是以数字赋能，加快传统产业改造升级，重点是打造煤炭和钢铁铸造双千亿元集群；“5”是加快光机电、煤层气、文旅康养、现代服务业、数字经济五个战略性新兴产业集群化、规模化发展，力争全部迈向千亿元。加快数字赋能传统产业，151处煤矿采掘面智能化改造开工建设，建成69处，排名全省第1；与华为合作的全国首个智能矿山算力中心建成投运；晋钢冷轧薄板生产线、康硕智能制造中心投产运行，传统产业迸发新活力。

光机电产业，新引进项目61个，产值突破200亿元，“1+100”产业集聚初步形成。煤层气产业，推进增储上产，产量达到42.4亿立方米、完成率103.3%，均居全省第1；加快实施“气化晋城”工程，基本实现燃气市场规划、配置、价格、标准“四统一”，城乡居民用气覆盖率达到85%。文旅康养产业，白马寺山高端康养示范区初具规模，王莽岭景区整治提升全面提速，“百村百院”首批村院开门迎客，举办第二届全国康养产业发展大会，叫响“东方古堡、人间晋城，云锦太行、诗画晋城”品牌。现代服务业，制定实施提质增效“60条”，组建25家平台公司，开工建设蓝远、中通等5个物流园区，推进万达广场、华谊兄弟星剧场、东滩会商业新地标等龙头项目，服务业增加值增速保持全省领先。数字经济，新建5G基站1058座，安恒信息、北京千方等11家头部企业和上市公司入驻“太行数岛”，智慧交通、智慧医疗等17个重点示范应用场景上线运行，数字经济核心产业增加值突破100亿元、增长25.9%。

【强化项目支撑】 2021年，中共晋城市委坚持系统谋划，注重理念引领、规划先行，把谋划包装作为项目建设的重要前提，用好工作专班、安排专项经费、聘请专业团队，推动项目谋划的数量、质量、体量“三量”齐增。坚持精准招商，采取产业链招商、小分队招商、以商招商、平台招商、基金招商、飞地招商、大赛招商7种招商模式，举办杭州招商大会、海峡两岸神农炎帝经贸恳谈交流会等重大招商活动，招商引资5项指标提前一季度完成省定目标任务，排名全省第1。坚持统筹推进，明确项目推进中心、公用事业建设服务中心、预算评审中心“三个中心”的职能定位，综合运用清单化管理、常态化调度、立体化监督、差异化考核等机制，重大项目全部采取“指挥部+公司”方式推进，加快项目建设进度，晋城机场、晋阳高速公路改扩建等项目进展顺利，省级重点工程投资完成额排名全省第2。坚持多元筹资，争取上级支持，用好金融工具，全年获得各类项目资金和地方政府债券86.2亿元；广泛引入市场主体，通过PPP等模式有效解决融资问题；在太原市召开重点项目政金企对接大会，与14家省级金融机构达成战略合作协议，融资签约金额288亿元。

【重点领域改革创新】 2021年，中共晋城市委加快重点领域改革，国资国企改革纵深推进，事业单位重塑性改革持续深化，泽州、陵川两县转型综改系统性集成改革试点积极开展，土地要素、地方金融等其他改革均取得明显成效。聚焦“12大基地”抓人才、抓平台、抓项目，与清华大学、北京大学等34所高校开展合作，挂牌各类基地240个，引进本科以上人才3000余人，中科院第四代锑化物半导体、中南大学硬质合金等一批“六新”项目落地晋城。实施市场主体倍增工程，落实支持民营经济发展各项政策，新增市场主体23140户，净增规模以上工业企业95家，新培育省级以上专精特新“小巨人”企业9家，超额完成年度目标。

【优化营商环境】 2021年，中共晋城市委全面深化“承诺制+标准地+全代办”改革，创新实施承诺制审批“一本制”，缩短审批时间、降低企业成本、提高审批质量，从源头上杜绝腐败问题的发生，相关做法被全省推广；对照国评省考指标体系，制定优化营商环境“130条”、提升建筑许可办理效率“17条”，以评促改、以评促优；开展阻工扰工、行政审批领域、建筑施工和房地产领域、违法建设四个专项整治，推出133项“一件事一次办”服务套餐，市场主体和群众满意度大幅提升。

【推进乡村振兴】 2021年，中共晋城市委出台支持农业高质量发展“20条”，实施264个特优农业产业项目，启动村庄规划编制，组建乡村振兴投资开发公司，注册成立乡村产业投资基金，开展“六乱”整治，健全防止返贫动态监测和帮扶机制，推动巩固脱贫成果与乡村振兴有效衔接。抢抓黄河流域生态保护和高质量发展重大机遇，系统谋划实施四大牵引性工程。百里沁河生态经济带工程，编制完成总体规划和产业、生态、交通3个专项规划，谋划总投资254亿元的79个重点项目，16个开工建设，山水林田湖草沙一体化保护与修复项目，以综合评比第一名的成绩入围省级备选项目。太行一号文旅康养和乡村振兴融合发展示范带工程，“三线路网”启动建设，“五大配套系统”基本建成，沿线243个村（社区）人居环境整治全部达到三星级以上标准，特色产业布局进一步优化，太行一号旅游公路成为名副其实的生态路、观光路、文化路和致富路。沁丹两河沿线农村生活污水治理示范带工程，坚持“改污、改厕、改水”一体推进，开工率达到70%，10月底268个重点村全部完成，有效解决农村面源污染问题。环城水系清水复流工程，总长50千米的12条沁河丹河支流，全面消除黑臭水体，6条河道完成综合治理。

【提升城市能级】 2021年，中共晋城市委按照“一体两翼、六大组团、多片区”的空间布局，编制完成10个重点片区控制性规划、11个专项规划、106个重点项目设计，实现中心城市控制性规划全覆盖。建立土地一级市场，出台土地“五统一”、“双违”治理、城中村改造、房地产监管、土地征拆收益返还等一系列制度办法，理顺城市规划建设管理体系。加快老城新城联动发展，丹河新城基本实现“路网成、水系成、学校成、配套成、新城初成”，城市发展空间进一步拓展。121个老旧小区改造有序推进，城市内涝问题正在全面彻底解决，成功入选全国城市体检样本城市。拆除各类违建和不必要围墙围挡76万平方米，治理背街小巷424条，完成房屋征拆55.5万平方米，特别是中原街两侧累计拆除各类建筑40万平方米，腾退土地1500亩。加快智慧城市建设步伐，城市大脑和智能算力中心投入运行，跻身中国城市数字化治理百强榜。

【民主政治建设】 2021年，中共晋城市委贯彻习近平法治思想，坚持党的领导、人民当家作主、依法治国有机统一，推进民主政治制度化、规范化、程序化。推动市人大常委会深化"小切口、有特色"立法，制定《沁河流域生态修复与保护条例》《农村自建房管理条例》两部地方性法规，听取审议"一府一委两院"专项工作报告30个，作出决议决定7个。发挥政协专门协商机构作用，支持政协围绕乡村振兴、文旅康养等工作，开展整体协商、专题协商、对口协商8次，专项视察监督7次。完善提案办理协商机制，505件提案全部办理落实。坚持法治晋城、法治政府、法治社会一体推进，制定落实《法治中国建设规划（2020—2025年）》实施方案。推进司法体制综合配套改革，刑事诉讼制度、司法责任制等改革走在全省前列。出台《关于进一步加强新时代海外统战工作的实施意见》，建立民营企业投诉机制，实施"外地商会家乡行"等暖企行动，依法加强宗教事务管理，协助民主党派市级组织完成换届工作，统筹推进外事、海外统战等工作。

【思想文化工作】 2021年，中共晋城市委坚持学习贯彻习近平新时代中国特色社会主义思想"第一议题"制度，市委理论中心组集体学习22次，聚焦学习贯彻中共十九届六中全会精神、省市党代会精神，开展主题宣讲8200余场，受众280万人次。把牢意识形态工作领导权，市委常委会每季度专题研究意识形态领域工作，制定《党委（党组）意识形态工作责任制实施细则》，开展"护航党的百年华诞"防范化解意识形态安全风险工作，推进"正道2021"集中行动，坚决维护意识形态阵地安全。建设更高水平的文明城市，开展全域文明城市创建，群众性文明创建活动全面开花，国家级典型总量全省第1；弘扬社会主义核心价值观，新时代文明实践阵地覆盖率达到90%以上，1人获"山西好人"称号，3人入选"中国好人榜"，2人获"第八届全国道德模范"提名奖。推动文化体育事业发展，上党梆子现代戏《申纪兰》《长江支队》，舞剧《路》等优秀文艺作品屡获殊荣，广受好评；珐华器、潞绸、铁器等非遗文创品牌参展深圳文博会；市第七届运动会成功举办；晋城市入选第四批国家公共文化服务体系示范区。

【全面从严治党】 2021年，中共晋城市委把抓好党建作为最大政绩，大力弘扬伟大建党精神，认真贯彻新时代党的建设总要求，以高质量党建引领高质量发展。

坚决扛起管党治党主体责任。市委书记带头履行"第一责任人"责任，常委会其他成员认真履行"一岗双责"，市委常委会24次研究管党治党工作，将年度党建任务细化为26项清单，推动全面从严治党向纵深发展。强化政治监督，定期对下级"一把手"开展监督谈话，督促各级党组织扛起政治责任，党内问责党组织26个、党员领导干部275人。坚持抓基层、强基础、固根本，统筹推进各领域基层党建。在城市，依托"全科网格"，推动基层党建与疫情防控、文明创建、平安建设等工作"多网合一、一网统筹"。在农村，选派371名机关事业干部到村任职，回引1554名35岁以下高学历人才到村工作，集体经济突破5万元、10万元的村分别达到100%和65.5%。在机关，深化"一单位一品牌"创建活动，促进党建和业务深度融合。在国企，明确"1+6+X"党建思路，党对国有企业的领导持续加强。在"两新"组织，深化"三整一提升"，有形有效覆盖质量全面提升。

加强干部队伍建设。完成四级党组织换届工作，一大批优秀干部走上领导岗位。换届后，具有乡镇党政正职经历干部占县级党政班子总数41.9%；乡镇班子大学及以上学历达86%；村（社区）"两委"主干"一肩挑"比例达94.7%，"一升一降一肩挑"结构性指标居全省前列。大力选用"两型"干部，直接掌握正科级以上"两型"干部580余名，82人被选用到关键岗位。

从严正风肃纪反腐。健全完善监督体系，制定《关于加强对“一把手”和领导班子监督的实施意见》，督促领导干部严格自律、严负其责、严管所辖。锲而不舍纠治“四风”，查处违反中央八项规定精神问题280件，处分261人。整治群众身边腐败和不正之风持续深入，全年立案1565件，给予党纪政务处分1345人。出台精准容错若干规定，为41名干部澄清正名，旗帜鲜明地为担当的干部担当、为负责的干部负责。

市委重要会议

【市委常委会会议】 2021年，中共晋城市委共召开常委会会议20次。

1月4日，市委书记张志川主持召开市委常委会会议。审议《关于在全市推行林长制的实施意见》《中共晋城市委关于全面加强政治监督的实施意见》《2021年度晋城市街道办事处重点工作考核办法》《晋城市改革创新先进集体和先进个人表彰实施方案》《晋城市乡级行政区划调整方案》《关于建设中医药强市的实施方案(2020—2030年)》《关于支持晋城经济技术开发区先行先试的若干措施》《培育产业基金生态促进形成千亿光机电产业集群的若干政策》《晋城经济技术开发区光机电产业引导基金管理办法》《关于支持晋城市光机电产业研究院改革创新的若干政策》《关于推进光机电产业研究院重点实验室建设的意见》。

1月15日，市委书记张志川主持召开市委常委会会议。听取关于当前全市维护稳定工作情况汇报，听取春节期间安全生产、市场供应等工作情况汇报。

2月4日，省人大常委会副主任、市委书记张志川主持召开市委常委会会议。传达学习中央、省委政法工作会议精神，研究晋城市贯彻落实意见；传达学习省纪委十一届七次全会精神，审议《中共晋城市纪委七届六次全体会议工作报告》；研究2021年晋城市主要经济指标的安排建议；讨论拟提请市委七届十次全会暨经济工作会议审议的文件，审议《中共晋城市委关于制定国民经济和社会发展第十四个五年规划和二〇三五年远景目标的建议》及说明；研究各县(市、区)召开党代表大会事宜；研究晋城市拟推荐全国“七一勋章”“两优一先”人选。

2月18日，省人大常委会副主任、市委书记张志川主持召开市委常委会会议，听取市“两会”筹备情况汇报。

2月21日，省人大常委会副主任、市委书记张志川主持召开市委常委会会议。审议通过《中共晋城市委关于落实省委第十二巡视组反馈意见的整改方案》《中共晋城市委关于落实省委第十二巡视组意识形态工作责任制落实情况专项检查反馈意见的整改方案》《中共晋城市委关于落实省委第十二巡视组选人用人专项检查反馈意见的整改方案》；传达学习省委组织部《关于做好当前乡镇、村(社区)换届有关工作的通知》精神，研究晋城市贯彻落实意见；研究市“两会”召开有关事宜；听取七届市委第十一轮巡察情况汇报。

3月2日，省人大常委会副主任、市委书记张志川主持召开市委常委会会议。传达学习全国、全省宣传部长会议精神，学习新修订的《中国共产党统一战线工作条例》，传达学习全国、全省统战部长会议精神，传达全省“三零”单位创建工作推进会暨省委平安山西建设领导小组2021年第三次会议主要精神，传达全国、全省政法队伍教育整顿动员会议主要精神，研究晋城市贯彻落实意见。

4月29日，省人大常委会副主任、市委书记张志川主持召开市委常委会会议。听取一季度全市安全生产、社会稳定、意识形态领域形势分析汇报，研究部署下一步工作；传达学习省委深改委(省综改委)第二十九次会议精神，审议《中共晋城市委全面深化改革委员会2020年工作总结报告》；审议《关于贯彻落实〈交通强国建设纲要〉实施意见》；听取全市“人人持证、技能社会”建设情况的汇报；听取国企改革具体事宜报告；听取中央第一生态环境保护督察组在晋城市督察情况的汇报；听取全省脱贫攻坚总结表彰推荐评选工作汇报，研究拟推荐先进集体和先进个人名单。

6月6日，市委书记、市长王

震主持召开市委常委会会议。传达学习赵乐际和杨晓渡在全国巡视工作会议暨十九届中央第七轮巡视动员部署会上的讲话精神；听取七届市委第十二轮巡察情况汇报；审议《市委党建工作领导小组2021年工作要点》。

6月20日，市委书记、市长王震主持召开市委常委会会议。审议《关于全面推进乡村振兴加快农业农村现代化的实施方案》《关于巩固拓展脱贫攻坚成果有效衔接乡村振兴的实施方案》；传达全省组织工作暨换届工作推进会议精神，研究晋城市贯彻落实意见；传达全省村（社区）“两委”换届工作会议精神，审议《关于认真做好全市村（社区）“两委”换届工作的实施意见》；听取关于召开中国共产党晋城市第八次代表大会有关事项汇报；研究晋城市“两优一先”拟表彰对象名单。

7月27日，市委书记、市长王震主持召开市委常委会会议。听取上半年全市经济运行、安全生产、社会安全稳定、生态环保和意识形态工作情况汇报，研究部署下一步工作；审议《关于围绕“12大基地”建设进一步深化市校合作的行动方案》；研究晋城职业技术学院党委召开党员代表大会事宜；传达省委全面依法治省工作会议精神，研究晋城市贯彻落实意见；传达学习中央、全省精神文明建设有关会议精神，审议《深入实施文明创建工程全力巩固文明城市创建成果工作方案》；听取上半年全市党风廉政建设和反腐败工作汇报。

8月3日，市委书记、市长王震主持召开市委常委会会议。听取上半年全市乡镇“三农”和街道办事处重点工作考核情况汇报，审议通过市第八次党代会代表选举有关事宜。

8月16日，市委书记、市长王震主持召开市委常委会会议。传达学习习近平总书记在西藏考察时的重要讲话精神，传达全省换届工作座谈会精神，审议通过《晋城市选举出席中国共产党山西省第十二次代表大会代表工作方案》。

9月9日，市委书记王震主持召开市委常委会会议。审议《晋城市乡村振兴投资开发有限公司组建方案》；审议晋城市出席中国共产党山西省第十二次代表大会代表候选人初步人选；听取当前全市网络安全和下一步工作安排的情况汇报。

9月22日，市委书记王震主持召开市委常委会会议暨市委中心组学习会议。学习习近平总书记在陕西榆林考察时的重要讲话重要指示精神，学习习近平总书记在中央民族工作会议上的重要讲话精神和在中央党校（国家行政学院）中青年干部培训班开班式上的重要讲话精神，传达全省民营企业家座谈会精神和全省民营企业家专题培训班精神，传达全省抓党建促乡村振兴暨干部驻村帮扶工作会议精神和全省村（社区）“两委”换届工作推进会精神，研究晋城市贯彻落实意见。

10月12日，市委书记王震主持召开市委常委会会议。传达省政法队伍教育整顿领导小组第九次会议暨全省第二批政法队伍教育整顿工作推进会精神、全省平安山西建设暨网格化服务管理工作推进会精神、全省防汛救灾和灾后恢复重建工作会精神，通报全市防汛救灾情况，研究晋城市贯彻落实意见；听取市第八次党代会代表产生和人事安排情况；研究讨论中国共产党晋城市第八次代表大会市委工作报告和市纪委工作报告；研究组建晋城市市政公用集团有限责任公司、成立晋城市城乡规划建设委员会有关事宜；审议通过《晋城市国企改革行动实施方案（2021—2022）》。

10月13日，市委书记王震主持召开市委常委会会议。听取中国共产党晋城市第八次代表大会议程、日程安排及筹备情况汇报；研究晋城市选举出席山西省第十二次党代表大会代表有关事宜。

10月17日，市委书记王震主持召开八届市委第一次常委会会议，研究市委常委会自身建设。

11月22日，市委书记王震主持召开市委常委会会议。学习习近平总书记在深入推动黄河流域生态保护和高质量发展座谈会上的重要讲话精神；学习《中共山西省委关于加强新一届省委班子建设的决定》；传达全省宣传思想战线学习宣传贯彻中共十九届六中全会精神电视电话会议精神，审议《党的十九届六中全会精神宣传工作实施方案》《学习贯彻党的十九届六中全会及省第十二次党代会精神宣讲工作方案》；学习《山西省委网信办贯彻落实〈党委

(党组)网络意识形态工作责任制实施细则〉检查考核办法》,听取全市网信工作情况汇报。

12月7日,市委书记王震主持召开市委常委会会议。学习习近平总书记关于档案工作的重要批示,审议《晋城市档案事业“十四五”发展规划(送审稿)》;学习中央深改委第十九次、第二十次、第二十一次会议精神和省深改委(省综改委)第三十次、第三十一次会议精神;传达全国第四次市域社会治理现代化试点工作交流会、全省市域社会治理现代化试点工作推进会精神,研究晋城市贯彻落实意见;传达全省工商联换届工作会议精神,研究晋城市贯彻落实意见;学习贯彻落实中央八项规定精神有关文件。

12月19日,市委书记王震主持召开市委常委会会议。传达全省市人大政府政协领导班子换届工作部署培训会精神,研究调整晋城市相关工作机构。

【市委常委会(扩大)会议】 2021年,中共晋城市委共召开常委会(扩大)会议18次。

1月4日,市委书记张志川主持召开市委常委会(扩大)会议暨市委中心组学习会议。传达学习习近平、李克强在中央经济工作会议上的重要讲话,传达省委十一届十一次全体会议暨省委经济工作会议精神,研究晋城市贯彻落实意见。

1月15日,市委书记张志川主持召开市委常委会(扩大)会议。进行省管干部集中填报个人有关事项报告专题培训,听取太原科技大学华科学院转设工作进展情况汇报,审议通过《关于高质量建设丹河新城的意见(送审稿)》。

1月26日,省人大常委会副主任、市委书记张志川主持召开市委常委会(扩大)会议。传达学习省“两会”精神和省委书记楼阳生参加晋城团审议时的讲话精神,传达全国、全省、市、县、乡领导班子换届工作会议精神,审议《中共晋城市委关于认真做好县乡换届工作的实施意见》,研究市委换届工作领导机构,传达省委第四十六、四十七次专题会议暨省疫情防控工作领导小组会议精神听取市疫情防控工作领导小组工作汇报,听取《晋城市城市建设三年行动计划(2021—2023年)》《晋城市2021年省市重点工程项目建议名单》《晋城市市级政府投资项目管理办法》有关情况汇报,讨论《中共晋城市委常委班子2020年度民主生活会对照检查材料》,听取市人大常委会党组、市政府党组、市政协党组、市中级人民法院党组、市人民检察院党组工作汇报,审议《晋城市2020年法治政府建设情况报告》。

2月4日,省人大常委会副主任、市委书记张志川主持召开市委中心组学习会议暨市委常委会(扩大)会议。传达学习习近平总书记在中央农村工作会议上的重要讲话精神和中共中央政治局委员、国务院副总理胡春华在中央农村工作会议上的讲话精神;听取2020年度全市乡镇“三农”工作专项考核汇报;审议《新一轮“晋城的事,大家想、大家说、大家干”思想解放大讨论活动实施方案》。

3月5日,省人大常委会副主任、市委书记张志川主持召开市委常委会(扩大)会议。传达学习中央深改委第十七次、第十八次会议精神、省委深改委第二十七次会议精神,审议通过《中共晋城市委全面深化改革委员会2021年先行先试改革、牵引性重大改革和重点改革任务清单》,传达学习《法治中国建设规划(2020—2025)》《法治社会建设实施纲要(2020—2025)》精神,审议通过《关于切实加强和改进新时代海外统战工作的实施意见》,传达学习全省“扫黄打非”工作会议精神,并研究晋城市贯彻落实意见。

3月15日,省人大常委会副主任、市委书记张志川主持召开市委常委会(扩大)会议。传达学习省委农村工作会议精神,研究晋城市贯彻落实意见;审议通过《2021年度晋城市乡镇“三农”工作专项考核办法》;审议通过《中共晋城市委常委会2021年工作要点》;研究省管干部担当作为初步人选。

4月1日,省人大常委会副主任、市委书记张志川主持召开市委常委会(扩大)会议。传达政法队伍教育整顿中央第三督导组进驻山西见面沟通会、进驻督导暨第二环节部署动员会主要精神,研究晋城市贯彻落实意见;传达省委第四十八次专题会议暨省疫情防控工作领导小组会议精神,听取市疫情防控领导小组工作汇报；听取2021中国·山西（晋城）康养产业发展大会暨康养季活动方案及筹备推进情况、晋城市重点产业项目长三角（杭州）系列招商推介活动方案及筹备推进情况、第六届（辛丑年）海峡两岸神农炎帝经贸文化旅游招商系列活动筹备情况的汇报；听取关于拟补选晋城市第七届人民代表大会代表的汇报；审议《关于支持农业高质量高速度发展推进乡村产业振兴二十条政策举措》；听取关于切实加快推进中心城区城中村改造有关情况的汇报。

4月18日，省人大常委会副主任、市委书记张志川主持召开市委常委会（扩大）会议。听取全国政法队伍教育整顿中央第三督导组下沉晋城市督导情况及当前查纠整改环节重点工作汇报；传达全国、全省扫黑除恶专项斗争总结表彰会议精神，研究晋城市贯彻落实意见；听取汇报，分析一季度经济运行情况；听取全市乡镇“三农”工作专项考核情况汇报；审议《晋城市党委（党组）意识形态工作责任制实施细则》《政协晋城市委员会2021年度协商计划》《晋城市2021年政党协商计划》；研究拟推荐全省“两优一先”对象名单；听取市县乡村换届工作情况汇报；听取全市2020年度目标责任考核情况汇报。

5月9日，省人大常委会副主任、市委书记张志川主持召开市委常委会（扩大）会议。传达学习省委书记楼阳生在晋城调研时的讲话精神，研究晋城市贯彻落实意见；听取1—3月全市街道办事处重点工作考核情况汇报；传达中央、省外事系统相关会议精神，审议通过《中共晋城市委外事工作委员会2021年工作要点》；审议通过《晋城市进一步加强新时代民营经济统战工作实施方案》；听取省考核办反馈晋城市2020年度目标责任考核情况通报。

6月6日，市委书记、市长王震主持召开市委常委会（扩大）会议。传达省委会议精神，听取全市相关工作情况通报，研究晋城市贯彻落实意见；审议《关于强化知识产权保护的实施办法》。

7月13日，市委书记、市长王震主持召开市委常委会（扩大）会议，通报近日强降水受灾及城市内涝情况，对近期防汛工作进行安排部署。

8月26日，市委书记王震主持召开市委中心组学习会议暨市委常委会（扩大）会议。学习习近平总书记在中央政治局第三十二次集体学习时的重要讲话精神；传达学习省委书记林武在晋城调研时的讲话精神，研究晋城市贯彻落实意见；传达第二次全国市域社会治理现代化试点工作交流会精神，研究晋城市贯彻落实意见；传达全省加强宗教工作座谈会、全省宗教专项整治工作第四次推进会会议精神，研究晋城市贯彻落实意见；听取全市省市重点工程项目推进情况汇报；听取市人大常委会2021—2025年立法规划（草案）起草情况汇报；审议《“气化晋城”实施方案（2021—2025年）（送审稿）》《2021年“气化晋城”工作方案（送审稿）》。

9月9日，市委常委会召开（扩大）会议。宣布省委关于晋城市干部人事调整的决定省委决定：刘振华任晋城市委委员、常委、市纪委书记；免去那志茂晋城市委常委、委员和市纪委书记职务，免去张利锋晋城市委常委、委员职务。市委书记王震主持会议并讲话。市委常委、市委组织部部长辛艾艾宣读省委决定，市委常委、市纪委书记刘振华表态发言。

9月14日，市委书记王震主持召开市委常委会（扩大）会议，安排部署化解信访积案、疫情防控安全生产等工作。

9月18日，市委书记王震主持召开市委常委会（扩大）会议。传达学习省委书记林武在省委理论学习中心组（扩大）党史学习教育专题读书班上的讲话精神，研究晋城市贯彻落实意见；安排部署全市经济运行、安全生产、疫情防控和“两节”期间市场保供等相关工作。

10月30日，市委书记王震主持召开市委常委会（扩大）会议。学习习近平总书记在中央人才工作会议上的重要讲话精神；传达中国共产党山西省第十二次代表大会和省委十二届一次全体会议精神，研究晋城市学习宣传贯彻意见和措施。

11月8日，市委书记王震主持召开市委常委会会议暨市委中心组（扩大）学习会。学习习近平总书记在中央政治局第三十三、三十四次集体学习时的重要讲话精神；学习《中共中央组织部关于领导干部及时报告个人有关事项的通知》《山西省加强制度执行监督工作规定（试行）》；审议《中共晋城市委关于实施民生实事项目人大代表票决制工作的意见（试行）》《晋城市创新生态建设领导小组工作规则》《晋城市创新生态建设领导小组办公室工作细则》。

12月20日，市委书记王震主持召开市委常委会（扩大）会议暨市委中心组学习会议。专题学习《中共中央关于党的百年奋斗重大成就和历史经验的决议》；传达学习中央经济工作会议精神；传达省委第十二届二次全体会议暨省委经济工作会议精神，安排部署晋城市贯彻落实工作，传达平安中国建设表彰大会会议精神；传达全省安全生产工作电视电话会议精神，安排部署晋城市贯彻落实工作；学习中央深改委第二十二次会议精神和省委深改委（省综改委）第三十三次会议精神；审议《晋城市黄河流域生态保护和高质量发展区域规划》《关于推进市属国有企业"六定"改革的实施方案》。

【市委七届十次全会暨市委经济工作会议】 2021年2月6日至8日召开。会议启动新一轮"晋城的事，大家想、大家说、大家干"思想解放大讨论活动，听取和讨论张志川受市委常委会委托作的工作报告，审议通过《中共晋城市委关于制定国民经济和社会发展第十四个五年规划和二〇三五年远景目标的建议》，表决通过《中国共产党晋城市第七届委员会第十次全体会议决议》。张志川就《建议（讨论稿）》向全会作说明，对2021年经济工作作全面部署。市委副书记、市长王震对2021年经济工作作出具体部署。

【全市优化营商环境大会】 2021年6月21日召开。市委书记、市长王震出席会议并讲话，省行政审批服务管理局副局长连建林到会指导，市领导姚逊、孙世新、那志茂、陈望远、王宏微出席会议，市委常委、常务副市长张利锋主持会议。

【全市"两优一先"表彰大会】 2021年6月29日在市委、市政府多功能会议厅召开。向"光荣在党50年"党员代表颁发纪念章，授予100名共产党员"全市优秀共产党员"称号，授予100名党务工作者"全市优秀党务工作者"称号，授予100个基层党组织"全市先进基层党组织"称号。市委书记、市长王震出席并讲话。

【中共晋城市委七届十二次全体会议】 2021年10月13日召开。市委常委会主持会议，市委书记王震讲话，市委副书记、代市长薛明耀，市领导冯志亮、李根田、孙世新、石云峰、辛艾艾、荆俊明、刘振华、田志军等出席会议。全会决定中国共产党晋城市第八次代表大会于2021年10月15日至17日召开。审议通过中国共产党晋城市第七届委员会工作报告（草案）和中国共产党晋城市第七届纪律检查委员会工作报告（草案）；酝酿确定晋城市第八届市委委员、候补委员、市纪委委员候选人预备人选名单；采用无记名投票方式，表决确定晋城市出席山西省第十二次党代会代表候选人预备人选。

【中国共产党晋城市第八次代表大会】 2021年10月15日至17日在泽州会堂举行。王震代表中国共产党晋城市第七届委员会向大会作题为《牢记初心使命勇蹚转型新路为全方位推进高质量发展建设共同富裕新晋城而努力奋斗》的报告。

（张之越）

综合协调

【督查工作】 2021年，中共晋城市委办公室围绕贯彻落实市第八次党代会精神，梳理出173项任务清单；围绕推动"四大牵引性工程"、城市建设三年行动等7个全市性工作，挂图作战、对表推进，全程跟踪督办；围绕落实市委主要领导各类指示批示，台账管理、专人承办、对账销号。全年共承办市委主要领导指示批示184件，办结143个、持续推动41个。围绕疫情防控、安全生产、夏秋防汛等重大督查任务，深入现场实地走访、查验核实、督查落实。加强常态化疫情防控、"多彩花海"行动等专项工作督办，每天跟进、每周报告，促进各项重点工作推进。全年累计形成《督查专报》49

期，发现问题105条，提出建议108条，开展督查202批次、516人次。编发《督查快报》72期，发现问题199条，提出建议90条，开展督查125批次、311人次。发挥市委市政府联合督查体制优势，健全党政同用同步同推进的“重要交办”事项“13710”机制，“重要部署”事项当天反馈、月度报告、年终清零机制和“重要督办”事项限时办结机制，办理市级主要领导交办重要事项72件。

【应急值守】 2021年，中共晋城市委办公室印发《关于进一步加强新形势下值班工作的通知》《关于进一步加强应急值守和突发事件报送工作的通知》《中共晋城市委办公室关于应对突发事件联动保障的方案》等，优化信息报告流程，规范信息报告要求，发挥值班应急工作上传下达、沟通左右、联络内外的总调度和总枢纽作用，形成职责明确、反应迅速、运转有序、科学高效的值班工作机制。

【信息工作】 2021年，中共晋城市委办公室发挥党委信息“主渠道”作用，及时把握世情、国情、市情与民心、民意。全年向省委《山西信息》报送单篇重要信息318篇，承办中办、省委约稿168篇，报送《双日要情》147期。健全完善县（市、区）和市直单位“一把手”工作动态日报告机制。刊发《每日工作动态》245期、《一周工作动态》29期。落实市委主要领导对社情民意作出的批示，全年共办理群众反映问题630件。社情民意工作考核排名全省第1，获得2021年度人民网网上群众工作“民心汇聚单位”称号。

【机要保密信息化工作】 2021年，中共晋城市委办公室推动市县两级党政机关办公信息设备国产化进程，构建安全可靠支撑环境。加强配套设施建设，提升密码通信服务保障能力，全年办理各类电报3600余份。提升保密技术监管和服务保障水平，《保密工作》征订工作取得突破，市委办公室获评山西省保密工作先进集体。落实习近平总书记关于档案工作重要批示，完成脱贫攻坚和疫情防控工作建档归档工作。落实党内规范性文件备案审查工作规定，坚持一事一备，严格报送程序和时限，做到及时规范、应备尽备。 （张之越）

组织工作

【党员和党组织情况】 截至2021年12月31日，晋城市共产党员总数158827名，比上年净增3408名。其中，女党员35564名，占党员总数的22.39%，比上年增长1.02个百分点；少数民族党员505名，占党员总数的0.32%，比上年增长0.01个百分点；具有大专及以上学历的党员70312名，占党员总数的44.27%，比上年增长2.06个百分点。从职业分布看，公有制单位在岗职工党员中，党政机关工作人员10699名，事业单位管理人员7946名，事业单位专业技术人员11985名，企业管理人员8826名，企业专业技术人员3872名，工勤技能人员12792名；非公有制单位在岗职工党员中，企业管理人员1901名，企业专业技术人员1529名，工勤技能人员1654名；社会组织党员中，管理人员446名，专业技术人员416名，工勤技能人员274名；农牧渔民58435名，离退休人员29587名，学生79名，其他职业8386名。2021年，发展党员3986名，在生产、工作一线发展党员3342名；在乡（镇）、行政村发展党员1262名。入党积极分子6482名，入党申请人总数为11650名。党组织情况晋城市党的基层党组织7810个，其中基层党委277个，总支部485个，支部7048个。全市共有党组354个，其中，市一级机关党组49个，县（市、区）一级机关党组224个。921个政府工作部门党组织中，党委49个，总支76个，支部796个。67个乡镇共有2668个党组织，其中党委71个，总支部156个，支部2441个。10个城市街道共有509个党组织，其中党委3个，总支部37个，支部469个。1552个行政村共有2002个党组织，其中党委2个，总支部139个，支部1861个。公有经济控制的企业法人单位基层党组织，711户企业法人单位中，已单独建立党组织659个，其中党委65个，总支部83个，支部511个；已建立联合党支部52个。非公有经济控制的企业法人单位基层党组织，1363户企业法人单位中，已单独建立党组织327个，其党委7个，总支部12个，支部308个；已建立联合党支部969个。985个事业法人单位中，已单独建立党组织621个，其中党委16个，总支部50个，支部555个；已建立联合党支部167个。1016个社会团体、基金会、民办非企业单位法人单位中，已单独建立党组织194个；已建立联合党支部194个。

【干部教育】 2021年，晋城市委组织部举办干部春季、秋季主体班，开办学习贯彻中共十九届六中全会精神专题研讨、新任干部履职能力提升、市直单位专题培训等各类专班26期，分层次分领域组织534名县处级干部到“江浙沪”开展专题考察学习培训。开展党史学习教育，市县两级征集意见建议5600余条，梳理汇总重点问题清单1700余个；挖掘本土红色资源，制作《初心录》《征程》《冲锋号》《晋城榜样》等精品红色情景剧、电教片；引深“党课开讲啦”活动，展播优秀党课160余期，各级党员领导干部讲党课6000余次。

【庆祝中国共产党成立100周年活动】 2021年，晋城市召开全市“两优一先”（优秀党务工作者、优秀共产党员和先进基层党组织）表彰大会，举办庆祝中国共产党成立100周年座谈会及“两优一先”代表和老党员代表座谈会；109个基层党组织、211名党员获中央、省委、市委“两优一先”表彰；为全市1.2万余名老党员颁发“光荣在党50年”纪念章。出台加强党内关怀帮扶20条措施，走访慰问老干部、中华人民共和国成立前老党员、困难党员和烈士遗属，推动党内关怀帮扶工作常态化、制度化。推进“我为群众办实事”实践活动和“党旗在基层一线高高飘扬”活动，形成长效机制29个，在职党员到社区报到达3万人，设置党员先锋岗、突击队1.7万余个，完成县乡换届后“开门一件事”1700余件，“接诉即办”5000余件。

【换届工作】 2021年，晋城市举办换届工作培训会议66场、培训1700余人，发放《换届纪律知晓卡》1700余份，1.78万人参加警示教育。县、乡换届任务完成，县级党政班子40岁左右年轻干部占到1/5、具有乡镇党政正职经历干部占到1/3，女干部、党外干部配备均符合政策要求，乡镇班子35岁以下占到34%、大学及以上学历占到84%，班子结构和整体功能得到优化提升。完成村级换届任务，共产生新一届村（社区）“两委”班子成员7741人，党组织书记和“两委”班子平均年龄分别比上届降低9.4岁、10.8岁，大专及以上学历占比分别比上届提升50.9%、40%。

【基层党组织建设】 2021年，晋城市坚持从基本组织、基本队伍、基本制度抓起，把党的组织优势转化为发展优势。在农村，实施抓党建促乡村振兴“群雁矩阵”“加零增效”“五新阵地”三大工程，完成对139个软弱涣散村级党组织整顿，集中打造168个村级党群服务中心示范点，全市年收入5万元以上的村占比100%、10万元以上的村占比81%，村级组织运转经费平均达到14万元。原陵川县台北村第一书记郭子涵、丈河片区脱贫攻坚联合党总支分别获“全国脱贫攻坚先进个人”“全国脱贫攻坚先进集体”称号。在城市，出台项目化推进城市基层党建工作具体措施，实行社区服务事项准入机制，探索建立全科网格员规范化考核机制，完成全市首家党建主题公园建

2021年9月17日，省校市校合作建设“12大基地”推进会暨晋城市智库合作示范基地揭牌仪式 （李 浩 供图）

2021年12月20日，晋城市2021年度村(社区)“领头雁”示范培训班开班

(李　浩　供图)

设。在机关，深化“一单位一品牌”创建活动，促进党建和业务工作深度融合。在国企，明确“1+6+X”党建思路，党对国有企业的领导持续加强。在“两新”组织，深化“三整一提升”行动计划，有形有效覆盖，质量全面提升。把握“适当扩大发展党员数量”政策要求，总结排查整顿发展党员违规违纪问题经验，严把党员队伍入口，全年发展党员3986名；指导全市各党支部以“学党史、悟思想、办实事、开新局”为主题召开专题组织生活会，受到中央督导组好评。

【干部队伍建设】 2021年，晋城市立足全方位推动高质量发展需要，鲜明“重实干重担当重实绩”选人用人导向，打造高素质专业化干部队伍。组织开展新一轮市直单位领导班子和干部队伍建设专题研判，掌握一批工作实绩突出、各方面表现优秀的干部。公开定向推选15名县处级领导干部。锻造“狮子型”“老黄牛型”干部队伍，建立“两型”干部库，全市推荐正科级以上“两型”干部580多名，82人被选用到关键岗位。建立全市正科级(含相当层次职级)干部信息库，对217名35岁左右年轻干部进行重点关注。实现选调生乡镇配备全覆盖。向省委组织部推荐第四批援疆干部2名，向省政府驻外办事处推荐实践锻炼处级干部1名、科级干部7名，向团省委机关推荐挂职干部1名。完成省科技博士服务团首批选派2名成员到晋城市挂职事宜。完成26名优秀年轻干部、女干部、党外干部和政法干部到基层任职专项行动工作。对干部调动、公务员调任以及科级职数、职级职数审批备案工作流程进行整体性系统性重塑。完成全市910名县处级领导干部个人有关事项集中填报、审核录入工作，全市县级“12380”举报网站全部建成投入使用。开展公务员法规实施情况督查，完成公务员考录工作，巩固公务员职务与职级并行成果，探索公务员分类培训，创新举办5期公务员管理工作“业务沙龙”，提升公务员管理工作科学化水平。

【目标责任考核】 2021年，晋城市针对县(市、区)承担的不同重点工作，结合资源禀赋，增设差异化考核指标，形成以“党建工作、高质量发展综合绩效、营商环境、专项工作”四项指标为依托、差异化考核为特色的“4+1”模式。在此基础上，修订完善县区差异化考核、乡镇“三农”考核、街办重点工作考核等一系列考核机制，确保考专考精、考准考实，相关信息在《人民日报》《中国组织人事报》等媒体上刊登。

【人才工作】 2021年，晋城市在全省率先启动深化省校、市校合作“12大基地”建设，统筹8个牵头部门、20个市直单位全面参与，各县区、开发区同步跟进，同国内知名高校和科研院所挂牌各类基地241个，签约合作项目144项，中科院第四代锑化物半导体、中南大学硬质合金等一批“六新”项目落地晋城。研究制定创优高质量人才生态若干举措，提出支持事业单位“编外引才”、设置“虚拟账户”定向引才等创新举措，全年引进本科以上人才4000余人。

(李　浩)

宣传工作

【党史学习教育】 2021年，晋城市成立市委党史学习教育领导小组办公室6个专项工作组，出台指导性文件50类，组建51个各级党史学习教育巡回指导组，6个县（市、区）和131个市直单位全部部署到位，82个乡镇（街道）把党史学习教育同换届工作同步推进，晋城市7802个基层党组织、15.7万名党员党史学习教育实现全覆盖。《论中国共产党历史》《毛泽东、邓小平、江泽民、胡锦涛关于中国共产党历史论述摘编》《习近平新时代中国特色社会主义思想学习问答》《中国共产党简史》四本指定学习用书征订数量全省排名第2，完成率达116%。晋城市各级党员领导干部讲专题党课1.3万场，开办专题研讨班78个，引导广大党员干部群众在重温党的百年历史中感悟思想伟力。各级党组织办实事清单完成率达99.7%，一大批入园难、看病难、就业难、养老难问题得到妥善解决。推动晋城市党史学习教育常态化长效化，创新形成“主题党日活动与我为群众办实事相结合”“学党史用党史与形势宣传教育相结合”“用好用活红色资源与教育引导青少年相结合”的工作矩阵，破解“集中学习教育有期限，践行初心使命无穷期”的重大命题。党史学习教育中央第一指导组进驻晋城指导，对晋城市党史学习教育给予充分肯定，党史学习教育省委第三巡回指导组高度评价晋城工作，全市党史学习教育好评率达到99.8%。

【思想理论建设】 2021年，晋城市委理论学习中心组采取专题研讨、读书班等形式，集体学习26次，在《山西日报》上发表《努力探索全方位推动高质量发展的晋城路径》署名文章，推动理论学习与工作实践紧密结合，指导引领各级党委（党组）深度交流研讨1148场次，推动理论学习质量全面提升。“晋城新时代理论宣讲快车”“新时代文艺轻骑兵”成为全国知名理论品牌，开出“学党史守初心”“党的十九届六中全会精神及省第十二次党代会、市第八次党代会精神进基层”专列150余趟，打造“理论+”宣讲模板，为全国基层理论宣讲工作提供晋城经验。解决宣讲宣传一般化、说服力感染力不强的问题，利用各级各类宣传思想阵地和资源，在晋城电视台创办全媒体理论栏目《理论在身边》和“纸媒+新媒体”联动专栏《小晋爱理》，编印《理论宣讲快车报》，打造晋城理论宣讲微信公众号，形成理论宣传矩阵。

【意识形态工作】 2021年，晋城市作为全省唯一的意识形态工作试点，完善“管理网格化+责任清单化”模式，修订15项制度机制，形成“明责、履责、督责、考责、问责”全闭合环节的意识形态工作制度体系。建立会议、报告、研判、通报、督查、检查工作责任机制，实行市、县、乡三级意识形态工作责任制落实情况专项督查，省委意识形态专项督查组对晋城工作给予充分肯定。对6类意识形态阵地分类施策、科学管理，开展“护航党的百年华诞”防范化解意识形态安全风险工作。推进“清风”“正道”“护苗”等“扫黄打非”集中行动，城区东南新区学校被评为第五批全国“扫黄打非”进基层示范点。

【主题宣传】 2021年，晋城市坚持党管媒体不动摇，提出“全国媒体走晋城，晋城媒体走基层”双走行动，构建“重大战役报道+日常宣传报道”“传统媒体+新兴媒体”“线上+线下”传播格局。全年在《人民日报》、新华社等中央级媒体上发稿2687篇，位居全国前列。围绕庆祝中国共产党成立100周年，组织“党在我心中”等13项主题活动，开展30项“永远跟党走”主题宣传活动，市县媒体全年刊播转载推送报道1.43万条。“七一”期间，推出《庆祝建党100周年特刊》，将“党的盛典人民的节日”喜庆气氛推向高潮。围绕中共十九届六中全会、省第十二次党代会、市第八次党代会、市委八届二次全会暨市委经济工作会议、党史学习教育总结会议，以及市运会等重要会议、重要赛事，加强选题策划和议题设置，推出更多引导力强的栏目、冲击力大的版面、影响力强的稿件。在全省首创推出7期全媒体沉浸式专题访谈解读节目，发表《2021不平凡答卷》八篇系列综述文章。立足讲好晋城故事、传播晋城声音，借力“长三角（杭州）系列推介活动”“2021中国·山西（晋城）康养产业发展大会”“海峡两岸神农炎帝经贸文化旅游招商系列活动”，组织新闻发布会28场。

【文艺创作】 2021年，晋城市创作上党梆子《申纪兰》《长江支队》在省城太原汇报演出，大型舞剧《路》代表山西省参加第十三届全国舞蹈展演，情景剧《路》、话剧《一把扫帚》成为党史学习教育精品剧目，原创电影《七彩梦》获第六届“金童象”儿童电影优秀故事片奖，推出纪录片《追寻》《征程》《初心录》和歌舞诗剧《光辉的历程》一大批红色文艺精品。在全省首创文化大院49个，开展乡贤讲堂1100余次（期），举办“我们的中国梦——文化进万家”“晋文文”等群众性文化活动，发放文化惠民消费电子优惠券10.6万元，送戏送演出进农村、进社区、进学校625场。在全省首家推出地市级文创大赛，创造性开展“潮创晋城·云市集”，吸引95个文创企业参赛，较上年增长150%。组织晋韵堂、朝元晋艺等企业参加第十七届深圳文博会，销售额突破千万元。

【核心价值观培育】 2021年，晋城市发挥先进典型的示范带动作用，泽州县税务局入选第六批全国学雷锋活动示范点、7家单位被列为省级社会主义核心价值观示范点、5家单位被评为“山西省社会科学普及宣传基地”，总数量排名全省第1。展播中宣部“感人瞬间”时代楷模微视频作品，全媒体推送全国道德模范提名奖郭子涵、宰红斌等典型人物事迹。在全省首创“晋城楷模”品牌，崔晓满、韩小抗入选。选送的《陵川佛山——〈在太行山上〉》《晋城年鉴（2020）》分别获全国红色地标类作品三等奖、第八届全国地方志优秀成果一等年鉴。重点打造23个党史学习教育基地、58处爱国主义教育基地，挖掘红色故事《陵川号兵》，在央视一套《致敬国家丰碑——全国红色故事讲解员大赛》栏目播出。

【“两中心一平台”建设】 2021年，晋城市推进文明实践中心（所、站）建设从农村地区向城市社区延伸、从创建向服务拓展，累计建成各级各类新时代文明实践阵地1598个，覆盖率达90%以上，位居全省第1。在全省率先推进市级融媒体中心的事业单位重塑性改革，从优化布局结构、重塑采编流程、构建全媒体矩阵等方面迈出实质性步伐，《山西省晋城市：“融”出新气象“合”出引导力》市级媒体改革经验被中宣部《宣传思想文化工作案例》收录。12月23日，“学习强国”晋城学习平台正式上线，平台学员总人数31.5万人，占全市总人数比例为13.4%，人口占比排名全省第1；在全国、全省学习平台发稿2568条，发稿数量、人均积分、学员参与度等排名位居全省第一方阵。

（苏　涵）

【讲师团工作】 2021年，晋城市委讲师团高质量服务市委中心组学习，组织集体学习26次，开展专题研讨10次。在《山西日报》上刊发理论文章《努力探索全方位推动高质量发展的晋城路径》，在全省率先完成县处级以上中心组列席旁听工作全覆盖，被省委讲师团作为典型经验做法进行推荐。编印6期24万余字的《学习》辅导资料，发放6000余册，发放《学习活页文选》等资料2600册。组织开展党史学习教育、习近平总书记“七一”重要讲话精神、中共十九届六中全会精神、市第八次党代会精神等重大主题宣讲活动，29名市级领导和专家学者带头到基层开展党史学习教育和市第八次党代会主题宣讲40余场，受众1万余人次。到城区东

2021年4月20日，市委讲师团晁燕燕在泽州县山耳东村宣讲《百年恰是风华正茂百年仍需风雨兼程》

（闫婷婷　供图）

圣社区、泽州县山耳东村、阳城县皇城相府景区等开展8场示范宣讲，参与理论宣讲员80余人次，推出优秀理论宣讲作品20余个，直接受众2000人次，间接受众280万人次。录制市八次党代会8个线上示范宣讲视频，在晋城新闻综合频道播出；《对党忠诚不负人民》微视频获第二届全省“小故事彰显思想伟力”微视频大赛一等奖。1个基层理论宣讲先进个人、2篇优秀理论宣讲报告、1个优秀理论宣讲视频受到省委宣传部表彰。撰写《“两转三讲”打通理论服务群众“最后一公里”》《立足基层加强党的创新理论宣传普及》调研报告，分别获市委宣传思想文化战线调研成果一等奖、二等奖。编写《晋城市2021年基层理论宣讲优秀作品选》《“学党史、守初心”基层理论宣讲优秀作品选》《习近平总书记“七一”重要讲话基层理论宣讲优秀作品选》，为基层干部群众理论学习提供参考。

（闫婷婷）

统战工作

【思想政治引领】 2021年，晋城市委统战部认真贯彻落实中央和省委、市委关于统一战线工作的各项决策部署，紧扣大团结、大联合主题，以“大统战”思维做好统一战线工作，先后举办全市统战干部综合素养提升培训班、党外干部培训班，全市统一战线“共庆百年华诞·共创同心伟业”文艺会演、“同心颂党恩·携手新征程”书画摄影作品和短视频展、“追梦新时代·永远跟党走”主题演讲比赛、“共筑同心圆，奋进‘十四五’”主题征文活动、“学党史、明方向、跟党走”线上知识竞赛；开展“学党史、跟党走”主题教育系列活动、宗教界“三爱四史”主题教育、“爱党爱国爱社会主义”第二届讲经交流活动、民营企业高质量高速度转型发展“郑州行”学习观摩活动，推动学习贯彻中央、省委、市委会议精神和重大决策部署走深走实、入脑入心，为全方位推进高质量发展、建设共同富裕新晋城贡献统战力量。

【助力经济发展】 2021年，晋城市举办第二届中国·山西（晋城）康养产业发展大会和第六届（辛丑年）海峡两岸神农炎帝经贸招商系列活动，统战部门邀商人数占到四分之一。跟进加拿大环球国际投资有限公司晋城丹河桃花源康养小镇项目。引导浩翔控股、华洋集团、合聚集团和市建筑装饰协会投资丹河新城。支持福建商会到陵川县建设中药材仓储批发市场。对接“同心共铸中国心”组委会，邀请全国520余名企业家、医疗专家、文艺工作者在陵川县开展公益活动，并投资中药文化博物馆、康养服务中心等建设。

【换届工作】 2021年，晋城市委统战部与市委组织部召开联席会议，专题研究民主党派换届、工商联换届、市政协换届和党外干部使用配备等工作。制订《关于市政协换届工作有关问题的安排意见》，完成县乡政协换届工作，推荐3名党外干部进入县级领导班子，78个乡镇全部由副书记兼任统战委员。完成322名市政协委员的提名推荐工作。认真贯彻落实省委、市委《关于协助各民主党派做好市级组织换届工作的意见》精神，对各民主党派市级组织领导班子进退留转进行分析研判，协助各民主党派开展届末述职、民主评议、民主推荐，与民主党派省委会、省委统战部进行三方协商，对换届提名人选进行考察。民革、民建、民进、农工党和九三学社市委会完成换届任务，民盟市委会换届工作筹备就绪。完成工商联（总商会）换届涉及的会员代表、执委、常委、兼职工商联（总商会）领导班子提名推荐、综合评价、考察、公示等工作，一批思想政治强、行业代表性强、参政议政能力强、社会信誉好、热心工商联事业的优秀民营企业家充实到工商联队伍。指导城区成立民营经济研究会，成为全省首家县级民营经济研究会。

【民主党派工作】 2021年，晋城市制定《2021年政党协商计划》，召开党外各界人士政府工作报告征求意见座谈会、“十四五”规划和二〇三五年远景目标征求意见座谈会、法检两院工作情况通报会、党风廉政建设和反腐败工作情况通报会、民建晋城市委会乡村振兴座谈会等。引导各民主党派成员围绕市委重大决策部署，深入基层，调查研究，编发《建言专报》14期。各民主党派和无党派人士围绕市委中心工作开展调研，累计征集各类金点子540余条，入选市委《金点子集萃》近100条。

【非公有制经济领域统战工作】2021年，晋城市出台《关于进一步加强新时代民营经济统战工作的实施方案》《民营经济统战工作协调机制》《加强新时代民营经济统战工作重点任务台账》等。建立《晋城市民营企业投诉机制》，受理69家企业涉及行政审批、项目申报、政策落实、融资需求、人才需求等7个方面94个问题，办结88个，办结率93.62%，企业回访满意率达100%。开展“我为民企办实事”、“异地商会”家乡行、“送法入企”法律讲座、“法治体检”活动以及民营经济发展情况走访谈心专题调研。指导陵川县开展民企遗留问题清零百日攻坚行动，梳理问题220个，涉企78家，拉出清单、建立台账、逐个解决。

【港澳台统战工作】2021年，晋城市委统战部出台《关于进一步加强新时代海外统战工作的实施意见》，设立《加强和改进新时代海外统战工作重点任务台账》等，助推新时代港澳台统战工作。

【新的社会阶层人士统战工作】2021年，晋城市在全省首家开展新的社会阶层人士思想研究《调查问卷》线上答卷，举办全市民营经济代表人士和新的社会阶层人士广西大学理想信念教育培训班，加强新的社会阶层人士统战工作。

（贾婧婧）

【统战联谊活动】2021年，晋城市邀请26个国家和地区的150余名侨领侨商，参加第二届中国·山西（晋城）康养产业发展大会及“问祖炎帝·寻根高平”第六届（辛丑年）海峡两岸神农炎帝经贸文化旅游招商系列活动，促成多项合作意向。承办沁水、城区、高平3个“亲情中华·云游三晋”网上夏（秋）令营，美国、加拿大、西班牙、葡萄牙等国家的311名华裔青少年，分3批次参加学习。首次在晋城籍海外华侨、华人和留学生中征集“海外祝福送给您”拜年短视频，制作成短片，在2021年晋城电视台春节联欢晚会上播放。全市3个“侨胞之家”被评为省级“侨胞之家”，5个企业被评为“山西省新侨创新创业示范基地”。

（贾婧婧　张晋生）

网信工作

【网络宣传引领】2021年，晋城市委网信办聚焦庆祝中国共产党成立100周年和“党史学习教育”主线，开展“牢记习近平总书记殷殷嘱托，在转型发展蹚新路征程上砥砺奋进”等专题网络宣传。全年推送正能量稿件5500余篇、转发35万次。聚焦政法队伍教育整顿网上宣传工作，在市直新闻网站统一开设“贯彻习近平法治思想锻造新时代政法铁军”主题专栏。政法队伍教育整顿活动开展以来，在各县区网信办、主流媒体、政务新媒体、自媒体共转载刊播80余篇稿件，转发3万余次，阅读达30万余次。

【网络特色活动】2021年，晋城市委网信办围绕市党代会、“多彩花海”秋季行动等重点工作事件打造网络特色活动。市党代会期间，微博设置“晋城未来五年”话题，阅读量超190万，7月特大暴雨期间组织全网推送“暴雨中的脸盆伞”等10部作品，“暴雨中的脸盆伞”微博阅读量2197万人次，分别登上同城热搜榜第一名。组织开展“打卡红色记忆感悟初心使命”“我的入党故事”“唱支心歌给党听”抖音比赛等具有晋城特色的系列活动，被人民网、“学习强国”APP报道。“《光辉历程》革命火种”等三件作品入选省“百年逐梦启新程”百部红色全媒体作品展。

【网络安全保障】2021年，晋城市委网信办组织召开庆祝中国共产党成立100周年网络安全保障推进会，督促泽州县行政审批局、市生态环境局等13家单位对存在的网络安全漏洞进行整改。对全市211个信息系统、620个服务器进行网络安全检查，发现高、中、低危漏洞11369个，并进行整改。与市公安局联合举办太行杯·HW2021晋城市网络安全攻防演习。“国家网络安全宣传周”期间，开展网络安全知识线上有奖答题、“网安晋城”主题对话、“网络安全”主题讲座和网络安全知识进《百姓热线》等活动，40余万人次在线收看。

【网络管理】　2021年，晋城市委网信办对全市6个县级融媒体中心进行互联网新闻信息服务许可安全评估，为市新闻传媒集团及6县（市、区）融媒体中心的33个服务项（互联网站3个、应用程序7个、公众账号23个）颁发互联网新闻信息服务许可证，市、县两级融媒体中心全部获得互联网新闻信息服务许可。开展关于防范制止借党史学习教育之名搞商业化庸俗化行为的专项整治，指导泽州县网信办对违规网站负责人进行约谈。整治属地网络直播、商业网站和自媒体账号的违法违规活动，对32个微信公众号进行违规处置。对开展新媒体、社会自媒体公众号违规行为进行整治，对3家新媒体负责人及3家社会自媒体公众号负责人进行约谈。

【数字乡村建设】　2021年，晋城市委网信办按照中央网信办统筹推进国家数字乡村试点的工作安排，四次深入高平市对数字乡村建设试点工作实施常态化指导，形成调研报告《高平市国家数字乡村试点建设的调研与思考》，获全省调研报告一等奖。12月9日至10日，在高平市召开全省数字乡村建设现场推进会，现场观摩高平市大数据中心数字乡村指挥平台、智创城电子商务产业园、凯永集团数字化养殖、喜镇苏庄智慧乡村旅游等数字乡村建设基础设施和应用场景，听取相关领域专家主题演讲，分享试点经验和典型案例，观看晋城市数字乡村建设宣传片。

【互联网行业党建】　2021年，晋城市互联网行业党委贯彻中央、省委、市委关于加强互联网行业党建工作的要求，提升党建工作整体水平。4月8日，市互联网行业党委印发开展党史学习教育的实施方案。6月28日，市互联网行业党委举办庆祝中国共产党成立100周年主题活动。落实《晋城市非公经济组织和社会组织选派党建工作指导员的具体措施》，将党建工作指导员纳入党建工作指导组，实行组团式管理，提升能力，严格考核，落实待遇，建优建强互联网行业党建工作指导员队伍，下派党建指导员7名，直接联系互联网企业19家、网络社会组织2家。

（杨潇杰）

政策研究

【全面深化改革】　2021年，晋城市出台《2021年先行先试改革、牵引性重大改革和重点改革任务清单》《2021年度全面深化改革台账》，召开市委深改委会议7次，部署先行先试改革4项、牵引性重大改革7项、重点改革任务30项，出台重大改革类文件23个，谋划实施166项具体改革事项。以数字经济、文旅康养、民营经济、能源革命4项先行先试改革为引领，推动全社会在产业转型、能源结构调整、民生改善等方面大胆探索，全市新增国家级试点18项、省级试点20项，形成市域社会治理现代化等一批可复制、可推广的改革经验。将改革任务纳入13710督办系统和市委、市政府年度目标任务督查台账，聚焦医疗卫生、土地要素等改革热点开展专题调研督查，围绕重点改革任务开展向人民承诺、请人民阅卷“电视问政”督查，下发任务告知书、进度提醒书、整改通知书、意见反馈书开展“四书督查”。制定《晋城市“十四五”时期转型综改发展规划》《关于完善推动县域经济高质量高速度发展的若干政策措施》，泽州县被确定为省级健全城乡融合发展体制机制改革试点。

【文稿起草】　2021年，晋城市委政研室（市委改革办、市综改办）参与市第八次党代会报告、沁河流域山水林田湖草沙一体化项目申报、市委八届二次全会暨市委经济工作会议文件等文稿起草。起草《关于新时代加快完善社会主义市场经济体制的实施方案》《中共晋城市委关于深入学习宣传贯彻党的十九届六中全会精神全方位推进高质量发展建设共同富裕新晋城的实施意见》《晋城市委市政府关于高质量建设丹河新城的意见》。完成《借力网红经济助推现代服务业提质增

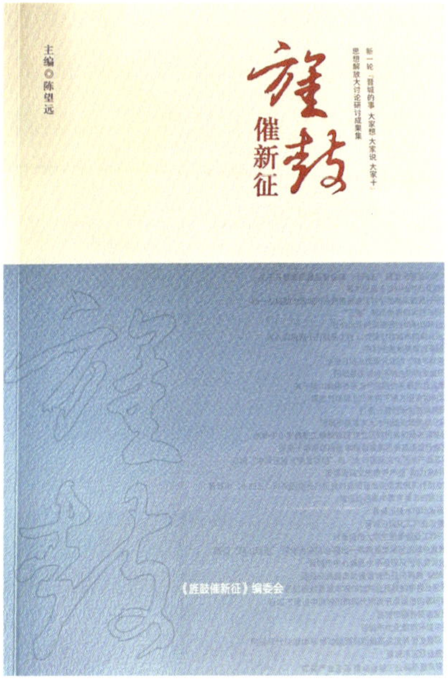

2021年，晋城市委政研室编辑出版《旌鼓催新征——新一轮思想解放大讨论成果集》

（李志昌　供图）

效——对泽州县网红“大山美食生产队”的调研报告》《关于山西新太阳科技有限公司的调研报告》《我市专精特新“小巨人”企业调查报告》《借鉴柳州经验大力发展农业特色产业》等调研报告，改革智库《加快盘活农村集体土地资源路径研究》等5个课题完成评审。牵头承办市委新一轮思想解放大讨论学术研讨，举办“理论研究”“工作创新”“晋城实践”三个专场，申报收集46个学术研讨课题，形成31个高质量课题成果，编辑出版《旌鼓催新征——新一轮思想解放大讨论成果集》。组织2020年晋城最有影响的10件大事评选活动。推进省校市校合作智库基地建设，全市挂牌智库合作基地35个，5家市直示范基地进行集中揭牌。

【信息工作】　2021年，晋城市委政研室编发《晋城改革信息》84期，被《山西改革信息》采用6期；向市委领导报送《决策参考》25期，2期得到市委主要领导批示；编辑出版《晋城工作》11期，“晋城政研与改革网”刊登文章300余篇，“晋城改革之声”微信公众号编发文章200余篇。

（李志昌）

机构编制

【党政机构改革】　2021年，晋城市调整优化全市乡村振兴、森林公安、档案、能源管理、城管执法、公共机构节能等领域管理体制。加快法治政府建设，推进行政复议体制改革。推动政府部门权责清单制度建设，规范市级33个部门3510个权责清单事项。

【事业单位重塑性改革】　2021年，晋城市在2020年市级改革基本完成、县级改革推进的基础上，市委办、市政府办印发67家市直事业单位“三定”（定机构、定职能、定编制）规定。改革后，全市事业机构精简924个，精简比例51.8%；事业编制精简12344名，精简比例18.09%。通过改革，优化事业机构编制布局结构，加强基本公益服务事业保障，强化事业单位公益属性。稳妥推进经营类事业单位改革，市直7个经营类事业单位确定转企改制。出台《全市事业单位重塑性改革评估工作实施方案》，对市县两级改革情况、“三定”规定执行情况进行全方位评估，推动事业单位高效运转。完成市县两级农技农经农机“三支队伍”改革。

【乡镇（街道）机构改革】　2021年，晋城市重新制定乡镇（街道）“三定”规定，各乡镇（街道）规范设置“五办一站两中心”，核定领导职数9~11名，平均核定事业编制35名；统一规范派驻机构管理，除党中央明确要求实行派驻体制的机构外，县直部门设在乡镇（街道）的涉农类、服务类站所统一下放乡镇（街道），实行属地管

2021年1月18日，市委编办对泽州县机构编制工作进行专项考核

（段莉军　供图）

理，与综合便民服务中心进行资源整合，接受上级部门业务指导和培训，继续实行派驻体制的机构，派驻人员实行派驻单位和乡镇（街道）双重管理；各县（市、区）公布乡镇（街道）权责清单，建立起权责清晰、简约高效的基层管理体制。

【重点领域机构编制调整】 2021年，晋城市整合重组晋城经济技术开发区管委会内设机构及所属事业单位，聚焦光机电产业发展优势，为开发区管委会及光机电产业协调服务中心增编26名，在阳城、沁水两个开发区内设财政局，实现开发区财政独立核算。提出“三块集成、闭环系统”项目建设推进体系，为市预算评审中心、市项目推进中心、市公用事业建设服务中心增加编制103名。对申请事项进行全面履职评估，首次将评估结果作为编委会审议依据。

【机构编制管理】 2021年，晋城市配合高层次人才引进、公务员招录、事业单位招聘、退役军人安置等工作，办理上编手续305件，下编手续273件。将机构编制工作纳入对市直各部门和各县（市、区）年度目标责任考核的专项考核内容。开展机构编制核查，核清全市机构编制资源数量、结构、分布等实际配置情况。为20余家部门的规范性文件，从机构编制的角度提出意见建议55条。全年办理事业单位设立登记6家，变更登记155家，年度报告公示231家，注销登记24家，补领证书3家，办理行政单位统一社会信用代码证36家，对8家单位进行实地核查。加强网上名称管理和机构编制信息化工作，中央编办政务和公益机构域名注册服务中心连续第3年发函对此项工作通报表扬。

（段莉军）

老干部工作

【概况】 2021年，晋城市有退休干部22561人，离休干部158人，其中市直单位有退休干部3398人，离休干部57人；市直单位退休干部中，地市级干部93人（含巡视员）、县处级980人。全市离退休干部党员11240人，占全市离退休干部党员总数的49.5%。

【庆祝中国共产党成立100周年主题活动】 2021年，晋城市委老干部局组织开展“我看百年新成就”专题调研，召开市县两级老干部座谈会9场。开展“百年奋斗路银龄心向党”活动，11744名离退休干部参加党史学习教育线上知识竞赛。举办“一颗红心永向党”主题征文活动，收到诗词作品99篇、综合作品311篇。开展“转型出雏型银辉添新彩”系列活动，组织老干部理论宣讲团成员开展“关爱下一代红色宣讲”129场，组建84支老干部志愿队伍。开展“迎七一颂党恩”文体活动，举办“全市第四届老年文体艺术节”。开展“我为转型发展献一策”活动，发动老干部为晋城高质量高速度转型发展献计献智献策，收集整理老干部意见建议168条，梳理市级老领导“金点子”29条。与市委组织部联合制作电视专题片《初心录》。甄选为党和国家革命建设事业做出过较大贡献的297名晋城籍优秀人才，编撰出版23万字的《晋城英才录》。举办“庆祝中国共产党成立100周年全市老干部书画摄影作品展”，展出170名老干部创作的200余幅作品。举办庆祝中国共产党成立100周年座谈活动，市级老领导李拴纣、马巧珍、老党员代表李向阳等老干部参加座谈会。对223名直属离退休党员、18名中华人民

2021年10月18日，晋城市“第四届老年文体艺术节”乒乓球比赛现场

（李 冰 供图）

共和国成立前老党员和25名困难党员登门慰问，为114名直属离退休干部党支部在党50年的老干部颁发纪念章。

【离退休干部服务】 2021年，晋城市委老干部局运用“12345”工作法，提升服务档次，深化服务层级。为71名市直离休保健干部发放医疗证，组织市直935名离退休干部体检，为33名不能出门的离休干部提供上门体检服务。“1”是建立《离休干部“一人一策”基本信息及服务台账》。通过查阅档案、电话询访、上门看望等形式，掌握离休干部的家庭情况、身体状况、居住情况、主要需求等38项信息，采用“一个数据库+一人一档”总体架构，实现全市178名离休干部“一人一策”信息化、动态化更新管理。“2”是实现政治引领、待遇落实“两个强化”。采取公众号推送、送学上门等方式，提升老干部学习实效。为2名副厅局级离休干部提高享受副省（部）长级医疗待遇，27名离休干部提高享受按副省（部）长级标准报销医疗费待遇，195名离休干部提高基本离休费生活补贴标准。“3”是细化“黄橙绿”“三色分类”服务。综合考虑离休干部居住情况、户外活动能力和生活自理能力等，分别建档立卡，制定差异化服务举措。对7名黄色（即长期卧床生活不能自理、单独居住）老干部，实行特殊照料；对26名橙色（即足难出户、与子女同住）老干部，实行重点照料；对34名绿色（即生活能自理、与子女同住）老干部，保持经常联系。“4”是做到重要节日重大、生病住院、特殊困难、离休干部去世“四个必访”。完善党员干部结对联系服务离休干部责任制度，全面开展走访慰问和精神慰藉服务。“5”是做到精准对接养老机构、社区资源、医疗机构、社会公益组织、市场资源等“五项对接”。

【离退休干部服务管理平台建设】 2021年，晋城市委老干部局建立数据库信息采集工作日登记、周排名、月通报工作制度，对各县（市、区）数据采录情况进行通报分析和研判指导；召开专题培训会，集中培训各县（市、区）和市直单位的信息采集人员。执行数据库管理办法和保密管理规定，按照“谁填报谁负责、谁审核谁负责”原则，做到全面、准确、详细，不错报、不漏报。通过老干部工作微信群、电话沟通、上门服务等方式，及时梳理解决采集过程中遇到的疑难问题，确保信息采集进度和质量。

（李　冰）

市直机关党建

【机关党员和党组织情况】 截至2021年12月31日，晋城市有市直机关党组织653个，其中党委43个、党总支30个、党支部580个，共有党员10464名。

【党史学习教育活动】 2021年，市直工委面向市直单位围绕十九届六中全会、省第十二次党代会和市第八次党代会精神开展宣讲活动3次，以宣讲为契机，市直各级党组织书记发挥示范表率作用，带头宣讲，在市直机关兴起学习宣传贯彻中央、省、市党代会精神热潮，开展宣讲百余场，受众人数2万余人，用党的创新理论武装市直机关党员干部。

【庆祝中国共产党成立100周年主题活动】 2021年，市直工委组织开展“党旗在基层一线高高飘扬”主题活动、新党员宣誓、老党员重温入党誓词、“两优一先”评选表彰、颁发

2021年6月18日，市直机关“光荣在党50年”纪念章颁发仪式

（卫杰晴　供图）

“光荣在党50年”纪念章、走访慰问、“党课开讲啦”、党史学习教育知识竞赛、庆祝中国共产党成立100周年座谈会等活动。开展“永远跟党走”群众性主题宣传教育活动。

【推荐选举市党代表】 2021年，市直工委采取自下而上、上下结合，反复酝酿、逐级遴选的办法，历经推荐提名、确定代表候选人初步人选、确定预备人选、确定候选人、代表选举五个环节，差额选举产生77名市直机关出席市八次党代会代表。

【党员教育】 2021年，市直工委结合“三晋先锋”、“三会一课”、主题党日等开展市直机关党员日常学习教育；落实党员五年轮训要求，开展发展对象、“普通党员进党校”、党务干部专业能力提升示范等培训班，培训各类人员600余人次。

【“五型机关”建设】 2021年，市直工委把“五型机关”建设作为模范机关建设的重要抓手和有效路径，结合品牌创优工程，将党建工作渗透融合到中心工作中。“七一”前夕，经基层申报、实地观摩、工委评审、社会公示等环节，对市直60余家党建品牌予以验收挂牌，命名表彰“十佳党建品牌”，初步形成“一单位一品牌一支部一工作法”机关党建格局。

【志愿服务】 2021年，市直工委以市直机关为总队、党委(总支)为分队、党支部为小队，构建党员志愿服务网络，在全市树立“红色服务队”品牌形象。深化机关党组织、在职党员到社区双报到双服务工作，7000余名在职党员报到开展志愿服务，做好事1万余件。市直工委机关在联点共建社区观巷社区开展文明志愿服务活动10余次。

【“三洗六见一红旗”活动】 2021年，市直工委按照新修订《评比办法》，分三个批次组织机关45人次，分组深入100余个单位开展观摩检查评比，为全国文明城市复查营造干净整洁优美的城市环境。

【文体活动】 2021年，市直工委举办“凝心聚力杯”系列体育大赛，来自61个市直单位的200余支代表队、2400余名运动员参加，体育比赛包括拔河、跳绳、自行车、羽毛球、乒乓球等7个项目比赛，通过形式多样、紧张激烈的比赛，凝聚了人心，激发了活力。组织开展“恋在这里团青有约”单身职工婚恋交友、“转型趟新路绽放她力量 我为‘十四五’做贡献”市直机关妇女干部演讲比赛、第二届职工“我们爱朗读”线上选拔赛等13项群团活动。

(卫杰晴)

党校工作

【培训宣讲科研】 2021年，晋城市委党校深入基层宣讲200余场次，受众约3万人次；录制宣讲类节目8期，推动中共十九届六中全会、习近平总书记“七一”重要讲话、省市党代会精神深入人心。举办干部主体班15期，培训干部964人次；举办外培班47期，培训干部1.49万余人次。举办“千名干部出太行”能力提升班，在主体班开设产业经济类课程。首次组织差异化延伸培训，围绕金融、全域旅游、康养、光机电、贸易等开展课题研究和决策咨政，完成省委党校课题11个、市级课题2个，撰写咨政报告17篇。

【教学模式创新】 2021年，晋城市委党校主体班次创新课占比达到40%。创新教学方式方法，“行

2021年10月10日，晋城市市直机关第九届“凝心聚力杯”系列体育大赛乒乓球团体赛现场

(卫杰晴　供图)

2021年9月11日，“北京大学思想政治实践课教育基地”落户晋城揭牌仪式暨党史学习北大讲堂举行　　（白一婷　供图）

动学习法”首次呈现，案例课全省典型交流，并作为全省唯一地市级党校参加中部地区党校教学改革研讨会。举办教职工（浙江）能力素质提升班，落实教师灵活挂职工作。推动“名师工程”，全市精品课评审党校系统获3个一等奖，并获全省教师赛讲一等奖。

【开放办学】　2021年，“北京大学思政课基地”落户晋城；“两省八市”（山西省晋城市、运城市、长治市、临汾市，河南省洛阳市、新乡市、焦作市、济源市）战略合作暨经验交流实质铺开，第二届盛会济源举办，承接延伸培训，精品课河南交流；“173+”合作更加密切，组织师资培训20次，“+”的单位近40家。

【校园建设】　2021年，晋城市委党校成功创建“山西省社会科学普及宣传基地”；建设智能档案室，建档8503卷（件）；完成体育活动中心、智慧校园、网络升级改造等项目，推进1号读书楼和500人厅贵宾室建设。

（白一婷）

党史（方志）工作

【党史编研】　2021年，晋城市委党史研究室（晋城市地方志研究室）编纂的《中国共产党晋城简史》由中共党史出版社出版。该书分10章，共10万余字，全面记载晋城党组织从1926年成立至2020年底90多年筚路蓝缕奠基立业的奋斗历程，客观反映近百年来晋城政治经济社会发生的翻天覆地的变化，是全市开展党史学习教育和“四史”（中共党史、新中国史、改革开放史、社会主义发展史）教育的生动教材。

【年鉴编纂】　2021年，晋城市委党史研究室（晋城市地方志研究室）编纂出版《晋城年鉴（2021）》。该书由方志出版社出版，采用分类编排法，设特载、专文、大事记、市情概览、中国共产党晋城市委员会、晋城市人民代表大会、晋城市人民政府、中国人民政治协商会议晋城市委员会39个类目，共70余万字。《晋城年鉴（2020）》被评为第八届全国地方志优秀成果（年鉴类）一等年鉴。

【大事记编写】　2021年，晋城市委党史研究室（晋城市地方志研究室）围绕市委、市政府中心工作，逐月收集、整理、编写《晋城市2021年大事记》，并上报市委。年底，完成合订本，共400余条4万余字。

【宣传教育】　2021年，晋城市委党史研究室（晋城市地方志研究室）配合相关部门开展党史研究、研讨座谈、展览展示、文艺创作等活动，完成书籍《我们的精神底色》《晋城英才录》，党史教育片《初心录》《征程》《追寻》，舞台剧《冲锋号》等作品。联合开展“学史爱党学史爱国”党史知识大家答、“巾帼心向党奋斗新征程”党史知识竞赛、市总工会党史知识答题等活动。联合举办“党在我心·礼赞晋城”建党百年主题征文、“百年历程时代画卷”美术作品展等活动。提升党史馆方志馆展示效果，全年服务社会各界干部群众8000余人次。“史志晋城”微信公众号全年推送稿件68期、357篇。

【数字化建设】　2021年，晋城市委党史研究室（晋城市地方志研究室）完成市级2009至2020年年鉴、县级2019至2020年年鉴、《中国共产党晋城简史》、《中国共产党山西省晋城市城区历史（1925—2012）》等26部电子书制作，通过晋城市人民政府网站晋城年鉴专栏向社会公开发布，可通过扫描二维码实现“云阅读”，提升人们读史用鉴的便捷性、实用性、广泛性。　（李　娜）

综　述

【市人大常委会职责履行】 2021年，晋城市人民代表大会常务委员会(简称市人大常委会)召开常委会会议11次、主任会议31次，审议“一府一委两院”专项工作报告32个，开展执法检查4次，出台地方性法规2部、完成初审1部，任免国家机关工作人员99人次，依法补选市人大代表20人，完成市七届人大七次会议确定的各项任务。

【市人大及其常委会组织构成】 2021年，晋城市第七届人民代表大会下设法制委员会、财政经济委员会、社会建设委员会3个专门委员会。各专门委员会在闭会期间受晋城市人民代表大会常务委员会领导。晋城市第七届人民代表大会常务委员会法定组成人员39人，实有组成人员36人，其中主任1人、副主任6人、秘书长1人、委员28人。常委会下设办公室、法制工作委员会、教育科学文化卫生工作委员会、农业农村工作委员会、城乡建设环境保护工作委员会(2021年8月更名为环境与资源保护工作委员会)、人事代表工作委员会、民族宗教侨务外事工作委员会、研究室、监察和司法工作委员会、信访室、事务服务中心11个工作机构。

【重大事项决定】 2021年，晋城市第七届人民代表大会常务委员会依法作出9项决议决定，分别是《关于召开晋城市第七届人民代表大会第七次会议的决定》《关于批准2020年市本级财政决算的决议》《关于开展第八个五年法治宣传教育的决议》《关于认真做好民生实事项目人大代表票决制工作的决定》，两次作出《关于批准2021年市本级财政预算调整方案的决议》，三次作出《关于个别代表资格审查的决议》。

【人大代表构成】 2021年，晋城市第七届人民代表大会应有代表322人，实有代表315人，其中男216人、女99人；汉族313人、回族1人、满族1人；中共党员204人、中共预备党员1人、民革党员3人、民盟盟员4人、民建会员1人、民进会员6人、农工党党员1人、群众95人；35岁以下10人、35~45岁48人、45~50岁49人、50岁以上208人。

(李　静)

人大重要会议

【晋城市第七届人民代表大会第七次会议】 2021年2月23日至25日在晋城召开。会议表决通过了晋城市第七届人民代表大会第七次会议关于晋城市人民政府工作报告的决议、关于晋城市国民经济和社会发展第十四个五年规划和二〇三五年远景目标纲要的决议、关于晋城市2020年国民经济和社会发展计划执行情况与2021年国民经济和社会发展计划的决议、关于晋城市2020年财政预算执行情况和2021年财政预算的决议、关于晋城市人民代表大会常务委员会工作报告的决议、关于晋城市中级人民法院工作报告的决议、关于晋城市人民检察院工作报告的决议。选举常青为市人大常委会主任，选举张建康为市中级人民法院院长，选举原光辉为市人大常委会委员。

【晋城市第七届人大常委会会议】 2021年，晋城市七届人大常委会共举行11次常委会会议。

第四十次常委会会议　1月29日在晋城召开。传达学习省十三届人大四次会议精神；审议市人大常委会关于召开晋城市第七届人民代表大会第七次会议的决定(草案)。

第四十一次常委会会议　2月20日在晋城召开。听取和审议市政府关于市七届人大六次会议代表建议办理情况的报告；听取和审议市中级人民法院关于市七届人大六次会议代表建议办理情况的报告；审议市政府关于法治政府建设情况的报告(书面)；听取市人大常委会关于市七届人大七次会议筹备工作情况的报告；听取和审议市人大常委会代表资格审查委员会关于个别代表的代表资格的审查报告；审议市七届人大七次会议议程(草案)；审议市七届人大七次会议主席团和秘书长名单(草案)；审议市七届人大七次会议议案审查委员会组成人员名单(草案)；审议市七届人大七次会议列席人员名单(草案)；审议拟提请市七届人大七次会议审议的市人大常委会工作报告(稿)；审议人事任免议案。

第四十二次常委会会议　4月22日在晋城召开。审议《晋城市沁河流域生态修复与保护条例(草案)》(二审)；听取和审议市人大常委会代表资格审查委员会关于个别代表的代表资格的审查报告；审议市中级人民法院关于落实《晋城市人大常委会关于市中级人民法院、市人民检察院、市公安局开展扫黑除恶专项斗争工作情况报告的审议意见》情况的报告(书面)；审议市人民检察院关于落实《晋城市人大常委会关于市中级人民法院、市人民检察院、市公安局开展扫黑除恶专项斗争工作情况报告的审议意见》情况的报告(书面)；审议市公安局关于落实《晋城市人大常委会关于市中级人民法院、市人民检察院、市公安局开展扫黑除恶专项斗争工作情况报告的审议意见》情况的报告(书面)；审议人事任免议案；举行党史学习教育专题讲座。

第四十三次常委会会议　6月11日在晋城召开。审议表决通过了范丽霞的辞职申请和关于范丽霞辞去山西省第十三届人民代表大会代表职务的议案；补选乔建军、常青为省十三届人大代表。

第四十四次常委会会议　6月29日在晋城召开。审议《晋城市延河泉域和三姑泉域水资源保护条例(草案)》(一审)；听取和审议市政府关于2020年度全市环境状况和环境保护目标完成情况的报告；听取和审议市政府关于第七个五年法治宣传教育情况的报告，作出关于开展第八个五年法治宣传教育的决议；听取和审议市政府关于非物质文化遗产保护工作情况的报告；听取和审议市人大常委会法工委关于七届人大以来暨2020年规范性文件备案审查工作情况的报告；审议人事任免议案；举行党史专题讲座。

第四十五次常委会会议　8月18日在晋城召开。表决通过了市长王震的辞职请求，表决通过了薛明耀任职副市长的议案，表决通过了薛明耀代理市人民政府市长的议案。

第四十六次常委会会议　8月31日在晋城召开。审议《晋城市农村自建房管理条例》(一审)；审议《晋城市人大常委会人事任免办法(草案)》；听取和审议市政府关于2021年上半年全市国民经济和社会发展计划执行情况的报告；听取和审议市政府关于2020年市本级财政决算和2021年上半年全市预算执行情况的报告，审查和批准2020年市本级财政决算；听取和审议市政府关于2020年度市本级财政预算执行和其他财政收支的审计工作报告；听取和审议市政府关于2020年度国有自然资源(资产)管理情况的报告；审议市政府关于2020年度国有资产管理情况的综合报告(书面)；审议人事任免案。

第四十七次常委会会议　9月23日在晋城召开。表决通过了张利锋辞去副市长职务的请求，表决通过了那志茂辞去市监察委员会主任职务的请求。任命刘振华为市监察委员会副主任，决定刘振华代理市监察委员会主任。

第四十八次常委会会议 10月28日在晋城召开。学习习近平总书记在中央人大工作会议上的重要讲话精神、市第八次党代会精神;审议《晋城市农村自建房管理条例(草案)》(二审);听取和审议市人大常委会执法检查组关于检查《中华人民共和国安全生产法》《山西省安全生产条例》实施情况的报告;听取和审议市人大常委会代表资格审查委员会关于个别代表的代表资格的审查报告;听取和审议市政府关于晋城市数字经济发展情况的报告;听取和审议市政府关于2021年晋城市市本级财政预算调整方案(草案)的报告;审议市政府关于落实《晋城市人大常委会关于全市创新生态建设情况报告的审议意见》情况的报告(书面);审议市政府关于落实《晋城市人大常委会关于全市农村人居环境整治情况报告的审议意见》情况的报告(书面);听取和审议市发改委主任马树敬关于落实全市经济社会发展指标任务清单情况的专项述职报告并进行满意度测评;听取和审议市住建局局长马阳光关于落实重点工程项目任务清单情况的专项述职报告并进行满意度测评;听取和审议市交通运输局局长张海芳关于落实重点工程项目任务清单情况的专项述职报告并进行满意度测评;审议人事任免案。

第四十九次常委会会议 11月25日在晋城召开。表决通过了市政府、市监察委员会提请的人事任免议案。

第五十次常委会会议 12月22日在晋城召开。审议《晋城市人大常委会讨论决定重大事项的规定(草案)》;审议《晋城市人大常委会关于认真做好民生实事项目人大代表票决制工作的决定(草案)》;听取和审议市政府关于2020年度市本级预算执行及其他财政收支审计查出问题整改情况的报告;听取和审议市政府关于2021年晋城市市本级第二次财政预算调整方案(草案)的报告;审议市政府关于落实《晋城市人大常委会关于2021年上半年计划执行情况报告的审议意见》情况的报告(书面);审议市政府关于落实《晋城市人大常委会关于2020年全市国有资产管理情况报告的审议意见》情况的报告(书面);审议市政府关于落实《晋城市人大常委会关于全市数字经济发展情况报告的审议意见》情况的报告(书面);审议市发改委关于落实《晋城市人大常委会关于市发改委专项述职报告的审议意见》情况的报告(书面);审议市住建局关于落实《晋城市人大常委会关于市住建局专项述职报告的审议意见》情况的报告(书面);审议市交通运输局关于落实《晋城市人大常委会关于市交通运输局专项述职报告的审议意见》情况的报告(书面);审议人事任免议案。

(李　静)

人大立法

(参见法治·人大立法)

监督工作

【财经监督】 2021年,晋城市人大常委会对经济运行情况、国民经济和社会发展计划等情况,视察调研、听取汇报、提出建议,全市主要经济指标增幅排在全省第一方阵。听取审议国有资产管理情况综合报告和专项报告,提升国有自然资源资产管理水平。围绕数字经济发展,听取审议报告,推动"数字晋城"战略实施,推动建设数字经济的标杆城市。围绕管好人民"钱袋子",深化预算联网监督,听取财政预决算执行、审计工作及查出问题整改情况报告,作出决定批准调整市级预算。

【重点领域监督】 2021年,晋城市人大常委会对法治政府建设、"七五"普法、扫黑除恶专项斗争,专题听取审议报告,推动全市法治建设。对安全生产法"一法一条例"开展法治宣传及执法检查,推动市政府落实市委王震书记"十抓安全"的要求,保障人民群众生命财产安全。听取审议环境状况和环境保护目标完成情况报告,督促政府和相关部门深入贯彻习近平生态文明思想,强化监管职责,健全管控体系,共同守护碧水蓝天。

【民生监督】 2021年,晋城市人大常委会对"百村百院"工程建设、非物质文化遗产保护、农村人居环境整治、全国文明城市创建、乡村振兴等重点工作,领导牵头包片、挂点督导，常委会组成人员集中视察、督促推进，推动政府促进民生事业改善。对文旅康养和乡村振兴融合、就业创业、沁（丹）河流域水生态修复与保护开展专题调研，调研报告经市委书记王震作出批示，为市委和政府推进工作提供决策参考和工作参考。接待和处理群众来信来访，维护群众合法权益。

【监督方式创新】 2021年，晋城市人大常委会紧扣市委建设“环境优美、山水交融”的现代化城市的部署要求，首次对发改、住建、交通3个政府工作部门“一把手”推动落实重点项目、重要工作任务开展专项述职和满意度测评，并将测评结果上报市委、通报政府。充分肯定成绩，深刻分析问题，精准提出建议，狠抓整改落实，凝聚合力推动市委决策部署落地见效。创新监督工作的经验在《人民代表报》头版上宣传，三省六市人大考察团到晋城市学习借鉴经验。

（李　静）

代表工作

【代表依法履职保障】 2021年，晋城市人大常委会举办代表联络站站长专题培训班，召开全市人大代表工作座谈会，交流学习工作经验，推动联络站规范化运行。在全市人大代表联络站中，常态化开展“党史学习教育”“我为‘十四五’做贡献”“向申纪兰学习，做人民好代表”及“我为群众办实事”活动。在全省人大代表联络站工作会上，高平市马村镇代表联络站和两名进站履职优秀代表作交流发言。泽州第三代表小组履职经验被新华出版社以《履职新时代》出版发行，《人民代表报》刊登“一本书和一群人的故事”推荐文章。

【代表履职能力提升】 2021年，晋城市人大常委会组织晋城市全国人大代表和省人大代表，分三批赴北戴河参加省人大常委会举办的代表提升履职能力专题学习班。组织参加2021年第二期地方立法培训班。指导县乡两级人大完成换届选举工作，共选出县乡人大代表5390名，并举办全市乡镇（街道）人大代表工作专题培训班，确保乡镇（街道）人大工作依法有序开展。两次组织市人大代表围绕全市重要工程、重要项目集中视察，听取报告、指出问题、提出建议，夯实代表履职基础。

【代表建议督办】 2021年，晋城市人大常委会把督办建议作为促进代表履职的关键，把好“源头、报告、督办、公开”四关，用好“代表视察、常委会审议、副市长领办、副主任督办”四种方法，督促299件代表建议全部办理办结，“加大扶持农产品力度，电商助力产业振兴力度”“城市辅道综合整治”“在城中村增设消防设施等重点建议”等重点建议得到落实。

【民生项目票决制推行】 2021年，晋城市委专题审议通过《关于实施民生实事项目人大代表票决制工作的意见（试行）》，市人大常委会紧跟市委意见，依法作出《关于认真做好民生实事项目人大代表票决制工作的决定》，督促有关方面进行前期准备，在市八届人大一次会上首次实施票决，实现民生实事项目确定从“为民作主”向“由民作主”转变，扩大群众有序政治参与，支持和保障人大代表在全过程人民民主中发挥主体作用。

（李　静）

2021年4月23日，市人大常委会组织部分驻晋城省人大代表和市人大代表视察重点工程

（李　静　供图）

人事任免

【市人大及其常委会工作机构人员任免】 2021年2月20日，晋城市七届人大常委会第四十一次会议免去贾飞的市人大常委会法制工作委员会副主任职务，决定任命贾飞为市人大财政经济委员会副主任委员。4月22日，晋城市七届人大常委会第四十二次会议免去刘晓丽的市人大常委会教育科学文化卫生工作委员会主任、郭云龙的市人大常委会信访接待室主任、赵红生的市人大常委会副秘书长、牛晋的市人大常委会事务服务中心主任职务；任命郭云龙为市人大常委会城建环保工作委员会主任、赵红生为市人大常委会教育科学文化卫生工作委员会主任、牛晋为市人大常委会副秘书长、刘艳霞为市人大常委会法制工作委员会副主任、李慧为市人大常委会人事代表工作委员会副主任、李政芳为市人大常委会事务服务中心主任、高向东和李向阳为市第七届人民代表大会财政经济委员会委员。6月29日，晋城市七届人大常委会第四十四次会议任命张国瑞为市人大常委会教育科学文化卫生工作委员会副主任；免去郭玲玲的市人大常委会教育科学文化卫生工作委员会副主任职务。8月26日，晋城市七届人大常委会第四十六次会议任命石霞为市人大常委会信访接待室主任。12月22日，晋城市七届人大常委会第五十次会议任命郭云龙为市人大常委会环境与资源保护工作委员会主任、田玉珍为市人大常委会环境与资源保护工作委员会副主任；免去郭云龙的市人大常委会城乡建设环境保护工作委员会主任、田玉珍的市人大常委会城乡建设环境保护工作委员会副主任职务。

【市人民政府机构人员任免】 2021年2月20日，晋城市七届人大常委会第四十一次会议决定免去王丽的市文化和旅游局局长、马树敬的市工业和信息化局局长、邹树琦的市发展和改革委员会主任、田志军的市人民政府秘书长和市政府办公室主任(兼)职务；决定任命杨晓雷为市人民政府秘书长、市政府办公室主任(兼)，马树敬为市发展和改革委员会主任。4月22日，晋城市七届人大常委会第四十二次会议决定免去张宏的市信访局局长、席学武的市能源局局长职务；同意冯志亮辞去市人民政府副市长职务；决定任命席学武为市工业和信息化局局长、王强为市文化和旅游局局长、安旭敏为市信访局局长、邢海斌为市能源局局长。6月29日，晋城市七届人大常委会第四十四次会议决定任命李晋楚为市人民政府金融工作办公室主任；决定免去曹广全的市人民政府外事办公室主任、任志忠的市人民政府金融工作办公室主任职务。8月18日，晋城市七届人大常委会第四十五次会议同意王震辞去市人民政府市长职务；决定任命薛明耀为市人民政府副市长、薛明耀代理市人民政府市长。8月31日，晋城市七届人大常委会第四十六次会议决定任命马阳光为市住房和城乡建设局局长、张一晴为市人民政府外事办公室主任、赵军为市医疗保障局局长；决定免去马阳光的市人力资源和社会保障局局长、鲍瑞卿的市住房和城乡建设局局长、尚光宇的市医疗保障局局长职务；同意梁丽萍辞去市人民政府副市长职务。9月23日，晋城市七届人大常委会第四十七次会议同意张利锋辞去市人民政府副市长职务。11月25日，晋城市七届人大常委会第四十九次会议决定任命黄登宇、邓志蓉为市人民政府副市长，杜平为市财政局局长、陈建军为市退役军人事务局局长；决定免去崔国炜的市财政局局长、张四祥的市退役军人事务局局长职务。

【市监察委员会人员任免】 2021年4月22日，晋城市七届人大常委会第四十二次会议免去郭天德、安铭的市监察委员会委员职务；任命霍晋斌为市监察委员会委员。6月29日，晋城市七届人大常委会第四十四次会议任命申福林、程晋霞为市监察委员会委员。9月23日，晋城市七届人大常委会第四十七次会议同意那志茂辞去市监察委员会主任职务；任命刘振华为市监察委员会副主任、代理晋城市监察委员会主任。10月28日，晋城市七届人大常委会第四十八次会议任命王煜东、杨晓红为市监察委员会副主任；免去李宏军的市监察委员会副主任职务。11月25日，晋城市七届人大常委会第四十九次会议免去杜平的市审计局局长职务；任命梁飞昊为市监察委员会委员。

【市中级人民法院人员任免】 2021年4月22日，晋城市七届人大常委会第四十二次会议免去李天元的市中级人民法院审判员和杨小斌的市中级人民法院刑事审判第二庭庭长、审判委员会委员、审判员职务；任命李亚刚为市中级人民法院审判员。6月29日，晋城市七届人大常委会第四十四次会议任命栗向东、李东明为市中级人民法院副院长、审判委员会委员，董丽萍为市中级人民法院民事审判第一庭庭长，段新娥为市中级人民法院民事审判第三庭庭长，何向丽为市中级人民法院民事审判第一庭副庭长，郭红洁为市中级人民法院民事审判第三庭副庭长，杨丽珍为市中级人民法院环境资源审判庭副庭长；免去王世运的市中级人民法院副院长、高国林的市中级人民法院副院长、段新娥的市中级人民法院民事审判第一庭庭长、董丽萍的市中级人民法院民事审判第三庭庭长、杨丽珍的市中级人民法院民事审判第一庭副庭长、郭红洁的市中级人民法院民事审判第二庭副庭长、何向丽的市中级人民法院民事审判第三庭副庭长职务。10月28日，晋城市七届人大常委会第四十八次会议任命栗向东、李东明为市中级人民法院审判员。

【市人民检察院人员任免】 2021年2月20日，晋城市七届人大常委会第四十一次会议任命韩娜娜为市人民检察院检察员。6月29日，晋城市七届人大常委会第四十四次会议批准任命申中华为城区人民检察院检察长、杨林为泽州县人民检察院检察长、张彤太为高平市人民检察院检察长、段瑞敏为阳城县人民检察院检察长、李九红为陵川县人民检察院检察长、张建军为沁水县人民检察院检察长。6月29日，晋城市七届人大常委会第四十四次会议任命许关生、冯文莉为市人民检察院副检察长、检察委员会委员；免去苏文革、王万虎、赵贵炉、王红玲的市人民检察院副检察长职务，免去郭世锋、杨学勤、李九红、张建军、张彤太的晋城市人民检察院检察委员会委员、检察员职务。8月31日，晋城市七届人大常委会第四十六次会议任命董新宇为市人民检察院副检察长、检察委员会委员、检察员，许关生、冯文莉为市人民检察院检察员。

（李　静）

综 述

【现代产业体系】 2021年,晋城市建成69处煤矿智能化采掘工作面,排名全省第1,全国首个智能矿山算力中心建成投运;晋钢冷轧薄板生产线投产运行,山西康硕被认定为国家级智能制造试点示范工厂。光机电"1+100"产业集群初步形成,产值近200亿元。煤层气产量42.67亿立方米,产值突破150亿元,产量和完成率均居全省第1。成功举办第二届中国·山西(晋城)康养产业发展大会,白马寺山高端康养示范区初具规模,王莽岭景区整治全面提速,"百村百院"首批村院开门迎客。制定实施服务业提质增效"60条",组建25家平台公司,服务业增加值增速排名全省第2。新建5G基站1058座,引进安恒信息、北京千方等11家头部企业和上市公司,数字经济核心产业增加值突破100亿元。

【项目建设】 2021年,晋城市建成102项省市重点工程,完成投资444.5亿元,完成率102.8%,省级重点工程完成投资额排名全省第2。举办四期"三个一批"活动,累计推进项目281个,总投资951.9亿元。积极融入黄河流域生态保护和高质量发展国家战略,沁河流域山水林田湖草沙一体化保护与修复项目竞选成为山西省唯一上报项目。晋城机场立项审批要件基本齐备,晋侯高铁列入省"十四五"现代综合交通运输体系发展规划。成功举办长三角系列推介活动,组团参加中博会、深圳光博会,全年招商签约项目445个,总投资1594.4亿元,招商引资高质量转型发展指标综合排名全省第1。为201个项目匹配融资385亿元,争取各类项目资金和地方政府债券86.2亿元,创历史新高。

【改革创新】 2021年,晋城市建成能源革命综合改革试点不断深化,国资国企改革纵深推进,泽州、陵川两县转型综改牵引性集成改革试点积极开展,土地要素、地方金融等改革均取得明显成效。智创城6号投入运营,引进产业化项目31个、科研机构4家。光机电产业研究院入选全省第一批新型研发机构,全国首个锑化物激光器研发生产平台试运行。大力推进市校合作"12大基地"建设,与清华大学、北京大学等34所高校签约合作项目129项,中南大学硬质合金等一批"六新"项目落地。全年新增高新技术企业18家,入库国家科技型中小企业148家,新认定省级众创空间2家、星创天地3家,实现省级小微企业双创基地县域全覆盖。

【优化营商环境】 2021年,晋城市出台优化营商环境"130条",打造"晋心服务"品牌。推出132项"一件事一次办"服务套餐,申请材料、审批环节、审批时限分别压减36%、43%、86%,47个事项实现即来即办。推行"承诺制+标准地+全代办","一本制"改革领跑全省,开发区项目报批平均用时降至20天。全年新增市场主体2.7万户、规模以上工业企业133户，新增减税降费超10亿元，中小企业发展环境评估全省第一。

【城市建设三年行动】 2021年，晋城市加快老城新城联动发展，中原街两侧、西北片区、东南新区等6个片区特色化改造取得明显成效，丹河新城基本实现“路网成、水系成、学校成、配套成、新城初成”。开展“多彩花海”生态绿化项目，中原街、太岳街两条生态廊道基本成形，英雄、崇实等5大城市公园加快建设，七岔口连通、太行路中段等12条道路建成通车。文化艺术中心投入使用，市人民医院易址扩建项目基本完工，阳电大热源工程供热运行。推进121个老旧小区改造，治理背街小巷424条，拆违面积76万平方米。新增公共停车位1.1万个、便民充电桩2003个。建成算力基础设施“一云一网一中心”，跻身全国数字政府建设50强，入选全国城市体检样本城市。

【乡村振兴】 2021年，晋城市推动巩固拓展脱贫攻坚成果同乡村振兴有效衔接，四大牵引性工程全面启动实施。百里沁河生态经济带“1+3”规划编制完成，79个重点项目16个开工建设；太行一号文旅康养和乡村振兴融合发展示范带“五大配套系统”基本建成，沿线243个村（社区）人居环境整治全部达到三星级以上标准；沁丹两河沿线农村生活污水治理示范带“改污、改厕、改水”同步实施，268个重点村102个完成治理；环城水系清水复流工程12条河流黑臭水体全面消除，6条完成综合治理。组建乡村振兴投资开发有限公司，设立市级乡村振兴产业投资基金，实施264个特优农业产业项目。克服历史罕见汛情影响，实现粮食稳产增收。

【民生保障】 2021年，晋城市有效应对多轮疫情冲击，连续23个月无本土新增病例，疫苗接种各项指标完成率稳居全省第一。蝉联国家卫生城市，长期护理保险制度试点工作受到国家医保局通报表扬。山西科技学院正式成立，建设普惠性幼儿园33所，新改扩建义务教育学校30所。新增技能人才7.44万人、高技能人才1.6万人，圆满实现“两个30%”目标。$PM_{2.5}$浓度下降23.91%，改善幅度全省排名第二、“2+26”城市排名第三。集中攻坚房产办证难问题，应发证房屋登记比例达到76%。灾后重建有力有效，安全形势总体平稳，获评“2017—2020年度平安中国建设示范市”。

（牛　军）

2021年，晋城市实施城市建设三年行动，提升城市品质

（来源　晋城在线）

政府重要会议

【市政府常务会议】 2021年，晋城市人民政府共召开常务会议14次。

第68次常务会议　1月14日召开，市长王震主持。听取晋城市2020年法治政府建设和晋城市城市规划体系建设情况汇报；审议《晋城市自然资源统一确权登记总体工作方案》和《晋城市城市建筑垃圾管理办法》。

第69次常务会议　2月2日召开，市长王震主持。研究2021年晋城市主要经济指标安排建议，加快推进中心城区城中村改造的实施意见；审议《关于规范中心城市规划区土地征收储备供应管理的意见》《晋城市房地产市场监管办法（试行）》《晋城市城市建成区全面防控新增违法占地违法建设的实施意见（试行）》《晋城市违法建筑分类处置意见(试行)》《晋城市正源水务发展有限公司污水处理提标扩容政府和社会资本合作(PPP)项目合同》《晋城市深化农村公路管理养护体制改革实施方案》;听取晋城市禁毒工作情况汇报和太原科技大学华科学院转设等事项。

第70次常务会议　2月19日召开,市长王震主持。会议传达学习省纪委十一届七次全会精神、市纪委七届六次全会精神;研究《晋城市国民经济和社会发展第十四个五年规划和二〇三五年远景目标纲要(讨论稿)》《政府工作报告(征求意见稿)》《关于晋城市2020年国民经济和社会发展计划执行情况与2021年国民经济和社会发展计划草案的报告》《晋城市2021年国民经济和社会发展主要指标计划(草案)》《晋城市2021年市级政府投资计划初步安排意见(草案)》《关于2020年全市和市本级预算执行情况与2021年全市和市本级预算草案的报告》。

第71次常务会议　3月26日召开,市长王震主持。安排部署政府系统2021年市人大代表建议和政协提案办理工作;研究通过《关于贯彻落实〈交通强国建设纲要〉的实施意见》《晋城市推进交通强国建设行动计划(2021—2022年)》《关于强化知识产权保护的实施办法》;审议通过《关于支持农业高质量高速度发展推进乡村产业振兴二十条政策举措》《2021年太行一号旅游公路环线乡村振兴示范带建设实施方案》。

第72次常务会议　4月9日召开,市长王震主持。会议审议并原则通过《晋城市农村生活污水治理PPP项目实施方案》《晋城市建制镇生活污水处理设施建设攻坚行动实施方案(2021—2022年)》和《晋城市促进3岁以下婴幼儿照护服务发展实施方案》。

第73次常务会议　5月28日召开,市委书记、市长王震主持。会议传达学习省委书记楼阳生在晋城调研时的讲话和指示精神,省长林武在晋城调研时的讲话精神;研究通过《关于全面推进乡村振兴加快农业农村现代化的实施方案》《关于巩固拓展脱贫攻坚成果有效衔接乡村振兴的实施方案》《关于促进劳动力和人才社会性流动体制机制改革的实施意见》;听取晋城市1—4月安全生产情况汇报,审议通过《晋城市管行业必须管安全、管业务必须管安全、管生产经营必须管安全实施细则》;研究部署未成年人思想道德建设工作;审议通过《晋城市开展"证照分离"改革全覆盖工作实施方案》等相关方案。

第74次常务会议　6月25日召开。会议通过《关于新时代加快完善社会主义市场经济体制的实施方案》《晋城市延河泉域和三姑泉域水资源保护条例(草案)》《晋城市推进数字化转型大力发展数字经济争先领跑三年行动计划(2021—2023年)》《晋城市互联网租赁自行车管理办法(试行)》。

第75次常务会议　7月27日召开。会议研究通过《"气化晋城"实施方案(2021—2025年)》《2021年"气化晋城"工作方案》;听取晋城市上半年经济运行情况的汇报、上半年安全生产和应急管理工作情况的汇报、上半年生态环保重点工作推进情况的汇报、关于遏制"两高"项目盲目发展情况的汇报。

第76次常务会议　8月26日召开,市委副书记、代市长薛明耀主持。会议通过《晋城市农村自建房管理条例(草案)》《晋城市乡村振兴投资开发有限公司组建方案》《2021年新型智慧城市建设工作方案》。

第77次常务会议　9月28日召开,市委副书记、代市长薛明耀主持。会议审议《晋城市招才引智若干举措(试行)》《晋城市国企改革行动实施方案(2021—2022年)》《晋城市城乡规划管理技术规定》和组建晋城市市政公用集团有限责任公司,成立晋城市城乡规划建设委员会等事宜,安排部署近期重点工作。

第78次常务会议　11月17日召开,市委副书记、代市长薛明耀主持。会议听取晋城市安全生产和应急管理工作、灾后重建和受损房屋修缮和重建工作、生态环保重点工作、巩固脱贫攻坚成果衔接乡村振兴工作、"12345"政务服务便民热线工作、未成年人保护工作和未成年人保护工作委员会"两规则一分工"起草情况汇报;审议《晋城市城市户外广告和招牌设置管理办法(草案)》《晋城市中心城区停车设施建设三年规划(2021—2023年)》。

第80次常务会议　12月14日召开，市委副书记、代市长薛明耀主持。会议审议《晋城市黄河流域生态保护和高质量发展区域规划》《晋城市政府专项债券管理实施细则(暂行)》《关于推进市属企业“六定”改革的实施方案》《关于贯彻落实〈山西省森林公安机关管理体制调整工作实施方案〉的实施意见》；听取晋城市国资国企改革工作、禁毒工作、信访维稳工作、农村道路交通安全、意识形态工作情况和网络安全等工作汇报。

第81次常务会议　12月30日召开，市委副书记、代市长薛明耀主持。会议学习省委书记林武在全省深入推动黄河流域生态保护和高质量发展工作部署会上的讲话、省委十二届二次全会暨省委经济工作会议精神；安排部署2022年元旦、春节期间疫情防控工作和近期重点工作；听取晋城市粮食安全工作、国家食品安全示范城市创建工作、防范化解重大金融风险工作情况汇报；研究《晋城市打造精品工程推动城市建设高质量发展实施方案》等。

【全市招商引资工作会议】　2021年3月26日，2021年全市招商引资工作会议召开。市长王震强调，全市上下要进一步解放思想，提高认识，按照全市“转型出雏型”2021年重点工作任务誓师大会的安排部署，进一步分析形势、明确任务、压实责任，动员全市上下千方百计抓招商、聚精会神抓项目，为夺取转型出雏型开局新胜利提供强力支撑。

【全市优化营商环境大会】　2021年6月21日，全市优化营商环境大会召开。会议要求，全市各级各部门要层层压实责任，建立完善定期会商、定期通报等机制，全面做好优化营商环境的组织实施、协调指导、日常调度、督查考核等工作，形成优化营商环境的强大合力。会议下发优化营商环境“130条”、提升建筑许可办理效率“17条”、工程建设项目审批第一批豁免清单3个文件。市委书记、市长王震出席会议并讲话，省行政审批服务管理局副局长连建林到会指导，市委常委、常务副市长张利锋主持会议。

【全市国资国企改革发展大会】　2021年11月19日，全市国资国企改革发展大会召开。市委书记王震强调，要深入贯彻落实党中央国务院、省委省政府关于开展国企改革三年行动的部署要求，以高度的政治责任感和历史使命感，以壮士断腕的决心和背水一战的勇气，充分凝聚共识，坚决扛起重任，根上改、制上破、治上立，按照系统化、市场化、法治化、人性化的原则，推动国资国企改革取得实效，为全方位推进高质量发展建设共同富裕新晋城做出新的更大的贡献。市委副书记、代市长薛明耀主持会议。

【全市经济运行分析会】　2021年11月22日，全市经济运行分析会召开。市委书记王震强调，要进一步提高站位、深化认识，紧盯全年目标任务，聚焦问题短板，找准方法路径，认真履职尽责，主动担当作为，下定决心实现争先进位目标，确保“十四五”开局之年开好局、起好步。市委副书记、代市长薛明耀主持会议。

【全市安全生产工作会议】　2021年12月20日，全市安全生产工作会议以电视电话会议方式召开。会议深入学习贯彻习近平总书记关于安全生产的重要论述，认真落实全省安全生产电视电话会议精神，分析研判晋城市安全生产形势，对下一步工作进行安排部署。市委书记王震出席会议并讲话。市委副书记、代市长薛明耀主持会议。

（牛　军）

综合协调

【统筹协调】　2021年，晋城市政府办公室协调举办第二届全国康养产业发展大会、杭州招商大会、第六届海峡两岸神农炎帝经贸恳谈交流会等重大活动。牵头推动“一枚章”集中审批向“一件事”集成服务升级，配套出台80个改革创新举措，申请材料、审批环节、审批时限分别压减36%、43%、86%。实施“一站式”项目前期研判、“一本制”企业承诺模式，开发区项目报批平均用时降至20天。

牵头抓好数字经济发展，建设开通5G基站1058座，智慧交通、智慧社区等17个重点应用场景试运行，入选全省首批新型智慧城市试点市，获“2021数字政府管理创新奖”，跻身全国数字政府建设50强和“2021中国城市数字化治理百强榜”。

【参谋辅政】 2021年，晋城市政府办公室起草政府工作报告、领导讲话稿、汇报材料、调研报告等各类文稿1000余篇。紧盯全市重点工作和热点难点问题，服务保障市政府领导开展各类调研活动200余次，提出务实管用的工作建议、政策举措，为市委、市政府科学决策提供重要参考。围绕全局性普遍性问题和影响高质量发展的新情况新问题，及时反映情况、报送信息，全年编发《每日政务要情》228期，刊登《晋城政务信息》58期，上报国办、省办信息900余篇，完成国办、省办约稿171篇，被国办采用21篇、省办采用26篇，其中，2篇获省政府领导批示。推进政策研究，梳理党中央、国务院以及各部委和山西省发布的政策文件，加强与各类“政策智库”的沟通合作，嫁接省级“政策创设信息服务平台”，归集与晋城市相关联、有价值、可利用的政策信息，编印信息专报14期145条，供市领导和有关部门参阅。

【运行保障】 2021年，晋城市政府办公室完善市政府常务会、党组会、办公会相关制度，探索开通市政府常务会、市长办公会议议题网上征集审核审签和纪要审核签发程序，承办市政府常务会14次、市长办公会16次、市长专题会30余次、全市市级层面会议20余次、各类电视电话会议40余次。加快流转文件速度，办理上级来文1265件、市级部门来文456件、部门请示报告555件、本级发文200件、便函425件。推进政府决策科学化、民主化、法治化，对《2021年新型智慧城市建设工作方案》《晋城市行政执法监督暂行办法》等100余项议题进行合法性审查。

【应急值守】 2021年，晋城市政府办公室严格实行双人24小时全天候值班和领导带班制度，妥善协调处理各类突发事件，共编写《值班要情》55期，向省政府值班室报送《值班信息》46期。

【政务公开】 2021年，晋城市政府办公室举办全市政务信息工作培训，发布各类主动公开信息1.9万余条，多样化方式对64个政策性文件进行解读，非纯文字形式解读量达到98%以上，办理互动交流留言15.3万余条，编发政府公报6期。履行政府网站和政务新媒体的主管责任，对全市29家网站和200余家政务新媒体进行全覆盖监管，集中开展政务新媒体清理整顿，对91家政务新媒体予以关停。

【督查督办】 2021年，晋城市政府办公室围绕市委七届十次全会暨市委经济工作会及《政府工作报告》任务分解，制定“1+5”工作清单，把责任压实到科长一级，确保每项工作、每个环节都有人管、有人盯、有人干，以逐级压实责任保障工作落实。完善落实机制，实施县（市、区）和市直单位“一把手”工作动态日报告、重点任务常态化调度、信息化督办等机制，推动干部认真履职。着眼市委市政府全局工作，重点对“5·10”交账工程、安全责任落实、常态化疫情防控、灾后重建等重点工作开展专项督查。组织开展全市“互联网+督查”平台问题线索办理情况“回头看”专项行动，督促各级各相关单位规范工作流程，提升办理质效，逐条逐项核查检点，确保每条线索每个事项都事实清楚、处理得当。全年共组织参与各类督查活动200余次，上报督查专报40余期，督查快报80余期，下发督查通报3期；编发常务会议纪要13期，市长办公会及专题会议纪要24期，市长工作例会8期；共承办省政府“13710”系统交办事项65件，办结49件，推进办理16件，按时办结率达100%。组织做好人大建议、政协提案的办理工作，回应人民代表和人民群众的要求诉求，全年办理省“两会”建议提案30件、市“两会”建议提案610件。

（牛　军）

行政审批

【概况】 2021年，晋城市市、县两级政务大厅共办理各类政务服务事项3469714件，其中：网上办理

921352件，现场办理2548362件；涉及评审事项482件，现场勘验事项5744件，接待办事咨询1761872人次。全市公共资源交易平台实现进场交易1475项/宗（其中：工程建设项目招标投标665项、政府采购685项、土地使用权出让108项、国有产权交易15项、PPP投资2项），交易总额240.75亿元（其中：工程建设项目招标投标157.75亿元、政府采购13.99亿元、土地使用权出让53.89亿元、国有产权交易0.05亿元、PPP投资额15.08亿元），工程建设项目招投标、政府采购共节约资金22.84亿元，国有产权实现增值0.01亿元。市本级全年共办理各类政务服务事项1090979件，其中：网上办理77887件，现场办理1013092件。接待办事咨询91031人次。市本级公共资源实现进场交易497项/宗（其中：工程建设项目招标投标206项、政府集中采购122项、政府分散采购131项、土地使用权出让22项、国有产权交易15项、PPP投资1项），交易总额176.1亿元（其中：工程建设项目招标投标120.37亿元、政府集中采购4.68亿元、政府分散采购2.87亿元、土地使用权出让33.14亿元，国有产权交易0.05万元，PPP投资额15亿元），工程建设项目招标投标、政府采购共节约资金20.45亿元，国有产权实现增值0.01亿元。

【"一件事一次办"改革】 2021年，晋城市印发《晋城市推进"一件事一次办"集成服务改革实施方案》，围绕投资项目、企业运营、公民个人三方面，推出132项"一件事"服务套餐。结合证明事项告知承诺制、"五减"等工作，推进涉企审批减环节、减材料、减时限、减费用，审批材料、环节、时限较2020年底再压缩30%。

【权责清单梳理】 2021年，晋城市印发《关于公布晋城市市直部门权责清单的通知》，组织市直各部门梳理市级权责清单和公共服务事项清单，并在市政府门户网站和市政务服务网统一公布。

【开发区赋权】 2021年，晋城市制定(《晋城市加快推进向开发区赋权实施方案》)和《晋城经济技术开发区认领省级赋权事项清单》《晋城经济技术开发区承接市级赋权事项清单》《县级向开发区赋权事项基本目录》，指导各级开发区做好赋权事项承接工作，推动更多事项实现"区内事、区内办"。

【工程建设领域改革】 2021年，晋城市围绕"办理建筑许可"指标，在政策支撑、落实机制、税费减免等方面创新思路，出台工程建设项目审批"17条"；落实审批清单制，在全省首家出台工程建设领域豁免清单，明确11类审批事项的豁免内容；印发《晋城市工程建设项目"桩基先行"实施办法(试行)》，在全省率先提出分阶段核发施工许可证的具体举措。工程建设项目审批时限最佳实践26个工作日。

【"证照分离"改革】 2021年，晋城市印发《晋城市开展"证照分离"改革全覆盖工作实施方案》。审批事项办理实现再提速，综合类事项办理时间压缩至法定时限的17.3%，全市办理审批改备案、告知承诺、优化审批服务事项11239件，所承办涉企经营许可事项全部实现"零费用"办理。

【企业开办改革】 2021年，晋城市将银行开户纳入企业开办全流程，实现企业开办6个环节最快1个工作日办结。设立准入准营涉企事项办理专区，推行线下企业开办"一窗受理"，推广运用"一网通办"平台，实行企业开办印章免费刻制，降低企业开办成本。

【公共资源交易】 2021年，晋城市全面推行电子保函服务，优化"保证金缴退服务"，取消文件工本费及履约保证金，激发投标人的积极性和主动性；全流程电子交易系统不断完善，建立交易主体动态评价系统，增加线上合同签订、线上抽取专家等功能；扩大交易范围，出台《晋城市公共资源交易目录(2021年版)》，再推动林权、农村集体产权、排污权、碳排放权、用能权等公共资源纳入平台交易，逐步推动实现"平台之外无交易"。

【便民服务】 2021年，晋城市按照国家关于优化营商环境和提升政务服务的要求，围绕大厅布局优化、服务效能提升和自助区建设形成初步方案。在优化提升市政务服务大厅功能布局的基础上，建设7×24小时便民自助服务区。梳理乡镇、街道、村(社区)便民服务事项清单,摸清87个乡镇1400余个服务网点基本情况,印发《晋城市推进基层政务服务规范化便民化建设实施方案的通知》《关于统一乡镇(街道)便民服务中心事项要素的通知》《进一步加强市县乡村四级政务服务工作规范化便利化管理的制度》,规范市、县、乡、村四级便民服务网点建设,实现就近能办、多点可办、少跑快办。聚焦教育、就业、社保、医疗、养老、投资兴业等领域,出台《晋城市推进政务服务"跨省通办""全省通办"实施方案》。与河南焦作、山东青岛、江西鹰潭等9个地区签订"跨省通办"框架协议,线下设置"跨省通办""全省通办"专窗,线上设置"跨省通办""全省通办"专栏,采取全程网办、异地代收代办、多地联办等方式,开展跨域办事合作。

【便民服务营商环境优化】 2021年,晋城市统筹推进全市营商环境工作,筹备召开全市优化营商环境大会,制定晋城市优化营商环境130条,编制晋城市"十四五""六最"营商环境专项规划;围绕18项评价指标建立18个专项小组,明确牵头单位、配合单位及其工作职责,形成创优营商环境的强大合力;组织县(市、区)和市直部门300余人次开展19场专题培训,各级各部门运用"网、微、端、屏"等新媒体新技术,广泛开展优化营商环境工作宣传;督促18个工作组建现场填报团队,提前对本领域优化营商环境政策文件、典型举措、工作亮点等印证资料进行梳理、总结、提炼、完善。同时建立营商环境监测平台,实现对全市18项营商环境一级指标的动态监测。在2020年全省域营商环境评价中,办理建筑许可、登记财产、执行合同、保护中小投资者、政务服务位列全省第1;开办企业、获得信贷位列全省第2;获得用水用气、跨境贸易、纳税、包容普惠创新位列全省第3。

(常　浩)

人事管理

【事业单位人事管理】 2021年,晋城市改革人才计划管理模式,取消机关事业单位进人计划卡,打通政企、事企人才双向流动通道,顺向流动全部取消审批,横向流动单位自主办理,逆向流动实行科学调控,变具体性前置管理为总量性后置监管。全年办理事业单位新聘人员351人(其中,初级72人、中级163人、副高级98人、正高级18人),办理专业技术人员岗位变动445人(其中,晋升十一级115人,晋升九级153人、晋升八级81人、晋升六级61人、晋升五级29人、晋升三级6人),112个事业单位完成首次岗位设置。引进高层次紧缺专业人才122名。完成2020年度事业单位工作人员年度考核工作,共考核事业单位400家、事业单位工作人员8923名。按省人社厅要求,推进县级以下事业单位管理岗位职员等级晋升工作。

【人事考试】 2021年,晋城市人事考试综合服务中心围绕"疫情防控"和"考试安全"两条主线,面对大规模人群聚集、跨区域考生流动以及考试内外部环境日趋严峻等背景,按照市委、市政府"大安全"工作要求,发挥考试联席会议制度优势,联防联控,健全"一医、一护、一防控"护考机制,提高人事考试风险防控能力,保障考生利益。推出"一网通办"、证书寄递、电子发票业务,降低传染风险。完成全市考试录用公务员和选调生笔试、面试工作,1.4万余人参加;完成山西省选拔未就业高校毕业生到基层从事"三支一扶"笔试工作,1400余人参加;完成一级建造师、二级建造师、执业药师、经济师、一级注册消防工程师等各类资格考试工作,2.3万余人次参加;完成山西太行云顶文化旅游发展有限公司企业招聘,市人武部、市中小企业发展促进中心、市审计局、市应急管理局公开招聘和引进高层次人才、公开遴选、公开选调等社会化考试工作,全年组织考试25项,4万余人参加,均实现"三零"工作目标。

【职称评定】 2021年,晋城市落实人社部关于各系列(专业)职称制度改革指导意见精神,结合行业实际,修订完善各系列(专业)评价标准条件,克服"唯论文、唯奖项"倾向,按分类评价原则,以职业属性和岗位要求为基础,合理设置评价标准,科学客观公正评价专业技术人才。采取"定向评价、定向使用”方式，开展民营企业工程系列职称评审。对条件成熟、具备自主评审能力的单位，继续下放自主评审权。

（刘　洋）

外事和台港澳事务

【搭建国际交往平台】　2021年，晋城市人民政府外事办公室（晋城市人民政府台港澳办公室）搭建国际交往平台，推动民间交往与友城建设，泽州一中和日本盛冈中央高校缔结为国际友好学校，与意大利罗马二区政府通过线上会议进行交流，签订建立友好城市关系意向书。

【服务省市活动】　2021年，晋城市人民政府外事办公室（晋城市人民政府台港澳办公室）完成2021中国·山西（晋城）康养产业发展大会外宾邀请和礼宾接待工作，邀请斯洛伐克、毛里塔尼亚等6国驻华大使在内的38名外宾参会，并在会后沟通回访，深化交流合作。配合2021太原能源低碳发展论坛涉外工作，协助省外办做好外宾对接联络和会场服务保障，完成波兰、摩尔多瓦、英国等4国驻华使节团组的礼宾接待和翻译任务。利用第四届上海进博会开展高层次外事会见，邀请3个使领馆的7名驻华使节在进博会期间与晋城市互动，增进互信，加深了解。

【开展对外宣传】　2021年，晋城市人民政府外事办公室（晋城市人民政府台港澳办公室）在官方公众号上发布《晋城新英汉词汇》，全年发布28期。推荐晋城市优秀民间手工艺品参选全国人民对外友好协会开展的“匠心筑梦——用民间艺术讲述脱贫故事”线上展活动，从各县（市、区）上报的17类、84件作品中筛选8类8件上报全国友协，入选3件作品。

【高平炎帝拜祖活动服务】　2021年，晋城市人民政府外事办公室（晋城市人民政府台港澳办公室）在做好常态化疫情防控的前提下，申请国台办批复，发挥沟通上下、协调各方的作用，邀请台商143名，协助高平方面完成会见、宴请重要台商工作，举办经贸文化旅游招商系列活动，签约项目24个、投资金额近200亿元，举办蔡志忠美术馆奠基仪式和高平台湾产业园挂牌仪式。

【护航台资企业稳工稳产】　2021年，晋城市人民政府外事办公室（晋城市人民政府台港澳办公室）多次深入台企调研，帮助企业排忧解难。疫苗接种初期，在省台办的协调下，帮助富士康晋城园区争取到3万剂新冠肺炎疫苗，11月根据疫情形势变化，及时安排接种加强针事宜，为企业稳工稳产提供保障。帮助台资企业山西丹照菌业有限公司处理突发电力故障，为企业挽回大额经济损失，公司负责人事后送来“两岸一家亲，服务暖人心”锦旗。

【助推高平台湾产业园发展】　2021年，晋城市人民政府外事办公室（晋城市人民政府台港澳办公室）多次赴省台办汇报，为高平台湾产业园争取挂牌山西省首家省级海峡两岸产业园。为高平开发区与各地台商牵线搭桥，推动项目签约落地，呈现出三个明显特点：一是园区建设取得突破性进展，全省首个省级园区“金字招牌”的威力初显，炎帝拜祖活动的累积势能不断释放；二是台商台企在高平积聚发展的态势初步形成；三是园区综合

2021年9月29日，台资企业山西丹照菌业有限公司向晋城市台港澳事务办公室送锦旗

（陈星同　供图）

统筹，一、二、三产融合发展初显成效。截至年底，台湾产业园18家台资企业完成工商登记注册，6家台资企业实际入驻。

（陈星同）

信　访

【概况】　2021年，晋城市信访局以做好信访工作为主线，以规范化建设为突破，提升信访事项办理质效；以源头治理为基础，防范和化解矛盾纠纷，维护群众合法权益和正常信访秩序。信访“百日攻坚”专项行动实现“动态清零”。信访工作规范化建设水平进一步提高。信访问题源头治理取得明显实效。陵川县被评为“全国信访工作示范县”（全省共3个），城区、高平市被评为“全省信访工作优秀县（市、区）”（全省共13个），全市信访工作多项基础考核指标位居全省前列，年度信访工作考核被评为优秀等次。

【“百日攻坚”专项行动】　2021年9月14日，晋城市启动治理重复信访、化解信访积案“百日攻坚”专项行动，将中央、省交办案件和晋城市自行排查的重要案件集中交办、专班推进、严格督导、推动化解。通过落实信访“5+1”责任制、领导干部接访下访制度、“日盯办、周通报、月调度”制度、审查回访制度等，逐案推动落实，至12月20日，所有交办案件全部化解，信访存量大幅减少。

【信访问题源头治理】　2021年，晋城市信访局进一步加强基层信访矛盾纠纷排查化解工作，发挥乡镇（街道）信访工作联席会议机制和村（社区）网格员作用，建立群众信访代理制度，推广基层“三长会商”机制和“和事佬”等经验做法，加快县级矛盾纠纷化解中心建设，大量信访矛盾纠纷被发现在基层、处理在萌芽、解决在源头，逐步形成信访流量正金字塔结构。陵川县信访接待中心被评为“人民满意信访接待窗口”，城区信访局黄国威被评为“最美信访干部”。

【规范化建设】　2021年，晋城市信访局规范信访事项办理程序，落实信访事项首接首办责任制，实行信访件办理“灭红灯”机制，信访事项及时受理率、按期答复率、群众满意率“三率”水平保持全省第一，信访事项重复发生率全省最低。加强“网上信访”工作，信访工作规范化建设水平位列全省第一方阵。

（李昌德）

发展研究

【文稿起草】　2021年，晋城市人民政府发展研究中心结合晋城市实际，讲晋城的话、办晋城的事、谋晋城的发展，完成市长在2021年市委经济工作会议上的讲话和政府工作报告的起草工作，参与完成康养大会相关文稿起草工作。

【调查研究】　2021年，晋城市人民政府发展研究中心围绕晋城市工业高质量发展、铸造业发展、农业产业发展、百里沁河生态经济带建设等课题进行调查研究，为全市开展相关工作提供有效参考。其中铸造业课题研究是山西省政府重大决策咨询课题，也是中心首次参与省级重大课题研究、借助“外脑”优势开展课题协作研究的重大突破。围绕全市应急管理工作、市域一体化公交等进行专题调研，为领导科学决策提供依据。

【信息服务】　2021年，晋城市人民政府发展研究中心刊发6期《晋城经济》，将探讨晋城经济社会发展的理论文章和调研报告向全市乡镇及以上机关及重点企业发送。筛选国家、省出台的各类政策信息，特别是涉及投资导向、资金支持、项目申报、试点建设等的文件政策，刊发政策信息专报14期。采用发放征集表、接收来信来函、在《太行日报》上头版开设专栏等方式，向社会各界广泛征集“金点子”259862条，通过多轮筛查、整理、校对，辑录形成《新一轮“晋城的事大家想大家说大家干”思想解放大讨论金点子集萃》。

【公文审核】　2021年，晋城市人民政府发展研究中心对由部门代拟提请市政府上报省政府、省直各委办厅局的公文以及拟以市政府名义、市政府办公室名义制发的各类公文进行审核把关，共审核81份文件。

（赵亚峰）

机关事务管理

【办公用房管理】 2021年，晋城市机关事务管理服务中心用时90余天，对市直单位办公用房进行全面整合、科学调配，共整合分配办公用房1.8万余平方米，维修办公用房面积8500平方米，涉及10个办公区40家单位1200余人。通过整合提升，市直机关办公用房集中率达到70%以上，新增4个集中办公区。

【不动产管理】 2021年，晋城市完善不动产管理制度，全省首家出台《晋城市市直机关不动产集中统一管理办法》，明确部门职责，明晰管理职能。规范房产出租出借行为，制定出台《晋城市市级党政机关房产土地出租出借管理暂行办法》，从出租审核、委托管理、租金评估、公开招租、租金上缴等多个方面推进房产出租出借管理，避免国有资产流失。开展不动产权属变更工作，完成38处办公楼产权变更登记，完成年初定下的60%的市直党政机关不动产权属变更工作任务。

【公务用车管理】 2021年，晋城市依据《山西省党政机关公务用车管理办法》规定，按照统一编制、统一标准、统一购置经费、统一采购配备、统一更新处置“五统一”管理原则，推进公务用车集中统一管理工作。建立健全制度规范，印发《晋城市市直行政事业单位公务用车管理细则》，规范全市党政机关公务用车管理，明确公务用车编制、配备、使用和处置等工作标准和程序。开展市直单位公车统计，完成全市381家党政机关1917辆公务用车和507家事业单位1674辆公务用车的2020年度的信息填报和运行费用统计工作。

【信息化建设】 2021年，晋城市完成全市党政机关办公用房信息统计工作，统计党政机关(及其下属单位)房产281.27万平方米，涉及全市1880家机关事业单位，统计编制人数34723人。开展本级办公用房管理信息系统初建工作，创建并分发机关事业单位账号406个，录入编制人数8306人，录入办公楼宇总数161幢，建筑面积72.02万平方米，土地面积66.22万平方米。完善全市“一张网”建设，与各县区公务用车管理平台系统数据对接，促进信息互联互通、数据共享共用、业务一网通办，构建公车管理的“大平台”，实现用车线上统一调度、运行费用公开透明、监管得力有效。为市公安系统所属295辆执法执勤用车安装北斗车载定位终端，纳入公车平台管理。

【公务接待服务】 2021年，晋城市机关事务管理服务中心累计接待各级各部门来宾285批次、3567人次，其中国家级1人次，省部级91人次，厅级600人次，外国驻中国大使6人，参赞6人。完成杭州招商引资大会、全国康养产业大会、市党代会等多项重要大型会议的接待保障任务和国家、省、市各级领导的考察、调研、检查等各类公务接待活动。

【后勤保障服务】 2021年，晋城市机关事务管理服务中心保障12个集中办公区和2个集中生活区的电力通信、热力管网、空调系统、电梯运行等正常运转。在集中办公区停车场新装汽车充电桩10余个，配套建设汽车充电站网柜，解决干部职工汽车充电问题。消除机关和管辖公共区域的用电隐患，在各集中办公区安装升级智慧用电安全监管服务平台系统，全年累计保障市直各单位公务出行2038余台次，安全行驶34.6万千米，完成全市公务活动用车保障任务；会议服务方面，共接待服务各种会议1300余场次。

（贺　婧）

中国人民政治协商会议晋城市委员会

综 述

【思想政治建设】 2021年，政协晋城市委员会坚持用习近平新时代中国特色社会主义思想统领政协工作，切实担负把各党派团体和各族各界人士的智慧和力量凝聚起来的政治责任。按照学党史、悟思想、办实事、开新局要求，组织广大政协委员和机关干部开展党史学习教育活动，认真学习习近平总书记在党史学习教育动员会和庆祝中国共产党成立100周年大会上的重要讲话精神，把学习党史、新中国史、改革开放史、社会主义发展史和统一战线史、人民政协史相贯通。全年组织党组中心组学习会议和党组(扩大)会议14次，专题研讨10次，班子成员讲党课8次，“加强上下联动、共建‘书香政协’”主题活动12次。在政协系统开展“歌颂党恩、同心同行”主题征文活动，收集到社会各界文章90篇。与山西诗词学会联合举办庆祝中国共产党成立100周年“百名诗人晋城行”采风活动，收集到诗词398首。召开政协党组(扩大)会议、主席会议、常委会会议、委员分界别小组会议，深入学习贯彻宣传中共十九届六中全会和省市党代会精神。

【党史学习教育专题读书班】 2021年，政协晋城市委员会举办党史学习教育专题读书班，围绕《习近平总书记关于加强和改进人民政协工作的重要思想专题摘编》开展学习研讨。按照新时代加强和改进人民政协工作的总体要求、主要任务和重点举措，充分发挥专门协商机构作用，不断完善协商体系，健全协商机制，丰富协商形式，切实“专”出质量、“专”出特色、“专”出水平，全面提升政协协商议政质量。做好省委政协工作专项督查整改工作，强化问题导向，以督促学、以督促改，推动中央、省委、市委关于加强和改进人民政协工作的各项决策部署落实落细。

【助力招商引资】 2021年，政协晋城市委员会协助晋城市委市政府举办重点产业项目杭州招商推介大会、中国·山西(晋城)康养产业发展大会，接待参会的各兄弟市政协代表，展示晋城形象，做好宣传推介工作。参加第十二届中国中部投资贸易博览会和第四届中国国际进口博览会，组织企业家委员参与“政协委员知名企业家山西行活动政协签约专场”“长三角精准招商引资及签约活动”。全年，晋城市与长三角等地区现场签约30个合作项目，在康养产业发展大会签约仪式上，全省各地共有19个项目集中签约，投资总额约423.03亿元。

【助力民生保障】 2021年，政协晋城市委员会与市新闻传媒集团联合开办《政协之声》《委员建言》《政协话民生》三档议政栏目，围绕社会热点选题，及时回应群众关切，全年共播出《委员建言》24期，《政协之声》48期，《政协话民生》27期。在《政协话民生》中特别策划党史学习教育系列专题节目“红韵晋城”，跟进报道市政协党史学习教育开展情况，共播出6期节目。

【协作交流】 2021年，政协晋城市委员会配合省政协就现代物流高质量发展、促进服务贸易创新发展、黄河流域生态保护和高质量发展、加强“六新”建设、促进晋医晋药传承创新、农产品十大产业集群高质量发展、强化基层组织功能全面推进乡村振兴等课题进行认真调研，报送调研报告。为省政协文史馆收集报送晋城市各级政协编纂的文史资料115种300余册，为省政协《文史月刊》报送反映中国共产党百年奋斗历程的相关史料，配合省政协研究所完成《山西政协年鉴·晋城卷（2020）》的编纂工作。加强与各地市政协的工作交流，拓展对外交流交往渠道，扩大与各界人士的友好往来。组织委员赴安徽、江苏、浙江、贵州、山东、河南、广西等地，就开发区改革创新、市域社会治理现代化试点工作、发展数字经济、加强和改进提案工作、中药材产业提质增效等课题学习考察。做好外地政协到晋城市调研考察的接待工作，接待湖南省政协和兰州市、济源市、桂林市、濮阳市政协考察组，就康养产业发展、文明城市创建、矿山生态修复与治理、炎帝拜祖大典等工作进行深入交流。

【社情民意信息工作】 2021年，政协晋城市委员会编发《晋城社情民意》100期，采用信息200余条，转发社情民意信息30期，采用信息50余条，市领导批示5篇。向省政协报送社情民意800余条，采用100余条，省领导批示的2条，全国政协采用3条。发挥社情民意“直通车”作用，编报社会民生相关信息100多条，30多条信息被全国政协、省政协采纳。加强信息选题征集发布工作，全年策划发布重点信息选题12个，下发学习参考资料30余篇，每季度通报信息采用及得分情况，做好信息跟踪反馈工作。做好社情民意信息培训工作，赴各县（市、区）政协及各民主党派作专题辅导，提升社情民意信息工作质量和水平。

【专项视察监督】 2021年，政协晋城市委员会围绕提高市民文明素质和社会文明程度，就晋城市创建全国文明城市情况开展专项视察监督；围绕全面推进健康晋城建设，就全省县域医疗卫生一体化改革示范市建设情况开展专项视察监督；围绕全面提升养老服务质量，就晋城市构建社会养老服务体系情况开展专项视察监督；围绕加快优化教育布局，就晋城市普惠性幼儿园建设情况开展专项视察监督；围绕在世界范围内叫响叫亮太行古堡品牌，就晋城市太行古堡“申遗”情况开展专项视察监督。

【政协委员构成】 2021年底，政协晋城市委员会有委员317名。其中中共33名，民革6名，民盟6名，民建7名，民进7名，农工党7名，九三学社6名，无党派24名，总工会7名，妇联5名，共青团7名，青联6名，工商联16名，侨联7名，科学技术协会7名，教育界20名，科学技术界20名，社会科学界5名，文化艺术界9名，农林界17名，体育界5名，新闻出版界6名，医药卫生界16名，宗教界6名，对外友好界3名，社会福利界5名，少数民族界4名，经济企业界25名，特邀人士25名。

（张刘敏）

政协重要会议

【政协第七届晋城市委员会第六次会议】 2021年2月22日至24日，中国人民政治协商会议第七届晋城市委员会第六次会议召开。会议应出席委员317名，实到委员272名。会议期间，通过政协第七届晋城市委员会第六次会议关于常务委员会工作报告的决议、政协第七届晋城市委员会提案委员会关于市政协七届六次会议提案审查情况报告，听取并讨论市人民政府工作报告、市中级人民法院工作报告、市人民检察院工作报告及其他报告。会议补选冯志亮为政协第七届晋城市委员会主席。中共晋城市委书记张志川作闭幕讲话。

【市政协七届常委会会议】 2021年，政协晋城市委员会共召开常委会会议5次。

市政协七届二十五次常委会

2021年2月22日，中国人民政治协商会议第七届晋城市委员会六次会议开幕　（张刘敏　供图）

会议　2月19日召开。市政协主席常国荣主持会议。讨论决定召开晋城市政协七届六次会议有关事宜。会议审议通过市政协常委会工作报告（讨论稿），市政协常委会提案工作报告（讨论稿）；审议通过召开市政协七届六次会议的决定，市政协七届六次会议议程（草案）和日程，市政协七届六次会议秘书长副秘书长名单、组织机构及负责人名单、委员分组办法及小组召集人名单、逐日执行常委名单等。审议通过关于增补冯志亮为七届市政协委员的决定，关于免去郝锐市政协教科卫体委员会主任职务、免去赵晋阳市政协经济委员会主任职务的决定，关于免去贾庆斌政协第七届晋城市委员会常务委员职务、撤销其委员资格的决定等3项人事事项。

市政协七届二十六次常委会会议第1次会议　2月22日召开。市政协主席常国荣主持会议。市委组织部常务副部长董小清就政协第七届晋城市委员会主席补选情况作说明；会议审议选举办法（草案），候选人建议名单（草案），总监票人、监票人名单（草案），以上各项将提交委员进行讨论。

市政协七届二十六次常委会会议第2次会议　2月24日召开。市政协常国荣主席主持会议。会议听取各组讨论情况汇报，通过选举办法，总监票人、监票人名单；通过候选人名单，提请大会选举；通过常委会工作报告的决议（草案），市政协七届六次会议提案审查情况的报告（草案），市政协七届六次会议政治决议（草案），提请大会表决。

市政协七届二十七次常委会会议　6月1日召开。市政协副主席主持会议，主席冯志亮讲话。专题协商讨论深化晋城市开发区改革创新的问题。会议听取副市长武健鹏关于晋城市开发区改革创新发展情况的通报；听取市政协副主席焦新文《关于深化晋城市开发区改革创新的若干建议（讨论稿）》的说明；赵红亮、程旭荣、孙夏芳等常委，司艳英、张月香、靳凤伟等委员发言。会议讨论通过市政协《关于深化晋城市开发区改革创新的若干建议》。

市政协七届二十八次常委会会议　9月17日召开。市政协副主席主持会议，主席冯志亮讲话。专题协商讨论推进晋城市数字经济发展的问题。会议听取市政府党组成员陈浩关于晋城市数字经济发展情况的通报；听取市政协副主席郭向阳《关于加快推进晋城市数字经济发展的若干建议（讨论稿）》的说明；程春明、赵晋阳等常委，崔利民、解小竹、郭宁等委员，郭龙虎等相关行业从业者发言。会议讨论通过市政协《关于加快推进晋城市数字经济发展的若干建议》。会议审议通过《中国人民政治协商会议晋城市委员会关于强化政协委员责任担当的意见》，审议通过关于免去靳虎松职务决定的人事事项。

市政协七届二十九次常委会会议　12月24日召开。专题协商讨论了推进晋城市中药材产业发展的问题。市政协副主席主持会议，主席冯志亮讲话。会议听取市委副秘书长宋军民、市政府办公室督察专员陈跃武分别所作的中共晋城市委、市人民政府办理市政协七届六次会议以来提案情况的通报；听取市政府副市长王宏微关于晋城市中药材产业发展情况的通报；听取市政协副主席武四海所作的《关于推进晋城市中药材产业发展的若干建议（讨论稿）》的说明；孙夏芳、薛玉红等常委，仝晓婷、沈田香、陈向明、冯玉琴等委员发言。会议讨论通过市政协《关于推进晋城市中药材产业发展的若干建议》。

【专题议政会议】 2021年，政协晋城市委员会共召专题议政会议3次。

冶铸产业发展专题议政会议 8月27日召开。市政协副主席焦新文出席会议并讲话。会上，市工信局相关负责人汇报晋城市冶铸产业发展情况，与会市政协委员、企业代表提出意见和建议，有关部门负责人作表态发言。会议要求，要建设特色铸造产业园，进一步增强环保意识和加强人才培养，促进冶铸产业升级改造，提升冶铸产业整体水平。会前，与会人员深入南村绿色智能铸造产业园、金秋铸造公司等地进行实地视察。

太行一号国家风景道沿线乡村振兴示范带建设专题议政会议 9月8日召开。市政协党组成员、副主席武四海出席会议并讲话。会上，市农业农村局、市交通运输局、市规划和自然资源局、市生态环境局、市文化和旅游局分别通报"太行一号"国家风景道的规划编制、产业布局、公路建设、村庄污水治理、文化旅游资源挖掘和宣传推广情况，与会政协委员提出对策建议。会议要求，要注重规划引领、夯实基础、统筹推进、总结经验，确保太行一号示范带建设取得实实在在成效。会前，与会人员深入城区洞头村、泽州县白河村、高平市铁炉村、阳城县横河村、陵川县浙水村、沁水县杏则村等村进行实地视察。

建立健全农业专业化社会化服务体系专题议政会议 6月2日至4日召开。市政协副主席武四海带领部分市政协委员先后到高平市甘薯研究院、顺民农机合作社、泽州县北义城镇晋耕农机服务专业合作社、高都镇北街龙园种植专业合作社、阳城县町店镇金田园薯业农民专业合作社、芹池镇军良植保服务农民专业合作社等地实地走访，座谈交流。会议要求，要进一步探索适合晋城市农情的农业专业化社会化服务体系新路子，健全完善集生产、供销、物流、信用等功能于一体的农业社会化服务体系，为实现产业兴旺、乡村振兴提供重要支撑。

（张刘敏）

议政协商

【整体协商】 2021年，政协晋城市委员会召开市政协七届六次会议，组织市政协各参加单位和全体委员，按照市委确定的工作思路和奋斗目标，重点围绕政府工作报告、政协常委会工作报告、法检两院报告和"十四五"规划纲要协商讨论、议政建言，为晋城市"十四五"转型出雏型建诤言、献良策。

【专题协商】 2021年，政协晋城市委员会选择事关晋城市改革发展全局的重大课题进行调研，提出一批有价值的意见和建议。市政协七届二十七次常委会会议围绕晋城市开发区改革创新情况进行专题协商，形成《关于深化晋城市开发区改革创新的若干建议》。市政协七届二十八次常委会会议围绕发展数字经济进行专题协商，形成《关于加快推进晋城市数字经济发展的若干建议》。市政协七届二十九次常委会会议围绕晋城市中药材产业提质增效情况进行专题协商，形成《关于推进晋城市中药材产业发展的若干建议》。

【对口协商】 2021年，政协晋城市委员会发挥对口协商切入点小、针对性强的优势，抓住广受关注的热点、焦点、难点问题，召开专题议政会议开展对口协商。围绕打造千亿级产业集群，就晋城市冶铸产业发展专题议政；围绕巩固脱贫攻坚成果同乡村振兴有效衔接，就太行一号国家风景道沿线乡村振兴示范带建设专题议政；围绕深化农业供给侧结构性改革，就健全农业专业化社会化服务体系专题议政。

【提案办理协商】 2021年，政协晋城市委员会在晋城市人民政府网面向社会公开征集提案参考选题，引导委员把握提案方向，为委员提交提案搞好服务，完成七届六次会议期间的提案征集、分类、登记等工作。共收到提案505件，经审查立案388件，转为意见117件。慎重确定重点提案，摘录成册45件重要提案，通过与各专委会前期协商、提案委成员全面协商、与市委、市政府督查室充分协商、提案委成员最终协商、主席会议审议后，确定出12件重点提案。对立案的388件提案进行认真交办，对未立案的117件提案作为意见进行处理。市政协五位副主席分别带领各界别委员，对重点提案进行认真督办，推动提案的办理落实。召开全市政协系统提案工作座谈会，交流经验，学习借鉴，夯实做好新时代政协提案工作的思想基础。

（张刘敏）

专门委员会工作

【提案委员会工作】 2021年，政协晋城市委员会提案委员会坚持“围绕中心、服务大局、提高质量、讲求实效”提案工作方针，以提高提案质量、办理质量和服务质量为重点，运用提案形式参政议政、建言献策。做好提案征集工作，拟定提案选题参考目录，引导委员撰写提案。做好提案审查立案和交办工作，从提案选题、审查到立案，从提案书写到对口交办，从办理到答复反馈意见都规范运作，保证提案质量。开展重点提案督办，五位副主席分别就优化公交出行方案、推动晋城市生猪全产业链转型创新、“百村百院”建设工作、加强晋城市5G通信基础设施建设与保护、推进晋城市绿色铸造产业发展等方面的重点提案，到承办单位了解办理情况，现场听取办理意见，加大督办力度，提高办理实效。加强“提、办”双方的沟通和协商，严把提案答复审核关，对提案答复格式不规范、答非所问的，责成“二次办理”，增强提案办理实效。召开全市政协系统提案工作座谈会，围绕推进提案工作提质增效，交流经验，学习借鉴，夯实做好新时代政协提案工作的思想基础。加强提案工作宣传力度，精心筛选提案，为晋城市政协开办的委员议政栏目“政协之声”“委员建言”“政协话民生”提供素材，营造舆论监督的良好氛围。

【经济委员会工作】 2021年，政协晋城市委员会经济委员会完成市政协常委会会议课题调研。5—6月，围绕晋城市开发区改革创新情况进行调研，形成《关于晋城市开发区改革创新发展情况的调研报告》，提交市政协七届二十七次常委会会议，为专项建议案《关于深化晋城市开发区改革创新的若干建议》的出台提供参考。召开专题议政会。8月，围绕打造千亿级产业集群，就晋城市冶铸产业发展专题议政进行调查研究。开展专项视察监督，协助上级政协完成有关工作。按照省政协统一安排部署，组织委员就“推动现代物流高质量发展”“促进服务贸易创新发展”“推动山西省黄河流域生态保护和高质量发展”开展联动调研，形成调研报告。助力招商引资。5月，组织委员参加省政协在太原举办的“政协委员·知名企业家山西行活动”政协专场签约活动，11月组织相关项目和企业参加省政协、省委统战部、省工商联在上海联合主办的“长三角精准招商引资及签约活动”。

【农业和农村委员会工作】 2021年，政协晋城市委员会农业和农村委员会完成市政协常委会议课题调研。10—12月，围绕晋城市中药材产业提质增效情况进行调研，形成《关于晋城市中药材产业发展情况的调研报告》，提交市政协七届二十九次常委会议参考，促成常委会议专项建议案《关于推进晋城市中药材产业发展的若干建议》出台。召开专题议政会。8—9月，围绕巩固脱贫攻坚成果同乡村振兴有效衔接，就太行一号国家风景道沿线乡村振兴示范带建设专题议政，形成《关于晋城市太行一号国家风景道沿线乡村振兴示范带建设情况的调研报告》。开展专项视察监督。10月，围绕构建多产业集聚的区域经济增长极，就晋城市打造百里沁河经济带情况开展专项视察监督。协助上级政协完成有关工作。按照省政协统一安排部署，组织委员围绕“建立健全农业专业化社会化服务体系”“培育壮大龙头企业，加快推动农产品十大产业集群高质量发展”“强化基层组织功能，全面推进乡村振兴工程”开展联动调研，围绕“农村厕所革命”开展监督性调研，形成调研报告。

【教科卫体委员会工作】 2021年，政协晋城市委员会教科卫体委员会完成市政协常委会会议课题调研。7—9月，围绕晋城市发展数字经济情况进行调研，形成《关于晋城市数字经济发展情况的调研报告》，提交市政协七届二十八次常委会会议参考，促成常委会会议专项建议案《关于加快推进晋城市数字经济发展的若干建议》的出台。开展专项视察监督。围绕提高市民文明素质和社会文明程度，就晋城市创建全国文明城市情况开展专项视察监督。围绕全面推进健康晋城建设，就全省县域医疗卫生一体化改革示范市建设情况开展专项视察监督。围绕加快优化教育布局，就晋城市普惠性幼儿园建设情况开展专项视察监督。协助上级政协完成有关工作。按照省政协统一安排部署，组织委员围绕“加强‘六新’建设，推动科技成果产业化发展”“加大科技创新平台建设力度”“促进晋医晋药传承创新发展”开展调研，形成调研报告。

【社会法制委员会工作】 2021年，政协晋城市委员会社会法制委员会召开专题议政会。围绕建设更高水平的平安晋城，就晋城市“三零”单位创建专题议政，形成调研报告。开展专项视察监督。9月，围绕全面提升养老服务质量，就晋城市构建社会养老服务体系情况开展专项视察监督。助力服务全市发展大局。跟踪调研市域社会治理现代化试点工作，并赴浙江诸暨市学习新时代“枫桥经验”，形成专题视察报告。

【文化文史和学习委员会工作】 2021年，政协晋城市委员会文化文史和学习委员会编纂《走近太行一号》，全书收录文史资料90余篇，35万余字，以太行一号走向为脉络，将沿线景点串珠成链，展示晋城自然风光和人文历史。召开专题议政会。6月，围绕叫响叫亮“太行人家”品牌，就晋城市高标准推进“百村百院”康养工程专题议政，形成《关于推进晋城市“百村百院”康养工程的调研报告》。开展专项视察监督。9月，围绕在世界范围内叫响叫亮太行古堡品牌，就晋城市太行古堡申遗情况开展专项视察监督。协助上级政协完成有关工作。为省政协“书香墨韵润龙城”书画摄影作品展征集政协委员作品43幅，为省政协文史馆收集报送晋城市各级政协编纂的文史资料115种300余册，为省政协《文史月刊》报送反映中国共产党百年奋斗历程的相关史料。组织委员开展“百名诗人晋城行”采风活动。7月，全省近百名诗歌作者齐聚晋城进行采风创作。

（张刘敏）

中国共产党晋城市纪律检查委员会
晋城市监察委员会

综　述

【重大决策落实监督】　2021年，中国共产党晋城市纪律检查委员会（以下简称晋城市纪律检查委员会）、晋城市监察委员会发挥监督保障执行、促进完善发展作用，聚焦“两个维护”，把党史学习教育作为贯穿全年的重大政治任务，推动全市党员干部开展主题活动7万余场、为民办实事7.8万余件。聚焦“国之大者”，围绕习近平总书记“三新一高”重大战略思想、重要指示批示以及党中央重大决策部署落实情况，建立监督台账，发现纠正贯彻落实不力问题2404个。聚焦疫情防控，组织督导组奔赴防疫一线，发现纠正各类问题2795个，守住疫情防控“晋城阵地”。聚焦市县乡村换届，坚持教育、警示、预防在先，开展“十严禁”宣传，全过程开展督导，回复党风廉政意见4.7万余人次，处理违反换届纪律问题3件、处分5人，确保换届期间风清气正。聚焦全市发展大局，出台《以高质量监督保障“十四五”高质量发展的意见》，加强对重点工作，特别是对安全生产、防汛救灾、灾后重建、能源保供等急难险重任务的监督检查；开展“推动行政审批专项整治护航重点项目落地见效——纪委监委在行动”，共发现纠正各类问题38个。

【标本兼治】　2021年，晋城市纪律检查委员会、晋城市监察委员会强化“不敢腐”震慑。查处市交警支队原支队长王福顺、泽州县原副县长县公安局原局长王旭峰、沁水县原副县长常志峰、天泽集团原董事长马月生、原副总经理庄严鹉等重大腐败案件。晋城市纪检监察机关共立案1564件，给予党纪政务处分1345人，其中处分县处级干部40人，移送审查起诉48人，将164名行贿人纳入“黑名单”。在高压震慑和政策感召之下，36人向纪检监察机关主动投案，148人主动交代问题。扎紧“不能腐”制度笼子，发挥典型案件治本功能，剖析案发原因、查找体制机制漏洞，针对性下发纪检监察建议书，做实“后半篇文章”。全年共收集忏悔、反思材料76份，下发纪检监察建议书398份，查办案件治本功能逐步凸显。筑牢“不想腐”思想堤坝，开展“解放思想、狠抓落实”警示教育月活动，编写典型案件警示录，拍摄专题片《贪欲》《警醒》，晋城市826个基层党组织、10万余名党员干部接受警示教育。开展纪法知识答题，组织观看红色影片，寄送助廉倡廉信，推动廉洁家庭建设。

【纠治“四风”】　2021年，晋城市纪律检查委员会、晋城市监察委员会紧盯形式主义、官僚主义痼疾，纠治疫情防控、防汛救灾、灾后重建、安全生产、环境保护等重点任务中不作为、慢作为、乱作为等问题，纠正“文山会海”“督检考”过多过频、加重基层负担等问题，查处各类问题88件，批评教育帮助和处理121人、处分76人。紧盯奢靡享乐歪风，采取交叉检查、明察暗访等方式，对换届之年可能发生的违规吃喝、请客送礼以及出入私人会所、搞“一桌餐”

等隐形变异问题，露头就打，查处享乐奢靡问题208个，批评教育帮助和处理264人、处分199人，公开通报曝光典型案例34起。紧盯营商环境堵点，开展“聚焦六大领域突出问题进一步优化营商环境专项行动”、行政审批领域专项整治，严肃查处服务企业和群众过程中办事拖延、推诿扯皮、吃拿卡要、“窗口腐败”等突出问题，立案99件，组织处理96人、处分79人；督促行政审批服务管理部门梳理审批事项、实施流程再造，打造“晋心服务”政务品牌，全市营商环境进一步优化。

【日常监督】 2021年，晋城市纪律检查委员会、晋城市监察委员会认真贯彻中央关于加强对“一把手”和领导班子监督的意见和省委实施意见，协助市委制定晋城市实施办法，推动省管、市管干部自上而下提醒谈话8600余次，问责管党治党不力的党组织34个、领导干部309人，查处“一把手”违纪违法问题49人。科学研判政治生态，对领导干部精准政治画像，对六县（市、区）委、开发区党（工）委、74家市管单位、6家市属企业进行政治生态分析研判。加强对派驻机构领导，强化“室组”联动监督，综合运用批评和自我批评、教育警醒、惩戒挽救和惩治震慑等手段，共运用“四种形态”批评教育帮助和处理6480人次，其中第一、第二种形态占比94.6%。深化政治巡察，完成七届市委届内巡察全覆盖，启动八届市委首轮常规巡察，开展涉粮领域专项巡察，对市供销社党组和全市重点工程项目相关责任单位党组织机动式巡察，对67个被巡察党组织整改情况进行“回头看”，共巡察党组织20个，发现问题287个、问题线索156个，推动整改问题255个。出台《关于精准容错支持党员干部干事创业的若干规定》，对153件信访件作无效件处理，对1128名受处分干部开展回访教育，保护干部干事创业积极性。

（任　利）

专项治理

【乡村振兴专项治理】 2021年，晋城市纪律检查委员会、晋城市监察委员会开展乡村振兴过渡期专项监督，推动抓好“四个不摘”政策成果巩固、易地扶贫搬迁后续扶持、扶贫项目资产持续发挥效益等重点任务，发现查处各类问题522个，批评教育帮助和处理839人、处分301人。

【富民惠民政策落实专项治理】 2021年，晋城市纪律检查委员会、晋城市监察委员会纠治教育医疗、养老社保、生态环保、食品药品安全等领域腐败和作风问题727件，批评教育帮助和处理1196人、处分338人。

【民生福祉专项治理】 2021年，晋城市纪律检查委员会、晋城市监察委员会提档加速房屋产权登记确权颁证“清零行动”，推动完成首次登记13.1万余套、转移登记11.4万余套，除城区外其余5个县（市）比省定时间提前半年实现清零目标，全市发证率全省第一。开展灾后重建专项监督，纠正问题70个，确保受灾群众平稳安全渡过难关。

【群众身边腐败和不正之风专项治理】 2021年，晋城市纪律检查委员会、晋城市监察委员会办结重复信访件73件，立查供销系统腐败问题182件、处分93人，粮食购销领域腐败问题19件、处分14人。协同开展政法队伍教育整顿，常态化推进扫黑除恶、惩腐“打伞”，立查相关问题498件、处分94人、移送司法机关15人。推动公安系统净化政治生态，督促排查信息化项目1098个，发现问题237个、线索13条。全面启动党员领导干部利用开发区资源谋取私利问题和“领导干部岗位调动带上自己家乡工程队”问题专项整治。

【基层政治生态专项治理】 2021年，晋城市纪律检查委员会、晋城市监察委员会查处端氏镇政治生态严重恶化问题，留置县乡村干部5人，由公安机关刑事拘留6人。（任　利）

巡　察

【概况】 2021年，晋城市开展3轮市委巡察，共巡察党组织39个，发现问题456个、党员干部违规违纪问题线索201件，为推动清廉晋城建设和全方位高质量发展提供坚强保障。

【巡察全覆盖】　2021年5月，七届市委第十二轮巡察结束，标志着七届市委巡察圆满收官，实现巡察监督全覆盖。2017年至2021年，市委共成立82个巡察组，采取常规、专项、机动、提级等方式，对90个市委管理的党组织、63个县区基层党组织进行巡察监督；6县（市、区）党委共巡察县本级管理的党组织536个，延伸巡察村（社）党组织1872个。市县两级巡察共发现问题22056个，问题线索2797个，给予党纪政务处分853人，移送司法机关39人。

【八届市委首轮巡察】　2021年11月，晋城市启动八届市委首轮巡察，围绕贯彻落实中共十九届五中、六中全会精神，省第十二次党代会精神和市第八次党代会精神，突出乡村振兴、城市建设、行政审批等重要工作、重点领域，对市农业农村局、市住建局、市行政审批服务管理局等7家单位党组织开展常规巡察，开启新一届市委巡察。此轮巡察共发现问题169个，党员干部违规违纪问题线索45件。

【专项监督】　2021年3月至5月，晋城市委对全市供销社系统开展机动式巡察；9月至11月，市委对泽州县、高平市、阳城县、陵川县、沁水县开展涉粮问题专项巡察，推动解决两个行业领域存在的一些系统性问题，压实管党治党责任。为推动全市重点工程项目建设，3月至5月，对全市重点工程项目相关责任单位党组织进行机动式巡察；8月至10月，统筹各县（市、区）委开展优化营商环境机动式巡察。

【巡察监督】　2021年，晋城市委巡察办公室以巡察监督为纽带，贯通融合其他监督，推动形成监督合力。巡察与纪检监察无缝对接，巡察发现问题线索，纪委监委立即跟进，快查快处、形成震慑；与组织、宣传部门相互协作，巡察期间同步开展选人用人、意识形态专项检查；与审计、信访、司法等单位紧密配合，巡前提供情况，巡中协助了解，做到信息互通、问题共商、成果共享。

【巡察整改】　2021年，晋城市委巡察办公室发挥“统筹协调、跟踪督促、汇总报告”职能，协调纪检监察机构、组织部门履行巡察整改日常监督责任，推动巡察发现问题真改实改、全面整改；压茬推进巡察整改专项检查，市委巡察办组织2个专项检查组，对七届市委第十、第十一、第十二轮被巡察党组织巡察整改情况进行监督检查，督促被巡察党组织落实落细整改责任，确保巡察反馈问题整改到位。　　（许令风）

2021年11月30日，八届市委第一轮巡察动员部署会议召开

（许令风　供图）

民主党派　工商联

民革晋城市委员会

【概况】　截至2021年12月31日，中国国民党革命委员会晋城市委员会共有党员367人，平均年龄50岁。博士研究生1人，占党员总数的0.27%；硕士研究生8人，占党员总数的2.18%；正高级职称8人，占党员总数2.18%；副高级职称33人，占党员总数的8.99%；中级职称112人，占党员总数的30.5%。民革特色63人，占党员总数的17.1%；新的社会阶层人士39人，占党员总数的10.62%；人大、政协与政府、党派机关、社会团体73人，占党员总数的19.89%；党员中有省政协常委2人，市级人大代表5人，市级政协委员15人（常委2人），县级人大代表3人（常委1人），县级政协委员41人（政协副主席2人，常委10人）。

【思想政治建设】　2021年，民革晋城市委员会以“不忘合作初心，继续携手前进”主题教育活动为主线，集中学习中共十九大和十九届五中、六中全会精神以及习近平新时代中国特色社会主义思想，全年召开主委会议10次、全委（扩大）会议6次、集体学习20余次。3月21日，召开民革晋城市委员会“学听跟”专题学习教育活动动员会。6月19日，邀请晋城市教育局科研中心历史教研员赵晓华作题为《胸怀千秋伟业恰是百年芳华》的党史教育培训。11月8日，举办党员培训大会，学习山西省第十二次党代会精神、晋城市第八次党代会精神。

【组织建设】　2021年，民革晋城市委员会按照换届工作安排部署，协助6个基层支部完成换届工作。按照优化结构、提升质量、注重培养、加强使用原则，在保持界别优势和以质量为标准的前提下，组织发展党员，加强队伍建设，全年发展党员14人。组织党员分别参加市政协、市委统战部以及各县（市）区政协、统战部举办的各级各类培训班。12月22日，中国国民党革命委员会晋城市第七次代表大会召开。会议选举产生民革晋城市第七届委员会，黄登宇

2021年6月24日，民革晋城市委员会“学听跟”专题学习教育宣讲
（张慧敏　供图）

2021年12月22日，中国国民党革命委员会晋城市第七次代表大会召开 （张慧敏 供图）

当选为主任委员，赵红阳、贾祥瑞、张慧敏、丁铎、王毓霞当选为副主任委员。会议任命孙晓霞为秘书长。

【参政议政】 2021年，民革晋城市委员会围绕中共晋城市委中心工作，开展调查研究，形成《关于支持晋城市恒光热力有限公司依法依规利用闲置厂房举办养老服务机构的调研报告》和《加大对陵川县王莽岭景区宣传力度促进王莽岭景区提档升级，助力陵川全域旅游的调研报告》两篇调研报告。在七届六次政协会议上，民革提案共11篇，立案9篇，其中2件集体提案被确定为重点提案；在反映社情民意信息方面，民革市委会上报省政协11篇，报送民革省委会89篇，被市政协采用5篇；报送市委统战部信息89篇，《建言专报》采用3篇，“金点子”被市委统战部采用44篇。

【社会服务】 2021年，民革晋城市委员会组织市直支部组成联合慰问组，前往高速公路疫情防控卡点，慰问奋战在疫情防控一线的工作人员。组织党员走进晋城市南街幼儿园，开展“共筑长城、同心呵护童心”主题防疫消杀活动。高平支部走进米山镇米西小学开展“书法进校园”活动，讲授书法鉴赏课程。城区支部前往玉屏山百合老年养护院，为老人们送上生活用品和祝福。泽州支部赴川底中心小学和李寨中学开展“关注身心健康 助力未成年人快乐成长”主题活动，为贫困学生赠送学习用品，邀请国家心理咨询师、中学教师陈彦军作“天才是怎样炼成的”专题讲座。民革晋城市委员会泽州支部党员王文连续五年对泽州特殊教育学校捐赠数十万元，与泽州县大井头村“泽州县龙昌兴农业专业合作社”签订万斤小米购销合同，被民革山西省委评为2021年民革助力脱贫攻坚工作先进个人。市直八支部党员李有新为38户贫困户捐赠白面、大米等物资价值1.8万元。

（张慧敏）

民盟晋城市委员会

【概况】 截至2021年12月31日，民盟晋城市委员会共有盟员477人，平均年龄45.75岁。其中，博士研究生2人，硕士研究生17，本科329人。主界别特色213人，高等教育领域31人，基础教育领域159人，文化艺术领域23人，科技领域10人，医卫领域67人，出版传媒2人，经济领域58人，新的社会阶层人士22人，人大、政协与政府、党派机关、社会团体80人，其他25人。

【思想政治建设】 2021年，民盟晋城市委员会以“不忘合作初心，继续携手前进”主题教育活动为主线，开展新一轮“晋城的事，大家想、大家说、大家干”思想解放大讨论、庆祝中国共产党成立100周年、庆祝中国民主同盟成立80周年等活动，切实加强思想政治建设。全年召开主委会议10次、全委(扩大)会议2次，组织集体学习20余次，广大盟员的政治理论水平进一步提高。2月11日、3月4日召开五届十三次、十四次全委（扩大）会议。4月20日，举办党史学习教育宣讲会。4月23日、6月4日开展党史学习教育读书分享活动。11月20日，举办新盟员培训班。12月7日，召开十九届六中全会精神专题学习会。12月24日，召开参政议政培训会。

【组织建设】 2021年，民盟晋城市委员会领导班子将班子建设放到自身全局建设中，与民盟晋城

2021年4月20日，民盟晋城市委会党史学习教育宣讲会

（李玲玲　供图）

市委员会履职能力建设相结合，与晋城市委、市政府中心工作相结合，通过理论学习和基层调研，班子的政治定力进一步增强，班子成员的政治归属感和政治责任感进一步增强，走中国特色政治发展道路的政治信念进一步坚定。按照《中国民主同盟章程》规定，民盟晋城市委员会协助15个基层支部完成换届工作，各支部新班子呈现学历高、素质高、年轻化特点，为基层组织各项工作开展提供组织保障。民盟晋城市委员会按照优化结构、提升质量、注重培养、加强使用原则，加强后备队伍建设。一是发展新盟员，在保持界别优势和以质量为标准的前提下，发展盟员18人，其中硕士研究生2人、本科学历16人。二是加强培训教育，20余名盟员分别参加市政协、市委统战部以及各县（市、区）政协、统战部举办的各级各类培训班。三是扩大对外宣传。4月30日，民盟晋城市委员会开通官方微信公众号，推送文章150余条。李玲玲获"民盟思想政治建设和宣传工作先进个人"称号。

【参政议政】 2021年，民盟晋城市委员会主要领导参加省政协、中共晋城市委、市人大、市政府、市政协和有关部门举行的座谈会、协商会，就省、市重大决策以及政府工作报告、法检两院工作报告建言建策。在七届六次政协会议上，提交提案20篇，立案19篇，其中2件集体提案被确定为重点提案；提交2篇大会发言，集体发言1篇、个人发言1篇。反映社情民意信息方面，报送省政协26篇，报送民盟省委会80篇，报送市委统战部信息60篇，市政协采用6篇，《建言专报》采用2篇，金点子被市委统战部采用33篇。《关于养羊业疾病预防控制的几点建议》《关于对我省革命文物加强立法保护的建议》等8篇信息被采用，《关于进一步做好我省基层中小学校教育布局规划调整的建议》被省政协采用。

【调查研究】 2021年，民盟晋城市委员会向盟省委、统战部上报调研报告《关于进一步做好全市行政事业性国有资产管理情况的调研报告》《关于太行一号旅游公路沿线经济带建设的调研报告》。7月份，就2018年底开始的"6个1"中长期调研工作情况进行整理汇总，并向盟省委汇报。

【社会服务】 2021年，民盟晋城市委员会开展以"教育服务、文化服务、健康服务"为主的各类社会服务20余次，涵盖义诊、送医疗知识进乡村、送文化下乡、志愿者服务进校园等内容。开展教育扶贫，到晋城开放大学、城区风华学校、茶元小学、泽州县神直村，开展"戏曲进校园"、赠书、送教、座谈、义诊等活动。组织部分盟员开展"弘扬爱国主义传承红色基因"集中观影《长津湖》活动。高平支部深入三甲镇邢村珐华研究基地实地参观调研，助推珐华器艺术再上新台阶。泽州支部到泊南小学开展家庭教育知识进校园活动；为大箕、山河、南岭等受灾乡镇捐款17950元。（李玲玲）

民建晋城市委员会

【概况】 截至2021年12月31日，民建晋城市委会下设8个支部、2个小组，有会员238人，平均年龄44.5岁。其中，市委委员14人，主委1人，副主委4人，秘书长1人；中高级职称会员人数占比25%；经济界人士占比65%；大专以上学历人数占比94%；担任各级人大代表、政协委员54人，占比23%。

【思想政治建设】 2021年，民建晋城市委员会围绕党史学习教育主题教育活动，举办“五一口号”发布73周年暨2021年“学党史明会史”会员培训班、“听党话感党恩跟党走”庆祝中国共产党成立100周年书画展“庆祝中国共产党建党100周年”主题演讲比赛等活动。组织30名骨干会员到长治市毛主席纪念馆、晋中市左权纪念馆、大寨等地开展红色教育基地参观学习活动，追忆红色历史，缅怀革命先烈，接受革命传统教育。

【组织建设】 2021年12月30日，民建晋城市委员会召开第五次代表大会，选举产生民建晋城市委员会第五届委员会以及新一届领导班子。全年发展会员11名，组织结构实现了新的改善，联系经济界的特点更加明显。8个基层支部完成换届工作。

2021年12月30日，民建晋城市委员会召开第五次代表大会

（米甜甜　供图）

【参政议政】 2021年，民建晋城市委员会提交提案40余篇，《关于限行期间为确有驾车出行的市民提供“预约出行”的建议》和《关于建立五大千亿级产业集群“链长制”的建议》被市政协列为2021年重点提案。举办“乡村振兴”座谈会，提出20多条实用的意见建议，编撰形成《乡村振兴建议汇编》，为市委、市政府全面推进乡村振兴工作提供参考。提交社情民意100余篇。在“晋城的事，大家想大家说大家干”思想解放大讨论活动中，会员曹占峰、王罡、张月香、乔石磊等人撰写的10篇文章被中共晋城市委编撰的《金点子》采用。

【调查研究】 2021年，民建晋城市委员会对晋城市旅游行业发展进行调研，撰写《关于我市旅游行业发展情况的调研报告》，被《晋城工作》采用。

【社会服务】 2021年，民建晋城市委员会开展送文化、送医药等活动。重阳节前夕，组织骨干会员到市荣军康复医院看望革命老战士。市直二支部在南村镇冶铸文化广场开展“家政兴农”冬季行动，通过点对点、面对面的形式，送岗位下乡、送服务下乡、送技能培训下乡，引导农村人力资源输出，以实际行动助力乡村振兴。市直五支部到晋城市社会福利院开展了“六一”儿童关爱活动，向孩子们表达节日问候。高平支部会员孙永胜举办“送温暖献爱心”

2021年11月26日，民建晋城市委员会赴红色教育基地参观学习

（米甜甜　供图）

活动，把高平美食“余汤”做到学校，让特校的孩子们享受“大餐”。

（米甜甜）

民进晋城市委员会

【概况】 截至2021年12月31日，中国民主促进会晋城市委员会下设15个支部，共有会员348人，其中，文化教育界会员189人，占会员总数的54%；医疗卫生界会员39人，占会员总数的11%。

【思想政治建设】 2021年，民进晋城市委员会以“不忘合作初心，继续携手前进”主题教育活动为主线，把“加强思想政治教育”作为换届后主题教育活动重点，以共同思想政治基础引领全会工作。以“不忘合作初心、继续携手前进”“改革创新、奋发有为”大讨论暨“四比四促”等活动为载体，多次召开主委会议、市委扩大会议、专题培训会议，学习习近平新时代中国特色社会主义思想，中共十九届二中、三中、四中、五中、六中全会精神，习近平总书记视察山西重要讲话重要指示精神及省、市党代会精神，进一步提高思想水平，夯实政治基础。

【组织建设】 2021年，民进晋城市委员会安排部署党派换届工作，新成立3个支部，原有11个支部完成换届。11月28日，民进晋城市委员会召开第七次代表大会，是全省各民主党派第一家换届。民建晋城市委员会建立机关工作制度，明确岗位职责，落实岗位责任制和机关工作人员与各专委会的工作联系制度，机关工作步入制度化、规范化。

【参政议政】 2021年，民进晋城市委员会调研起草“数字经济”发展方面的报告，形成《关于我市数字经济发展情况的调研报告》和《加快推进我市数字经济发展的若干建议》，为促进晋城市数字经济发展、实现传统产业转型提供参考。出台参政议政激励机制，支持鼓励会员撰写提案议案和社情民意，对年度优秀提案撰稿人予以表彰奖励。省“两会”期间，民进晋城市委员会提交省级提案10篇，在省政协十二届四次会议提交的《携手5G信息化建设，助力我省民营企业高质量高速度转型发展》《多措并举提升公立医院感染防控能力》等提案得到省里相关部门答复。市“两会”期间，民进晋城市委员会提交集体提案7件、个人提案15件。民进晋城市委员会被评为2021年民进全国反映社情民意信息工作先进集体。

【调查研究】 2021年，民进晋城市委员会就5G创新信息化建设、黄河文化保护传承弘扬、能源革命、数字经济、现代物流发展等深入基层开展调研，形成《携手5G创新信息化建设，助力民营企业高质量高速度发展》《黄河文化保护传承弘扬的价值内涵与发展路径研究》《关于我市数字经济的调研报告》《山西能源革命面临的问题与对策研究》《高平现代物流业调研报告》等调研报告。主委郭向阳带队深入基层，就文明城市创建、深化县域医疗卫生一体化改革工作、丹沁两河沿线农村生活污水处理项目、普惠性幼儿园建设情况开展专项视察监督，深入帮扶点陵川县西河底镇西坡村，就推进乡村振兴进行调研监督。

【社会服务】 2021年，民进晋城市委员会开展“三下乡”“春联万家”“书画进校园”、救灾抗疫、捐款捐物等活动。举办“智慧健康·康养晋城”产学研沙龙，参加市委统战部举办的“庆祝中国共产党成立100周年文艺演出”。开展“忆会史、守初心、担使命”和“庆祝建党百年”主题征文、书画展和大型朗读文艺表演等活动，拍摄《祝福中国共产党青春永驻繁荣昌盛》《我和我的祖国》等视频。

（任梦杰）

农工党晋城市委员会

【概况】 截至2021年12月31日，农工党晋城市委员会下辖城区、泽州、高平3个县（市、区）支部和7个市直支部，内设办公室、组织部、宣传部、参政议政部、社会服务部、妇女工作委员会。全市共有党员237人，其中医药卫生、人口资源、生态环境领域占比54%；高级职称人数占比23%，其中正高级职称占9%；县处级干部7人（正处级2人、副处级5人）。

【思想政治建设】 2021年，农工党晋城市委员会开展庆祝中国共产党建党100周年系列活动，召开“学党史、践初心、履职能、展形象”中共党史学习教育座谈会，举办中共党史读书活动、中国共产党党史学习教育暨中国共产党晋城市第八次代表大会精神学习班，凝聚思想政治共识。组织49名党员在高平市卧龙湾拓展训练基地开展“重走长征路”党史专题学习活动，进一步坚定理想信念。开展“我为群众办实事”社会服务活动，为回山村98名75周岁以上老人发放食用油和大米共计1万余元。举办三期“前进讲堂”，市委会主委赵红亮、原副主委郭金祥分别围绕健康晋城建设、中国共产党党史开展专题讲座，展示新时代参政党风采。围绕农工党同中国共产党通力合作的光辉历程和丰硕成果开展主题征文活动，党员武凌锋、闫银霞、秦红梅撰写的3篇理论征文受农工党中央表彰。参加全市统一战线庆祝建党100周年主题演讲比赛，党员牛青荣获优秀奖。开展新一轮“晋城的事，大家想大家说大家干”思想解放大讨论活动，围绕落实“十四五”规划、转型发展蹚新路等主题召开“我为晋城高质量高速度发展献良策”专题座谈会。赴柳口镇中心卫生院就农村公共卫生建设情况开展调研，组织党员在秀水苑社区开展健康讲座和义诊活动。“晋城农工”微信公众号发布信息260余篇，累计阅读3万余人次。

【组织建设】 2021年，农工党晋城市委员会完成市委会及各基层支部换届工作。12月4日，召开农工党晋城市第五次代表大会，选举产生第五届领导班子。10月初，协助8个支部完成换届工作，成立生态环保支部和离退休支部。开展星级基层组织创建评比工作，修订《农工党晋城市委会基层组织星级创建考评表（试行）》，创新考核机制，强化考核导向。市直五支部、高平支部获“2021年度五星级基层组织”，市直一支部、泽州支部获“2021年度四星级基层组织”，市直二支部、三支部、四支部、城区支部获“2021年度三星级基层组织”。完成基层组织负责人述职交流工作，深入了解各支部负责人的政治素质、履职成效，提升基层组织建设水平。全年培养发展党员12人，其中研究生学历1人、中级职称8人。

【参政议政】 2021年，农工党晋城市委员会在省、市“两会”期间，围绕党委、政府重大决策部署谏言献策。原主委王胜利提交的《关于山西药茶公用品牌建设与产业发展路径的建议》《关于加强我省基层社区公共卫生防预体系的建设》《关于打造“互联网+社区卫生健康管理”模式的建议》被省政协评为重点提案。市“两会”上，提交大会发言材料4篇，集体提案7件，内容涵盖医卫、环保、农业、经济、养老、就业、教育等领域。市委会原副主委、政协委员李全林作题为《关于推进冬春季节疫情防控工作建议》大会发言，为打赢疫情防控攻坚战建言献策。市委会副主委孙夏芳《关于“百村百院”建设工作的建议》被市政协评为重点提案。全年向农工党山西省委会、晋城市政协、中共晋城市委统战部报送社情民意信息100余篇，被各级采用近30篇。农工党晋城市委员会被农工党山西省委会、中共晋城市委统战部评为“社情民意信息工作先进集体”。

【调查研究】 2021年，农工党晋城市委员会主委赵红亮带领参政

2021年12月4日，中国农工民主党晋城市第五次代表大会召开

（宋泽蒙 供图）

议政部骨干党员先后在8个支部召开参政议政工作暨调研课题研讨会，明确调研重点和方向。针对“县乡一体化医疗改革”课题，主委赵红亮一行赴高平市人民医院、高平市河西镇卫生院、柳树口镇中心卫生院等地进行调研并形成调研报告。市直一支部、城区支部、泽州支部、高平支部分别赴陵川山西百孚百富生物能源开发股份有限公司、陵川县中医药、运城市夏县中医院等地进行考察调研，形成四篇调研报告，《加快区域医疗中心建设，高效利用医疗资源》《关于加强我省中医传承创新的建议》获省委2021年度调研报告三等奖。

【社会服务】 2021年，农工党晋城市委员会及各支部在城区秀水苑社区、阳城县董封乡双美村、高平市回山村、泽州县后底村开展健康义诊活动，共接待群众5000余人，赠送药品近万元，发放宣传资料上万份，市直二支部主委、晋城市人民医院风湿科主任霍毓平开展《风湿病的诊治》专题健康讲座。农工党晋城市委员会开展“百千百”工程结对帮扶活动，14名党员联系贫困生16名，资助金额21000元。12月21日，赴晋城市康复医院特殊教育幼儿园开展“关爱特殊儿童”寒冬送温暖活动，捐赠帽子、保温杯等物资共计5000元。农工党晋城市委员会针对沁水县端氏镇双塘村蜜蜂养殖大户张守翔销售困难的情况进行宣传帮扶，组织党员购买蜂蜜300余公斤。高平支部购买秀玲种植专业合作社农特产品价值3672元。农工党晋城市委员会获“2020年度社会服务工作先进集体”称号，市委会原主委王胜利被评为“2020年度社会服务工作先进个人”。

（宋泽蒙）

九三学社晋城市委员会

【概况】 截至2021年12月31日，九三学社晋城市委员会下设12个支社，在册社员人数314人，成员中男性社员186人，占比59.2%；女性社员128人，占40.8%。社员中，大学及以上学历249人，占79.3%；中高级职称262人，占83.4%；中上层人士（具有中级及以上职称或者科级及以上职务人员）272人，占86.6%。党派界别特色比例为48.1%。

【思想政治建设】 2021年，九三学社晋城市委员会坚持以政治学习为根本，业务学习为主线，通过会议集中学习、领导干部讲社课、邀请专家学者授课、网络在线学习、外出参观学习、举办研讨会等形式，丰富社员的学习方式和内容，强化政治学习的引领作用。组织开展“晋城的事，大家想、大家说、大家干”思想解放大讨论、党史学习教育、“新征程、同心行”主题教育等活动，提高社员的政治理论水平，增强思想坚定性。

【组织建设】 2021年，九三学社晋城市委员会贯彻落实《中国共产党统一战线工作条例》和《中共中央关于加强中国特色社会主义参政党建设的意见》，完善和创新工作机制。完成社市委换届工作，程春明当选第六届委员会主任委员，解小竹、王小芳、安建峰、王淑静当选副主任委员，任命张建为秘书长。严把社员入口关，全年发展15名思想素质好、政治觉悟高、业务水平强的优秀人才加入社组织。

【参政议政】 2021年，九三学社晋城市委员会按照“质量双升”的总体目标，优化调研、信息报送反馈等工作机制，加强参政议政队伍建设。向全国、省、市“两会”提报集体提案26件。《关于逐步推进农村饮水与城市饮水同质同标的提案》被全国政协十三届四次会议立案办理；《关于探索煤炭储备制度完善能源供储体系的建议》等7篇提案被山西省政协十二届四次会议立案办理，《关于提高低浓度煤层气（矿井瓦斯）利用率减少碳排放的建议》被省政协列为重点督办提案、省领导领办；《关于打造一流科技创新生态的建议》等14篇提案被晋城市政协七届六次会议立案办理，《关于尽快开展“太行一号”风景道和“四好农村路”沿线生态绿化修复的建议》被列为市政协2021年重点提案。全年编报社情民意信息270篇，被有关部门采用92余篇，其中国家级采用15篇、省级采用24篇、市级采用53篇。市委会被九三学社中央授予2018—2020年度参政议政工作先进集体称号，获九三学社山西省委信息工作先进集体一等奖、议政成果贡献一等奖；张建被九三学社中央表彰为2021年度优秀信息员，获九三学社山西省委信息工作先进个人一等奖。

【信息宣传】 2021年，九三学社晋城市委员会加强新闻宣传队伍和阵地建设，实现传统媒体与新媒体融合发展，提升宣传工作质效。主办的《晋城九三》社讯起到宣传阵地和堡垒作用。"晋城九三"微信公众号全年发布信息130余篇，累计阅读4万余人次，80余篇信息被主流媒体转载报道。开展"社员之家"APP推广工作，被社中央授予"社员之家"平台试点推广工作先进单位称号。

【理论研究】 2021年，九三学社晋城市委员会发动社员申报省委统战部、省社会主义学院的课题和撰写理论文章，撰写的省委统战部课题《基于耦合共生理论的乡镇统战工作运行机制研究》获省委统战部二等奖、市委"晋城的事、大家想、大家说、大家干"思想解放大讨论学术研讨会课题《统一战线助力晋城市高质量高速度转型发展实践路径研究》获特等奖。

【社会服务】 2021年，九三学社晋城市委员会将社会服务工作纳入年度工作计划，组织开展常态化社会服务活动。亮睛工程、九教合作、消费扶贫助销农产品、助力全国文明城市创建志愿服务、义务植树造林、科普讲座、慈善捐款、科技卫生文化下乡等社会服务活动亮点纷呈。晋城市"7·11"特大暴雨洪涝灾害后，向泽州县南岭镇、阳城县东冶镇定向捐款8万元。

（张　建）

晋城市工商业联合会（总商会）

【概况】 2021年，晋城市工商业联合会（总商会）坚持信任、团结、服务、引导、教育方针，突出"两个健康"主题，在"帮"字上做文章，在"联"字上下功夫，在"实"字上见效果，抓好三方面重点工作，促进全市非公经济健康发展，各项工作在全省工商联系统名列前茅。

【组织建设】 2021年，晋城市工商业联合会（总商会）召开市工商联七届五次执委会议，安排2021年度工作，将近年来市县两级、开发区工商联8名新进专职干部增补为市工商联常委、副主席、副会长，表彰2020年度疫情防控、脱贫攻坚和转型发展中作出突出贡献的89家单位。开展"领导班子好、会员发展好、商会建设好、作用发挥好、工作保障好"五好县级工商联创建活动，工作基础。开展"班子建设好、团结教育好、服务发展好、自律规范好"四好商会创建，市五金机电商会、建筑装饰协会、门窗行业协会、河北商会被确认为全国"四好商会"。经考察调研，吸收晋城市粮食行业协会、晋城市汽车流通协会、晋城市功能农业协会等7家商（协）会组织为市工商联团体会员，扩大工商联工作覆盖面。

【教育培训】 2021年，晋城市工商业联合会（总商会）举办"民企大讲堂"走进阳城县枪杆党性教育基地活动，机关干部职工、市直各商（协）会相关人员参观"枪杆会议"纪念园，重温入党誓词，邀请市委党史研究室主任邵俊生为市工商联全体执委作红色经典专题报告。6月6日至12日，联合市委统战部、市光彩会在广西大学举办"全市民营企业家和新的社会阶层代表人士理想信念教育培训班"，引导民营企业家接受革命传统教育，坚定理想信念，增强高质量高速度转型发展的信心和决心。

【为企服务】 2021年，晋城市工商业联合会（总商会）成立"万企兴万村"晋城行动领导小组，制定下发实施意见，组织引导100家以上有能力、有意愿参与乡村振兴的民营企业、商（协）会与100个以上行政村开展企村结对共建，巩固拓展脱贫攻坚成果有效衔接乡村振兴。11月18日，组织开展"学党史办实事助振兴"爱心捐赠沁水行活动，晋城河南商会、晋城市安徽商会、浩翔控股集团、中能蓝天环保科技有限公司克服新冠疫情和持续降雨带来的不利影响，捐赠4万余元物资。10月24日，晋钢集团捐款

1000万元，支援防汛抗洪和灾后重建。建立民营企业投诉机制，受理69家企业涉及行政审批、项目申报、政策落实、融资需求、人才需求等7个方面94个问题，办结88个，办结率93.62%，企业回访满意率100%。结合“我为民企办实事”活动，组织市、县两级工商联、检察院对接全市52家民营企业，持续开展联企服务工作，提升民营企业法律意识，助力民营企业健康发展。会同市税务局、市建行、市属各商(协)会联合举办“春雨润苗优环境减税降费促发展”政企对接会。开展“中小企业服务月”活动，发放惠企政策宣传资料200余份，为80户企业减免财税服务费用4万元，为50余户企业赠送众勤财税网校课程。

【调查研究】 2021年，晋城市工商业联合会(总商会)通过线上平台，对劳动关系、民营企业舆论环境、优化税务服务意见建议、上规模民营企业等情况进行调查摸底，收回调查问卷103份。按照省工商联“民营企业走访谈心大调研”安排，深入晋钢集团、浩翔集团、祥达集团、厦普赛尔集团、晋城开发区工商联、智创城、国科半导体材料研究中心等重点民营企业，就晋城市民营经济发展、构建亲清新型政商关系、习近平总书记在民营企业座谈会上的讲话精神贯彻落实情况等进行专题调研。结合抓落实工作周安排，领导班子成员深入各县(市、区)、商会、企业累计调研79天(次)。

【对外交流】 2021年，晋城市工商业联合会(总商会)组织各县(市、区)工商联主席、市直商(协)会会长、民营企业家代表赴郑州观摩学习，先后参观考察河南自贸区郑州片区城市会客厅、智能终端(手机)产业园、华锐电光项目展示中心、康利达集团党群服务中心。赴广西壮族自治区山西商会开展“异地商会”家乡行活动，召开座谈会，介绍晋城市经济社会发展情况及当前招商投资意向，赠送《山西晋城投资指南》《晋城重点招商推介项目册》《晋城市产业现状图》等资料，邀请广西山西商会和各位民营企业家到晋城交流考察。

(李群山)

晋城市总工会

【概况】 2021年，晋城市服务农民工公益法律服务行动获全国总工会、司法部、中国律协联合表彰。晋城市总工会获全国“安康杯”职工安全应急技能知识竞赛优秀组织奖、全省创新大赛优秀组织奖，连续第3年获评省总工会年度目标责任考核优秀等次。组队代表山西省参加全国职工法律知识竞赛，获第6名和团体三等奖；组队参加省级劳动保护技能竞赛，获4个第1名和1个第2名；组队参加全省城市供热、供水行业职工职业技能竞赛，获团体二等奖。年底，全市有基层工会组织3545个，职工人数503332人，会员人数491107人，工会专职工作人员1581人。

【职工思想引领】 2021年，晋城市、县、集团工会开展庆祝中国共产党成立100周年系列活动、“中国梦·劳动美——永远跟党走·奋进新征程”系列活动。市总工会举办全市职工党史知识竞赛，制定出台《全市工会党的创新理论宣讲示范站（点）管理办法》《全市工会党的创新理论宣讲员队伍管理办法》，新建20家工会党的创新理论宣讲示范站（点）、5个省级宣讲示范站（点），宣讲习近平总书记关于群团工作和群团改革的重要论述、关于工人阶级和工会工作的重要论述等，教育引导职工听党话、感党恩、跟党走。

【工会组织规范化建设】 2021年，晋城市规范驻市单位工会审批权限，在全国工会系统率先出台《推进新就业形态工会组织建设扶持办法》，建立货车司机、网约车司机、快递员、外卖配送员等新就业形态工会组织，发展会员3000余名。开展“普法微讲堂”活动，对新任工会主席进行普法宣讲。聘请法律顾问开展合法性审查，对121份合同及1份文件出具法律意见书。首次开展社会化工会工作者、职工代表和工会“三委”（工会委员会、工会经费审查委员会、工会女职工委员会）委员培训，完成新任工会主席、财务人员、女职工干部、煤矿安全群众监督员等培训，培训1200余人次。

【产业工人队伍建设改革】 2021年，晋城市将深入推进产业工人队伍建设改革纳入晋城市“十四五”发展规划，调整市产业工人队伍建设改革协调小组，召开全市产业工人队伍建设改革推进会，完成全市第一批13个产业工人队伍建设改革试点，晋城市“五靠五力”（靠党委引航，确保产改工作执行力；靠理论武装，凝聚转型发展思想合力；靠劳动竞赛，提升产业工人素质能力；靠依法维权，助推职工干事创业动力；靠制度保障，激发职工队伍创新活力）产业工人队伍建设改革工作经验，在全省交流推广。

【竞赛活动】 2021年，晋城市组织开展重点工程劳动竞赛、“五小六化”（“五小”：小发明、小创造、小革新、小设计、小建议；“六化”：竞赛群众化、管理智能化、内涵科技化、人才高端化、成果产业化、服务多元化）竞赛、“安康杯”竞赛活动，889个“五小”竞赛项目参加市级评选，150项成果参加全省“五小”创新大赛、59项成果获奖。在市工人文化宫开设“五小”竞赛优秀成果固定展示厅，展示近年来晋城市获省市奖项的133个“五小”竞赛优秀成果。举办“晋城市第二届职业技能大赛暨第六届职工职业技能大赛”、中小学青年教师教学竞赛、第三届建筑业职工职业技能竞赛、交通运输行业驾驶员技能竞赛、首届基层集体协商竞赛。

【职工服务阵地建设】 2021年，晋城市工人文化宫管理运营步入正轨。全市户外劳动者爱心驿站数量位居全省第1，34个被省总工会命名，21个被命名为“省政府民生实事项目”，3个被全国总工会命名为“全国最美户外劳动者服务站点”。建成全国职工书屋示范点和全国工会品牌职工书屋示范点1个，省级职工书屋示范点1个；市级劳模创新工作室15个、省级劳模创新工作室3个；市四星级煤矿井口群众安全工作站10个、省五星级煤矿井口群众安全工作站3个；市级“妈咪小屋”17个、省级“妈咪小屋”4个；市级职工心理健康咨询基地10个。

【劳模选树表彰】 2021年，晋城市召开全市劳模和晋城工匠代表座谈会，走访慰问各级劳动模范、五一劳动奖章获得者和援鄂医护人员，组织230余名省级劳模进行健康体检。开展第二届“晋城工匠”评选活动，命名20名“晋城工匠”、20名“晋城工匠提名人物”。从教育、文旅、农业、政法等10个行业（系统）选树100名“新时代最美劳动者”。在《太行日报》上开设《晋城工运》专版，在《山西画报》报道晋城市100名劳模工匠的先进事迹，通过《人民日报》上网易新闻、太行头条等媒体，展示全市劳动者风采。

【职工法治教育】 2021年，晋城市总工会制定党组学法讲法计划表和讲法制度，组建12支“工会干部+律师”法律服务队，开展“尊法守法·携手筑梦”服务农民工公益法律服务行动。组织23.50万名职工参加全国总工会职工法律知识网上答题活动，参加人数排名全省第1。在“晋城职工法律维权”微信公众号开展“美好生活·民法典相伴”主题宣传月活动，增设禁毒防毒、电信诈骗专题宣传；举办公益有奖答题活动2期，吸引近10万名职工参与。与市中级人民法院、市人社局联合开展“法律维权在你身边”主题劳动争议多元化解主题宣传月活动。与市禁毒委联合开展2021年晋城市“禁毒公益健康跑”活动。与卫健、民政、人社、医保部门联合举办《中华人民共和国职业病防治法》宣传周活动。

【职工合法权益维护】 2021年，晋城市总工会组织维权工作站律师和专职集体协商指导员，指导114家企业开展集体协商，签订集体合同297份。成立职业健康“百日检查指导小组”，到煤矿企业、车间班组开展调研督导。举办主题宣讲50余场、应急训练20多次、安全知识讲座100余场、各类安全培训班164期。市直4家维权工作站受理各类职工维权案件43件，涉及职工46人次，涉案金额200余万元。依托市长热线和市、县职工服务中心，接待职工来信来访20起，全部依法解决。开展女职工维权行动月活动，举办“恋在这里、工会有约”单身职工婚恋交友活

2021年8月25日，晋城市举行户外劳动者爱心驿站集中授牌仪式

（郭浑庆 供图）

动。职工心理健康云课堂、心理健康教育大讲堂服务职工人数大幅增长。

【慰问活动】 2021年，晋城市开展“两节”送温暖活动，慰问困难职工、环卫工人、援疆干部、驻村第一书记等近1万人；慰问春节期间留晋坚守岗位的一线务工人员1466人。开展送清凉活动，慰问重点建设工程项目、“创建全国文明城市”“抗疫”单位、露天作业和高温一线职工近1.1万人。“五一”前夕，组织开展“心系重点工程·情系一线职工”暨“助力康养大会”慰问活动，对市“5·10”交账工程工地一线职工进行慰问。每半月，对新冠肺炎疫情防控卡口和志愿者进行一次慰问，发放慰问金43万余元。支持小微企业保经营、渡难关、应对疫情冲击，市总工会返还小微企业工会经费119家101万元，全市共返还560家524万余元。开展援助受灾企业恢复生产、保障受灾职工基本生活专项行动，发放专项资金100万元。组织开展“工会进万家·新就业形态劳动者温暖行动”服务月活动、旅游惠民活动。

（郭浑庆）

2021年4月28日，晋城市“心系重点工程、情系一线职工”暨“助力康养大会”慰问活动举行

（郭浑庆　供图）

共青团晋城市委员会

【概况】 2021年，晋城市被共青团团中央确定为县域共青团基层组织改革试点，是山西省唯一一个整市推进地区。共青团晋城市委员会被国家机关事务管理局、中共中央直属机关事务管理局、国家发改委、财政部表彰为国家级首批“节约型机关”，被市委、市政府表彰为文明创建先进集体、市级文明标兵单位；被晋城市劳动竞赛委员会记抗击新冠疫情集体二等功和创建全国双拥模范城集体三等功。年底，共青团晋城市委员会共管理基层团支部3775个、团员87388人。其中，县团的领导机关6个，直属团委、团工委7个，市直学校团委19个。团市委（市少工委）直属少先大队14个，有少先队员153065名。全市413所中小学建立学校少工委，建立比例100%。

【县域共青团基层组织改革试点工作】 2021年，晋城市以县域共青团基层组织改革为抓手，成立以团市委书记为组长的改革协调领导小组，直接对接县级党委，点对点帮助协调解决具体问题，实施系列改革举措，推动县级改革向纵深推进。6个县（市、区）全部召开常委会研究部署改革工作，出台制度40余项。针对改革团的工作力量选用机制、改革组织设置和运行机制、改革团员发展和教育管理机制、推动完善地方党的领导机制和支持保障4个方面，列出10项改革内容、37条具体举措，向团省委、团中央报送经验材料12份。通过10项改革，实现“五个转变”（变层级管理为市县团委扁平化开展工作；变“户籍地”建团为多样化建立“飞地”团组织；变“找不到青年”为网络化引领动员；变服务对象为多源工作力量；变主观印象考核为第三方客观评价），完成干部多元化、组织多样化、生存社会化、运行扁平化、引领网络化和工作项目化的改革目标。

【青少年思想政治引领】 2021年，晋城市将党史学习教育与全团“学党史、强信念、跟党走”学习教育相结合，分类分层在青少年中开展党史教育，制定实事项目12个，办结9件，3项长期推进。

开展“清明祭英烈共铸中华魂”“请党放心强国有我”等主题团（队）日活动3254场，覆盖全市6768个团（总）支部、团员青年63.5万余人次。成立晋城青年宣讲团和晋城市马克思主义理论研究会，开展宣讲80余场，在抖音平台安排讲师进行线上直播授课，覆盖青年40余万人次。压实意识形态责任，定期分析研判意识形态工作，组建210人的宣传队伍，建立三级宣传员队伍，参与舆论发声。常态化开展“青年大学习”网上主题团课学习，全年开展34期，累计学习人数60余万人次。在全市开展“最美青年奋斗者”选树活动，评选出31位“最美青年奋斗者”，涌现“中国青年五四奖章”“全国向上向善好青年”“中国好人”郭子涵，“全国优秀共青团员”马金秀，海归博士李安等一大批优秀青年。举办“青年奋斗者说”“少年追梦者说”主题演讲比赛，竞选出一批善学、善做、善讲的青少年励志奋斗典型。

【组织建设】 2021年，晋城市完成6个县（市、区）团委、67个乡镇团委、335个村（社区）的团组织换届工作和县级少工委换届工作，100%实现团县委书记和教育局长双主任，100%配备挂兼职副主任，受到团省委通报表扬。加强农村、社区、学校、国企、机关事业单位等领域共青团组织和少先队组织建设，新建团工委7个，新建“两新”组织（新经济组织、新社会组织）团组织32个，100%中小学校建立学校少工委，46%的村（社区）成立少工委，100%中学校建立中学团校。规范团的基层组织建设，落实“三会两制一课”（“三会”即支部委员会、团员大会、团小组会；“两制”即团员教育评议制度、团员年度团籍注册制度；“一课”即团课）制度，全市4400多个团支部基础团务工作全部实现智慧团建系统电子记录。“团支部对标定级”“团员评价”“主题团课”等核心指标考核，位居全省地市第一，受到团省委表扬。实施“青源工程”，科学测算确定2021年各领域各类别团员发展指标，推动团员发展调控精准化科学化发展。推动少先队基层组织与学校少工委“双清零”工作，全市413所中小学100%建立少工委。

【青少年成长服务】 2021年，晋城市构建社会共同关注青少年成长成才的工作格局和机制，深化“市青少年联席工作会议机制”“共青团与人大代表、政协委员面对面”工作机制，市县两级共开展活动11场，向市“两会”提交提案、建议7份。开展2021年全国青少年模拟政协提案征集活动，264部团体（个人）参与，1个模拟政协提案作品入围全国评审环节。加大未成年人司法保护综合服务，开展青少年教育引导和预防犯罪工作，开设“青春路、法治行”“禁毒之声”“预防诈骗团团支招”等专栏节目，开展法治征文、微视频大赛。开展青少年心理健康公益、“轻松备考‘12355’与你同行”心理辅导活动，服务学生家长1.5万人次。举行“恋在这里团青有约”活动13场，服务青年1200余人，并入选全国青年婚恋交友工作案例。举办晋城市第四届中小学生创客大赛信息技术比赛，1122人参赛，覆盖全市幼儿阶段到高中阶段青少年5000余人次。组织53个项目，参加全省第八届“创青春”青年创新创业大赛，团市委获“优秀组织奖”。深化市校合作，中国青年政治学院研究生实习实训基地落地晋城市；“新时代好青年”选培计划和“青春兴晋”大学生暑期社会实

2021年9月29日，晋城市“同心同梦”关心关爱偏远山区未成年人公益活动在高平市建宁乡中心小学举行 （张 宁 供图）

践活动，分别被纳入市委人才培养计划链条和市校合作整体工作布局，432名大学生参加暑期社会实践活动。关爱青少年成长，开展“快递从业青年服务月”活动，实施“紫薇艺术课堂”“同心同梦”公益项目，服务偏远山区青少年3000余名，帮助120名贫困儿童实现微心愿。

【青年人才服务】 2021年，晋城市推进青年人才驿站建设，7家青年人才驿站建成投用，开通运营“晋城青年人才驿站”网站，建立晋城青年人才数据库，提供线上服务申请渠道，全年接受青年人才申请656人，服务青年2400余人次，扶持创业青年31名，带动就业岗位400余个。完成“千校万岗”大中专毕业生就业帮扶工作。

【青年志愿服务】 2021年，晋城市打造中国志愿青春“晋城样本”，全市120支疫情防控青年志愿者突击队，分别到高速卡口、高铁站、火车站、医院、社区等参加志愿服务。组织青年志愿者参与康养大会、文明城市创建、关爱未成年人、服务社区等活动。全年，全市青年志愿者服务总时长3.7万余小时，人均服务时长超30小时。

【主题活动】 2021年，共青团晋城市委员会开展“学党史、强信念、跟党走——百年风华恰青春”青年主题月、“青春建功新时代共同富裕新晋城”青年突击队誓师大会等系列活动，引领青年建功立业。举办“太行云顶杯”晋城市

2021年10月28日，晋城市青年突击队誓师大会在市物茂广场举行

（张　宁　供图）

青年金点子金钥匙大赛，12人获“金点子、金钥匙”奖，24人获优胜奖，28万人观看现场直播。“金钥匙”奖涉及深挖煤层气产业优势、建设农业综合服务平台、成立太行古堡联盟、构建金融云上平台等行业领域，全部被市政府发展研究中心选用。举办“铭记百年路，奋战新征程”青年论坛，与北京、河南、新疆等地青年企业家开展互访交流。

【参与社会治理】 2021年，晋城市发挥共青团组织优势，以“嵌入+整合+增能”为工作原则，找准参与社会治理创新着力点，联合国家税务总局晋城税务局，以税法宣传教育基地为平台，创新宣传教育形式和内容，推动税法知识进社区、进校园、进课堂，打造具有晋城特色的青少年税法宣传教育品牌。把市域社会治理现代化试点工作与“三零”单位创建工作有机融合，推进“青少年零犯罪零受害”社区（村）试点工作。加强与检察院、公安局、法院等部门沟通联动，引导青年、青年社会组织共建社会支持体系，丰富市域社会治理现代化的实践和内涵。推广以东圣社区为样板的青年参与社会治理的新模式，市委副书记姚逊在全国市域社会治理现代化试点工作交流会上作题为《创新群团助推体制市域社会治理联动力更畅》的交流发言，团市委在全市市域社会治理现代化试点暨网格化服务管理工作推进会上作经验交流。

（张　宁）

晋城市妇女联合会

【概况】 2021年，晋城市妇女联合会开展“巾帼心向党”“巾帼建新功”“巾帼暖人心”系列行动，实施“家家幸福安康工程”“女性素质提升工程”，打造“七彩女性文化学堂”“七彩梦”少儿公益课堂、“太行女儿”巾帼志愿服务、妇女维权等品牌，获全国巾帼文

明岗、山西省最佳志愿服务组织等称号。至年底，市县两级妇联班子共选配兼挂职副主席37名、执委213名，乡镇（街道）执委1103名，村（社区）执委1.21万名。

【主题宣传教育】 2021年，晋城市妇女联合会深化全国妇联“百千万巾帼大宣讲”（组织百名党的十九大女代表、千名妇联主席、万名妇联执委到机关、校园、农村、社区等，宣讲习近平新时代中国特色社会主义思想和党的十九大精神）活动，领导班子成员带头到6个县（市、区）宣讲中共十九届五中、六中全会精神、省市党代会精神。组建“太行女儿巾帼宣讲团”，通过沉浸式、情景式、文艺式等宣讲方式，下基层、进社区、到乡村开展活动328场次。利用市妇联微信公众号平台，推出“巾帼学党史”“巾帼大学习”等内容。开展“巾帼心向党、奋斗新征程”主题宣传教育活动，举办“转型蹚新路、绽放她力量——我为‘十四五’做贡献”演讲比赛和全市妇联系统党史知识竞赛；参加全省妇联系统党史知识竞赛并获一等奖。

【家庭工作】 2021年，晋城市妇女联合会开展寻找“最美家庭”活动，李起翠、柴登封家庭获“全国最美家庭”称号，陈先林等10户家庭获“山西省绿色家庭”“三晋最美家庭”称号。推动党史学习教育进家庭，各级妇联线上推出“颂党恩、传家风——最美家庭事迹展播”、一起学“家语”、我与我的“李焕英”专栏等40余期。线下开展红色经典诗歌朗诵网络直播大赛、“学习党史，重温红色岁月，不忘初心，弘扬优良家风”主题教育活动、“颂党恩传家风”红色家风故事接力宣讲活动、“母亲节”“重阳节”主题教育活动等，邀请最美家庭代表、家庭教育讲师开展好家风故事宣讲、家教讲座、孝道文化培训等100余场次，受益人数达9000余人。

2021年9月29日，晋城市“颂党恩 传家风”红色家风故事接力宣讲活动启动 （张 欧 供图）

【妇女创业就业工作】 2021年，晋城市妇女联合会激发妇女创新创造活力，实施女性创业项目，推荐选手参加“巾帼创新意·巧手绘百年”山西省妇女手工创业创新大赛，获金牌2枚、铜牌1枚。召开妇女创业担保贷款推进会，发放妇女创业小额贷款140万元。选树乡村民宿女管家秦莉莉、李仙爱，巾帼科技致富带头人许雪梅、段丽等女性创业典型。高平市妇联举办巾帼SIYB创业培训、“活力新城、智汇高平”创新创业大赛。搭建就业服务信息平台，举行女性专场直播招聘会3场，提供岗位1120余个；线下开展女性现场招聘，参与企业40余家，提供岗位223个。城区、泽州、阳城、高平、沁水通过线上线下发布招聘信息，提供岗位1.80万个。承接省妇联“万名妇女技能提升”培训项目，培训妇女398名，实现就业183人。

【助力乡村振兴】 2021年，晋城市妇女联合会实施农村妇女素质提升工程，开展“创富大篷车”果蔬项目培训，举办乡村民宿女管家培训班，助力乡村振兴战略和“百村百院”工程。动员组织城乡妇女参加育婴员、家政服务员、电子商务师等各类适宜女性的技能培训，举办晋城市第二届母婴护理技能大赛。巩固拓展脱贫攻坚成果，联合山西239新媒体产业园举办晋城线上年货节。

【家庭教育指导服务】 2021年，晋城市创建省级家庭教育创新实践基地2家（晋城市妇女儿童发展中心、高平市妇女儿童活动中心)。组建“公益心理援助志愿服务队”,开通2条公益心理热线,30位心理老师免费为全市家庭及个人提供疫情期间心理咨询。推出家庭教育云课堂系列公益课程,5个“家庭教育云课堂”钉钉群同步直播,2000余名家长观看直播并互动。高平市、沁水县成立家庭教育协会,阳城推出“心理课堂”系列公益课程,为广大家庭提供多元化的家庭教育服务。

【未成年人思想道德建设】 2021年,晋城市妇女联合会组织开展家庭亲子植树公益活动、“人人享有听力健康”爱耳日主题宣传等活动。启动“家校平安”公益项目,开设“七彩梦”少儿公益课堂,联合喜阅书吧推出“亲子同阅读书香共成长”家庭亲子阅读公益活动、“小小图书管理员”职业体验活动。各级妇联结合实际,开展“童心向党”主题教育活动、党史专题讲座、“学习红色文化传承红色基因”幼儿主题教育、“呵护花开、相伴成长”关爱女孩研学活动等,加强未成年人思想道德建设。

【参与基层社会治理】 2021年,晋城市组建“巾帼法律宣传队”,用群众喜闻乐见的形式宣传普及法律知识。开展妇女维权工作“一县一品牌”创建活动。建立婚姻家庭矛盾排查多元化解机制,打造“妇联主导+专家指导”的婚调模式。举办妇联系统防范电信网络诈骗专题视频培训,开展“不让毒品进我家”、防范电信网络诈骗知识宣传、消防知识培训。晋城市群团组织参与市域社会治理的工作经验,在第二次全国市域社会治理现代化试点工作交流会上进行交流。

【妇女儿童权益保障】 2021年,晋城市开展妇女儿童发展“十四五”规划编制工作。启动“八五”普法工作,宣传《中华人民共和国宪法》《中华人民共和国妇女权益保障法》《中华人民共和国反家庭暴力法》《中华人民共和国未成年人保护法》《山西省家庭暴力预防和处置办法》等法律法规。组织“巾帼法律维权服务队”,到基层开展法律知识巡回讲座,全市共举办普法培训(讲座)150场次,开展普法宣传550余场,发放宣传资料10万余册;线上推送普法知识160期,受益人数近12万人次。推广婚姻家庭矛盾纠纷“五色”(将婚姻家庭矛盾分为绿、蓝、黄、橙、红“五色”)分级预警处置工作经验。完善四级维权工作网络和婚姻家庭纠纷调解平台。依托“一站一线”信访平台,接待来信来访100起,化解率100%。高平创新打造“三站三调”婚姻家庭纠纷调解模式,形成婚姻家庭纠纷人民调解、行政调解、司法调解的“三站三调”联动工作机制。

【妇女儿童关爱】 2021年,晋城市妇女联合会组织开展“爱心妈妈”“把爱带回家”“学党史颂党恩·守护安全伴成长”寒暑期儿童关爱服务等志愿服务活动。开办“七彩女性文化学堂”,采取“妇联组织+公益组织+志愿者”的工作模式,开展公益课程524节,上课人数2.1万人次。健全完善特殊困难群体关爱服务体系,常态化开展法律援助、矛盾调解、困难帮扶等志愿服务活动,救助贫困妇女儿童562人,救助金额23万余元。开展农村妇女“两癌”免费检查宫颈癌37111人、乳腺癌检查26369人,为17名“两癌”患者申请省级帮扶金3.40万元,为23名贫困妇女申请全国“两癌”救助资

2021年11月23日,晋城市巾帼领头雁培训班开班

(张　欧　供图)

金23万元。开展防汛救灾工作，帮助困难群众解决生产生活问题，向受灾家庭发放急救包、暖心包、羽绒服、帽子等救灾物资1229箱。

【基层组织建设】 2021年，晋城市实施妇女组织覆盖攻坚行动，按照“哪里有妇女群众，哪里就有妇女组织”的要求，新建“四新”（新领域、新业态、新阶层、新群体）领域妇联组织375个，拓展联系女性社会组织24个。推进女性进“两委”和妇联组织同步换届，全市1709个行政村完成妇联组织换届，换届后有1名以上女性班子成员的村（社区）达到100%，妇联主席实现100%进班子，女性担任村“两委”主干的村数占比18%，妇女村民代表人数超过三分之一，各项指标比例均超出省定标准。推行“一县一家一品”工作，创建省级示范“妇女之家”4个。实施“基层妇联领头雁培训计划”，举办巾帼领头雁培训班36期，培训妇女干部5400余人次。

（张　欧）

晋城市科学技术协会

【概况】 2021年，晋城市科学技术协会依托“科普中国”服务全民科学素质提升，依托“科创中国”服务高质量发展，依托“智汇中国”服务科技人才，为全方位推进高质量发展、建设共同富裕新晋城贡献力量，被中国科协授予全民科学素质工作先进集体、全国科普日活动优秀组织单位称号，被山西省科协授予第35届山西省青少年科技创新大赛机器人竞赛项目优秀组织奖、第16届山西省宋庆龄少年儿童发明奖优秀组织单位称号。

【全民科学素质提升】 2021年，晋城市落实《全民科学素质行动计划纲要》，推进重点人群科学素质提升，动员和组织科技工作者到农村开展政策宣讲、科技培训、科普讲座、科普展览、科技咨询、科技竞赛、科技下乡等活动。推动未成年人科学素质养成，广泛开展形式多样、内容丰富的科技培训和科普活动，市科学技术协会被省科协推荐为中国科协全民科学素质工作先进集体。

【“春耕春播”专家行活动】 2021年4月8日，晋城市科学技术协会在阳城县北留镇石苑村开展“春耕春播”专家行活动，组织果树栽培和农业种植方面的专家传授农业技术。

【青少年科技创新大赛】 2021年5月9日至16日，第20届山西省青少年机器人竞赛在山西省科技馆举行，晋城市组织12支代表队参加比赛，2支代表队获一等奖，5支代表队获二等奖。11月20日，晋城市第20届青少年科技创新大赛暨第三届青少年机器人竞赛在市工人文化宫举行，共有86支队伍、近200名学生参赛。评出一等奖341项、二等奖763项、三等奖1025项、优秀指导教师奖102项、优秀组织奖16项；第三届青少年机器人竞赛活动参加人数400余人，评出一等奖38项、二等奖75项、三等奖102项。

【科技服务】 2021年6月19日，晋城市科学技术协会组织市人民医院、市医学会20余名志愿者，开展科技下乡活动，进行义诊，举办健康科普知识讲座，开展健康普及、垃圾分类知识、普法宣传等科普知识宣传教育，发放宣传资料、书籍500余册。在“太行日报”公众号开设“防疫科普”专栏，邀请专家开设科普讲座。

【科普活动】 2021年2月26日，在晋城市凤城国际酒店举行“智汇晋城”科技人才新春云端峰会。介绍“智汇晋城”转型出雏型“1351”科技人才行动计划[即“十四五”期间，要组织100名院士专家（其中30名院士，70名高端科技人才）、30个国家和省级科研机构及组织，围绕晋城“十四五”规划的5个千亿级产业集群（煤炭煤化工、钢铁铸造建材、煤层气、光机电、全域旅游和康养），服务100家重点企业高质量高速度转型发展]，组建“智汇晋城”科技经济融合创新组织，探索科技服务经济发展新模式。邀请宋振琪、赵阳升2位院士及8位行业专家，分别结合各自研究领域，提供理论指导性高、实际操作性强的建设性意见和建议。

2021年6月，晋城市科学技术协会组织开展“全国科普日”系列活动。9月14日，在沁水县嘉峰镇嘉峰村广场举办“百年再出发、迈向高水平科技自立自强”为主题的晋城市全国科普日活动启动仪式；开放科普教育基地，开展科普宣传栏联展和科普进乡村、进社区、进校园系列活动；参加全市“科技、文化、卫生”三下乡活动；组织“认识暴雨洪水、科学防灾减灾”系列活动、助力乡村振兴等活动。

2021年12月15日，举行“科创赋能智汇晋城”科技助力晋城高质量发展专家座谈会。邀请省气象局副局长胡博作，省科协传媒集团品牌公司总经理李建军，健康365项目总经理赵晓斌，晋城市科协原二级调研员申中民，山西创新中心主任、晋商药业集团总裁赵晓丽，中科院地理与资源研究所博士后赵彪等和晋城市人才协会课题组参加座谈。

【“最美科技工作者”推选活动】 2021年4月至5月，晋城市开展2021年“最美科技工作者”推选活动，推出10名市级“最美科技工作者”和20名“优秀科技工作者”。10名“最美科技工作者”分别是：闫献国、陈召英、潘三葱、苏少博、吴凡、赵伟、姬海利、龙衡、成磊、李晓红。

【科技论坛】 2021年，晋城市共举办高层次科技论坛3次。

2021年10月15日至18日，由山西省铸造协会主办、晋城市铸造协会及市直相关部门协办的全省第33次铸造会议在晋城市召开。会议主题为“布局十四五，转型高质量”，分为讲座论坛、企业展览、企业参观三大模块，10余名国内铸造行业专家、65家参展企业，全省各地相关部门和铸造企业负责人200余名代表参会。特邀中国铸造协会秘书长张志勇作《十四五中国铸造产业发展形势、机遇及挑战》专题报告。

2021年11月8日，由中国建筑卫生陶瓷协会和阳城县人民政府主办的2021年山西·阳城建陶·琉璃·珐华高峰论坛在上海举行。会议主题为“‘双碳’‘双控’、绿色低碳、融合发展”，全国陶瓷领域的专家学者及陶瓷主要产区的领导和业界精英参加会议，探索未来陶瓷产业高质量发展新路。中国建筑卫生陶瓷协会高级顾问夏高生作《双碳双控政策下建陶产业如何发展》主题演讲，意格国际总裁兼首席设计师马晓伟作《未来中国园林导向与中国琉璃》主题演讲，咸阳陶瓷研究设计院副院长白战英作《固废资源化循环利用绿色建材之尾矿、煤矸石、粉煤灰的综合利用》主题演讲，建材工业（陶瓷制造）工艺设计大师马小鹏教授作《陶瓷、琉璃、珐华——过去、现在、未来》主题演讲。

2021年12月15日，山西高影响天气气候事件学术研讨会暨2021年山西省气象学会年会在晋城市举行。表彰2021年年会论文组织奖和优秀论文以及2021年山西气象科普作品创作大赛的获奖单位及获奖作者，邀请中国气象科学研究院研究员、博士生导师徐翔德等专家学者作学术报告。

（张经荣）

2021年5月28日，2021年晋城市全国科技工作者日主题活动在市融媒体中心演播大厅举行 （张经荣 供图）

晋城市文学艺术工作者联合会

【概况】 2021年，晋城市文学艺术工作者联合会下属13个文艺家协会，分别是：市作家协会、市书法家协会、市美术家协会、市摄影家协会、市影视家协会、市曲艺家协会、市音乐家协会、市舞蹈家协会、市民间文艺家协会、市赵树理研究会、市诗词楹联学会、市朗诵家协会、市戏剧家协会；共有各类会员6439名，其中国家级会员203名，省级会员421名。市文学艺术工作者联合会获山西省作协“文学创作成绩奖”。

【晋城市文学艺术工作者联合会第四次代表大会】 2021年3月4日召开，全市文艺界208名代表参加大会。山西省人大常委会副主任、晋城市委书记张志川出席开幕式并讲话；山西省文联党组书记李斌，山西省作协党组书记、主席杜学文到会指导；晋城市委常委、副市长陈望远参加会议并讲话；晋城市文联党组书记刘泽宇向大会作工作报告。会议选举产生晋城市文联新一届领导班子，主席刘泽宇，副主席谢红俭、韩有珍、潘登，主席团委员贾大一、聂利民、张成利、姬宽仁，秘书长张亚为；通过晋城市文联第三届委员会所作的工作报告、新修订的《晋城市文学艺术工作者联合会章程》。

【庆祝中国共产党成立100周年主题活动】 2021年，晋城市围绕庆祝中国共产党成立100周年，组织开展一系列形式多样的展演展示活动。举办“中国梦·劳动美——永远跟党走·奋进新征程”全市职工书法、美术、摄影展，建党百年主题美术创作展，“匠人红心”民间技艺展，庆祝建党100周年书法楹联大赛，庆祝建党百年红色曲艺大赛，“中国梦”晋城原创歌曲大赛（农民工歌手大赛），“我和我的家乡”短视频大赛，“庆祝建党百年”红色原创诗词朗诵大赛，建党百年主题美术创作展等文艺活动，用文艺的形式展现党的百年光辉历程。

【文艺惠民活动】 2021年，晋城市文学艺术工作者联合会及各文艺家协会开辟文艺惠民新方式，举办“国乐华章、情满中秋”民族交响音乐会、“因为爱，我们在一起”晋城市太行风合唱团10周年专场音乐会、“庆华诞”原创音乐会、中秋音乐诗会、优格玛曲艺专场、重构剧场曲艺专场等多场惠民活动，每场网络观看人数均达数十万人次。推动“文艺进校园”活动，向各文艺家协会招募文艺志愿者86名，征集文艺课程100余节，其中适合中小学类课程77节。晋城市书法家协会在凤鸣小学、泽州一中举办“书法进校园”活动和公益讲座；晋城市美术家协会在凤城小学举办“美育进校园”活动。

2021年3月4日，晋城市文学艺术工作者联合会第四次代表大会召开
（王杜峰 供图）

【优秀文艺成果】 2021年，晋城市舞蹈家协会的原创作品《路》作为山西省唯一入选作品，参加第十三届全国舞蹈展演，获优秀节目奖。画家张宏创作的《香风花雨》，入选由中国美协主办的2021百家金陵画展。市诗词楹联学会赵凯龙、韩晓飞、葛翠萍、王斐斐的作品，参加第四届甘棠奖评选，获年度百联佳作，市诗联学会获优秀组织奖。

【“大道至剪”剪纸展】 2021年10月23日，由山西省文学艺术界联合会、晋城市人民政府主办的“大道至剪——张永忠剪纸艺术作品展”在中国美术馆开幕，展出作品40件。“大道至剪”发源于高平的韩山堂剪纸，以图腾祭祀剪纸和民俗剪纸为特点。从清晚期开始，便以师徒传承的方式传承至今。其中，第五代传承人张永忠是韩山堂剪纸的代表人物。

【太行文学社】 2021年，太行文学社编辑出版《太行文学》7期，其中1期为庆祝中国共产党建党100周年专刊。举办“金秋十月”文学笔会，邀请山西省文学院副院长、青年小说家陈克海，北岳文艺出版社青年文学评论家王朝军授课，近百位作者参加笔会。

【赵树理文学馆】 2021年，省级爱国主义教育基地赵树理文学馆挂牌“少先队校外实践教育营地（基地）”，全年接待参观团体32个，接待参观群众7000余人次。举办晋城市第九届青少年书法作品展、“百年恰是风华正茂”书法美术作品展、“锦步泽州丹青度”书法美术作品展等艺术展览。举办“赵树理文化讲堂”3期。

【纪念赵树理诞辰115周年座谈会】 2021年9月24日，赵树理诞辰115周年之际，晋城市文学艺术工作者联合会、赵树理文学馆、赵树理研究会在赵树理文学馆举行纪念座谈会共同举办“纪念赵树理诞辰115周年座谈会”。山西省作协原党组副书记杨占平，晋城市文联党组书记、主席刘泽宇，中国赵树理研究会会长赵魁元，晋城市赵树理研究会会长裴余庆等30余名专家学者，及晋城市曲艺家协会、戏剧家协会代表参加座谈会。与会人员交流对赵树理及赵树理文学的认识，阐述赵树理精神的内涵。市曲协、市剧协的代表们表演与赵树理相关的文艺作品。会后，与会专家学者参观沁水赵树理纪念馆及故居，亲身感受赵树理的文化魅力。

【中国赵树理研究会第六届全国会员代表大会】 2021年12月26日召开。山西省作协党组书记、

2021年9月24日，纪念赵树理诞辰115周年座谈会召开

（王杜峰　供图）

主席杜学文，中国作协社联部副主任李晓东出席会议并讲话，晋城市委常委、副市长、市委宣传部部长武健鹏致辞。中国作协社联部社团管理处处长、二级巡视员丰玉波，山西省作协驻会副主席李骏虎，晋城市文联党组书记、主席刘泽宇出席大会。大会听取中国赵树理研究会会长赵魁元代表第五届理事会作的《中国赵树理研究会工作报告》，回顾赵树理研究会近五年的工作及成就，审议通过新的章程，选举产生新一届会长、副会长、秘书长。杨占平当选为新一届中国赵树理研究会会长。

大会期间，召开“庆祝中国共产党成立100周年——赵树理文学创作研讨会”，会员代表就赵树理文学的再次创作提出建议，并进行深入探讨。

（王杜峰）

晋城市归国华侨联合会

【概况】 2021年，全市有3个“侨胞之家”被评为省级“侨胞之家”，5个企业被评为“山西省新侨创新创业示范基地”。至年底，晋城市归国华侨联合会有下属社团组织3个。全市共有侨胞之家46个，其中省级侨胞之家28个，中国华侨国际文化交流基地5个。

【晋城市侨联六届六次全委会议】 2021年5月6日召开。总结2020年工作，安排部署2021年工作，通过《晋城市侨联为实现“十四五”规划和2035年远景目标贡献侨界力量的倡议》。市委常委、统战部部长石云峰出席会议并讲话，市侨联党组书记、主席闫芳主持会议并代表常委会作工作报告。市侨联全体委员参加会议，非市侨联委员的各县(市、区)侨联主席、副主席和市侨联机关干部列席会议。

【文化交流】 2021年，晋城市归国华侨联合会发挥5个“中国华侨国际文化交流基地”作用，联动开展文化交流活动。

5月17日至20日，邀请26个国家和地区的150余名侨领侨商，参加第二届中国·山西（晋城）康养产业发展大会及2021年“问祖炎帝·寻根高平”第六届（辛丑年）海峡两岸神农炎帝经贸文化旅游招商系列活动，促成多项合作意向。会同市委统战部组成学习考察组，到深圳、汕头、厦门、杭州、无锡、苏州、济南七市学习调研，联谊联络，互通侨情。健全完善与兄弟市侨联和侨社团之间的工作网络，与吕梁、苏州、中山等市侨联缔结友好侨联关系。首次在晋城籍海外华侨华人留学生中征集“海外祝福送给您”拜年短视频，制作成短片，在2021年晋城电视台春节联欢晚会上播放。高平市侨联受“2021年美国犹他华人中秋国庆联欢晚会”组委会邀请，拍摄3个具有地方特色的节目《巍巍炎帝》《谷子好》《喜酒歌》，通过海外最大的网络平台YouTube和国内知名网站优酷向全球播出。中国驻美国特命全权大使秦刚、犹他州州长、参议院议长为联欢晚会发去祝福视频。

2021年5月17日至20日，厦门市侨商会考察交流团到晋城考察交流

（张晋生　供图）

【“亲情中华”夏（秋）令营活动】 2021年，晋城市共承办沁水、城区、高平3个“亲情中华·云游三晋”网上夏（秋）令营，美国、加拿大、西班牙、葡萄牙等国家和地区的311名华裔青少年，分3批次参加学习。沁水县侨联创新组织夏令营副营，选拔当地优秀中学生参加夏令营活动。

7月1日至15日，承办“亲情中华·云游三晋”网上夏令营山西（第五期）沁水营。该营由中国侨联主办，山西省侨联、晋城市侨联、沁水县侨联承办，加拿大温莎中国人协会中文学校、加拿大多伦多华文教育协会和沁水县实验小学、东关小学、西关小学协办，来自加拿大的170余名华裔青少年与沁水县的120余名青少年参加活动。

8月8日至8月22日，承办“亲情中华·云游三晋”网上秋令营高平营。该营由中国侨联主办，山西省侨联、晋城市侨联、高平市侨联承办。来自葡萄牙、里斯本的42名华裔青少年参加活动。

【侨胞侨眷服务】 2021年，晋城市归国华侨联合会慰问党龄超过50年的侨界老党员，组织侨界群众观看多部爱国主义题材电影。高平市侨联组织开展“侨心向党·同心筑梦”红色歌曲联唱。沁水县侨联将海外侨胞、侨眷歌颂共产党、反映新时代的300余首诗词汇编成书《侨诗颂词选》，献礼党的百年华诞。

【捡跑公益活动】 2021年9月12日，晋城市侨联、城区侨联和城区留学人员联谊会，与市捡跑团联合开展捡跑活动，用跑步捡垃圾的方式，倡导市民爱护环境、养成文明习惯，增强环保意识。活动路线全程15千米，共设置13个打卡点，市侨联、城区侨联干部和城区留学生参加捡跑活动。

【新媒体宣传】 2021年，晋城市归国华侨联合会加大侨联系统网站、微信公众号等新媒体力度，在市侨联微信公众号发布图文信息283篇，其中反映全市侨联系统工作的131篇，部分稿件被国内重要新媒体平台和上级侨联、市主流媒体转发，累计点击量达几百万次。

（张晋生）

晋城市残疾人联合会

【概况】 2021年，晋城市有残疾人职业教育和培训机构7个；就业服务机构7个，城镇残疾人就业

1374人，农村残疾人就业1161人；残疾人工作者人数543人。

【残疾人康复服务】 2021年，晋城市超额完成省定政府民生实事“残疾预防重点干预和残疾儿童抢救性康复项目”，总任务3048名，完成4350名，完成率142.72%。其中：为120名初筛阳性0—6岁儿童提供复筛和残疾诊断服务项目完成264名，完成率220%，排名全省第1；为2550名疑似残疾人提供残疾评定服务项目完成3465名，完成率135.88%；为378名0—6岁残疾儿童提供抢救性康复服务项目完成621名，完成率164.29%，排名全省第3。开展残疾人精准康复服务行动，全市有康复服务需求的残疾人7606人，获得康复服务7584人，康复服务率99.71%，排名全省第2；全市有辅助器具需求的残疾人3965人，适配辅具3965人，辅助器具适配率为100%，排名全省第1。

【残疾人康复服务设施项目】 2021年，晋城市推进残疾人康复服务设施建设，实施残疾人康复和综合服务中心项目，明确责任领导、责任单位、责任人，制定时间表、路线图，推进项目建设，开始用地预审和选址意见书等前期工作。拟选址位于市区太岳街南侧，规划颐翠路东侧。

【扶残助残】 2021年，晋城市残疾人联合会制定《关于“十四五”巩固拓展脱贫攻坚与乡村振兴有效衔接工作行动计划》。开展易返贫致贫残疾人跟踪监测工作，落实相关帮扶措施，实施助残扶贫项目，帮扶贫困对象130户，每户帮扶6000元，投入资金78万元。

【残疾人培训就业】 2021年，晋城市对967名残疾人免费进行职业技能和实用技术培训。举办残疾人就业专场招聘会11场，对198家企事业单位进行按比例安排残疾人就业年审，安置残疾人121名，征收残疾人就业保障金2231.4万元。对8家超比例安置残疾人就业用人单位和585家自主就业创业残疾人进行奖励补贴，奖励补贴236.5万元。

【惠残助残项目】 2021年，晋城市实施残疾人托养服务项目，对就业年龄段的智力、精神和重度肢体残疾人实施中央、省、市三级托养服务，共托养235人，每人每年4000元，投入资金94万元。实施省、市两级助学项目，资助90名残疾人大学生和残疾人家庭子女大学生，投入资金39万元。实施残疾人机动轮椅车燃油补贴项目，为429名残疾人发放机动轮椅车燃油补贴11.15万元。实施残疾人申驾补贴项目，为27名残疾人驾驶员，每人发放2000元驾考补贴，投入资金5.40万元。开展受灾残疾人慰问工作，对60户因暴雨受灾生活困难的残疾人进行慰问。实施残疾人证“跨省通办”项目，为2710人新办理残疾人证，为3971人换发残疾人证。

【残疾人文体活动】 2021年9月，晋城市举办第一届残疾人及残疾人工作者书法绘画摄影比赛优秀作品展，筹办晋城市第一届残疾人运动会和特殊奥林匹克运动会，设田径、游泳、旱地冰壶等比赛项目，报名参赛运动员139人。

【残疾人权益保障】 2021年，晋城市创新残疾人工作举措，开通残疾人信访信息系统，解决残疾人合理诉求，维护残疾人合法权

2021年5月16日，晋城市残联举办“全国助残日”宣传活动

（赵军锋　供图）

表3　2021年晋城市残疾人事业基本情况表

项　　目	指标
康复	
白内障复明手术	
白内障复明手术(例)	650
人工晶体植入率(%)	100
聋儿康复	
年收训聋儿(人)	46
培训家长(人)	46
精神病防治康复	
开展精神病防治康复工作县(市、区)数(个)	6
综合防治康复精神病人数(人)	2700
康复训练与服务(人)	
肢体残疾康复训练数	101
智残儿童康复训练数	411
教育	
职业教育与培训机构数(人)	7
就业	
城镇残疾人就业状况	
当年安排就业(人)	1374
未安排就业	3881
农村残疾人就业状况	
就业(人)	1161
未就业(人)	3325
残疾人就业服务机构(人)	7
市(县级市)	1
县	5
区	1
盲人按摩	
保健按摩员培训(人)	32
医疗按摩员培训(人)	51
残联组织建设	
残疾人工作者数(人)	543

益。推进残疾人法律救助服务，聘请专职律师，为残疾人提供及时、有效的法律救助服务。加强人大代表和政协委员关于残疾人的建议、提案办理工作，面商率100%、代表满意率100%。对市康复就业中心大楼房屋、消防、食品、医疗、特种设备等进行安全隐患排查。

（赵军锋）

晋城市红十字会

【概况】 2021年底，晋城市红十字系统共有工作人员47人(其中编制内35人，编制外12人)；红十字基层组织45个；团体会员单位35个；注册志愿者人数3557人，志愿服务组织22个；救灾仓储库1个；救护培训基地1个；救护培训师资94人。

【红十字资金募捐】 2021年，晋城市红十字系统探索多元化红十字筹资模式，广泛动员社会力量参与红十字人道救助领域工作。开展“博爱送万家”“博爱助困”“小天使基金”“天使阳光行动”等救助项目。全年，全系统共募捐各类资金4226万元，募捐物资价值247万元。其中，抗洪救灾款按照捐赠人意愿等全部拨付。

【红十字应急救援】 2021年，晋城市加强红十字赈济救援队建设，组队参加省红十字会赈济救援演练；选派3名红十字赈济救援队队员参加洪涝灾害赈济救援工作；开展红十字应急管理培训和救护师资规范化培训。7月至8月，晋城市两次遭受暴雨洪涝灾害，泽州县、阳城县、陵川县、高平市等部分乡镇受灾严重。市红十字会及时拨付救灾帐篷100顶、毛巾被3797条、应急箱854个、折叠床100张、赈济家庭包500个等，救灾物资价值75.46万元，受益群众9554人次；后根据灾情需求，又向阳城县、陵川县、高平市、沁水市拨付市红十字会博爱一日捐救灾金32万元，帐篷20顶、棉被190床。7月17日至18日，“横河杯”晋城市第二届红十字应急救护大赛举行，各县（市、区）及团体会员单位共11支代表队参加比赛。10月，晋城市组队参加第二届山西省红十字应急救护大赛，获总成绩第2名和最佳组织奖。12月，皇城相府景区红十字救护站建成，是山西省首个正式投入使用的景区红十字救护站。市红十字会完成2021“彤康杯”乡村马拉松赛道救援任务。

【红十字救护培训】 2021年，晋城市在人流密集的公共场所安装AED（自动体外除颤仪）34台，各AED配置点共培训初级救护员4247人，普及培训24601人。组织开展应急救护培训“五进”（进机关、进学校、进社区、进企业、进农村）活动、景区从业人员应急救护知识培训等。全年，开展普及培训73场，培训15102人。9月28日，市红十字会与市委党校签订红十字应急救护培训协议，红十字应急救护知识成为全省首家党校培训课程。11月22日至28日，市红十字会组织举办山西省救护师资培训班，长治市、临汾市、运城市及晋城市的70名学员参加培训。

【“三献”工作】 2021年，晋城市连续10届获全国无偿献血先进市称号，全市临床用血百分之百来源于无偿献血。全年，全市无偿献血30214人次，其中采集全血28636人次，1144.3万毫升；单采血小板1578人次，3145个治疗单位。采集造血干细胞血样255人份；4名志愿者在山西医科大学第二医院捐献造血干细胞，实现晋城市单年捐献最高值。非血缘关系人体器官捐献13例，组织眼角膜捐献3例，遗体捐献2例，全市器官捐献志愿者达6000余人。

【红十字志愿服务】 2021年，晋城市加强红十字志愿服务组织建设，制定《晋城市红十字志愿服务管理办法》及各服务队管理、工作制度，完善市红十字志愿服务总队组织结构。全市有注册志愿者3557人，在山西省红十字志愿者协会注册志愿者1527人，全省地级市排名第1。组织开展学雷锋志愿服务活动、“三献”知识宣传、“创建文明城市”项目、义诊、义演等，服务时间长73625小时；开展“公益创造营”项目——“关爱生命救在身边”普及培训8次，受益人数1600余人。全省首家开展省红志协防溺水项目，完成各项工作任务。 （何明艳）

人大立法

【立法机制完善】 2021年，晋城市健全完善立法机制，科学编制立法规划，全面构建“党委领导、人大主导、政府依托、各方参与”的立法格局。首次启用立法“双组长”制，出台《晋城市人大常委会立法质量管理办法》，完善“找准定位、全程参与、分段领跑”工作模式，全流程、全环节加强立法质量管理。设立35个基层立法联系点，建立向人大代表、专家学者、基层群众征求意见机制，扩大社会参与范围，形成立法工作合力。

【地方性法规制定】 2021年，晋城市制定出台《晋城市沁河流域生态修复与保护条例》《晋城市农村自建房管理条例》，一审通过《晋城市延河泉域和三姑泉域水资源保护条例(草案)》，制定未来5年立法规划，明确15个立法项目和6个预备立法项目。《晋城市沁河流域生态修复与保护条例》，共设7章54条，主要内容包含总则、流域协同与规划、水环境保护与治理、生态涵养与修复、监督管理、法律责任、附则，于2021年4月22日由晋城市第七届人民代表大会常务委员会第42次会议通过，于2021年5月28日经山西省第十三届人民代表大会常务委员会第27次会议批准，自2021年10月1日起施行。《晋城市农村自建房管理条例》，共设8章45条，主要内容包含总则、规划和用地、申请和审批、设计和施工、经营性管理、监督管理、法律责任和附则，于2021年10月28日由晋城市第七届人民代表大会常务委员会第48次会议通过。

【协同立法】 2021年，按照中央、省委的统一部署，晋城市牵头与相邻的长治市、临汾市首次开展协同立法，制定出台《晋城市沁河流域生态修复与保护条例》，三市同步审议、同步通过、同步实施，在全省首开市市协同立法。晋城市作为牵头地市，在全省人大立法工作座谈会上作经验交流。

（李　静）

政法委及综治工作

【法治社会建设】 2021年，晋城市制定出台《晋城市贯彻落实〈法治中国建设规划(2021—2025年)〉实施方案》《晋城市贯彻落实〈法治社会建设实施纲要(2021—2025年)〉实施方案》和“八五”普法规划，完成地方性法规和政府规章法治审查。压实党政主要负责人履行推进法治建设第一责任人责任，全面推行局长讲法和年终述法。深化行政复议体制和行政执法监督改革，实现市县行政复议权集中行使，出台《晋城市行政执法监督暂行办法》，推广多领域实施包容免罚清单模式。举办习近平法治思想专题报告会，开展“12·4”国家宪法日和宪法宣传周系列宣传活动，在全社会持续掀起学习贯彻习近平法治思想热潮。

【平安晋城建设】 2021年，晋城市发挥平安建设领导小组及专项组作用，压实平安建设和试点牵头责任，增强齐抓共管合力。组织编制社会治理专项规划，制订年度计划，开展补短板攻坚行动，加快重点项目谋划实施，推广应用“市域社会治理工作平台”，81项指标完成或达到应达进度。加强市县两级综治中心实体化运作，启动市级一站式多元解纷中心建设，构建全科网格“1+7”制度体系，精细划分4686个全科网格，落实网格员经费保障，上报处置各类事项10万余件。深入开展“三零”(零上访、零事故、零案件)单位和基层平安创建，深化社会治安防控体系建设，全市刑事案件、治安案件立案数分别比上年下降14.78%、11.62%，涌现出“三长会商”“和事佬调解”“平安联盟”等基层社会治理亮点。8月20日，中央政法委召开第二次全国市域社会治理现代化试点工作交流会，晋城市作为全国5个大会交流发言的试点地区之一，向全国介绍推进市域社会治理体制现代化经验。12月，晋城市获“2017—2020年度平安中国建设示范市”称号。

【安保维稳】 2021年，晋城市政法系统把维护国家政治安全摆在首位，统筹推进反分裂、反渗透、反窃密、反暴恐等工作，防范化解各类政治安全和社会稳定风险。突出中国共产党成立100周年安保维稳工作主线，健全联勤指挥调度体系，组织实施攻坚行动，开展铁路安全风险大分析大排查大整治，筑牢首都“护城河”的晋城防线，完成重大活动、敏感节点安保维稳任务。出台《晋城市维护社会稳定领导责任制实施细则》，加强社会稳定形势定期分析研判和重大决策稳评工作。以“雪亮工程”建设为牵引，推进大数据条件下立体化信息化社会治安防控体系建设，打造城乡统筹、网上网下融合、人防物防技防结合、打防管控一体的社会治安防控新格局。推进对重点地区、突出问题的常态化打击整治，开展交通安全、消防安全隐患排查整治，加强对寄递物流、危爆物品等行业的安全监管，防范化解公共安全风险，遏制重特大安全事故。

【扫黑除恶】 2021年，晋城市全面开启扫黑除恶常态化斗争，保持扫黑工作机构和机制常态化运作，推进重点行业领域集中整治，深化存量线索、案件清结清零，破获涉黑涉恶犯罪团伙3个。组织开展社会治安、经济民生、农业农村三大领域专项打击整治，推进电信网络诈骗等突出违法犯罪打击治理，依法惩治各类违法犯罪。11起现发命案即发即破，命案积案库存量保持全省最低，电诈案件立案数连续9个月环比下降，“盗抢骗”案件打防质效实现历史新高。

【法治保障】 2021年，晋城市贯彻落实政法机关服务保障高质量发展若干措施，深化“端正执法司法理念、改进执法司法作风”专项活动，出台实施《关于能动履行检察职能护航全方位推进高质量发展建设共同富裕新晋城的实施意见》30条和《关于为全方位推动高质量发展建设共同富裕新晋城提供有力司法保障的意见》25条。推进政法领导干部包联服务重点工程项目，建立联企服务指南和问题清单，实行“一企(项目)一警”和“一所一会”模式，主动为项目建设、企业发展提供精准服务。贯彻“少捕慎诉慎押”刑事司法政策，适用认罪认罚从宽制度，参与

2021年3月29日，晋城市政法队伍教育整顿英模事迹报告会召开
(刘贝贝 供图)

整顿和规范市场经济秩序，组织开展集中整治企业周边治安秩序、打击阻工扰工违法犯罪专项行动，依法妥善处理涉企案件，营造良好法治化营商环境。

【政法队伍教育整顿】 2021年，晋城市集中开展政法队伍教育整顿，市委、市政府主要领导高度重视、亲自挂帅、把脉定向，各级党委和政法单位、成员单位主动进位、上下联动，高站位谋划、高标准开展、高质量推进“两个批次”“三个环节”“四项任务”，完成第一批教育整顿任务。部署开展政治轮训，累计轮训9400余人次，“一把手”亲自讲党课51场次，举办习近平法治思想专题讲座53场，召开单位警示教育大会62场，开展党纪党规培训74次，举办英模事迹报告会38场，组织观看政法英模先进事迹宣传片93场。市县两级党委政法委和政法单位围绕“学史明理、学史增信、学史崇德、学史力行”目标，融合开展政法系统党史学习教育和政法队伍教育整顿，完成各项工作任务，彻底肃清刘新云等流毒影响，净化政法系统政治生态。

（刘贝贝）

法治政府建设

【法治晋城建设】 2021年，晋城市贯彻落实中共中央、省委关于加强法治建设的重大决策部署，推动落实法治建设第一责任人职责，市委书记王震、代市长薛明耀带头履行法治建设第一责任人职责，市委常委会、市政府常务会研究法治议题18次。印发全市法治建设工作要点和市委书记、市长“双十二条”工作清单，推动全市党政及部门主要负责人制定“一计划一清单”，明确工作要求，提升工作标准。开展全面依法治市“督考一体”专项督察，对全市党政主要负责人履行推进法治建设第一责任人职责进行专项考核。开展全省法治政府建设示范创建，高平市被命名为全省法治政府建设示范市（县级）。完成市本级法治政府建设年度报告工作，6个县（市、区）和市直34个政府工作部门完成年度报告和网上公示。

【法治营商环境优化】 2021年，晋城市深化“放管服效”审批制度改革，在“一枚印章管审批”的基础上，在全省率先试行“一件事一次办”改革，对“项目一件事”“企业一件事”要办理的“一整件事情”涉及的多个行政审批服务事项进行融合重组，提供场景式、全事项办理的集成审批，初步形成以办成“一件事”为核心的全链条审批运行机制，配套出台80余个改革创新举措，总结提炼出“133”制度体系，全市共推出包括“我要开药店”“我要办学校（培训机构）”等场景在内的35个集成服务套餐，105个高频事项实现“一件事一次办”；市县两级“证照分离”改革实现全覆盖，对所有涉企经营许可事项实行全覆盖清单管理，通过直接取消审批、审批改为备案、实行告知承诺、优化审批服务4种方式分类推进改革，审批事项办理实现再提速，综合类事项办理时间压缩至法定时限的17.3%。全市办理审批改备案、告知承诺、优化审批服务事项17166件；探索推出政务服务“跨省通办”模式，线上线下同步开设“跨省通办”“全省通办”专栏、专窗，采取全程网办、异地代收代办等方式，解决外地人在晋城、晋城人在外地办事“多地跑”“折返跑”问题。晋城市与河南焦作、山东青岛、江西鹰潭等9个地区签订“跨省通办”框架协议，开展跨域办事合作。加大“承诺制＋标准地＋全代办”改革力度，推进企业投资项目承诺制改革落地见效，解决“项目等地”问题，通过对蓝焰煤层气低产井改造提产和华新燃气管线两个单体项目进行创新探索，形成承诺制审批“一本制”制度体系，实现单体项目有“诺”可“承”。出台《关于对投资项目审批推行“项目长责任制的意见》，建立全市投资项目审批“项目长责任制”，围绕工程建设审批全过程，精准开展“一对一”全流程帮办代办服务，为项目落地提供从立项到竣工的全流程高质量服务。高平市持续深化证明事项告知承诺制改革，打造“无证明城市”品牌，开发线上“无证明应用系统”，实行证明事项“清单式”管理和动态更新，全年行政审批50个事项、79个办理项，直接取消各类证明材料141项，无证明政务大厅基本实现；依法保护市场主体合法权益，市县两级分别组建由领导干部带队的法治服务专班，对全市132个重点工程、重点项目进行全方位的法律服务和法治保障。组建民营企业律师服务团，推行律所与商会“一所一会”精准服务模式，全市律师事务所与7家工商联、75个所属商会实行实时对接。为160家民营企业开展“法律体检”，开展法治讲座30余场、普法宣传100余次，提出法律意见200余条，形成体检报告30余份，企业采纳法律意见率85%。

【行政执法能力提升】 2021年，晋城市深化行政执法监督改革，强化行政执法队伍建设，把好执法资格准入关口，分批组织953名行政执法人员参加执法资格认证考试，清理不符合执法资格人员316名。规范行政执法程序，推广应用“互联网+行政执法”和大数据，提升各级行政执法部门执法设备配齐率，全市配备执法设备2600余部。贯彻落实《山西省行政执法全过程记录实施办法》，全面公开执法文书，清晰完整的记载执法全过程，行政执法案卷制作水平得到提升。加快推进行政复议改革试点工作，制定相对集中复议体制改革方案，推出行政复议“最多跑一次”等便民措施，全市共办理行政复议案件225件，其中市本级共办理行政复议案件128件，办理以市政府为被告的行政应诉案件32件，结案8件，胜诉7件。推动全市行政机关负责人出庭应诉，全市行政机关负责人出庭应诉率100%。强化行政权力制约监督，自觉接受人大法治监督和政协民主监督。市政府接受人大代表和政协委员意见和建议609条，办理266件人大代表建议和340件政协委员提案；自觉接受司法监督，落实司法机关提出的意见建议，配合检察机关对政府履行职能中的行政违法行为进行监督，市、县两级行政机关收到的109件司法建议书，建议采纳率均达95%。贯彻执行《政府信息公开条例》，推进财政预决算、财政专项资金分配管理、重大公共政策等社会热切关注领域的政府信息公开，依法保障人民群众的知情权、参与权和监督权。

【规范性文件审核】 2021年，晋城市共审查市政府一般性行政文件、各类协议、常务会议和市长办公会议议题145件，提出法律意见300余条；审查行政规范性文件5件，清理规范性文件11件，废止规范性文件7件。

【矛盾纠纷化解】 2021年，晋城市发挥人民调解稳定器作用，累计走访排查6.26万人次，入户52.8万户，受理矛盾纠纷6392件，成功调解矛盾纠纷6380件，履行6342件，司法确认404件。调解成功率99.8%，协议履行率99.4%。发挥行业人员调解委员会作用，在原有的66个行业调解委员会的基础上，推动成立晋城市经济信用纠纷人民调解委员会、晋城市门窗行业人民调解委员会和晋城市女企业家协会人民调解委员会。发挥律师参与调解优势，提供专业法律意见建议1218次，协助调解矛盾纠纷351起，设立律师调解室40个，协助调解矛盾纠纷136起。

【社会治理】 2021年，晋城市推进多元化解平台建设，推进市域社会治理现代化试点工作，启动矛盾纠纷多元化解中心建设项目。强化重点人员管控措施，坚持“市级按月研判、县级半月分析、所级每周总结”工作机制，全市851名社区矫正对象无一人脱管、漏管，无一人重新犯罪。强化刑满释放人员帮教，落实“必接必送”制度，帮助他们回归家庭、回归社会。强化服刑人员改造，在全市77个乡镇建成开通远程视频会见系统，实现服刑人员与家属零接触探访，共开展视频会见420余人次。常态化推进扫黑除恶斗争，健全完善常态化摸排机制、动态化管控机制、精准化打击机制，破获涉黑涉恶犯罪团伙3个，其中恶势力集团2个，恶势力团伙1个，破获刑事案件16期，抓获犯罪嫌疑人23人。

【公共法律服务体系建设】 2021年，晋城市构建均等普惠的公共法律服务体系，实施免费法律咨询和特殊群体法律援助惠民工程，为群众免费提供法律咨询51421人次，完成特殊群体法律援助案件1011件，完成率分别为244.86%和118.94%，排名全省第1。

【法治氛围营造】 2021年，晋城市贯彻落实“谁执法、谁普法”普法责任制，84家市直单位制定普法责任清单；推行“局长讲法”制度，50余名领导干部登台讲法。举办“爱上民法典”抖音短视频创作大赛，征集作品213部，播放量40.70万次。开展《中华人民共和国民法典》“七进”活动（进乡村、进机关、进军营、进校园、进企业、进社区、进网络），共举行100余场。11月30日，晋城市“宪法宣传周”暨“八五”普法启动仪式在市融媒体中心演播厅举行。采取线上线下同步进行的方式，市委、市政府领导、市直84家普法责任单位主要负责人参加启动仪式。当日，通过网络收看启动仪式直播人数30.50万余人次。

【法治乡村建设】 2021年，晋城市加快推进法治乡村建设，培养农村法律明白人3200余名，建成青少年法治教育基地5个，创建市级民主法治示范村67个，新媒体平台推送普法信息300余条，《每日一题》答题人数累计超过182万人次。

【领导干部学法用法】 2021年，晋城市贯彻落实习近平总书记“领导干部要做尊法学法守法用法的模范”重要讲话要求，市委、市政府将学习贯彻习近平法治思想作为长期坚持的重要政治任务，市委中心组认真制订年度学法计划，并推动各级党组（党委）中心组学法常态化。举办习近平法治思想专题培训班、专题讲座、领导干部旁听庭审等活动14次，市县两级党校开设专题课程19期39次，在全市掀起学习贯彻习近平法治思想热潮。法治工作队伍专题培训、政法干警专题测试实现全员覆盖，为各级各部门配送《习近平法治思想》《习近平法治思想学习纲要》等读本2200余册。

（周冯萧）

公　安

【刑事案件侦破】 2021年，晋城市公安机关严厉打击电信网络诈骗犯罪，推进“云剑—2021”行动，破获电诈案件474起，抓获犯罪嫌疑人1200名，返还群众被骗资金1005.96万元，比上年分别上升85.2%、128%和433.9%，百案抓人数居全省首位，城区公安分局破获山西省首例利用数字人民币洗钱的涉诈案件，陵川县公安局打掉一个百人团伙并发起全国集群战役；开展“断卡”行动，打掉团伙28个。严厉打击各类严重暴力犯罪，11起现发命案即发即破，破获城区“1998年故意伤害致死案”等2起命案积案，命案积案库存量全省最低，陵川县公安局实现命案积案“清零”；推进追逃攻坚，降库存率、研判线索抓捕率、落地抓捕率等指标排名全省第1，陵川县公安局率先实现逃犯“清零”。严厉打击民生领域犯罪，严打“盗抢骗”，立案数比上年下降50.18%，破案数、抓获数、破获团伙数、起诉人数比上年分别上升57.26%、33.77%、19.23%、29.95%；严打“食药环假知”违法犯罪，开展“昆仑2021”等12项专项行动，破获案件60起，端掉窝点18个，侦破沁水特大非法猎捕、收购、运输濒危野生动物案等2起部督案件和3起省督案件，北石店公安分局“9·24”假冒注册商标案等4起案件发起全国协查，高平市公安局食药侦大队被公安部表彰为“全国公安机关昆仑2020专项行动成绩突出集体”。全年，全市刑事案件立案数3766件。

【经济案件侦破】 2021年，晋城市公安机关依托“云端”打击主战模式，重点开展打击非法集资、金融诈骗、虚开骗税等专项行动，破获经济犯罪案件88起、抓获犯罪嫌疑人178人，比上年分别上升12.8%、31.1%，发起2起涉案金额达2.3亿元的虚开骗税全国集群战役，通过“云端”平台取得打击战果16起，侦办大要案15起。破获洗钱犯罪案件2起。

【禁毒工作】 2021年，晋城市公安机关开展“利剑斩毒”“净边2021”“集群打零”等专项行动，主要缉毒执法数据连续2年保持50%以上的高增长，破案数增幅全省第一，抓人数全省唯一达标，全市污水毒品成分监测值持续保持低位，禁毒工作取得历史最好成绩。加强吸毒人员服务管理，增配禁毒专业社工146名，开展禁毒预防宣传教育“六进”（进学校、进社区、进农村、进单位、进家庭、进场所）活动500余场次，“晋城禁毒”微信公众号影响力进入全国百强，全市连续5年保持制毒案件“零发生”、毒品原植物“零种植”、易制毒化学品“零流失”、在校学生“零涉毒”和吸毒人员肇事肇祸案事件“零发生”。

【扫黑除恶专项斗争】 2021年，晋城市公安机关制定常态化开展扫黑除恶专项斗争实施意见，常态化推进扫黑除恶专项斗争，3年专项斗争期间未侦查终结的7起涉黑涉恶案件全部移送起诉，上级下发的35条涉黑涉恶线索全部按期办结，实现存量案件100%清零、核查线索100%清结。

【治安管理】 2021年，晋城市公安机关推进立体化信息化社会治安防控体系建设，完善巡逻防控机制，打破空间界限，整合建成区范围内所有交巡警力量，以25个多功能警务室为站点，17个巡区全部落实“一区一所一室一车一机”的巡防标准，巡防效能全面提升。提升校园安全防范能力，在山西科技学院设立全市首个高校警务站，与市教育局联合制定《维护中小学幼儿园安全双八条工作规范》，为监督指导校园安全工作提供依据；组织开展“护校联盟”线上主题宣传活动，2条实战指导短视频被公安部采用，获全国“最佳传播奖”。严密感知体系，重点公共区域视频监控覆盖率、联网率以及重点行业领域重要部位视频监控覆盖率均达100%，新建具有人员、车辆抓拍功能采集设备的建设比例达98%以上，实现视频图像信息全天候应用。加强矛盾排查化解，探索建立基层“三长会商”机制，与妇联、民政等部门“联动联调、优势互补”，打造“树理调解室”“大箕老娘舅”等警民联调品牌，共摸排矛盾纠纷10325条，调解10306条，调解率达99.81%。加强群防群治力量建设，推行“警网融合”，推动民警配合开展网格管理，涌现出阳城县公安局“警格+网格平安大巡防体系”、泽州县公安局“大阳乡协义警”等经验做法，城区公安分局西街派出所主导的晋城市平安志愿服务队被评为“全省最佳志愿服务组织”。强化枪爆等危险物品管理，开展打击枪爆违法犯罪系列专项行动，收缴一批枪支、子弹、炸药等危险物品，查处一批涉枪涉爆、违规燃放烟花爆竹案件，打击处理一批涉枪涉爆违法犯罪分子。针对强降雨暴露出的民爆物品储存库安全隐患，集中开展以“防滑坡、防塌方、防倒塌、防山火”为重点的安全现状自查抽查、交叉检查，责令8家民爆物品储存库停用整改，整改各类隐患219处。加强道路交通安全管理，推进事故预防“减量控大”和“畅安2021”专项行动，集中开展农用车违法载人专项整治暨深化农村交通安全固本强基攻坚行动，完成14处危险路段和7462处农村道路小微隐患治理，重点车辆检验率、报废率、违法处理率均达到100%，道路交通四项指数比上年分别下降6.25%、2%、12.86%、7.33%。守好疫情防控阵地，建立完善疫情防控应急响应机制，多轮次启动全市联合防疫检查站，累计启动天数115天，检查车辆375.71万余辆次、人员625.22万余人次，劝返车辆2.98万余辆次、人员4.43万余人，配合核查涉疫人员数据6.8万余人次；办理涉疫案件149起，处罚115人、42家单位。全年，全市治安案件立案数8284件，查处6227件。晋城市获评“平安中国建设示范市”，陵川县公安局获评“平安中国建设先进集体”。

【基层基础建设】 2021年，晋城市公安机关强化基层基础建设，开展“枫桥式公安派出所”创建活动，制定《加强新时代公安派出所工作25项重点任务》，总结推广“城区模式”“凤城模式”“杨村模式”等针对不同治安形势的工作模式，为派出所工作提供整体指导，高标准新建开发区公安分局金鼎路派出所等3个派出所业务用房，对14个落后派出所开展重点帮扶，带动全市派出所工作整体提质升级，打造晋城特色“枫桥经验”品牌，沁水县公安局龙港派出所被评为“全国枫桥式公安派出所”。

【防汛救灾】 2021年7月10日傍晚至7月11日16时，晋城市迎来64年来范围最广、强度最大的区域性大暴雨天气过程，晋城市公安机关第一时间启动应急响应机制，全警投入“7·11”强降雨抢险救援，投入警力1.13万人次，排除险情3264起，配合转移受灾群众8.7万人次，排查71处城市内涝隐患点，对31处水毁路段进行临时交通管制，最大限度将灾害影响降到最低。汛情过后，对防汛救灾中涌现出的市公安局特警支队队长孙建军、阳城县公安局特警

2021年7月11日，晋城市公安民警救助受灾群众

（李会芳　供图）

队员赵利军等先进典型事迹进行宣传报道，“暴雨中的‘脸盆伞’”被人民网、新华网等国家级媒体转载。

【保障服务】　2021年，晋城市公安机关完成全市村（社区）“两委”换届安保任务，打击处理一批破坏换届选举违法犯罪行为，确保全市1381个村（社区）换届选举平稳有序。助力优化营商环境，对34项省重点项目、81项市重点项目实行领导包联责任制，开展为期3个月的集中整治企业周边治安秩序、打击阻工扰工违法犯罪专项行动，开发区公安分局通过设立富士康等重点企业警务室、推行“互联网+警企联合组勤”模式织密企业周边防控网，全市共侦办涉企涉项目建设案件41起、处罚33人，保障全市重点工程项目建设。助力全国文明城市创建，做好养犬管理和打击非法小广告工作，纠正行人、非机动车不文明行为7万余起。配合做好秋冬季大气污染防治，侦办一批生态环境类案件，提前超额完成国三及以下营运柴油货车淘汰工作，对闯禁行、抛洒“小金刚”全部进行处罚。

【公安机关“放管服”改革】　2021年，晋城市将“一门通办”民生岗亭建设列入“2021年市政府民生实事项目”。晋城市公安机关引深“放管服”改革，统筹巡逻防控，提前谋划布点，精心规划设计，完成第二批12个民生岗亭建设，实现城区主要道路全覆盖。提升“一网通办”“跨省通办”水平，与周边河南省三市居民出入境异地办证由20日压缩至10日，办理群众、企业在线申办业务116万余件，群众网上满意度100%。

【智慧警务建设】　2021年，晋城市公安机关加强刑事技术能力建设，投资8000余万元，完成刑事技术大楼建设装修搬迁工作，申报通过法医、文检2个重点实验室，重点实验室数量达到6个；晋城市公安司法鉴定中心被评为“全国重点司法鉴定机构”，通过实验室国家认可；城区公安分局、阳城县公安局、陵川县公安局、沁水县公安局刑事科学技术室达“全国一级刑事科学技术室”标准；传统案件现勘、综合物证提取率、足迹规范提取率等多项工作指标排名全省第1。在“团圆行动”中，利用DNA技术找回失踪被拐儿童48名，破获拐卖儿童积案2起。全面推进警航试点工作，在全省首家全域推行警航应用，成立警用无人机实战应用领导小组，设立警用无人机飞行大队、中队，定制、配备警用无人机76台，培训飞手100余名，参与“8·10”河南籍在晋走失人员搜寻、“11·30”时家岭故意杀人案线索排查等实战任务，典型应用案例达300余例。新冠肺炎疫情防控期间，运用无人机喊话、悬挂二维码等方式提高通行效率的做法被多家媒体转发报道，成为警航经典应用案例。

【执法规范化建设】　2021年，晋城市公安机关构建新型执法大监督格局，成立执法监督管理委员会，建立侦查监督与协作配合办公室，落实常态化公检法联席会议制度，共召开公检法联席会议27次，定期对执法问题进行通报，对案件办理中发现的难点疑点问题进行交流研讨，提升监督管理质效。健全执法制度建设，制作《晋城市公安机关涉民事纠纷常见警情现场处置执法指引》，制定《受案立案工作规定》《落实“三个规定”工作规定》等12项执法制度，用制度规范执法行为。推进执法办案场所建设，完成“晋城市公安综合执法监管中心”建设前期工作，完善10个“一站式”执法办案管理中心和17个办案区建设，阳城县公安局探索建立速裁法庭、心理咨询室、律师接待室，全市配备专兼职法制员205名，推行执法办案、监督管理、服务保障一体化的执法运行模式，全年执法安全事故零发生。

（李会芳）

【交通事故】　2021年，晋城市共受理一般程序处理的道路交通事故1710起，造成196人死亡，1640人受伤，直接财产损失242万元。发生1起一次死亡3人的较大道路交通事故。

【交通违法行为查处】　2021年，晋城市共查处各类交通违法495548起，其中酒驾醉驾4672起、行人交通违法20327起、非机动车交通违法12613起、涉牌涉证1518起、超限超载973起、无证驾驶2225起，货车违法载人2664起、超员1674起、不按规定车道行驶24542起、违反禁令标志36636起、机动车不礼让斑马线18351起。

【车驾管业务】　2021年，晋城市机动车保有量587507辆，其中汽车537553辆，摩托车44860辆，挂车5094辆。全市车辆管理所共办理机动车业务457988笔。全市机动车驾驶人保有量884837人。办理各类机动车驾驶人业务共266318笔，受理机动车驾驶人报名53349人，参加考试283323人次。

【交通安全宣传】　2021年，晋城市共组织开展交通安全宣传活动24次，展出宣传展板1200余块，宣传标语1000余条，挂图1100余幅，发放宣传品110余万份，在中央级主流媒体发稿34篇，省级主流媒体发稿270篇，在市电视台策划播出《交警在线》专栏48期，在太行日报刊发《交警专版》21期，在市广播电台FM935《交广时间》专栏开展走进直播间和连线活动240余次；宣讲交通安全课1300余次，发送警示提示信息450余万条，微信、微博发布共计3582条，晋城交警抖音、快手共计发布原创视频374条，今日头条号发布829条，曝光各类违法行为10300余起，播放警示教育光盘2400余次，受教育群众达210余万人。

【“两站两员”建设】　2021年，晋城市加强警保合作，推进“两站两员”（乡镇交管站、农村劝导站和乡镇交通安全员、农村劝导员）建设，推动“一村一辅警”机制发挥作用，开展农村“两站两员”劝导23.75万次，推动31个农村派出所、16名综治网格员、16名农村路长参与交通管理，75名辅警参与“一村一辅警”交通管理；推广农村交通安全信息系统应用工作，累计在“农安通”系统录入劝导工作日志176万条、劝导各类群体性活动6059场、报送各类信息8.7万条、采集录入农用车4.4万辆。高平市、沁水县“两站两员”工作获省交警总队通报表扬。

【智慧交通管理】　2021年，晋城市交警支队加强智慧交通建设，成立支队“城市大脑·智慧交通”领导组，设立4个工作专班，清单化推进危化品车辆管控平台、重点车辆管控平台、晋城市智慧停车管理、智慧交通管控动静态一体化平台4个项目建设。加强公安交管大数据研判平台应用，建成数字警务室13处，依托集成指挥平台推进现场违法查处、重点点位设备联网、交通应急管理等工作，全年累计通过电子警察审核录入各类违法行为37164条。推进“智慧小镇”建设项目，晋城公安交警车驾管智慧小镇项目奠基开工。改造视频专网规范视频资源，升级原有网络安全设备、交换设备，优化网络架构、统一规划IP地址和组网方式，实现“一机一档”，向市公安局推送912路卡口及电警视频；推进卡口应用工作，优化2020年建设的43处出入主城区主要道路监控卡口抓拍效果，实现对假牌、套牌、逾期未年检、逾期未报废等重点违法行为的精准查处，共布控嫌疑车辆67794辆次，利用“二次分析”功能布控本地套牌车辆42辆，驾驶证状态异常车辆9辆。

【《晋城市市区停车场管理办法》制定】　2021年，晋城市交警支队组织专人到浙江、江苏、上海、深圳、郑州、杭州等省市和省内太原、长治等地就停车场管理工作

2021年1月8日，举办晋城公安交警车驾管智慧小镇工程奠基仪式

（丁静文　供图）

进行考察调研，推动起草《晋城市机动车停车管理办法（草案）》，分别向市发改委、市财政局、市规划和自然资源局、市住建局、市城市管理局等18家单位征求意见，做好立法过程中重大事项和建议的研究、调研、座谈等工作。

（丁静文）

检　察

【概况】　2021年，晋城市检察机关有14项标志性指标排名全省第1，45%的标志性指标进入全省第一方阵。有18个集体、21名个人获省级以上表彰，42个集体、63名个人受到市级表彰。市人民检察院和6个县级检察院，在政法队伍教育整顿中被评为“优秀”等次。市人民检察院获“全国节约型机关”“全国巾帼文明岗”等称号。

【刑事检察】　2021年，晋城市检察机关落实“捕诉一体”办案新机制，反映刑事案件办案质量和效率的“案—件比”连续3年居全省第1。履行认罪认罚从宽制度适用主导责任，全市检察机关认罪认罚从宽制度适用率、确定刑量刑建议采纳率、辩护人及值班律师参与率等指标长期位居全省第一方阵。推动派驻检察工作，对公安机关办案情况开展专项检查，监督公安机关立案25件34人，分别比上年上升25%、47.8%，监督立案判处有期徒刑以上刑罚率96.5%；监督公安机关撤案19件24人，分别比上年提高72.7%、100%。构建以抗诉为中心的审判监督模式，提出抗诉41件，改判10件，发回重审3件，维持原判24件；纠正审判活动违法20件。加强刑事执行检察监督，构建“派驻+巡回”工作模式，开展看守所巡回检察试点工作，纠正各类刑罚执行违法248件。

【民事检察】　2021年，晋城市检察机关聚焦生效裁判结果监督、民事审判执行活动监督、支持起诉等重点工作，构建多元化民事检察监督格局。全年，共办理各类民事检察案件119件，其中，生效裁判监督案件67件，民事生效裁判监督案件3个月审结率排名全省第1；审判活动监督案件18件；执行活动监督案件34件，支持起诉案件94件。市人民检察院与市中级人民法院、市公安局联合出台《关于防范和查办虚假诉讼的若干意见》，依法向法院提出检察建议2件，实现晋城市民事虚假诉讼监督案件“零”的突破。

【行政检察】　2021年，晋城市检察机关以实质性化解行政争议为牵引、以行政非诉执行监督为延伸，形成市县级各有侧重、全面履职的行政检察工作格局。全年，共办理各类行政检察案件32件，其中，生效裁判监督案件14件，审判活动监督案件2件，执行活动监督案件16件。常态化开展行政争议实质性化解，办理行政争议实质性化解案件31件。以行政非诉执行监督为延伸，加强业务条线间的信息共享、协调联动，对行政执行活动中的违法情形提出检察建议17件。阳城县人民检察院办理的一养鸡场违法占地非诉执行监督案，入选全省检察机关十大行政检察典型案例。

【公益诉讼检察】　2021年，晋城市检察机关稳妥拓展公益诉讼办案范围，开展煤矿生产中涉生态环境和资源保护、国有财产保护等领域，规范窨井盖、无障碍设施建设管理等9个公益诉讼专项活动。全年，立案办理公益诉讼案件750件，其中，民事公益诉讼案件36件，行政公益诉讼案件714件。加强对诉前检察建议落实的跟踪督促，公益诉讼诉前建议整改率排名全省第1。

【助力平安晋城建设】 2021年，晋城市检察机关推进更高水平平安晋城建设，围绕庆祝建党100周年，做好打击犯罪、维护稳定、应急值守等工作，批准逮捕各类刑事犯罪案件738件1111人，提起公诉2235件3045人。开展社会治安、经济民生、农业农村三大领域违法犯罪和突出问题打击整治专项行动，依法起诉黄赌毒、盗抢骗、食药环等违法犯罪案件596件880人。围绕毒品犯罪、电信网络诈骗犯罪开展调研，提出社会治理类建议，相关分析报告被市委、省人民检察院采用。建立常态化开展扫黑除恶专项斗争工作机制，对黑恶势力犯罪保持严惩高压态势，批准逮捕涉黑恶犯罪案件14件48人，提起公诉15件116人。针对信息网络、自然资源、交通运输、工程建设领域发现的行业监管漏洞，制发刚性检察建议15份。推进社区矫正检察监督规范化，防范和纠正社区矫正对象脱管漏管工作，监外执行、社区矫正监管活动违法纠正率100%。

【助力优化营商环境】 2021年，晋城市检察机关参与整顿和规范市场经济秩序，依法起诉破坏金融管理秩序、扰乱市场秩序等犯罪案件40件101人。维护民营企业合法权益，依法起诉影响非公经济发展案件16件52人；依法对10名民营企业家和民营企业从业人员作出不起诉决定，依法对26名涉案民营企业家和民营企业从业人员适用认罪认罚从宽制度。常态化开展联企服务，市县两级检察院领导班子成员包联“百村百院”康养工程等81个省、市重点工程项目；开展“一对一”联系民营企业活动，对接、服务企业166次。

【参与市域社会治理】 2021年，晋城市检察机关主动融入共建共治共享社会治理格局，推进诉源治理。贯彻“少捕、慎诉、慎押”刑事司法政策，诉前羁押率、捕后不诉率、捕后判轻（缓）刑率均排名全省第1。推行司法办案、风险评估、矛盾化解同步推进机制，“七日三个月”答复率达100%。助力提高社会治理现代化水平，晋城市检察机关社会治理及其他检察建议采纳率排名全省第3，2件检察建议获评“全省检察机关优秀检察建议”。落实“谁执法、谁普法”责任制，开展宪法、民法典、全民禁毒、电信网络诈骗、检察听证等主题宣传活动。市人民检察院不止于程序结案，协调“四级五方”多元调解，促成刑事申诉、民事申诉、治安案件一体化解。

【职务犯罪查处】 2021年，晋城市检察机关贯彻落实《关于加强和完善监察执法与刑事司法衔接机制的意见（试行）》，完善监检贯通协同机制，推动“法法衔接”工作规范化、法治化。全年，共受理监委移送案件50件58人，决定逮捕32件34人，提起公诉41件47人。市人民检察院依法办理了山西省公安厅原二级巡视员邬某某受贿、徇私枉法案，山西省高级法院原审判委员会委员、阳泉市中级人民法院原院长陈某某受贿案等重大职务犯罪案件。依法行使司法工作人员相关职务犯罪侦查权，立案侦查司法工作人员涉嫌玩忽职守犯罪案件1件2人。

【助力民生服务】 2021年，晋城市检察机关聚焦食品药品安全，依法起诉危害食品药品安全犯罪案件30件33人，办理食品药品安全领域公益诉讼案件46件，19件依法提出判决支付销售金额10倍惩罚性赔偿金诉讼请求的案件全部得到法院支持。聚焦环境污染防治，开展“公益诉讼守护美好生活”专项行动，建立并落实“河长+检察长”工作机制，市县两级检察院48名院领导担任河流检察长并定期巡河，立案办理涉及河道公益诉讼案件100件，推动解决了一批“黑水河”“垃圾河”等河流污染问题；组织开展2021—2022年秋冬季大气污染综合治理公益诉讼专项监督活动，立案办理涉及工厂扬尘、秸秆焚烧等问题公益诉讼案件68件。

【助力乡村振兴】 2021年，晋城市检察机关深化贫困户、残疾人等“四类人员”国家司法救助全覆盖工作机制，为101名生活确有困难的刑事被害人或其近亲属等发放国家司法救助金126.90万元。将农民工权益保障与乡村振兴相结合，依法办理拒不支付劳动报酬犯罪案件7件7人；在同级法院设立“支持起诉岗”全覆盖，支持农民工起诉177件。城区人民检察院依法办理胡某某拒不支付劳动报酬案，为39名农民工讨回被拖欠工资100余万元。

【维护弱势群体合法权益】 2021年，晋城市检察机关在全省率先实现赡养类公益诉讼案件办理全覆盖，帮助老年人解决赡养难题，共办理赡养类公益诉讼案件9件。泽州县人民检察院开展亲情感化、情理劝导工作，为“有家不能回”的八旬老人妥善解决赡养问题。加强未成年人司法保护，落实未成年人刑事诉讼特别程序和特殊制度，附条件不起诉适用率稳步提升。落实最高人民检察院“一号检察建议”，开展“百名检察官进百校”“法治进校园”等活动160次，邀请中小学生参加“检爱同行、共护未来”检察开放日活动，护航未成年人健康成长。

【检察创新】 2021年，晋城市检察机关贯彻“谁办案谁负责、谁决定谁负责”司法责任制，落实办案阅卷、提讯、出庭等亲历性要求，压实领导干部办案责任，市县两级检察院入额院领导办理各类案件1650件，占办案总量的19.70%。落实检察业务工作高质量发展标志性指标体系，定期对检察业务“把脉会诊”，重点对检察业务工作靠后的单位、部门开展“面对面”“点穴式”约谈7次。突出业绩考评工作，开展全员、全面、全时检察人员考核，落实以质量、效率、效果为核心的业绩评价指标体系，做到奖优罚劣。推进“树立品牌、打造亮点”活动，围绕22项优势工作和22项弱项工作明确量化目标、具体要求和完成时限，实现以精品检察工作带动整体检察工作实现高质量发展。以智慧检察优化检务管理，刑事案件智能辅助办案系统应用工作位居全省第一方阵。

【阳光检察】 2021年，晋城市检察机关自觉接受监督促进检察权依法规范行使，主动向市县两级人大及其常委会报告工作24次，邀请人大代表、政协委员、人民监督员和新闻媒体代表等参加“检察开放日”活动。召开新闻发布会7次，主动向社会公众发布公益诉讼、服务保障民营经济发展等典型案例38件。每季度公开发布“四大检察”、未成年人检察、控告申诉检察和其他重点业务数据，主动接受社会监督，全面展示检察工作成效，检察工作透明度和检察机关公信力明显提升。

（聂媛媛）

法　院

【概况】 2021年，全市法院受理案件43115件，审执结41828件，结案率97.01%。市中级人民法院共受理各类案件4846件，审执结4692件，结案率96.82%。全市法院员额法官人均结案226件，超全省平均数40件。全市法院审判、执行、诉服质效得分1731分，排名全省第1。市中级人民法院官方微信、官方微博、官方抖音被评为“全国法院百优新媒体账号”，连续4年被最高法院评为“司法宣传工作先进单位”。

【涉黑涉恶案件审理】 2021年，全市法院严厉打击黑恶犯罪，推进常态化扫黑除恶专项斗争，审结一审黑恶案件16件128人，二审黑恶案件10件122人，依法惩处刘洋屹等涉黑涉恶犯罪集团。

【行政审判】 2021年，全市法院监督支持政府依法行政，审结一审行政案件289件。连续3年召开晋城、长治“两府两院”座谈会，连续4年发布行政审判白皮书。王某诉陵川公安局行政拘留一案入选全省行政审判十大案例。

【民商事审判】 2021年，晋城市中级人民法院党组聚焦全市发展大局，研究出台优化法治营商环境20条举措。推动构建“府院破产统一协调机制”，与市政府联合印发《关于建立晋城市企业破产处置府院联动机制的实施方案》，协调16个职能部门，共同构建社会治理大格局。全年，全市法院共受理民商事一审案件17282件，审结16500件。

【矛盾纠纷预防化解】 2021年，晋城市中级人民法院探索矛盾纠纷多元化解新方式，印发《关于加强诉源治理推动矛盾纠纷多元预防化解的实施意见》，城区法院成立诉前调解中心，泽州法院川底

2021年10月22日，晋城市中级人民法院开展案件质量评查

（杨 胜 供图）

法庭变身“共享人民法庭”，成立镇矛盾纠纷多元化解中心，沁水法院嘉峰法庭成立“树理工作室”。全年，全市法院受理诉前调解案件13613件，调解成功案件8706件，成功率63.95%。

【执行工作】 2021年5月7日，全市两级法院统一挂牌成立执行服务中心，将执行立案、信息公开、信访接待等10个事项集中办理。至年底，市县两级执行服务中心共接待群众来人来电咨询案件进度13463人次，办理案件缴退款9816笔48731.71万元。该经验做法在《全国政法队伍教育整顿工作简报》第47期上刊发。

【审判质效提升】 2021年，全市法院推进当庭宣判，提升审判质效。晋城市中级人民法院中院出台《关于推进当庭宣判的实施意见》，整治合而不议、拖延办案等诟病，压缩办案周期，实现“看得见的正义”目标。全市法院实质化当庭宣判率31.85%，案件审理平均用时30.2天，比上年减少7.5天。推进“一站式”建设，出台《立案诉服工作司法便民十项措施》，为群众提供菜单式、集约式、一站式服务，实现法院版“最多跑一次”。

【简案快审】 2021年，全市法院坚持“非诉调解先行、司法确认跟进、诉前鉴定保障、简易程序提速”原则，推进简案快审，压缩案件审理周期，一审简易程序适用率83.83%。晋城市中级人民法院出台《破产案件快速审理指导意见》，在全省首家适用快速审理机制审结破产重整案件，泽通煤炭中心破产清算案件仅用时80天。

【案件质量评查】 2021年，晋城市中级人民法院加强案件质量评查，对基层法院被发回重审和改判的259件案件，牵头组织“两级三评互动”式案件质量评查，集中对市县两级法院有不同认识的37件案件进行“面对面”会诊，为案件办理提供指引和镜鉴。

（杨 胜）

司法行政

【司法体制改革】 2021年，晋城市突出执法司法责任体系改革和建设，构建审判机关“五位一体”全员管理大格局，推行案件当庭宣判、均衡结案、简案快审、繁案精审，实行“两级三评互动”案件质量评查管理，全市两级法院统一挂牌成立执行服务中心；贯彻落实《中共中央关于加强新时代检察机关法律监督工作的意见》和省委《实施意见》，制定工作清单，组织专项督查，开展公益诉讼专项活动，全覆盖设立“支持起诉岗”；组建执法监督管理委员会，制发操作指引，全面推进执法办案场所规范化建设；健全“人民调解+”工作机制，深化社区矫正“一局一中心”“智慧矫正”等试点改革，推进三级公共法律服务平台建设，实施免费法律咨询和特殊群体法律援助惠民工程，推广跨部门大数据办案平台和“辅助办案系统”应用，提升执法司法质效和公信力。

（刘贝贝）

【法治宣传教育】 2021年，晋城市举办习近平法治思想专题报告会，开展习近平法治思想学习贯彻情况专项调研。制定晋城市贯彻落实《法治中国建设规划》《法治社会建设实施纲要》实施方案及“八五”普法规划，完成3部地方性法规和1部政府规章法治审查。推行“局长讲法”制度，52名领导干部登台讲法，形成领导干部日常讲法、在中心组讲法、到党校讲法三个常态化，工作经验在全省“谁执法谁普法”履职评议会上作经验交流。全年，全市共培育农村法律明白人3136名，建成青少年法治教育基地5个，创建市级民主法治示范村71个，开展各类法治宣传活动300余场。市司法局被司法部表彰为全国“七五”普法先进单位。

【行政执法监督】 2021年，晋城市在全省率先出台《晋城市行政执法监督暂行办法》，举办全市行政执法专题培训班2次，开展了市场监管、生态环境、文化市场领域执法案卷评查。严格执法资格准入关口，分批组织953名行政执法人员参加执法资格认证考试，清理不符合执法资格人员316名。出台《多领域实施包容免罚清单模式方案》，在全市推广“轻微违法不罚”“首违不罚”等“柔性执法”改革。推进行政复议体制改革，市本级和6个县（市、区）全部实现行政复议权集中行使。全年，市司法局共办理行政复议案件140件，办理以市政府为被告的行政应诉案件38件，结案23件，胜诉22件。

【公共法律服务】 2021年，晋城市围绕“两全”服务体系（加快推进覆盖全业务、全时空的公共法律服务网络体系建设），推进公共法律服务平台建设，提升公共法律服务质量，6个县级中心、77个乡级工作站、1726个村级工作室全面实施标准化建设，“4小时”值班制实现常态化。

【法律援助】 2021年，晋城市依托县乡村三级公共法律服务平台，开展“免费法律咨询和特殊群体法律援助惠民工程”，累计为群众免费提供法律咨询53493人次，法律援助1102件，完成率分别达255%、130%，受到省政府办公厅通报表扬。全面推行证明事项告知承诺制，明确适用范围，强化核查手段，减轻企业群众办事负担。深化“法援惠民生·关爱特殊群体”品牌建设，农民工、残疾人、军人军属、未成年人4类法律援助工作站点实现全覆盖，5件案例入选中国法网，相关做法被《山西法制报》进行专题报道。

【人民调解】 2021年，晋城市成立晋城市人民调解协会，组建晋城市调解人才资源库，新成立行业调委员会3个，协调建立“三长会商”“价格纠纷”等矛盾纠纷多元化解联动机制，常态化开展矛盾纠纷分析研判。市司法局组织开展“走村入户”大排查、“调解七进、服务三零”、防范“民转刑”命案等专项行动，累计走访排查6.30万次，入户52.80万户，成功调解矛盾纠纷6380件，调解成功率达99.80%。牵头推进晋城市矛盾纠纷多元化解中心建设，拟定《组建方案（草稿）》，完成项目立项，开展招投标工作。

【社区矫正】 2021年，晋城市加强重点人员管理服务，分级实施社区矫正分析研判，严格矫正对象外出管理，开展司法所专项执法检查，全市850名社区矫正人员无一脱管、漏管。开展刑满释放人员排查建档，落实重点帮教对象“必接必送”制度，全年衔接刑满释放人员867人，推进建设安置帮教基地5个。在全市77个乡镇全部开通远程视频会见系统，完成会见420次，解决服刑人员和家属“会见难”问题。推进社区矫正“一局一中心”试点建设，县级全部设立社区矫正中心，泽州县、高平市探索的细化实施举措为全省提供参考经验。开展“智慧矫正中心”创建，由泽

2021年6月24日，晋城市推进服务业提质增效2021年法律服务专项行动座谈会召开　（周冯萧　供图）

州县承担的先期试点工作通过2轮验收。

【戒毒工作】 2021年，晋城市统筹推进禁毒重点整治、示范城市创建、农村毒品治理三大任务，推动各级党委政府落实禁毒责任，构建“六全”毒品治理体系（全覆盖毒品预防教育、全环节服务管理吸毒人员、全链条打击毒品犯罪、全要素监管制毒物品、全方位毒情监测预警、全层级落实禁毒工作责任），争创全国禁毒示范城市，加强农村地区毒品治理，推动禁毒社会化工作，完善毒情检测结果运用，巩固毒品治理效果。6月，晋城市组织开展“全民禁毒宣传月”活动，营造全民关注、参与和支持禁毒的浓厚氛围，动员全民共同参与打赢禁毒人民战争。6月3日，晋城市强制隔离戒毒所在市禁毒教育基地组织开展“虎门销烟纪念日”主题教育宣传活动，对青少年进行毒品违法犯罪、毒品基本识别以及防范毒品滥用等禁毒知识进行普及。

【律师工作】 2021年，晋城市成立企业家维权委员会，组建120人的民营企业律师服务团，全面推行律所与商会精准对接的“一所一会”模式，全市律师事务所与7家工商联、75个所属商会实现实时对接，为5家商会、80家民营企业新聘法律顾问，到160家民营企业开展“法律体检”，到各类企业、工地开展法治讲座30余场，提出法律意见200余条，形成体检报告30余份。 （周冯萧）

【公证】 2021年，晋城市推出赋强、保全证据、提存等多项公证业务，全年全市公证办证量4290件，其中经济类公证1688件，民事类公证1615件，涉外类公证987件，办证量比上年增长33%。晋城公证处与山西银行、市融资担保公司等多家金融机构建立“一站式、集成式”的赋强公证业务模式；与晋城市中级人民法院、泽州县人民法院签订提存事务合作协议，在全市率先办理执行款提存公证70余笔，涉及执行款1000万余元。

（程梦馨）

仲 裁

【仲裁案件】 2021年，晋城市仲裁案件立案673件，标的额7.99亿元；结案588件，调解率64%，创历史新高。接待电话咨询2000余件。针对疑难案件，召开专家咨询会议10次，对6起市司法局转办的信访案件进行核阅，出具情况说明。

【仲裁机构改革】 2021年，晋城仲裁委员会被确定为山西省仲裁机构综合改革试点单位，按照决策权、执行权、监督权相互分离、有效制衡的原则，建立委员会为决策机构、秘书处为执行机构、三个专门委员会为监督机构的法人治理结构。委员会行使决策权，委员会设立主任会议，负责处理决策机构的重要日常工作。秘书处作为执行机构，执行委员会的决议决定，接受委员会的领导、管理和监督，以工作简报形式向委员会报告工作。3月26日，晋城市完成第四届晋城仲裁委员会的换届工作，注销事业单位法人，核销人员事业编制。晋城仲裁委员会成为自收自支、独立核算、非营利性、依法纳税的公益性法定仲裁机构；申领山西省司法厅颁发的“晋城仲裁委员会”登记证书。

【仲裁服务】 2021年10月，晋城市被确定为全国旅游投诉调解与仲裁衔接试点城市。晋城仲裁委员会知识产权仲裁院挂牌成立，参与组织晋城市社会共治多元化解决知识产权纠纷工作座谈会，为市场主体提供便捷高效的争议解决途径。

与晋城市保险协会沟通联系，建立调解仲裁纠纷衔接机制，维护保险各方主体合法权益。按照国家“十四五”规划和山西省“十四五”规划中“健全社会矛盾纠纷多元预防调处化解综合机制，依托综治中心、信访服务中心、公共法律服务中心、诉讼服务中心等，打造‘一站式’服务的社会矛盾纠纷化解中心”的要求，晋城仲裁委员完成入驻晋城市市域社会治理中心（矛盾纠纷多元化解中心）前期工作。

【仲裁调解】 2021年，晋城仲裁委员会与晋城市中级人民法院联合召开第四次仲裁与诉讼执行工作座谈会，就文书送达、仲裁费执行、重复仲裁、裁决继续履行等情况进行沟通，达成共识，开拓多元化解决纠纷的机制和渠道，基本形成每季一座谈，每月一对接的沟通长效机制。成立仲裁立案调解中心，与各商会、协会等机构组建的调解中心无缝衔接，指导规范仲裁调解工作。

（韩　红）

法学研究

【概况】　2021年，晋城市法学会加强会员管理，完善规范会员管理档案，发展团体会员14个、个人会员1248人。贯彻落实中共中央办公厅《关于进一步加强法学会建设的意见》以及中共山西省委全面依法治省委员会《关于进一步加强全省法学会建设的实施意见》精神，出台《关于进一步加强全市法学会建设的实施意见》，推动县级法学会和研究分会建设，建立健全县级法学会工作量化考核机制，并纳入社会治安综合治理和平安建设考核评价体系。10月28日，召开常务理事扩大会议，总结2020年度、2021年度工作，增补选举王瑞新为专职副会长，市委常委、政法委书记、统战部部长、市法学会会长石云峰出席会议并讲话。联合市司法局、团市委同步举行"晋城市2021年青年普法志愿者法治文化基层行"启动仪式，组织参加"双百"（百名法学家、百场报告会）活动，参加中国法学会、人民日报社联合举办的习近平法治思想论坛。12月17日，晋城市法学会作为先进地市代表参加中国法学会2021年度常务理事扩大会议，并在分组讨论会上交流发言。

【市域社会治理现代化专题调研】2021年，晋城市法学会联合市委政法委，会同市委党校、团市委、兰花集团等，举办系列法学沙龙，以共建共治共享为主题，搭建共学共研共商平台，聚焦解决市域社会治理突出问题，开展思想交流、理论研讨、工作探讨，汇聚各方智慧和力量，共谋市域社会治理现代化创新路径。4月8日，市委政法委、市法学会组织召开"三零"（零上访、零事故、零案件）单位创建学术研讨会，听取"三零"单位创建情况汇报，形成《"三零"单位创建的实践与探索专报》上报市委，市委王震书记作出批示。8月，晋城市的"创新群团助推典型"做法在全国市域社会治理现代化试点工作推进会上推广。

2021年12月4日，晋城市法学会参加晋城市"12·4"国家宪法日暨第四个"宪法宣传周"活动　　（尹　欣　供图）

【法学课题研究】　2021年，晋城市法学会开展"2021年度山西省法学会法学研究课题选提建议"申报工作，报送选提建议6篇。根据山西省法学会"习近平法治思想理论与实践"重点专项课题申报公告，联合盈科律师事务所申报"企业合规化建设推进研究"课题。在"晋城政法"公众号开辟获奖课题、论文展播栏目，促进相互学习交流。报送第十四届"中部崛起法治论坛"征文31篇，获优秀奖3篇。报送第十六届环渤海区域法治论坛暨京津冀法学交流研讨会征文18篇，获三等奖1篇，市法学会获优秀组织奖。

【法治宣传】　2021年，晋城市法学会开展内容丰富、形式多样的法治宣传活动。4月2日，组织开展"我为群众办实事"实践活动，到城区黄华街社区开展防范电信诈骗、非法集资入户宣传志愿服务活动。4月15日，第六个全民国家安全教育日之际，围绕"践行总体国家安全观，统筹发展和安全，统筹传统安全和非传统安全，营造庆祝建党100周年良好氛围"主题开展宣传活动，现场为市民讲解防邪反邪、"三零"单位创建、防范电信诈骗、未成年人保护法等方面的法律知识，提升群众的防范意识。

（尹　欣）

晋城军分区

【概况】 2021年,晋城军分区被省军区评为"太行—2021A"军地联合演练先进单位,市征兵办公室被省征兵办公室评为征兵工作先进单位,沁水县人民武装部、高平市人民武装部被省军区评为全面建设先进人武部,全分区60名个人和26个基层人武部立功受奖。

【思想政治建设】 2021年,晋城军分区坚持政治引领,落实常态"三学"(专题集中学、及时跟进学、自主经常学)措施,学习贯彻习近平强军思想,党委机关带头抓学习、强信仰,增强官兵强国强军的理想情怀。完成军官制度改革等级转换,拓展能力素质提升工程,制定《加强文职人员队伍建设措施》,锤炼官兵履职尽责的职业素养。晋城军分区编纂的《晋城军事年鉴(2020)》被评为全国第八届地方志优秀成果三等年鉴,高平市人民武装部被省军区评为新闻宣传工作先进单位。

【战备训练】 2021年,晋城军分区投入资金补充战备建设器材,开展辖区防卫目标数据普查,修订应急方案预案,组织首长机关训练和民兵实战化演练,完成民兵轮训备勤和学生军训等工作。组织参加多次应急救援任务,陵川跨域扑灭森林火灾的做法,被中央军委国防动员部和中部战区《要讯》报道。陵川县人民武装部、沁水县人民武装部被省军区评为战备训练工作先进单位,城区人民武装部被省军区评为军事训练工作先进单位。

【国防动员】 2021年,晋城军分区着眼提升国防动员军事斗争准备质效,精准编建普通民兵和基干民兵队伍,民兵新质力量比例明显提升。紧贴实战动员需求,更新完善潜力信息,促进潜力优势向打赢胜势转化。

【民兵建设】 2021年,晋城军分区坚持强基固本,夯实民兵基层基础工作,推动《军分区大抓人武部措施》落实,采取"常委挂钩、常态帮建、精准发力"方式,组织召开"四个秩序"暨基层建设推进会,城区、泽州人武部先试先行,其他各单位积极跟进,提升民兵正规化水平,沁水县人民武装部被省军区评为民兵工作先进单位。

【兵员征集】 2021年,晋城军分区紧盯部队需求,以备战打仗为导向,以征集高素质兵员为目标,统筹推进征兵各项工作,完成兵员征集任务。大学毕业生、高级技工毕业生占比创历史新高。晋城军分区连续5年被省军区表彰为征兵工作先进单位。

【服务地方发展】 2021年,晋城军分区落实市委议军制度,营造管武兴武外部环境,注重军民融合深度发展,加大军地交通运输、信息、战备物资储备等方面的联系力度,建立军地沟通协调机制,助力地方经济社会发展。

【后勤保障】 2021年,晋城军分区加强智慧军营建设,完善人防、物防、心防、技防体系,组织资产大清查、枪支弹药大清查,通过中央军委国防动员部日遗化武专项检查，军分区保障处被省军区评为后勤工作先进单位。

（马伯乐　裴余庆）

人民防空

【概况】 2021年，晋城市人民防空办公室贯彻落实习近平总书记“人民防空是国之大事，是国家战略，是长期战略”的指示要求，按照省人防办的重点工作部署，把握高质量发展主题，提升城市整体防护能力和信息化建设水平，推进全市人防工作再上新台阶。

【人防演练活动】 2021年，晋城市人民防空办公室共组织开展人防演练活动6次。1月21日，结合省人防办组织的全省人防指挥通信系统联调联试活动，组织开展指挥通信系统训练活动。4月14日至16日，协同省人防办指通处、综保中心人员，赴高平市、沁水县开展指挥通信系统拉动训练活动。7月5日至9日，晋城、长治、运城、临汾四市人防系统在晋城市人防疏散基地开展人防指挥通信跨区支援联合训练活动。9月18日，开展“9·18”防空警报试鸣暨“居安思危，勿忘国耻”主题党日活动。9月26日至30日，在阳城县人防疏散基地开展全市人防系统2021年度“军事训练周”活动。11月11日，晋城市与河南省焦作市、济源市组织开展晋豫两省三市人民防空指挥通信系统联演联训活动。

2021年11月11日，晋城市与河南省焦作市、济源市开展晋豫两省三市人民防空指挥通信系统联演联训活动　　（孙　贺　供图）

【人防工作站实现全覆盖】 2021年，晋城市在全省率先开展乡镇（街道）人防工作站全覆盖建设，4月20日，全市6个县（市、区）78个乡镇（街道）人防工作站全覆盖建设工作完成，成为山西省首个完成乡镇（街道）人防工作站全覆盖工作的地市。

【人防宣传】 2021年5月12日，晋城市人民防空办公室组织开展“5·12”防灾减灾宣传教育活动，向市民发放人民防空防灾宣传手册及宣传用品。6月16日，组织开展“落实安全责任，推动安全发展”主题“安全生产月”宣传活动。9月18日，为市直8所中学初一新生发放中学生读本《当代人防与民防》2200余本。

【人防设施督查】 2021年3月5日，晋城市人民防空办公室对时家岭公园东广场地下人防工程施工情况进行调研督导。9月6日，副市长王宏微对时家岭东广场地下人防工程施工建设工地进行督导检查。7月30日，晋城市人民防空办公室召开全市人防工程维护管理暨专项督查检查工作会议，安排部署人防工程维护管理状况专项检查和规范防空地下室标志标识牌工作。10月20日至22日，市人防办督导检查组对全市6个县（市、区）12项人防工程建设项目进行专项检查。

【应急救援】 2021年7月，晋城市人民防空办公室组织专业力量和志愿者队伍到泽州县南岭镇、阳城县东冶镇高石村和河南省新乡市抗汛救灾，累计出动救援人员106人次，解救受困群众24人，撤离受灾群众5000余人，运送生活物资30余吨，并向灾区捐赠价值2万余元的防汛救灾物资。晋城市人防蓝盾救援队被山西省防汛抗旱指挥部表彰为山西省防汛抢险救灾先进集体。

（孙　贺）

退役军人事务

【退役军人安置和创业就业】 2021年，晋城市完成退役军人安置任务。拓展退役军人创业就业服务,举办退役军人专场招聘会14场。聚焦精密制造、煤炭装备业、煤化工、煤层气开发、现代服务等产业,市本级征集承训机构24家、实训基地4家、孵化基地4家;各县(市、区)征集承训机构14家、孵化基地6家、实训基地6家。推广自主就业退役士兵教育动态管理,探索实施带薪学徒制,服务自主就业退役士兵。

【优抚工作】 2021年,晋城市兑现重点优抚对象抚恤补助和医疗待遇,下拨抚恤补助资金12423.29万元,医疗保障资金800.15万元。完成优抚对象年度确认试点工作、伤残军人档案审核和证件换发工作。开展重点优抚对象走访慰问活动,公开涉及伤残人员残疾抚恤等惠民惠农财政补贴资金"一卡通"政策清单等。推进市荣军康复医院易址新建工程建设,并投入使用。

【全国示范型退役军人服务中心(站)创建】 2021年,晋城市在退役军人服务保障体系"五有"(有机构、有编制、有人员、有经费、有保障)"全覆盖"的基础上,推进示范型退役军人服务中心(站)创建,市退役军人服务中心、六县(市、区)退役军人服务中心、47个乡镇(街道)达到全国示范型退役军人服务中心(站)标准,剩余30个乡镇(街道)退役军人服务站和14个服务对象300人以上的村(社区)按照全国示范型退役军人服务中心(站)标准开展创建工作。各县(市、区)加快推进建档立卡信息化建设,全面准确采集并动态更新退役军人基础信息数据,实现"一人一账一册"全覆盖;各级退役军人服务中心(站)推进"荣誉室""荣誉墙""光荣榜"等阵地建设。6月10日,省退役军人事务厅在高平市召开学习推广新时代"枫桥经验"暨全省退役军人服务保障体系建设现场推进会,推广高平市退役军人服务保障体系建设经验做法。

【双拥工作】 2021年春节、"八一"期间,晋城市对驻市部队、重点优抚对象、困难退役军人、现役军人家属、边海防现役军人家庭开展走访慰问。落实军人家属随军就业、子女入学相关政策,解决军人子女入学、随军家属就业问题。为立功受奖军人家庭送喜报,发放慰问金。举办"双拥花开太行山"——2021双拥主题晚会暨晋城市第二届最美退役军人发布仪式,对涌现的优秀退役军人进行宣传。全市退役军人领域成立志愿服务组织19个,拓展志愿服务项目12个,建设志愿服务社区22个。探索社会化拥军新模式,6月3日在阳城县召开全市社会化拥军工作现场推进会,推广企业拥军、社区拥军等经验做法。

【烈士纪念设施管理】 2021年,晋城市制定《晋城市烈士纪念设施规划建设修缮管理维护总体工作实施细则》,启动高平市烈士陵园、陵川县烈士陵园改扩建项目,推进市英雄公园建设。成立烈士纪念设施管理保护联合专项工作组,对县级以下烈士纪念设施保护情况进行全面排查。市退役军人事务局等9个部门建立英雄烈士保护部门协调联动制度,依法开展英雄烈士保护工作,4处英雄烈士纪念设施被认定为红色文化遗址。

【宣传活动】 2021年,晋城市把《中华人民共和国退役军人保障法》列入退役军人事务领域"八五"普法重要内容,组织开展送法进军营、普法进社区等活动8次,参与活动人数2万余人次,印发普法资料2万余册,发放退役军人保障法宣传册2200余份,通过微信公众号开展退役军人保障法有奖知识竞答,举办《中华人民共和国退役军人保障法》颁布实施一周年普法宣传暨主题签名活动。开展老兵跟党走系列活动,组织"传承红色基因,续写军旅荣光"作品征集活动,向省退役军人事务厅推荐书法、绘画、诗歌、文章、摄影等作品70余件,其中7件作品获奖;举办"老兵永远跟党走·党旗飘扬在心中知识竞赛",累计118066人次参与答题;组织"老兵永远跟党走·让退役军人成为全社会尊重的人"主题演讲比赛和"老兵永远跟党走·一朝军旅情,毕生写忠诚"微视频征集展播活动。组织开展晋城市第二届"最美退役军人"评选活动,评出10名"最美退役军人"和10名"最美退役军人提名人选",推荐3人为山西省"最美退役军人"候选人。开展"兵支书"评选活动,评选"兵支书"92名。 (和亚超)

宏观经济调控

【经济运行监测调度】 2021年，晋城市将三次产业目标任务细化为46项指标，落实到20个市直牵头部门；制定补考进位工作方案、行动计划，明确23个责任部门、77项工作任务和76项工作举措。市发展和改革委员会牵头成立全市经济运行分析工作专班，常态化开展精准调度，建立县（市、区）、部门、专题3项调度机制，定期召开全市补考进位推进工作会，分行业、分领域召开专项调度会。试行月度核算机制，建立重点行业、重点企业监测样本，分析短板弱项，制定工作措施，增强调度的针对性、精准性、有效性。

【“十四五”规划编制】 2021年，晋城市建立高级“1+26”规划体系，包括1个总体《纲要》和26个专项规划。总体规划《纲要》经市七届人大常委会七次会议审议通过后正式印发实施，26个市级专项规划编制工作有序推进。编制完成黄河流域生态保护和高质量发展区域规划、百里沁河生态经济带“1+3”规划，79个重点项目中有16个项目开工建设，争取中央专项资金1.29亿元。编制融入中原城市群“十四五”专项规划，从文旅康养、能源、交通等方面深化与中原城市群交流合作。

【现代服务业】 2021年，晋城市服务业增加值完成681.2亿元，比上年增长10.7%，增速排全省第2。出台推进服务业提质增效2021年行动计划。累计核销消费券2500万元，直接带动消费3.5亿元；建成3个省级电商直播基地，累计开展电商直播1.5万场次，完成销售额4.2亿元。推动25家平台公司建成运营。全市限额以上批发零售住宿餐饮企业总量731家，规上服务业企业136家。5个物流园区全面开工。2家网络货运平台组建完成。泽州、高平、陵川、阳城、沁水5个县（市）成功入选省级农村物流创新模式试点县。

【入企服务】 2021年，晋城市组建5个工作专班和7个入企服务小组，建立领导包联、工作调度等5项机制，共抽调469名机关干部组成52个市县两级工作小组，与省同步开展入企服务工作，实现全市1647家“四上”企业及规模种养殖户入企服务全覆盖，市级层面解决问题219个。

【能源革命综合改革】 2021年，晋城市印发能源革命综合改革试点2021年行动计划，对36项工作任务和20项重大引领示范项目实行清单化管理，推进省定4项重大引领示范项目。推进煤层气增储上产，制订出台煤层气示范基地建设2021年工作计划，加快推进12个增储上产项目，浩坤二期液化项目正式投运。华新燃气集团与中石油华北油田在马必东区块和龙湾区块开展合作。地面煤层气抽采量42.67亿立方米。加快“气化晋城”建设，华新燃气集团投资建设的2座增压站、7条管线基本完工。制定城区燃气市场规范重组方案，推进县域内燃气市场整合。全市新增气化人口21.02万人，气化率提升至85%以上。晋钢专线输气管道开工建设。

【重大项目建设】 2021年，晋城市对重大项目实行领导包联推进机制，实行“指挥部+公司”化运营管理，实现项目从谋划、前期、开工、建设到竣工投产全流程推动、清单化管理、专业化服务。全年，共实施省市重点工程建设项目102项，完成投资444.5亿元，完成率102.8%。全市建设库在建项目1098项，年度计划投资780.4亿元，完成投资822.3亿元，完成率105.4%。围绕黄河流域生态保护和高质量发展国家战略，系统谋划百里沁河生态经济带、丹沁两河沿线生活污水治理、太行一号文旅康养和乡村振兴融合发展示范带、环城水系清水复流四大牵引性工程。

【采煤沉陷区治理】 2021年，晋城市采煤沉陷区治理安置任务17745户，涉及6个县（市、区）30乡镇131村46794人。全市综合完成率100%，其中新建安置竣工率100%，货币化安置资金发放率100%，成为山西省第一批达到收官标准的地市。

【价格管理】 2021年，晋城市消费者物价指数累计上涨1%，涨幅较上年回落1.9个百分点，与全省价格涨幅持平，控制在3%左右的目标以内。全面清理供水、供电、供气、供暖行业所涉及企业的不合理收费。规范中小学生课后服务、耕地开垦等行政事业性收费。开展阳城县“郭峪古城”景区、沁水县“湘峪古堡”景区门票价格调整听证，增强重大行政决策公众参与实效。

【优化营商环境】 2021年，晋城市深化“一枚印章管审批改革”，以办成“一件事”为核心，配套出台80余项改革创新举措，工程建设项目从立项到开工仅12个工作日就完成审批。做好营商环境国评省考工作，召开全市优化营商环境大会。出台全市优化营商环境“130”条，在全省率先出台“双免”政策，制定工程建设项目第一批豁免审批清单。创新开展承诺制改革，形成“一本制”制度体系。

（李慧敏）

2021年8月23日，晋城市“郭峪古城”“湘峪古堡”景区门票价格调整听证会召开

（李慧敏 供图）

自然资源管理

【用地保障】 2021年，晋城市共报批建设用地38个批次6696亩，供应土地176宗8853.5亩，解决44个省市重点工程及产业、城建、民生项目用地需求。加强土地一级市场建设，推动中心城区土地收储与出让，共收储土地49宗，面积1712亩；公开出让土地28宗1398.39亩，出让收益43亿元（含开发区和城改用地）。保障开发区用地，推进“承诺制+标准地”改革，完成“标准地”出让9宗，占开发区新出让工业用地宗数的65%以上，总面积1530.6亩，出让金3.28亿元。推进土地要素改革，通过盘活国有低效土地，开展农村“四块地”改革、点供用地双平衡试点，推进集体土地入市等一系列举措，全市共盘活各类国有和集体土地3600余亩。落实“增存挂钩”指标配置模式，加快批而未供土地和闲置土地处置，消化存量土地4300余亩。

【煤层气管理】 2021年，晋城市推动煤层气增储上产，划定煤炭矿权、增设煤层气矿权范围，面积143

2021年2月4日，晋城市规划和自然资源局、晋城银行股份有限公司“互联网+不动产登记”合作协议签约暨揭牌仪式举行

（梁　彬　供图）

平方千米。完成6宗煤层气区块探矿权出让，资源量134亿立方米。

【不动产登记】　2021年，晋城市推行“一证通办”“水电气暖联动办理”“交地即交证”“交房即交证”等便民利民服务模式，办理时限提速增效全省排名第1，提前完成国定目标。开展房屋产权登记确权颁证清零行动，完成历史遗留问题房屋首次登记101504套，完成率92.78%；转移登记86278套，完成率78.86%，超额完成省定60%的首次登记和转移登记目标。

【土地执法检查】　2021年，晋城市落实自然资源例行督察和森林督察整改工作，开展农村乱占耕地建房排查整治和大棚房清理整治，制止非法占用耕地、林地行为。

【地质灾害防治】　2021年，晋城市应对极端强降雨天气，严防死守425处地质灾害隐患点，加强排查防控和应急处置，汛期共撤离受威胁群众2.3万人次，实现地质灾害零伤亡目标。

【非法违法采矿治理】　2021年，晋城市聚焦私挖滥采易发区、隐患点，以关闭矿井、储煤场所为重点，落实排查日报和三级签字制度，督导6个县（市、区）开展滚动式、拉网式、地毯式排查，共排查私挖滥采易发区隐患点79处，关闭矿井1399处、各类储煤场所136个。

（梁　彬）

能源监督管理

【能源企业发展】　2021年，晋城市新增规模以上能源企业65家，其中泽州县30家。全市实现能源工业产值1525亿元，比上年增长76%；能源行业增加值占全市生产总值的45%、规模以上工业的80%以上，均比上年提高7个百分点。能源企业上缴税收194亿元，占全市税收的68%、工业税收的87%。

【能耗“双控”管理】　2021年，晋城市加强能耗“双控”（能源消费总量和强度双控制度）管理，优化用能结构，全市单位生产总值能耗下降6.1%，居全省第2；煤炭消费量（实物量）减少73万吨，比2020年降低3.3%，超额完成省定目标（降低2%）。

【煤炭产业监管】　2021年，晋城市坚持“全面铺开、分类实施、分段建设、预留空间”煤矿智能化建设原则，启动151处智能化采掘工作面建设，建成69处，居全省第1。其中阳城县建成22处，全市第1；晋能控股晋城煤炭事业部建成30处，为各主体第1。坚持“先行先试、示范引领、有序推广”煤炭绿色开采原则，在大宁、唐安等10座煤矿开展煤炭绿色开采试点。新增煤矿信息化建设“一级标准”矿井4座、“二级标准”矿井28座；45座煤矿完成产量监控系统升级改造，完成率48%。

【煤层气产业监管】　2021年，晋城市优化顶层设计，《煤层气示范基地建设规划》《管网互联互通发展规划》发布实施；《煤层气千亿级产业集群发展规划》通过专家评审。

【电力产业监管】 2021年，晋城市聚焦新型电力体系建设，加速推动全市电力行业转型升级。市场交易上规模，全年累计交易电量155.6亿千瓦时，为用电企业节省电费5.3亿元，全省领先。重点项目见成效，12.5万千瓦分散式风电项目和1.5万千瓦垃圾发电项目建成并网，新能源装机突破126万千瓦，占比提升3个百分点。电网建设投资持续提升，年度投资10.78亿元创历史新高，18项35—500千伏输变电工程开工建设，8项竣工投运，全市第三座500千伏输变电站——建兴(晋城东)顺利投运，从根本上解决了晋城东部电网结构不合理等问题。谋划项目走在前，获批200万千瓦集中式光伏项目，获得高平、陵川两个整县制屋顶光伏试点9万千瓦，获批规模绝对量全省第一。“风光火储”和“源网荷储”两个一体化基地建设明确建设主体。

【能源保供】 2021年，晋城市应对国内部分地区出现的拉闸限电等严峻形势，组建能源保供专班，建立能源保供机制，晋能控股集团晋城地区煤矿为河北、重庆及沿海地区供应煤炭197万吨，兰花、科兴、天泰、阳泰、王坡、大宁等地方煤企为阳城电厂供应煤炭近200万吨。阳城电厂、国投晋城热电、晋煤阳城煤矸石电厂累计发电200亿千瓦时，为全市稳定供热4800万平方米，保证群众温暖过冬。

(李进修)

国有资产监管

【国资国企改革】 2021年，晋城市对599户国有企业进行摸底，筛查出6方面29个问题。制订《晋城市国企改革行动实施方案(2021—2022年)》《关于推进市属国有企业“六定”改革的实施方案》，召开全市国资国企改革发展大会，细化90项任务清单，推进国资国企改革工作。市工业和信息化局(国资委)、市委组织部联合对市属国有企业领导班子进行综合考核；印发《晋城市市属国有企业员工招聘指导意见》，规范企业员工招聘工作。

【国有资产战略性重组】 2021年，晋城市坚持“根上改、制上破、治上立”，推动市国投公司实施“一体两翼”战略布局调整，兰花集团实施集团化管控改革，合为集团合并市煤炭规划设计院。推进38个“腾笼换鸟”项目，其中14个优质项目在杭州招商会上推荐，4个项目完成国有资本退出。

【国资国企监管机制完善】 2021年，晋城市推动国资国企精准监管，建设国资国企在线监管系统，实现与国务院国资委、省国资委平台“网络通、数据通”。出台《晋城市市属企业违规经营投资与重大决策终身责任追究实施办法》《晋城市市属国有企业领导人员改革创新合理容错实施办法(试行)》，增强国资监管的科学性、针对性、有效性。

【企业办社会职能剥离】 2021年，晋城市推进剥离国有企业办社会职能工作，完成驻市12户省属企业职工家属区3.7万余户的“三供一业”(供水、供电、供热和物业管理)维修改造任务；完成中央、省属企业2.4万余名退休人员的社会化管理补助资金清算报审工作。理顺国晋物业公司承接原晋煤集团职工家属区“三供一业”物业管理服务和资产管理职能，接收原晋煤集团市政设施，化解国企办市政职能的历史遗留问题。

(马晶妮　张　峰)

财　政

【概况】 2021年，晋城市财政收入突破200亿元大关，收入增幅居全省第1。全市经济继续保持恢复态势，工业生产稳中有进，企业效益明显改善，经济运行总体平稳，一般公共预算收入完成201.3亿元，居全省第4，比上年增长38.6%，较全省平均增幅高15.2个百分点，居全省第1。

税收收入增速提升，主体税种贡献提高。2021年，全市税收收入比上年增长34.3%，较前三季度22.7%的增速提高12.6个百分点，较上半年14.1%的增速提高20.2个百分点，收入增速明显提升。分税种看，增值税、资源税和企业所得税三大主体税种分别完成45.6亿元、22.2亿元和16.1亿元，比年年分别增长34%、45.4%和32.2%，共增收22.4亿元，占税收增收总额的77.3%。此外，与土地和房地产相关的房产税、土地增值税等税收完成17.8亿元，比上年增长36.9%，增收4.8亿元，占税收增收总额的16.6%。

财政支出保障有力，增速排全省第2。2021年，全市一般公共预算支出比上年增长2.9%，增支8.2亿元，增速较全省平均增速高4.1个百分点，居全省第2。各项重点支出得到保障，其中教育支出41.1亿元，比上年增长3.7%，增支1.5亿元；社会保障和就业支出33.9亿元，比上年增长3.7%，增支1.2亿元；卫生健康支出25.5亿元，比上年增长4%，增支9.7亿元；住房保障支出8.4亿元，比上年增长44.9%，增支2.6亿元；文化旅游体育与传媒支出6.2亿元，比上年下降3%，减支0.2亿元，涉及民生支出234亿元，占一般公共预算支出的80.1%。

【财政收入】 2021年，晋城市一般公共预算收入201.3亿元，居全省第4，比上年增长38.6%，增速居全省第1，其中：税收收入113.6亿元，比上年增长34.3%；非税收入87.7亿元，比上年增长44.6%。市本级一般公共预算收入50.3亿元，比上年增长33.9%，其中：税收收入34.7亿元，比上年增长27.7%；非税收入15.6亿元，比上年增长50.1%。

各县（市、区）收入完成情况：按规模排序，泽州县37.4亿元，高平市36亿元，阳城县30.1亿元，沁水县25.4亿元，城区14亿元，晋城经济技术开发区4.8亿元，陵川县3.3亿元，其中，泽州县、高平市、阳城县和沁水县，分别居全省各县（区）第1、第2、第4和第9位；按增速排序，陵川县增长66.2%，沁水县增长56.6%，阳城县增长52.5%，高平市增长51.7%，城区增长47.5%，泽州县增长41.2%，晋城经济技术开发区增长-52.2%。

【财政支出】 2021年，晋城市一般公共预算支出292.2亿元，比上年增长2.9%，居全省第2，其中民生支出234亿元，占一般公共预算支出80.1%。市本级一般公共预算支出执行72.2亿元，比上年增长2.5%。

各县（市、区）支出执行情况：按规模排序，泽州县支出52.7亿元，高平市支出49.2亿元，阳城县支出40.2亿元，沁水县支出30.5亿元，陵川县支出21.3亿元，城区支出17.8亿元，晋城经济技术开发区支出8.3亿元；按增速排序，沁水县增长14%，高平市增长10.3%，泽州县增长8.7%，阳城县增长8.3%，陵川县增长-10.8%，城区增长-13.9%，晋城经济技术开发区增长-30.9%。

【政府性基金收入】 2021年，晋城市政府性基金收入76.2亿元，比上年增长32.5%，增收11.4亿元。其中，市本级收入27.5亿元，比上年增长58%，增收10亿元。

【政府性基金支出】 2021年，晋城市政府性基金支出90.4亿元，比上年下降2.2%，减支2亿元。其中，市本级支出26.6亿元，比上年下降27.6%，减支10.2亿元。

【预算支出管理】 2021年，晋城市强化预算执行管理，压减一般性支出和非急需、非刚性支出，调整取消低效无效、标准过高的支出和非必需的项目支出，市本级安排财政拨款“三公”经费预算3234万元，比上年减少826万元，下降20.3%。加强预算绩效管理，全年共申报项目绩效目标2987个，初次项目入库审核通过2723个，未通过264个，绩效目标审核未通过的项目退回重新填报；实施绩效跟踪，全年跟踪评价项目1085个，涉及预算单位203家，评价资金38.4亿元；开展扶贫资金预算绩效管理，督促市本级和陵川、高平、沁水、阳城、泽州等涉及扶贫资金的县区开展2020年扶贫资金绩效自评，自评申报审核项目165个，涉及扶贫资金4.6亿元。加强政府采购管理，推进政府采购全流程电子化，全市政府采购预算17.24亿元，实际采购额16.58亿元，节约财政资金6584.47万元，节资率3.8%。其中，货物、工程、服务采购金额分别为6.1亿元、2.55亿元、7.9亿元，占采购资金总额的36.8%、15.4%和47.8%；全年公开招标采购合同额5.39亿元，占采购资金总额的32.5%；其他采购方式采购合同额为11.19亿元，占采购资金总额的67.5%。强化国有资产管理，实行办公用房统一调配管理，严控新增办公用房，盘活党政机关闲置房屋；推动资产调剂共享，将长期低效运转和闲置资产进行调剂共享，加强临时办事机构、大型活动购置的闲置资产整合，避免闲置浪费；做好事业单位改革资产划转工作，安排部署涉改事业单位资产清查、资产划转、债权债务处置工作，确保资产随改革及时调整到位。强化预算评审管理，开展重点项目预算评审，推进决算项目审核，全年累计评审项目144个，评审金额21.72亿元，审定19.52亿元，核减资金2.32亿元，核减率10.13%。其中：预算项目100个，送审金额15.12亿元，审定13.38亿元，核减资金1.74亿元；决算项目44个，送审金额6.6亿元，审定6.14亿元，核减资金0.46亿元。加强基本建设项目监管，市政府印发《晋城市市级政府基本建设项目资金拨付管理办法的通知》，对PPP项目、EPC招投标项目、其他建设项目政府资本金、工程进度款的拨付程序进行规范，提高资金使用效率。推进直达资金管理，加速资金落实，全年中央和省级下达晋城市直达资金34.33亿元，市县级对应安排5.09亿元，全市直达资金下达进度100%，支出进度89.2%。加强债务风险防范，出台《晋城市政府专项债券管理实施细则》，实现政府专项债券“借、用、管、还”全生命周期管理；加强债务风险预警和应急处置，建立地方政府债务风险事件月度报告和债务数据月度核查制度，对政府债务进行风险排查。

【重点领域财政保障】 2021年，晋城市加强民生领域财政保障，城乡居民基本医疗保险财政补助标准提高到580元，全市城市低保标准统一提高到每人每月660元，农村低保标准提高到每人每年5640元，基本公共卫生服务补助标准提高到人均79元，稳步提升基本民生保障水平；下达保障性安居工程专项资金1.66亿元，用于住房租赁补贴及政府组织实施的城市棚户区改造项目；预拨1.6亿元用于公交运营补贴，拨付1亿元用于供水、供热、供气政策性亏损补贴。支持实施乡村振兴战略，安排资金6896万元用于现代农业产业化发展，安排资金4361万元用于水利事业发展和农村饮水安全提升巩固工程，安排资金1.47亿元用于改善农村人居环境，安排资金1002万元用于提高农业生产技术水平，下达农村综合改革资金1.33亿元用于“一事一议”、美丽乡村建设、村集体经济发展等。落实教育惠民政策，市级财政下达资金499.5万元用于解决农村义务教育阶段寄宿制学校后勤人员的配备问题，下达资金154万元用于改善32515名农村寄宿制学生营养状况，下达资金1502.23万元用于城乡义务教育公用经费及寄宿生生活补助，下达高中和中职助学金523.78万元用于帮助高中家庭经济困难学生和中（高）职学生顺利完成学业，下达资金1104.39万元用于全市普通高中学生免除学费、中职学生免除学费和住宿费事宜，下达资金576.93万元支持学前教育发展，下达资金716.76万元支持全市职业教育发展，下达薄弱学校改造资金4872万元支持全市中小学改善办学条件，下达资金1530万元支持普通高中教育发展。加强新冠肺炎疫情防控经费保障，市本级安排下达疫情防控专项资金6731万元，确保全市疫情防控工作顺利开展。加强防汛抗灾资金保障工作，下达救灾资金2.15亿元，其中中央和省级救灾资金15459万元，市级安排资金6000万元，全部分配至受灾县。

【存量资金盘活】 2021年，晋城市加大存量资金盘活力度，压缩结余结转资金规模，共清理盘活以前年度安排市直部门（单位）结余资金13.5亿元，资金全部纳入总预算，统筹安排用于民生等重点项目支出。

【减税降费】 2021年，晋城市跟进落实国家、省级层面出台的减税降费政策，为符合政策的9家企业办理增值税退税11笔，涉及金额1.73亿元。及时转发降低新型冠状病毒核酸检测收费标准、降低新型冠状病毒核酸检测收费标准及灾后恢复重建特种设备检验检测费执行零收费等政策文件，要求相关部门按规定执行。

【地方政府债券资金争取】 2021年，晋城市共争取政府债券资金53.39亿元，其中，一般债券11.18亿元，专项债券42.21亿元；申请2021年再融资债券7亿元，缓解短期内债券还本压力，支持各项民生事业及市委、市政府确定的重点工程项目。

【上级资金使用】 2021年，晋城市共争取上级资金6.5亿元，主要用于高平市和泽州、陵川、沁水、阳城4个县的建制镇生活污水处理设施建设，支持大气污染、水污染、土壤污染防治及黄河流域及重点地区历史遗留废弃矿山环境治理等。

【支持实体经济发展】 2021年，晋城市继续落实小微企业信用贷款风险补偿机制，市县财政增资2500万元，总规模达7500万元，累计为1397户企业提供信用贷款12.9亿元；市县财政筹集企业资金链应急周转金4亿元；预算安排310万元，扶持31户民营企业在山西股权交易中心"晋兴板"挂牌上市，完善民营企业的公司治理结构，规范民营企业财务管理。

【财政事权和支出责任划分改革】 2021年，晋城市政府印发财政事权和支出责任划分改革实施方案，推进应急救援、自然资源和生态环境领域市级与县级财政事权和支出责任划分改革，加快建立科学规范、权责明晰、区域均衡、运转高效的财政事权和支出责任管理机制。

【财政管理改革】 2021年，晋城市修订《市对县财政管理工作考核办法》，提升财政资源配置效率和资金使用效益。印发《关于加强完善县管开发区财政管理有关事项的通知》，支持具备条件的开发区实行财政独立核算，激发县管开发区发展动力。

【非税收入收缴电子化改革】 2021年，晋城市有序开展非税收入收缴电子化改革，与银行、平台等方面对接，升级完善原有非税支付系统，支持通过第三方支付平台（微信、支付宝等）、银行非税业务网上支付，打通银联支付渠道，建设银行实现网上接收数据、与财政数据联通等功能。

（张　英）

税　务

【概况】 2021年，全市税务系统实施五大行动（政治机关大教育、治理短板大起底、改革创新大提速、干部队伍大练兵、作风纪律大整顿），实现税费收入量质齐升、减税降费精准发力、税收治理日益完善、营商环境渐趋优化目标。全系统共获国家级荣誉2项、省部级荣誉13项，3项创新举措被省税务局推荐至国家税务总局网站"赛马专栏"。市税务局机关党委被中共中央表彰为全国先进基层党组织，泽州县税务局被评为第六批全国学雷锋活动示范点，"太行金税"品牌入选市直机关"十大党建品牌"。

【税费收入】 2021年，全市税务系统共组织各项收入405.82亿元，其中：税收282.92亿元，比上年增长32.74%，增收69.79亿元；非税收入11.6亿元，增长44.54%，增收3.57亿元；社保费及职业年金111.3亿元。税收收入中，中央级完成107.46亿元，地方级完成175.46亿元。税收提供市县级公共预算收入114.26亿元，增长34.3%，增收29.18亿元，增幅排名全省第3。

【税收分析】 2021年，全市税务系统依托税收大数据，以税资政成效显著。完成省税务局税收经济分析课题3个，向市县党委政府报送税收分析报告60余篇。围绕"十三五"以来晋城经济税收、省属大型国企改制重组等主题，建言献策，为地方党委政府决策提供服务。

【税收改革】 2021年，晋城市税务局学习贯彻中办、国办《关于进一步深化税收征管改革的意见》（以下简称《意见》）和山西省实施方案，建立《意见》落实机制，完成动员部署阶段向稳步推进阶段工作。制定晋城市《夯实征管基础优化纳税服务行动方案》，明确5类52项工作任务。提升税收征管质量，通过涉税事项智能管控平台推送任务107.81万条。

【税收风险防范】 2021年，全市税务系统下发风险任务77批2498条，入库税款、滞纳金2.01亿元，移交稽查部门82户，大企业风险应对入库税款实现翻番。分析应对发票虚开虚抵任务4批60户，查实进销项问题发票1888

份、税额586.54万元。自主开发3个重点行业风险模型，增值税全链条风险分析模型被推荐至国家税务总局，验证命中率91.06%。

【优化征管方式】 2021年，全市税务系统推行增值税专票电子化试点，开展多轮全员测试、岗位练兵、网格化辅导，累计核定新开业纳税人电子专票2680户。试点上线“税收优惠政策智能检索系统——晋享税惠”智能管家，便利企业“一键量身定制”税收优惠政策清单。

【减税降费】 2021年，全市税务系统实施《机动车发票使用办法》，共归类机动车销售企业427户，减免车购税6068万元，惠及纳税人3726户。完成出口退税系统与金三系统整合上线，为29户出口企业审批退(免)税8.63亿元。

【税费管理】 2021年，全市税务系统加强企业所得税管理，落实小微企业所得税优惠1.81亿元，惠及企业6385户；落实提前享受研发费用加计扣除5亿元，减免额1.3亿元，惠及企业158户。企业所得税汇算清缴3.91万户，比上年增长21.71%。加强个人所得税管理，全市共1.34万户纳税人进行经营所得年度申报，申报率99.73%，比上年提升31个百分点；29.42万人完成综合所得汇算清缴，退税15.87万人、退税额6361万元，补税0.55万人、补税额1333万元。探索境外税收风险管理，对外发送专项情报2条。配合房屋产权登记确权颁证清零行动，办理不动产转移登记11.43万套，占全市总量的75.92%。

【税收服务创新】 2021年，全市税务系统以“我为纳税人缴费人办实事”为主线，开展便民办税春风行动、“春雨润苗”专项行动和“金税力行·非常满意”攻坚行动，制定实施《提升纳税人满意度整改方案》《提升纳税质效优化营商环境若干措施》。开展办税服务厅标准化建设，推出“办不成事反映专窗”“十必须十严禁”服务承诺、财行税合并申报、“增值税小规模纳税人引导式申报”等措施。深化部门联动，实现企业开办和简易注销“一件事一次办”、新办企业发票和Ukey(数字证书)当天领用、不动产交易“一窗受理、集成通办”。

【优化税收营商环境】 2021年，全市税务系统优化税收营商环境，平均纳税次数减至4次，比上年压缩2.5次；办税时间减至2.25分钟，缩短71.23%；电子税务局注册率提高至99.84%。营造依法诚信纳税的社会氛围，在全市开展企业纳税信用评价3.94万户，评定A级企业2293户，增长1.5倍；对其中301户“3连A”企业公示授牌、联合激励；指导402户企业修复受损信用、提升信用等级；依托“银税互动”，支持5227户次中小微企业获得银行贷款63.58亿元，其中纯信用贷款20.38亿元。

【依法治税】 2021年，全市税务系统录制“局长讲法”电视节目2期。《税官讲税法》作品获国家税务总局青少年普法视频征集活动二等奖。落实税务证明事项告知承诺制，大幅减少纳税人资料报送。全省率先上线“逾期申报简易处罚网上办理”模块，落实“首违不罚”911笔，占比54%。规范营利性教育行业税收管理，巩固打虚打骗专项行动成果。

(田　宇)

金融监管

【货币政策落实】 2021年，中国人民银行晋城市中心支行投放再贷款再贴现38.4亿元，余额达到29.9亿元，支持小微市场主体5000余户；向法人机构发放普惠小微信用贷款支持计划资金2.6亿元，带动发放信用贷款10.4亿元；普惠小微贷款延期工具落地16.3亿元，发放奖励资金1631万元。

【信贷结构优化】 2021年，中国人民银行晋城市中心支行大力发展绿色金融业务，印发《晋城市“绿票通”再贴现业务实施方案》，推广“绿票通”再贴现业务，为符合条件的绿色票据办理再贴现1500万元。畅通银企对接渠道，引导信贷资金向绿色金融领域倾斜，全市绿色信贷较年初增加39.8亿元，比上年增长81.3%，高于各项贷款增速58.4个百分点。促进制造业融资提质增效，全市制造业贷款余额较年初增加37.6亿元，比上年增长24.9%，高于全省平均水平；制造业中长期贷款余额35.5亿元，较年初增加16.5亿元，比上年增长86.1%。加大个体工商户金融支持力度，将个体工商户名录清单推送至各金融机构，进行专项对接，全市个体工商户新增对接户数4.1万户，累计授信金额11.5亿元，贷款落地6.9亿元。全市创业担保贷款余额3.7亿元，较新冠疫情前增长3倍多，支持创业群体1000余户，创业担保贷款余额、发放额均排名全省第1；基金放大倍数达3.83倍，明显高于全省水平。

【反洗钱监管和反假币工作】 2021年，中国人民银行晋城市中心支行联合市监委、市中级人民法院、市人民检察院、市公安局等单位构建打击洗钱犯罪合作机制，开展反洗钱联合监管，查处洗钱案件3起。加大反假币工作力度，晋城市成为全省唯一实现假币犯罪举报奖励办法县域全覆盖的地级市。

【金融风险防范】 2021年，中国人民银行晋城市中心支行推动高风险机构风险化解工作，成立高风险机构风险化解处置领导小组，修订全市化险方案。完善金融风险监测预警体系，建立金融机构全覆盖、穿透式监测体系，提高发现风险、预警风险的水平和综合分析能力。对高风险机构、涉案机构、涉舆情机构挤兑风险敏感性指标进行“日监测、周研判、月分析”，对苗头性、倾向性、趋势性挤兑风险做到“早识别、早预警、早发现、早处置”。建立健全金融风险防范化解协同合作机制，出台《晋城市中小银行深化改革和补充资本工作实施方案》。推动各级政府建立挤兑风险防控协调机制，防范高风险机构流动性风险、挤兑风险。晋城银保监分局制定打好防范化解重大金融风险攻坚战方案，完善监管联动机制，强化对重点区域、行业和机构风险监测，关注资金运用多、敞口大、结构复杂、关联性强的风险领域，开展区域、十大集团企业、十大行业、房地产领域融资风险监测工作，防止经营性贷款违规流入房地产领域。

【金融消费者权益保护】 2021年，中国人民银行晋城市中心支行强化金融消费者权益保护工作，成立山西省金调委驻晋城和阳城两个工作室，累计受理金融纠纷案件46起，成功调解8起。晋城银保监分局开展2020年底银行业消保监管评价工作，建立健全全网贷及多元化纠纷调解机制，妥善处理消保投诉。接收银行业金融机构投诉案件227件，妥善解决194件，继续协商33件；接收转办保险投诉案件79件，妥善解决41件，调解金额46.49万元。

（殷　涛）

审　计

【概况】 2021年，晋城市审计局按照市委审计委员会确定的审计计划开展审计，共开展重大政策措施落实、财政、民生、金融、经济责任、资源环境、企业、政府投资和重大项目稽查等8大类63个审计项目。在推动政策落实、维护经济安全、推进深化改革、保障改善民生和反腐倡廉建设中发挥了积极作用。

【重大政策措施落实跟踪审计】 2021年，晋城市审计局围绕市委七届十次全会暨市委经济工作会议及2021年《政府工作报告》确定的省定、市定民生实事项目等重大政策措施落实情况，开展二、三季度市本级16个部门及沁水县、陵川县实施的重大政策措施跟踪审计。重点关注困难群众救助补助资金、基本公共卫生服务补助资金、医疗服务与保障能力提升补助资金、车辆购置税收入补助资金4类惠民利企直达资金分配管理使用情况，就业补助和失业保险资金分配使用和相关政策落实情况，21个省定和市定民生实事推进情况。

【财政预决算审计】 2021年，晋城市审计局制订《全市2020年度预算执行情况审计安排意见》，重点关注财政政策落实、财政改革推进、政府债务管理、重点项目支出以及预算绩效管理情况。审计过程中，运用大数据助力预算执行情况审计，覆盖88个市属一级预算单位及220个二级预算单位，提升审计覆盖面。对市财政局、市生态环境局等9个预算部门进行重点审计，抽审单位46个、项目95个，完成对高平市、阳城县、陵川县2019—2020年度财政决算审计。

【民生领域审计】 2021年，晋城市审计局组织市县两级审计机关开展全市2020年度养老、医疗保险基金筹集、使用和运行管理情况审计。审计发现7大类37个问题，审计移送案件线索和事项8件48人。开展农村人居环境整治、防汛救灾、福利彩票公益金等重点民生资金和项目审计。按照上级审计机关安排，开展对运城市平陆县人民政府高标准农田建设资金项目和易地扶贫搬迁资金项目及后续扶持情况审计。

【金融与国企国资审计】 2021年，晋城市审计局按照省审计厅统一安排，开展对翼城县农村信用合作联社2018年至2020年的资产质量审计调查。国企国资审计方面，对3户国有企业、全市粮食系统资产负债损益情况开展审计。

【经济责任审计】 2021年，晋城市审计局贯彻党政同责、同责同审的要求，拓展审计监督的广度和深度，开展对地方政府领导，党政部门、事业单位领导干部和国有企业领导人员的经济责任审计。全年，开展审计项目18个。梳理总结2018年以来晋城市经济责任审计开展情况，向市委审计委员会进行汇报。

【资源环境保护责任履行情况审计】 2021年，晋城市审计局开展对两名领导干部自然资源资产审计、全市2019—2020年耕地保护项目资金使用情况和土地出让金专项审计等4个项目，发现在贯彻执行生态文明建设方针政策和决策部署等7个方面存在的问题。

【政府投资项目审计】 2021年，晋城市审计局对8个政府投资项目竣工决算进行审计，发现建设项目前期决策、勘察设计、招投标、工程管理、概算编制及执行、财务收支、决算7个方面存在的问题。

【重大项目稽查】 2021年，晋城市出台《晋城市市级政府投资项目管理办法(试行)》《晋城市市级政府基本建设项目资金拨付管理办法》，加强对全市在建政府投资项目连贯、完整、高效的监督。晋城市审计局对主城区水系综合治理工程、百里沁河经济带、晋城市农村生活污水治理工程及太行一号旅游公路文旅康养和乡村振兴融合发展示范带等11个重大建设项目开展稽查，发现6个方面存在的问题。

【大数据审计技术应用】 2021年，晋城市审计局在全省首家实现对涵盖全市1094个财政预算单位“横向到边、纵向到底”的全覆盖审计。在养老保险基金、医疗保险基金、住房公积金等审计中，运用大数据审计，实现对基金监督的全覆盖。

【投资审计方式创新】 2021年，晋城市审计局对投资审计协审聘用方式进行改革，采用长期聘用专业工程造价人员协助开展投资审计，提高政府投资项目审计协审工作的质量和效率。

（赵　斌）

统　计

·地方统计·

【统计管理体制改革】 2021年，晋城市将统计管理体制改革、统计方法制度改革创新、统计基层基础建设等贯穿统计工作全过程，明确主体责任、监督责任和相关责任，建立全覆盖、可追溯、严问责的防范和惩治统计造假、弄虚作假责任体系。加强派出制乡镇统计员管理和使用，深化乡镇在地统计改革，提升源头统计数据质量。

【统计入库工作】 2021年，晋城市统计局开展达规达限企业大排查，对准“四上”单位(规模以上工业、有资质的建筑业和全部房地产开发经营业、限额以上批发零售业和住宿餐饮业、规模以上服务业法人单位)逐一核实，督促指导符合条件的单位申报入库。与相关部门建立沟通联系机制，跟踪监测新开业、新投产、新注册单位，确保达规达限后及时入库入统。举办新入库单位“全覆盖”培训，开展“防弄虚作假、防少报漏报”入企指导服务，确保企业如实准确填报。全年，全市新增“四上”单位525家，其中新开业、新投产单位111家；净增入库“四上”单位419家，比上年增长32.50%，增速位列全省第一。

【统计监测服务】 2021年，晋城市统计局依托晋城统计信息网、《统计年鉴》《统计资料提要》《比较2020》，月度《晋城经济运行监测》和短信《统计数据专报》等载体，搭建全方位、多视角、高效便捷的统计监测平台，编发《统计专报》6期、《统计监测要情》12期、《统计分析报告》45期。服务经济运行调度，出台《聚焦补考进位确保应统尽统行动方案》和《主要统计指标月度预测预判方案》，创新开展月度全市生产总值测算工作；围绕工业转型升级，着重对晋城市非煤产业、战略新兴产业和高技术产业的发展情况进行跟踪监测；围绕全市转型项目行业包括新兴产业和传统产业升级改造，按月编发《晋城深化转型项目建设年投资监测》；围绕全市生态文明建设和绿色发展总体情况，制定《晋城市绿色发展统计报表制度(2021)》、监测全市生态文明建设进程。服务高质量考核调度，针对2021年新考核体系6类32项指标体系进行系统研究，按月对全市及各县(市、区)高质量考核指标监测，并围绕影响因素重点指标，逐项进行分值测算、原因分析及对策建议，供党委政府决策参考。推进乡镇“三农”、街道办事处工作专项考核统计调查月度监测。2021年，全市主要经济指标、高质量综合绩效考核评价指标位居全省第一方阵。

【统计方法制度改革】 2021年，晋城市统计局巩固国民经济核算改革成果，完善县级生产总值统一核算方法。跟进服务业、贸易、投资、农业、科技、劳动工资、统计单位调查等重点领域统计方法制度改革；跟进法人单位与产业活动单位并重统计改革。推进500万~5000万元投资项目与5000万元及以上投资项目报表合并工作。开展月度限额以下零售业和餐饮业抽样调查工作。跟进工业统计改革、知识产权产品投资统计改革等。配合做好月度调查失业率统计工作。

【大型国情国力调查和国家综合试点工作】 2021年，晋城市统计局推进大型国情国力调查和国家综合试点工作，发布《晋城市第七次全国人口普查公报》，对全市常住人口、户别人口、性别构成、年龄构成、受教育程度、城乡人口、人口分布和流动人口情况等主要普查结果和数据向社会公布，为科学制定晋城市国民经济和社会发展规划，全方位推动经济高质量发展提供科学准确的统计信息支持，被表彰为全国第七次全国人口普查先进集体。泽州县被确定为国家统筹开展经济普查与投入产出调查专项工作试点，完成试点任务。

【统计法治建设】 2021年，晋城市统计局履行法治建设“一岗双责”，落实防范和惩治统计造假、弄虚作假责任，形成从领导干部到工作人员的责任闭环。参与全市联合惩戒平台，建立跨地区、跨部门、跨领域的联合激励与惩戒机制。加大统计执法检查力度，聚焦关键统计指标，建立常态化统计执法检查机制。开展统计法治宣传，创新和丰富普法形式，全年开展普法宣讲15次，普法受众4000余人次。

（邢腾飞）

·国家统计·

【城乡居民收支调查】 2021年，国家统计局晋城调查队开展城乡居民收支调查，全市城乡居民收支电子记账率达到91.6%。全年，全市居民人均可支配收入27475元，增长6.1%。按常住地分，城镇居民人均可支配收入36332元，增长4.9%，城镇居民人均消费支出22527元，增长3.1%；农村居民人均可支配收入16054元，增长8.4%，农村居民人均消费支出11529元，增长6.4%。

【居民消费价格调查】 2021年，国家统计局晋城调查队在全省率先开展居民消费价格调查电子扫描数据采价，电子扫描数据采价规格品种达439个，占全部CPI规格品1336个的32.86%。居民消费价格比上年上涨2.9%。

【工业生产者价格调查】 2021年，国家统计局晋城调查队建立企业统计员信用档案，加强监督管理。强化样本企业原始凭证与上报数据核实、比对、分析，确保数出有据。全年工业生产者出厂价格下降3.3%。

【粮食畜牧业调查】 2021年，国家统计局晋城调查队完善调查机制，建立部门日常工作协调机制，及时掌握粮食畜牧业生产形势、种植和养殖特点、政策、扶持项目出台情况等。建立市县联动调研检查机制，规范报表上报，提高数据质量。

【月度调查失业率统计】 2021年，晋城市政府印发《晋城市月度调查失业率统计工作实施方案》，在部门配合、人员选聘、经费落实、设备配发等方面全面部署，月度调查失业率统计工作经费保障全省领先。

【统计服务】 2021年，国家统计局晋城调查队围绕“十三五”经济社会发展成就、“中国共产党成立100周年”经济社会发展成就、社会民生热点问题等开展专题调研，撰写高质量调查报告。全年上报统计调查信息404篇，市级以上采用282篇次，全省系统排名第1。编印《晋城民生调查信息》4期、《统计调查信息专报》20期，直报市委市政府，向市有关部门提供数据10次，共计1069笔。

【统计法治】 2021年，国家统计局晋城调查队拍摄制作统计法治宣传微视频2部，结合“12·4”国家宪法日、“12·8”统计法颁布纪念日等节点，利用“报、网、端、微、屏”等网络媒体阵地，创新普法宣传方式，扩大普法受众面，营造全民知责守责、知法守法的统计法治氛围。加强市、县两级联动，常态化开展“双随机”统计执法检查，对20家调查企业开展统计执法检查，实现执法检查全覆盖、主要调查专业执法检查全覆盖。

（张梦瑶）

市场监督管理

【市场监管治理】 2021年，晋城市以整治涉企涉民收费乱象为抓手，查处侵害企业和群众利益案件123起，罚没501万元，监督物业、医院、银行网点、转供电机构等退还违规收费900万元。

【公平竞争审查】 2021年，晋城市把公平竞争审查作为市政府制定出台规范性文件的前置性条件，在全省首家开展公平竞争审查第三方评估咨询。全年，共查办各类违法违规案件2098件、罚没款2489万元，移送涉刑案件28件。办案数量和质量实现“双提升”。

【市场监管创新】 2021年，晋城市市场监督管理局牵头组织全市23个部门，联合检查846户企业、282个事项。系统内部检查3175户、158项。推进信用监管，归集公示涉企信息27489条。推进企业信用修复，433户企业移出异常名录，895户企业吊销营业执照。推动企业年报工作，公示率99.05%，全省排名第1。

【质量强市战略】 2021年，晋城市召开全市质量大会，推进质量强市战略，建成“一站式”质量服务站13个，服务中小微企业2万多家次，减免企业费用830多万元。检定检验计量器具、特种设备27128台（件），产品质量791批次、压力管道314.76千米、认证服务监管1525家次。完成336家金融网点服务认证。国家煤层气质检中心业务走向全国，7项国家级技术创新研究取得成效。综合检验检测能力通过省级认定。

【标准化战略】 2021年，晋城市围绕“1+5”产业体系建设，建立行业标委会15个，实施国、省、市标准化试点示范项目26个。推进国家级基本公共服务标准化试点工作，制定修订各类标准33个，发布实施29项。发布《太行人家康养村落建设服务与管理》地方标准，为全市康养产业健康发展提供标准保障。348家企业自我声明公开标准1277项，比上年增长51%。在全省率先开展企业标准“领跑者”和“专利转化标准”工作。

【市场安全主体责任落实】 2021年，晋城市推进“企业安全主体责任落实年”活动，对市场监管领域涉及三条安全底线的12400多家企业的法人代表或实际控制人，分类进行法律法规培训，实行安全主体责任公开承诺，落实企业内部安全规范。在全省率先落实企业安全主体责任地方标准制定。

【食品药品安全监管】 2021年，晋城市启动国家食品安全示范城市创建前期工作。加强食品餐饮安全监管，排查风险32792家次，整改隐患3221个。强化校园食品安全，新建成学校超市食品安全快检室30个；全省独家推行学校食堂安全责任保险，当年投保率88%；整顿规范校园周边“小饭桌”。食品安全监督抽检21658批次，达到9.87批次/千人，全省排名第1，达到全国发达地区水平。食品安全考核全省第2，连续3年被评为优秀等次。药械化专项检查6871家次，整改隐患662个，监督抽样493批次。

【特种设备安全监管】 2021年，晋城市强化特种设备安全监管，实施专项检查1318家，排查治理隐患1094条。推动“电梯+互联网”，建立特种设备安全追溯体系，实现与省市场监督管理局监管平台互联互通和信息共享。推动“特种设备+保险”，全市电梯责任保险动态达到100%，全省排名第1，提前一年实现国家目标。工业气瓶、液化二甲醚气瓶责任保险达到100%。特种设备安全连续3年保持“零事故、无死亡”。

【重点工业产品质量安全监管】 2021年，晋城市围绕民生和市场安全，加大对校服、成品油、民用燃煤、农资产品等重点工业产品质量的监督抽检，全年完成2167批次，实施风险监控25次。专项检查获证企业45家，整改隐患78个。取缔“三黑油站”（非标油调和储存黑窝点、黑加油站、黑加油车）38个。

【市场监管智慧平台建设】 2021年，晋城市投入资金1400多万元，建成全市市场监管智慧总平台。进口冷链监管平台、“12315”指挥平台投入运行，食品、药品、特种设备安全监管平台开始调试，综合执法、监管业务平台正在建设。

【消费者权益维护】 2021年，晋城市以“放心消费创建”为抓手，组织开展“美丽晋城·诚信商家”放心消费创建活动，新评定示范商户942家，覆盖全市90%以上的乡镇（街道）。建成“12315”投诉指挥信息化平台，创新消费维权站“七进”（进企业、进学校、进农村、进社区、进景区、进市场、进商圈）活动，推行“四消联动”（消费者权益保护科、“12315”指挥中心、消费者协会、消费维权工作站）维权机制。全年，全市受理消费者各类诉求26344件，其中投诉举报7265件，为消费者挽回经济损失690万元。办理市长热线投诉234件，满意率100%。

（张虎林）

知识产权管理

【知识产权保护机制】 2021年，晋城市出台《关于强化知识产权保护的实施办法》，从总体要求、制度机制、执法保护、基础建设和组织保障5个方面，对知识产权保护工作进行规划部署，全市形成市县上下联动、部门齐抓共管的知识产权保护态势。市市场监督管理局制定《关于建立重点企业知识产权保护直通车制度工作方案》，建立重点企业知识产权保护直通车制度，收录96家重点企业，推出6条保护措施，解决企业知识产权保护方面的问题；制定《推动全市知识产权高质量发展2021年度实施方案》，提升知识产权运用效益，提高知识产权服务水平；印发《晋城市知识产权（专利）领域严重失信主体联合惩戒实施细则（试行）》，建立健全失信联合惩戒机制，推进知识产权（专利）领域信用体系建设；印发《展会知识产权投诉处理程序》，加大重点环节知识产权保护力度。在首批设立知识产权维权援助晋城分中心和城区、泽州工作站的基础上，增设高平、阳城、沁水、陵川和开发区5个工作站，实现县域知识产权维权援助工作站全覆盖。

【知识产权保护专项行动】 2021年，晋城市在晋冀鲁豫四省跨地区知识产权执法维权保护合作协议框架下，开展知识产权保护专项行动，重点对侵犯东阿阿胶、承德露露、链多多食品、正阳机械等企业知识产权的行为进行专项检查,查处4类涉嫌侵犯东阿阿胶商标专用权的保健食品,立案2起,结案2起。组织开展4次非正常专利申请核查整改工作,核查专利163件,主动撤回117件。加大重点领域、关键环节和重要时段知识产权保护力度,查处知识产权类侵权案件142起,移送公安机关3件,罚没款总额175万余元;办理专利案件10起、版权案件8起、行政裁决案件1起、纠纷调解案件1起。加强知识产权行业监管,通过"蓝天"行动、"双随机"检查等形式对专利、商标代理机构进行监督检查。

【知识产权纠纷化解】 2021年,晋城市仲裁委成立知识产权仲裁院,制订《知识产权纠纷案件裁调对接工作方案》,填补晋城市无知识产权仲裁机构的空白。市中级人民法院完成的山西省首例专利侵权纠纷行政调解协议司法确认,受到省政府的高度评价。

【知识产权案件办理】 2021年,晋城市两起知识产权案件被国家市场监管总局发布为全国民生领域案件查办"铁拳"行动典型案例,成为山西省知识产权案件首次入选国家市场监管总局发布的典型案例。全市公安机关开展"昆仑2021"专项行动,侦破涉及侵犯知识产权类案件破案20起,是2020年的1.3倍。全市法院系统受理知识产权类民事案件158件,审结143件,在全省知识产权绩效考核中名列第1。

【知识产权强市建设】 2021年,晋城市持续推进知识产权强市建设,召开全市全面推进知识产权强市建设工作大会,对2020年知识产权领域取得优异成绩的单位和个人进行表彰奖励。召开知识产权战略实施工作领导小组工作会议,对2021年知识产权重点工作作出安排部署。

【知识产权融资】 2021年,晋城市市场监督管理局、市金融办、中国银行晋城市分行举行战略合作签约仪式,促进现代金融与知识产权紧密融合,完善知识产权金融服务体系,加快知识产权金融产品创新,畅通知识产权融资渠道,为市内拥有自主知识产权的中小企业提供融资服务。举办知识产权服务万里行"入园惠企"活动5场,中国银行晋城市分行与26家企业达成合作意向,签订合作协议。山西小熊一家生物科技有限公司通过办理知识产权质押登记,从晋城市农商银行获得80万元的融资。

【知识产权服务】 2021年,晋城市建成第一批知识产权服务指导站,知识产权服务向基层延伸。依托部分乡镇政府(街道办事处)、创新基地、产业园区、行业协会等知识产权需求旺盛区域设立知识产权服务指导站17家,为市场主体提供知识产权创新、运用、管理、维权等方面"一站式"服务,推动服务指导向产业、企业、基层延伸。

【专利管理】 2021年,晋城市大力实施知识产权强市战略,全市有效发明专利量519件,每万人发明专利拥有量2.37件。全市专利授权量达到1128件,比上年增长33.2%,其中发明授权量73件,比上年增长128%。国网晋城供电公司独立完成的"齿轮齿条式放线滑车"项目获中国专利奖优秀奖,是晋城首次获得中国专利奖。晋煤集团技术研究院一专利获山西省专利奖三等奖。

【商标管理】 2021年,晋城市商标申请量4379件、商标注册量3596件、商标有效注册量13962件,分别比上年增长11.6%、89%、33%。"阳城蚕茧""高平山茱萸""泽州黄小米"成功注册为地理标志证明商标。陵川潞党参、陵川连翘地理标志产品保护申请被国家知识产权局受理。高平市新申报"高平烧豆腐"地理标志商标和"高平红薯""高平十大碗"集体商标。

【知识产权宣传】 2021年,"4·26"知识产权宣传周活动期间,晋城市召开全面推进知识产权强市建设工作会议,举办"全面加强知识产权保护、推动构建新发展格局"专题讲座、专利预审业务培训会议、"知识产权仲裁及相关问题交流"专题讲座、晋城市知识产权保护直通车重点企业能力提升培训班、"知识产权运营实务操作"学习等培训活动。

(张虎林)

2021年3月3日，中国人民银行晋城市中心支行开展“普及征信知识 共建诚信社会”征信宣传活动 （殷 涛 供图）

信用体系建设

【社会信用体系建设】 2021年，晋城市清理规范针对失信行为出台的政策举措，废止10个，修订3个。开展失信问题专项治理，对5家严重失信企业进行重点约谈、印发监管提示函等。加强企业信用修复服务，在“信用中国”信用修复系统完成修复案例650余个。推进中小微企业和金融机构入驻全国“信易贷”平台，全国信易贷平台晋城站入驻金融机构12家，企业41家，成功授信1笔100万元的贷款。

【农村信用体系建设】 2021年，晋城市发改委、人行晋城市中心支行、市农业农村局等单位组成评议小组，对全市农村信用体系建设示范村进行现场核验和集体评议。参与评选的行政村涉及城区、泽州县的10个行政村，经过现场打分及集体评议，授予城区北石店镇司徒村、南村镇南村村2个行政村“城区农村信用体系建设示范村”称号，授予泽州县巴公镇巴公四村、晋庙镇沙石堡村、北石店镇北石店村、北义城镇坛岭头村、李寨乡底道街村、巴公镇巴公三村6个行政村“泽州县农村信用体系建设示范村”，示范称号有效期2年。

（李慧敏）

【金融征信体系建设】 2021年，晋城市增设信用报告代理查询点3个，新增自助查询机2台，形成市、县乡三级现场查询网络。实施农村信用体系示范工程，评定公布农村信用体系建设示范村45个，推动农信系统向5.7万户农户发放贷款，贷款余额57.5亿元。晋城市金融学会发布《信用户信用村评价指南》，填补晋城市金融团体标准空白，成为全省首个信用评价领域的团体标准。

（殷 涛）

晋城海关

【通关模式改革】 2021年，晋城海关深化业务改革，巩固压缩进出口整体通关时间成果。实施通关一体化改革，推进“两步申报”（进口概要申报、完整申报）、“两段准入”（分段实施“是否允许货物入境”和“是否允许货物进入国内市场销售或使用”两类准入监管）通关模式，对重点报关企业、进出口企业进行面对面指导，解决企业在申报过程中出现的问题，确保通关流程顺畅。

【综合治税改革】 2021年，晋城海关提升综合治税能力，针对关区企业、商品进行税收分析，开展税收预测。了解属地纳税人纳税情况，动态更新关区重点税源企业，为关区重点税源企业建立属地纳税人税收底账信息库。加强属地纳税人政策宣讲，引导企业规范申报，梳理不规范报关单情况，通知企业整改并指导企业规范申报。

【企业进出口服务】 2021年，晋城海关加大亿元以上外贸企业培育力度，帮助山西晋钢制造科技实业有限公司冷轧产品实现大批量出口，促进其进口铁砂业务增长；服务晋丰煤化工新建三聚氰胺生产项目，支持其化工产品出口；支持光机电产业、丝绸、优质农产品等辖区特色产品出口。支持兰花保税物流中心拓展进出口平台功能，引导企业学习借鉴沿海口岸功能建设经验，推动平台功能提档升级，向跨境电商等功能拓展。帮扶民营企业、中小企业等开展进出口业务，推荐进出口通关业务代理，为企业提供通关便利化服务。

（王璐瑶）

综 述

【概况】 2021年，晋城市第一产业增加值76.9亿元，比上年增长7.4%，占生产总值的比重为4%。第一产业投资30.7亿元，增长34.6%。农产品精深加工十大产业集群产值总量85亿元、增量52.5亿元、增速161.5%，位列全省第一方阵。

【特优产业布局】 2021年，晋城市在科学审视全市农业发展条件、发展潜力的基础上，启动实施生猪、家禽、肉羊、蜂业、蔬菜、中药材六大特优产业，精品打造甘薯、黄梨、蚕桑三大特色产业。全域统筹、全链布局、全环发力，推进"6+3"特优农业产业发展，制定支持农业高质量发展20条政策举措，按照"一工程一方案一专班"机制，服务六大产业项目建设；设立注册资金规模1亿元的市级乡村振兴产业投资基金，撬动社会资本跟进投入支持农业产业发展。全年，实施特优产业项目264个，新建（改造）设施蔬菜大棚1943栋，建成中药材标准化示范基地3.45万亩；新改扩建并投产规模养猪场160个，生猪出栏达到226万头、同比增长23.6%，稳居全省第一方阵；蜂蜜存栏突破10万箱，红薯种植面积接近8万亩，特优农产品规模、品质实现双提升。

【农业产业化发展】 2021年，晋城市夯实园区基础，新认定市级现代农业产业园10家，省市县三级现代农业产业园达到103家。突出主体带动，新培育省级示范家庭农场8家、示范合作社6家；新创建国家级龙头企业1家；市级龙头企业新增29家，达到110家。上线晋城原产地农产品官方旗舰店，新申报认证有机绿色农产品（食品）主体32家、产品59个，完成"圳品"认证5个。农产品仓储保鲜冷链项目成功申报2022年市级专项债备选项目，产地冷藏保鲜设施建设全面推进，建成设施库容近1万立方米。园区承载、主体带动、品牌引领、"后链"支撑"四环"联动，促进农业综合效益稳步提升。

【乡村振兴示范带建设】 2021年，晋城市把太行一号乡村振兴示范带建设作为推动脱贫攻坚同乡村振兴有效衔接的重要载体、作为牵引全市乡村振兴的标杆工程、精品工程，按照"指挥部+公司"的推进模式，坚持"路景村业"系统谋划、一体推进。市级指挥部成立运行，市乡村振兴投资开发有限公司完成组建；示范带建设"1+4"规划体系全面构建，环线主路全面贯通，景观绿化和生态修复有序推进，沿线243个村（社区）全部达到三星级标准，"一乡一特"产业布局全面完成，率先在全省探索出脱贫攻坚同乡村振兴有效衔接路径，牵引带动全市乡村建设不断延伸、农村人居环境持续改善，全市三星级以上行政村比例达到50%。

【农村改革】 2021年，晋城市统筹协调先行示范县、整体推进县、重点帮扶县建设，分类推进脱贫攻坚与乡村振兴有效衔接。泽州县全国农村宅基地制度改革试点，高平市省级农业生产托管金融创新服务试点、集体资产股份权能改革试点，沁水县省级农民合作社质量提升整县推进试点4项农村改革试点完成年度任务。扩大农业生产托管范围，新完成服务面积20.34万亩。国家级乡村治理示范村达到5个。

（晋伟波）

种植业

【概况】 2021年，晋城市农作物种植面积270.8万亩，增加9万亩。设施蔬菜产量7.7万吨，下降3.0%；食用菌1.3万吨，增长23.1%；蚕茧0.2万吨，增长10.4%；蜂蜜0.3万吨，下降0.5%；药材4.4万吨，增长45.9%。

【粮食生产】 2021年，晋城市粮食种植面积241.1万亩，增加0.5万亩；油料种植面积6.6万亩，增加1万亩；棉花种植面积1138.9亩，减少14.6亩。粮食种植面积中，玉米种植面积129.2万亩，增加2.5万亩；小麦种植面积62.8万亩，增加225亩；谷子种植面积17.3万亩，减少0.5万亩；豆类种植面积20.9万亩，减少3.2万亩；薯类种植面积9.1万亩，增加0.8万亩。粮食产量67.0万吨，增加0.7万吨，增长1%。其中，夏粮17.2万吨，增长3.3%；秋粮49.8万吨，增长0.3%。

【蔬菜生产】 2021年，晋城市蔬菜种植面积11.0万亩，比上年增加1.7万亩；蔬菜产量40.2万吨，比上年增长18.6%；设施蔬菜产量7.7万吨，下降3%。

【水果生产】 2021年，晋城市果园种植面积7.9万亩，比上年增加0.2万亩；水果产量81367吨，比上年增加6550吨；其中苹果产量27826吨，梨产量25567吨，葡萄产量549吨。

【粮食生产统筹安排】 2021年，晋城市突出土地、科技、服务三大保障，加快建设高标准农田，创新撂荒地恢复生产4.5万亩；加大种业工作力度，提升农业机械装备水平，农作物综合机械化率达到76.5%以上；完善农业生产服务体系，组建专家团队，常态化开展分县域包联服务，下发生产技术指导意见20余个、编发专家建议近100期。

（晋伟波）

林　业

【概况】 2021年，晋城市完成造林面积3700公顷，比上年增长188.4%；四旁植树780万株，比上年增长28.9%。木材产量11902立方米，比上年下降42.2%。

【林业改革发展综合试点】 2021年5月，晋城市被确定为全国林业改革发展综合试点市，稳步推进试点工作，起草《晋城市推进林业改革发展综合试点方案》，形成《晋城市林业改革发展情况专题调研报告》，着手编制《晋城市林草发展规划》，开展林地基准价体系建设和林业智慧平台建设。

【林长制推行】 2021年，晋城市出台《关于在全市推行林长制的实施意见》，分级设立林长。全市共设立林长2134名，其中：市级林长8名，县级林长81名，乡级林长486名，村级林长1541名，县属国有林单位林长18名。各级林长定期开展巡林检查，重点检查责任区森林防火、违法占用林地、病虫害防治、造林绿化等情况。

【林草资源保护】 2021年，晋城市开展违法破坏森林资源案件查处整改“清零”专项行动，细化任务清单，印发《晋城市开展违法破坏森林资源案件查处整改“清零”专项行动实施方案》，督查整改137起。推进沁水示范牧场建设，成功入选全国首批39个国家草原自然公园试点建设名单。对100多名基层林业员、护林员、进行森防技术培训，松材线虫病和美国白蛾疫情保持“零发生”。完成食用林产品质量安全监测160批次。

【野生动植物保护】 2021年，晋城市市县两级林业部门强化野生动植物日常监管，联合市场监管、农业农村、交通运输、海关等部门，对陆生野生动物交易场所进行检查，未发现破坏野生动物资源违法犯罪行为。市县财政拨付专项补偿资金46.12万元，用于禁食野生动物退养补偿工作，涉及养殖场所3家，放生果子狸40只，代养蓝孔雀504只。陆生野生动物疫源疫病监测累计108天，救护各类野生动物50余起。

【林草产业发展】 2021年，晋城市拓宽林业产业融资渠道，试点开展林权证(林权类不动产登记证书)质押发放“无息助林卡”，推出特色经济林抵押贷款和野生动物致害保险、古树名木保险、公益林保险。全市林业增加值2.36亿元，森林抚育面积1.36万亩，育苗面积4万亩，干果经济林提质增效面积1.8万亩，花卉及观赏苗木种植保有面积0.2万亩，林下经济新发展面积6.5万亩。

(梁 彬)

畜牧业

【概况】 2021年，晋城市按照“生产标准化、品种优良化、设施现代化、防疫规范化、粪污资源化、产品安全化”转型要求，实施生猪扩能转型、家禽扩规上档、肉羊振兴升级、蜂业翻番富民四大工程，完成年度各项目标任务。4月26日，全省畜牧业转型升级暨动物防疫社会化服务现场推进会在高平市召开，总结推广晋城市畜牧业转型升级的典型做法和经验。全年，全市肉类总产量15.3万吨，增长33.0%。猪牛羊肉总产量12.3万吨，增长37.6%。其中，猪肉产量11.8万吨，增长37.6%；牛肉产量0.1万吨，下降3.5%；羊肉产量0.3万吨，增长50.8%。年末，牛奶产量0.02万吨，下降37.8%；禽蛋产量9.2万吨，增长5.8%；水产品产量0.2万吨，增长2.9%。

【生猪养殖】 2021年，晋城市建成规模猪场160个，完成省定目标任务的100%。年末，生猪存栏93.6万头，增长21.9%；生猪出栏145.9万头，增长32.6%。

【牛羊养殖】 2021年，晋城市建成规模养羊场15个，完成省定目标任务的100%；建成规模肉牛场1个，完成省定目标任务的100%。全年，全市羊存栏44.34万只，出栏36.99万只，比上年分别增长13.3%、19.4%。牛存栏1万头，出栏0.59万头，比上年分别增长8.1%、15.9%。

【家禽养殖】 2021年，晋城市建成规模蛋鸡场20个、规模肉鸡场3个，完成省定目标任务的100%。全年，全市家禽存栏1211.4万只，出栏2795.75万只，比上年分别增长3.2%、11.0%。

【畜牧产业提质增效】 2021年，晋城市成立生猪、家禽、肉羊和蜜蜂产业专班，制定实施方案，编制全市畜牧业、蜂业、肉羊业发展“十四五”规划，实行周清单和月调度制度。制定《关于做好规模养猪场、养鸡场、养羊场贷款贴息工作的指导意见》，下拨养蜂场补贴500万元、规模养殖场贷款贴息248万余元。制定《规模猪场建设规范》和《种猪精细化饲养技术规程》2个地方标准。全年建成种畜禽场37家，年可提供优质种猪10万头、种羊1500只、种鸡1350万只、种蜂10万箱。开展畜禽遗传资源普查，全市共有畜禽种类9个、25个品种，其中新资源品种1个(阳城白山羊)。

【动物防疫检疫】 2021年，晋城市强化非洲猪瘟常态化防控，组织召开非洲猪瘟防控视频会议，制定《2021年晋城市动物疫病强制免疫计划》《非洲猪瘟疫情应急实施方案(第五版)》，印发《关于组织做好重大动物疫病防控工作的通知》，落实市、县、乡、村四级防控目标责任制。开展非洲猪瘟日常监测与专项监测，对10个规模猪场、6个生猪屠宰场、6个无害化处理厂、226辆备案的生猪运输车辆进行专项监测，共检测样品2160份，结果全部为阴性。协助国家和省级动物疫病预防控制机构完成非洲猪瘟的专项调查、流调和采样，累计采样1899份。强化屠宰环节监管，严格落实生猪屠宰环节非洲猪瘟自检和官方兽医派驻制度，做到头头采、批批检、全覆盖。贯彻农业农村部《非洲猪瘟等重大动物疫病分区防控工作方案(试行)》，加强对跨大区调运动物检疫出证管理，强化泽州县水城、南义城2个省定运输动物及动物产品入晋道口的建设和查验，共检查车辆825辆。组织开展“大清洗、大消毒”专项行动，累计出动消毒人员2万余人次，清洗消毒场点2.2万余个、清洗面积900余万平方米，使用消毒药（剂）110余吨。

【动物疫病防控】 2021年，晋城市共免疫口蹄疫320.61万只、禽流感2562.51万只、猪瘟327.50只、新城疫2661.72万只、布病60.24万只、小反刍57.57万只，应免免疫密度达100%。通过网络、现场授课等方式，开展重大动物疫病防控、采样技术、无疫小区建设及《中华人民共和国动物防疫法》等宣传和培训，累计培训人员1000余人次。加强动物疫病监测，对10种畜禽疫病开展免疫抗体和病原学检测，市级完成样品检测55656份，免疫抗体合格率82.4%以上，高于国家规定70%标准。加强动物疫病的净化、流调等，指导高平大益养羊合作社、泽州县丰牧源种羊场、高平凯永净化场建设和3个非洲猪瘟无疫小区建设。加强布病流调监测，完成11940份样品检测，对检出的71份阳性羊只全部扑杀和无害化处理。加强实验室管理，对全市动物病原微生物实验室进行专项检查，对实验室废弃物进行规范处置，实行专人台账登记管理。

【动物产地检疫】 2021年，晋城市加强动物产地检疫工作，全市实施动物产地检疫2300.36万头（只），屠宰检疫2420.24万头（只）。开展动物卫生证章标志管理专项整肃行动，对64名乡级票证管理员进行备案管理。

【畜产品质量监管】 2021年，晋城市加强兽药质量安全监管，完成年度兽药质量抽检10个样品任务，其中经营环节6个、生产环节4个；开展加强畜牧投入品质量安全风险排查专项整治行动，指导各县（市、区）加强兽药经营环节追溯工作和兽药出入库数据上传工作力度。加强畜产品质量安全监测，组织完成畜产品质量安全监测检测1026批次，其中部、省抽样送样230批次，市级和各县（市、区）例行定量检测796批次，监测检测合格率100%，监测覆盖6个县（市、区）56个乡镇、466个养殖场、78个市场门店、6个屠宰场。加强兽医管理，完成2021年度执业兽医考试网上报名、缴费确认、资格审核等工作，开展官方兽医线上考试报名和全市官方兽医现状摸底工作，官方兽医线上考试报名人数279人，指导各县（市、区）做好乡村兽医培训备案登记工作。加强畜禽屠宰监管，开展屠宰企业日常检查12次，督促企业落实畜禽进场检查登记、肉品品质检验、“瘦肉精”自检、非洲猪瘟检测等制度。开展屠宰企业专项整治，严禁屠宰企业收购、屠宰、加工染疫或者疑似染疫、病死或者死因不明的动物。开展畜禽屠宰企业标准化创建，指导沁水恒泰公司、太行润源公司建成省级标准化屠宰企业（示范厂）。全年，全市共屠宰生猪33.11头、牛36头、羊23只、鸡2387.13万羽。屠宰环节共处理病害生猪产品121774.3公斤、病害猪4头、病死鸡197701只，完成“瘦肉精”抽检1506份，全部为阴性。开展“瘦肉精”专项整治，以肉牛、肉羊为重点，开展以查养殖、查收购贩运、查屠宰、严厉打击违法行为“三查一打”为主要内容的专项整治行动，累计排查牛场202家、牛4966头，羊场1653家、羊139024只，屠宰场1家、牛产品3头，未发现违规使用添加“瘦肉精”情况。开展饲料质量安全监督抽查，对辖区内的饲料生产企业进行质量安全和安全生产大检查，市级抽查饲料生产企业3个、饲料经营门店4个、养殖场（户）4个，抽检饲料产品12批次。组织饲料质量规范安全培训1次、饲料生产领域安全培训1次。

【畜禽粪污资源化利用】 2021年，晋城市加大畜禽粪污资源化利用工作，高平市畜禽粪污资源化利用整县推进项目竣工验收，推进泽州县、阳城县畜禽粪污资源化利用整县项目建设，建成规模养殖场粪污处理设施58处。高平晋裕泽农牧有限公司申报国家级标准化示范场，通过农业农村部验收。

【病死畜禽无害化处理】 2021年5月，阳城县动物无害化处理中心建成运营，晋城市病死畜禽无害化处理体系实现县区全覆盖。全年，全市共收集处理病死畜禽119.52万头（只），集中化制平均处理率达99.78%。推进病死畜禽无害化处理与保险联动工作，在全省率先开展仔猪保险工作，全市1284个养猪场户保险仔猪50万头。

2021年1月19日，高平太行润源100万头生猪屠宰项目竣工

（胡 伟 供图）

【畜牧业重点项目建设】 2021年，晋城市推进畜牧业重点项目建设，高平凯永晋裕泽2400头种猪场和600头晋汾白猪核心育种场、阳城温氏5000头种猪二场、陵川正嘉2400头种猪场二厂等项目建成投产。阳城晋龙诚锋百万蛋鸡养殖项目、陵川百谷旺50万蛋鸡养殖项目、高平朔增万只种羊养殖等项目部分投产。推动畜牧全产业链发展，高平凯永太行润源食品有限公司100万头生猪屠宰厂、沁水金润20万头生猪屠宰厂建成投产。参加第七届中国（山西）特色农产品交易博览会，全市签约畜牧项目3个，总投资5.89亿元，占到农业项目总金额的41.98%。

（胡 伟）

农业机械化

【概况】 2021年，晋城市农业机械总动力65.1万千瓦，比上年增长2.4%。机械耕地面积13.53万公顷，比上年增长0.07%；机械播种面积13.13万公顷，比上年增长3.1%；机械收获面积10.21万公顷，比上年增长4.3%。

【农机作业服务】 2021年，晋城市组织农机干部到一线推广技术、服务农民，投入农业机械7万余台。“春耕春播”期间，投入各类农业机械2.4万台，其中投入拖拉机及配套农机具1.5万台（套），完成机耕面积138万亩、机播玉米105万亩。“三夏”期间，采取机具供应调度到位、信息服务引导到位、后勤协调保障到位、机收减损措施到位、秸秆机械化利用到位、安全生产监管到位“六到位”措施，投入联合收获机1300台，完成小麦机收62.97万亩，机收水平达到98.36%。“三秋”期间，下发《关于做好“三秋”农机化生产工作的通知》《关于做好秋季“双减双抢”工作的通知》，成立5个农机服务组，投入各类玉米联合收割机800台、播种机1600台，完成玉米机收48.63万亩。

【农机示范基地建设】 2021年，晋城市以开展农机综合示范县创建为牵引，建立全程机械化示范区6个，首次引进无人驾驶拖拉机、无人驾驶自走式小麦联合收割机和玉米联合收获机、指盘式搂草机，重点推广无人植保飞防、高地隙植保、粮食烘干、秸秆还田、秸秆捡拾打捆等新型高效机械。召开春季生产暨秸秆综合利用、谷子机械化播种技术培训、小麦生产机械化智能化技术集成示范、“三秋”农机新装备推广等现场演示会。全年，完成小麦全程机械化作业62万亩、玉米全程机械化作业45.9万亩、马铃薯全程机械化作业1万亩、谷子全程机械化作业1.5万亩，豆类全程机械化作业1.1万亩。

【特色农业“机器换人”行动】 2021年，晋城市在果蔬、蚕桑、中药材、小杂粮以及畜牧养殖等机械化发展程度较低的特色产业中，推进“机器换人”行动。试点开展特色农业机械购置补贴，安排资金200万元，在全市开展特色农业机械购置补贴试点，按总体50%比例开展补贴，确定和发布三批补贴目录，包含各类特色农业机械140余种，使用资金120万元。推进特色农业机械项目建设，创建谷子生产全程机械化示范点3个，实施面积3000亩；创建红薯生产全程机械化示范点1个，实施面积300亩；创建中药材生产机械化示范点2个，实施面积600亩；创建豆类生产全程机械化示范区1个，实施面积

500亩；创建畜禽粪污处理机械化技术试验示范点1个，实施面积300亩；开展谷子全程机械化作业补助，补助面积2500亩。

【农机技术推广】 2021年，晋城市围绕普及推广机械化有机旱作农业技术，发挥省级深松整地作业补助和市级秸秆综合利用奖补政策带动效用，鼓励整村整乡规模化推进，全市实施深松整地作业18.23万亩，完成农作物秸秆机械化还田93.46万亩。推进秸秆机械化还田离田，召开全市秸秆综合利用现场会，引进推广秸秆还田机、秸秆切割揉碎方捆压捆机、包膜机，推行机械化收获—秸秆粉碎还田—免耕播种等绿色作业模式，基本做到机收秸秆后就地还田或离田。

【技术培训与竞赛】 2021年，晋城市以高素质农民农机带头人和农机操作手培训为抓手，组织开展各类农机新技术培训会40余次，培训1万余人。举办晋城市第二届职业技能大赛农机修理工项目比赛，组织参加第六届山西省农机操作手大赛。

【农机社会化服务组织发展】 2021年，晋城市围绕培育农机社会化服务组织壮大发展“提质效”，开展“全程机械化+综合农事”服务试点，选择5家试点合作社、2个典型案例，在全市宣传推广。年底，全市农机合作社达到202个，作业服务面积170余万亩，承担全市农机80%以上的新技术推广任务、60%以上的农机化重点工程项目建设任务和50%以上的农机培训任务。

【农机购置补贴】 2021年，晋城市发布《2021—2023年农业机械购置补贴实施细则》，召开全市农机购置补贴政策培训暨工作会议，制作补贴政策图文解读，通过网络、“晋城农事”公众号等宣传农机购置补贴政策。开展农机购置补贴专项督导，核查2019—2020年度农机购置补贴资金使用兑付情况。推进农机报废更新补贴，制定报废更新补贴方案，确立报废更新企业。

【农机安全生产】 2021年，晋城市结合重要农时，开展农机安全生产宣传教育和隐患排查，开展农机“3·15”消费者权益日活动和农机“安全生产月”活动，举办全市事故应急处置和农机监理人员换证培训会议，预防和遏制机械作业事故发生。农机安全生产态势总体平稳，未发生农机重伤、死亡责任事故。

（晋伟波）

综 述

【概况】 2021年，晋城市共有水库96座，水库总库容73130.0万立方米，防洪库容18030.4万立方米，兴利库容40466.8万立方米，其中大中型水库8座，总库容58774万立方米，防洪库容12239万立方米，兴利库容35626.7万立方米。有小型水利设施813处，其中自流渠道设施490处，挖泉截流设施37处，塘坝设施198处。有农用排灌水泵1060台，总动力10347千瓦；农用节水灌溉类机械368台，总动力6351千瓦。全年，全市共实施重点水利项目16项，总投资12.63亿元，完成投资2.1亿元，累计完成投资7.67亿元，占总投资的60.7%。

【水利规划编制】 2021年，晋城市编制完成《晋城市水利发展"十四五"规划(报批稿)》。该项工作于2020年启动，2020年10月完成初稿。2021年4月完成送审稿；2021年4月27日，晋城市水务局邀请市发展和改革委员会、市财政局、市工业和信息化局、市规划和自然资源局、市生态环境局等有关部门和专家对送审稿进行技术评审，结合各部门及专家意见对送审稿进行修改完善，于2021年11月完成报批稿。编制完成《晋城市"十四五"丹河综合治理规划》。启动全市供水网络基础设施体系规划，完善全市重点城镇、重要产业基地和市、县级开发区水网体系。

【科技兴水】 2021年，晋城市推进《沁水煤田煤层气抽排水处理及应用推广》科研成果转化应用，益水智清公司与蓝焰煤层气有限公司签订水处理相关合同，划定的12处产气平台增设水处理一体化设备。建设与完善生态流量监测系统、重点用水户信息管理系统、山洪灾害监测预警系统和水雨情查询系统等8个系统，提升信息化管理能力。9月17日，成立中国地质大学(武汉)、晋城市水务局智库合作基地，揭牌仪式在凤城国际酒店举行。

(张小军)

农村水利

【农村水利工程】 2021年，晋城市"引沁入阳"工程全面完工，陵川县东双脑供水工程开工建设。规划百里沁河生态经济带水利项目24个，总投资43.55亿元，其中3项工程开工建设，总投资10.79亿元，完成年度投资1.39亿元，累计完成投资2.88亿元。

【农村饮水安全工程】 2021年，晋城市投资1亿元，完成农村供水保障工程159处，惠及248个村、18.33万农村人口，超出年度任务8.33万人。

【节水灌溉和农业水价改革】 2021年，晋城市坚持"以水定城、以水定地、以水定人、以水定产”原则，加快推进全市中型灌区续建配套与节水改造，推动阳城县羊泉灌区实施续建配套与节水改造项目，共完成农业节水灌溉面积4.82万公顷。有序推进农业水价综合改革，新增农业水价综合改革实施面积2868公顷。推进农村供水“互联网+监管”建设，安装村级智能水表1235块。

（张小军）

城市水利

【城市水利工程建设】 2021年，晋城市涉及市区的水利工程4项。其中：张峰水库总干末端水池至市区引水工程，完成试水；郭壁供水改扩建工程，完成水源地工程、新建一级泵站工程、35千伏变电站工程等主体工程，完成年度投资3463.40万元；东河上游河道治理及清水复流工程，完成土方清运、截污纳管铺设等工作，年度投资3600万元；杜河水库、东焦河水库至市区应急水网工程，完成可研批复和初设方案。

【城市水系综合治理】 晋城市主城区河网水系以西河、白水河为中轴，共有河流12条，分别为西河、白水河、书院河、东河、花园头河、回军河、小后河、小西河、五门河、核桃凹河、叶家河、牛匠河。2021年，市政府工作报告提出，要对市区12条河流进行生态化治理，确定总体工作思路为“6+1+N+补水”。“6”指西河、白水河、书院河、东河、回军河、五门河6条河流实现清水复流，总长约25.40千米；“1”指新增1处下游人工湿地；“N”指剩余河道全面消除黑臭；“补水”指实施沁河引水工程，年提供生态补水约2000万立方米。以国家黑臭水体治理示范城市建设为契机，推进城市水系综合治理工作，重点对主城区的6条河流进行综合治理，开展暗河打开、水体治理、水源保障、滨河空间整治、生态湿地建设等工作，营造“山水交融、水城互动”的城市新景观。至年底，环城水系清水复流工程12条河流黑臭水体全面消除，6条完成综合治理。

（张小军）

水利管理

【水资源管理】 2021年，晋城市制定《晋城市地下水超采区限期恢复采补平衡办法》《晋城市水权交易管理办法》，对工业企业实行计划用水审核，推动企业合同节水，全市工业用水量1.36亿立方米，比上年下降5.30%。推进重点用水户信息管理系统平台建设，对年用水量50万立方米以上的63家企业生产生活用水进行全程监督和管理。5月24日，市水务局印发《关于进一步加强和规范取用水监督管理工作的通知》，规范取用水秩序，促进水资源集约节约利用。

【水库管理】 2021年，晋城市水务局印发《2021年度全市水库运行管理工作要点》，围绕水库工程安全、基础设施完备、管理能力提升、生态环境改善的总体目标，补齐水库工程五大短板，强化水库工程四项监管，深化水库管理体制改革，发挥水库工程效益，提升水库服务经济社会发展能力。完成泽州拴驴泉、阳城县西冶、陵川县古石等9座水库大坝安全鉴定工作。晋城市获全省水库千分制考核第一名、全省水利建设质量考核第一名。

2021年，东焦河水库一角 （张小军　供图）

【水电站管理】 2021年，晋城市杜河电站开工建设，拴驴泉生态电站得到省水务厅批复。批复拴驴泉生态电站装机2×250千瓦，设计引水量2.94立方米，设计水头23.13米，年发电量399万千瓦时。泽州县正圪脑水电站、沁水县后河水电站开展安全生产标准化建设；泽州县杜河、围滩水电站，沁水县武安水电站创建绿色小水电；沁水县武安、曲堤水电站，陵川县东双脑水电站，泽州县正圪脑水电站进行智慧水电升级改造工作。

【水行政执法】 2021年，晋城市出台《晋城市河流生态用水管理办法（试行）》，实施《晋城市沁河流域生态修复与保护条例》，开展河道“清四乱”、非法采砂整治等专项行动，累计巡查河道3608千米，出动执法人员2700余人次，出动车辆1120车次，制止违法行为44起；查处水行政处罚案件12起，其中水资源案件11起，水工程案件1起。

（张小军）

表4　2021年晋城市大中型水库一览表

水库名称	建设地点	所在河流	坝型	坝高（米）	总库容（万立方米）	兴利库容（万立方米）	防洪库容（万立方米）	年供水（万立方米）		年末蓄水量（万立方米）	全年来水量（万立方米）	设计灌溉面积（万亩）	有效灌溉面积（万亩）
								灌溉	工业				
任庄水库	泽州县	丹河	土坝	35.3	8050	1377	5058	184	—	1485	9400	2.4	1.1
杜河水库	泽州县	沁河	浆砌石坝	38.0	2800	785	835	—	—	1260	—	—	—
东焦河水电站	泽州县	丹河	浆砌石坝	55.1	2288	1385	378	—	332	150	18000	—	—
湾则水电站	沁水县	沁水县河	浆砌石坝	38.5	1233	806	489	—	—	785	2000	5.0	—
张峰水库	沁水县	沁河	堆石坝	72.2	39400	30300	3600	99	1458	32900	102800	—	—
董封水库	阳城县	获泽河	土坝	34.3	2347	458.7	1135	120	—	459	11515	1.5	1.0
上郊水库	陵川县	白洋泉河	土坝	30.0	1172	450	192	—	—	122	163	0.7	—
申庄水库	陵川县	东大河	浆砌石坝	25.5	1484	65	552	—	—	44	125	0.7	—

表5　2021年晋城市小型水利设施情况表

单位：处、千公顷、千米、万立方米

地区	合计		小型水库			自流渠道		挖泉截流		干渠长度	塘坝		
	设施	灌溉面积	设施	库容	灌溉面积	设施	灌溉面积	设施	灌溉面积		设施	容量	灌溉面积
合　计	813	16.7	88	14356.0	5.04	490	8.8	37	0.5	437	198	1065.9	2.52
城　区	65	0.2	3	161.2	—	57	0.1	—	—	36	5	34.2	0.1
沁水县	325	5.9	2	506.9	—	299	5.7	8	0.2	214	16	25.9	0.02
阳城县	104	1.6	20	1994.8	0.04	66	1.5	—	—	104	18	107.2	0.1
陵川县	69	1.3	21	4273.3	0.4	13	0.8	—	—	1	35	398.8	0.2
泽州县	84	3.7	22	4042.6	1.9	—	—	—	—	—	62	127.9	1.7
高平市	166	4.0	20	3377.2	2.7	55	0.7	29	0.3	82	62	371.9	0.4

表6　2021年晋城市各地区水库和库容情况表

地区	水库数（座）	水库总库容量（万立方米）	防洪库容（万立方米）	兴利库容（万立方米）
合　计	96	73130.0	18030.5	40466.8
城　区	3	161.2	50.8	59.0
沁水县	4	41139.9	4314.4	31357.2
阳城县	21	4341.8	2003.4	1132.4
陵川县	23	6929.3	2157.9	2032.6
泽州县	25	17180.6	8125.7	4821.2
高平市	20	3377.2	1378.3	1064.4

综 述

【概况】 2021年，晋城市规模以上工业增加值比上年增长15.7%，排名全省第2，分别高于全国、全省6.1个和3个百分点。六大主导产业中，煤炭行业增长20%，煤层气行业、装备制造业、化工行业分别增长4.9%、3%、7.7%。工业增加值占生产总值比重的57.6%，高于全省平均水平12.6个百分点，高于省定考核目标7.6个百分点，排名全省第2。规模以上工业战略性新兴产业增加值比上年增长9.1%，高于省定考核目标1.1个百分点。制造业增加值占规模以上工业增加值比重比上年下降6.5个百分点，差省定考核目标8.8个百分点。规模以上工业企业研发经费支出增长20%，超额完成省定考核目标。规模以上工业企业中有研发机构的企业占比19%，超额完成省定考核目标。规模以上工业增加值比上年增长15.7%。分门类看，采矿业增长18.4%，制造业增长11.1%，电力、热力、燃气及水生产和供应业增长0.2%。年末规模以上工业企业达到471家。规模以上工业企业实现营业收入2450.5亿元，增长36.3%。其中，煤炭、煤层气、装备制造、冶铸、化工和电力六大行业分别实现营业收入1353.2亿元、138.1亿元、199.3亿元、277.3亿元、246.6亿元和94.3亿元，增速分别为53.6%、28.9%、-12.3%、25.5%、36.9%和2.0%；非金属矿物制品业、金属制品业、废弃资源综合利用业分别实现营业收入76.6亿元、30.3亿元、89.1亿元，同比分别增长43.8%、22.2%、98.7%。规模以上工业企业实现利税472.3亿元，增长80.2%；实现利润285.6亿元，增长89%；每百元成本费用71.99元，同比下降8元。

【工业规划编制】 2021年，晋城市编制完成《晋城市工业和信息化高质量发展规划（2021—2025年）》《晋城市"十四五"新技术、新材料、新产品和未来产业发展规划》及"十四五"钢铁铸造建材、煤炭煤化工和新装备先进制造业光机电3个千亿级产业集群规划，制定工业产业结构调整和传统产业数字化转型2个行动方案。

【工业绿色低碳发展】 2021年，晋城市加快工业资源综合利用基地建设，印发《晋城市推进工业资源综合利用基地建设2021年行动计划》，重点推进的10个综合利用项目，4个完工，完成投资3.12亿元，年新增工业固废利用量100万吨以上。加强绿色制造体系建设，邀请专家就工业绿色制造体系建设进行专题授课，引导企业推行绿色管理。晋城经济技术开发区和晋城山水水泥、三赢精密电子、陵川金隅冀东水泥3家企业入选工信部2021年度绿色园区、绿色工厂名单。推进能耗"双控"（能源消费总量和强度双控）工作，成立重点行业能耗"双控"工作专班，统筹全市工业领域能耗"双控"工作。组织重点企业开展能效对标活动，晋城山水合聚水泥被工信部、国家市场监督管理总局确定为行业能效

"领跑者"。兰花新材料、天泽永丰、天泽煤化工被认定为省级节水型企业。完成晋城经济技术开发区8户企业的区域节能"诊断"工作。

【企业技术创新全覆盖】 2021年，晋城市加快构建高质量发展的产业创新生态，推动规模以上工业企业研发活动全覆盖。支持企业建立高水平研发机构，新认定省级企业技术中心4个、市级企业技术中心12个，全市企业技术中心突破100个。鼓励企业加大研发投入力度，印发《晋城市规上工业企业研发活动全覆盖2021年行动方案》，编制《规模以上企业研发经费、研发机构入统填报指南》，采取市县联动、专人包联重点企业、第三方机构跟踪指导等措施，解决企业"有研发不立项、有投入不归集、有数据不报送"等问题。大力发展智能制造，在全省率先出台工业企业数字化车间和智能工厂建设行动方案，富泰华精密电子、三赢精密电子等4户企业新认定为2021年省级智能制造示范企业，认定数量为历年新高。山西康硕被工信部认定为国家级智能制造示范工厂。15个智能工厂和数字化车间完成投资5.7亿元，鸿刃科技、高平三甲炼焦等7个项目基本建成。

【重点项目建设】 2021年，晋城市实施重点工业转型项目33个，总投资373.5亿元，年度完成投资75.4亿元，占年度计划的104.6%。晋钢智造科技产业园、康硕智能制造中心等6个项目部分投产。

【入企服务】 2021年，晋城市实施入企包联和台账制清单化机制。市工业和信息化局(国资委)实行"局领导包联县(市、区)、科室包联行业、科长包联重点企业"，副科级以上干部包联重点企业101家，办实事73件，解决问题68个，为22户企业争取优惠电价政策节约成本近1亿元。建立12个工作台账，工作项目化，项目清单化，责任到人，倒逼工作落实。联合相关部门制定《晋城市非能源领域"聚焦补考进位规范关联交易"实施方案》，集团内部企业之间围绕煤炭、化工、钢铁等领域开展上下游核查，解决产值漏报问题。推动地方工业产品供需对接，举办晋城市工业产品、建设项目对接洽谈会，30家企业现场签订4310万元供需协议。筛选7个行业、89家企业、295种产品面向全省推荐，帮助企业拓展市场。

（马晶妮　张　峰）

【城镇集体工业】 2021年，晋城市共有城镇集体工业企业87户，其中，规模以上企业21户，年销售收入亿元以上的企业13户，年销售收入2000万元以上的企业19户。涉及煤炭开采、冶炼铸造、化工、机电、轻工机械、建筑材料、工艺美术、商贸服务等10多个行业。资产总额172亿元，负债总额115.8亿元，职工总数23434人，其中，在职职工15734人，离退休职工7700人。受煤炭价格持续上涨等因素影响，21户规模以上企业完成工业总产值96.86亿元，比上年增长103.5%；完成工业增加值71.26亿元，比上年增长128.1%；实现销售收入88.96亿元，比上年增长95.2%；实现利润总额30.6亿元，比上年增长1438.6%；实现利税46.39亿元，比上年增长437.1%，创历史最高水平。

（郭马军）

能源工业

·综　述·

【概况】 2021年，晋城市站在保国家能源安全的高度，推动煤炭提能增产，推动煤层气增储上产，推动新能源项目建设，推动煤电机组发电出力，提升能源供给能力。煤炭稳中有升，建设矿井转产新增产能420万吨/年，产能核增新增产能520万吨/年，生产原煤1.25亿吨，比上年增长4.7%。煤层气新增钻井720口，产量42.67亿立方米，比上年增长13.1%，产量和增储上产目标完成率居全省第一。电力结构优化，新增并网装机容量21.35万千瓦，新能源占比由17.3%提升至20%；发电量完成250亿千瓦时。

【能源产业发展】 2021年，晋城市新增规模以上能源企业65家，其中泽州县30家，全市领先。全年实现能源工业产值1525亿元，比上年增长76%，陵川县同比翻番，泽州、高平增幅超过90%。全年能源行业增加值占全市生产总值的45%、规模以上工业的80%以上，均比2020年提高了7个百分点；全年能源企业上缴税收194亿元，占全市税收的68%、工业税收的87%。

【煤炭行业转型】 2021年，晋城市聚焦绿色智能低碳转型，坚持内转+外转并重，推动产业转型升级。坚持“全面铺开、分类实施、分段建设、预留空间”煤矿智能化建设原则，铺开151处智能化采掘工作面建设，建成69处，位居全省第1；阳城县建成22处，居全市第1；晋能控股晋城煤炭事业部建成30处，居各主体第1。坚持“先行先试、示范引领、有序推广”煤炭绿色开采原则，在大宁、唐安等10座煤矿开展煤炭绿色开采试点。新增煤矿信息化建设“一级标准”矿井4座、“二级标准”矿井28座；45座煤矿完成产量监控系统升级改造，完成率48%。

【能源革命】 2021年，晋城市实施能源革命综合改革试点2021年行动计划，推进省定4项重大引领示范项目。释放煤炭优质产能，申请产能核增15座矿，申请6座高瓦斯产能核增试点；加快减量重组保留煤矿手续办理，8座煤矿复产。推进煤层气增储上产，12个增储上产项目加快推进，浩坤二期液化项目投运。推进“气化晋城”战略，全市新增气化人口21.02万人，气化率提升至85%以上；晋钢专线输气管道开工建设。

（李进修）

·煤炭工业·

【煤炭产能提升】 2021年，晋城市稳步实施煤炭核产增能工作，批复8座减量重组保留矿井生产能力核定并恢复生产，增加产能480万吨/年。报请省能源局14座煤矿生产能力核增，增加产能520万吨/年。接续产能有效释放，转产验收玉溪、大通、坡底3座矿，新增产能420万吨/年；华阳矿进入联合试运转（产能60万吨/年）。

【煤炭洗选达标升级】 2021年，晋城市开展煤炭洗选达标升级工作，完成133座洗选企业标准化评定初审，一级20家，居全省第1。高平市逐企督导，完成39家初审，其中一级10家，全市第1。

（李进修）

·煤层气工业·

【煤层气资源保障】 2021年，晋城市新增可动用区块资源764平方千米，推动中石油、中海油与地方企业开展合作区块129平方千米，推动中联、格瑞克520平方千米合作区块。

【煤层气储运体系建设】 2021年，晋城市完善煤层气储运体系，完成郑庄北山、华新柿庄2座增压站和总长35.7千米的7条输气管道建设，晋钢集团冷轧薄板、焊管和氢冶金重点用气项目高平—巴公（晋钢专线）临时供气管道完成施工，浩坤二期50万m^3/日液化项目顺利转产，聚力民生储气调峰项目正式开工建设。

【煤层气利用】 2021年，晋城市推进“气化晋城”战略，全市管网沿线5千米范围内村庄和15个工业园区、27个A级以上景区实现用气全覆盖，全市城乡居民用气覆盖率由76%提高到85%，全年就地消纳气量达6.48亿立方米。

【煤层气技术攻关】 2021年，晋城市推广应用优化排采管控和新井提产技术，中石油郑庄区块老井产量递减率由14%下降至7%，新井达产率由70%提升至90%以上；中联潘庄区块实现薄煤层产气零的突破，兰花煤层气单井提产町店试验井日产量突破3万立方米，全市煤层气开采区域资源采收率由30%提升至40%以上。

（李进修）

化学工业

【概况】 2021年，晋城市化学工业企业实现营业收177.8亿元，比上年下降3.1%。

【煤化工转型】 2021年，晋城市3家企业制定完成间歇式常压固定床气化工艺升级改造。开展气化技术先行示范，打造大型气化岛公用平台。

【化工项目建设】 2021年，晋城市开展化工园区认定准备工作，成立市化工协会。与厦门大学达成“先搞试点、逐步推广、全面开展”的合作共识，厦门大学与兰花科创公司开展合作。天溪煤制油退城入园发展高端化工产品正式启动。

【晋城市化学工业协会成立】 2021年10月10日，晋城市化学工业协会成立大会召开。协会由晋能控股装备制造集团有限公司、山西天泽煤化工集团股份公司、山西兰花科技创业股份有限公司等单位联合发起组建。晋能控股装备制造集团副总经理张晋峤当选首任会长，天泽煤化工集团党委书记、董事长张国瑞，兰花科创董事长李晓明当选副会长，李新民当选秘书长。

（马晶妮　张　峰）

装备制造业

【装备制造重点投资项目】 2021年，晋城市大力发展煤机、煤层气装备，推动天巨重工智能化一体成巷掘锚机、全自动定位钻孔液压凿岩台车研发，金鼎煤机年产350台煤层气高端钻机项目投产。科裕达铸造公司被省工信厅认定为第三批省级制造业单项冠军培育企业。

【光机电产业发展】 2021年，晋城市光机电产业聚焦“机器视觉”和“硬质合金”两个细分领域，新引进光机电项目61个，“1+100”光机电产业集群初步形成。第五代移动通信设备精密零组件生产项目投产，锑化物半导体晶圆下线，产值达到200亿元。

【钢铁铸造产业转型】 2021年，晋城市制定出台铸造高炉产能置换实施办法，晋钢产能减能置换升级改造项目投产运转。推动晋钢智造科技产业园项目投产，加快晋钢智造科技、南村铸造产业园建设。谋划“一中心两基地”，发展氢冶金产业。推动康硕集团与本地5家铸造企业建立“1+5”企业合作模式。启动开展133户铸造企业产能认定工作。

（马晶妮　张　峰）

【智能制造】 2021年，晋城市15个智能工厂和数字化车间培育企业累计完成投资5.5亿元，4户企业被认定为省级智能制造试点示范企业。

【晋城市装备制造业（杭州）专题推介活动】 2021年5月12日至14日在浙江杭州举行。活动以“绿色制造·智能发展”为主题，以座谈会推介、会场展示、项目签约、合作洽谈为主要内容，重点推介晋城市装备制造产业。共签约项目32个，总投资168亿元，主要包括光机电、新材料、新能源、节能环保等领域。

（李慧敏）

电力工业

【概况】 2021年，晋城市聚焦新型电力体系建设，加速推动电力行业转型升级，累计交易电量155.6亿千瓦时，为用电企业节省电费5.3亿元。加大重点项目建设力度，12.5万千瓦分散式风电项目和1.5万千瓦垃圾发电项目建成并网，新能源装机突破126万千瓦，占比提升3个百分点。加大电网建设力度，年度投资10.78亿元，创历史新高，18项35~500千伏输变电工程开工建设，8项竣工投运，其中第3座500千伏输变电站—建兴（晋城东）投运，解决晋城东部电网结构不合理等问题；200万千瓦集中式光伏项目获批，获批高平市、陵川县整县制屋顶光伏试点9万千瓦，获批规模绝对量全省第一。推动“风光火储”和“源网荷储”2个一体化基地建设。至年底，全市电力总装机容量630万千瓦，约占全省的5.6%，比重最小。煤电装机容量417万千瓦（阳城电厂330万千瓦、晋城热电60万千瓦、阳城晋煤能源27万千瓦），约占全市装机的66%。新能源装机容量126.35万千瓦，约占全市装机的20%，约占全省的3.3%。其中光伏53.8万千瓦（分布式28.8万千瓦，集中式25万千瓦），风电64.3万千瓦（分散式14.3万千瓦，集中式50万千瓦），水电5.1万千瓦，生物质3.15万千瓦。瓦斯发电装机容量62.1万千瓦，约占全市装机的10%。工业企业综合利用装机容量24.6万千瓦，约占全市装机的4%。

【电力优质服务】 2021年，国网晋城供电公司提前应对秋冬季供电紧张形势，推动市能源局出台有序用电文件，执行错避峰18次，未发生拉闸限电情况。应对“7·11”“7·20”特大暴雨洪灾，第

2021年6月10日，望龙220千伏输变电工程正式投运

（邢爱华 供图）

一时间启动应急响应，以最快速度恢复配网68条受损线路、8.27万用户供电。完成紧急驰援河南抢险复电工作。服务地方经济发展，建成农网巩固提升工程26项，配变平均停运时长比上年下降36.9%；完成城市更新线路迁改工程4项。实现小微企业用电报装“三零”（零上门、零审批、零投资）服务全覆盖，为企业节约办电成本3811万元。深化省、市、县三级服务调度体系、营销内控体系建设，9个营业厅完成“三型一化”（智能型、市场型、体验型和线上线下一体化）升级改造，“网上国网”户数保持两位数增长。全省首家贯通营销系统和政务服务平台，实现“不动产+电力”联动过户批量办理。全年，投诉量比上年下降88.14%，投诉总量、百万人口投诉量全省最低。

【电力安全生产】 2021年，国网晋城供电公司投入电力发展资金9.95亿元，比上年增长45.38%，其中电网投资7.18亿元，比上年增长32.21%；售电量189.54亿千瓦时，比上年增长6.58%；累计安全生产周期6671天。公司蝉联山西省电力公司系统卓越管理对标第一名，业绩考核实现“三连冠”，获晋城市改革创新先进集体（安全生产）等称号。公司员工宰红斌入选全国电力行业百名“电力工匠”，陈文刚当选第二届“晋城工匠”，农艳奎获“三晋工匠”年度人物提名奖。

【电网建设】 2021年，国网晋城供电公司加快推进电网建设，修编“十四五”电网规划，总投资36.8亿元，较“十三五”时期增长34.8%。提前投运晋城市第3座500千伏变电站，解决东部环网重载问题。新开工35千伏及以上工程2项，续建13项，投产10项，新增变电容量281万千伏安，其中泰阳220千伏变电站3号主变扩建工程提前5个月投产，高平野川110千伏输变电工程提前2个月投产，望龙220千伏变电站建成投运。全年，完成7个批次、169项10千伏及以下配电网工程建设，新建改造10千伏线路646.12千米、0.4千伏线路657.73千米、新建及改造配电变压器516台。完成水电自供区电网改造、电动汽车便民充电桩建设2项民生实事项目。市区南部“客户零感知”示范网格全面建成。1项配网工程获评国家电网公司百佳工程。

【供电安全保障】 2021年，国网晋城供电公司深化电力安全机制，修订7个专业72项制度，规范工作票39份。加强电力作业现场管控，市、县两级安全管控中心实体化运行，督查各类现场作业1124个，周村—窑南110千伏线路工程获评国家电网公司安全管理“五好”示范工地。优化电网运行方式，应对度夏度冬高负荷、寒潮、汛情等挑战，有效预警管控电网风险102项。在全省率先实现220千伏线路激光雷达建模全覆盖，获评山西省电力公司无人机智能巡检示范单位。加强供电设施特巡特护，完成庆祝中国共产党成立100周年、全国康养大会等重大保电任务。

【电力营销管理提质】 2021年，国网晋城供电公司开展“提质创效年”活动，8类91项工作取得成效。提升计量数据采集准确率，换装09版电能表22.7万只、HPLC（宽带载波）模块26.2万只。创建五星级供电所1个、四星级供电所2个，沁水龙港供电所获全国“金牌供电所”称号。加大增供扩销力度，全年净增接电容量150.61万千伏安，电能替代7.44亿千瓦时。建成市区便民充电桩2003个，专用车充电

2021年12月30日，市区便民充电站建成

（邢爱华　供图）

服务市场占比超95%。成立不停电作业中心，配网不停电作业次数比上年增长199%。

【电力创新发展】　2021年，国网晋城供电公司健全创新支撑体系，组建六大专业“创新联盟”柔性团队，建成全国首家“线损精益管理实验室”、全省首家“无人机实验室”，新成立5个职工（劳模）创新工作室5个。106项创新成果获山西省电力公司及以上奖励，获奖数量质量创历史新高。2项成果经权威机构鉴定达到国际领先水平，1项专利获日内瓦发明展银奖、中国专利优秀奖，16项专利入选晋城市2018—2020年度发明专利奖补项目，约占企业类奖补专利总数的1/4。

（邢爱华）

轻工业

【概况】　2021年，晋城市共有国有控股规模以上轻工企业40个，其中亏损企业13个，全年工业生产总值48.7亿元，在晋城市工业总产值中占比甚小，仅为1.9%。

【食品产业】　2020年，晋城市食品产业形成饮料、酒醋乳、肉鸡加工制品、休闲食品等系列产品。全市有规模以上食品企业12户，其中小麦加工企业2户、饲料加工企业3户、冻鸡肉加工企业1户、休闲食品企业1户、饮料饮品企业2户、食醋企业1户、乳品企业1户、酒类企业1户。生产肉鸡50558吨、食醋9686吨、饮料饮品37812吨、小麦粉46553吨。食品产业总产值18.4亿元。

【纺织产业】　2020年，晋城市纺织产业形成棉纺织、麻纺、服装等系列产品。绿洲纺织的丝麻特色纺织品在全国具备竞争优势；吉利尔致力于打造“中国文化寓意”的经典婚被；森鹅的内衣、休闲服、运动服、家居服广销全国。全市有规模以上纺织企业6户。生产针织内衣169万件、纱4072吨、工作服17.10万件。纺织产业总产值3.4亿元。

（马晶妮　张　峰）

【工艺美术产业】　2021年，晋城市工艺美术产业实现县域全覆盖，以珐华为龙头的工美产业，成为推进全方位高质量发展的新动力新引擎，形成晋城珐华、泽州铁器、潞绸刺绣三大优势产业多元发展新态势。全年发放工美专项扶持资金200万元，其中补助类项目34个，扶持资金160万元；奖

2021年9月10日，2021年度晋城市工艺美术产业发展专项资金项目评审会召开

（郭马军　供图）

励类项目27个，奖励资金16.6万元；非公开征集类项目2个，扶持资金23.4万元。组织59家工美企业和艺人参加晋城市第三届文化创意产品展示大赛，获奖39项。推荐3家省工艺美术大师工作室，被认定为第一批山西省工艺美术大师工作室。

（郭马军）

新兴产业

【新兴产业培育】 2021年，晋城市推动煤层气增储上产和消纳，地面煤层气抽采量42.67亿立方米。累计引进78家光机电及配套企业，形成“1+78”光机电项目产业集聚。全国首个锑化物激光器研发生产平台试运行。全市新能源电力装机容量126.35万千瓦。

【新能源项目】 2021年5月19日，冠航、诺辉2个分散式风电项目在泽州县南岭镇开工。冠航风电项目总投资1.6亿元，占地面积1公顷，装机容量20兆瓦，新建6台3兆瓦、1台2兆瓦风力发电机组及配套箱变，集电线路和开关站1座；诺辉风电项目总投资1.2亿元，占地面积0.66公顷，装机容量15兆瓦，新建3台4兆瓦、1台3兆瓦风力发电机组及配套箱变、集电线路。

【新材料产业】 2021年，晋城市推动兰花纳米生物降解粒料等4种产品纳入《山西省重点新材料首批次应用示范指导目录（2021版）》，市光机电产业研究院、鸿生化工公司获省级新材料领域融通创新服务平台奖牌。

【数字经济】 2021年，晋城市出台《晋城市推进数字化转型大力发展数字经济争先领跑三年行动计划（2021—2023）》，实施数字经济“1468”（即：以打造中等新型智慧城市标杆市为抓手，突出数字政府、数字经济、数字社会、数字城市四大重点领域，开展数基、数产、数智、数惠、数创、数安六大行动，建设算力中心提升、城市大脑构造、数字政府牵引、数字产业培育、智能制造示范、数字乡村振兴、数字生活惠民、数据治理增效八大重点工程）战略，全市数字经济重点项目总计53个，累计完成投资69.13亿元。新建公共基站1058座，全市5G用户达61.89万户。推动智能化改造，4个重点工业互联网项目完工，7个智能工厂和数字化车间建成，山西康硕被认定为国家级智能制造试点示范工厂。新型智慧城市一期工程项目建成数字化产业链平台，互联网创新中心投入运行，“5G+人工智能”技术在17个重点示范应用场景试运行。晋城市获2021数字政府管理创新奖，入选全国数字政府建设50强和2021中国城市数字化治理百强榜。

（马晶妮 张 峰）

企业服务

【概况】 2021年，晋城市按照“稳一产、强二产、优三产”思路，提升煤炭、冶铸等传统产业发展水平，发展壮大新能源、新材料、装备制造等新兴产业，商贸、物流、现代服务业大幅增长，三产占比由2015年的2.50∶66.20∶31.30调整到2021年的1.90∶60.30∶37.80。全市民营经济主要行业有煤炭、钢铁、铸造、轻纺、建材、化工、生物医药、高端装备制造、农产品加工等。在全部工业企业中，煤炭、钢铁、铸造三大行业企业数量约占60%。全年，全市民营煤炭企业原煤产量692万吨、型煤40万吨、洗精煤2737万吨；冶铸企业生铁产量494万吨、各类铸铁件123万吨；钢铁企业粗钢产量488万吨、成品钢材478万吨。全市中小企业发展到3.50万家，从业人员42.30万人。全市民营经济各类组织发展到11.95万户，从业人员63.59万人。全市年营业收入亿元以上民营企业126家，5家企业入围全省民企百强企业。全年，全市民营经济营业收入1985.50亿元，比上年增长15.58%；工业总产值1113.91亿元，比上年增长20.17%；上缴税金71.86亿元，比上年增长15.39%；提供劳动者报酬129.33亿元，比上年增长11.70%。全市中小企业营业收入1431.34亿元，比上年增长18.46%；工业总产值861.29亿元，比上年增长26.27%；上缴税金61.43亿元，比上年增长16.24%；提供劳动者报酬98.04亿元，比上年增长13.01%。

【企业改制】 2021年，晋城市完成规范化股份制改造企业50家，通过省级认定企业40家，认定数排全省第1。至年底，累计规范化股改企业达136家，形成1家主板上市、3家“新三板”挂牌，133家“晋兴板”挂牌的梯队格局。

【双创建设】 2021年，晋城市加大企业双创（大众创业、万众创新）建设，新认定市级以上小微企业双创基地8家、双创示范基地1家，累计达到29家。全部双创基地入驻企业1017家，带动就业9740人，并在全省率先实现省级双创基地县域全覆盖。在2021年“创客中国”大赛中，全市有159个项目参赛，参赛数量全省第1；全省60个项目奖项，晋城市获奖11个，获奖数量全省第1。

【“小升规”企业发展】 2021年，晋城市新增规模以上工业企业133户，净增114户，保有量543家，目标完成率146.15%。其中民营企业364家，占比67.03%。

【中小企业培育】 2021年，晋城市制定《晋城市贯彻落实省委省政府支持民营经济发展的若干意见政策汇编》《创建全省民营经济发展改革示范市任务清单》，发布《晋城市支持民营企业政策清单和落实导图》，新认定市级以上专精特新企业41家、小巨人企业9家，市级以上专精特新企业累计达132家。新增高新技术企业18家，入库国家科技型中小企业148家。

【创新活动】 2021年，晋城市促进产学研融合发展，与18所高校签订战略合作协议。对接长三角科技资源，晋城驿站和博士工作基地入库院士博士72人，发布转型项目和专利成果183项，解决企业技术难题120余个。推出科技特派员制度，派出36名科技特派员入驻126家企业。深化数字赋能行动，“智慧工厂”示范点企业达到11家，为全市企业提供可借鉴的“智慧发展”之路。

【服务体系建设】 2021年，晋城市在全省率先建成企业服务专属平台，当年被认定为国家级示范平台，注册用户4.40万余户，访问量突破20万次，订单量突破2300件。在全省率先建立民营企业投诉机制，累计受理87家企业108件投诉，办结105件，其中办理民营企业拖欠货款近2亿元，企业回访满意度100%，晋城市中小企业发展环境评估获全省第1。

（刘晋娜　郭巍峰）

重点企业

【晋能控股装备制造集团有限公司】 2021年，晋能控股装备制造集团有限公司提升装备制造产能规模，加快由单机制造向成套装备制造转变，形成5000余项整机、配件、材料、电气以及检修检测类产品的生产制造检修能力，成套设备产量达到3634架（部/台），占全部产能的70%；加大装备制造项目建设力度，大同泰宝密封件配套管料生产线项目、北京朗德支架液压阀项目具备生产条件；金鼎公司焊接智能化工厂、潞安装备公司焊接机器人智能化生产工厂、华越创力公司数字化工厂3个项目完成升级改造；牵头组建山西省智能煤机装备产业技术联盟，吸收56家高等院校、科研机构、先进制造企业等成员单位，作为第一届理事长单位，组织大型交流活动4次，完善联盟制度，签订《共同体战略合作框架协议》，实现山西煤机产业协同发展新格局；成立成套设备分公司，统一实施专业化的成套订单业务承揽、设计、制造与服务，采取“融资+租赁”模式，对内建立采购一体化平台，统一采购原材料，钢材成本降低7.67%；组建智能矿山创新实验室公司，围绕煤矿信息网络、自动化使能、智能感知技术、煤矿大数据等课题，成立5个专题实验室；依托泰宝密封管料生产线项目，实现高端密封系列产品管料自给自足，安易电气公司取得产品安标证134个、防爆证64个、3C认证产品55个，攻克煤矿供电系统越级跳闸、无计划停电信号无法正常上传等技术难题，其研发的双回路电源快速切换系统装置，填补国内煤矿供电系统安全供电技术空白。煤化工产业转型稳中有进，三宁公司煤炭储运中心作为湖北省能源储备基地，纳入国家重点支持项目；启动湖北气体公司氨醇改造、新恒盛公司、延化公司氨醇搬迁、天溪公司迁建等一批优质煤化工项目。增强创新研发能力，获科技进步奖10项，其中山西省科学技术奖4项，中国煤炭工业协会科学技术奖1项，中国氮肥工业协会科学技术奖5项；开展知识产权申报工作，完成102项专利申请，授权106项；全年投入研发资金19.56亿元，技术投入比达3.19%。

（高　鹏）

【晋能控股煤业集团晋城公司】 2021年，晋能控股煤业集团晋城公司根据国家"双碳"战略目标，结合煤矿资源赋存、可采储量、现采煤层等情况，编写各生产矿井2022年及五年衔接整体规划，并通过煤业集团审核。推进产能核增，涉及的4座矿井（盛泰矿拟由120万吨/年提升至180万吨/年，西河矿拟由60万吨/年提升至90万吨/年，首阳、盖州矿拟由90万吨/年提升至120万吨/年）通过现场审核，盛泰矿取得核增批复。加强综采作业监管，对"初采、末采、撤出、稳装"四个阶段实施动态管控。开展"综采百日大会战"，加强检修维护、强化超前支护、提高端头退锚率，支架初撑达标率提升至90%以上，解决了复采面顶板破碎、运输端头压力大等问题。全年，实现营业收入199.88亿元，完成年计划的166.57%；利润14.92亿元，完成年计划的271.27%；商品煤量1145.52万吨，完成年计划的102.92%；掘进进尺48122米，完成年计划的107.18%；"两路"（铁路、公路）贸易量686.20万吨，完成年计划的144.46%。

（吉慧波）

【山西兰花煤炭实业集团有限公司】 2021年，山西兰花煤炭实业集团有限公司实现销售收入157.93亿元，比上年增长73.35%；利润29.7亿元，比上年增长516.47%；利税50.76亿元，比上年增长189.9%；上缴税金27.84亿元，比上年增长79.89%，超额完成各项目标任务。优化生产系统，累计投入安全费用3.3亿元、环保资金1.1亿元，未发生重大安全环保事件。推进薪酬制度改革，完善以《工资总额与经营指标挂钩实施办法》《经营管理人员薪酬考核激励办法》为主要内容的"双管控"体系。构建"兰花工匠"成长平台，16家单位设置工匠职数158个、技师职数42个。加大转型项目建设，玉溪煤矿正式转入生产矿井，百盛、沁裕、同宝、芦河整合矿井工程建设进展顺利；推进矿下组煤水平延深项目、洗煤厂升级改造项目、煤炭绿色外运项目，完成智能化掘进工作面和智能化综采工作面建设任务；兰花煤层气公司新争取町店区块煤层气矿业权58.53平方千米，中石油合作区块面积由13平方千米扩展为47.7平方千米；推进完成高产井52口，建成新增产能规模30万立方米，科学试验井项目顺利投产，实现多种井型有机组合的合理生产布局；60兆瓦分散式风力发电项目并网发电，实现当年开工当年并网发电，年总发电量933.95万千瓦时。位列中国能源（集团）500强第216位，山西百强企业第31位。

（李　琦）

【山西兰花科技创业股份有限公司】 2021年，山西兰花科技创业股份有限公司生产煤炭1040.27万吨，销售煤炭1026.85万吨，比上年分别增长14.87%、14.99%；生产尿素92.82万吨，销售尿素91.42万吨，比上年分别增长9.42%、4.62%；生产二甲醚13.65万吨，销售二甲醚12.84万吨，同比分别增长75.90%、68.50%；生产己内酰胺14.59万吨，销售己内酰胺14.49万吨，比上年分别增长45.46%、43.47%；实现营业收入128.60亿元，比上年增长94.07%；归属于上市公司股东的净利润23.53亿元，比上年增长527.84%。

2021年10月19日，晋能控股装备制造集团与华为公司合作的智能矿山创新实验室成立　　（高　鹏　供图）

推进重点项目建设，望云地面生产系统改建工程竣工投产，90万吨/年至120万吨/年产能核增通过省能源局验收；同宝矿90万吨/年矿井项目，完成投资1.35亿元，完成35千伏供电回路工程、综采工作面三机配套工程；百盛矿90万吨/年矿井项目，完成投资1.02亿元，初步设计变更获批；沁裕矿90万吨/年矿井项目，完成投资2.51亿元，项目土建工程基本完工，完成机电设备采购；芦河矿90万吨/年矿井项目，初步设计和安全专篇取得行业主管部门批复，完成产能置换方案、3号煤层布置方案论证等工作。推进科技进步与技术创新，围绕智能煤矸分选、能耗双控和煤化工产业节能减排，与中国矿业大学等机构开展技术合作，申请专利15项，受理15项，授权22项。

（袁志刚）

【山西天泽煤化工集团股份公司】2021年，山西天泽煤化工集团股份公司累计生产合成氨149.38万吨、尿素239万吨、甲醇10.45万吨，余热发电8163.02万千瓦时；实现工业总产值57.80亿元，比上年增长38.74%，首次跨入50亿元台阶；实现利润9.05亿元，比上年增长154.93%；上缴税金2.64亿元，比上年增长156.31%。公司连续第10年被评为“全国（合成氨）行业能效领跑者标杆企业”，入选中国石油和化工企业500强、山西省100强企业，获“全国氮肥企业合成氨产量20强、尿素产量20强、利润总额20强”“全市先进基层党组织”等称号。

（吉宁宁）

【阳城国际发电有限责任公司】2021年，阳城国际发电有限责任公司发电量163.23亿千瓦时，上网电量149.12亿千瓦时，上缴税金2.61亿元。申报的60万千瓦平价光伏竞配项目获批。加快推进60万千瓦机组超临界改造项目、35万千瓦机组“上大压小”项目，同步实施供热扩容工程、深度调峰改造、工业供气等项目。二氧化硫、氮氧化物、烟尘排放绩效分别完成每千瓦时0.064克/千瓦、0.116克/千瓦、0.007克/千瓦。按照能源保供要求，8台机组应开尽开，按期向晋城市区供热。公司2台机组获全国可靠性标杆机组称号，4台机组获全国能效对标优胜机组称号。公司党委获山西省先进基层党组织称号，公司劳模创新工作室被中华全国总工会评为国家级示范基地。

（张经纬）

【晋城市国有资本投资运营有限公司】 2021年，晋城市国有资本投资运营有限公司推进白马寺山森林公园高端康养示范区项目建设，重点实施凤城国际酒店B区（别墅区）、龙马湖项目。凤城国际酒店B区（别墅区）位于福禄潭北侧，总用地面积33315平方米，总建筑面积25910平方米，涵盖6类别墅户型，共计41栋。龙马湖项目，总用地面积71300平方米，其中，湖面面积36800平方米，水容量70000立方米，绿化面积34500平方米，种植乔木、灌木1107株，种植水生植物18200平方米，种植地被植物35700平方米。

（倪光耀）

综　述

【概况】　2021年，晋城市出台《关于促进建筑业持续健康发展的实施意见》，扶持本地建筑企业健康发展。全年，全市建筑业总产值完成123.1亿元，比上年增长21.5%，增速全省排名第3；建筑业增加值完成52.5亿元，比上年增长11.2%。房屋施工面积741.5万平方米，比上年增长31.4%；签订合同额286.3亿元，比上年增长37.7%。

【建筑企业】　2021年，晋城市有建筑业企业194家，其中：国有企业1家、集体企业4家、其他企业189家。全市建筑业从业人数21794人，其中：国有企业从业人数6人、集体企业从业人数523人、其他企业从业人数21180人。建筑业总产值1230534万元，其中：国有企业总产值364万元、集体企业总产值4879万元、其他企业总产值1225291万元。

【建筑资金争取】　2021年，晋城市共争取上级各类建筑资金92498万元（包括中央补助资金75163.28万元、省级补助资金7334.72万元、专项债券10000万元）。其中老旧小区改造补助资金56059万元，中央城市管网（黑臭水体治理）补助资金10000万元，文化艺术中心专项债券10000万元，棚户区改造补助资金7839万元，灾后重建（危房改造）补助资金5051万元，农村危房改造补助资金1331万元，城镇排水管网补助资金959万元，抗震加固补助资金364万元，住房租赁补贴343万元，加装电梯奖补资金280万元，传统村落数字博物馆补助资金125万元，七岔口连通工程（排水管网）补助资金106万元，山门街西段（排水管网）补助资金41万元。

表7　2021年晋城市建筑业企业主要经济指标表

项目	单位	指标
企业单位数	个	194
从业人员	人	21709
固定资产原价	万元	205585
自有机械设备年末总台数	台	15758
自有机械设备年末净值	万元	31917
建筑业总产值	万元	1230534
#本年固定资产折旧	万元	10892
主营业务税金及附加	万元	6855
营业利润	万元	34476
房屋建筑施工面积	平方米	7414888
房屋建筑竣工面积	平方米	1195222
利润总额	万元	37663
按总产值计算	元/人	566831
技术装备率	元/人	14702
房屋建筑面积竣工率	%	16.1

【建筑工程治欠保支】 2021年3月，晋城市住建局、市人社局联合开展2021年建设工程项目规范劳动用工管理培训，加强对落实保障农民工工资支付各项制度的培训指导，推行实名制信息管理，通过信息化手段，改进建筑工程治欠保支工作模式，确保治欠保支工作顺利进行。4月，市住建局受理市人民政府农民工工作暨根治拖欠农民工工资工作领导小组移送案件1起，通过协调和各方协商、依法责令拖欠方限期支付等手段，对涉嫌违法分包问题，由开发区环保建设部移交城市管理部门进行处罚。因违法发包、违法分包和挂靠转包等违法违规问题造成的拖欠农民工工资案件办结率达到100%。

（张颜良）

建筑质量管理

【工程质量管理】 2021年3月，晋城市印发《晋城市工程质量安全提升两年行动实施方案》，明确建设单位的首要责任，各县（市、区）按要求开展质量提升行动。11月下旬，市住建局组织开展全市工程质量检测机构监督检查，共检查质量检测机构18家，并对存在问题进行通报，查出2家质量检测机构不具备正常执业条件。

【施工现场监管】 2021年，晋城市创新施工现场监管手段，一方面，利用安装在施工现场的固定监测设备，如扬尘监控设备、塔吊监控设备、实名制管理系统、运渣车管理设备等，采集现场业务数据；另一方面，通过无人机等移动设备进行巡检，根据所采集数据建模，进行自动数据分析，发现施工现场质量安全隐患，作出提示预警，预警信息直接通知施工现场相关负责人，责令限时整改或信用扣分，形成全覆盖、无死角的处置模式和无感监管、无处不在的监管模式。

【绿色建筑和装配式建筑验收】 2021年，晋城市印发《关于进一步推进装配式建筑发展的通知》《关于新建民用建筑执行绿色建筑标准的通知》，全市验收绿色建筑面积88.9万平方米，占新建建筑面积的67.6%；全市验收装配式建筑面积148.62万平方米，占新建建筑面积的27.02%。

【工程验收方式改革】 2021年，晋城市住建局贯彻落实市委、市政府“提品质、出精品、创经典，建设美丽新晋城”工作要求，制定《晋城市房屋建筑和市政基础设施工程竣工联合验收管理办法》，首次由住建部门牵头负责工程竣工联合验收，解决工程完工投入使用，未完成竣工验收、资产移交的难题。

（张颜良）

建筑安全管理

【建筑安全检查】 2021年3月，晋城市开展安全生产专项整治三年行动和“零事故”单位创建活动，对427个在建项目开展执法检查8次，下发责令整改通知书21份（限期整改17份、停工整改4份），挂牌督办项目17个；交叉检查149个项目，发现隐患724处，下达停工通知书51份。对3个项目的施工单位、监理单位及项目总监理工程师进行通报，并作不良行为记录。强化危大工程、有限空间作业及高空作业安全管理，打击从业人员不经安全培训上岗作业、不编制专项施工方案或不按方案施工等行为，杜绝安全生产事故发生。

【施工安全分级管控】 2021年，晋城市加强企业和项目建筑施工安全分级管控，制定印发《住建领域安全生产分类分级监管实施细则》，建立隐患排查治理双重预防制度。建立建筑工地分级分类台账，根据不同的分级，对项目进行检查。

【起重机械管理】 2021年，晋城市实行建筑起重机械安全运行全过程监督管理。10月底，开展建筑起重机械专项整治行动，对37家特种设备租赁企业、8家起重机械检测单位、20家起重机械安拆单位进行抽检，并对检查中发现的问题进行通报。

（张颜良）

建筑市场监管

【建筑项目监管】 2021年，晋城市对全市建筑项目进行抽查和巡回检查，重点对项目和管理人员到岗情况、违法发包、分包和挂靠转包，规避招标、虚假招标、限制或者排斥投标人等违法违规行为，建筑用工实名制落实情况、工程款支付情况等方面进行检查。共检查项目358项，其中：市本级检查、督查在建项目44项，配合省住建厅督查22项（涉及违法违规问题由省住建厅移交城市管理部门），城区检查61项，泽州县检查80项，高平市检查50项，阳城县检查60项，陵川县检查23项，沁水县检查22项，开发区检查18项。累计下达责令整改通知书282份、执法建议书24份，停工通知书22份，移交城市管理部门22件，立案查处17件，累计处罚金额488万余元。

【建筑企业资质检查】 2021年，晋城市根据省住建厅《关于做好建筑业企业资质整改工作的通知》，对47家建筑业资质不符合资质标准要求的企业进行核查，要求企业进行整改和补充，对整改不合格的39家建筑业企业，按照相关规定，报发证机关依法撤回企业资质。

【建筑市场信息归集和实名制管理】 2021年，晋城市安排部署建筑市场信息归集（山西省智慧建筑管理服务信息平台）和建筑工程实名制信息管理（山西省建筑工程从业人员实名制管理平台）工作，推进建筑市场信息化监管，审核智慧平台建筑业企业信息359条、人员信息8532条。启动建筑工人管理服务信息平台数据信息采集工作，完成数据上报任务。全市“山西省建筑工程从业人员实名制管理系统”采集新建、在建房屋市政工程项目159项，有考勤项目131项，采集新建、在建房建市政工程项目信息，信息上报率和准确率均为100%，更新率82.39%。

【工程造价咨询市场检查】 2021年，晋城市开展工程造价咨询市场检查，共检查工程造价咨询企业43家，其中本地企业29家，包括甲级资质企业10家，乙级资质企业8家，暂定乙级资质企业11家；外省企业14家。抽查工程造价咨询成果97项，其中本地企业成果56项，外省企业成果41项；推荐工程造价咨询优秀成果2项。指导和发布市区单月735种材料价格和各县（市、区）双月678种材料价格6期；完成668种材料价格的上报工作。利用工程造价信息网和晋城市建设工程造价信息网，上传材料信息，发布本地最新最真实的建设工程材料价格信息。

（张颜良）

商贸服务业

综　述

【概况】　2021年，晋城市服务业增加值完成681.2亿元，比上年增长10.7%，增速排名全省第2。规模以上服务业法人单位完成营业收入95.3亿元，比上年增长16%；实现营业利润7.4亿元，比上年增长43.3%；税金及附加0.4亿元，比上年增长29.4%；应交增值税1.9亿元，比上年增长25.9%；应付职工薪酬20.6亿元，比上年增长17.9%；期末用工人数26434人，比上年增长2.6%。其中：交通运输仓储业营业收入33.5亿元，比上年增长20.2%；其他营利性服务业营业收入26.4亿元，比上年增长13.6%；电信、广播电视和卫星传输服务营业收入17.8亿元，比上年增长8.5%。

【批发零售业】　2021年，晋城市社会消费品零售总额完成536.4亿元，比上年增长14.4%，高于全国1.9个百分点，低于全省0.4个百分点。年底，全市有限额以上法人机构701个，其中批发零售贸易业612个；有限额以上产业活动单位22个，其中批发零售贸易业8个；有限额以上个体户单位93个，其中批发零售贸易业37个；有限额以上从业人员39305人，其中批发零售贸易业27415人。

【便民惠企】　2021年，晋城市多措并举推动便民惠企工作，新建改造公益性农产品市场4个，新增营业面积7000平方米。推进100个品牌连锁便利店、20个“24小时营业”便利店进社区、进农村。设立商贸流通发展专项资金，对销售额高、增长幅度大的企业进行双重考核奖励。加强产销对接，组织商贸流通企业参加首届消博会、第12届中博会、第27届郑交会，达成合作意向8000余万元。

【行业发展】　2021年，晋城市科学编制《晋城市成品油分销体系“十四五”发展规划》，完成全市258个加油站的年检工作，规范加油站经营行为。举办第二届母婴护理技能大赛，推动家政服务业提质扩容。加强对汽车销售、二手车和报废汽车企业的日常管理，新增报废机动车回收拆解企业1家、二手车交易市场5家。推动中石化晋城油库顺利搬迁、谷宜生中央厨房项目建设全面完成。做好生活必需品市场运行监测，监测绩效考核排名全省第1。

【“乐购晋城”促进消费活动】　2021年，晋城市坚持线上线下同步发力，组织重点行业企业开展“乐购晋城”主题促进消费活动，累计发放省级、市级消费券2500万元，直接带动消费3.5亿元。

（王彤彤）

住宿餐饮业

【概况】　2021年，晋城市住宿餐饮业有限额以上法人机构89个、产业活动单位14个、个体户单位56个，从业员11890人，社会消费品零售总额88.5亿元。住宿餐饮业总产值77.7亿元，比上年增长2.4%。

【住宿业】　2021年，晋城市住宿业有限额以上法人企业34个、产业和个体户单位13个，从业人员3494人，营业额26502万元。

表8　2021年晋城市住宿餐饮业基本情况表

指标	法人企业（个）	产业活动单位及个体户（个）	从业人数（人）
住宿业合计	34	13	3494
内资企业	34	8	3388
国有企业	2	—	229
集体企业	1	—	28
有限责任公司	5	6	1841
国有独资企业	1	—	228
其他有限责任公司	4	6	1613
私营企业	26	2	1290
私营独资企业	2	1	259
私营有限责任公司	24	1	1031
个体工商户		5	106
餐饮业合计	55	57	8396
内资企业	55	7	7222
有限责任公司	12	—	3548
其他有限责任公司	12	—	3548
私营企业	43	7	3674
私营独资企业	8	—	293
私营有限责任公司	34	7	3121
个体工商户		50	1174

注明：限额以上住宿业和餐饮业是指年营业收入200万元及以上的企业

表9　2021年晋城市各地区限额以上住宿业经营情况表

单位：万元

年份地区	营业额				
		客房收入	餐费收入	商品销售收入	其他收入
2021	26502	15184	7971	645	2702
城　区	18488	11536	4937	287	1728
沁水县	1024	571	453	—	—
阳城县	2457	1024	1248	185	—
陵川县	664	340	313	11	—
泽州县	2417	609	725	109	974
高平市	1452	1104	295	53	—

表10　2021年晋城市各地区限额以上餐饮业经营情况表

单位：万元

年份地区	营业额				
		客房收入	餐费收入	商品销售收入	其他收入
2021	66472	5009	46921	1012	13530
城　区	44435	1727	31980	72	10656
沁水县	566	138	428	—	—
阳城县	8431	2503	4493	244	1192
陵川县	2430	414	1997	6	14
泽州县	3092	—	2640	452	—
高平市	7516	227	5383	238	1668

【餐饮业】　2021年，晋城市餐饮业有限额以上法人企业55个、产业和个体户单位55个，从业人员8396人，营业额66470万元。

【住宿餐饮业管理】　2021年，晋城市提高住宿餐饮业从业人员的电商应用能力，举办住宿餐饮业电子商务应用培训班，邀请省内外电商专家授课，推进住宿餐饮行业与电子商务产业融合发展。

（王彤彤）

粮食和物资储备

【粮食和物资储备安全工作】　2021年，晋城市建立粮食和物资储备安全工作协调机制，有序推进储备粮食轮换工作。做好新冠肺炎疫情防控期间市级应急生活物资储备供应，对汛期各单位安全生产工作进行部署，确保安全生产无事故。

（李慧敏）

【物资储备】　2021年，晋城市出台医药物资流转暂行办法和工业企业疫情防控工作指南，开发医药物资储备信息平台，储备五大类物资355个品种，库存物资合计资金4554万元。

【粮食和物资储备调研】　2021年，晋城市发改委到高平市国家粮食储备库有限公司调研2021年粮食仓储设施维修和提升改造项目建设进展情况，了解高平储备库项目资金到位情况、招投标进度及项目进展情况，实地查看仓库气密性改造项目现场建设情况，要求高平储备库按照项目管理的有关规定，对照粮食工程建设标准和技术规范，精心组织施工，加快项目建设进度，保质保量完成项目建设。

（马晶妮　张　峰）

【救灾物资补充】　2021年7月，晋城市连续发生多轮强降雨过程，造成重大灾情。灾情发生后，市发改委按照全市统一安排部署，向泽州、城区、阳城、陵川和沁水等地紧急调拨21个品种，56297件防汛救灾物资。并开展救灾物资补充工作，入库15个品种，27650件，主要包括帐篷、棉被、棉衣裤、睡袋、折叠床以及救灾工作所需的其他救灾物资，共储备市级救灾物资26个品种48417件。

（李慧敏）

供销合作

【概况】　2021年，晋城市供销合作社系统改造提升基层社6个，新建惠农服务中心6个，新建庄稼医院5个，新增土地托管面积5033.36公顷。在2021年度全省供销合作社系统综合绩效考核中，晋城市供销社获2021年度全省供销合作社系统综合绩效考核二等奖，跨入全省第二方阵。

【政策支持】　2021年12月，晋城市人民政府办公室印发《关于解决供销合作社几个突出问题的通知》，从健全"三会治理"（社员代表大会、理事会、监事会）体系、加大土地确权力度、支持基层供销社发展、支持烟花爆竹企业转型发展4个方面对供销社改革发展给予政策支持，为新时期供销合作社工作提供保障。

2021年12月15日，社区居民在智能垃圾分类回收箱投放垃圾

（王　雷　供图）

【"土地银行"经验推广】　2021年，晋城市在全市推广"土地银行"经验，高平市供销社通过"土地银行"开展农业合作经营，"土地银行"规模扩大至400公顷。5月19日，省委副书记蓝佛安到高平市调研"土地银行"经营现状时指出，要总结提升供销社创办"土地银行"从事农业合作生产经营的模式，狠抓农业社会化服务，完善益富带富机制，不断提高服务"三农"综合能力。

【开放办社】　2021年，晋城市举行全市供销社学习贯彻山西省供销社"八代会"精神暨开放办社集中签约仪式，签约合作企业20余家，涉及商贸流通、电子商务、生物科技、农化服务等多个领域，通过开展多层次、多途径、多形式的联合合作，拓宽服务功能、拓展产业领域，凝聚服务"三农"合力。

【再生资源回收新模式】　2021年，晋城市创新再生资源业务经营模式，组建晋城供销再生资源科技有限公司，推进智能垃圾分类回收项目建设，在市区建设智能垃圾分类回收网点60余个，注册用户3.6万户近10万人，为居民提供高效便捷的垃圾分类回收服务，打造"互联网+再生资源+分拣利用"线上线下融合的再生资源回收新模式。

【供销企业监管机制重塑】　2021年，晋城市组建晋城供销社社有资产运营平台，加强对社有企业人、财、物统一管理，构建理事会、社资委、资产运营平台、社有企业四级监督管理机制，提高社有资本市场化、专业化运营水平，防范企业资金管理、资产经营、投资经营等风险。

【“三位一体”综合合作试点工作】2021年，晋城市开展“三位一体”综合合作试点工作，市供销合作社、市委农村工作领导小组办公室等5个部门联合出台《关于开展生产、供销、信用“三位一体”综合合作试点的实施方案》，以阳城县为试点，稳步开展“三位一体”综合合作试点工作。

（王　雷）

成品油供应

【市场保供】2021年，中石化晋城石油分公司建立健全油品保供应急管理联动机制，坚持24小时“油品不断供、商品不涨价、服务不打烊”，全年销售成品油21.83万吨，实现非油品营业额2.4亿元，缴纳各项税款702.32万元。4月28日，“爱跑”品牌汽油上市发布会在中石化晋城分公司泽南加油站举行，开启“爱跑”品牌汽油在山西供应模式。

【非油业务拓展】2021年，中石化晋城分公司推进充电、光伏项目新能源发展，探索加油站由传统油品销售向“油电光伏”综合能源服务站的转型。凤城兰花路站、阳城北留站、高平铁西站、陵川城关站4座加油站光伏发电项目投入使用。陵川夺火站、棋源站、棋子山站3座加油站的充电桩项目投入运营。8月，中石化晋城分公司首座加气站——沁水樊庄加油加气站正式投入运营。

【供油服务】2021年，中石化晋城分公司打造“人·车·生活”服务圈，创新服务营销理念，借助品牌合作、平台资源共享机制推进洗车服务、保险、洗衣代办点等服务。利用石化钱包、手机App等线上平台为客户提供简单快捷、人性化服务。提升客户评价结果运用水平，完善服务设施，优化门店布局，开展“90秒服务承诺”活动，提升客户满意度。

2021年12月1日，中石化晋城油库搬迁项目竣工验收

（卫素珍　供图）

【油库搬迁项目竣工】2021年4月28日，晋城市召开中石化晋城油库搬迁工作协调会，研究解决有关事项及问题，推进新油库项目建设。8月13日，晋城油库搬迁项目完工，完成首次投油。11月30日至12月1日，7名省级专家对中石化晋城油库搬迁项目进行竣工验收。新建晋城油库位于泽州县大东沟镇贾泉村，总用地面积约19.2公顷，总库存3.8万立方米，总投资约3.2亿元。

（卫素珍）

烟草专卖

【烟草市场监管】2021年，晋城市烟草专卖局（公司）结合新修订的《中华人民共和国未成年人保护法》和《烟草专卖许可证管理办法实施细则》，完善《晋城市烟草专卖局关于烟草制品零售点合理布局规划补充规定》，给予社会弱势群体、优抚对象一次性政策优惠和放宽品牌连锁店的合理布局限制。以网上办理行政许可为突破点，对接地方政府政务平台，推进“一网通办”改革落地。推进监管方式改革，市场检查“APCD”工作法与“双随机、一公开”监管改革融合应用取得新成效。全年，共查获各类违法案件420起，查获违法卷烟374万支，案值334万元。查获大要案件173起，破获1起涉案三级国际网络案件。

【烟草市场服务】2021年，晋城市烟草专卖局（公司）加强需求预测、市场研判，适时开展市场调控，保持市场供给均衡有序，促进卷烟库存优化。开展专柜建设、陈列改造、亮证经营、价签维护和推烟器推广使用等工作，发挥诚信互助小组作用，促进现代卷烟终端建设水平整体升级。按照“全商品扫码、全方式支付、全店铺管理”终端经营新模式要求，出台《终端云POS系统运行管理办法》，探索银企零共建数字化零售终端，为客户经营转型提供硬件支撑。

【烟草改革创新】 2021年，晋城市烟草专卖局（公司）推进异型烟设备技改升级，开展接力送货点整合，优化送货线路，提升物流效率，单箱卷烟管理费用指标排名全省第1。发挥预算管理“控制阀”作用，探索“对标+预算”创新实践，突出重点费用管控，三项费用率（卷烟经营、管理、财务三项费用与卷烟销售收入的比率）保持在全省第一方阵。建立县级局分层分类对标指标体系和对标指标分析改进机制，22项对标指标中，11项指标同比提升排位全省并列第2。开展QC（质量管理）小组创新活动，“循环包装箱防错装置的研制”课题获省烟草专卖局一等奖，国家知识产权局授予软件著作权1项，受理发明专利1项，被推荐参加行业优秀质量管理小组成果评比。2篇论文入选国家局网站烟草行业数字化转型“数字论坛”。

（张　野）

盐　业

【“晋盐”品牌推广】 2021年，晋城盐业分公司利用“3·15”消费者权益保护日、“5·15”碘缺乏病日等时间节点，推广晋盐品牌，采取发放宣传单、现场答疑、免费赠盐等形式，开展食用“晋盐”益处和碘缺乏病知识咨询活动，到市场一线进行品牌宣传和销售，稳固“晋盐”品牌食盐的市场主导地位。

【食盐销售】 2021年，受新冠疫情和市场竞争加剧的影响，晋城市食用盐销售呈下滑态势。晋城盐业分公司改变工作思路和方法，制定与市场匹配的营销策略，加强市场运销管理和售后、服务体系，推进差异化经营，针对外省盐企同质化竞争低价冲销的做法，采取多种形式宣传推广富硒海藻盐与低钠盐，推动盐品升级换代、培育新品市场。

【科学用盐宣传】 2021年，晋城盐业分公司倡导全民食用合格放心碘盐，联合卫生部门、居民社区，开展“坚持科学用盐、享受健康生活”主题走进社区活动，举办食盐健康知识讲座，推广“少吃盐，吃好盐”健康用盐理念；制作食盐宣传彩页和宣传展板，到辖区农村进行展览宣传，强化消费者对“晋盐”品牌的认同感。

（秦　璐）

会　展

【晋城文化旅游康养（杭州）博览会】 2021年5月12日至14日，2021晋城文化旅游康养（杭州）博览会在浙江展览馆举行。博览会主题为“晋城古堡、浙就出发”，突出表现晋城古堡、太行山水和旅游康养。博览会现场分为“六区一中心”。“一中心”为开幕式主舞台展区，“六区”分别为：晋城山水主题展区、晋城康养主题展区、晋城古堡主题展区、晋城有礼主题展区、晋城“非遗”展示主题展区、直播带货主题展区。

【中国·山西（晋城）康养产业博览会】 2021年5月18日，2021中国·山西（晋城）康养产业博览会在晋城市司徒小镇开展。博览会以“康养山西，夏养山西”为主题，展区面积1.5万平方米，设晋城市百村百院主题展区、山西省各地市展区、国内各省市展区、国际适老展区、人民健康展区、传统中医药展区、山西药茶展区、健康管理展区、智慧康养展区、文旅康养展区、活力养生展区11大主题展区，吸引1000余家企业参与，其中包括20余家行业百强企业、上市公司及中华老字号品牌企业。博览会期间，定向邀请专业采购商300余家，现场与50余家企业达成深度合作意向，意向投资金额近8000万元。入馆参观人数5.3万人次，现场成交量2875万元，投资金额近1.3亿元。网络直播播放总量达到1860万次，瞬时在线观众近30万人次。

【中博会晋城展馆】 2021年5月21日，第十二届中国中部投资贸易博览会(简称“中博会”)在太原市开幕。晋城展馆面积约200平方米，分为晋城制造、晋城文化、晋城味道三大板块，集中展出全市17家龙头企业的100余特色产品，全方位、深层次展示晋城市企业发展、城市建设、文旅康养、特色产品等方面取得的成就。

【郑交会晋城展位】 2021年10月15日至17日，第二十七届郑州全国商品交易会(简称郑交会)在郑州国际会展中心举办，晋城市商务局组织30家企业参展。展位位于郑州国际会展中心餐饮与供应链展区，展位面积150平方米，展位数量25个，参展产品100余款。展位设计布置围绕“宜居宜养宜游、晋善晋美晋城”主题进行，为晋城特色品牌产品老陈醋、山楂红酒、文创、药茶、杂粮等打造展览展销、贸易洽谈平台，同步宣传推介“东方古堡人间晋城、云锦太行如画晋城”旅游资源。现场接待各类经销商、采购商1300人次，发放旅游纪念品1500份，达成贸易合作意向850万元。

(王彤彤)

物流业

【物流园区建设】 2021年，晋城市5个物流园区全面开工建设。7月30日，中通快递(晋城)智能科技电商快递产业园项目开工奠基。项目位于泽州县北义城镇南义城村和高都镇车岭村，总投资5亿元，占地面积总建筑面积18万平方米，建设工期24个月。同日，山西省首家大型仓储会员店——山西蓝远快递物流园区联华蓝远仓储会员店投入运营。引进上海氢客企业管理有限公司组建超市运营团队，覆盖生鲜、食品、用品三大类2800个品项，配套可同时容纳800辆车的大型停车场、充电站、洗车中心等。

【农村物流创新模式试点建设】 2021年，晋城市的泽州县、高平市、陵川县、阳城县、沁水县5个县(市)入选全省农村物流创新模式试点县，将获得省级部门有关建设县级物流仓配中心、开通快递资质许可绿色通道等方面的多项政策支持，促进健全农村物流体系，完善物流基础设施，培育农村物流企业和品牌，优化农村物流发展环境。

(王彤彤)

【货运网络建设】 2021年，山西汽运集团晋城汽车运输有限公司加强货运网络建设，大件运输取得突破，承运建投晋东南、晋城建投远大运输任务1460次。配送业务运营稳定，蓝远快递物流园建设按计划推进，主体工程完成60%，快递分拨区经营稳定，仓储式会员店投入运营，晋城市进口冷冻冷藏肉品总仓投运，冷链基地具备运营条件。苗匠物流园区入驻企业36家，入驻率达96.4%；电商小镇入驻企业56家，其中电商企业40家，入驻率达94%。晋城市电商小镇被评定为“省级小微企业创业创新基地”。

(孙浩男)

其他服务业

【会计服务】 2021年7月14至15日，晋城市财政局在市委党校举办财政基层及农村财会人员综合素质能力提升培训班，各县(市、区)财政局会计股、农村财政基层会计工作人员共72人参加培训。10月19日，市财政局举办2021年会计监督业务培训班，市县两级财政部门监督机构全体人员参加培训。12月16日，晋城市代理记账行业协会成立，首批加入协会会员单位的代理记账机构34家，占全市代理记账机构总数的35.79%。

(张　英)

【健康养老服务】 2021年，晋城市印发《晋城市推进养老服务发展的实施方案》，加快建设居家社区机构相协调、医养康养相结合的养老服务体系。城市社区居家养老服务方面，探索将空置的公租房免费提供给社会力量，用于开展社区老年人日间照料、康复护理、助餐助行、老年教育等服务；探索“物业服务+养老服务”模式，支持物业服务企业开展老年供餐、定期巡访等形式多样的养老服务；打造“三社联动”机制，以社区为平台、养老服务类社会组织为载体、社会工作者为支撑，支持志愿养老服务，探索互助养老服务。农村养老服务方面，实施特困人员供养设施（敬老院）提升工程，对符合要求的特困人员供养服务设施（敬老院）进行提质升级改造；实施农村老年人日间照料中心示范工程，鼓励支持社会组织、农民协会、养老服务机构等参与农村老年人日间照料中心运行管理；推进农村留守老年人关爱体系建设，鼓励社会组织、志愿服务队伍等积极参与“一帮一”关爱对接，为农村独居、空巢等老年人提供帮助。率先在全省出台新建住宅小区配套养老服务设施管理办法，建成住养型养老机构69所，城乡老年人日间照料中心996个，居家养老服务机构14个。（申　林）

【检验检测服务】 2021年，晋城市综合检验检测中心成立3支“服务中小企业行”党员突击队，开展“我为群众办实事”实践活动，到社区、超市、眼镜配制场所开展技术服务，对晋城鸿生化工有限公司等10余家企业提供质量基础设施“一站式”“一揽子”技术服务。6月18日，到市鸿生化工有限公司开展计量服务企业行活动，重点对公司化验室、库房、锅炉房等内的电子天平、气相色谱仪、酸度计、干燥箱、压力表、可燃气体报警器、电子衡器等计量器具进行检定校准。9月18日，和中国矿业大学资源与地球科学学院共同成立“省校合作智库示范基地”，探索检测服务的新模式，研制气相色谱仪“排水置换法”进样方式；对高含水煤层气样品的组分检测数据处理进行规范。（张虎林）

【法律服务】 2021年，晋城市司法行政机关落实“八项机制”（经费补贴机制、人才培训机制、团队服务机制、工作宣传机制、值班服务机制、系统审核要求、上级指示要求、监管惩戒机制），实施“免费法律咨询和特殊群体法律援助惠民工程”，完成省定指标23359件，完成率111.23%，群众满意度100%，受理特殊群体法律援助案件1144件。市法律援助中心参与城区上辇社区“敬老月”宣传活动，到社区为老年人提供上门宣传和志愿服务活动，向老年人发放老年人法律援助联系卡、老年人法律援助服务手册、案例选编等宣传资料，为老年人讲解法律援助基本常识。（周冯萧）

综　述

【概况】　2021年，晋城市金融业增加值完成80亿元，增长6.5%。年底，全市金融机构本外币各项存款余额2961.5亿元，比年初增加202亿元，增长7.3%。其中，非金融企业存款854.8亿元，增长4.7%；住户存款1720.5亿元，增长11.5%。各项贷款余额2104.4亿元，比年初增加392.6亿元，增长22.9%。其中，短期贷款749.5亿元，增长16.1%；中长期贷款945.7亿元，增长9.3%；个人消费性贷款257.3亿元，增长10.3%。

【金融资源配置优化】　2021年，晋城市优化金融资源配置，编印《晋城市重点项目融资需求名录》，梳理总投资1500亿元、融资需求950亿元的重点项目140余个，整体打包推送给金融机构。打造“金融+”政金企对接品牌，为201个重点工程重点项目匹配融资385.23亿元。10月22日，在太原市召开重点项目政金企对接大会，14家省级金融机构与晋城市签署战略合作协议，15家金融机构与晋城市27个重点项目精准对接，签约金额288亿元。组建由62位行业专家组成的金融服务队，针对专业特点和需求类型，下派至19个重点工作承办单位和重点项目实施主体进行“一对一”辅导，量身定制融资方案，帮助企业解决信贷需求1558万元，达成支持意向17.31亿元。

【金融服务实体经济】　2021年，晋城市优化信贷结构，普惠小微贷款增速高于全部贷款增速7个百分点，制造业贷款比年初增长18亿元，中长期贷款较年初增长9.8%，帮助企业发行各类债务融资工具337亿元。推动政策直达，延续普惠小微企业贷款延期还本付息政策，加大再贷款再贴现支持普惠金融力度，为普惠型小微企业发放低息贷款42.69亿元，综合利率低至5.5%。完善小微信贷风险互助补偿机制，帮助1672户企业获得免担保免抵押的纯信用贷款14.57亿元。发挥担保增信作用，为1909户小微企业、“三农”主体及战略新兴产业提供担保15.82亿元，费率降至1%。落实企业应急周转金保障政策，累计2196家企业发放应急周转资金2911笔，金额350.48亿元，资本金放大倍数达76.19。

【金融改革】　2021年，晋城市推进城商行改革，推动原晋城银行完成合并重组山西银行的工作，于4月28日挂牌开业。推动农信社风险化解，市金融办会同省联社晋城审计中心、高平市政府稳妥化解高平联社改制基金兑付遗留问题，降低兑付综合利率0.5个百分点；指导陵川县联社出台三年化险总体规划，争取省联社低息资金5亿元，用于改善生产经营。强化融资担保体系建设，完成2家市级政府性融资担保公司的整合重组，担保放大倍数由整合前的1.63提高到2.11，担保额比整合前增长89.38%，提高融资担保能力和抗风险水平。

（宋　莉）

【金融检查】 2021年，晋城市对地方金融监管领域开展分类评级、年度审计、现场检查，累计出动执法人员54人次，出具《现场检查意见书》7份，约谈相关负责人27人次，整改各类问题111个，取消10家小额贷款公司试点资格、6家典当企业经营资格，推动地方金融组织依法合规经营。退出P2P网贷机构3家，做到资金清退、公司注销、平台关闭；取缔涉嫌从事非法商业保险业务的运输服务公司2家。

【打击非法集资】 2021年，晋城市坚持源头治理、打早打小，通过定期开展风险研判会、执行举报奖励办法、“网格化”摸底排查、衔接省监测预警平台等，掌握苗头隐患，发布风险提示及调查通知10条。组织“抖音短视频大赛”“宣传月”等防非处非宣传活动600余场次，发放宣传资料27万份，签订不参与非法集资承诺书40万份，推送手机信息52万人次，形成群防群治的立体防线。开展打击非法集资犯罪行为专项行动，推动存量案件化解处置，实现案件数量、涉案金额、参与人数“三下降”，陈案化解率达到83.72%，全省排名第2。

【金融创新】 2021年，晋城市鼓励金融机构产品创新，引导金融机构开发“科技贷”“政采贷”等个性化、差异化、定制化金融产品，满足不同群体的金融需求。推广新型融资模式，指导晋城农商银行向山西小熊一家生物科技有限公司发放全市首笔“知识贷”80万元，填补晋城市知识产权质押贷款的空白。深化多层次资本市场建设，推进资本市场县域工程向全域发展，提高对民营企业上市挂牌奖励标准，试点县域在省股权交易中心挂牌展示数量位列全省第2；承办全省深化资本市场县域工程工作会，推广泽州做法和晋城经验。做强做大股权投资基金，建立基金投资项目库，推动市转型发展基金投资项目3个、子基金2支，金额9909万元，资金投出比例77.4%，联合撬动社会资本9.1亿元。引进战略投资者，太行煤成气产业基金与华新燃气达成战略合作，首期落实资金2亿元。

（宋　莉）

【金融风险补偿】 2021年，晋城市完善《晋城市小微企业信用贷款风险补偿办法》，信用贷款风险补偿金增加至1亿元。出台《晋城市政府性融资担保风险补偿机制实施办法》，对政府性融资担保机构和合作银行小微企业贷款损失给予风险补偿。年底，全市普惠小微贷款余额130.6亿元；民营经济贷款余额398.5亿元，较年初增长9.9%。

（殷　涛）

【助力乡村振兴】 2021年，晋城银保监分局印发《关于巩固拓展脱贫攻坚成果有效衔接乡村振兴的实施方案》，部署“包干乡镇”脱贫小额信贷对接，督导银行机构落实“包干乡镇”主责任银行制度，投放脱贫小额信贷1976户9794.9万元，完成全市任务的120.06%。出台“1+N”脱贫综合保险方案，为农户提供风险保障145.38亿元，为水灾影响等3.73万件次农户支付赔款5935.81万元。大病保险覆盖163.55万名居民，其中赔付脱贫对象4647人次101.12万元。

（郭　超）

银行业发展

【概况】 2021年底，晋城市共有银行机构511个，从业人员8070人。银行业各项贷款余额2104.4亿元，比上年增长22.9%；较年初增加392.5亿元，比上年多增227.8亿元。各项存款余额2961.4亿元，比上年增长7.3%；较年初增加202亿元，比上年多增73.8亿元。全市余额存贷比达71%，为2006年以来最高值；新增存贷比达到194.3%，贷款增势明显高于存款。

【国库管理】 2021年，晋城市设立全省第一家县级经济开发区国库——沁水经济技术开发区支库，建立参数维护模板，为全省设立县域经济技术开发区乡镇级国库提供可直接复制的标准，并在部分地市推广使用。

【外汇管理】 2021年，晋城市深化企业汇率避险工作，举办全市外汇衍生产品评鉴会，促成30家企业意向签约，保值金额达15亿美元。

表11　2021年晋城市银行系统机构、人员情况表

项目	机构数(个)	年末人数(个)
总　计	511	8070
中国人民银行	5	242
农业发展银行	5	102
国有商业银行合计	196	3234
工商银行	29	814
农业银行	36	693
中国银行	20	516
建设银行	28	644
交通银行	9	197
邮储银行	74	370
股份制银行合计	22	317
光大银行	7	85
招商银行	2	50
兴业银行	11	142
浦发银行	2	40
城市商业银行合计	70	1214
晋商银行晋城分行	6	152
山西银行晋城分行	64	1062
农商行合计	171	2361
农村信用社	27	327
晋煤集团财务公司	1	49
村镇银行合计	14	224
陵川县太行村镇银行	4	50
泽州县浦发村镇银行	4	63
高平市太行村镇银行	5	62
阳城三禾村镇银行	1	49

简化辖区富士康系企业进口付汇审核手续试点工作，为企业办理便利化业务1000余笔，金额5.4亿美元，节省报关单2万余份。

【支付体系建设】　2021年，晋城市改善农村支付服务环境，全市农村金融综合服务站达2333个，200个贫困村和47个易地扶贫搬迁安置区实现支付基础设施全覆盖。加强农村支付支持电子商务应用服务圈(点)建设，提升支付服务在农村特色产业中的参与度。

【融资平台应用】　2021年，晋城市推广中征应收账款融资服务平台，开通平台用户比上年增长91%，融资18.8亿元，其中中小微企业融资13.9亿元，中小微企业融资占比增长7.1个百分点。

【减费让利】　2021年，中国人民银行晋城市中心支行落实央行优惠资金，引导银行机构让利，使用再贷款再贴现发放优惠贷款38.4亿元，利率5.5%左右，较银行自有资金贷款下降1.5个百分点，为小微企业减少利息负担5700余万元。向地方法人银行注入无息资金4.4亿元，发放普惠小微信用贷款11.1亿元，办理普惠小微贷款延期19.8亿元，按1%的比例发放奖励资金1989万元。减免小微企业11项手续费3.48万元，惠及小微企业1426户、个体工商户1678户。

（殷　涛）

·中国工商银行晋城市分行·

【概况】　2021年，中国工商银行晋城市分行人民币存款时点净增6.1亿元，储蓄存款时点、日均、余额、增量四维度排名四大行第1。人民币各项贷款时点日均净增22.5亿元和24.4亿元，公司贷款增量高速增长。全年，全量客户、5万元以上客户、月日均5万元以上客户净增保持稳步增长，私人银行高端客户总量突破200户大关，客户规模保持同业第1。

【服务地方经济发展】　2021年，中国工商银行晋城市分行参加晋城市重点项目政金企对接大会，与市政府签署全面战略合作协议，紧跟城市更新改造、丹河新城建设，15个资金监管结算和托管户落户该行。聚焦产业转型升级，加大传统煤化工、光伏产业、先进制造业、进出口等行业贷款投放扶持力度。全年，新增大中型公司贷款31亿元，贷款储备63

2021年10月28日，中国工商银行晋城市分行“一站式”社保卡智能机投产启动　　（崔　宁　供图）

亿元，其中投向能源行业贷款27.2亿元、投向制造业贷款7亿元、投向电力行业贷款3.7亿元。办理票据直贴103亿元，创历史最高水平，同业占比保持第1。为晋城市重点企业提供包括供应链贷款、短期融资券、保理、债券承销、融资租赁、信用证、进出口押汇等一揽子金融服务。围绕普惠金融，聚焦乡村振兴和精准扶贫，加快总行场景以及税务贷等经营快贷产品推广，与市退役军人事务局签署退役军人、其他优抚对象优待证发放协议，成功上线财政集中支付一体化系统。

【基础业务】　2021年，中国工商银行晋城市分行深化“贷+债+股+代+租+顾”六位一体的投融资服务，注重法人理财与存款、融资转换互动，大力发展国际结算、结售汇、信用证等业务，开立进口信用证9180万美元，办理进口押汇5938万美元，国际业务结算量250219.28万美元。加大传统零售理财、基金、保险销售，提升手机银行、三方支付和工银信使等基础结算客群覆盖，针对高端客户积极推动工银家族信托新型产品服务引入落地。

【营销服务】　2021年，中国工商银行晋城市分行制定晋城分行2022—2024三年网点布局规划方案，推动本地客户服务渠道建设规划。坚持行长坐堂制，组织开展提升客户体验等系列活动，实施客户体验痛点治理，提升服务质效。开展文明城市联点共建、青年文明志愿者服务，利用太行日报直播平台，创新举办线上第六届元宵节游园会，参与人数突破100万人次。

（崔　宁）

·中国农业银行晋城市分行·

【概况】　2021年底，中国农业银行晋城市分行各项存款余额207.54亿元，比年初下降16.23亿元；各项贷款余额144.81亿元，较年初增加25.3亿元；实现营业收入5.55亿元，实现净利润2.32亿元。被中国农业银行山西省分行评为2021度“综合绩效进步集体”，被市劳动竞赛委员会授予“创建全国文明城市集体三等功”。

【金融支持】　2021年，中国农业银行晋城市分行围绕“碳达峰、碳中和”要求，聚焦煤层气、光伏、风电、储能等重点领域，加大绿色信贷投放，打造农行绿色金融服务品牌。围绕高质量发展目标，优化贷款结构，加大民生基础设施和民营小微企业支持力度，服务地方经济发展。全行贷款增速21.17%，高于全省平均增速8.48个百分点；贷款增量份额39.71%，排名四行第1；存量份额22.9%，较年初提升1.88个百分点；支持民营企业、制造业、绿色信贷等重点领域信贷投放超额完成省分行计划，完成率分别为200.2%、141.6%、212.2%。

【“三农”服务】　2021年，中国农业银行晋城市分行优化“三农”业务差异化政策制度，适度扩大县支行经营权限，发挥县域渠道、网络、客户、资金、科技、产品、信誉、品牌优势，提升综合化服务、线上化经营、专业化管理、生态化发展、差异化竞争能力，全行涉农贷款净增6.7亿元，完成计划的141%；普惠型涉农贷款净增2.3亿元，完成计划的444%；粮食安全领域贷款净增2.6亿元，增速114%；农业贷款净增3.4亿元，增速100%；乡村产业贷款净增2.7

亿元，增速41%；乡村建设贷款净增4.1亿元，增速28%；脱贫人口小额贷款累计发放870万元，完成计划的101%。

【普惠金融】 2021年，中国农业银行晋城市分行大力推广线上金融产品，精准服务民营小微经济。结合新冠肺炎疫情防控需要，推广与税务部门合作的“纳税e贷”、与不动产交易中心合作的“抵押e贷”等线上信贷产品，“纳税e贷”累计发放20.52亿元，“抵押e贷”累计发放7.55亿元。年底，普惠型小微企业贷款余额8.52亿元，较年初增加3.18亿元，增速59.55%，高于各项贷款平均增速38.38个百分点；普惠型小微贷款户数1813户，较年初增加445户，增速32.51%。落实减费让利政策，秉持“应降尽降、应免尽免”原则，723户小微企业享受贷款优惠利率，平均利率仅4.14%，让利金额225万元；降低银行账户管理、票据业务、人民币结算、电子银行、银行卡刷卡收单、银行询证函等服务手续费，为123户小微企业减免房产抵押类贷款押品评估费用47.07万元、不动产权登记费3.67万元。

【数字化转型】 2021年，中国农业银行晋城市分行分类推进网点数字化转型，实施数字乡村、掌银平台、智慧网点、开放金融等数字化转型“十大工程”，推进重点领域数字化转型。以“智慧党费”“智慧食堂”“智慧教育”“智慧物业”等场景营销为切入点，带动个人客户规模。加大公共事业代缴费、“智慧政务”“智慧财政”“智慧税务”“智慧社保”“智慧医保”等场景营销，抢占场景建设高地。推动“智能化”升级，实现线上线下一体化系统服务；推进特色支行和金融便利店、社区银行等轻型化网点建设；按照“技术驱动、业务驱动、平台驱动”三条路线，推动技术、产品创新。

【风险防控】 2021年，中国农业银行晋城市分行开展全覆盖、大起底员工行为排查，查处各类违规违纪行为。开展信用风险大排查，加强信贷业务在线监测和风险预警。强化信贷重点领域风险排查和问题治理，提高普惠小微贷后管理频次，加大贷后管理责任落实力度。开展经营用途贷款违规流入房市股市、信贷虚假信息问题专项治理，信贷抵（质）押品全面风险核查等风险排查工作，防范贷款信用风险。全行不良贷款实现“双降”，贷款不良率下降0.13个百分点，贷款不良率0.06%，在全省系统和四大行同业排名第1。

（王冰瑞）

·中国银行晋城市分行·

【存款业务】 2021年底，中国银行晋城市分行人民币存款余额123.91亿元，较初年增加4.5亿元。其中公司存款余额52.68亿元，较年初减少4.23亿元；储蓄存款余额71.23亿元，较年初净增8.73亿元。外币存款余额2751万美元，其中企业外币存款余额160万美元，较年初净增62万美元；个人外币存款余额2591万美元，较年初减少61万美元；外币金融机构存款余额43万美元，较年初减少1万美元。

【贷款业务】 2021年底，中国银行晋城市分行各项贷款余额90.9亿元，较年初净增14.07亿元。支持装备制造、高技术制造等战略性产业，新增贷款8.4亿元。支持基础设施、医院、清洁能源等重点项目，累计投放17.5亿元。推动能源绿色低碳转型，获批煤炭高效清洁利用专项再贷款24亿元。围绕民营、普惠、涉农、绿色信贷等战略业务，全口径普惠贷款余额6.57亿元，较年初净增3.76亿元；其中普惠型涉农贷款较年初净增1.33亿元；民营企业贷款累计投放10亿元，绿色贷款较年初净增3.28亿元。聚焦转型综改产业升级，投放全省中行系统首笔公司外汇贷款2500万美元。聚焦区域内优势产业领域产业链核心企业，提供基于国内供应链、跨境供应链的多链条金融服务支持。年末，全行个人贷款余额11.18亿元，较年初净增0.91亿元。个人住房贷款余额4.51亿元，较年初减少4.09万元；个人消费贷款较年初净增2301万元。

【经营效益】 2021年，中国银行晋城市分行实现营业收入2.88亿元，比上年增长5.72%；其中非利息收入增长18.51%，净利息收入增长2.05%。实现拨备前利润1.65亿元，比上年增长8.48%；实现净利润0.93亿元，比上年增长277.15%。

【风险管控】 2021年，中国银行晋城市分行实施“自律、专业、共享”内控与反洗钱关键绩效指标考核激励机制，落实信贷盘存预警机制，提升不良资产清收质效。开展内控案防季专项整治、“内控合规管理建设年”“宣扬风险文化，增强风险意识”系列活动和风险讲师大赛，强化内控合规理念。开展“守底线、防风险、保安全”双百安全大检查，获山西省分行“三零”单位创建及安全生产专项整治工作先进单位。

【不良贷款处置】 2021年底，中国银行晋城市分行信贷资产质量保持稳中向好，不良贷款余额1069万元，较年初减少86万元，不良率0.12%，较年初下降0.03%；不良余额、不良率实现“双降”。

（陈春云）

·中国建设银行晋城市分行·

【存款业务】 2021年底，中国建设银行晋城市分行一般性存款日均余额271.7亿元，“四行”（中国工商银行、中国农业银行、中国银行、中国建设银行四大银行）占比29.23%，排名第2；日均新增7.27亿元，“四行”占比34.28%，排名第2。其中，对公存款日均余额120.34亿元，“四行”占比29.12%，排名第2；个人存款日均余额151.36亿元，“四行”占比29.14%，排名第2；日均新增16.83亿元，“四行”占比28.1%，排名第2。

【贷款业务】 2021年底，中国建设银行晋城市分行各项贷款余额156.11亿元，“四行”占比24.68%，排名第2，新增4.73亿元，“四行”占比7.39%。批复郑庄煤矿固定资产贷款、沁水十里风电、中煤平朔里必瓦斯发电、大唐阳城发电等新批授信43亿元。投放小微企业贷款23.2亿元，年底，普惠金融贷款余额12.15亿元，“四行”排名第1。个人贷款余额、住房贷款余额及投放、消费贷款余额及投放等5项主要指标均居同业第1。

【中间业务】 2021年，中国建设银行晋城市分行中间业务净收入1.7亿元，比上年新增1760万元，增长11.5%；中间业务毛收入（不含总行特殊调整）1.87亿元，“四行”占比37.36%，排名第1，较上年增长788万元，增量“四行”第1。基金、保险产品分别销售40220万元、16767万元，分别实现中收715万元、922万元，均居“四行”第一。

【信用卡业务】 2021年，中国建设银行晋城市分行信用卡累计客户20.11万户，占比37.1%；分期业务当年交易额5.79亿元，占比42.5%；分期付款收入4611万元，占比48.7%；信用卡贷款余额12.67亿元，占比42.5%；信用卡中收8166万元，占比44.5%；信用卡当年消费额68.66亿元，占比38.1%。6项主要指标均排名四行第1。信用卡贷款不良率比上年下降低0.76个百分点。

【单位账户增加】 2021年，中国建设银行晋城市分行新开立单位人民币结算账户2413户，四行占比31.55%，排名第1。开立各类社保账户14户，3县区实现账户全覆盖。中标山西科技学院项目。市级长期护理保险基金财政专户、收入户和支出户落户该行。与泽州县农业农村局签订《农村“三资”监管业务合作协议》，在全省首家上线农村“三资”（资金、资产、资源）平台。

2021年6月2日，中国建设银行晋城市分行到晋城市综合示范活动基地开展“普及金融知识 守住‘钱袋子’”——建行晋城分行进校园送金融知识活动

（卫 婷 供图）

【不良贷款处置】 2021年，中国建设银行晋城市分行资产质量情况：不良贷款余额5279万元，比年初降低2.33亿元；不良率0.34%，比年初降低1.54个百分点。开展不良贷款处置“亮剑行动”，处置不良贷款3.04亿元，其中现金回收7105万元，盘活上迁15585万元，核销处置5745万元，不良贷款证券化2000万元，核销资产现金回收2090万元。不良贷款额、不良贷款率大幅下降。

（卫 婷）

·中国农业发展银行晋城市分行·

【概况】 2021年底，中国农业发展银行晋城市分行贷款余额63.08亿元，信贷业务首次突破60亿元大关，较年初净增6.33亿元，增长11.5%；累计投放各类贷款16.1亿元。加大不良贷款欠息清收力度，现金清收鸿生生物公司欠息195万元，不良贷款本息实现全部清零；收回兰花物流园区项目贷款资金2.12亿元，关注类贷款大幅减少，较年初下降4.45个百分点。支农筹集资金余额14亿元，较年初下降0.08亿元；日均余额13.90亿元，较年初余额减少0.19亿元；FTP利润1.07亿元，比上年增盈0.64亿元。

【“三农”服务】 2021年，中国农业发展银行晋城市分行保证粮油储备资金供应，为晋城粮食储备库发放省级储备粮贷款4305万元。支持粮食储备轮换，累计投放轮换贷款4280万元。支持成品粮油购销业务，发放流动资金贷款1133万元。服务高质量发展，对接“一山两河一流域”生态修复和百里沁河生态经济带等项目，新审批项目2个，审批金额4.70亿元，累计投放贷款1.07亿元。

【融资模式创新】 2021年，中国农业发展银行晋城市分行针对高平科兴热电联产项目担保落实难题，在全省系统首次尝试用EPC项目融资模式解决项目资金需求，投放首笔资金。审批城乡一体化项目2笔，审批金额4.74亿元，累计投放1.82亿元。针对周村工业园化肥外运难题，为晋城市国睿运通物流有限公司提供3.4亿元农村流通体系贷款支持，用于北留—周村工业园区专用铁路建设。探索供应链支持模式，实现普惠小微贷款投放2771.5万元，较年初净增1933.5万元。加大帮扶贷款营销办贷力度，市、县两级银行联动，累计审批帮扶贷款1笔，金额3亿元，完成投放6.41亿元。

【风险管控】 2021年，中国农业发展银行晋城市分行加强风险管理体系建设，举办全面风险管理培训班，定期开展贷款、基金、表外信贷资产及非信贷资产的风险分类工作，开展地方政府信用评级工作。强化风险监控力度，依托CM2006系统、人行征信系统、企业信用信息公示系统以及第三方软件，加强对客户、业务的监测分析。开展新一轮地方政府隐性债务排查工作，对纳入地方政府隐性债务的中长期项目进行跟踪摸排。针对房地产类押品专项排查、抵质押贷款风险排查暴露出的押品重评不及时问题，加强押品重评日常监测，建立工作台账，保障第二还款来源足值有效。

（冯 雪）

保险服务

【概况】 2021年，晋城市保费收入56.75亿元，增长4.84%。其中，寿险业务保费收入42亿元，增长9.5%；财产险业务保费收入14.75亿元，下降6.5%。

【保险市场自律检查】 2021年，晋城市保险行业协会制定保险市场自律公约，完善保险市场自律机制，召开全市保险市场自律工作会议，落实《山西省保险销售从业人员行业自律承诺书》《晋城市财产保险行业诚信经营承诺》和《晋城市人身保险行业诚信经营承诺》。加强车险管理，严禁各财险公司参与类车险产品销售服务。落实车险缴费实名认证，规范承保流程，督促会员公司按照《山西省机动车辆保险投保缴费实名认证实施细则》收取车险保费。根据省保险协会要求全省联动开展车险理赔服务质量测评。组织开展财产险、人身险自律检查，规范保险市场运行。

（刘 洁）

【保险纠纷调解】 2021年，晋城市保险行业协会推进保险纠纷人民调解和诉调对接工作，成立由保险调解委员会派驻的人民调解工作室7家，出台《晋城市保险业道路交通事故人身损害赔偿调解工作指引》。加强调解员队伍建设，开展线上线下人民调解员培训，聘用人民调解员27名，保险调解委员会专兼职人民调解员达到74名。全年，全市共受理各类保险纠纷案件1460件，比上年下降2.28%；成功化解1392件，比上年下降3.53%；成功率为95.34%；涉案金额5741.52万元。其中，受理来电来访案件26件，成功化解26件，涉案金额9.6万元；会员公司内部案件1349件，成功化解1300件，涉案金额5241.72万；受理人民调解案件32件，成功调解32件，涉案金额136.08万元；受理诉调对接案件53件，成功调解34件，涉案金额354.12万元。1月，晋城市保险纠纷人民调解委员会被国家司法部授予“全国模范人民调解委员会”称号。

【快处快赔服务】 2021年，晋城市深化警保合作，针对市区内发生的小额财损交通事故，尽可能缩短事故处理时限。“五一”、清明、国庆等节假日期间，开展高速公路快处快赔服务，成立快处快赔服务站4家，提高道路交通事故快处快赔服务工作效率。全年，累计受理案件771件，涉及车辆1571辆，估损金额333.83万元。应对事故灾害，开展寒潮三级应急联动，提高寒潮相关保险事故处理效率；开展陵川县森林火灾和高平向阳桥路段11车连环交通事故排查，组织相关保险公司开展事故救援、理赔。针对洪涝灾情，组织各保险业公司开展受灾理赔工作，全市受理洪涝灾害保险报案3375件，结案3339件，结案率98.93%；估损金额8935.37万元，赔付金额7580.85万元。

表12　2021年晋城市保险系统机构数一览表

项目	市级分、中支公司（个）	县级支公司（个）	营销服务部（个）
总　计	33	77	96
中国人寿晋城分公司	1	6	38
太平洋人寿晋城中心支公司	1	4	5
新华人寿晋城中心支公司	1	2	1
平安人寿晋城中心支公司	1	3	
寿康人寿保险晋城中心支公司	1	4	3
太保人寿晋城中心支公司	1	1	
民生人寿晋城中心支公司	1	1	
光大永明人寿晋城中心支公司	1	—	—
农银人寿晋城中心支公司	1		
人保寿险晋城中心支公司	1	3	3
合众人寿晋城中心支公司	1	2	
人保健康晋城中心支公司	1	—	—
阳光人寿晋城中心支公司	1		
英大人寿晋城中心支公司	1	—	1
泰康养老晋城中心支公司	1	—	
人保财险晋城市分公司	1	13	34
太保财险晋城中心支公司	1	6	
国寿财险晋城中心支公司	1	7	1
平安财险晋城中心支公司	1	5	
大地财险晋城中心支公司	1	1	4
永安财险晋城中心支公司	1	3	4
阳光财险晋城中心支公司	1	4	
中煤财险晋城中心支公司	1	6	—
渤海财险晋城中心支公司	1		—
天安保险晋城中心支公司	1	3	—
永诚财险晋城中心支公司	1		
中华联合财险晋城中心支公司	1		
大家财险晋城营销服务部			1
英大财险晋城中心支公司	1		
都邦保险晋城中心支公司	1		
太平财险晋城中心支公司	1	3	
华泰财险晋城中心支公司	1		
国任财险晋城中心支公司	1		
紫金财险晋城中心支公司	1		
华安财险晋城营销服务部			1

2021年6月29日，晋城市第三届保险产品博览会暨晋城保险业2021年“7·8”全国保险公众宣传日活动在市文体宫文化广场举行

（刘　洁　供图）

【风险保障服务】　2021年，晋城市保险行业协会规范数据交流工作，开展全市保险业务经营情况分析，针对市场风险点，提出合理意见建议，预防风险发生。加强保险反欺诈工作，召开全市保险业运用大数据开展反保险欺诈工作推进会，组织全市保险公司排查2020年所有保险理赔案件，获取保险欺诈线索。

【星级柜面评审】　2021年，晋城市保险行业协会、市总工会金融工委联合组成星级柜面评审小组，对晋城地区4家人身险柜面建设工作进行现场评审。全市星级柜面达到24家。

【保险宣传】　2021年，晋城市保险行业协会依托《金融时报》、《中国银行保险报》、《太行日报》、晋城交通广播“金融零距离”栏目等，开展“3·15”国际消费者权益日“防范非法集资宣传月”“金融知识普及月”“反保险欺诈”等宣传活动。举办晋城市第三届保险产品博览会暨晋城保险业2021年“7·8”全国保险公众宣传日活动，悬挂宣传条幅70多幅、发放宣传单页1万张，接待咨询人数1000余人。编撰出版《晋城保险志》，填补晋城市保险志书空白。

（刘　洁）

·中国人寿保险股份有限公司晋城市分公司·

【概况】　2021年，中国人寿保险股份有限公司晋城市分公司总保费收入15.82亿元，比上年增长3.7%；占晋城市场份额的37.73%。先后被人力资源和社会保障部、中国银行保险监督管理委员会授予“全国保险系统先进集体”称号；被山西省金融系统授予“山西省金融系统五一劳动奖状”；被山西省总工会金融工作委员会授予“山西省人身保险公司AAAAA级服务柜面”和记集体三等功。

【业务发展】　2021年，中国人寿保险股份有限公司晋城市分公司承保晋城市大病保险、建档立卡贫困人口补充医疗保险、门诊统筹经办保险和城镇职工补充医疗保险业务，服务城乡居民超过113万人，为1.4余万人次大病保险患者支付赔款7998.45.2万元。10月22日，在晋城市重点项

2021年10月22日，中国人寿驻晋单位与晋城市人民政府签订战略合作协议

（郜雪峰　供图）

目政金企对接大会上，中国人寿保险（集团）公司驻晋成员单位与山西省晋城市人民政府签署战略合作框架协议，在保险项目、年金业务、健康养老项目、投融资、基础设施建设等领域加强合作。

（郜雪峰）

·中国人民财产保险股份有限公司晋城市分公司·

【车险业务】　2021年，中国人民财产保险股份有限公司晋城市分公司车险实现保费收入35734.35万元，占市场份额的37.17%。其中，家自车保费收入21498.42万元，占市场份额的35.58%。整体车险和家自车市场份额均全省排名第1。

【个非业务】　2021年10月，普惠性补充医疗保险“晋惠保2021版”发布，凡是山西基本医保的参保人员，不限年龄、不限职业、不限户籍、无论职工还是居民，缴费69元即可获得最高450万元保额医疗保障。至年底，共销售晋惠保122696份，累计保费全省排名第1。

【商非业务】　2021年，中国人民财产保险股份有限公司晋城市分公司商非实现保费收入12383.17万元，市场份额40.11%。保费规模全省排名第2，市场份额全省排名第1。其中，以中国人民财产保险股份有限公司晋城市分公司牵头的农民工工资保证保险共保体，与人社、企业、科技公司三方协调推进，2021年11月8日签发全省项目第一单，两个月累计签282单，保费收入356万元，为282个在建项目释放保证金3.2亿元。

【农险业务】　2021年，中国人民财产保险股份有限公司晋城市分公司农险实现保费收入7636.27万元，市场份额63.49%，市场份额全省排名第1。其中，种植险保费收入3836.09万元，养殖险保费收入3149.49万元，林木险保费收入650.68万元；“1+N”防贫综合保险为陵川县、沁水县提供防贫责任、人身意外、农业保险、家庭财产等各类风险保障25.27亿元。全年，共受理农险理赔案34693件，理赔金额6336.03万元，赔付率84.85%。其中，养殖险33531件，理赔金额4611.67万元；种植险922件，理赔金额1288.15万元；林木险62件，理赔金额361.94万元。农险案件处理率99.53%，金额处理率99.42%，排名全省第1。

2021年7月20日，河南省中北部遭受特大暴雨，中国人民财产保险股份有限公司晋城市分公司驰援河南，为受灾群众车辆提供服务

（康　琦　供图）

【社保业务】　2021年，中国人民财产保险股份有限公司晋城市分公司社保实现保费收入4760.51万元。其中，城乡居民大病保险项目6716.17万元，建档立卡贫困人口补充保险项目227.28万元，长护保险项目2693.6万元。承保晋城市职工长期护理保险项目，为353人支付待遇享受金额735848.51元。

【助贷险业务】　2021年，中国人民财产保险股份有限公司晋城市分公司助贷险实现放款2547.5万元，实现代位追偿336.8万元。连续4年实现盈利，连续2年被总公司评为普惠金融条线年度标杆销售团队，连续数月被省公司评为A级机构。

【理赔服务】　2021年，中国人民财产保险股份有限公司晋城市分公司全险种综合赔付率61.2%，低于行业1.08个百分点，综合成本率91.45%，优于行业4个百分点，全省最低。其中，车险综合赔付率56.41%，低于行业6.46个百分点，综合成本率90.01%，优于行业5.42个百分点，全省最低。全险种结案率95.53%，全省排名第1；车险结案率95.12%，全省排名第1；非车险结案率98.51%，全省排名第2；全险种当期案件支付周期5.96天，全省排名第2，车险理赔周期6.74天，全省排名第2，非车险理赔周期1.25天，全省排名第1。

（康　琦）

·中国太平洋人寿保险股份有限公司晋城中心支公司·

【概况】 2021年，中国太平洋人寿保险股份有限公司晋城中心支公司总保费收入75832.38万元，比上年减少1145.33万元，下降1.49%。其中个人业务保费收入71074.4万元，比上年减少3016.38万元，下降4.07%；团体业务保费收入4757.98万元，比上年增加1871.05万元，增长64.81%。晋城寿险市场份额占比18.06%，排名全市第2。

【合规经营】 2021年，中国太平洋人寿保险股份有限公司晋城中心支公司按照总公司条线"在做实上使力气、在做专上下功夫、在做智上加力度、在做优上尽努力"的要求，找准市场定位，提升经营能力，围绕监管关注重点（乱象整治）及"两虚"（虚设机构、虚假承保）问题，强化一道防线条线责任制管理、提升二道防线专业化建设，提升部门协同能力，公司业务稳健发展。

（薛丽霞）

·中国太平洋财产保险股份有限公司晋城中心支公司·

【概况】 2021年，中国太平洋财产保险股份有限公司晋城中心支公司保费收入16640.47万元，比上年下降4.8%，居晋城市财产险市场第3。其中车险保费收入10915.2万元，比上年下降6.84%；非车非农险保费收入4943.97万元，比上年增长3.05%；农险保费收入781.29万元，比上年下降19.17%；共支付赔款8354.23万元。

【车险业务】 2021年，中国太平洋财产保险股份有限公司晋城中心支公司针对个人客户，加强线上推广宣传和电话联系，开辟快速通道，简化流程，提升个人客户投保的积极性。推动车商渠道续保，提高车电兜底续保率。开展特色增值服务活动，举办线上服务活动，在"太好车"App小程序中实现线上投保、线上支付，及时发送电子保单、电子发票。

【农险业务】 2021年，中国太平洋财产保险股份有限公司晋城中心支公司针对农险业务的季节性特点，为农户提供优质、高效、安全的远程农险应急服务和风险保障。组成专门服务团队，举行玉米种植保险承保理赔现场宣传，扩大农业保险覆盖面；推动农险全流程线上化投保，引导客户通过"e农险"App或微信小程序等线上化工具，实现农户线上自助投保。4月29日，联合畜牧部门在泽州县下村镇成庄村开展"防疫联防进万家，健康养殖促发展"主题捐赠活动，向所承保的养殖户捐赠价值5万元的防疫药品物资。

【非车非农险业务】 2021年，中国太平洋财产保险股份有限公司晋城中心支公司加强与政府职能部门对接，提供保险保障支持；加大安全生产责任险、环境污染责任险等业务拓展力度，为企业正常生产经营提供风险保障；针对个人客户，推广"码上保"手机在线投保业务，提供家财、医疗、意外等多险种非接触式个性化产品服务，满足不同客户保险需求；探索民生救助保险发展模式和路径，开发民生救助保险业务"安惠保"保险，推出"高标准农田"保险，为乡村振兴提供"防贫保"保险等多款特色险种。

【理赔服务】 2021年，中国太平洋财产保险股份有限公司晋城中心支公司打造"太好赔"服务品牌，推广"太贴心"线上理赔服务，客户通过手机微信自助理赔APP实现小额案件一键报案、一键索赔、一键查询、一键救援，客户现场即时自主查勘，实时赔付到账，提高结案时效，提升客户满意度。

（韩国良）

证券经营

【证券机构】 2021年底，晋城市共有大同证券晋城凤台西街证券营业部、中国银河证券晋城景西路营业部、海通证券晋城黄华街证券营业部、国泰君安晋城红星西街证券营业部6家证券营业部，从业人员92人。

【证券业务】 2021年，晋城市证券业累计资金开户数23.4万户，银证转入资金58.9亿元。营业收入5147.5万元，利润总额974.7万元。

（市统计局）

表13　2021年晋城市证券业务基本情况表

单位：个、人、万元

项　目	2021年	增速(%)
一、证券营业部	6	
从业人员	92	17.9
二、资金账户情况		
累计资金开户	233883	18.5
#本年开户	33637	83.4
银证转入资金	589266	-35.9
银证转出资金	798896	15.1
新增资产总额	228360	437.3
三、经营情况		
营业收入	5148	-17.5
#手续费收入	4610	-3.2
利息收入	560	14.4
营业支出	4191	32.1
#手续费支出	2307	145.7
利息支出	233	14.5
营业费用	2547	18.3
营业税金及附加	26	-9.7
营业利润	974	-51.5
利润总额	975	-51.4
资产总计	63933	11.6
流动资产	62100	10.5
固定资产	148	608.4
负债合计	62054	13.4
#流动负债	60048	12.2

综　述

【概况】 2021年，晋城市重点监测景区接待游客137.01万人次，门票收入5037.21万元，经营性收入9034.81万元。年底，全市共有国家A级以上旅游景区29个。其中，AAAAA级旅游景区1个，AAAA级旅游景区12个，AAA级旅游景区15个，AA级旅游景区1个。共有星级饭店17家。其中，五星级2家、四星级9家、三星级5家、二星级1家。

【旅游规划】 2021年，晋城市编制完成《晋城市太行人家康养村落发展规划》《晋城市"十四五"文化旅游康养产业发展规划》。

【旅游营销推荐】 2021年7月27日，晋城市举办晋城文化旅游（太原）推介会，介绍晋城市精品旅游线路，发布大宗旅游接待奖励政策，皇城相府、王莽岭、大阳古镇、珏山、天官王府等旅游景区作精品旅游推介，演出相府八音会、上党梆子等晋城特色演艺节目。7月29日，晋城文化旅游（银川）推介会在宁夏银川举行，皇城相府、王莽岭、珏山、炎帝陵、大阳古镇等旅游景区做精品旅游推介。9月26日，在泽州县大阳古镇景区举行山西省第七次旅游发展大会晋城分会场系列活动启动仪式暨"世界康养示范城市"授牌仪式。

（王玉宝）

表14　2021晋城市旅游经营状况表

指标	单位	数量
重点监测景区		
接待游客	万人次	137.01
门票收入	万元	5037.21
经营性收入	万元	9034.81
旅游经营机构		
#A级景区	个	29
旅行社	个	45
星级饭店	个	17
#四星级饭店及以上	个	11

旅游业态

【乡村旅游】 2021年，晋城市申报山西省"太行人家"4个。完善乡村文化旅游基础设施，为陵川县、阳城县10个省级旅游示范村及陵川县古交乡安装旅游标识牌。城区钟家庄街道洞头村、陵川县古郊乡松庙村、高平市原村乡良户村、沁水县土沃乡南阳村、陵川县六泉乡浙水村、泽州县大阳镇一分街、阳城县北留镇龙凤村7个村入选2021年山西美丽休闲乡村名单。12月6日，晋城市公共服务文旅融合示范点挂牌仪式在陵川县古郊乡西庄上村举行。

【文化旅游】 2021年，晋城市加入“9+10”区域文化旅游合作成员单位，被联合国老龄所授予“世界康养示范城市”。6月17日，2021晋城文化旅游推介会在济南举行。推介会上，市文化和旅游局介绍晋城市精品旅游线路，发布晋城市大宗旅游接待奖励政策。皇城相府、王莽岭、湘峪古堡、珏山、天官王府、炎帝陵、大阳古镇分别作景区推介。东方国际旅行社、和谐国际旅行社、天泽国际旅行社分别同济南的组团社进行现场签约。

【康养产业发展】 2021年5月18日，2021中国·山西（晋城）康养产业发展大会举行。以“康养山西、夏养山西”为主题，汇聚国内外专家学者客商，共谋康养产业发展大计。大会由民革中央，中共山西省委、山西省人民政府、政协山西省委员会主办，省文旅厅、民革山西省委会、中共晋城市委、晋城市人民政府、政协晋城市委员会承办。大会期间，还举办高端国医论坛、产品推介、招商洽谈、文旅康养考察等活动。开幕式上，市政府与联合国老龄所签署《世界康养示范城市认证及老龄战略合作协议》。高峰论坛上，《中国民宿发展报告》2021版蓝皮书、晋城市地方标准《太行人家康养村落建设服务与管理》正式发布。高峰论坛结束后，总投资423亿元的19个项目进行集中签约。

（王玉宝）

旅游资源

【旅游景区建设】 2021年，晋城市新建国家AAAA级旅游景区2个（阳城县海会书院旅游景区、泽州县司徒小镇景区）、国家AAA级旅游景区2个（泽州县高都古镇、阳城县町店战斗纪念园景区），改造提升国家AAAA级以上旅游景区旅游厕所10座。阳城县润城镇列入第一批全国乡村旅游重点镇（乡）名单，王莽岭被评为省级旅游度假区，司徒小镇六尺巷被评为2021年省级旅游休闲街区。

【海会书院旅游景区】 为全国重

表15 2021年晋城市A级景区一览表（29个）

等级	个数	景区名称	所在县区
AAAAA	1	皇城相府	阳城县
AAAA	12	蟒河	阳城县
		王莽岭	陵川县
		珏山	泽州县
		历山	沁水县
		柳氏民居	沁水县
		天官王府	阳城县
		大阳古镇	泽州县
		炎帝陵	高平市
		郭峪古城	阳城县
		湘峪古堡	沁水县
		海会寺	阳城县
		司徒小镇	泽州县
AAA	15	羊头山	高平市
		大粮山	高平市
		良户古村	高平市
		清云寺	高平市
		聚寿山	泽州县
		可寒山	泽州县
		山里泉	泽州县
		小尖山	阳城县
		孙文龙纪念馆	阳城县
		河阳商道古镇	阳城县
		砥洎城	阳城县
		中庄布政李府	阳城县
		景熙绿谷	泽州县
		高都古镇	泽州县
		町店战斗纪念园	阳城县
AA	1	凤凰欢乐谷	陵川县

点文物保护单位，国家AAAA级旅游景区。位于阳城县北留镇大桥村，总占地面积3.48万平方米。创建于隋代，唐朝已颇具规模，明清时是书院的鼎盛时期。景区分为唐代双塔区、书院文化区、古刹区3个板块。

【司徒小镇景区】 为国家AAAA级旅游景区。位于泽州县北石店镇司徒村。是集特色餐饮、休闲娱乐、农耕体验、旅游购物、文化演艺等为一体的“老山西民俗印象基地”。四周紧邻晋城重要交通干道和高速通道，在满足集散中心交通枢纽、旅游管理服务的基础上，涵盖旅游“吃、住、行、游、购、娱”六要素，满足游客多元化旅游需求。

【高都古镇】 为国家AAA级旅游景区。位于泽州县高都镇。高都古镇是具有悠久历史和灿烂文化的文明古镇，早在新石器时代就有人类在这里繁衍生息。约公元前17世纪，夏桀王在此建都，高都的名称由此而来。秦统一中国后，设立高都县，以后历朝多次在此建郡立州，成为泽州地区政治、经济、文化中心，向称“行山重镇”。悠久的历史为高都留下了宝贵的文化遗产，镇西有省级文物保护单位“高都遗址”，镇南有“夏桀王迁都于垂”的垂棘山，镇中有省级文物保护单位东岳庙，镇北有龙五庙、景德寺、关帝庙、二仙观、城隍庙、白衣阁、万年桥等文化古迹。

【町店战斗纪念园景区】 为国家AAA级旅游景区，位于阳城县町店镇芦苇河下游。1938年，在徐海东、黄克诚的指挥下，八路军第344旅687团、688团，在386旅772团和晋豫边游击支队的配合下，于阳城县町店镇伏击日军108师团25旅团工藤联队，歼敌1000余人，史称“町店战斗”。是八路军继平型关大捷之后的又一次重大胜利。

（王玉宝）

旅游管理

【旅游示范区建设】 2021年，生态环境部公布第五批国家生态文明建设示范区和第五批绿水青山就是金山银山实践创新基地名单，阳城县入选第五批国家生态文明建设示范区，沁水县入选第五批绿水青山就是金山银山实践创新基地。

【旅游安全管理】 2021年，晋城市按照“党政同责、一岗双责、齐抓共管、失职追责”的要求，落实属地管理责任、部门监管责任和企业主体责任。11月23日，市文旅局举办全市文化和旅游行业安全生产培训班，部分文化和旅游企业代表90余人参加培训。

【旅游疫情防控】 2021年1月13日，晋城市文化和旅游局召开疫情防控工作紧急会议，传达省新冠肺炎疫情防控工作领导组紧急工作会议精神，对2021年春节期间全市文化和旅游行业疫情防控和安全生产专项督导工作进行安排部署。4月29日，晋城市召开2021年“五一”假期旅游工作暨疫情防控工作会议，要求“五一”前，所有国家A级以上旅游景区必须对公众开放；所有开放景区必须迅速开展一次景区清洁行动；景区主要负责人假期期间必须值守在景区，亲自安排景区旅游安全工作，严防各类旅游安全事故发生。12月27日，召开2022年全市文旅行业“两节”期间疫情防控、安全生产及假日市场工作会议，安排部署文旅行业元旦、春节期间疫情防控及假日市场工作。

【地方标准制定】 2021年4月28日，晋城市市场监管局批准发布《太行人家康养村落建设服务与管理》地方标准，从范围、规范性引用文件、术语和定义、基本要求、主题特色性要求、康养舒适性要求、功能丰富性要求和管理要求等8个方面，对太行人家、康养产业和康养村落的鲜明康养主题、设施和康养功能提供面向全生命周期、有针对性的健康养生服务及产品的经济活动提供指南。于5月18日正式实施。该标准填补了山西省康养村落地方标准领域的空白，为全省第一次发布。

（王玉宝）

项目建设

【“百村百院”工程】 2021年，晋城市“百村百院”工程年度投资16.01亿元，首批28个康养特色村和30处康养院落建成运营，接待游客约

78.25万人次，营业收入370余万元，带动村民收入500余万元。

【重点文旅项目】 2021年，晋城市4个重点文旅项目完成投资11.64亿元占年度目标的122.25%。

【智慧旅游建设】 2021年，山西汽运集团晋城汽车运输有限公司完成锦太行画中游旅游平台分销功能开发上线及系统升级工作，完成与各汽车站VPN专网建设布局。阳城客运中心完成快递智能分拣线设备采购安装工作。

（王玉宝）

旅游服务

【旅游饭店管理】 2021年，晋城市有旅游星级饭店17家，接待人数354391人次，组织各类培训活动240次、培训15161人次。美韵花园大酒店获晋城市第二届职业技能大赛暨第六届职工职业技能大一等奖2名、二等奖3名、三等奖2名，获山西省第三届职业技能大赛一等奖1名、三等奖3名。12月，泽州大酒店、兰花大酒店、颐宾大酒店等8家四星级旅游饭店通过评定性复核检查。

【旅行社管理】 2021年，晋城市有旅行社52家、旅行社分社26家，营业网点163个，营业收入5566.5万元，其中国内营业收入5566.5万元，退还保证金179万元。

【导游管理】 2021年，晋城市共有持证导游728名。12月，市文化和旅游局、市导游协会在沁水县土沃乡下沃泉村举办2021年度晋城市导游人员综合素质提升培训班，来自全市各旅行社及国家A级旅游景区的80余名导游员、讲解员参加培训。培训采取“课堂教学+现场实操+专业知识测试”的模式进行，课堂教学主要包括基本礼仪及政务接待、导游法律法规及案例分析、晋城党史教育、晋城经济社会发展概况等方面内容；现场实操包括现场讲解和才艺展示；在培训结束后，全体参训人员进行了专业知识测试。

【景区门票优惠政策】 2021年，陵川王莽岭风景名胜区、泽州珏山风景名胜区、沁水柳氏民居、高平羊头山炎帝文化景区、阳城小尖山景区5个景区，试行对上海市、浙江省、江苏省游客免头道门票优惠措施。

（王玉宝）

房地产业

综　述

【概况】 2021年，晋城市制定《“十四五”晋城市城镇住房发展规划（2021—2025年）》和《晋城市落实房地产市场平稳健康发展城市主体责任“一城一策”工作方案》。全年，全市房地产开发完成投资135.7亿元，比上年增长20%。其中，住宅投资96.1亿元，增长19.9%；商业营业用户投资13亿元，增长40.3%。全市商品房销售面积完成281.5万平方米，比上年增长113.4%；全市商品房销售额完成181.8亿元，比上年增长130.5%。

【住宅全装修工作】 2021年，晋城市按照《晋城市人民政府办公室关于加快推进住宅全装修工作的实施意见》，指导推动住宅全装修工作。中心城区星湖世家1、2期、颉冠颐博园F区、南洋水岸、南洋悦府4个房地产项目、23栋楼、3916套住宅实行全装修交付，中心城区全装修住宅覆盖率达16.7%。

（张颜良）

表16　2021年晋城市房地产开发企业（单位）主要指标表

项目	单位	指标
企业个数	个	145
内资		145
#国有		1
外商投资		1
平均从业人数	人	3826
内资		3826
#国有		51
外商投资		17
土地开发及购置	平方米	
本年土地购置面积		397809
本年完成投资额	万元	1357201
#住宅		961208
资金来源小计	万元	1749882
#国内贷款		18278
自筹资金		576319
房屋建筑面积	平方米	
施工面积		14100545
竣工面积		1039294
本年新开工面积		4206146
#住宅		3296282
商品房屋销售面积	平方米	2815470
#住宅		2780398
商品房销售额	万元	1818265
#住宅		1776575
实收资本合计	万元	405373.9
资产负债率	%	96.8
主营业务收入	万元	664677
#土地使用权转让收入		1630

房地产市场

【新建商品房市场】 2021年，晋城市主城区批准预售楼盘26个，发布预售证54张，预售总面积114.77万平方米，比上年下降11.65%。新建商品房市场成交9709套，比上年增长3.1%；成交总面积109.41万平方米，比上年增长1.23%。其中新建商品房住宅市场成交8689套，比上年下降0.07%；成交总面积99.94万平方米，比上年增长0.41%。新建商品房市场住宅类房地产平均销售价格每平方米8125元（限价商品房除外），比上年增长1.98%。供求比为0.96，住宅市场整体供求关系较为平衡。新建商品房市场非住宅类房地产成交1020套，比上年增长41.27%。成交总面积9.47万平方米，比上年增长0.41%。单套平均成交面积93平方米，比上年下降21.19%。供求比为2.01，非住宅市场整体供求关系供大于求。

【存量房市场】 2021年，晋城市城区存量房市场成交2937套，比上年下降9.52%；成交总面积29.86万平方米，比上年下降6.6%。其中存量房住宅成交2859套，总成交面积28.97万平方米，单套住宅成交平均面积98平方米；存量非住宅成交84套，总成交面积0.85万平方米，单套非住宅成交平均面积101平方米。城区存量房市场成交均价每平方米8050元。

【土地市场】 2021年，晋城市共供应土地183宗，比上年下降3.17%；总宗地面积743万平方米，比上年增长5.61%。其中城镇住宅用地94宗，占全年供应宗地数量的51%。全市共成交土地188宗，比上年下降33.8%；总成交面积643.21万平方米，比上年下降13.63%；总成交金额97.81亿元，比上年增长13.85%。

（张颜良）

房地产中介服务

【住房租赁市场发展】 2021年，晋城市培育发展住房租赁市场，通过新建、改建、购租等方式多渠道筹集房源，发展国有、民营住房租赁企业，鼓励房地产企业开展住房租赁经营，多元化培育供应主体。成立租赁住房专营企业1家，开展租赁住房改建工作，完成租赁住房改建项目1个，面积约1000平方米。全市录入数字房产租赁平台住房房源2210套。

【住房租赁中介整治】 2021年，晋城市开展住房租赁中介整治，转发《关于加强轻资产住房租赁企业监管的意见》，共检查房地产经纪机构114家，其中备案房地产经纪机构93家，下发督办通知4起，移交建议行政处罚5起。

（张颜良）

表17 2021年晋城市房地产土地开发及购置情况表

地区	土地购置费用(万元)	待开发土地面积(平方米)	本年购置土地面积(平方米)
全市	146300	382951	397809
城区	38243	28077	60077
阳城县	15250		62689
陵川县	6720		33338
泽州县	46748	122987	109328
高平市	39339	231887	132377
开发区			

房地产市场监管

【房地产市场秩序监管】 2021年，晋城市住建局制定《晋城市整治规范房地产市场秩序三年行动实施方案》，联合10个部门成立市级工作专班，并在局官网进行发布，公告举报热线及邮箱。12月，组织开展房地产市场全面排查。

【房地产市场信息化建设】 2021年，晋城市住建局下发《关于全面推进“山西数字房产”平台建设应用工作的通知》，推动晋城市“数字房产”上线应用工作，明确时间节点和工作要求。至年底，市、县两级全面启用“山西数字房产”平台应用，办理预售47个和备案合同797户。

【房地产领域风险隐患】 2021年，晋城市住建局受理涉及房地产领域的信访、社情民意、网络舆情反映等案件89件，反映的问题主要集中在房地产企业违规收取认筹款、逾期交房、中介服务以及太行置业相关问题等方面。针对群众反映的问题，要求涉事企业限期解决，并将处理结果向市住建局反馈，群众满意度100%。省平安办和省信访联席办交办的16件案件，按属地管理原则转交于各县（市、区）办理，其中省平安办移交的3个案件提交阶段性结案报告，省信访联席办交办的13件住建领域重复信访事项化解10件，剩余3件反映太行置业问题的未化解事项，市委、市政府成立化解太行置业涉访问题工作组，总体协调推进解决。

（张颜良）

物业管理

【物业管理创新】 2021年，晋城市开展物业管理三年行动，推动物业管理“三下沉、两融合”，即管理、服务、维修资金向街道和社区下沉，物业管理与基层党建融合、与社区治理融合，与城区17个社区签订框架协议，推动资源、管理、服务下沉；推动物业企业党组织建设工作，全市有18家物业企业建立党支部；鼓励物业企业主动融入社区网格化管理，参与社区志愿者、网格员等服务工作；新成立业主委员会1家，换届1家。

【物业行业检查】 2021年，晋城市开展物业行业消防督查115次，物业服务行为督查43次，对物业企业公示项目、服务内容等督查63次，下达整改通知13份；完成174家物业企业信用评级工作，其中2家物业企业被省住建厅评为AAA级企业。

（张颜良）

信息服务业

信息基础设施建设

【电信通信能力】 2021年，晋城市共有光缆线路长度76439千米，移动电话交换机容量7818600门，移动电话基站10497个，IPV4（互联网通信协议第四版）地址数480905个，互联网宽带接入端口1627494个，互联网国际出口宽带1580000Mbps（兆比特每秒）。移动电话普及率114.0部/百人。年末，全市移动电话用户252万户，其中5G电话用户53万户，全市（固定）互联网宽带接入用户88.0万户。

【5G建设】 2021年，晋城市新建公共基站1058座，全市5G用户达61.89万户。推动智能化改造，4个重点工业互联网项目完工，7个智能工厂和数字化车间建成，山西康硕被认定为国家级智能制造试点示范工厂。新型智慧城市一期工程项目建成数字化产业链平台，互联网创新中心投入运行，“5G+人工智能”技术在17个重点示范应用场景试运行。

【工业互联网项目建设推进会】 2021年8月19日，晋城市工信局召开工业互联网项目建设推进会，研究部署重点工业互联网项目推进工作。市、县工信部门及工业互联网项目建设单位参会。会上，晋城鸿生供应链管理有限公司、三甲炼焦、建投麻纺织等10家企业分别介绍企业在工业互联网建设方面的进展。

（马晶妮　张　峰）

大数据应用

【概况】 2021年，晋城市加快数字经济标杆城市建设，打造中等新型智慧城市标杆，被确定为首批省级新型智慧城市试点市和全省唯一的电子政务外网提速扩能改造试点市，获2021数字政府管理创新奖，跻身全国数字政府建设50强和2021中国城市数字化治理百强榜。

【数字晋城战略】 2021年，晋城市实施数字晋城战略，在全省率先制定出台《大数据发展应用“十四五”规划》《数字经济争先领跑三年行动计划》《新型智慧城市建设实施方案》，构建“1468”新蓝图（“1”即一个目标：打造中等新型智慧城市标杆；“4”即四大重点领域应用场景：智慧城市、数字政府、数字经济、数字民生；“6”即六大行动：数基、数产、数智、数惠、数创、数安行动；“8”即推进算力中心提升工程、城市大脑中枢工程、数字政府领跑工程、数字生活便民工程、数字产业培育工程、智能制造示范工程、数字乡村振兴工程、数据治理价值工程八大重点工程），晋城市新型智慧城市建设纳入山西省“十四五”规划、新基建规划，被确定为首批省级新型智慧城市试点市，获省级试点示范建设补助资金1500万元。

【新型智慧城市建设】 2021年，晋城市是山西省首个全面推进新型智慧城市建设的地级市。以建立城市信息模型、城市码平台、城市智能算力中心为支撑，打造虚实共济的数字孪生城市环境，形成“端—网—中心—平台”全覆盖的新型智慧城市基础设施体系。构建了底板数据中心、凤台街“一张图”、遥感影像数据智能识别系统等基础平台，完成30万个城市部件赋码，支撑全市130多个应用系统和智慧城市17个应用场景的高效运行，推动智慧停车、数字社区、普惠金融、惠企服务等多个融合应用场景上线运行。实施数字政府领跑工程，数据治理、智慧社会两大指标排名全省第一，数字政府建设跻身全国第一方阵。在全省首家推出领导驾驶舱、“晋来办”App、“钉钉”智能办公、小学生在线入学报名、预约就医挂号、智慧停车、疫情防控“场所码”、返晋人员登记系统等应用。

【数字经济发展】 2021年，晋城市围绕建设“数字经济的标杆城市”，以数字政府牵引智慧城市、以政府引导激发市场主体活力、以智慧城市重点项目建设吸引数字化企业落地、以数字经济产业园集聚新兴数字产业，全面立体化构建数字经济发展体系。按照系统、集成、整合的理念推进数字经济发展，在全省率先实施53个数字经济重点项目，完成投资69.13亿元，投资完成率136.67%；全市数字服务业“入统”企业由2020年的2家增加到6家，营业收入1.24亿元，新增9400万元；数字经济核心产业增加值突破100亿元，增长25.9%。建成全市首个大数据产业园区“太行数岛”，吸引数字化领军企业集聚，中移系统、安恒信息、北京千方、云栖通得、创课网络、郑州威科姆·云鹏、山西清众、山西先晋智能、飞渡八维等11家数字化领军企业入驻园区，带动全市10大数字产业园发展。聘请全国知名数据库专家、芯片研发专家、城市大脑开发专家，注册成立太行大数据科学研究院，与清华大学共建数字经济智库示范基地。市政府与中国通信企业协会签署战略合作协议，推进5G+全国行业智能示范城市和柔性智能制造基地建设。华为公司在晋城市建成全国煤炭行业首个科研创新人工智能计算中心。

【数字政务】 2021年，晋城市坚持“办好一条线，温暖一座城”，培育“一条热线管便民”品牌，“12345”政务服务便民热线改革成为全省标杆，累计整合非紧急类热线25条，受理群众各类诉求17余万件，办结率和满意率保持在98%以上，成为全省首个政务热线服务质量获评B+等级的地级市。

【数字民生】 2021年，晋城市以全国市域治理现代化试点市为契机，建设数智赋能智慧社区14个，确定市区6所学校为智慧教育试点；开通小学生线上报名系统，在全市6个县(市、区)推广使用；在全省首创“场所码”，研发上线“重点人群监测系统和返晋人员登记系统”。

【网络安全检查】 2021年，晋城市大数据应用局开展政府网站和政务新媒体月度全覆盖检查12次，季度全覆盖检查4次，日常抽检100余次，纠正部门网站各类问题100余处，督促整改政务新媒体不更新问题60余次。加强网络舆情监测，监测周期内共获取舆情信息375.32万篇，制作《舆情日报》70期。

【网络安全防控】 2021年，晋城

2021年，“太行数岛”大数据产业园建成

（李浩浩　供图）

市大数据应用局组织开展网络安全突发事件应急演练4次，解决隐患问题123个，修订运维保障制度5项，现场及远程处理网络故障312次，协助市委、市政府完成办公主楼政务专网迁建工作。落实网络安全等级保护制度，为22家市直单位44个信息系统完成等级保护测评50次。常态化开展大数据平台应急演练，实施平台防御89986274次，日均抵御271318次；处理主机和应用层安全风险1801次，日均5.6次。修复晋城市城市云平台249台主机漏洞3083个（Windows系统），开展上云系统安全检测1768次，处理系统配置安全风险351个，全年无重大网络安全事故发生。

（李浩浩）

电子商务

【概况】 2021年，晋城市建成省级电商直播基地3个，累计开展电商直播1.5万场次，完成销售额4.2亿元。市、县两级开展电商培训班171期，累计培训人数近7000人。阳城县、沁水县开展电子商务进农村综合示范工作，改造提升村级服务站点120个。

【2021网上年货节】 2021年1月25日至2月18日，晋城市商务局组织开展"2021全晋乐购网上年货节"活动，吸引相关电商企业、商贸企业、大型商超、餐饮等60家企业参加活动，全市网上年货销售额800余万元，销售量33万余件，好评率达95%以上。

（王彤彤）

互联网信息与广播电视传输服务

【网络信息服务】 2021年，晋城市组织基础电信运营企业开展多种形式的网络安全宣传活动，向市民传导网络风险共担、网络生活共享的发展理念。

【广播电视传输服务】 2021年，晋城市有市级广播电视台1座，广播发射机功率9千瓦，有线广播电视传输网络干线350千米，广播覆盖率90%，制作广播节目8688小时；有微波传送站1座，微波传送线路264千米；有电视转播发射台1座，电视发射机功率2千瓦，无线电视覆盖率80%，电视覆盖率80%，制作电视节551小时。

【通信保障演练】 2021年，晋城市提升通信保障和通信网络突发事件应对处置能力，12月1日至2日，市工信局、市委宣传部、市应急管理局、市公安局等单位联合开展晋城市通信应急培训及演练活动。演练以晋城市7月遭受的洪涝、地质等自然灾害为背景，演练所设置的时间、地点、受灾情景等均根据假想预警信息和灾情模拟。演练共分演练背景、预警发布、预警行动、应急响应、应急处置、响应终止、恢复重建和总结评估8个阶段实施，达到预期效果。

（马晶妮　张　峰）

通　信

·中国移动晋城市分公司·

【5G建设】 2021年，中国移动晋城市分公司坚持多频协同、网业协同，聚焦市县城区、国家AAA级以上旅游景区、大型厂矿，新增2.6G基站516个；聚焦乡镇、重点农村区域，新增700M共建共享基站347个，开启低频5G时代，累计建成5G基站1618个，实现市（县）城区深度覆盖、乡镇以上连续覆盖、热点农村有效覆盖。

【5G应用】 2021年，中国移动晋城市分公司聚焦能源、医疗、社区、旅游等行业，拓展5G行业应用，高平市5G智慧医疗项目获国家卫健委首批5G医疗应用优秀案例；打造煤矿5G龙头示范项目——长平煤业5G智慧矿山项目，助力煤矿智能化建设；签约高平市政府5G智慧旅游项目，打造全域旅游标杆。

【网络质量提升】 2021年，中国移动晋城市分公司开展4G、5G网络攻坚行动，推进网业协同，实现极简网络演进，FDD语音业务占比较年初提升17PP；5G分流能力较年初增长530%。推动千兆宽带网络升级，建设全量千兆小区64个，实现城区、县城区千兆平台100%覆盖。发挥传输网规划引

2021年5月10日，中国移动晋城市分公司组织人员抢修光缆

（段精婧　供图）

领作用，SPN汇聚成环率、综合业务接入区微格化比例分别达100%、99.9%。提高集客专线业务快开能力，提升政企业务的交付效率和服务品质。实施乡村数智化工程，新建农村“雪亮工程”建设点位2732个，签约智慧乡村旅游项目3个，建设“平安乡村”标杆村187个、达标村853个。

【通信保障】　2021年，中国移动晋城市分公司完成庆祝中国共产党成立100周年、中国·山西（晋城）康养产业发展大会、防汛救灾等重大活动通信保障27次，累计出动保障人员673人次、车辆252辆次、发电油机195台次，抢修光缆700余千米。

（段精婧）

·中国联通晋城市分公司·

【通信保障】　2021年，中国联通晋城市分公司应对新冠肺炎疫情防控、暴雨灾害等，开展7×24小时通信保障服务，出动维护人员1474人次、车辆354车次。完成庆祝中国共产党成立100周年、全国“两会”、市“两会”、全省康养大会等大型活动通信保障任务95次。

【网络建设】　2021年，中国联通晋城市分公司围绕“能力与支撑、运营与保障、交付与服务”，打造匠心网络，提供贴心服务，实现客户感知和网络支撑双提升。推进“匠心网络贴心服务”专项行动，加大5G建设力度，5G覆盖率显著提升。宽带网第三方测速保持行业第1，交付及时率实现提升。推动5G赋能数字经济建设，智能矿山、智慧党建、智慧医疗建设实现新突破。

（王　佳）

·中国电信晋城分公司·

【云网融合建设】　2021年，中国电信晋城分公司遵循“基础业务融云、无云不项目”原则，坚持云网融合的DICT（即DT云和大数据技术+IT信息技术+CT通信技术）发展模式，实现高平市妇幼院、晋城市统计局、蓝焰煤层气、山西太行云顶等客户上云。

【云聚行动】　2021年，中国电信晋城分公司开展云聚攻坚行动，专项部署4项重点产品8大攻坚领域。客户体验中心加强体验式营销运营能力，搭建云会议、云桌面、云监控、云安全、云直播等产品演示体验场景，完成演示任务40余场，云业务超额完成年度目标，其中集约云收入排名全省第1。

【网络建设】　2021年，中国电信晋城分公司开通4G网络共享小区1304个。深度参与5G网络建设，即开既享共享率100%，开通1598个小区的5G站点。

【通信保障】　2021年，中国电信晋城分公司强化网信安全体系建设，开展全网风险隐患排查整治，举办云网安全主题活动12次，完成市“两会”、市第七届运动会等活动通信保障任务。参加阳城、沁水森林火灾、“7·11”特大暴雨等抢险救灾保障任务11次；完成中高考、山西康养大会活动保障任务4次。

（张　煜）

无线电管理

【频率台站管理】　2021年，晋城市有设台单位54家，其中当年新纳入管理单位3家，收缴频占费32.45万元。市无线电管理局开展重点频率保护专项工作，对包括广播、电视在内的19家设台单位在用设备进行检测，共检测广播设备4套、对讲机201部。建立晋城市公众移动通信专用频率保护联席机制，召开全市5G通信业务座谈会，开展5G干扰专项清理整顿，排查网桥干扰2处、拆除手机信号放大器2套。

加大重点行业频率台站管理力度，到太焦高铁晋城东站调研铁路无线电通信情况，对高铁沿线进行保护性监测；到市森林资源监测预警中心调研森林防火无线电频率台站及通信网安全情况，为防火应急通信提供频率支持和技术保障；到丹河新城起步区调研频率台站情况，进行电磁环境测试，开展新建丹河新区固定站选址工作。全年，新增设台单位3家，指配频点9个，办理电台执照79个。新设业余无线电台54个，换发业务台执照41个。

【无线电保障】 2021年，晋城市无线电管理局组织召开全市考试无线电安全保障工作座谈会，完成晋城市第七届运动会开幕式保障工作，在晋城市实验中学组织开展应急演练。全年，共完成各类考试保障31次，出动人员897人次、车辆277辆次、设备706台套，共监测258.5小时。为驻地解放军某部，在地形复杂山区开展电磁环境测试。夏季汛期期间，为泽州县灾情救援提供应急通信保障。

【无线电监测】 2021年，晋城市无线电管理局完成监测统计报告12期，累计监测时间36277小时，监测不明信号92个、排查不明信号57个、查处“黑广播”1起、现场测试无人机管制设备4套、排查各类干扰9起、出具电磁环境测试报告2份。开展监测技术演练2次，与长治市联合开展无线电监测技术演练活动1次。

2021年11月11日，晋城市无线电管理局到丹河新城调研频率台站情况　（张　勇　供图）

【无线电执法】 2021年，晋城市无线电管理局开展行政执法检查8次，做出行政处罚3次，没收设备3次。与市公安局、市工信局、市反恐支队、市网信办、市司法局、市市场监督管理局联合召开打击非法无人机反制设备专项行动推进会，联合市市场监督管理局对无人机销售市场进行检查，对使用无线电单位和反制设备信息进行登记。

【无线电宣传】 2021年3月31日，晋城市无线电管理局在晋城交通广播电台访谈节目，介绍无线电管理部门职责、“黑广播”特点危害、打击非法设台的法律法规和无线电管理日常工作。5月5日，举办“5·5”无线电晋城HAM野外通联活动。5月31日，在晋城市实验中学组织开展高考无线电安全科普开放日活动。9月27日，到晋城市凤华学校开展“传承红色基因，铸就无线辉煌”主题科普进校园活动，350余名师生参加活动。

（张　勇）

招商引资

【概况】 2021年，晋城市招商引资综合排名全省第1(并列)，进入全省第1方阵。高质量转型发展2项考核指标中，“当年签约项目开工率(30%)”完成省定任务的98.43%，全省排名第2；“新开工固定资产项目计划总投资(100%)”全省排名第3，两项指标综合排位全省第1。全市招商引资签约项目445个，总投资1594.42亿元，全省排名第4。招商引资固定资产投资项目资金到位209亿元，全省排名第4；非固定资产投资项目资金到位32.99亿元，全省排名第2。

【招商引资宣传】 2021年，晋城市对接发达地区，依托省政府驻外招商局和25家商协会，联系对接300余家项目企业，开展多领域合作。在浙江杭州，举办系列招商活动，使“东方古堡，人间晋城”品牌走向长三角；在上海，借助参加进博会契机，举办专题推介座谈会，开放包容的晋城形象打开新窗口；在中博会、山西省招商引资(南京)对接会、东北亚博览会以及中原经济区市长联席会等重大活动中，加大招商引资宣传力度，注重项目推介和对接，开展广泛全作。根据晋城市5大千亿级产业集群，邀请专业团队编制《晋城市重点产业招商图谱》，为招商引资、项目落地、提供精准服务。

【招商引才】 2021年，晋城市加大与高校和科研院所合作交流，以校友招商引才为切入点，推进市校合作工作。在省城太原，举办晋城市校友招商引才推介会，举行中南大学、湖南大学、武汉理工大学“校友招商引才基地”揭牌仪式，聘任3所高校校友为晋城市首批校友招商引才大使。企业代表、高校专家学者和晋城市各县(市、区)、开发区分别就不同专业领域和产业优势作重点项目推介，三方签订国家煤层气示范基地科创产业城、天云—山西大学大

2021年5月12日至14日，“山西晋城 扬帆起航”晋城市长三角(杭州)系列推介活动在浙江杭州举行 (程早霞 供图)

2021年10月27日，晋城市举行招商引资政策兑现奖励仪式

（程早霞　供图）

数据合作、阳城县特种垃圾处置、中北大学晋城开发区技术转移中心等12个校友招商引才合作项目。

【重大招商活动】　2021年，晋城市共举办重大招商活动4次，共签约项目82个，总投资额1542亿元。5月12日至14日，在浙江省杭州市举行“山西晋城·扬帆起航”晋城市长三角（杭州）系列推介活动，是晋城市作为对外开放的桥头堡对接长三角地区的第一次大会。5月18日，举办中国·山西（晋城）康养产业发展大会招商推介会。5月19日，举办第六届海峡两岸神农炎帝经贸恳谈交流会。11月7日，上海进博会期间举办晋城市上海招商推介会。通过4次重大招商活动，吸引杭州、上海、北京、深圳等地大型考察团到晋城市实地考察近100批次。

【招商引资政策落实】　2021年，晋城市根据《晋城市招商引资十条优惠政策》《晋城市招才引智十条激励政策》《晋城市招商引资十条优惠政策实施细则》，经晋城市招商引资工作领导小组联席会议研究，决定奖励项目7个，奖励金额167.81万元，是晋城市自2017年出台优惠政策后的第一次兑现奖励。

（程早霞）

对外及港澳台贸易

【概况】　2021年，晋城市海关进出口总额52.1亿元，比上年下降19%。其中，进口额39.9亿元，比上年下降26.8%；出口额12.2亿元，比上年增长24.7%。实际使用外商直接投资金额3.84亿美元，排名全省第2，比上年增长21.1%。

【主要出口产品】　2021年，晋城市出口机电产品9.2亿元，比上年增长26%；出口高新技术产品3.9亿元，比上年增长36.4%；出口电器及电子产品5.9亿元，比上年增长41.3%；出口计算机及通信技术产品2.4亿元，比上年增长116.1%。

【主要进口产品】　2021年，晋城市进口铁矿砂22.8亿元，比上年下降11.3%；进口机电产品16.5亿元，比上年下降40.9%；

2021年5月19日，第六届海峡两岸神农炎帝经贸恳谈交流会在高平市召开

（程早霞　供图）

进口集成电路10亿元，比上年下降49.5%；进口电子技术产品10.9亿元，比上年下降50.1%；进口计算机集成制造技术产品8040万元，比上年增长125.5%。

【外贸企业培育】 2021年，晋城市加大外贸企业培育服务力度，对富士康、晋钢两家龙头企业加强政策支持和引导服务。利用市级资金引导进出口额超5000万元的规模企业扩容增量。建成高平市冶铸行业、陵川县精细化工两大省级外贸转型升级基地。全年新增外贸企业7家、外资企业19家。支持兰花保税物流中心开展跨境电商零售进口基础设施建设，完善平台功能，完成进出口总额33.5亿元，比上年增长405%，位列全省第1、全国第12。

（王彤彤）

对外及港澳台经济合作

【概况】 2020年，晋城市进出口贸易总额52.1亿元，其中进口总额39.9亿元，出口总额12.2亿元，实际利用外资3.84亿美元。按企业性质分，国有企业进出口总额7924万元，外商投资企业进出口总额61917万元，民营企业进出口总额451363万元。按贸易方式分，一般贸易进出口总额226310万元，加工贸易进出口总额92030万元，加工贸易设备进出口总额422万元，保税仓库进出境货物进出口总额201994万元，其他贸易进出口总额19万元。对外合作范围涉及亚洲25个国家（地区）、非洲8个国家、欧洲21个国家、拉丁美洲6个国家、北美洲2个国家、大洋洲1个国家和东盟组织、欧盟组织、金砖国家及"一带一路"沿线国家，贸易商品涉及16个大类。

【外向型经济服务】 2021年，晋城市64家本土企业参加首届消博会、第12届中博会、第27届郑州商品交易博览会，达成合作意向8000余万元。组织238家单位赴上海参加第四届中国国际进口博览会，参加人数、采购金额、配套活动数量质量均为历届最高。组织编印《晋城外商投资指南》，为外商投资提供服务。推动对外劳务工作健康发展，完成非洲劳务合作"第一单"。

（王彤彤）

2021年5月21日，晋城市组团参加第十二届中国中部投资贸易博览会

（王彤彤　供图）

综　述

【概况】　2021年，晋城市推动开发区建设提质升级，全市开发区固定资产投资完成195.5亿元，比上年增长21.9%；工业投资累计完成143.5亿元，比上年增长27.5%；规模以上工业增加值373.6亿元，比上年增长20.5%。在全省开发区综合考核中，晋城市5个开发区（示范区）全部获得“优秀”等次。陵川、沁水、高平、阳城开发区规上工业增加值分别增长39.1%、37.9%、29.8%、18.8%，高于全部规上工业增加值增速23.4个、22.2个、14.1个、3.1个百分点。高平、陵川、沁水开发区投资分别增长39.5%、29.1%、27.8%，快于全市固定资产投资增速26.7个、16.3个和15个百分点。

【工业类开发区】　2021年，晋城市工业类开发区固定资产投资完成188.9亿元，比上年增长21.7%，占全市比重的30%；工业投资累计完成143.5亿元，比上年增长27.6%，占全市比重的55.8%；规模以上工业增加值373.6亿元，比上年增长20.5%，占全市比重的31.9%；转型项目完成投资139.5亿元，占工业投资比重的97.2%；晋城经济技术开发区实际利用外资25900万美元，比上年增长10.4%。全市4家工业类开发区在全省69家工业类开发区考核中，晋城经济技术开发区排名第2，沁水经济技术开发区排名第7，阳城经济技术开发区排名第11，高平经济技术开发区排名第32，4家工业类开发区均为优秀等次。

【非工业类开发区】　2021年，陵川生态文化旅游示范区新建产业项目完成投资3.7亿元；固定资产投资完成6.6亿元，比上年增长29.1%；森林覆盖率75.6%；过夜旅客达88.64万人次，比上年增长5%；接待游客52.83万人次，比上年增长20%。在全省7家文旅类示范区考核中排名第5，考核为优秀等次。

【特色产业园建设】　2021年，晋城经济技术开发区光机电产业园（一期），总投资10亿元，项目总建筑面积21.7万平方米，修建标准厂房6栋，入驻企业10家。高平经济技术开发区台湾产业园，总投资15亿元，修建标准厂房9栋，入驻企业14家。阳城经济技术开发区苏州智慧产业园，总投资9.2亿元，修建标准厂房3.5万平方米。沁水经济技术开发区循环经济产业园，总投资12.65亿元，修建标准厂房8栋，入驻企业6家。

【项目建设】　2021年，晋城市各开发区累计实施“三个一批”（签约一批、开工一批、投产一批）项目282个，总投资958亿元。晋城市商务局配套出台项目跟踪管理办法，实行“清单制”“台账制”管理，每月通报排名，持续跟踪问效，带动项目建设跑出“加速度”。

【优化营商环境】　2021年，晋城市狠抓开发区“承诺制+标准地+全代办”改革，各开发区累计办理承诺制项目133个、出让9宗102.04公顷“标准地”、建成45万平方米标准厂房。深化“一枚印章管审批”改革，晋城经济技术开发区认领省、市两级赋权事项541项；各省级开发区新承接赋权事项181项。

【规划编制】 2021年，晋城市5家开发区（示范区）全部编制完成“十四五”发展规划和规划环评工作。晋城经济技术开发区完成《金匠工业园区产业与空间提升实施规划》初稿，高平经济技术开发区、阳城经济技术开发区、沁水经济技术开发区完成控制性详细规划初稿；陵川生态文化旅游示范区完成2个村的村庄规划和4个村的村庄规划初稿。

（王彤彤）

晋城经济技术开发区

【概况】 2021年，晋城经济技术开发区形成“一区四园”格局，规划面积86.8平方千米。“一区”，即开发区主区，面积4.03平方千米。“四园”，分别是金匠工业园区，面积16.7平方千米；北留周村工业园区，面积14.94平方千米；巴公工业园区，面积49.22平方千米；北石店工业园区，面积1.98平方千米。全区（主区）共有各类注册企业4870家，拥有富士康、中船重工、大唐国际、兰花集团、晋钢集团、晋装集团等世界500强、上市公司等龙头企业，规模以上工业总产值753.91亿元，以晋城市1%的国土面积，贡献了全市18.53%的工业增加值、67.3%的利用外资、89.1%的进出口总额和98.7%的高技术产值。18项考核指标优于全国国家级开发区平均水平，在全省69个工业类开发区中排名第2。通过国家级绿色园区认定，获山西省转型项目建设工作特别贡献奖，被授予中华全国总工会——全国工会品牌职工书屋示范点、省级众创空间、“科创中国”山西试点园区等称号。

【项目建设】 2021年，晋城经济技术开发区推行项目一体化推进机制，“三个一批”涉及项目113个、总投资501.1亿元，其中：签约项目49个，签约金额227.3亿元，签约开工率86%；开工项目45个，项目总投资255.9亿元，开工投产率73%；投产项目19个，项目总投资17.9亿元，投产达效率100%。

【体制改革】 2021年，晋城经济技术开发区深化“三化三制”改革，“管运分离”“放管服效”改革，出台2021年“两定三考一论”绩效考核办法，完成新一轮事业单位机构改革和第二轮全员竞聘工作，推动园区公司、国运公司、公用公司改革。支持晋城市光机电产业协调服务中心（晋城市光机电产业研究院）、富士康晋城“智造谷”对接市场，加快构建“技术—产品—产业”全链条运营模式，推动管理创新、模式创新、技术创新、产品创新。

【优化营商环境】 2021年，晋城经济技术开发区开展“承诺制+标准地+全代办”改革，制定《工程建设项目“拿地即开工”审批实施办法（试行）》《开发区投资类项目“一件事”实施办法（试行）》《政府投资项目“以函代证”工作办法（试行）》《开发区审批服务协同联动机制实施办法》《晋城经济技术开发区“全代办”工作制度》等制度，推行“一件事”“一本制”审批模式，创新实施“一张图”“一本账”管理机制，推动“政策+服务”的改革集成。承接省市赋权事项544项，中介评审服务时间提升60%，企业申报材料精简比例达45%。

【基础设施建设】 2021年，晋城经济技术开发区完成金匠园区“自来水加压泵站”建设，双创园区实现“双回路”供电，启动实施“阳电大热源接入”工程，加速推进金匠污水处理厂建设，西里街、田石街、流碑路、新兴街西段建成通车，“五纵四横一环”路网基本形成。同时，推进标准地、标准厂房“双标”集成改革，建设茶园、光机电一期、双创产业园、富士康新材料产业园项目的“标准化厂房”。

【招商引资】 2021年，晋城经济技术开发区聚焦“机器视觉”和“硬质合金”两个细分领域，围绕先进半导体、碳基新材料、纳米陶瓷玻璃等项目，采取驻点招商、大赛招商、专业招商、以企招商、平台招商、飞地招商、基金招商7条招商举措，累计对接项目245个，签约项目61个，总投资231亿元。

（刘佳琪）

高平经济技术开发区

【概况】 2021年，高平经济技术开发区工业投资完成22.5亿元，比上年增长29.4%；规模以上工业增加值完成47.9亿元，比上年增长29.8%；转型项目完成投资16.5亿元，占工业投资比重的91.4%；有高新技术企业7户，比上年增长16.7%；有“四上”企业34户，比上年增长25.9%；产出强度为977.33万元/亩。在全省56户县管工业类开发区中，排第32名。

【体制改革】 2021年，高平经济技术开发区深化“三化三制”改革：实行领导班子任期制、全员岗位聘任制，兑现2020年度绩效工资；与上海东方龙签订委托招商协议，台湾产业园初具规模，中欧产业园运营管理公司注册设立。推进管运分离改革，制定《深化“管运分离”改革总体方案》《企业入驻园区流程》《园区物业管理条例》，实行“管委会+公司+基金”运营模式；实施“一矿扶一园”政策，启航基金开展股权投资。开展授权赋能改革，新承接审批事项21项，累计承接51项，初步实现“区内事区内办”“办事不出园”。加快财政改革，共收到各类财政资金6.7亿元，争取专项债券资金3.14亿元、晋城市开发区专项资金992万元。实施创新生态改革，县域智创城先导区基本建成，引进浙江莱根集团进行运营管理；组建高平市产业创新研究院，实行“1+1+N”运营模式，北科大、太原理工大等高校项目研发团队入驻运营；共有10家企业33项科技创新项目和1项“园区英才”计划项目获得奖补，累计奖补资金73万余元。

【招商引资】 2021年，高平经济技术开发区出台《招商引资项目审查管理办法（试行）》，规范招商项目的准入、落地、运作和管理，促进招商引资工作科学化、制度化、程序化。制定《关于支持台资企业发展若干政策措施》，组建新能源、新材料2个产业链招商小组、6个招商小分队，参加第六届海峡两岸神农炎帝经贸文化旅游招商活动，举办“高平市长三角（杭州）专场招商推介会”，参与“山西晋城·扬帆起航”晋城市重点产业项目长三角(杭州)系列招商推介活动、长三角地区项目推介会暨“台商台青走晋来”活动、“第十二届中国中部投资贸易博览会”。全年，“三个一批”活动累计签约项目16个，总投资69.24亿元，引入台资企业11家，引进外资9.3万美元。

【园区建设】 2021年，高平经济技术开发区加大园区基础设施建设，米山工业大道、兴园东路、兴园西路、台湾产业园内部道路、氢驰动力周边道路、米山工业园一期标准化厂房周边道路竣工通车。8条电力线路迁改完成，4条加快推进。建成10.7万平方米标准化厂房。人才公寓项目主体工程封顶。科技孵化楼项目2号楼独立基础施工完成。

【项目建设】 2021年，高平经济技术开发区加快推进项目建设。中欧产业园，总投资20.38亿元的氢驰动力甲醇重整制氢燃料电池项目，完成投资3.3亿元，主体厂房封顶，科技检测中心、科技展示中心建成投用，爱驰汽车全国首座换电站落户高平；康硕（山西）智能制造创新示范中心项目投产，康硕（山西）智能制造有限公司入选工信部2021年度智能制造示范工厂。不锈钢产业园，总投资6.1亿元的不锈钢产业园标准厂房及附属配套设施建设项目，完成投资3.3亿元，厂房及配套设施桩基全部完成。台湾产业园，建成8栋标准化厂房，商务配套区全面建设中；亿耳智能助听设备项目和晶瓷医疗器械项目设备安装完成。新材料产业园，海诺科技进行产能提升。

【优化营商环境】 2021年，高平经济技术开发区推进“承诺制”改革，实行统一清单告知、统一平台办理、统一信息共享、统一收费管理，推行并联审批和容缺后补制度，提供“一站式集成审批服务”。一般性工业项目从立项到竣工验收累计审批时限压缩至28天。12月7日，晋城市承诺制审批“一本制”案例教材会议在高平经济技术开发区召开。加快“标准地”建设，制订《事中、事后监管实施方案》《信用监管实施方案》和《项目投产验收和达产复核实施方案》3个“标准地”改革系列配套办法，出让5宗29.73公顷“标准地”。推行“全代办”服务，出台《全程领办代办工作方案》，开展全代办项目15个。

2021年11月7日，高平经济技术开发区与嘉驰换电科技（山西）有限公司项目合作签约仪式 （侯士享　供图）

【第四届中国国际进口博览会全球汽车发展趋势论坛】 2021年11月7日，由中国欧洲经济技术合作协会、高平市人民政府主办，高平经济技术开发区、晋驰欧创（高平）园区运营管理有限公司、爱驰汽车有限公司协办的“第四届中国国际进口博览会全球汽车发展趋势论坛”在上海举行。来自全国各地的汽车领域专家、行业精英参加论坛。开发区管委会主任郑威剑作《中欧产业园——国际化新能源汽车零部件产业集群初显》主题演讲。会上，高平经济技术开发区与嘉驰换电科技（山西）有限公司、江苏普瑞亚动力科技有限公司、重庆逸瑞汽车零部件有限公司、山西莱蔚机电有限公司签订合作协议，总投资41.5亿元。

【山西省海峡两岸（高平）产业园授牌】 2021年5月18日，山西省海峡两岸（高平）产业园授牌仪式举行。省委台办主任李建红、副主任吴伟，省商务厅副厅长张效生，晋城市委一级巡视员李根田出席授牌仪式。入驻园区台商代表北京瑞富德投资有限公司董事长苏文源受邀出席。仪式上，省委台办副主任吴伟宣读《关于同意设立山西省海峡两岸（高平）产业园的批复》，省商务厅副厅长张效生代表省委台办、省发改委、省工信厅、省财政厅、省科技厅、省商务厅6个厅局授牌。

（侯士享）

阳城经济技术开发区

【概况】 2021年，阳城经济技术开发区完成工业投资9.96亿元，比上年增长35.9%；规模以上工业增加值22.18亿元，比上年增长18.8%；转型项目投资8.16亿元，占工业投资比重的81.9%。新增高新技术企业1户，比上年增长50%；新增“四上”企业（规模以上工业企业、资质等级建筑业企业、限额以上批零住餐企

2021年5月18日，山西省海峡两岸（高平）产业园授牌仪式举行 （侯士享　供图）

业、国家重点服务业企业）8户，比上年增长36.4%。“四上”企业营业收入53.39亿元，产出强度201万元/亩。完成固定资产投资11.77亿元，其中：工业投资完成9.96亿元，占开发区投资的84.6%，比上年增长35.9%。转型投资项目15个，完成投资8.16亿元，占工业投资比重的81.9%。开发区发展水平考核，在全省69个工业类开发区中排第11名。获评“科创中国”山西试点园区，为晋城市省级开发区首家。

【陶瓷产业】 2021年，陶瓷产业作为阳城经济技术开发区的主导产业，共有规模以上企业10个，工业产值13.14亿元，占开发区工业产值的26.1%，比上年增长18.1%，对开发区工业产值的贡献率13.8%。销售产值44.1亿元，比上年增长40%，产销率87.6%。企业新建和技改项目9个，完成投资7.47亿元，占工业投资的75%，比上年增长136.6%，对开发区工业投资的贡献率163.8%，拉动开发区工业投资增长43.3个百分点。

【“四上”企业】 2021年，阳城经济技术开发区共有“四上”企业30个，其中：规模以上工业企业23个，限额以上批发企业6个，规模以上服务业企业1个，营业总收入53.39亿元，比上年增长47.3%。规模以上工业企业完成工业产值50.35亿元，比上年增长40.8%。工业增加值完成22.18亿元，比上年增长18.8%。限额以上批发企业商品购进额9.97亿元，比上年增长34.5%；销售额1.09亿元，比上年增长38.5%。规模以上服务业营业收入9.24亿元，比上年增长6.3%。“四上”企业资产负债率65.6%。

【招商引资】 2021年，阳城经济技术开发区开展招商活动20余次，参加各类经济交流活动10余次，项目方到阳城考察30余（批）次，并成功举办山西·阳城招商引资（上海）推介会。全年，签约项目15个，总投资22.75亿元，当年开工率100%。15个项目中战略新兴产业9个，总投资19.75亿元。

聚焦战略性新兴产业，通过“园中园”“基金+”、长板招商、产业链招商等方式，引进中金电子信息产业园、县域煤矿碳监测和低浓度瓦斯综合治理及碳科技产业园、阳明新材料、煤矸石综合利用等项目。县域煤矿碳监测项目为生态环境部首批试点项目。

围绕陶瓷产业，组建专业招商团队，制定招商图谱，引进“年产3500万平方米抗菌纳米陶瓷项目”“年产2000万平方米岩板生产线扩建项目”，延伸产业链条，推动阳城建筑陶瓷从墙砖向大板、岩板等高端泛家居产品迈进。

围绕煤矸石、粉煤灰、脱硫石膏等工业固废资源，引进高档仿真石材、景观幕墙陶砖、高性能石膏基环保新材料、陶瓷固废利用、粉煤灰制陶粒等一批循环经济项目。

【项目建设】 2021年，全省开发区前四次“三个一批”活动中，阳城开发区共有项目28个，投资总额82.5亿元。其中，签约项目20个，总投资71.32亿元，年产值59.9亿元，签约项目开工率100%；开工项目20个，总投资72.62亿元，年产值58.1亿元；投产项目15个，总投资20.26亿元，年产值14.18亿元，达效率100%。全年，共引进2亿元以上产业项目3个，分别为：3500万平方米纳米抗菌陶瓷建设项目、年产2000万平方米陶瓷岩板生产线扩建项目、年产10万吨环保型塑料制品项目，总投资15.6亿元。

【体制改革】 2021年，阳城经济技术开发区深化“承诺制+标准地+全代办”改革，推动项目审批从“一枚章”集中向“一件事”集成迭代升级，基本实现“区内事区内办”。

聚焦承诺制改革，全面推行“并联审批、容缺审批”，变“先批后建”为“先建后验”，推行“一本制”，建立“政府定标准、企业作承诺、过程强监管、失信有惩戒”的承诺制审批模式，企业“承诺即批复”。为乔氏琉璃产业园、维义固废粉煤灰制陶粒项目提供“一本制”包办服务，为企业节约前期时间30个工作日，节省资金40余万元。精简审批事项，优化审批流程，降低制度性交易成本。建设工程规划许可证申报材料由5项精简到3项，审批时限从20个工作日缩减到1个工作日。慷源净水材料项目，当天领取建设工程规划许可证。

聚焦标准地改革，完成区域节能评价、区域环境影响评价、洪水影响评价、地质灾害危险性评估备案、压覆重要矿产资源评估等区域评价。全年出让标准地5宗63.95公顷，企业“拿地即开工”。

聚焦全代办改革，组建工作专班，提供领办、导办、代办、协办、督办集成服务，项目落地提速见效。出台《开发区全程领办代办工作方案》《全代办制度》《全程领办代办帮办制度》等制度，实行“7×24小时不打烊”审批管家式服务。建立健全中介服务超市库，鼓励优质中介服务机构承接承诺制代办服务。全年，共办理承诺制事项40个，领办代办290件。

破解要素保障“瓶颈”，完成调区工作，由“一区二园”调整为“一区三园”，新增可开发建设用地500公顷；协调电力部门超前谋划电网建设，2座变电站立项开工；推动煤层气利用体制改革，探索煤层气直供机制；聚焦“双碳”“双控”，谋划安阳园区厂房光伏一体化改造、生物质供气、县域煤矿碳监测和甲烷综合利用项目，年可提供1200万吨碳交易指标。

【园区建设】 2021年，阳城经济技术开发区投资9000万元，建设标准厂房4.5万平方米。投资5000万元，完成部分项目“三通一平”、道路等基础设施建设。投资1.25亿元，收储土地46.38公顷。

【深化合作】 2021年，阳城经济技术开发区深化与清华美院、中北大学、咸阳陶瓷研究院等高校科研院所合作，推动陶瓷产业转型发展。天一陶瓷跻身高新技术企业行列；华冠陶瓷引进全国先进的双层智能节能宽体窑炉，实现智能化生产；时代陶瓷对原有产线进行全面升级，可生产行业主流规格岩板、薄板；龙飞陶瓷建成华北地区最大的储坯系统；大富陶瓷研发出生态石陶瓷，并进入雄安新区产品供应链；启动乔氏琉璃产业园，与北京故宫博物院共建琉璃修缮产品供应基地；上海进博会，在上海举办山西阳城建陶琉璃珐华高峰论坛。

（马建强）

陵川生态文化旅游示范区

【概况】 陵川生态文化旅游示范区规划面积525平方千米，分南、北两片区。北片区以王莽岭风景区、棋子山国家森林公园、锡崖沟为核心，面积295平方千米；南片区以上云台风景区、凤凰欢乐谷、塔水河古人类遗址为核心，面积230平方千米。2021年，新建产业项目投资3.7亿元（考核目标任务2.5亿元）；固定资产投资6.6亿元，比上年增长29%（考核目标任务同比增速15%）；旅客过夜88.64万人次，比上年增长5%（考核目标任务≥5%）；景区接待52.83万人次，比上年增长20.7%（考核目标任务7%）；森林覆盖率75.6%（考核目标任务48%）。在全省2021年度目标责任考核中，再次获生态文化旅游示范区优秀等次。

【体制改革】 2021年，陵川生态文化旅游示范区稳步推进“三化三制”改革：高标准编制示范区总体规划、“十四五”产业发展规划、七彩太行国际冰雪旅游度假区总体规划等，突出规划引领功能；加快市场化运作，组建示范区投资运营公司，推动管运分离改革向实体化、市场化转型；全面实行绩效工资改革，出台《陵川生态文化旅游示范区干部考核实施细则（试行）》《陵川生态文化旅游示范区薪酬绩效工资实施办法》，实行薪酬水平与工作实绩相挂钩的原则。加快推进“承诺制+标准地+全代办”改革，破题“承诺制”，区域环评取得省生态环境厅批复，实现建设项目环境影响评价依承诺审批；探索“标准地”建设，王莽岭景区卧龙场片区前期相关手续办理，协调县自然资源局组卷上报省自然资源厅报批用地；推行“全代办”服务，出台领办代办工作制度，对投资项目审批全面推行领导领办、全员代办工作机制，全流程跟踪、全方位服务，推动行政审批效率挂挡提速。全年，共领办项目9个，代办项目25个。深化“放管服效”改革，将承接的县级行政审批管理权46项合并精简为37项，编制《权责清单》等7张清单；出台《行政审批事中事后监管办法（试行）》等7项

2021年，陵川生态文化旅游示范区夜景　　（李文军　供图）

制度》，实现审管有效衔接；推进环保、国土等单位派驻机构入驻，基本实现“一支队伍管执法”；创新服务模式，开通预约办理和帮办服务，为新开办企业免费刻制首套公章；开展审批提效服务，企业开办由“日办结”进入“时完成”。投资项目从立项至竣工验收，办理时限由原来45个工作日压缩至22个工作日，压减率达50%以上。

【项目建设】　2021年，陵川生态文化旅游示范区推进太行板块标志性龙头景区整治提质提速，王莽岭景区开工项目18个，总投资19.94亿元；锡崖沟挂壁公路治理、村沟道路改移、锡崖沟安置区等7个项目投产运营。推动七彩太行国家冰雪旅游度假区项目落地开工，弥补了南太行冬季无旅游空白。全年，“三个一批”项目共34个，总投资50.16亿元。其中，“签约一批”项目8个，总投资6.88亿元，开工率87.5%；“开工一批”项目14个，总投资24.92亿元，10个建成投产，投产率71%；“投产一批”项目12个，总投资18.36亿元，全部达产达效，达效率98%。全区列入全省重大转型项目5个，总投资5.5亿元，完成投资2.4亿元，年投资完成率85.7%，2个项目建成投入运营，排名全省同类示范区第3。

【招商引资】　2021年，陵川生态文化旅游示范区高质量编制招商图谱，绘制招商地图；编制招商图册，科学谋划58个招商引资项目。出台《陵川生态文化旅游示范区“招商大使”选聘管理办法（试行）》，聘请15名“招商大使”，组建了市场化专业招商队伍。建立微信、电话联络机制，开展课题研究和项目信息收集等工作。坚持“走出去、请进来”招商模式，先后参加晋城市长三角（杭州）系列推介活动、2021中国·山西（晋城）康养产业发展大会招商推介活动，扩大示范区的知名度和影响力。招商引资成果丰硕。全年，招商引资签约项目共13个，总投资7.8亿元，累计完成投资2.4亿元，10个项目开工，开工率76.9%。举办陵川示范区（新乡）招商推介会，与新乡南太行旅游有限公司签订战略合作框架协议，同中船重工等知名企业签约8个项目，总投资额10.6亿元。

【企业服务】　2021年，陵川生态文化旅游示范区制定《投资项目“一站式”审批服务实施办法》《投资项目建设领办代办工作方案》

2021年9月16日，陵川生态文化旅游示范区招商推介会在河南省新乡市举行　　（李文军　供图）

《行政审批告知承诺制及容缺受理制工作细则》等制度，出台《陵川生态文化旅游示范区管理委员会建设发展专项资金管理办法》《陵川生态文化旅游示范区招商引资优惠政策及奖励办法（试行）》，为锡崖沟居民生活区配套设施、卧龙场游客中心、太行一号露营地建设3个项目下达专项资金539万元。邀请王莽岭等重点项目单位进驻示范区行政审批局，全程监督审批工作；邀请七彩太行国际冰雪旅游度假区等重点项目单位入驻示范区，采取"统一清单告知""审批信息共享""并联审批"，打造投资项目"一站式"服务，推行"模拟审批""以函代证""告知承诺""容缺受理"等方式，提升审批效率，提高企业满意指数。协调相关部门，召开项目推进协调会，解决林地土地、征地补偿、场区移杆、配套水电路等问题52个。

（李文军）

沁水经济技术开发区

【概况】 2021年，沁水经济技术开发区完成规模以上工业增加值86.77亿元，比上年增长37.9%；工业投资33.6亿元，比上年增长27.4%；转型项目投资27.45亿元，占全区工业投资比重的81.7%；营业收入157.45亿元，税收收入11.6亿元；产出强度807.41万元/亩；实际利用外资10686.86万美元。有高新技术企业7家，比上年增长16.7%；"四上"（规模以上工业企业、资质等级建筑业企业、限额以上批零住餐企业、限额以上服务业企业）企业35家，比上年增长34.6%。在全省69个工业类开发区年度发展水平考核中排名第7，获优秀等次。

【"三化三制"改革】 2021年，沁水经济技术开发区深化"三化三制"改革（"三制"即实行开发区领导班子任期制、全员岗位聘任制和绩效工资制；"三化"即建设专业化、市场化、国际化的管理团队），激发干事创新创业活力和创造力。"三制"改革：至年底，核定财政拨款40个事业编制全部到位，全员实行聘任制，绩效工资全部兑现。"三化"改革：被确定为全省深化"三化"改革试点开发区，编制完成《沁水经济技术开发区深化"三化"改革创新发展总体方案》；推行"管委会+公司"管运模式，以市场化方式破除发展资金瓶颈，推进开发区基础设施建设项目；改革引进人才方式，实行"编内招、编外聘、专业请"方式，市场化选聘法律顾问1名、煤层气顾问1名，编内聘用"双一流"人才2名；加强对区内美中能源、亚美大陆、格瑞克、和瑞等外资企业的跟踪服务，探索创建国际合作园区。

【转型发展】 2021年，沁水经济技术开发区围绕"科技创新和人才支撑"推动转型发展，建立以企业为主体、市场为导向、产学研相结合的煤层气产业技术创新体系，承建沁南煤层气开发利用高技术产业化示范工程潘河先导性试验项目、潘庄区块煤层气资源开发项目等国家和省级重点项目。全年，全区新增高新技术企业3家，累计达到7家，实现产值42.53亿元。

【科技创新】 2021年，沁水经济技术开发区支持投资主体在开发区建设研发机构、企业创新孵化器、众创空间等科技创新创业载体和公共服务平台，对平台孵化成功的企业，给予土地和标准厂房支持。谋划建设智创城和双创基地等创业平台，吸纳高校毕业生和创业团队创业，推动国家级、省级双创示范基地建设。全年，新增省级众创空间1家，省级以上孵化载体达到2家，占地面积2.3万平方米，入驻企业78户。推动科技成果转移转化，成立山西（沁水）煤层气全产业链研发中心及中国石油大学（北京）、中国石油大学（华东）、中国矿业大学、中国地质大学（北京）、中国地质大学（武汉）、太原理工大学深化省校合作共建"12大基地"。蓝焰公司与中国地质大学、中国矿业大学、中国石油大学、河南理工大学、中国煤炭科学总院西安分院、重庆分院"四校两院"合作建立煤层气开发工程产学研基地，设立博士后科研工作站，形成产学研一体的研发模式。中国石油天然气股份有限公司华北油田分公司参与完成的《复杂地质条件储层煤层气高效开发关键技术及其应用》项目，获国家科学技术进步二等奖。

【产业集聚】 2021年，沁水经济技术开发区立足打造“煤层气产业先导区”发展定位，聚集和培育中国石油山西煤层气勘探开发分公司、中联煤层气有限责任公司晋城分公司、山西蓝焰煤层气集团有限责任公司等11家规模以上战略性新兴产业企业。全年，实现产值109.56亿元，主营业务收入104.53亿元。实施煤层气抽采项目8个、煤层气液化项目1个、煤层气储备调峰项目1个，总投资82.7亿元，当年完成投资23.2亿元。推进煤层气产业向下游延伸，对接签约煤层气氢冶金实验室、高端玻璃微珠、中性硼硅药用玻璃等项目，开工建设浩宇碳基新材料示范基地、循环经济产业园装备制造产业等项目，推动以煤层气为原料和燃料的全产业链发展。对接京津冀、长三角经济圈，与安徽节源环保科技有限公司旗下的乾元恒泰控股有限公司合作，共建开发区循环经济特色产业园，建成新天一年产30万吨陶瓷熔块项目、森鼎立年产3000吨精丝纤维项目、惠泽环保日处理2万立方工业污水项目、山西思檀年产100套平板陶瓷膜项目等项目；推进舜新生物质能开发利用、碳基新材料示范基地、高折射率玻璃微珠等项目建设。

2021年10月30日，全省开发区2021年第四次“三个一批”活动暨进一步优化营商环境工作推进会沁水分会场浩宇碳基新材料基地西安航空制动刹车盘项目开工仪式举行 （张惠平 供图）

【项目建设】 2021年，沁水经济技术开发区与全省开发区同步开展第四次“三个一批”活动，签约项目12个，签约投资额49.61亿元，开工率83.3%；开工项目12个，总投资41.27亿元，投产率66.70%；投产项目10个，总投资33.68亿元，达效率100%。

【体制改革】 2021年，沁水经济技术开发区推进“承诺制+标准地+全代办”集成改革，对4个重点建设项目13个审批事项开展无审批承诺制工作。完善“标准地”改革，完成融煜公司、聚力民生公司2宗“标准地”出让。实施《沁水经济技术开发区全程领办代办工作方案》，为3个项目14个企业事项全流程代办服务。按照《山西省加快推进向开发区赋权实施方案》，向县行政审批制度改革领导组办公室申请下放行政权限160项，实现企业办事不出区。依据“先承诺、后审批、拿地即可开工”原则，将涉及经开区国土、住建、环保、市场监管等8个部门的近150项业务办理事项集中到开发区行政审批局审批实施办理。

【园区建设】 2021年，沁水经济技术开发区完善园区基础设施配套建设，平整场地41.67公顷，建设道路3条1.43千米，推进边坡治理及水、电、气、暖等基础设施配套建设，完成投资13071万元。累计建设标准厂房8万平方米，累计建成标准厂房5万平方米。

（张惠平）

表18　2021年晋城市工业类开发区主要经济指标完成情况表

开发区名称	工业投资增速			规模以上工业增加值增速			转型项目当年完成投资占工业投资比重	
	工业投资（亿元）	同比增速（%）	占全市比重（%）	规模以上工业增加值（亿元）	同比增速（%）	占全市比重（%）	转型项目当年完成投资（亿元）	转型项目当年完成投资占工业投资比重(%)
晋城经济技术开发区	77.47	26.1	30.1	216.7	13.1	18.5	83.33	107.6
高平经济技术开发区	22.45	29.4	8.7	47.9	29.8	4.1	20.52	91.4
阳城经济技术开发区	9.96	35.9	3.9	22.2	18.8	1.9	8.16	81.9
沁水经济技术开发区	33.6	27.4	13.1	86.8	37.9	7.4	27.45	81.7

表19　2021年晋城市工业类开发区主要经济指标完成情况表(续表)

	实际利用外资增速		固定资产投资		
	实际利用外资（万美元）	同比增速（%）	固定资产投资（亿元）	同比增长(%)	占全市比重(%)
晋城经济技术开发区	25900	10.6	114.6	18.6	17.6
高平经济技术开发区	9.3	—	27.61	39.5	4.2
阳城经济技术开发区	—	—	11.77	2.3	1.8
沁水经济技术开发区	10686.86	—	34.94	27.8	5.4

交通　邮政

公路运输

【概况】 2021年，晋城市公路通车里程9716千米，公路密度达到102千米/百平方千米。客运方面，有客运企业12家，客运车辆357辆。其中，班线客车120台、旅游车辆237台；汽车客运站7家、汽车租赁企业3家，租赁车辆30辆。货运方面，有危货运输企业21家、危货运输车辆848辆；系统内普货运输经营业户8561户，普货运输车辆18656辆。出租方面，有巡游出租车1921辆、巡游出租车公司16家（其中，市区巡游出租车1453辆、巡游出租车公司9家）；有网约车公司10家，许可网约车188辆。水运方面，有水运许可企业7家、营运船舶45艘，通航里程35千米。共享单车方面，有哈啰单车、美团摩拜单车、滴滴青桔单车3家，核定哈啰助力车2000辆、美团摩拜助力车2000辆、滴滴青桔助力车2000辆。快递行业，有快递品牌14个、快递许可企业25家、分支机构88家、末端网点备案537家、邮政网点99家。

【交通强国战略实施】 2021年，晋城市出台《关于贯彻落实〈交通强国建设纲要〉的实施意见》《推进交通强国建设行动计划》，编制《晋城市综合立体交通网“十四五”及中长期发展规划》，明确“十四五”及中长期发展目标，完善落实交通强国战略顶层设计，推进“交通运输与旅游融合发展”交通强国试点任务建设，形成交通强国建设的“晋城路径”。

【交通运输改革】 2021年，晋城市出台《晋城市深化农村公路管理养护体制改革实施方案》，推进沁水县农村公路管理养护体制改革试点工作。依托五级公交体系推进市县乡村四级快递物流网络建设，开通晋城市区至阳城、高平、沁水、陵川4条客货邮合作线路，打造1个样板县（阳城），在全市建立810个快递物流网点，村级快递覆盖率达到98%。出台《支持互联网物流平台企业的若干措施（试行）》，扶持云仓科技、晋飓云科技、兰花智运3家网络货运平台企业落户晋城。

表20　2021年晋城市公路运输业基本情况表

项目	指标
公路通车里程（千米）	9716
#高速公路（千米）	429
民用汽车拥有量（辆）	537553
#私人（辆）	494031
其他机动车拥有量（辆）	49954

【助力疫情防控】 2021年，晋城市周边省市局部散发和规模性聚集疫情多轮次多点暴发，针对交通卡口、物流快递、冷链运输等防控任务，制定职责、任务、流程标准“三清单”，明确任务，统筹各部门人员389人，严守全市69个交通卡口，排查车辆10万余辆次、人员20万余次，劝返车辆8000余辆次，守住外防输入第一关口。全过程管控邮政快递、货运物流、冷链运输，做到“未经消杀，货物不卸车，包裹不投递”。

【抗汛抢险保通】 2021年，晋城市发生历史罕见的多轮次强暴雨，1300多条公路被冲毁冲断，交通运输部门调动应急装备，清除路面塌方，填筑损毁路基，疏通涵洞边沟，设置警示标志，发布通阻信息，保障道路畅通。7月至8月，累计出动抢险人员6万人次，出动机械车辆5万多台班，筹集资金788万元，打通809条受毁路段。洪水退去后，快速启动灾后恢复重建，开工项目1332个，完工项目886个，完成投资7.76亿元。

（董 芳 郭晋波）

公路建设与维护

【高速公路建设】 2021年，晋城市有高速公路运营线路9条（晋焦高速、长晋高速、晋济高速、高陵高速、晋阳高速、阳翼高速、环城高速、高沁高速、阳济高速），通车里程429千米，高速出口32个，高速公路密度每百平方千米达到4.51千米，高于全省高速公路密度每百平方千米3.64千米，是山西省第一个县县通高速公路的地级市。推进晋城东南环、阳运高速、安沁高速以及长治壶关经晋城陵川至焦作云台山高速公路建设，“两横三纵一环十一出口”的高速公路网络逐步形成。

2021年4月3日，晋城市农村公路一角 （董 芳 郭晋波 供图）

【国省干线公路】 2021年，晋城市国省干线公路实现总量增加、国道达到二级以上、省道达到三级以上的目标，总里程达到1131千米（其中，高速国省道429千米，普通国省道702千米），力争构建“六横十二纵”国省道公路网新格局。

【农村公路建设】 2021年，晋城市新改建农村公路177千米，农村公路总里程达到8585千米，具备条件的行政通硬化路率、通客车率均达到100%。开展“四好农村路”（建好、管好、护好、运营好）创建活动，晋城市获评全国“四好农村路”市域示范创建突出单位，高平市、阳城县、沁水县创建为“四好农村路”全国示范县，泽州县创建为“四好农村路”全省示范县。

【太行一号旅游公路建设】 2021年，晋城市在太行一号旅游公路主线全线贯通的基础上，启动全长735.5千米（主线581.8千米，支线153.7千米）的太行一号旅游公路环线乡村振兴示范带建设，推进“慢行、服务、景观、信息、农田财化”五大配套系统，完成景观绿化和生态修复226千米，步道、绿道10条112千米，驿站15个，停车观景台14个，农田财化1.98万亩。

（董 芳 郭晋波）

【国道建设项目】 2021年，晋城市开展公路品质工程攻关行动和质量提升年活动，公路建设投资41160万元。国道207改线工程，2个互通建成通车。金凤路

2021年5月10日，太行一号旅游公路环线乡村振兴示范带建设景观
（董　芳　郭晋波　供图）

互通完成剩余4条匝道路基路面工程，于5月15日建成通车；红星东街互通完成东延段路基路面工程，于6月28日建成通车。全年完成投资4500万元，占年度目标任务的100%。

国道207线长治晋城界至陵川段升级改造工程，完成采空区治理、原地面重夯，路基挖方83.3万立方米、填方48万立方米，完成涵洞通道18道、防护排水1.75万立方米，建成桥梁桩基42根、承台4座、肋板4座。完成投资1.8亿元，占年度目标任务的100%。

国道342晋城过境段书院街连接线工程，完成采空区处置及桥梁主体施工；路基挖方完成，填方完成67.8%；路床水泥稳定土完成54%；涵洞完成90%；雨污水主管道完成91.8%，路面基层完成36.4%；沥青路面完成10.3%。投资1.37亿元，占年度目标任务的100.4%。

国道208长治司马至高平刘庄段改扩建工程，办理项目选址意见书，土地预审、项目工程许可证、初步设计等获批复，省交通运输厅授权高平市政府和长治市上党区政府为项目建设主体，进行设计施工总承包招标前期和土地补划手续及正式组件报批工作。完成投资5000万元，占年度目标任务的100%。

国道207线新房洼至省界瓶颈路段重载交通典型示范工程，推广普通干线公路重载交通山区道路BIM技术、沥青混凝土抗车辙技术、特殊路段下安全耐久铺面技术、安全保障技术等示范应用，于12月通过省交通运输厅验收，为普通公路重载运输“建管养运”一体化发展提供经验。

【公路养护】　2021年，晋城市加强公路日常养护，加大路面保洁、病害处治力度，完成隧道提质升级23座，完成路面中修10.55万平方米、路面加铺3.5万平方米、路面病害挖补5.63万平方米、预防性养护49.2万平方米、桥梁小修83座、涵洞小修107座，路面PQI值达85.5，年末优良路率达83%。推进“一县一路一特色一亮点”建设，新建美化亮化示范景点5.17万平方米，新建绿色生态示范路166千米。做好重点时段道路保障，投资334万元，完成国道342北环路、国道208绕城段、晋高一级公路共46千米干线公路环境整治提升。国道342过境改线项目进入运营阶段，度绩效考核等级为优。

2021年9月22日，国道342线沁水段发生山体滑坡，交通中断
（宋永胜　供图）

【公路抢险】　2021年，晋城市连续出现三轮历史罕见、范围最广、强度最大、时间最长的强降雨侵袭，辖区干线公路发生水毁479处，道路中断5条、198千米，灾毁损失4.87亿元。晋城公路分局投入抢通费用3805万元，完成公路抢通任务。按照"一恢复三提升"工作思路（全面恢复水毁路段，提升养护水平上一个新台阶，提升"一县一路一特色一亮点"展新篇，提升路域环境整治出成果），推进公路灾毁恢复重建工作。

【公路管理】　2021年，晋城公路分路推进路警联合执法常态化，共检测货运车辆285.86万车次，查处超限车辆314辆，卸货5102吨，移交交警部门罚款26.43万元，非法超限超载率控制在0.01%以下。公路审批窗口办理超限运输许可证2196件，网上办理1967件，网上申报率达90%。落实绿色通道政策和重大节假日车辆免费通行政策，减免绿色通道车辆3.11万车次，减免通行费24.88万元。

（宋永胜）

运输管理

【交通运输执法检查】　2021年国庆节期间，山西省高速公路行政执法总队晋城支队（原省交通运输执法局晋城分局）组织10个督查检查组，对辖区国省干线和水上交通运输企业安全生产情况督导检查，共出动执法人员75人次，检查企业18家，发现安全隐患12处，当场责令整改2次，通报相关公路管理机构4次。

【交通运输安全宣传】　2021年，山西省高速公路行政执法总队晋城支队开展"安全宣传咨询日"活动，发放安全生产宣传折页1000份、彩页2000份，悬挂安全宣传条幅4条。组织开展"学党史、当先锋、护公路、优服务"主题宣传月活动，出动宣传车辆12辆、执法人员60余人，向群众发放宣传单、宣传册9000余份、宣传物品2000余份，接受群众咨询数百人次。

（丁　亮）

【超限治理】　2021年，晋城市坚持"政府主抓、部门联动、条块结合、属地管理"的治超原则，共出动各类执法人员17.8万余人次，检测货运车辆1280万辆次，查处超限超载车辆704辆次，卸载货物10628.4吨，收取罚款54.45万。全市共查处各类治超案件544起，其中：受理群众举报案件60起，受理站点上报案件184起，县区自查案件284起，省督办案件10起，市督办案件6起。

【治超专项行动】　2021年，晋城市共开展超限专项治理行动5次。4月30日至7月30日，开展"防风险、除隐患、保平安、迎党庆"依法整治行动，共开展专项督查巡查300余趟次，出动执法人员2万余人次，查处非法超限超载车辆140余台次。

6月1日至30日，开展2021年全市治超系统"安全生产月"活动，共发放治超宣传资料1.2万余份，出动宣传车辆200辆次，悬挂条幅120条，喷刷宣传标语150多块，开展安全生产学习专题学习教育29场，组织开展警示教育42场，组织各类媒体报道集中攻坚进展情况、工作成效等7次，新闻报道7篇，宣传推广经验做法7个；开展专项督查100余趟次，查处举报案件10起，排查源头企业隐患10起，路面隐患17

2021年9月3日，山西省高速公路综合行政执法总队晋城支队挂牌成立

（丁　亮　供图）

起，查处超载车辆84辆，处罚源头企业5家。

6月4日至8月31日，在全市治超系统开展危化和冶金工贸行业安全生产专项整治行动，对危化及冶金铸造企业检查7趟次，对13家源头企业的装载、计重、开票等环节进行了严格检查，发现问题3个，并提出整改意见；检查治超机构4家，发现问题2个，下发专项情况通报1份。

9月28日至2022年1月5日，在全市开展治超工作安全生产百日专项行动，督导治超机构13家，成员单位7家，超限检测站点5家，源头企业42家，查处源头超标准装载案件2起，均移交属地治超办处理。

12月底至2022年3月底，在全市治超领域开展风险隐患大排查大整治“百日攻坚”集中行动。

【治超专项督查】 2021年，晋城市推行治超工作“督导组合制”，促进治超督导工作制度化、常态化，共开展治超督查107次，其中领导带队16次，检查单位296个，发现问题64个，6个县（市、区）问题全部整改完毕，整改销号率100%。

【治超综合监管】 2021年，晋城市提升治超监管效能，对群众举报案件、省市督办案件线索进行整合，实行业务协同机制，建立《案件信息流转单》《晋城市治超工作信息业务协同台账》，明确业务协同任务。对17起群众举报案件、10起省督办案件、6起市督办案件、5起源头核查案件进行信息流转，针对性开展专项督查核实21次，业务协同工作量占到专项督查总量的51%。

【治超信息化建设】 2021年，晋城市治超系统推行“1511”信息与业务融合工作机制”（简称“1511工作机制”，即“一信息五比对一核实一衔接”，将监控中心信息与群众举报内容比对、与治超督查工作内容比对、与站点执法流程比对、与案件源头核查比对、与接入系统的治超成员单位数据比对，核实案卷“一超四罚”内容，衔接治超数据统计工作），并列入《2021年全市治超工作要点》。配套制定《晋城市科技治超信息管理指挥中心值班要情报告工作制度》，对信息系统内的重要信息，通过《要情报告单》流转，并归档登记《要情报告单台账》，形成信息与业务工作闭环。市级平台对全市415辆严重非法超载车辆进行全过程监督，出具值班要情信息报告单155份，核查执法案卷399份，督查相关站点、乡镇及货物运输企业92个次，信息与业务联动督查量占督查工作总量的31%。对信息系统发现的12个存在严重安全隐患的货物运输企业进行专项督查整改，推动“一超四罚”落到实处，压实治超工作主体责任。加大群众举报案件查处力度，市级信息平台定期调阅治超信息系统和已联网的交警不进站抓拍系统的视频与数据。在指挥系统“案卷管理”模块增加包括源头核查报告、核查图片等相关内容的“源头核查”模块，督促各级治超办源头核查工作按规定开展。

（窦历宏）

2021年9月，晋城市科技治超信息管理指挥平台升级改造完成

（窦历宏　供图）

城乡公共交通

【市域公交一体化建设】 2021年，晋城市建成“城际、城市、城乡、镇村、旅游”五级公交体系建

成，在全省率先实现市域公交线路全覆盖，公交体系建设领跑全国。年底，全市有城际公交线路22条，投入车辆174台；城市公交线路73条，投入车辆763台；城乡公交线路105条，投入车辆390台；镇村公交线路271条，投入车辆203台；旅游公交线路28条，投入车辆63台。

2021年7月30日，联华蓝远仓储会员店开业　　（孙浩男　供图）

【“公交+旅游·快递”整合发展】 2021年，晋城市完善城际、城市、城乡、镇村、旅游“五位一体”公交服务体系，实施“公交+旅游·快递”运营模式，推广“云锦太行画中游”全域旅游智慧平台，实现一部手机游晋城。在全国率先实现“1元公交”市域全覆盖，对现役军人、教师、疫情防控一线人员、65岁以上老人、残疾人以及重污染天气实行免费。

（董　芳　郭晋波）

【客运服务】 2021年，晋城市各县（市、区）通往高铁晋城东站城际公交全部开通，实现无缝衔接；在高铁站设置旅游流动宣传车，拉动旅游消费5800余万元；高平市更新30台纯电动公交车，校车接管基本落地；开通晋城至运城等7条定制客运线路，“省运蓝海出行”平台上线运行，定制、网约客运共发车8550趟次，运送旅客64713人次；政府、学校等定制化客运服务持续丰富，组织旅游包车7583趟次。

【“仓配运贸游”站场建设】 2021年，山西汽运集团晋城汽车运输有限公司加强“仓配运贸游”站场综合经济服务体建设，各汽车站全部设立旅游集散中心、快递仓配中心，建设充电站、修理厂，实行商超自营，“仓配运贸游”全场景化运营模式的站场产业生态圈正在形成。《太行日报》配送按要求完成。五个汽车站客票收入占比下降，综合商业收入占比持续上升。客运东站研学基地设计方案基本确定。

【商贸流通服务体系建设】 2021年，山西汽运集团晋城汽车运输有限公司探索以蓝远仓储会员店为总仓总链，以各县汽车站、五级公交、乡镇网点为载体，向周边及县域下沉渠道和服务，形成前店后仓、前置仓等创新模式，打造高品质商贸流通服务体系。与华远陆港集团“一亩田”公司形成战略合作协议，注册成立“一亩田”晋城运营中心，与三级物流快递体系融合发展。　（孙浩男）

铁路　机场

【铁路建设】 2021年，国家发改委等5部委印发《关于加快推进2022—2023年铁路专用线等重点项目建设的通知》，晋城市6个项目列入国家重点项目清单。列入国家重点项目清单的6条铁路专用线，总投资约68亿元，分别为山西晋煤沁秀龙湾能源有限公司铁路专用线、晋煤东大郑庄专用铁路与里必煤矿铁路专用线、高平市西部铁路专用线、申家庄铁路专用线改扩建、东宝铁路专用线改扩建、郑州局铁路联合运销站铁路专用线改扩建项目。

【晋侯高铁项目】 2021年9月22日，晋侯高铁项目正式列入《山西省“十四五”现代综合交通运输体系发展规划》。建成后，将成为晋城市“一纵一横”“十”字型综合运输大通道的重要组成部分。该项目线路全长169千米

（晋城市境内104千米，临汾市境内65千米），估算总投资230亿元。线路呈东西走向，起于晋城市泽州县太郑高铁晋城东站，新设车站6座，经晋城市城区、阳城县、沁水县，临汾市翼城县、曲沃县，终至侯马市大西高铁侯马西站。

【晋城民用机场建设】 2021年6月19日，晋城民用机场高填方工程试验（研究）段开工，标志着晋城机场建设进入实质性技术研究阶段。项目概算投资3198.9万元，试验（研究）工期1年。10月，机场军地协议签订，资金筹措方案上报省政府。12月14日，中国民航局、发改委、交通运输部联合印发《"十四五"民用航空发展规划》，晋城民用机场作为"十四五"新建民用运输机场，列入国家民航布局。在全国38个同类机场中，晋城民用机场是唯一完成行业审查和军地协议的机场，也是"十四五"规划第一个具备向国务院、中央军委报批立项条件的机场。

（李慧敏）

邮　政

【概况】 2021年，晋城市邮政业务总量4.57亿元，比上年增长36.14%；业务收入4.65亿元，比上年增长29.39%。其中快递业务量2156.64万件，比上年增长101.63%；快递业务收入3亿元，比上年增长45.64%。

【邮政普遍服务】 2021年，晋城市所有行政村通邮率100%，县城以上党报当日见报率100%。完成邮政普遍服务转型工作，全市35处委代办网点转为自办经营、7处单人营投合一网点转营投分离，改制局（所）均达到自办局（所）标准，实现营业人员代办转自办，全市邮政局（所）全部实现邮政自办经营。推动邮政综合服务平台建设，引导邮政企业加强警邮、税邮、政邮合作，实现县区全覆盖。全市累计建设行政村邮乐购站点552个。

【邮政行业监管】 2021年，晋城市强化邮政市场监管，深化"放管服"，推动许可、备案流程优化改革。许可核查自指派之日起10个工作日完成，分支机构备案一般1个工作日受理，10个工作日在线回复准予核准或不予核准通知，末端网点备案时限由3天缩短至2天。全年，新增备案网点332家，依法注销快递末端服务站40家。取消不合理、不必要限制，简化农村快递末端网点备案手续，利用村内现有设施，建设村级寄递物流综合服务站，适度降低农村快递末端备案准入门槛，加快农村快递末端网点备案进程。开展行业绿色环保工作检查，全市邮政行业无重金属和特定物质超标包装袋库存，采购使用符合标准的包装材料应用比例72%，可循环快递箱(盒)使用量1220个、电商快件不再二次包装率99%，新增设置标准包装废弃物回收装置的邮政快递网点39个。开展快递企业监督检查，共检查快递企业（网点）115家，下发责令整改通知书19份，立案11起，下发行政处罚决定书11份，罚款金额9.1万元。

【绿盾工程建设】 2021年，晋城市推进绿盾工程建设，加快"绿盾"工程视频联网项目巡查监管系统建设，督促寄递企业重要作业区域监控与管局联网，通过绿盾系统进行7×24小时

2021年12月1日，晋城申通转运中心试运行

（张馨月　供图）

自动轮巡监管，快速定位转运中心和重要网点图像，并且提供多维度监管数据统计报表，提供实时监测、巡查、分析和预警等功能。至年底，辖区内6个分拨中心接入绿盾系统，整体在线率80%以上。

【快递物流园区建设】 2021年，晋城市加大快递物流园区建设力度，山西蓝远快递物流园区二期工程加快推进，中通快递（晋城）智能科技电商快递产业园区项目于7月30日开工奠基。晋城申通省级转运中心于5月开始建设，12月试运行；该转运中心位于泽州县高都镇，总投资6000万元，负责晋城市、长治市、临汾市、运城市的快件转运，日处理量30万件，最大日处理量100万件，就地转化劳动力260余人。

【快递进村服务】 2021年，晋城市加大推进“快递进村”力度，发挥乡村公交全覆盖优势和“邮政在乡”作用，召开全市邮政、快递、公交联席会议，对尚未实现快递覆盖的行政村实行挂图作战、销号管理。至年底，全市1552个行政村实现快递进村服务全覆盖。加强县、乡、村三级寄递物流体系建设，高平市、泽州县、陵川县、阳城县、沁水县被确定为农村物流创新模式试点县，阳城县完成县级仓配中心（含设施设备）建设。

（张馨月）

【寄递业务】 2021年，中国邮政集团有限公司晋城市分公司探索寄递业务质效并进的发展模式，实现收入2751万元，行业市场占有率9.1%。阳城县推动乡邮改革，整合道段13条，优化投递人员5人，节约成本6万元。

【代理金融业务】 2021年，中国邮政集团有限公司晋城市分公司围绕保险特训营、夏秋粮款收购、婚庆等营销项目，实现金融业务收入9705万元，比上年增长16.46%。金融收入占总收入的54.92%，较上年增收1372万元，占增量收入的57.91%。

【渠道业务】 2021年，中国邮政集团有限公司晋城市分公司聚焦产品创新，坚持以客户为中心，渠道业务实现收入1734.8万元。

（赵　杰）

城乡建设与管理

综　述

【城市公共服务水平提升】　2021年，晋城市提升城市公共服务水平，压缩用水用气报装时限环节，将企业用水用气报装办理环节精简为报装审核和验收通水（气）2个环节，报装办理时间不超过5个工作日，实现供水、燃气报装业务政务大厅“一站式”办理。依托政务服务平台，实现用水用气报装、查询、缴费、发票下载和信息变更等全流程“网上办”“掌上办”。针对符合要求的、需要附属小型市政公用设施接入服务的建设项目，实行零上门、零审批、零投资的“三零”服务。

（焦广文）

【国土空间规划】　2021年，晋城市完成市本级国土空间总体规划底图绘制，同步开展3个核心技术报告编制、15个专题研究、1个信息系统建设，形成市级规划初步成果并通过省自然资源厅审查，市级国土空间总体规划（2021—2035年）履行公示程序。初步划定全市生态保护红线、永久基本农田、城镇开发边界“三条控制线”，完成各县（市）2020年城市体检评估。

【城市规划】　2021年，晋城市完善“一体两翼、六大组团、多片区”空间布局，实现中心城市控制性详细规划全覆盖，完成丹河新城、白马寺山高端康养示范片区、中原街两侧等10大重点片区控制性详细规划，以及水系、交通、绿地、基础设施等5大类40余项专项规划编制。

【镇村规划】　2021年，晋城市以太行一号文旅康养和乡村振兴融合发展示范带、百里沁河经济带、百村百院工程为重点，推动“多规合一”村庄规划全覆盖。全市有338个村完成村庄规划编制，占应编制村庄的42.89%。编制完成百里沁河生态经济带“1+3”规划体系（总体规划、产业专项规划、生态水系及景观专项规划、交通专项规划），规划总面积1982平方千米，涉及沁水、阳城、泽州3县13个乡镇，重点对50千米的沁河流域核心段进行整体提升。

【规划管理】　2021年，晋城市制定城乡规划建设会议规则，落实“三会”（规委会、政府常务会议、城建专题会），组建“三库”（技术联盟、规划专家库、设计团队库），修订“一规定”（城乡规划管理技术规定），强化规划战略引领和刚性管控作用。

（梁　彬）

城市建设

【城市体检样本城市建设】　2021年，晋城市被住建部确定为城市体检样本城市，制定城市体检工作方案，成立城市体检工作领导小组，确定第三方技术服务机构（合为集团），完成自体检报告。城市体检主要包括生态宜居、健康舒适、安全韧性、交通便捷、风貌特色、整洁有序、多元包容、创新活力、特色指标、信息平台10方面内容。

【海绵城市建设】 2021年，晋城市完成海绵城市示范城市申报方案、城市内涝治理系统化实施方案、城市更新试点3个方案编制。委托合为集团对晋城市海绵城市建设成果进行评估，全市达标面积占比26.2%，完成省下达指标（26%以上）。

实施雨污分流改造工程，完成雨污分流改造83.25千米（含黑臭水体改造管道14.24千米），任务完成率151.4%，全省排名第1。

【城市设计提质】 2021年，晋城市围绕老城更新、老旧小区改造等，完成晋城市城市设计试点方案编制上报工作。收集整理市本级和6个县（市、区）的“城市客厅”和风格塑造重点项目28个。启动晋城市金匠工业园申匠、金匠街心公园项目，项目列入全省首批城市客厅打造标杆项目名录，该项目由晋城经济技术开发区筹建，总投资3.28亿元，完成项目设计方案。

【城市建设三年行动】 2021年，晋城市加快老城新城联运发展，中原街两侧、西北片区、东南新区等6个片区特色化改造取得明显成效。开展“多彩花海”秋季行动，中原街、太岳街两条生态廊道基本成形，英雄、崇实等5大城市公园加快建设，七岔口连通、太行路中段等12条道路建成通车。市文化艺术中心投入使用，市人民医院易址扩建项目基本完工，阳电大热源工程供热运行。推进121个老旧小区改造，治理背街小巷424条，拆除违建面积76万平方米。新增公共停车位1.1万个、便民充电桩2003个。

【县城建设】 2021年，高平市以“一轴一廊三区五镇”为核心，23千米城市发展主轴全线贯通，推动中心城区、高铁新区、开发区“三区”联动发展。阳城县聚焦“公园城市”理念和“精致山城”定位，五大片区城中村改造项目进展顺利，十大城市品质提升工程全面竣工，“四馆一院”大剧院、党群服务中心正式投入使用。陵川县坚持“增绿”和“护绿”并重，积极创建国家森林县城，新增绿化面积600万平方米。沁水县提升城市品质，游泳馆开馆运营，梅杏剧院交付使用，城市路网大循环体系加快构建。

（张颜良）

【丹河新城建设】 2021年，丹河新城按照市委、市政府提出的“一体两翼、六大组团、多片区改造”空间布局，建成“五成”（路网成、水系成、学校成、配套成、新城初成）项目9个。水西村、管院村等回迁安置房封顶25栋、商务中心A区封顶2栋；晋福苑、文汇嘉园、丹河蓝湾等团购房封顶51栋，销售6532套，实现销售额53.39亿元。按照主干路“六横三纵”、次干路“七横四纵”的交通系统总体布局，开通桃李街、青山街西延、管院街、三义路、府中路5条道路，总长4355米，总投资3.2亿元。按照“智慧新城”理念同步推进停车场、综合交通枢纽及配套管网建设，启动30个智慧公交站台建设，安装智慧路灯853根。加快丹河新城教育园区项目建设，总投资0.47亿元的市委党校新建读书楼项目竣工；晋城一中（丹河校区）、泽州一中新校区项目进展顺利，教学楼、宿舍楼、报告厅等项目主体结构基本完成，开始室内装饰装修；共享食堂、共享图书馆、共享艺体馆等、室外景观绿化等项目基本完工。

（乔　嘉）

市政公用事业建设

【城市重点工程建设】 2021年，晋城市完成商业中心区环路、太行路中段、白马寺环山步道工程、丹河快线“1+3”扫尾整改工程、白水街西段一期、文化艺术中心、七叉口连通工程、中原街扫尾及两头延伸工程、古书院街、泰欣街、上辇街改造、佑安街和5座人行天桥等13项工程。加快推进陈岭路、山门街、中山路等6项在建工程和城市展览馆、科技馆、全民健身中心等5个项目前期工作。完成2003台便民汽车充电桩安装，总投资8000万元。完成9条河黑臭水体消除治理工作，总投资1.56亿元。

【市政基础设施建设】 2021年，晋城市加大市政基础设施投资力度，全市累计完成市政基础设施投资51.27亿元，全省排名第1。其中市住建局完成投资35.86亿元，市城管局完成投资15.41亿元，任务完成率128.2%。

【“智慧住建”建设】 2021年，晋城市启动“智慧住建”管理系统建设，该系统依托CIM(城市新一代信息基础设施)平台、移动互联网、物联网、大数据等新一代信息技术，构建的“1+N管理模式”，“1”是CIM三维可视系统平台；“N”是多个应用场景，采用嵌套式模块化，根据监管需求增减和优化。一期工程投资600余万元，率先建立“智慧工地监管”“住建一张图”两大功能模块。

（张颜良）

【“数字城管”建设】 2021年，晋城市推进数字化城管项目建设，建成城市管理基础、部件事件、行业应用、相关行业、公众诉求5个数据库建设，开发市容AI管控、城市市容喊话、城市智能化路灯管控、“智慧城管”公众号试运行4个应用场景，对主城区60平方千米的33万件城市部件系统进行重新普查入库，每样公物都配上了一个“身份证”。城市综合管理服务监督指挥大厅投入使用试运行，并与国家平台正式联网，提前完成了对接任务。在此基础上，加快推进县(市、区)数字城管平台建设，逐步实现全覆盖。

（焦广文）

【城市建筑垃圾综合利用】 2021年，晋城市出台《晋城市城市建

表21 2021年晋城市城市公用事业建设基本情况表

指　　标	2021
城市及建筑物面积	
建成区绿化覆盖率（%）	46.1
人均住宅建筑面积（平方米）	47.2
供水、供气及供热	
年供水总量（万吨）	4405
#生活用水量（居民家庭用水量）	2181
人均生活用水（吨）	37.7
用水普及率（%）	99.9
天然气供气量（万立方米）	10741
#家庭用量	4069
液化石油气供气量（万吨）	1877
#家庭用量	1312
用气普及率（%）	99.8
集中供热面积（万平方米）	3513
市政设施	
道路长度（千米）	426
每万人拥有道路长度（千米）	7.37
道路面积（万平方米）	924
人均拥有道路面积（平方米）	16.0
排水管道长度（千米）	591
排水管道密度（千米/平方千米）	4.1
城市桥梁（座）	70
城市路灯（盏）	23638
公共交通	
公共交通运营车数（标台）	1583
每万人拥有公交车辆（标台）	27.4
出租汽车数量（辆）	1978
城市绿化	
园林绿地面积（公顷）	2170
人均公园绿地面积（平方米）	17.3
公园个数（个）	14
公园面积（公顷）	521
环境卫生	
清扫保洁面积（万平方米）	816
清运生活垃圾（吨）	194500

2021年9月9日,晋城市综合管理服务平台与国家平台联网

(焦广文 供图)

筑垃圾管理办法》,采用PPP模式推进晋城市建筑拉资源化合利用处置项目建设,项目选址泽州县大箕镇王匠村,年处置建筑垃圾50万吨,同时配套再生水泥制品生产线,总投资1.2亿元。

(张颜良)

【公用事业项目建设】 2021年,晋城市公用事业建设服务中心共承建"1院11路"(晋城东站站前广场及丹河快线"1+3"项目一期、中原街改造及地下综合管廊道路、市区七叉口连通、市医院易址扩建、白水街西段一期、古书院街、佑安街、太行路中段、商业中心环路、中山路、环镇路道路、百灵街西延)12项省市重点工程建设任务(续建9项,新建3项),项目概算总投资77.6亿元,累计完成投资(含设计、拆迁等)65.77亿元,占比84.76%;财务实际支出48.29亿元,占完成投资的73.42%。

(王云霞)

村镇建设

【农村建房管理】 2021年,晋城市加强农村自建房和集体建设用地房屋管理,起草《晋城市农村自建房管理条例》,并经市人大常委会审议通过;印发《晋城市农村集体建设用地房屋建筑设计施工监理管理服务细则(试行)》,编制《晋城市农村自建低层房屋设计通用图册》。

【农村住房安全】 2021年,山西省住建厅下达晋城市农村住房安全改造任务217户,其中泽州县17户、陵川县130户、沁水县70户,全部完成;完成农房抗震改造任务260户,全部在陵川县。全市完成因灾受损农房重建修缮4843户,受灾群众全部搬入安全住房。

【农村房屋安全排查】 2021年,晋城市开展农村房屋安全排查,共排查440691户,其中:经营性房屋排查12480户,存在隐患86户,鉴定为C、D级33户,整治33户,整治率100%;非自建房排查29125户,存在隐患213户,鉴定为C、D级170户,整治170户,整治率100%;自建居住房屋排查399086户,存在隐患3910户,鉴定为C、D级的2251户,整治2040户,整治率90.6%。

(张颜良)

【农村生活垃圾治理】 2021年,晋城市制定《晋城市厨余垃圾管理办法》《晋城市生活垃圾分类考核办法》《生活垃圾分类考核细则》,印发《晋城市生活垃圾分类投放设施配置指南》《晋城市生活垃圾分类收集设施建设指导意见》《晋城市生活垃圾分类收运规范》等,推广"物联网+智能回收"垃圾分类模式。至年底,全市49个乡镇214个行政村开展垃圾分类工作,沁水县作为全市垃圾分类试点县,启动12个乡镇49个行政村的垃圾分类试点工作。

(焦广文)

【农村生活污水治理】 2021年,晋城市提高农村生活污水治理覆盖率,按照"分期实施,滚动推进"的原则,选定6个县(市、区)44个乡镇268个行政村开展农村生活污水治理工作,覆盖丹河、沁河沿线人口较多和污水直接入河的村庄,项目服务人口39万人,沿河村庄污水治理覆盖率由27%提升到60%,农村生活污水治理覆盖率由19.3%提升到40%。

(李建军)

市政市容

【“围墙围挡”专项清理行动】 2021年8月3日，晋城市开展“围墙围挡”专项清理行动，市城市管理局组建工作专班，制定任务清单，签订目标责任书，建立日报告、周汇总通报等制度。至年底，城区10个镇（街道）及城乡接合部共拆除不必要围墙围挡780处、25.6万余平方米。对整治中保留下来的必要围墙围挡进行摸排登记，对新增的必要围墙实行报备管理。

【“三洗六见一红旗”专项行动】 2021年，晋城市开展“三洗六见一红旗”（“三洗”即洗地、洗树、洗墙；“六见”即做到开门见绿、游园见景、空地见翠、道路见树、逢山见林、河水见底；“一红旗”即实行综合环境流动红旗制度）专项行动，把工作任务细化、量化、清单化，将36家责任单位的任务清单分解细化为104条，统筹解决各类影响城市环境的突出问题。至年底，共清洗137条道路818.3万平方米，清洗树木植被7.18万平方米，粉刷墙面10.39万平方米，种植树木14.43万株，种植草坪和花灌木67.3万平方米。

【市容环境综合整治专项行动】 2021年，晋城市开展市容环境综合整治专项行动，针对环境卫生、公益广告、背街小巷、城市窨井盖等，开展市容环境综合整治、窨井盖问题治理、禁止公共场所随地吐痰等多个专项行动，累计清扫垃圾100余吨，治理背街小巷卫生424条，修复破损路面3.5万平方米、问题窨井盖1213个；清理36条主次干道各类喷涂小广告7万余处，清理乱贴乱挂、乱堆乱放等5000余处；规范占道经营、流动摊贩、马路市场3300余处；加强户外大型显示屏和临时占道日常监管，协调播放公益广告200万余次，审批临时占道112件；发放宣传海报、宣传手册、宣传手提袋各2000余份，劝阻公共场所随地吐痰1000余起。并将城市管理考核指标纳入《晋城市街道办事处重点工作考核办法》。

2021年8月31日，晋城市城市管理局拆除中原街违章建筑

（焦广文　供图）

【市政市容执法】 2021年，晋城市出台《“双随机、一公开”监管工作实施方案》，组织各类法治培训，印制法治宣传资料，整理完成2004—2021年行政处罚卷宗档案数字化管理3704件。至年底，共作出行政处罚决定案件216件，累计处罚金额3942.29万元。

【“双违”整治】 2021年，晋城市制定《晋城市中心城区全面防控新增违法占地违法建设的实施意见（试行）》和《晋城市中心城区违法占地违法建设分类处置办法》，完善大队、中队、队员“三级网格”管控机制，建立拆违专业队伍库，共拆除违法建设323处、22.55万平方米，其中新发生违法建设30处、0.53万平方米；存量违建293处、22.02万平方米。在全市组织开展优化营商环境违法建设专项整治行动，督导各县（市、区）拆除违法建筑1758处、48.44万平方米。

【施工扬尘管控】 2021年，晋城市组织开展春季开（复）工执法检查、精细化整治春季攻坚、施工扬尘治理“百日攻坚”、2021—2022秋冬季建筑工地施工扬尘治理、建筑工地施工扬尘治理交

2021年4月21日，晋城市工地扬尘治理现场会召开

（焦广文　供图）

叉检查等6轮专项攻坚行动，制定《建筑工地施工扬尘污染行政处罚指导意见（试行）》《建筑工程春季开（复）工执法检查管理办法》《晋城市建成区建筑工地施工扬尘治理常态化管控办法（试行）》，建立管控工作日报告、月通报制度，完善常态化管控工作机制和专项督导、包联监管、双重巡查的工作机制，推行差异化管控措施，实施“绿、黄、红”三级动态评定。至年底，建成区内有建筑工地193家，其中在建工地167家、停工工地26家；累计立案76起，处罚金额209万元。长治、运城、太原和河南省焦作等市到晋城观摩和交流建筑工地扬尘污染治理工作经验。

【公用事业项目管理】　2021年，晋城市加强“三续一新”重点工程建设管理，“三续”即三项续建项目，包括阳电至市区集中供热热网工程、第三水厂工程、生活垃圾焚烧发电项目；“一新”即开工建设市污水处理厂提标扩容PPP项目。至年底，阳电至市区集中供热热网工程基本建成，并投入运行；第三水厂工程完成年度投资0.75亿元，所有设备安装完成，输配水管网与晋煤新区、金村新区（含丹河新城）连通，于12月底试运行；生活垃圾焚烧发电项目基本完工，于11月30日点火试运行。市污水处理厂提标扩容PPP项目，完成年度投资0.45亿元。

（焦广文）

【园林绿化项目】　2021年，晋城市园林绿化服务中心实施市区园林绿化工程14项。其中，景观道路工程3项：丹河快线“1+3”迎宾大道项目，绿化总面积183.5万平方米，完成道路红线内乔灌地被种植和红线外两侧地形整理及部分苗木种植，开始道路红线两侧乔灌木种植，主要树种种植现接近尾声。中原街景观大道项目，绿化总面积57万平方米，完成道路红线内乔灌地被种植和红线外两侧部分节点景观绿化施工，推进英雄公园、回军公园、文昌公园建设及中原街东段（以迎宾街桥为界）道路红线外景观绿化。白马寺山环山步道景观绿化工程项目，全面完成建设任务；城市公园项目5项：时家岭公园提升改造工程（续建）项目，完成工程拆迁征收、主园路基、广场基础、道路边坡、部分绿化等。泽州公园提升改造工程项目，完成序时进度。英雄公园建设工程项目，并入中原街景观大道绿化工程EPC总承包项目共同实施。崇实公园建设工程项目，完成方案设计。文峰公园项目，完成前期手续办理，开始规划选址；街头游

2021年5月12日，白马寺山环山步道一角　（司继迎　供图）

园项目4项：景昌游园项目，完成全部建设任务。庆乐游园项目，完成全部建设任务。新马游园项目，完成全部建设任务。市文化艺术中心北侧游园项目，建成投入使用；主题公园项目1项，即教育主题公园建设，完成全部建设任务；景观项目1项："多彩花海"景观项目，启动实施，制定《晋城市"多彩花海"秋季行动实施方案》，种植乔灌木约5.5万株、地被453亩。

2021年8月27日，花园水系荷花盛开　（司继迎　供图）

【园林绿化管护】　2021年，晋城市园林绿化服务中心完成市区主干道树箅安装工作，为泽州路、凤台街5889个行道树树池安装树箅子。开展景观水面莲花种植，在花园水系、白马寺山植物园、玉龙潭公园、西秀园、水杉园、泽州公园、龙湾公园、山门公园8处水面栽种莲花37700盆。进行主干道景观提升，在凤台街、泽州路、北环路和城市重要节点摆放时令花卉200余万盆。做好园林日常管护工作，对泽州路、凤台街、文博路等主次干道的雪松、桧柏、国槐、银杏等树木清洗6万余株次、绿化带清洗11万余米；补种乔灌木8.2万余株，新增微景观微绿化22处。

（司继迎）

【生活垃圾分类管理】　2021年，晋城市制定《晋城市厨余垃圾管理办法》《晋城市生活垃圾分类考核办法》《生活垃圾分类考核细则》，印发《晋城市生活垃圾分类投放设施配置指南》《晋城市生活垃圾分类收集设施建设指导意见》《晋城市生活垃圾分类收运规范》等，推广"物联网+智能回收"垃圾分类模式，在市区秀水苑、和凤苑、皇城新区、普陀旺世等40多个小区启用推行。

（焦广文）

生态环境

生态环境质量

【大气环境质量】 2021年，晋城市区环境空气质量综合指数4.53，比上年下降14.5%。六项主要污染物浓度呈“一升五降”态势，其中可吸入颗粒物浓度为76微克/米^3，比上年下降20.8%；细颗粒物浓度为35微克/米^3，比上年下降23.9%；二氧化硫浓度为10微克/米^3，比上年下降23.1%；二氧化氮浓度为28微克/米^3，比上年下降9.7%；一氧化碳浓度为1.8微克/米^3，比上年下降14.3%；臭氧浓度为180微克/立方米，比上年上升2.3%。全年，市区环境空气质量二级以上天数达到253天。其中，一级天数54天。

【水环境质量】 2021年，晋城市国、省考核监测的9个断面中，有8个断面(沁河张峰水库出口、润城、拴驴泉、尉迟，丹河牛村、青天河、后寨断面、白水河断面)达到或优于三类水质，优于三类水体比例达88.89%，赵庄断面为四类水质；劣五类水体比例为0，完成省定考核指标任务。

【声环境质量】 2021年，晋城市市区共有噪声区域监测点位278个，城市区域环境噪声平均等效声级为52.1分贝(A)，较2020年下降1.5分贝(A)，达到城市区域环境噪声总体水平划分的二级(较好)水平，全市无明显区域噪声污染，总体声环境质量状况较好；道路交通噪声监测路段共28.16千米，平均等效声级为65.8分贝，较2020年上升3.7分贝，达到道路交通噪声强度等级划分一级水平；全市共7个噪声功能区(其中一类区2个，二类区4个，三类区1个)，每季度监测一次，无超标现象，达标率为100%。

【固体废物环境质量】 2021年，晋城市一般工业固体废物产生总量2584万吨，主要以煤矸石、粉煤灰、炉渣、冶炼废渣和脱硫石膏为主，综合利用2040万吨，综合利用率78%；危险废物产生总量2.09万吨，主要以废矿物油、表面处理废物、废催化剂、其他废物和废铅酸电池为主，全部安全处置；全市医疗废物产生总量1556.37吨，全部安全处置，达到国家100%安全处置的要求。

【核与辐射环境质量】 2021年，晋城市涉源单位共29家，放射源244枚(其中三类放射源2枚，四类放射源158枚，五类放射源84枚)，2枚三类源用于晋城市大医院、阳城肿瘤医院；四、五类放射源主要分布在化工厂、洗煤厂、钢铁厂、水泥厂及测井单位。化工厂共11家，多用于料位计、密度计、液位计(放射源136枚，四类放射源107枚；五类放射源27枚)，占比55.7%；洗煤厂共11家，多用于灰分仪、密度计、核子称(放射源83枚，四类放射源43枚，五类放射源40枚)，占比34%；钢铁厂共1家，用于液位计(放射源12枚，均是五类源)5%；水泥厂共2家，用于分析仪(放射源4枚，均是四类源)；科技动力共1家，用于测厚仪(放射源2枚，均是五类源)；测井共1家，用于测井仪(放射源2枚，均是四类源）；医院校准源共2家，（放射源3枚，均是五类）。全市射线装置单位共162家（射线装置共380台，其中二类射线装置77台，三类射线装置303台），其中18家使用二类射线装置，其余使用三类射线装置；二类射线装置多用于工业探伤、医用射线，三类射线装置多用医用射线及富士康精密电子射线。

【自然生态环境质量】 2021年底，晋城市共建成省级以上自然保护区5个，总面积14.59万公顷，占全市总面积的16.50%，其中国家级自然保护区2个（沁水历山、阳城蟒河），省级自然保护区3个（阳城崦山、泽州猕猴、陵川南方红豆杉）。

（刘　彦）

生态保护

【耕地保护】 2021年，晋城市落实耕地保护责任考核机制，划定永久基本农田保护区，开展大棚房清理整治和农村乱占耕地建房排查整治，制止耕地“非农化”。为各类建设补充耕地2050亩，全市299万亩耕地和247万亩基本农田面积不减少，质量不降低。

【植树造林】 2021年，晋城市推行林长制，完成植树造林5.48万亩，抚育中幼林1.3万亩，绿化村庄23个，义务植树750万株，巩固森林城市创建成果，森林覆盖率居全省第1。

表22　2021年晋城市环境保护基本情况表

指　　标	2021
水资源	
水资源总量（万立方米）	376855
地表水	347913
地下水	111459
地表水与地下水资源重复量	82517
人均水资源量（米^3/人）	1722
供水总量（万立方米）	41199
地表水	20764
地下水	17109
用水总量（万立方米）	41199
农业	14931
工业	13600
生活	10400
生态	2267
工业废水排放量（万吨）	3470
# 排入污水处理厂	155
工业废水排放达标量（万吨）	3470
固体废物	
工业固体废物产生量（万吨）	2345
工业固体综合利用量（万吨）	1320
大气环境	
工业废气排放量（亿标立方米）	3022
工业二氧化硫排放量（吨）	4331
# 排放达标量	4331
工业烟粉尘排放量（吨）	4144
# 排放达标量	4144
工业二氧化硫去除量（吨）	287426
工业烟粉尘去除量（吨）	3096054
生态环境	
森林面积（公顷）	389807
森林覆盖率（%）	35.5
当年造林面积（公顷）	3654
自然灾害	
森林病虫鼠害发生面积（万亩）	1409
森林病虫鼠害防治面积（万亩）	11.47
森林病虫鼠害防治率（%）	81.43

【生态修复治理】 2021年，晋城市统筹实施生态修复治理工程，编制市级国土空间生态修复规划，61处京津冀周边废弃露天矿山生态修复治理项目通过北京督察局验收，总治理面积107.54公顷；启动泽州县、高平市第二期历史遗留废弃矿山治理工作；清查全市历史遗留矿山基本情况，对全市215处19997个图斑进行摸底排查；系统谋划沁河流域山水林田湖草沙一体化保护与修复项目，以全省综合评比第一的成绩入选省级申报项目。

（梁 彬）

【河长制改革】 2021年，晋城市深化"河长+检察长""河长+河湖警长"护河机制，建立"河长抓落实、检察长抓监督、河湖警长抓执法"的水生态治理体系，全年各级河长巡河8.50万余人次，发现问题44起，全部整改销号。市水务局被水利部表彰为全面推行河长制湖长制先进集体。4月9日，晋城市河长制办公室印发《关于调整市级河长的通知》，对市副总河长和丹河、东大河、白洋泉河市级河长进行调整。5月17日至22日，晋城市水务系统党史学习教育暨河长制工作培训班第一期在湖南大学举办，提升河（湖）长制工作水平。

【节水型社会创建】 2021年，晋城市开展水利行业节水型单位和教育行业节水型高校建设，树立行业节水标杆。制定《国家节水行动晋城实施细则》，6个县（市、区）全部入选全国节水型社会建设达标县。

【水保工程】 2021年，晋城市出台《晋城市沁河流域生态修复与保护条例》《晋城市河流生态用水管理办法》，完成水土保持综合治理面积2.57万公顷，完成率103%。

（张小军）

节能减排

【工业企业深度治理】 2021年，晋城市强化工业企业深度治理和精准管控。污染企业关停搬迁方面，完成晋能控股装备制造集团天溪煤制油分公司关停搬迁。深度治理方面，晋城福盛钢铁有限公司等5家钢铁（冶铸）企业全面完成超低排放改造，山西兰花煤化工有限责任公司等10家煤化工完成229台造气炉煤气冷却由直接冷却改间接冷却改造。

（刘 彦）

【节能调度】 2021年，晋城市建立市、县、重点用能企业三级联动机制，按月上报统计数据并进行分析，实行月通报、季调度制度，按季发布"晴雨表"。

【用能管理】 2021年，晋城市创新用能预算化管理，组织31家重点用能企业编制年度、季度、月度用能预算，结合市场波动和企业生产计划变动，及时对各重点企业用能总量情况进行调整调度，保证合理用能需求。33家"两高"（高耗能、高排放）项目全部建成能耗在线监测系统，实现动态化监测、常态化监管。实施重点企业ABCD分类管理，根据企业能效水平将31家重点用能企业分为A类（不限能耗，2家）、B类（自主节能，19家）、C类（强制节能，9家）、D类(限期淘汰，1家)4类，实现分类差异化管理，列入全省年度能耗双控目标责任书。

【清洁取暖改造】 2021年，晋城市稳步推进清洁取暖改造，完成改造1.66万户，完成率103.74%，农村地区居民清洁取暖覆盖率达71%，在财政部、住建部、生态环境部、国家能源局四部委组织的试点城市工作测评中获"优秀"等次。优质型煤供应工作多次受到省级肯定，以"晋城模式"在全省推广。

（李进修）

【建筑节能】 2021年，晋城市推进住房城乡建设领域节能减排工作，完成既有居住建筑节能改造面积10.54万平方米，完成供热计量改造面积162.55万平方米，新建绿色建筑面积达到756.83万平方米，绿色建筑面积占新建建筑面积比例达58%。累计建成二星级以上绿色建筑9项，建筑面积达28.95万平方米，丹河新城和高平市划定为绿色建筑集中示范区，示范区内14个项目取得绿色建筑标识，共计77.15万平方米。其中，二星级、三星级绿色建筑10个，共计59.85万平方米。

（张颜良）

污染防治

【蓝天保卫战】 2021年，晋城市按照区域大气环境容量，严把新上项目环保准入关，加快调整产业布局，市区周边20千米范围内不再新上涉气项目，对市区周边10千米范围内的107家环保不达标企业实施淘汰整治。钢铁（冶铸）企业超低排放改造方面，全市5家钢铁（冶铸）企业完成超低排放改造；煤化工企业提标改造方面，全市11家传统煤化工企业247台间歇式造气炉有229台完成提标改造，对未完成改造的18台停产改造。在国家对39个重点行业实施绩效分级的基础上，将采石来料加工、煤炭洗选、商砼搅拌、沥青搅拌等行业纳入评估范围，实现行业绩效评估全覆盖，共对全市21个行业655家企业开展绩效评估，选出标杆企业，召开现场会，对照标杆找差距，列清单，抓整改。完善环委会—环委办—网格化三级体系，运用工作调度、部门联动、提前预警、信息化管控、有奖举报、督查巡查、考核问责等机制，推动“人防”“技防”深度融合，常态化开展机动车、施工扬尘、油品监管等多部门联合行动，打击各类环境违法行为。加大“公转铁”力度，推进重型柴油车提标升级。优化市区车辆通行路线，调整物流园区布局，引导中重型货车绕行分流，减少尾气排放。

【碧水保卫战】 2021年，晋城市聚焦全市22个国、省、市考核断面上游3000米、下游500米及河道两侧500米区域，实行县、乡、村三级联动，跟踪调度断面水质状况，形成一级抓一级，层层抓落实的工作格局。对全市4个省级以上工业园区涉水企业进行摸底调查，实行“一园一档”；开展全市“千吨万人”水源地保护专项整治工作；执行涉水企业“黄、红”牌管理和地表水跨界断面水质考核。建成晋城经济技术开发区金匠污水处理厂（南线），泽州周村、李寨、大箕、犁川、南岭、大东沟污水处理设施，高平天阳污水处理厂提标改造工程、北诗镇、陈区镇、寺庄镇、石末镇、建宁乡污水处理厂，沁水县中村镇污水处理设施。推动市污水处理厂提标扩容工程、金匠污水处理厂（北线）、町店镇污水处理厂二期扩建工程建设。进入建设收尾阶段的有2个，阳城县第二污水处理厂、沁水县第二污水处理厂建设进入收尾阶段。推进南村镇污水管网建设，恢复被洪水冲毁的周村、李寨、大箕、犁川、南岭、大东沟污水收集管网。加快推进丹河、沁两河沿线268个村庄生活污水治理项目，完成勘察设计、初设审批、两评一案批复、社会资本方招标、资金申报、方案优化等工作。至年底，102个村基本完工。建成薛庄人工湿地，开工建设北石店河背荫人工湿地、芦苇河人工湿地，推进石淙头人工湿地建设。按照地表水跨界断面水质考核生态补偿机制，全市共扣缴生态补偿金2025万元。通过地表水跨界断面生态考核扣缴和奖励机制，倒逼各级政府加大水环境治理投入，确保跨界断面稳定达标。

【净土保卫战】 2021年，晋城市推进全市土壤污染状况详查工作，完成重点行业企业用地土壤污染状况调查成果集成工作，编制成果集成报告。推进地下水污染源头防控，对49家土壤环境重点监管企业进行现场调研，设置地下水监测点位261个。推进工业固废综合整治，完善工业固废产生、运输、利用、处置全过程闭环管理体系，落实“两视频两台账一规范”长效机制，确保整治到位。

【机动车辆污染防治】 2021年，晋城市发布非道路移动机械“禁用区”扩大调整通告，对主城区“禁用区”范围进行扩大，新增4个主城区周边“禁用区”管控片区，对机械使用标准进行提标并实行片区分类管控措施，淘汰全市行政机关和企事业单位国一排放标准非道路移动机械，降低非道路移动机械污染排放；对安装远程在线监控设备（OBD）运行不正常、超标排放的1577台中重型载货车辆，实施禁止进入市区建城区、禁止工业企业使用等管控措施，实现对中重型载货车辆尾气排放的动态监管；按行业分批次推进全市矿山（含煤矿）、洗煤、物流（除民生保障类）及钢铁、建材、焦化、有色、化工、电力等涉及大宗物料运输的重点用车单位门禁视频系统建设及联网工作，启动不同等级的车辆运输管控措施，加强重点用车单位用车监管。

（刘　彦）

环境监管

【环保精细化管理】 2021年，晋城市强化城市社会源精准管控，建立健全"环委办+网格化"工作机制，完善任务、问题、责任三个清单，围绕示范区精细管控、建筑施工扬尘管控、渣土运输和道路扬尘管控等重点工作任务，通过汇聚督查合力、硬化督查手段、提高督查效力等方式，提升精准治理能力和水平。全年，累计巡查发现问题565个，转办督办问题430个，平台下发任务2407条。

【环境执法】 2021年，晋城市加大环境违法行为的行政处罚和问责力度，全市累计共出动环境执法人员数7012人次，检查企业7295家次，查处各类违法案件354件，共处罚金额3607万元，其中查封（扣押）42件，行政拘留2件，环境刑事犯罪3件。

【环保资金投入】 2021年，晋城市累计争取中央和省级生态环保专项资金58134.8万元，其中中央42045万元（包含冬季清洁取暖中央改造专项资金30000万元）、省级16089.8万元（包含冬季清洁取暖省级专项资金12215.8万元），主要用于环境监测执法监管能力提升、污染防治工程建设等。

【排污权交易】 2021年，晋城市完成市级排污权交易8宗，其中企业间交易2宗，政府储备排污权出让6宗。总成交金额193.36万元，其中企业间成交27.92万元，政府储备排污权出让165.44万元，应缴国库金额165.44万元，实缴国库金额165.44万元。累计成交二氧化硫29.03吨，化学需氧量3.87吨，氮氧化物53.31吨，工业粉尘48.47吨。

【污染源自动在线监控】 2021年，晋城市共有601台（套）自动监控设施纳入正常监管，重点污染源监控企业数据传输有效率99.91%，达到省政府约束性指标考核要求（90%）。全市共有257家安装污现源在线监控设施企业、637家安装用电监管设施企业和628家安装无组织自动监测设施（TSP）企业纳入正常监管。全市5个水质自动监测站与国家省、市稳定联网运行。加强对市区环境噪声自动监测系统的运行管理，全年出具监测报告12份，播放生态环境宣传视频和标语17期。

【环境宣传教育】 2021年，晋城市围绕"6·5"环境日"促进人与自然和谐共生"主题，组织开展《奋斗百年路　启航新征程——转型出雏型环保要先行》环境日主题活动、生态文明宣传教育"进社区、进工地、进机关、进商场、进学校、进农村、进银行、进企业、进饭店、进酒店"十进宣传活动，举办"世界水日"中小学生网络绘画大赛、"世界地球日"艺术主题活动、"生物多样性日"摄影作品比赛等线上宣传活动，倡导市民关注生态环保工作，支持生态环保事业，共建繁荣清洁美丽晋城。以环保门户网站和综合业务系统为平台，以推进环境信息公开为重点，推动环保数据开放与共享，全年发布各类环境信息5739条。

（刘　彦）

教 育

综 述

【概况】 2021年，晋城市学前教育毛入园率98.3%，义务教育净入学率100%，高中阶段毛入学率98.1%，特殊教育义务教育入学率达99%以上。普通高考成绩优异，28名考生被清华大学、北京大学录取。

【教育改革】 2021年，晋城市推进校长职级制改革，印发《关于加快推进中小学校长职级制改革的通知》，泽州县在原先试点的基础上，完善《关于推行中小学校长职级制改革的实施意见》，对校长职级制认定办法进行重新修订，并结合年度目标考核奖完善校长职级薪酬分配办法。推进教育评价改革，举办全市教育评价改革专题辅导培训会，制定改革试点方案，梳理总结30条负面清单，完成清理任务；阳城教育评价改革省级试点县、城区“坚决纠正片面追求升学率倾向”、泽州“改进中小学校评价”、陵川棋源中学“坚持把师德师风作为第一标准”4个省级试点项目进展顺利。

【“双减”工作】 2021年，晋城市建立“双减”（减轻义务教育阶段学生过重作业负担和校外培训负担）工作专门协调机制，召开全市“双减”工作推进会，拟定全市“双减”工作方案。开展课后服务，加强作业考试管理，提高校内教育质量，清理整治校外培训机构，规范校外培训行为，减轻学生的课业负担，缓解家长的焦虑情绪，减轻家庭的经济负担。校内7项指标全部达到100%；校外3项指标全部完成目标任务。

【市校合作】 2021年，晋城市加强市校合作，推进“高校优质生源”“大学生实习实训”“大学生联合培养”三个基地建设，国内双一流高校在晋城市设立63个“优质生源基地”；接收30余所高校2200余名大学生实习实训和暑期实践；晋钢集团、兰花机械、天巨重工等大型国企与晋城职业技术学院开展产学研合作，联合招生100余人，在职全日制学历提升144人。

【教育实事项目】 2021年，晋城市确定教育实事项目7项，分别是校园环境提升项目、教师健康关爱项目、名师工作室培树项目、教室健康照明项目、后勤服务提升项目、教师专业发展提升项目、示范性智慧校园建设项目，其中教师健康关爱项目每年对教师进行一次体检，教师专业发展提升项目每年列支1000万元经费，名师工作室培树项目每个工作室每年经费5万元。

【教师队伍建设】 2021年，晋城市以能力素质为导向，坚持打造专业化教师队伍，师资水平迈向优质均衡。建立师德师风建设长效机制，推进教师“县管校聘”改革。建立教师补充长效机制，签约公费师范生45人，引进高层次人才17名，招聘专业技术人才66人，为泽州县、陵川县和沁水县招聘特岗教师210名。

（朱 超）

基础教育

【学前教育】 2021年，晋城市将建设33所普惠性幼儿园列入市政府2021年为民办实事项目，其中新改扩建公办园9所，扶持普惠性民办园24所；新增建筑面积2.83万平方米；增加学位5146个，其中普惠性学位2310个。34个市级实践园（其中乡镇中心园15所）列入教育部“安吉游戏”推广计划，以高平实验区为引领，推动全市各级各类幼儿园“自主游戏”活动教研，在幼小衔接试点园（校）组织6个系列教研活动；开展全市幼儿园优秀游戏案例评选、交流活动。全市普惠性幼儿园覆盖率87.8%，公办园在园幼儿占比达到63.6%。

【义务教育】 2021年，晋城市优化义务教育布局，指导各县（市、区）修订出台义务教育学校布局优化工作方案。全年，撤并小规模学校80所，建设改造农村寄宿制学校25所；中心城区新（改）建5所中小学校项目，2所开工建设，3所办理前期手续。实施“义务教育薄弱环节改善与能力提升项目（2021—2025年）”，涉及项目学校307所，总投资31617.87万元。坚持“骨干交流，教研共建，特色互补，文化渗透”原则，推进义务教育集团化办学，促进义务教育优质均衡发展。启动“农村义务教育学生营养改善计划”，覆盖学校222所、学生33084名。开展残疾儿童入学情况核查，完成49名未入学适龄残疾儿童入学任务。做好残疾儿童少年义务教育招生入学工作，共招生适龄残疾儿童61人，其中特教学校7人，随班就读20人，送教上门34人。

【高中教育】 2021年，晋城市全面实施高中教育强市工程，加强高中校长队伍建设，提升高中教师专业素养和教学能力，落实新高考综合改革要求，推进普通高中新课程改革，为4所市直高中发放高中教育发展目标奖励经费560万元。

【普通小学】 2021年，晋城市共有普通小学307所，其中教育部门办302所，社会力量办5所。招生人数17627人，其中教育部门办学招生17488人，社会力量办学招生139人。在校学生人数111065人，其中教育部门办学在校生109910人，社会力量办学在校生1155人。毕业人数17575人，其中教育部门办学毕业17376人，社会力量办学毕业199人。小学升初中升学率100%。

【普通初中】 2021年，晋城市共有普通初中学校106所，其中教育部门办101所，社会力量办3所，其他部门办2所。招生人数17331人，其中教育部门办学招生16461人，社会力量办学招生859人，其他部门办学招生11人。在校学生人数53432人，其中教育部门办学在校生50704人，社会力量办学在校生2665人，其他部门办学在校生63人。毕业人数21521人，其中教育部门办学毕业人数20370人，社会力量办学毕业人数1110人，其他部门办学毕业人数41人。

【普通高中】 2021年，晋城市共有普通高中学校29所，其中教育部门办19所，社会力量办10所，其中高级中学18所，完全中学9所，十二年一贯制学校2所。招生人数13215人，其中教育部门办学招生10686人，社会力量办学招生2529人。在校学生人数40606人，其中教育部门办学在校生33404人，社会力量办学在校生7207人。毕业人数13708人，其中教育部门办学毕业11042人，社会力量办学毕业2666人。

【学生素质提升】 2021年，晋城市以体育艺术比赛活动为抓手，增强学生身体素质，提升艺术素养，先后举办全市中小学生田径运动会、学生艺术节、足球、篮球、棒垒球等比赛。全年，开展劳动综合实践活动28期，85所学校近1.4万学生参加活动。开展护心行动、健康知识、毒品预防等心理培训，增强学生调控情绪、承受挫折的能力，培养学生积极乐观、健康向上的心理品质。

（朱　超）

【晋城一中】 2021年，晋城一中高考成绩稳中有进，清华大学、北京大学录取人数22人，包揽山西省文科双状元，全省文理科前10名占8人，一本达线率87.3%。师生有500多人次在市、省、全国各级各类比赛、评比中获奖。多所顶尖高校授予晋城一中“优质生源基地”牌匾，成为国内40多所“985”、双一流高校的优质生源基地。学校获评市劳动竞赛委员会集体一等功。（张 妍）

职业教育

【概况】 2021年，晋城市有高等职业学校1所；中等职业学校（机构）13所，在校学生15402人。深化职业教育产教融合，推进德国双元制项目，开展线上测评反馈、教学质量管理培训、教学教法培训。开展中职学校招生资质核查工作，全市具备中等职业学校学历教育招生资质学校共16所。推动高水平中等职业学校建设，晋城中专、高平中专、阳城职中、泽州职中4所学校入选山西省高水平中等职业学校建设计划立项学校。加强职业教育实训基地建设，晋城中专护理专业等8个专业申报山西省职业教育品牌专业，晋城中专旅游服务与管理等9个专业申报高水平实训基地。（朱 超）

【晋城职业技术学院】 2021年，晋城职业技术学院推动骨干及重点专业建设，依托优质校专业群建设项目，完成机械制造与自动化、计算机应用技术、会计3个骨干专业建设任务；音乐表演重点专业完成投资80万元。优化专业布局，结合晋城产业转型升级需要，完成陶瓷工艺与设计、学前教育等10个大专专业的申报，暂停社会体育等4个大专专业的招生。全年招收新生1540人，其中专科1265人，中专275人；完成10个专业扩招任务，录取学生1026人。积极推进学生就业工作，2021届毕业生整体就业率91.33%。建立健全科研诚信建设长效机制，完成课题申报和结项工作，2个项目申报教育成果奖；立项院级课题40项、省教育规划课题3项、横向课题1项；组织22项课题结项工作，经过专家评审验收，有17项课题结项。参加全国行业大赛，获一等奖1项、二等奖3项、三等奖1项、小梅花金奖1项。参加山西第十五届职业院校技能大赛，获一等奖5项、二等奖20项、三等奖17项。参加全国数学建模大赛，获二等奖2项；参加山西省数学建模大赛，获一等奖1项、二等奖2项、三等奖3项。参加省大学生艺术展演，获一等奖1项、三等奖2项。参加第七届中国高等职业院校健美操锦标赛，获一等奖1项、二等奖1项。（王 超）

【晋城市中等专业学校】 2021年，晋城市中等专业学校通过省级中等职业教育改革发展校项目建设（第一批）验收和省级文明校园先进学校复审，被省教育厅确定为高水平中等职业学校建设单位。与山西体育职业技术学院合作，推进该校艺体类专业建设，将运动训练专业与山西体育职业学院运动训练、体育艺术表演、民族传统体育等专业对接，并签订合作协议。与山西艺术技术学院合作，将该校的动漫与游戏制作、工艺美术、音乐表演专业与山西艺术职业学院的影视动画专业、工艺美术品设计专业、音乐表演专业进行对接，并签订合作协议。护理专业在与临汾职业技术学院高职护理专业合作的基础上，增加助产专业。参加山西省第十五届职业院校专业技能大赛，总成绩排全省前10名，有9个项目21名学生获一等奖，8个项目21名学生获二等奖。参加山西省教学能力大赛，4名教师获二等奖，3名名教师获三等奖。2名教师被评为“2021年晋城最美教师”。校团委副书记唐亚男获“全国优秀共青团干部”称号。（梁满亮 冯宁宁）

【高平市中等专业学校】 2021年，高平市中等专业学校为国家级重点职业学校、国家中等职业教育改革发展示范学校。设教学系（部）5个、专业17个。在校生1609人，教职工193人，专任教师180人。2021年招收学生565人。参加山西省第十五届中职院校技能大赛，获一等奖2个、二等奖11个、三等奖19个；参加山西省第十三届文明风采竞赛，获一等奖1个、二等奖2个、三等奖3个；参加2021年山西省职业院校教学能力大赛，获二等奖2个。学校职业教育质量年报被山西省教育厅评为A类。是省级高水平中等职业学校建设计划立项建设单位。6月，与高平市人民政府、晋城职业技术学院、泫氏铸业集团合作成立晋城职业技术学院混合制二级学院——山西高平机电产业学院。（王 崇）

【省级优质校建设】　2021年，晋城职业技术学院多次组织召开优质校项目建设推进会，完成9个一级项目、48个二级子项目的目标任务，获得国家级成果49项、省级成果126项。

【技能等级评价】　2021年，晋城职业技术学院与当地20余家培训机构合作，与沁和能源、高平科兴和天泽化工等企业联合开展技能等级评价工作，完成初、中、高级32个工种9474人的技能等级评价，通过8947人，通过率94.43%。其中，完成高级工评价3924人，超额完成省教育厅下达的1300人的评价任务。

【技能培训】　2021年，晋城职业技术学院围绕“人人持证、技能社会”建设目标，举行茶艺师、礼仪主持、形象设计、计算机维修、电工、园艺工、煤层气排采集输工7个工种的技能培训，596名即将毕业的学生参加培训，501人培训合格。围绕企业现实需求，对天泽兴源物流有限公司8家企业近2000名员工进行能力素质提升培训。与市红十字会联合开展“2021年政府民生实事AED项目红十字会应急救护员”应急救护技能培训，培训人数100余人。

（王　超）

【职业教育活动周启动】　2021年5月24日，晋城市2021年职业教育活动周启动仪式在晋城市中等专业学校举行。活动周以“技能：让生活更美好”为主题，由市教育局、市委宣传部、市委网信办、市人社局、市工信局（国资委）、市农业农村局、市总工会、团市委等8部门联合主办，晋城市中等专业学校承办。

（梁满亮　冯宁宁）

2021年5月24日，晋城市2021年职业教育活动周启动仪式在晋城市中等专业学校举行　（梁满亮　冯宁宁　供图）

高等教育

【山西科技学院成立】　2021年5月31日，教育部下发《关于同意太原科技大学华科学院转设为山西科技学院的函》，同意太原科技大学华科学院转设为山西科技学院。8月6日，山西科技学院举行揭牌成立大会。为依托太原科技大学华科学院和太原科技大学晋城校区独立设置的省属本科层次公办普通高等院校。坐落于丹河新城教育园区，占地面积80余公顷，建成投入使用校舍面积23万平方米，在建项目建筑面积36万平方米，校内实验实训场所140余个。设有光机电工程、智能制造工程、能源工程、材料科学与工

2021年8月6日，山西科技学院成立大会举行　（郭　鑫　供图）

程、大数据与计算机科学、环境科学与工程、化学工程、经济管理、艺术设计、文旅康养、马克思主义、通识教育(公共基础教学部)、继续教育(社会培训服务部)13个二级学院和21个本科专业,涵盖工学、理学、管理学、艺术学等多个学科门类。该学院的成立填补了晋城市独立设置本科院校的空白。至此,山西省实现设区市省属普通本科院校全覆盖。

【招生工作】 2021年,山西省教育厅下达山西科技学院2021年普通高等教育招生计划21个专业1867人,实际招生1828人。10月9日至10日,1828名首批新生入学;10月11日,举行2021级新生开学典礼。

【人才培养】 2021年,山西科技学院制定各专业人才培养方案,完成69门课程编排、教师选配、教材征订等工作,发布施行支持教学运行的一系列规范性文件。通过全省高校思想政治理论课程建设评估组的实地评估;加入山西省高校课程思政建设联盟,组织开展首届课程思政教学设计大赛;参加山西省课程思政教学设计大赛(决赛),获三等奖。全面推行"全员育人导师制",建立导师、辅导员和任课教师"三位一体"的育人机制。

【课题研究】 2021年,山西科技学院光机电产业学院项目通过山西省高等教育"1331工程"提质增效建设计划申请,获省财政资助资金150万元。学校与山西暗石电子技术有限公司联合申请的矿山压力大数据智能管控平台项目列入2021年度晋城市重点研发计划(高新领域)项目。学校2项思政类教学综合改革创新项目、2项哲学社会科学研究项目通过省级立项。

【校企合作】 2021年,山西科技学院与晋能控股煤业集团晋圣亿欣煤业有限公司、晋城市鸿生化工有限公司签订产学研合作协议,与晋城经济技术开发区签署共建"九大基地"战略合作协议,与晋城市委党校达成战略合作关系。

（郭　鑫）

成人教育

【晋城老年开放大学】 2021年,晋城老年开放大学与晋城开放大学实行"一个机构、两块牌子"的运行模式。开设有声乐、书法、国画、二胡、琵琶、戏曲、形体与舞蹈、朗诵、摄影、非洲鼓10个专业,共28个教学班,有学员720余名。6月25日,举行"银龄颂党恩,永远跟党走"庆祝中国共产党成立100周年主题晚会,精选其中的8个作品,参加由国家开放大学组织的首届全国老年教育教学成果展,获得三等奖3个,优秀奖5个。6月,组织书法和国画班学员参加"山西开放大学庆祝建党100周年书画摄影比赛",获得三等奖4个,优秀奖9个。

【农村干部学历提升工程】 2021年3月,中共晋城市委组织部、晋城市教育局联合印发《关于实施新一轮"农村干部学历提升工程"的通知》,启动新一轮农村干部学历提升工程,新增设行政管理本科、休闲农业经营与管理专科2个专业,共招生659人(其中阳城县66人,泽州县593人)。截至2021年3月,晋城市的"农村干部学历提升工程"分7个批次累计招收1个本科专业、4个专科专业、1个中

2021年12月14日,山西科技学院与晋城经济技术开发区共建"九大基地"协议签署暨揭牌仪式举行

（郭　鑫　供图）

专专业共3037名学员，其中符合省“农村干部学历提升工程”招生条件的1966人，实现全市1553个行政村至少有一名村干部上大学的目标。完成学业的毕业生累计1900余人。5月6日至11日，晋城开放大学以县(市、区)为单位组织“泽州农干”“沁水农干”“陵川农干”“高平农干”“阳城农干”“城区农干”6场“2018秋学员毕业暨2021春新生开学典礼”活动。

(陈素芳)

2021年5月6日，晋城开放大学泽州农干2021春新生开学典礼举行

(陈素芳　供图)

表23　2021年晋城市各类教育发展情况表

指　　标	招生(22066人)	在校生(人)	毕业生(人)
普通高等教育	4154	11315	3716
中　专	1978	4834	1185
职业中学	3224	10568	3152
普通高中	13215	40606	13708
初　中	17331	53432	21521
小　学	17627	111065	17575
特殊教育	102	667	108
学前教育	22066	67038	18025

综　述

【概况】 2021年，晋城市组织实施市级科技项目45项。其中，市级重点研发计划（高新领域）项目13项、市级社发类项目32项。全年，全市技术合同交易456项，交易总额73.88亿元；新认定省级新型研发机构1个、重点实验室1个、众创空间2个、星创天地3个、技术创新中心1个；新认定市级技术创新中心7个。至年底，全市拥有国家级重点实验室1个、省级重点实验室2个、省级新型研发机构1个、省级技术创新中心1个、省级科技企业孵化器3家、省级众创空间7个，通过国家备案众创空间2个、国家级星创天地2个、省级星创天地3个、省级民营科技企业25家、省级科普基地11个、市级技术创新中心7个。

【重点科技项目】 2021年，晋城市组织实施市级科技项目45项。其中，高新领域项目13项，涵盖光机电、煤层气、能耗双控、新材料、智能制造、数字经济等产业，下达资金383万元；社发领域项目32项，涵盖医疗卫生、康养、环境保护、食品安全等产业，下达资金100万元。全市技术合同交易完成456项，交易额73.88亿元。

【高新技术企业培育】 2021年，晋城市新认定国家级高新技术企业26个，全市高新技术企业达101家；新认定国家级重点实验室1个、国家级众创空间1家、国家级“星创天地”2个；省级重点实验室2个、省级新型研发机构1个、省级工程技术研究中心3个、省级技术创新中心1个、省级众创空间6家、省级科技企业孵化器2家、省级科普基地16个、省级星创天地3家；市级技术中心7个、市级“星创天地”11家。

【科技体制机制改革】 2021年，晋城市健全科技项目评审立项机制，完善评审专家遴选机制，推行科研经费“包干制”改革和重大科研项目首席专家负责制改革，赋予科研单位和科研人员更大自主权，提升科研绩效。

【科普宣传】 2021年，晋城市围绕前沿领域和战略产业集群，开设“科技大讲堂”，开展专题讲座10次。围绕“百年回望：中国共产党领导科技发展”主题，举办科技活动周系列活动，开展送科技进农村、送政策入企业、送科普入校园活动，组织公共科技资源向社会开放等群众性科技活动，掀起尊重科技、学习科技、应用科技的热潮。

（王　佳）

科技机构

【科技专家库建设】 2021年，晋城市制定《晋城市科技专家库管理办法》，广泛征集科技专家信息，初步建成晋城市科技专家库，入库专家462人，涉及煤与煤层气、光机电、机械制造等14个领域。其中，通过晋城市中北研究院引进中北大学45名教授加入晋城市科技项目专家库。

【科技人才培养】 2021年，晋城市实施“三区”(边远贫困地区、边疆民族地区和革命老区)人才支持计划，组织薯类种植加工科技服务团队、农业综合科技服务团队、小杂粮种植加工科技服务团队3个科技特派团，共有科技专家18名。选派省、市、县三级科技特派员30名，组建2支“三区”人才科技特派团，围绕种植、养殖、农机、中药材、园艺作物等行业，到陵川、沁水等地开展创新创业、技术指导和培训等工作，共举办农业科技培训20余次，培训1400余人。

【关键核心技术攻关】 2021年，晋城市围绕产业链布局创新链，聚焦煤层气、光机电等主导产业，开展关键核心技术攻关，实施在研省级以上科技计划(高新领域)项目14项，总投资23676.3万元，争取省级以上科研资金5562.5万元。推进21项在研市级重点科技研发(高新领域)项目建设，总投资8526.46万元，下达市级科研资金496万元。泽州天泰公司与安徽理工研究院与合作开展智能化掘进工作面技术研究。金工铸业、富基新材料股份有限公司、清慧胜凯科技股份有限公司与中北先进材料研究院与合作，开展新型高耐火度陶瓷过滤网关键技术、铸造管件智能打磨关键技术及装备等技术研究。由晋能控股装备制造集团有限公司牵头，联合51家相关企业、科研机构、高等院校，组建成立山西省智能煤机装备产业技术联盟，开展矿用超高强韧钻杆研发与应用、智能掘锚机等项目研发和攻关。

(王 佳)

科技平台

【科技研发平台建设】 2021年，晋城市依托智创城6号打造创新集聚发展平台，入驻企业31家、科研机构4家。晋城市光机电产业研究院入选山西省第一批新型研发机构；先进半导体光电器件与系统集成山西省重点实验室获批；首次启动市级技术创新中心建设培育工作，山西天巨重工机械有限公司等7家单位筹建“晋城市掘进装备智能化”等7个市级技术创新中心。开展市校合作，围绕“十二大基地”建设，认定晋城市高校科研平台延伸基地和晋城市高校科技成果转化基地各3家。征集17个市校合作成果转化项目需求28项，实施成果转化项目9个。

【产学研合作】 2021年，晋城市围绕重点产业推进产学研深度融合。市光机电研究院引进清华大学范守善院士团队，合作开展先进半导体光电器件与系统集成方面的研究；山西泫氏集团与武汉大学、同济大学、湖南大学合作，开展建筑排水系统方面的研究；市山水合聚水泥有限公司与中北大学合作，开展工业固废协同处置与低碳化利用方面的研究；市国科半导体研究所与中科院半导体研究所超晶格国家重点实验室牛智川研究员团队合作，开展第四代半导体激光器项目研究；山西天巨重工机械有限公司与中南大学等合作，开展凿岩台车钻凿炮孔智能化技术开发研究；晋煤集团技术研究院有限责任公司与煤炭科学技术研究院有限公司合作，开展矿井物探工程、矿井治水工作相关研究；山西铭石煤层气利用股份有限公司与重庆大学土木工程学院等合作，开展煤层气、煤矿瓦斯输配利用系统、燃气管道掺氢研究；山西兰花华明纳米材料股份有限公司与华东理工大学——上海华明高技术(集团)有限公司暨超细粉末国家工程研究中心、清华大学(能源与动力工程系)——山西能源研究所、清华大学山西清洁能源研究院合作，开展新材料等方面的研究；山西清慧胜凯科技股份有限公司与中北大学合作，开展轨道交通新型材料结构件研究；沁和能源集团有限公司与河南理工大学合作，开展所属矿井瓦斯地质规律研究。

(王 佳)

科研成果

【科研成果应用】 2021年，晋城市登记技术合同24项，技术合同交易额完成1.74亿元，全市技术合同交易总额达到73.88亿元。是年，2019年度、2020年度山西省科学技术奖评选结果揭晓，2019年度晋城市获得5项省科学技术进步三等奖；2020年度获奖8项，其中省科学技术进步奖一等奖1

项、二等奖3项、三等奖4项。组织14家企业参加中国创新创业大赛山西赛区比赛，获一等奖1项、二等奖1项、三等奖3项。推进市高校科技成果转化基地建设，出台《晋城市高校科技成果转化基地管理办法》，认定3家晋城市高校科技成果转化基地。29家单位与省内外15所高校达成成果转化意向，签约高校科技成果基地14个（不含市科技局认定），签约成果转化项目20个，付给高校成果转化经费779万元。开展科技成果登记工作，登记科技成果25项。

（王　佳）

【产学研实验】 2021年，晋城市科学技术研究院结合晋城市产业实际，对接苏州大学、中国蚕科院，引进适合蚕桑产业转型发展项目。对接苏州大学材料工程学院，为阳城县佳美公司引进提取丝素蛋白技术，并获得成功。

【新品种引进】 2021年，晋城市科学技术研究院加大蚕桑新品种引进工作力度，与阳城县蚕桑中心合作，引进蚕桑新品种华康3号，在阳城县试用，春茧生产获得大面积丰收。

【新产品开发】 2021年，晋城市科学技术研究院加大纳米碳酸钙新品种的开发研究力度，帮助晶英纳米材料有些公司开发新产品，做长产业链，进行产品深加工。并将该技术外接到河南省焦作市。

（杨学峰）

科技创新

【科技规划编制】 2021年，晋城市完善顶层设计，围绕重点产业和未来发展方向，编制完成《晋城市“十四五”打造一流创新生态，实施创新驱动战略规划》，分析“十四五”时期科技创新的重点目标和任务，明确优势产业、创新主体、科技创新平台、创新服务体系、创新人才、科技体制机制改革等重点领域的思路和重点工作。

【科技研发政策支持】 2021年，晋城市落实高新技术企业税收优惠政策，全市80家高新技术企业享受高新技术企业税收优惠2.59亿元，其中所得税减免1.88亿元，研发费用加计扣除6794.69万元。落实《晋城市支持科技创新若干政策》，对71个企业和项目下达补贴资金617万元。开展R&D（研究与实验发展）提升专项行动，出台《关于加强全社会研发经费R&D提升专项行动方案》，开展R&D研发费用统计归集培训，帮助企业R&D研发费用做到应统尽统。

（王　佳）

气象科技

【气象观测】 2021年，晋城市气象观测网络运行稳定，地面测报、农气观测、酸雨观测、大气成分观测、GNSS/MET等基础业务运行稳定。国家级自动站观测设备稳定运行率、各类观测资料业务可用性均达到业务要求。完成全市2021年度观测质量管理体系内审工作。开展全市国家站观测场配电改造、气象观测站通信模块2G升4G改造，全市139个区域自动站全部完成改造。开展探测环境评估整改及软硬件升级安装等工作。

【气象预报】 2021年，晋城市修订气象灾害预警信号发布分级标准，及时发布各类天气预报和预警信号，加强重大天气气候事件复盘总结。1—11月，全市共发布各类预警信号1216期。市气象局共发布各类预警信号181次，部门联合预警83期。最高气温24小时时效预报准确率79.52%，在全省排名第5；最低气温24小时时效预报准确率73.58%，在全省排名第3。

【气象服务】 2021年，晋城市组织完成重大节假日及2021中国·山西（晋城）康养产业大会、庆祝中国共产党成立100周年系列活动、晋城市第七届全民运动会等重大活动的气象服务工作。1—11月，全市共制作发布决策气象服务产品893期，召开新闻发布会8次。组织开展春耕春播、夏收夏种、秋收秋种和面向新型农业经营主体的直通式服务。组织开展高平大黄梨、陵川连翘、阳城蚕桑等特色农业气象服务。全市制作发布各类为农服务产品366期。加强汛期气象服务，召开全市汛期气象服务工作动员部署会，调整汛期气象服务领导小组组成人员及职责，

2021年4月16日,"中国天气"助力美丽中国建设资源发布会在浙江绍兴举行,晋城市获"最受关注的天气预报城市(宜居宜游)"奖牌

（司艳敏　供图）

及时发布各类灾害预警,完成汛期8次强降水天气过程的气象服务工作。4月,"中国天气"助力美丽中国建设资源发布会在浙江绍兴举行,晋城市获"最受关注的天气预报城市(宜居宜游)"奖牌。12月,因气象服务工作成效突出,市气象局被中国气象局表彰为重大气象服务优秀集体。

【人工影响天气】 2021年,晋城市召开全市人工影响天气能力建设研讨会2次,制订《晋城市人工影响天气能力建设实施意见》,开展人工影响天气作业点安全等级评定和作业单位能力评估。全年,共组织各类增雨作业95站次,发射火箭弹130枚,燃放增雨烟条514根。

【气象台站建设】 2021年,晋城市加大气象台站建设,泽州县生态气象观测站建成运行,填补山西省生态气象观测领域的空白和泽州县观测领域的空白。推进高平国家气象观测站迁建项目。阳城县将"构建阳城县人影作业系统"项目列入县政府工作报告,并开始实施。南院城市气象观测示范站项目完工。

【卫星遥感综合应用试点建设】 2021年,按照省气象局气象现代化高质量发展总体部署,山西省气候中心、晋城市气象局、陵川县气象局联合开展卫星遥感综合应用专项试点建设。市气象局制定《晋城市气象局高质量气象现代化建设全省先行试点卫星遥感综合应用专项试点建设申报方案》,推进试点工作。

【气象科研】 2021年,晋城市气象局推进气象科研工作,实施省气象局面上项目2个。省气象局1个面上项目和2个青年基金项目完成项目验收。组织申报2022年科研项目,共申报省气象局科研项目15项,其中2项获批省气象局面上项目,2项获批省气象局青年基金项目。启动与北京师范大学合作项目《驱动蒸散发的土壤水分数据集分析》。全年,共发表核心期刊3篇(其中SCI收录1篇),一般期刊8篇。

（司艳敏）

地震科技

【地震台网运行】 2021年,晋城市测震台网运行率为99.35%,形变台网运行率为99.99%,电磁波台网运行率为98.81%,信息节点连通率100%,异常零报告率100%,视频会议系统联调联通率100%,各项主要指标均达到或超过国家和省地震局考核要求。

【地震台网体系建设】 2021年,晋城市对5个子台站的运行及观测环境进行检查32次,完成国家地震烈度速报与预警工程(晋城区)项目涉及晋城市的10个基本站和12个示范学校信息服务终端点的相关工作;完成泽州县、陵川县地震信息平台建设,实现县级地震信息平台全覆盖。

【震情监测研判】 2021年,晋城市加强日常地震观测资料的收集、处理、分析,异常调查核实、震情监视跟踪、会商研判等分析预报日常工作。市防震减灾中心制定年度震情监视跟踪工作方案,探索震情会商制度改革,邀请市气象局、市规划和自然资源局等单位专家联合开展晋城市地震趋势开放性会商。组织专业技术人员参加晋冀鲁豫交界区第60次地震联防会议。完善市、县地震宏观观测点建设，优化宏观观测点布局，在城区、泽州县、高平市新增市级宏观观测点4处。在各县（市、区）组织开展群测群防工作培训，发挥群测群防在地震预报工作中的作用。规范异常信息报送和调查核实，提高宏微观异常核实效率，跟踪2起形变数据异常，及时核实排除地震异常因素。

【防震减灾科普教育】 2021年，晋城市发挥防震减灾科普体验馆作用，开展科普场馆开放活动7次，受众人数4000余人次。组织参加全省防震减灾科普讲解大赛和全省防震减灾科普作品大赛，选送的《中国古代建筑与地震科普讲座》获一等奖，市防震减灾中心获优秀组织奖。

【地震科研】 2021年，晋城市加强地震灾害风险防治体系建设，推进震害防御基础工作，完成晋城市震害预测项目可行性研究报告。收集整理境内晋获断裂带（城区—泽州段、高平—阳城段）探测成果数据，录入全省震害防御基础数据管理服务系统。实施地震灾害风险普查工程和地震易发区房屋设施加固工程，完成全市48个地震钻孔资料收集整理和移交工作。配合完成全省基于遥感影像和经验估计的区域房屋抗震设防判定工作。

（李　玮）

表24　2021年晋城市科学技术支出经费使用情况表

单位：万元

地　区	绝对额	占财政支出比例（%）
总　计	25683	0.009
市本级	14288	0.018
城　区	196	0.001
泽州县	1280	0.002
沁水县	182	0.001
阳城县	6617	0.016
高平市	2631	0.005
陵川县	489	0.002

公共文化

【概况】 2021年底，晋城市共有艺术表演团体10个，演出场次1882场，演出收入1145.8万元；共有艺术表演场馆3个、文化馆7个、美术馆2个、公共图书馆7个，总藏量344万册。

【国家公共文化示范区创建】 2021年，晋城市入选第四批国家公共文化服务体系示范区创建名单，成为山西省唯一入选的城市。2018年3月，晋城市获得第四批国家公共文化服务体系示范区创建资格后，围绕基本服务供给、基础设施建设、体制机制保障等，推进硬件设施网络化和公共服务标准化、均等化、数字化、社会化"五化"建设，形成结构合理、覆盖城乡、运营有效、惠及全民的基本公共文化服务体系。至2021年，晋城市人均文化事业费69.06元，排名全省第1；平均每万人拥有群众文化设施建筑面积上升至502.5平方米，排名全省第1；平均每万人拥有公共图书馆建筑面积上升至220.3平方米，排名全省第2；市、县文化基础设施更加完善；全市乡镇(街道)综合文化站建筑面积全部达到300平方米以上，村(社区)基层综合性文化服务中心达标率86.7%，建成晋城文化云平台，实现与全省、全国文化数字资源的融合共享。通过定岗定编、政府购买、公益岗位、社会合作等方式，新增基层文化服务人员1318人，实现应配尽配，乡镇、村(社区)专职人员全部配齐到位；推动群众文化活动由政府主办向群众自觉组织转变，培育469支群众文艺小分队、250个乡土文化能人艺人和430个乡村文化带头人。

【文化惠民】 2021年，晋城市完成"五个一批"(塑造一批群众文化惠民服务品牌，培育一批乡村群众文艺队伍，挖掘一批乡土文化能人艺人，培养一批乡村文化带头人，送一批专业文艺演出)文化惠民任务，其中免费送戏下乡667场，超额77场；群众文化服务品牌活动"太行山红色轻骑兵钢板书"演出100场次；群众文艺队伍(文艺小分队)开展活动9899场次；乡土文化能人艺人开展活动1441场次；乡村文化带头人开展活动5628场次。泽州县获"山西省文旅建设先进县"称号，陵川县盲人曲艺宣传队"太行红色轻骑兵钢板书"入选省级群众文化服务品牌，泽州县大阳镇被命名为2021—2023年度"中国民间文化艺术之乡"。

【晋城博物馆】 2021年，晋城博物馆主馆设晋城古代建筑艺术、晋城古代文明2个基本陈列，煤铁之乡、民间瓷话2个专题陈列，分馆玉皇庙彩塑壁画博物馆和青莲寺古建艺术博物馆，以二十八星宿、唐宋时期彩塑以及释迦殿等代表性古建筑实例，集中展示中国古代建筑以及依附于古建的彩塑、壁画、木雕构件等技艺精湛的艺术作品。12月23日，黄河流域博物馆联盟召开第二届成员换届视频会，晋城博物馆成为黄河流域博物馆联盟正式成员。

（王玉宝）

【农家书屋建设】 2021年，晋城市完成农家书屋出版物补充更新任务。农家书屋数字平台注册用户达到3万余人，市、县、村三级农家书屋数字化阅读服务体系进一步健全。

（苏 涵）

文化市场管理

【文旅市场综合检查】 2021年，晋城市加大文旅市场综合行政执法力度，共出动执法人员12120人次，检查经营单位3833家次，处置“12345”市长热线举报投诉27起，办理行政处罚案件126件，清理歌舞娱乐场所、游艺场所、网络音乐平台非法曲目20余首，罚款10.05万元，责令改正46家，责令停业整顿1家，取缔1家。其中，办理全国重大案件1起，入选文旅部2021年部分演出市场指导案例；办理旅游案件1起，实现全市涉旅案件“零”突破。

【文化市场检查】 2021年1月19日，晋城市文化和旅游局对市区文化市场疫情防控和安全生产工作进行督导检查，听取网吧、KTV等文化经营单位负责人关于疫情防控和安全生产工作的情况汇报，并现场查阅相关文件资料。4月22日至26日，市文化和旅游局联合市文化市场综合行政执法队，抽调市新闻传媒集团专家，对全市广播电视播出机构开展迎接中国共产党成立100周年全市广播电视行业安全播出大检查，采取座谈交流汇报和现场检查的方式，重点对各县（市、区）安全播出工作开展情况、技术系统配置情况，以及网络安全、设施保护等方面的防范措施和应急预案落实情况进行督导检查。

（王玉宝）

文学艺术

【文艺创作】 2021年，晋城市广大文艺工作者坚持以人民为中心的创作导向，增强文化自信，把握时代脉搏，创作推出一批反映时代精神和地域特色的文艺精品。创作上党梆子现代剧《申纪兰》和大型首创舞剧《路》，其中舞剧《路》作为山西省唯一入选作品，参加“第十三届全国舞蹈展演”。创作情景剧《冲锋号》，参加“国庆中秋”两节展演活动。原创电影《七彩梦》在2021年中国·郑州第六届“金童象”儿童电影周上，获“优秀故事片奖”。大型上党梆子现代戏《长江支队》入选2020年度国家艺术基金资助项目。

【文艺获奖】 2021年，晋城市组织参加山西省庆祝中国共产党成立100周年活动，获一等奖3个、二等奖3个、三等奖5个。中国共产党成立100周年献礼剧目上党梆子现代戏《申纪兰》入选文旅部“新时代现实题材创作工程”，《长江支队》入选2020年度国家艺术基金，舞剧《路》获第十三届全国舞蹈展演“优秀节目”（山西省唯一）。儿童电影《七彩梦》获第六届中国·郑州“金童象”儿童电影周“优秀故事片奖”。

【文艺活动】 2021年，晋城市先后举办“光辉的历程”文艺演出、上党梆子经典剧目展演、“永远跟党走”2021年全省群众文化活动乡村村晚大比拼、“永远跟党走”晋城市2021舞动三晋广场舞大赛、“党在我心中”合唱大赛、“百年历程时代画卷”庆祝中国共产党成立100周年美术作品展、“读红色书、走红色路”送书助读和“红七月”电影展映、“旗帜引领同心筑梦”拥军慰问演出等大型活动。

（王玉宝）

文化遗产保护

【古堡古民居保护】 2021年，晋城古堡列入世界文化遗产预备名单和《山西省文物事业发展“十四五”规划》，对6处古堡申遗点进行文物建筑保护修缮及周边环境治理。编制《晋城古堡保护管理规划（2021—2035）》，上报省文物局评审。

（王玉宝）

【传统村落保护】 2021年，晋城市传统村落集中连片保护利用工作重点示范区域划定为“太行一号”旅游公路沿线和沁河、丹河流域的50个传统村落。至年底，全市完成166个中国传统村落挂牌工作；完成75个传统村落数字博物馆制作项目，开始网上录入；编制《晋城市传统村落集中连片保护利用示范规划》，50个示范村保护项目全部开工，集中打造浙水、丈河、中庄、大阳六村联建、南阳、良户、苏庄等12个传统康养特色村和108个特色院落的建设，完成投资15亿元。

（张颜良）

【非物质文化遗产保护】 2021年，万里茶路（晋城段）4处申遗点全部升级为省级以上文保单位。编制《晋城古堡申报世界文化遗产预备名单文本（修订稿）》，上报省文物局评审。“陵川钢板书”入选第五批国家级非物质文化遗产保护项目名录，3家大师工作室被认定为第一批山西省工艺美术大师工作室，“吉利尔”潞绸馆丝巾获中国特色旅游商品大赛金奖。

【革命文物保护】 2021年，晋城市编制16处革命文物保护修缮方案，超年度任务6处。1月11日，山西省文物局公布全省第一批革命文物名录，晋城市晋冀鲁豫野战军十二纵队整军旧址、瓦窑头烈士纪念碑、赵树理故居等48处文物保护单位入选。其中省级文物保护单位3处，市级文物保护单位26处，县级文物保护单位19处。

【古文物保护】 2021年，晋城市青莲寺、玉皇庙、二郎庙、姬氏民居列入山西省国宝文物保护利用试点名单，万里茶道博物馆、青莲寺古建筑艺术博物馆、玉皇庙彩塑壁画博物馆建成开放。全市51处文物保护单位入选第六批省级文物保护单位，其中古遗址1处、古建筑46处、近现代重要史迹及代表性建筑2处、石窟寺及石刻2处。社会力量参与文物保护修缮18处，超年度任务3处。完成9处文物认领认养，投入社会资金1200万元。下拨市级抢险救灾资金628万元，对晋城博物馆、青莲寺、玉皇庙及36处市级以下文物保护单位进行抢险支护和修缮。市文保中心获第四届全国最美文物保护集体称号。

【考古发掘】 2021年，晋城市出台《关于在我市土地出让储备中进一步做好考古前置工作的通知（试行）》《关于进一步做好市级文物划转事项审管衔接的补充意见》，追加市级文物考古专项经费290万元，核查建设项目72处，完成50处市级项目用地调查勘探，调查面积120万平方米，勘探面积69万平方米；配合省文物局开展“考古中国”考古发掘9项，出土文物800余件。

（王玉宝）

新闻出版

【晋城市委新闻中心】 2021年，晋城市委新闻中心加强与中央级媒体和省级主流媒体来访记者、驻市媒体和市级融媒体中心的联系，在中央级、省级以上主流媒体发稿2100多篇，通过“晋城发布”新媒体平台发布各类信息2000多条。在山西新闻网、黄河新闻网、《山西经济日报》、《山西法制报》、《山西农民报》、《山西晚报》《山西画报》、《山西市场导报》等驻市媒体刊播大量外宣稿件。重大稿件有《人民日报》推出的《在岗位上过年在坚守中奉献——不打烊致富忙》《做任何事都要善始善终（郭子涵事迹）》，《新华每日电讯》整版推出《太行“明珠”的“风光往事”》，央视《新闻联播》播出《春深日暖百般红紫斗芳菲》，《人民政协报》推出康养大会宣传专版等。组织重大外宣活动5次：组织开展“‘问祖炎帝，寻根高平’第六届海峡两岸神农炎帝民间经贸文化招商系列活动”外宣报道，邀请媒体26家，通过“线上+线下、传承+创新、现场+采访”的方式，对系列活动进行全程跟踪报道，集中发稿133篇；组织康养大会采风和宣传报道，组织新华社、人民日报社、光明日报社等中央级传统媒体和新媒体（包括香港媒体2家）、省级以上驻市媒体、周边省市媒体37家，进行为期3天的采风报道，集中发稿160多篇；探索对外宣传新形式，拍摄晋城市首部外宣情景广播剧《永宁古寨》；组织开展“把美丽晋城寄出去”大型全球邮寄活动；开展摄影图片外宣，举办“泽州源起、天下高都”乡村振兴摄影展。

【新闻发布】 2021年，晋城市委新闻中心统筹疫情防控和经济社会发展，加大新闻发布力度，共组织举办新闻发布会28场。其中，在北京、太原分别召开2021中国·山西（晋城）康养产业发展大会，在杭州召开晋城重点项目长三角（杭州）系列招商推介新闻发布会，首次与省政府新闻办公室合作举办新闻发布。组织晋城市“全面建成小康社会”成果系列新闻发布会8场。

【新闻发言人队伍建设】 2021年，晋城市提升全市新闻发言人整体素质和新闻发布水平，组织83名新闻发言人到南开大学进行专题培训，提高全市新闻发言人新闻发布水平和应对突发事件舆情能力。市委新闻中心牵头起草《晋城市舆情突发事件应急预案》，为全市突发事件舆情应对提供制度保障。

（张向东）

【出版（版权）管理】 2021年，晋城市加强出版（版权）管理，完成一报一刊和连续性内资出版物审读11次。开展2021年全民阅读暨第26个世界读书日系列活动，在阳城町店战役纪念碑前广场举行主题为“以吾辈青春，致敬百年风华”的活动启动仪式。开展群众性公益宣传活动，在全市公园、广场、商超、社区等人流量较大的重点场所，通过LED屏滚动播放由国家版权局统一制作的公益广告视频；在各党政机关办公场所、各级各类复工复产企业、建筑工地、部分已复课的校园、社区等人员相对集中的场所，印制发放张贴宣传海报1万余张、发放绿书签8000余个；在市级重点新闻媒体，报纸、广播、电视、自媒体通过开设专栏专版、刊登宣传公益海报、播放版权公益宣传片。完成版权登记（著作权作品登记）519项，占全省1/2。晋城科抖科技服务有限公司入围山西省版权示范单位。

【图书发行】 2021年，晋城市完成出版物发行单位年度核验，全市共有出版物发行单位198家，其中实体书店155家、网上书店37家，从业人员639人；连续性内部资料出版物26种，一次性内部资料出版发行29种。完成新闻出版统计工作，进度排名全省第1。

【印刷行业管理】 2021年，晋城市完成印刷企业年度报告工作，全市有印刷企业100家，从业人员1230余人。其中，出版物印刷企业7家、数字印刷企业5家；包装装潢类16家、其他印刷品企业74家。申报省级印刷示范企业2家，为山西新浪印业有限公司、山西智慧景潮包装印刷有限公司。

【出版物市场检查】 2021年，晋城市对全市大型图书销售场所进行突击检查，未发现盗版盗印党史学习教育读本等违法违规行为；对景区及周边文化市场进行专项检查，未发现非法出版物制售行为；对歌舞娱乐场所进行专项检查，责令删除违禁曲目12首，未发现政治性有害作品及内容。全年，累计检查学校周边文化市场170家次、网吧145家次、书店141家次、印刷厂35家次，出动执法人员264人次、执法车辆260辆次。4月23日，全国16省（自治区、直辖市）侵权假冒伪劣商品统一销毁行动中，晋城市集中销毁侵权盗版非法出版物300余公斤，价值3万余元。

（苏　涵）

广播影视

【广播电视事业发展】 2021年，晋城市有市级广播电视台1座，职工人数439人，广播发射机功率9千瓦，广播人口覆盖率90.0%；电视发射机功率2千瓦，电视人口覆盖率80%；广播节目制作8688小时，电视节目制作551小时。

【习近平新时代中国特色社会主义思想宣传】 2021年，晋城市融媒体中心围绕贯彻落实中共十九届五中、六中全会精神，习近平总书记视察山西重要讲话重要指示、习近平总书记系列重要讲话等，在广播、电视、报纸、新媒体等平台开设“牢记嘱托乘势而上——书写晋城践行新时代中国特色社会主义新篇章”“新起点新征程”“迈好第一步见到新气象”“起航‘十四五’、奋进新征程”等专栏，集中刊发《奋斗百年路、启航新征程·“两优一先”风采》《伟大的精神之源，奋进的磅礴力量——论伟大建党精神》《心中装着百姓，一切为了人民——焦裕禄精神述评》等报道。同时，开设“学习习近平总书记‘七一’重要讲话精神”“不忘来时路，走好新征程”“党课开讲啦”“党在我心礼赞晋城”“理论面对面”“理论在身边”等专栏。

【重大主题宣传】 2021年，晋城市融媒体中心围绕党史学习教育，开设“奋斗百年路、启航新征程·中国共产党人的精神谱系”“奋斗百年路、启航新征程·学党史、悟思想、办实事、开新局”“奋斗百年路、启航新征程·先进典型”“奋斗百年路、启航新征程·‘两优一先’风采”等专栏，集中刊发《伟大的精神之源，奋进的磅礴力量——论伟大建党精神》等60多篇稿件，集中报道全市各级各部门开展党史学习教育情况。围绕庆祝中国共产党成立100周年，组织开展“奋斗百年路、启航新征程”主题宣传，开设“奋斗百年路、启航新征程·数风流人物”“奋斗百年路、启航新征程·晋城革命故事”等子栏目；印发《庆祝中国共产党成立100周年》《建党百年盛典特别报道》全彩套红特刊，首次增版至20个；广播、电视、新媒体进行同步转播。安排综合广播、新闻频道、太行日报微信公众号、晋城新闻客户端4个平台对中央广电总台新闻频道的庆祝大会现场直播和当晚《伟大征程》文艺演出进行同步转播，新媒体端直播点击量5万余次。组织全媒体平台在黄金时段、重点版面及时转载推送央媒、省媒围绕总书记在庆祝大会上的重要讲话采制的系列评论文章。《太行日报》组织开展“党在我心、礼赞晋城”征文活动；太行日报微信公众号组织“学史爱党、学史爱国”党史知识在线答题，144家单位683659人次参与竞答，推出新媒体微党课；播出晋城党史人物专题片《初心录》《榜样5》《感人瞬间》《致敬先烈，铭记历史》等系列专题片。

【中心工作报道】 2021年，晋城市融媒体中心围绕省、市党代会，开设“喜迎党代会·辉煌五年”“喜迎党代会·我们说”“深入学习贯彻落实省第十二次党代会精神、市八次党代会精神”及“访谈”“解读”等专栏，刊发系列评论和《经济发展提质增效，综合实力稳步跃升》《文旅和鸣，奏响发展最强音》等稿件，运用微信、直播、客户端、抖音、视频号、网站等多渠道、全方位即时播报党代会盛况。围绕文明城市创建，开展“文明家庭”“诚信建设”“志愿服务”“关爱保护未成年人”“文明旅游”等主题宣传，报纸刊发公益广告270多次；电视播出公益广告6800多次；广播播出公益广告6500多次。晋城市长三角（杭州）系列推介活动、2021中国山西（晋城）康养产业发展大会期间，开设“聚焦2021中国·山西（晋城）康养产业发展大会”专栏，推出康养大会专版以及大会消息、侧记、社论等，并刊登《晋城，康养之城实至名归》《千年铁魂打铁花实景演绎精彩纷呈》等稿件，在全媒体平台推出《康养之城——晋城》《晋城最新形象宣传片》等一系列形式新颖、科技含量高的融媒体作品。围绕城市建设，推出“城市更新攻坚战”“对标先进学典型，深入一线抓落实”专栏，刊登《“建设美好家园，我们责无旁贷”——城区钟家庄街道全力推动中原街道路景观提升工程建设》《幸福在家门口“升级”》《党建引领，激发社区治理新活力》《南村镇见缝插绿见缝增花》等稿件。

【新媒体发展】 2021年，晋城市融媒体中心整合移动端和新媒体平台，优化布局结构，《太行日报》微信平台粉丝从802255人增加到1018256人，总阅读量达8045.3万人次，10万+内容103条；晋城新闻客户端注册用户54万人，累计阅读数4590万次；《太行日报》头条号有粉丝17.5万人；《太行日报》抖音有粉丝205.5万人，点赞1.05亿次。

（康昭伦）

【农村公益电影放映】 2021年，晋城市2120个行政村放映公益电影27442场，168所寄宿制学校放映爱国主义教育影片1067场。全市公益电影放映服务队全部配备观影“小板凳”。推进农村电影室外转室内放映试点建设，全市建成农村电影室外转室内放映试点4个。“七一”期间，组织“我为群众办实事”红色电影展映活动，遴选《上甘岭》《夜袭》《浴血雁门关》《建军大业》等影片，在全市74个乡镇文化广场进行红色历史宣教。

【城市院线工作】 2021年，晋城市共有影城20家，银幕88块，座位数10593个。全市影城票房收入4736万元，观影人数125万人次，放映场次12万余场。

（苏　涵）

档　案

【概况】 2021年，晋城市有市级综合档案馆1个、县级综合档案馆6个。其中，晋城市档案馆有专职人员22人，馆藏档案941807卷（件），馆藏资料19835册，利用档案人数2200人次。晋城市档案馆被国家机关事务管理局、中共中央直属机关事务管理局、国家发展和改革委员会、财政部表彰为节约型机关；被市委、市政府表彰为美丽晋城先进集体，获晋城市创建全国文明城市集体三等功。晋城市档案馆、泽州县档案馆被评为山西省档案工作先进集体。

【精准扶贫档案管理】 2021年，晋城市推进精准扶贫档案工作，印发《晋城市精准扶贫档案工作指导意见》《关于做好精准扶贫档案归集工作的通知》《晋城市精准扶贫档案分类方案》《晋城市精准扶贫档案归档范围》，召开全市精准扶贫档案工作推进会，安排部署各县（市、区）及承担精准扶贫工作任务的市直行业主管部门精准扶贫档案归整工作，完成精准扶贫档案移交进馆任务。全市归集精准扶贫档案64470卷、38743件，并进行档案数字化工作，著录条目1070263条，全文扫描14983682画幅，建立脱贫攻坚档案专题数据库，记录晋城市精准扶贫工作历程和脱贫攻坚取得的伟大成就。

【重大活动档案管理】 2021年，晋城市贯彻落实国家档案局16号令《重大活动和突发事件档案管理办法》《晋城市重大活动档案管理实施细则》，完成中国共产党成立100周年主题宣传活动档案收集工作。市委宣传部、市委组织部等15个部门联合印发《关于做好庆祝建党100周年活动档案移交工作的通知》，市档案馆收集市委办公室、市委党史研究室、市团委、市妇联等单位庆祝建党100周年活动中形成的各种载体档案资料，进行分类整理，共收集文书档案259件、照片档案一册（22张）、电子档案98.90G。开展“2021中国·山西（晋城）康养产业发展大会”“杭州招商系列活动”“第六届海峡两岸神农炎帝经贸文化旅游招商系列活动”“晋城市第七届运动会”等重大活动档案归集工作，共收集整理文书档案74件、照片档案一册（12张）、电子档案28.1G、实物档案4件。

2021年4月9日，晋城市精准扶贫档案工作推进会召开

（李先丽　供图）

【档案接收】 2021年，晋城市档案馆丰富馆藏资源，优化馆藏结构，接收市委政法委员会、市委党史研究室、市不动产登记交易中心、市残疾人联合会等30个单位的文书、业务档案217928卷（件）移交进馆，馆藏档案达959438卷（件），馆藏量位居全省11个地级市第1。

【档案数字化建设】 2021年，晋城市档案馆加快档案数字化转型步伐，拓展数字档案馆建设，增加存储设备，提升数字资源存储能力，推进“增量电子化”，初步实现传统载体档案原件与数字化副本同步移交，促进各类电子文件应归尽归，电子档案应收尽收；继续做好“存量数字化”，推进馆藏档案的鉴定、划控、数字化等工作，共著录、扫描档案2000537页（条）。市档案馆馆藏档案数字化总量达21896546画幅，重要档案缩微1578577画幅，档案数字化率95%以上。

2021年6月16日，市档案馆举行档案法知识有奖答题云竞赛活动抽奖仪式
（李先丽　供图）

【档案开发利用】 2021年，晋城市档案馆发挥馆藏红色档案资源优势，为市委组织部、市委宣传部等单位联合摄制的10集晋城党史纪录片《追寻》提供档案史料，助力党史学习教育。发挥党史档案存史、资政作用，为市委组织部编纂《中共晋城市委组织部志》、市直各单位编制机构历史沿革、市委党校编写校史、山西泽州农村商业银行编纂《泽州农商银行志》提供大量文件、图片资料。发挥档案服务民生作用，市档案服务大厅接待查阅利用档案人数2200余人次，提供档案18625余卷（件），编写档案利用实例144条。

【档案安全】 2021年，晋城市档案馆按照国家档案局《档案馆安全风险评估指标体系》要求，对馆库安全、设施设备安全、档案信息安全和人员安全等风险指标逐项逐点进行自查评估，对存在的安全风险隐患进行排查和整改。落实档案安全管理责任，开展档案安全警示教育和应急演练，提高档案安全风险防范和保障能力，确保档案馆库、档案实体和档案信息安全。

【档案宣传】 2021年，晋城市档案馆组织开展"档案话百年"主题宣传系列活动，拍摄制作"记录历史、聚力未来"微视频作品，展示晋城人民抗日战争、解放战争时期在中国共产党的领导下前赴后继、浴血奋战、不畏牺牲、争取胜利的英勇事迹；宣传贯彻新修订《中华人民共和国档案法》，开展"宝葫芦"杯档案法知识竞赛，举办"档案法知识有奖答题云竞赛"活动，13365人参加答题活动，评选一等奖5名、二等奖10名、三等奖20名；邀请传媒小记者、城区凤鸣中学师生350余人到市档案馆参观爱国主义教育基地，接受爱国主义和红色文化教育。"6·9"国际档案日当天，通过悬挂宣传标语、设置宣传展台、发放宣传资料等方式向市民普及档案知识。加大档案编研力度，组织编纂的《抗日战争档案选编·晋城市档案馆卷》通过国家、省档案局审核。

（李先丽）

文化交流

【晋城文化展示】 2021年，晋城市举办承办文艺演出、美术展览、电影放映、图书阅读等各类庆祝中国共产党成立100周年活动14项100余场次。在河南郑州、浙江杭州举办"晋城文旅康养博览会"2场，在湖北武汉、山东济南、宁夏银川、山西太原举办"2021晋城文化旅游推介会"4场，重点推介"晋城古堡"和"太行山水"两大特色，并展示晋城特色非遗文化创意产品和部分旅游商品。

【晋城文化旅游康养（杭州）博览会】 2021年5月12日至14日，2021晋城文化旅游康养（杭州）博览会在浙江展览馆举行。博览会主题为"晋城古堡、浙就出发"，突出表现晋城古堡、太行山水和旅游康养，以旅游商品、非遗文化等城市和自然人文元素为辅助，整体形象设计展现晋城人文与自然和谐相处的生态发展观。展会期间，入馆人数5万余人次，当地知名媒体杭州发布、杭州时报、网易新闻及国内50余家媒体进行现场报道。同时，浙江电视台新闻频道、浙江电视台经济频道、杭州电视台新闻综合频道进行相关报道。《晋城古堡浙就出发——一场跨越南北相距一千公里的对话》被新华网主站、网易新闻、中国日报网——观天下、中国旅游信息网、中国旅游新闻网、国家旅游地理网、携程游记、马蜂窝旅游网、上海热线生活、杭州时报、东方新闻网等281个新媒体和互联网平台转载。

（王玉宝）

文化产业

【文旅产业融合】 2021年，晋城市把握"国际一流、山西定位、晋城特色"总体方向，培育覆盖全季节、全年龄段康养产业体系，举办2021中国·山西（晋城）康养产业发展大会。大会期间，晋城市与联合国老龄所签署《世界康养示范城市认证及老龄战略合作协议》，并被老龄所授予"世界康养示范城市"称号。在网络主播大赛环节，全市243名康养产业从业人员、短视频行业爱好者及网红主播参加比赛；通过"晋城有礼网络直播基地"，在线销售额突破100万元；房车康养巡游之旅，110辆来自全国各地的房车在晋城28个康养基地与知名景区进行巡游。举办2021中国·山西（晋城）康养产业博览会，全面展示晋城市"很康养、很晋城"的城市魅力。博览会展览面积达1.5万平方米，分为11大主题展区，吸引1000余家企业参与，其中包括20余家行业百强企业、上市公司及中华老字号品牌，刷新晋城市文旅康养经贸类大型活动纪录。博览会期间，定向邀请专业采购商300余家，现场与50余家企业达成深度合作意向，意向投资金额近8000万元。入馆参观人数5.3万人，现场成交量2875万元，意向投资金额近1.3亿元。网络直播播放总量达到1860万人次，瞬时在线观众近30万人。

【文化产业发展】 2021年，晋城市深入挖掘文化资源，打造晋城特色文创品牌，鼓励和支持各种经济实体参与文化产业发展，扩大文化产业在全市经济中的比重，助力晋城高质量发展。加快文旅康养样板城市建设，举办"百年风华耀晋城·文创赋能助转型"第三届文化创意产品展示大赛，共有95个企业、团体及个人的180余件作品参加抖音短视频展示，参加企业是2020年的2.4倍，播放量近50万，累计点赞量达10万。结合新冠肺炎疫情防控形势，把大赛线下展示环节改为"潮创晋城·云市集"，在南大街新华书店，采用线上直播方式，同步开展展示、评比、推介、销售等活动，点击量140多万次。

【文化产品推荐】 2021年，晋城市助推晋城文化企业、文创产品"走出去"，推荐泽州晋韵堂铁壶铁器、高平朝元晋艺珐华器两家企业作品和12个文化产业招商项目参加第十七届深圳文博会。推荐泽州铁壶品牌宣传推广等14个项目申报2022年度省级文化产业发展专项资金。完成晋城市2020年度特色文化产业项目库建设，推荐金村文化产业园项目参选国家文化产业项目库。

（王玉宝）

综　述

【概况】　2021年，晋城市共有医疗卫生机构3135个，其中妇幼保健院（所、站）7个。医院和卫生院床位1.41万张，卫生专业技术人员1.73万人。村卫生室覆盖率100%，县乡村三级医疗机构达标率均为100%。全市儿童“五苗”接种率以乡镇为单位均达到90%以上。碘盐覆盖率99.61%，合格碘盐食用率95.5%，各种地方病得到有效控制。全市乡镇卫生监督覆盖率达到100%。

【医疗卫生一体化改革】　2021年，晋城市作为全省首家省级县域医疗卫生一体化改革示范市，坚持突破创新与提质增效并重，出台《关于加强医疗集团文化建设的指导意见》《推进县级医疗集团目标年薪制薪酬制度改革工作的实施意见》《晋城市完善公立医院综合改革和县域医疗卫生一体化改革政府投入政策的实施意见》，吸收借鉴三明医改关于“药、价、保、薪”逻辑关系和作用机制，在高平市试点实行县级医疗集团医保资金按人头打包付费和医疗集团目标年薪全员覆盖改革，激发基层提升医疗服务水平的内生动力，提升县域医改整体效能。市委书记王震评选为2021年度全国“推进医改服务百姓健康十大新闻人物”。

【“健康晋城”建设】　2021年，晋城市对照市政府《关于推进健康晋城建设的实施意见》提出的19项工作任务，按时间节点稳步推进健康晋城建设。年初，召开健康晋城建设推进委员会第一次全体会议，出台《健康晋城建设2021年度行动计划》。年底，对64项指标监测汇总，有40项指标达到省定2022年目标值，16项接近2022年目标值。完成2021中国·山西（晋城）康养产业发展大会高峰论坛、高端国医论坛筹备（提供专家保障）、大会期间疫情防控和医疗救治保障工作任务。第三次迎接“国家卫生城市”复审检查，以791.1分通过“国家卫生城市”暗访复审，继续保持“国家卫生城市”称号。

【中医药发展】　2021年，晋城市推动市中医医院综合门诊部和新建市中医医院工程项目，市中医医院综合门诊部于6月28日开诊试运行，填补了晋城市没有市级中医医疗机构的短板。基层中医馆和中医药适宜技术推广实现全覆盖。加强中医药人才培养，完成4个县级中医师承教育基地建设，启动县级中医师承教育基地建设暨高年资中医医师带徒项目。实施《守正创新中医人才培养计划》，开展100名纯中医提升工程、100名西学中医师转化工程、100名中医爱好者普及工程，培养中医馆技术骨干人才20名，完成5名中医类全科医生转岗培训。能力提升方面，出台《晋城市中医药康复服务能力提升工程实施方案（2021—2025年）》，完成4所县级公立中医医院康复科建设，提升中医药服务群众能力。

【科技兴医】　2021年，晋城市提升县级医院核心竞争力，完成第十批全科医生转岗培训实践技能考核工作，各级医疗机构申请继续医学教育项目74次，完成第二批“四个一批”科技兴医创新计划项目申报工作（重点科研项目4个、科技创新人才4个），完成335人山西省住院医师规范化培训（西医）招录工作，引进高层次医卫人才8名。高平市医疗集团获国家首批5G医疗应用优秀案例甲级示范单位。

【疫情防控成果巩固】 2021年，晋城市新冠肺炎疫情防控领导小组办公室坚持“外防输入、内防反弹”总策略，在抓好常态化疫情防控基础上，及时研判形势，梯次调整措施，科学合理布防，实施精准防控，成功应对国内20余起多源、多点、散发本土疫情输入风险。各级各部门严格执行领导带班、24小时值班值守制度和日报告、零报告制度，“一办14组”和5个工作专班实行扁平化运行。对境外返晋（城）人员、中高风险地区往（返）晋（城）人员、密接次密接人员、外省返晋（城）人员等重点人群，分类管控到位；商超农贸、宾馆酒店、景区景点、养老院、监所等各类重点场所严格落实测温验码、清洁消毒等常态化防控措施；全链条全流程管好冷链快递物流等重点环节；严格落实8方面33个风险点的常态化核酸检测要求，发挥药店、医疗机构、交通场站、学校等多点触发监测预警机制作用，促进关口前移。对输入风险较大的郑州疫情，出台11项严格管控措施，设置48个交通卡口，堵住“外防输入”第一道关口。西北旅游疫情初期，重点加强第一落点风险人员排查管控；波及范围逐步扩大后，梯次递进防控措施，先后暂停密闭场所、线下培训、景区演出、跨省旅游；疫情转入扫尾阶段后，逐步恢复常态化防控措施；省防控办专刊发布晋城市做法。在全省率先完成疫苗接种“百日攻坚行动”“扩大免疫规划行动”等任务，有序推进重点人群加强免疫工作和3周岁~11周岁儿童疫苗接种工作；接种进度和接种覆盖率始终位于全省第1，基本建立起群体免疫屏障；人民网、新华社、《山西日报》、省卫健委官网等媒体报道晋城市做法。分类出台4个应急处置工作预案；组建7支781人的多部门、分梯次流调溯源队伍；具备2日内完成全员核酸检测的能力要求；储备隔离房间4799个，规范改造17所100间以上的集中隔离场所；按照3个月用量备齐备足各类防控物资。

【计划生育政策落实】 2021年，晋城市落实计划生育家庭奖扶政策，共为14.24万人（户）发放“4+2”奖励扶助资金9955.87万元。累计审核单位75个，为165人发放退休独生子女父母一次奖励352.46万元。市卫生健康委员会获评全省计生家庭保险保障工作先进单位。

（李涛林）

血液管理

【采供血工作】 2021年，晋城市无偿献血持续增长，共采集全血28636人次，采血量11.44吨，比上年增长8.7%；单采1578人次，采血量3145治疗单位，比上年增长13.4%。11月，国家卫健委办公厅再次授予市中心血站献血服务一科“2019—2020年度全国血站系统表现突出采血班组”称号。

【无偿献血宣传】 2021年，晋城市中心血站在市区主要社区、文昌街、人民广场等人流密集场所设置无偿献血宣传栏。首次在市区4辆公交车上制作无偿献血宣传广告，在各乡镇制作户外墙体广告200余块5021平方米。在《太行日报》《太行晚报》上开辟专栏，刊登献血公益广告。在晋城电视台定期播放公益广告。利用“5·8”红十字日、“6·14”世界献血者日、“12·1”世界艾滋病日等重大节日和重要节点，组织形式多样、内容丰富的宣传活动。“6·14”世界献血者日期间，在各县（市、区）开展无偿献血采血现场宣传及“助力献血送爱心”活动，在阳城县东冶村举办“无偿献血进东冶，文明共建谱新篇”大型现场宣传采血活动。

【无偿献血队伍建设】 2021年，晋城市加大无偿献血“六支队伍”建设。固定献血队伍，固定献血者占到献血者总数的65%，超过国家无偿献血先进城市标准15个百分点。单采成分献血队伍，建立2538人的单采献血者队伍，招募发展新的单采献血者，首次单采献血者占到采献血者的25%。RhD阴性稀有血型献血队伍，全市在册691人，采集169人次，占全年采血人次的0.59%，采RhD阴性血液6.76万毫升，比上年增长31.1%。团体献血队伍，在开发首次献血者的同时，发动团体单位献血，全年团体献血85家。应急献血队伍，市中心血站与晋能控股、富士康工业园区、宏圣集团等单位签订应急献血协议，应急献血队伍达到1200余人。志愿服务队伍，全市13位志愿者达到国家表彰标准，累计141位志愿者达到星级表彰奖励，“终身荣誉奖”获得者达到6人。

【用血服务】 2021年，晋城市符合临床用血条件的医疗机构65所，有44家医疗机构用红细胞，30家医疗机构用血浆，供应临床主要血液品种整体增多，其中：红细胞56204U，比上年增长16.6%；血浆272.3万毫升，比上年增长5.7%；去白细胞单采血小板增长14.4%，冷沉淀凝血因子增长15.9%，无偿献血100%满足临床用血需求。外供长治市中心血站去白细胞悬浮红细胞300U，外调去白细胞单采血小板6个治疗单位，外调辐照去白细胞单采血小板17个治疗单位，辐照去白细胞悬浮红细胞22单位，洗涤红细胞4U。全年，晋城市中心血站定期为储血点送血386次，送血率占到总供血量的75%，用血者满意度96.1%。保障献血者用血返还权利，为478名献血者及其直系亲属补齐报销用血返还资金374120.65元，医保报销347220.49元。建立血站采供血信息平台，采供血数据与全省血站采供血数据实现共享。

【血液质量控制】 2021年，晋城市中心血站加强血液质量管理体系建设，召开质量分析会4次，下发纠正和预防措施表6份、不合格项（差错）登记报告表1份、外部监督检查问题整改验证表8份。400毫升血液采集比例达到99.8%，单采血小板双份采集比例达到99.3%，红细胞分离率99.9%，成分输血比例达到99.9%，采血人数占初筛人数比例保持在78%以上，献血后血液两遍酶免检测和核酸检测总不合格率保持在1%以下，各项酶免试剂消耗率控制在1.13以内。

【血液检测】 2021年，晋城市中心血站购置送血车1台、血液运输箱4台、立式灭菌器1台，提升送血能力。购置全自动血液贴签包装机1台，实现血液贴签包装自动化。购置全自动酶免一体机、样本处理系统和检测流水线，提升检验自动化水平。购置干式生化分析仪1台、血小板振荡保存箱1台，提升应急储备能力。血站核酸实验室通过第二周期技术验收。根据国家对高致病性病原微生物的运输管理要求，办理“可感染人类的高致病性病原微生物菌（毒）种或样本准运证书”。临床用血实现血液核酸检测全覆盖，开展血液辐照，保证输血安全。

（贾庆朝）

疾病防控

【疫情防控】 2021年，晋城市坚持“外防输入、内防反弹”总策略，坚持“人、物、环境同防”“多病共防”原则，聚焦监测预警、流调溯源、核酸检测“三大能力”建设，组织市县两级疾控中心开展流调队伍桌面推演和实战演练16次；开展线上、线下培训100余期，培训人员1.2余人。实验室检测可满足单日单管最大检测量1000管，累计采集检测核酸样品40285份。报送新冠疫情研判100期、专题风险评估21期，编撰《新冠肺炎防控案例集》2册，《近期新冠肺炎疫情防控中典型案例》1册；完成流调外省市推送涉疫协查函239份，其中密接31人，次密接813人。成功处置“北京涉疫轮胎”疫情、“奶枣”疫情、“电商”疫情和阳城初筛阳性事件，遏制疫情输入传播，保持本土疫情“零”发生。

【新冠病毒疫苗接种】 2021年，晋城市科学有序推进新冠病毒疫苗接种，做到“苗苗匹配，剂剂匹配”“全程冷链和全程追溯”，全市累计接种4181924剂次（其中第一剂次1967120人，第二剂次1909374人，第三剂次305446人）。18岁以上人群全程接种1667536人，全程接种率91.14%。12岁~17岁全程接种124724人，全程接种率100.02%。3岁~11岁第一剂接种161993人，接种率91.49%，全市人群全程接种率87%。

【洪涝灾后卫生防疫】 2021年7月，晋城市遭遇大暴雨天气，部分地区发生洪涝灾害。市疾病预防控制中心印发《洪涝灾害疾病监测与控制技术方案》《洪涝灾害消杀技术方案》《洪涝灾害病媒生物监测与控制技术方案》《洪涝灾害饮用水监测技术方案》等，指导开展灾后疾病监测、快速评估、水质监测、预防性消毒和“三管一灭”（即管理好饮食卫生、饮水卫生、粪便无害化处理和消灭传播媒介——苍蝇、蟑螂）等灾后防疫工作，到20个受灾村开展技术指导30余次，印发资料5万余份，无人机消毒32架次，现场培训消毒队伍370人，消毒总面积约20万平方米，向受灾地区捐赠消杀药品3.5吨。

【免疫规划疫苗接种】 2021年，晋城市扩大免疫规划疫苗接种范围，免疫规划疫苗接种率以乡镇为单位达90%以上，疫苗针对疾病控制在历史低流行水平。对适龄儿童实行“11苗防12病”的免疫规划方案，全市儿童免疫规划疫苗接种率持续保持在90%以上。3月25日，全市免疫规划工作培训会召开，特邀省疾控中心免疫规划科科长、主任医师常少英和新冠疫苗预约等信息系统专家进行授课。

【传染病和重大疾病防控】 2021年，晋城市加大传染病和重大疾病防控力度，全年网报法定传染病20种10724例，报告发病率为455.76/十万，流感、手足口等监测指标居全省第一方阵，无甲类传染病病例报告。艾滋病随访管理，免费抗病毒治疗，哨点监测、自愿咨询检测、高危人群的宣传干预工作取得成效；结核病县、乡、村三级综合防治，规范病人管理治疗总体到位率97.1%，碘缺乏病、大骨节病等地方病防控达到消除标准。

【慢性病综合防治】 2021年，晋城市加大慢性病综合防治力度，高血压患者规范管理率76.8%，2型糖尿病规范管理率76.6%，新创建各类健康支持性环境12个，公众健康素养大幅提升。10月18日，全市慢性病综合防控工作推进会暨肿瘤登记随访项目培训会召开，就慢性病综合防控示范区建设、全人群死因监测、肿瘤登记随访、慢性病患者及老年人健康管理、全民健康生活方式行动等工作进行培训。

【实验室检验检测】 2021年，晋城市疾病预防控制中心实验室面积2700平方米，拥有原子吸收分光光度计、等离子发射光谱——质谱联用仪、液质联用仪、高效液相色谱仪、气质联用仪、气相色谱仪、全自动微生物鉴定仪、脉冲场凝胶电泳仪、全自动生化鉴定系统、全自动高速冷冻离心机等大中型理化、微生物检测仪器设备17台。通过检验检测机构资质认定复评审和扩项评审，认定6大类61个项目212个参数，扩项57个参，可开展定性、定量、精准检测。参与国家和省级盲样考核，考核结果为优秀。7月22日，举行国家致病菌识别网（晋城市网络实验室）挂牌仪式，是山西省首批加入国家致病菌识别网的4个地市级实验室之一。

【疾病防控监测】 2021年，晋城市疾病预防控制中心利用网络直报系统和多点触发预警系统，系统收集有关健康事件和卫生问题资料，获得有价值的公共卫生信息，食品安全风险、职业危害因素、公共场所健康危害因素监测健康相关因素和病媒生物等监测与防控提质增效，4篇流调报告入选省疾控中心10年食源性疾病暴发事件优秀流调报告汇编。11月8日至23日，对6个县（市、区）15家医疗机构的重点场所开展消毒效果监测和环境样本新冠病毒核酸检测，共采集样品839份，其中消毒效果监测样品236份，环境新冠病毒核酸样本603份。

（王文宝）

妇幼保健

【概况】 2020年，晋城市有妇幼保健院7所，床位444张。从业人员816人，其中卫生技术人员680人。卫生技术人员中，有执业医师263人，执业助理医师25人，注册护士294人。2020年度全省三级妇幼保健机构绩效考核，晋城市排名第一。

【民生实事项目】 2021年，晋城市提前一个月超额完成三项省定民生实事任务，其中，免费产前筛查与诊断项目完成率107.49%、免费婚前医学检查项目完成率87.32%（省定任务75%）、贫困县农村妇女免费“两癌”（宫颈癌、乳腺癌）筛查项目完成率100.1%。全省三级妇幼保健机构绩效考核排名全省第1。

【婴幼儿照护服务】 2021年，晋城市出台《晋城市促进3岁以下婴幼儿照护服务发展实施方案》，确定3家省级托育机构、6家市级试点，以点带面推动0~3周岁婴幼儿照护服务发展。市卫生健康委员会、市总工会联合印发《关于继续开展“妈咪小屋”建设工作的通知》，全市母婴室配置场所139所，配置率100%。

（李涛林）

职业健康

【职业病防治】 2021年，晋城市卫生健康委员会印发《职业病防治项目工作方案》，召开职业健康工作推进会暨业务知识培训班，聚焦重点行业、重点疾病、重点环节，创新工作举措，系统化落实“防、治、管、教、建”五字策略，压实用人单位职业病防治主体责任、提升职业病患者医疗救治康复服务能力，加大监管和监督执法力度，加强健康教育和宣传培训，建设完善职业病防治技术支撑体系。

【职业健康宣传】 2021年，晋城市开展“共创健康中国，共享职业健康”——《中华人民共和国职业病防治法》主题宣传系列活动，共宣讲481次，覆盖人数15.2万余人。4月30日，市卫健委、市民政局、市人社局、市医保局、市总工会联合在市区物茂广场举行职业病防治法宣传周启动仪式，向市民发放《职业病防治知识手册》等宣传资料2000余本，并解答相关问题。组织开展职业健康传播作品征集评选活动，各部门、用人单位、职业健康检查机构投稿70余件，上报优秀作品17件，入围省级优秀作品4件。

【“职业健康达人”活动】 2021年，晋城市尘肺病防治攻坚行动小组办公室印发《关于开展2021年〈职业病防治法〉宣传周暨争做“职业健康达人”宣传活动的通知》，市卫生健康委员会、市总工会联合开展争做“职业健康达人”活动，推选市级“健康达人”59名，省级“健康达人”10名。

（李涛林）

老年健康

【养老服务体系建设】 2021年，晋城市围绕养老服务发展目标，探索建立居家为基础、社区为依托、机构为补充的医养结合“三位一体”养老服务体系，逐步形成医中有养、养中有医、养医合作、家庭签约为主的医养结合服务模式。市卫健委、市发改委、市民政局、市教育局等7部门联合出台老年健康服务体系建设实施方案，加强晋城市老年健康服务体系建设，为老年人提供包括健康教育、预防保健、疾病诊治、康复护理、长期照护、安宁疗护的综合连续、覆盖城乡的健康服务。

【老年健康服务】 2021年，晋城市公布老年人健康服务领域基层政务公开标准目录（试行）。为25687名老年人进行健康评估，为3410名签约失能老人提供健康服务；为3314名90~99周岁老年人发放高龄补贴金795.36万元，为268名市直单位离退休非晋城籍80周岁以上老人发放高龄补贴金24.16万元，为100名60岁以上老人捐赠意外伤害保险，通过二级以上医疗机构开设老年人就医“绿色通道”，设置挂号、缴费、检验报告打印等人工服务窗口等方式，优化老年人医疗健康服务。

【老年健康教育】 2021年5月19日，晋城市红十字老年健康教育项目启动仪式在城区东街社区市老年病专科医院召开。确定市老年病专科医院为试点医院，并举办红十字老年健康教育项目知识讲座，邀请老年病专科医院特邀专家、主任医师申一工就老年健康体检等日常健康知识给社区老人进行讲解。7月14日，城区在晋城经济技术开发区街道东圣社区开展“关注口腔健康品味老年幸福”主题老年健康宣传周活动，发放《口腔健康核心信息及知识要点》《老年失能预防核心信息》《阿尔茨海默病预防与干预核心信息》等宣传资料1000余份；组织晋城市口腔专科医院、城区中医院为老年人提供检查牙周、测量血压等服务，围绕老年人关心的心脑血管疾病等开展健康讲座。

【老年友好型社区创建】 2021年1月，国家卫生健康委、全国老龄办在全国组织开展全国示范性老年友好型社区创建工作。10月，经逐级审核和公示，晋城市城区开发区街道东圣社区、沁水县龙港镇梅苑社区成功创建为全国示范性老年友好型社区。

【老年友善医疗机构建设】 2021年，晋城市卫健委下发《关于做好山西省老年友善医疗机构建设工作的通知》，启动晋城市老年友善医疗机构建设工作，全市综合性医院、中医医院、中西医结合医院等医疗机构对照建设标准，围绕老年友善文化、老年友善管理等四个方面、16项内容开展建设，全市共创建山西省老年友善医疗机构52家，占医疗机构总数的53.6%，超额完成省定任务（省定任务40%）。

（李涛林）

爱国卫生运动

【国家卫生城市复审】 2021年，晋城市启动国家卫生城市第三次复审迎检工作，市政府印发《晋城市2021年迎接国家卫生城市复审工作方案》，召开迎接国家卫生城市复审动员会议，层层抓部署，层层抓落实，对标对表，细化任务，明晰责任，推进复审工作。市爱卫会印发《晋城市巩固发展国家卫生城市宣传工作方案》，发出《迎接国家卫生城市复审倡议书》，开展《城市卫生状况满意率调查问卷》调查活动。在市区公共场站窗口和市直及驻市单位、社区、建筑工地等重点区域，采取悬挂标语、设置健康教育宣传栏、利用户外大型彩屏滚动播放视频、在报纸开设专栏专刊等形式，营造复审迎检社会氛围。9月22日至24日，全国爱卫办暗访组对晋城市巩固国家卫生城市工作进行暗访，认为晋城市整体卫生水平达到《国家卫生城市标准（2014版）》的要求，综合得分791.1分，在山西省参加暗访复审的3个地市级城市中排名第1。

【国家卫生城镇创建】 2021年，晋城市对照《国家卫生乡镇（县城）标准》，对拟创卫的县城、乡镇进行多轮明察暗访，推进卫生城镇创建工作，国家卫生乡镇覆盖率大幅提高。

城区以国家卫生城市复审、全国文明城市迎检为契机，开展全区爱国卫生城乡环境卫生整治爱国卫生评比活动。泽州县下村镇、大箕镇、金村镇、高都镇、北义城镇、大阳镇、李寨乡、北石店镇8个乡镇获省卫生乡镇称号，65个村获省级卫生村称号；大阳镇、巴公镇、下村镇、北义城镇4个乡镇开展创建国家卫生乡镇工作。高平市制定《高平市创建国家卫生城市督查制度》，组成督查组，于7月下旬和10月中旬对44家创建单位进行督查。阳城县町店、北留、润城、演礼4个乡镇开展“国家卫生乡镇”创建工作，通过市级核查。陵川县召开创建国家卫生县城“2021行动计划”暨县城环境综合大整治动员大会，相关单位按照《国家卫生乡镇（县城）标准》和《陵川县创建国家卫生县城2021年行动计划方案》要求推进创建工作。沁水县推进国家卫生乡镇创建，召开全县国家卫生乡镇推进会，张村乡、土沃乡、郑庄镇、端氏镇、嘉峰镇、郑村镇递交申报资料，完成市、县两级推荐。

【爱国卫生运动宣传】 2021年，晋城市在城市出入口设置大型宣传广告牌，在市区街头设置墙体广告和彩屏广告，编印《国家卫生城市标准宣传手册》《病媒生物防制工作手册》等宣传资料。在《太行日报》、晋城广播电视台等媒体中开设《国家卫生城市应知应会》知识教育宣传专栏、《行动起来巩固国家卫生城市成果》专栏；在“太行微直播”开设“卫生监督互动”通道，提升广大群众宣传教育知识知晓率和行为形成率，营造爱国卫生运动浓厚氛围。对《晋城市民公约》进行修订，体现中央、市委对公民道德建设的新要求。爱国卫生活动月期间，开展“文明健康始于心”科普活动、“低碳环保践于行”群众实践活动、“绿色家园齐守护”共建活动、倡导文明健康绿色环保生活方式活动、“治理公共场所随地吐痰宣传周”活动、“讲爱卫历史·做接力火炬手”主题活动等，印制爱国卫生月宣传海报6套4500张，《太行日报》《太行晚报》、“太行日报”微信公众号等媒体同步开展宣传活动。

【城乡环境卫生综合整治】 2021年，晋城市巩固提升国家卫生城市创建成果，重点围绕城镇街巷、道路沿线、重点区域清洁、垃圾与污水收集治理及其他配套基础设施建设等开展城乡环境综合整治活动，统筹治理城乡环境卫生突出问题，提升人居生活环境质量。城区对市区35条主次干道和2座立交桥进行大清洗；对辖区内沿街小区、社区外立面涂料、围墙等进行清洗粉刷，共洗墙34.28万平方米，刷墙5.77万平方米，修复破损路面1万余平方米，清除小广告及条幅3.59万处，清洗树木2.21万株；对居住小区的绿化进行补栽补种，修复绿地5.2万平方米；清理乱堆乱放9278处，清理积存垃圾10.32万吨，清洗路面411.79万平方米，清洗楼顶5.09万平方米。泽州县在城市建成区内乡镇（北石店镇和金村镇）开展爱国卫生“城市大清洗”活动，其他乡镇开展主干道路卫生大清理活动。高平市提出创建国家卫生城市目标，开展“两高六道”（即高铁、高速，国道、省道、县道、乡道、村道、河道）全域环境整治，改造路段50余千米，清理检查井1470座，雨水箅2689座，外运淤泥1200立方米，提升改造市内公厕8所，栽植树木617株，完成草坪整地2200平方米，清运垃圾3500余吨，树木刷白路段60余千米，整修墙壁及粉刷2万余平方米，硬化地面1000余平方米。阳城县开展“清洁城乡、健康阳城”行动，制定“联点共建”工作方案，确定“联点共建”任务，帮助社区、村进行卫生整治。陵川县集中开展环境卫生综合整治，清理整治边坡2.73万平方米，清理乱堆乱放200余处，清理垃圾1万余吨，粉刷墙体5000余平方米，清理残墙断壁40余处。沁水县开展交通秩序、户外门匾、居民小区、背街小巷等专项整治活动，取缔非法占道经营，街道人工日清扫率、保洁率达到100%，机械化道路清扫覆盖率达到80%以上，垃圾收集清运实现“日产日清”。

【重点领域环境卫生整治行动】 2021年，晋城市开展集贸市场专项整治，出动专项整治执法巡查人员1100人次。开展农村生活污水治理，按照“分期实施，滚动推进”的原则，选定6个县（市、区）44个乡镇268个行政村，覆盖丹河、沁河沿线人口较多和污水直接入河的村庄，全市农村生活污水治理覆盖率由19.3%提升到40%。开展市区河道整治专项行动，整治内容包括河道管理范围内乱占、乱采、乱堆、乱建问题，排查问题48处，整改32处。推进传染病防治和新冠疫情综合防控，完成艾滋病、结核病、鼠疫等地方病等重点疾病的预防控制；全市18岁以上人群接种新冠疫苗第一剂次、18岁以上人群接种新冠疫苗第二剂次、全程接种任务完成率3项指标全省第1。

【病媒生物防制】 2021年，晋城市按照《晋城市2021年迎接国家卫生城市复审病媒生物防制实施方案》《晋城市2021年病媒生物防制工作方案》，开展2021年春季病媒生物消杀工作，组织第三方专业消杀机构，采取滞留喷洒、药物投放方式，对建成区主要道路两侧绿化带、公园（游园）绿化区域、大型水域护坡绿地、断流河道及边坡绿化带、窗口单位、人流量较大的办公场所、农贸市场和主要道路沿途垃圾暂存点、垃圾中转站、公共厕所等重点场所及周边环境的蚊、蝇进行防制和消杀，消杀面积约300万平方米。开展雨季病媒生物防制工作，对雨汛受灾地进行全面消杀。开展灾后消杀工作，对受灾地区卫生死角先清理后消杀。开展对水淹地区和居民住宅、厕所、垃圾点、临时住所等地的垃圾、污水、粪便、禽畜尸体的收集、清运及无害化处理工作，防控鼠、蚊、蝇、蟑螂等病媒生物传播疾病。

【健康细胞工作】 2021年，晋城市以县、镇（街道）、社区、乡村、学校、医院、机关（事业单位）、企业等为重点，倡导各类单位开展健康促进工作。各县（市、区）、市爱卫会各成员单位开展健康社区、健康单位、健康学校、健康家庭等健康细胞建设，改善健康环境，提高健康服务水平，推进全民健康生活方式行动。发挥3家健康企业辐射带动作用，培育健康细胞建设特色样板，推动全社会健康环境改善、健康服务优化、健康教育普及和健康行为养成。

（李建军）

医政管理

【医保支付方式改革】 2021年，晋城市深化医保支付方式改革，在9家医院实施按疾病诊断相关分组付费，其中市人民医院、晋城大医院、市妇幼院3家三甲医院实现实际付费，6家县级二甲综合医院实施模拟付费。3家三甲医院次均住院费用由1.56万元降至1.44万元，比上年下降7.69%，平均住院天数由10.02天降至9.09天，比上年下降9.28%，实现次均费用和住院时长双下降。

【城乡居民门诊制度改革】 2021年，晋城市提高城乡居民门诊统筹待遇，由原年度支付标准80元提高至200元，全年就诊55.31万人，基金支付3210.2万元；优化调整城乡居民门诊慢性病政策，实施“天天可申请、月月可鉴定、次月可享受”申报鉴定机制，享受待遇9.87万人，基金支付1.05亿元；降低城乡居民“两病”（高血压、糖尿病）门诊用药起付标准，由每年60元降低至30元，全年就诊2.69万人，基金支出262.24万元。

【药械集中带量采购】 2021年，晋城市组织全市所有公立医院和部分民营医院参加药品集中采购10次，采购品种327个，价格平均降幅67.78%，最高降幅91.69%；参加高值耗材集中采购8次，价格平均降幅50%，人均采购使用集采产品高出全省平均水平的30%。与临汾市、运城市、长治市建立低值医用耗材带量采购四市联盟，开展集中联采4次，价格平均降幅78.4%；全年通过开展药械集采工作，共节约医保基金7531万元。2019—2021年，门诊慢性病人数以每年10%的速度递增，但医保基金支出逐年下降。

2021年10月11日，晋城、长治、临汾、运城四市医疗机构医用耗材采购项目竞价谈判会议召开 （尹迎春 供图）

【医保基金监管】 2021年，晋城市强化医保基金日常监管，利用信息化基金监管手段，依托智慧医保监管系统，通过不定时发送核查指令，核查住院患者的在床情况，通过智能审核系统对定点医药机构医疗费用结构多个维度进行分析，杜绝挂床住院、过度检查、不合理用药、重复及超标准收费、超范围用药等违规行为。组织开展“虚假住院、诱导住院”“清零行动”“打击欺诈骗保专项整治活动”“秋风行动”4次专项检查行动，配合省医疗保障局开展“飞行检查”2次，共检查医药机构2567家，暂停医药机构12家，解除服务协议1家，移交公安机关骗保案例7起，媒体曝光125家，追回医保基金3941.87万元。将2017年12月31日前的原晋煤集团医保基金15.25亿元，划转至市财政医保专户。晋城市被省医保局评为山西省医保基金监管综合创新改革省级试点优秀市。

【医保服务规范化建设】 2021年，晋城市探索医保窗口服务新模式，推行综合柜员制，集成医保服务事项清单，实现医保服务“一站式服务、一窗口办理、一单制结算”。设置服务咨询窗口和老年人爱心窗口，减少老年人等候时间。建立咨询帮办员制度，协助老弱病残群众解决困难和问题。开通住院和普通门诊费用跨省直接结算、跨省异地就医线上备案。直接结算住院费用1.37万人次，普通门诊费用15.91万人次。为参保单位和个人提供智能客服、公共查询、信息查询、医保业务办理、医保电子凭证激活（展码）、医保在线知识库等便民服务。推进“医保驿站”建设，全市6县（市、区）、74个乡镇（街道、社区）、52个偏远乡村（社区）共建成医保驿站126家，下放参保登记、医保报销、电子凭证、异地备案等6项高频次医保经办事项，受益群众达35万人次，基本实现参保群众业务咨询、信息变更、费用报销等医保经办事项“就近办”服务。

【医疗保障化建设】 2021年，晋城市实现国家医疗保障信息平台市、县（市、区）、乡（镇）、村四级全覆盖，开通定点医疗机构2232家、药店787家，开通率98.98%，全省排名第1；医保电子凭证激活134.03万人，激活率63.52%，全省排名第2。

【全国长期护理保险制度试点工作】 2021年，晋城市将长期护理保险试点列为全市重点工作，市政府成立试点工作领导小组，市医保局组建工作专班，统筹推进试点工作落地实施。制定出台《晋城市职工长期护理保险实施细则》及8个配套制度，形成覆盖面全、措施得力的“1+8”工作体系。将工作任务层层分解，标明“路线图”“时间表”，市医保局与市民政局、市财政局等部门发挥协调联动机制，建立长期护理保险待遇标准确定、经办管理、失能评定、机构管理和考核、护理人员规范培训等工作机制。通过政府购买服务的方式，公开招标确定2家商业保险公司分片区承办经办服务工作，业务受理点覆盖全市6县（市、区），实现长期护理保险申办“当地办”“就近办”。确定4家评定机构、14家护理机构，为参保人员提供失能评定和照料护理服务。开发长期护理保险信息管理模块，实现长期护理保险管理服务“网上办”；出台长期护理保险护理服务项目清单，由失能人员自主选择个性化服务；开展长护险业务培训，提升经办机构、护理机构和评定机构服务水平；举办“长护险沙龙”“长护险开放周”，探索制度试点新突破、新发展。2022年1月7日，国家医保局致感谢信，充分肯定了晋城市医保局在市委、市政府的领导下，为探索建立长期护理保险制度作出的贡献。

12月21日，在全国长期护理保险制度试点工作座谈会上，晋城市医保局就长护险试点工作进行经验交流。

（尹迎春）

2021年，晋城市推行“一站式”“就近办”等服务，实现医疗费用及时结算

（尹迎春　供图）

卫生监督

【医疗卫生监督】 2021年，晋城市开展医疗卫生监督执法检查，办理行政处罚案件45件，罚没款34.74万元。开展医疗机构消毒效果监督抽检，检查各级各类医疗机构170家，采集消毒灭菌样品1235个，合格率99.6%。开展医疗污水样品342个，合格率97.37%。开展医疗机构依法执业自查，检查各类医疗机构17家。开展市区医疗美容专项整治，检查各类医疗美容机构14家。开展医疗机构卫生城市创建督导，检查各类医疗卫生机构10家，下达整改意见通知书10份，提出整改意见40余条。

【公共场所卫生监督】 2021年，晋城市开展公共场所卫生监督执法，办理行政处罚案件14件，罚款2.35万元。开展公共场所随机监督抽查，抽取各类公共场所单位57家，卫生管理合格率87.72%，卫生检测合格率81.40%。开展公共场所通风卫生专项检查，监督抽检集中空调通风系统14家，卫生管理合格率78.57%，卫生检测合格率100%。开展密闭文化娱乐场所联合检查，监督抽检文化娱乐场所15家，卫生管理合格率86.67%，卫生检测合格率100%。开展迎接国家卫生城市复审专项检查，检查各类公共场所200余户，下达监督意见100余份，发放宣传标语60余条。

【口腔放射卫生专项执法】 2021年，晋城市开展口腔放射卫生专项执法，抽检口腔医疗机构30家，立案查处7家，罚款1.2万元。

【学校卫生监督】 2021年，晋城市开展学校教室课桌椅配置专项检查，检查各类中小学校16所。开展托幼机构采光照明优化专项检查，抽检各类托幼、校外培训机构7所，托幼机构合格率93.8%，校外培训机构合格率81.5%。开展学校周边环境专项整治，检查各类学21所。

【灾后生活饮用水卫生专项检查】 2021年，晋城市开展灾后生活饮用水卫生专项检查，检查生活饮用水单位9家，抽检农村集中式供水单位62家，做12项指标分析；抽检27个居民小区，做8项指标分析。职业卫生监督执法行政处罚7件，罚没款41.6万元。

【“双随机”监督】 2021年，晋城市执行国家随机监督抽查任务1001个，监督完成率100%，任务完结率100%，是全省唯一一家执行国家“双随机”（随机抽取检查、随机选派执法检查人员）任务监督完成率、完结率达到“双百”的单位。至年底，全市各类被监督单位监督检查覆盖率99.9%，全省排名第1；行政处罚案件查处302件，罚没款178.01万元，全省排名第3。

（李涛林）

医疗机构选介

·晋城市人民医院·

【概况】 2021年，晋城市人民医院门诊量854962人次，比上年增长42.6%，急诊量112497人次，比上年增长45.23%；出院患者46381人次，比上年上升30.85%；住院手术与操作32079人次，比上年上升44.79%，腔镜手术完成3681例，比上年上升54.47%，三四级手术占比77.53%，比上年增长4.61%；患者平均住院日8.63天，比上年下降1.14天，床位使用率87.95%，比上年上升14.01%，住院患者均次费用下降15.82%。全年业务收入比上年增长19.17%。科研经费与人才培养累计支出比上年增长45.74%。

【学科建设】 2021年，晋城市人民医院坚持“人才强院、科技兴院”，创新人才引进机制，引进专业技术人才155名，其中硕博士高层次人才56名；制定辅助护士招聘与管理方案，吸引优秀护理人才；按照各学科不同亚专业学组发展要求，外送30余名技术骨干到国内一流医院深造。引进推广ECMO、导航下膝关节置换等新技术；成立晋城市门脉高压诊治中心、体外生命支持中心。加强国际学术交流，与德国海德堡大学附属医院联合举办“医路领航”脑科中心国际云桌会议。1名主任医师、1名副主任护师1名主任医师分别当选山西省优秀医师、优秀护士、名中医。

【科研教学】 2021年，晋城市人民医院获批国家级继续教育项目5项（面授3项、线上2项）；与锦州医科大学合作，首次在院内开办硕士研究生班；新增9名长治医学院硕士研究生导师；20多名硕士申报2022年博士；7个省级专科护士临床培训基地通过评审；晋城市市县重点学科建设项目培训基地落户医院。全年科研课题立项65项，其中省部级课题2项、省卫健委课题5项、市级课题17项、院级课题40项、横向课题1项；发表科研论文108篇，其中SCI7篇，中华医学会系列及北大核心期刊14篇；实用新型专利4项；69项新技术新项目通过论证并开展。

（徐　沛）

·晋城大医院·

【概况】 2021年，晋城大医院门诊总量914565人次，比上年增长

31.2%；出院患者34490人次，比上年增长8.3%；住院手术12455台，比上年增长4.4%；手术与操作25162台，比上年增长21.49%；三四级手术及操作比上年增长45.51%；住院危重患者比上年增长21.93%；平均住院日9.8天。平均住院费用比上年下降0.75%；医院感染发生率1.43%。医疗事故为零。该院被确定为晋城市新冠肺炎定点救治医院。

【学科建设】 2021年，晋城大医院呼吸与危重症医学科、消化内科获批山西省第四批医学省市共建医学重点学科，跻身省级重点学科行列。医学影像与核医学科、普通外科作为重点建设学科通过省级年度考核。骨科由省、市共建重点学科晋升为省级重点学科。全年，开展新技术项目11项。

【科研教学】 2021年，晋城大医院参与制定《煤矿瓦斯爆炸伤患者救治指南》《化工园区化学事故医疗应急救援机构建设导则》《高等学校实验室安全标准化建设规范》3项国家级团体标准；参与的“国家手术部位感染监测网”项目，入组病例数居全国百家医院前6名，山西省第1名，副院长徐峰获抗感染突出贡献专家称号；护理团队获“第九届全国医院品管圈大赛”二等奖。立项“十三五”国家重点研发计划子课题1项，科技部国家重点研发计划子课题2项，中华国际科学交流基金会基金1项，山西省“四个一批”科技兴医创新计划项目3项，山西省卫健委科研课题4项，晋城市重点科技研发计划项目8项。获山西省科技进步奖3项，中国煤炭工业协会科技进步奖4项。国内领先水平以上部级鉴定成果6项。获批国家实用新型专利8项。成为“国家卫生健康委尘肺病重点实验室核心基地”“山西省免疫性皮肤病临床医学研究中心”分中心单位。

（王亚翔）

体　育

综　述

【概况】 2021年，晋城市新增体育场地150个，新增场地面积41.93万平方米；人均体育场地面积2.59平方米，比上年增长11.69%。市、县两级共举办群体活动115项（次），直接参与人数26万人次。全市社会体育指导员总人数6693名，每千人拥有社会体育指导员2.65名。全市拥有各级各类体育场馆9238个。全市运动员在省级以上重大比赛中（包括非奥运项目比赛）中获金牌53枚、银牌52枚、铜牌29枚。全年，全市体育彩票销2.24亿元，比上年增长41.2%，超额完成省定销售任务。

【体教融合发展】 2021年，晋城市贯彻落实《关于深化体教融合，促进青少年健康发展的意见》，成功举办第31届晋城市中小学生田径运动会，筹备全市首届残疾人运动会和特殊奥林匹克运动会。以城区为试点，出台体教融合工作方案，探索体教融合发展改革，举办晋城市体教融合城区试点启动仪式暨城区中小学足球联赛，依托各体育类社会组织到中小学校开展围棋、毽球、航模、足球等传统体育进校园活动，城区中科幼儿园等3所幼儿园获2021年“全国围棋特色学校（幼儿园）”称号。

【反兴奋剂和赛风赛纪工作】 2021年，晋城市建立健全以“拿干净金牌”为导向的赛风赛纪和反兴奋剂教育机制，引导运动员、教练员、辅助人员树立正确的价值观、成绩观和胜负观。成立反兴奋剂领导小组，出台《晋城市体育局“五个明确、一个方案”反兴奋剂工作方案》，明确工作责任，强化机制保障，构建全方位、全过程、全覆盖的反兴奋剂长效管理体系。3月31日，市体育局召开备战第十六届省运会工作推进会暨2022年反兴奋剂工作会，与市体校、市游泳学校签订金牌任务书、反兴奋剂工作责任书。8月31日，市体育局举行开展假球黑哨和使用兴奋剂问题专项治理、提升诚信水平工作推进会。全年，全市所有参赛运动员未发生违反赛风赛纪和使用兴奋剂等情况。

【体育行业监管】 2021年，晋城市吸取甘肃白银山地马拉松事故教训，召开全市体育领域安全生产工作会议3次，印发安全生产监管责任清单，健全体制机制，明确监管职责。加强高危体育项目监管，严格落实监管责任，对高危体育经营场所检查50余次，下达整改意见书13份；与重点企业签订安全生产履职尽责承诺书。

（李　霞）

体育场所

【体育场地设施建设】 2021年，晋城市在市区东、西、北、中区域建成4处21片全民健身场地，包括标准化篮球场、羽毛球场、网球场和足球场等，面积达13074.6平方米。城区秀水苑社区等4个社区申请建设省级社区全民健身中心，配备价值160余万元的健身器材；对市体育场内田径场进行提升改造，翻新8000平方米的十一人制足球场。市游泳馆等20家公共体育场馆继续实行定时免费和低收费开放，市体育场、笼式网球场每日平均免费开放超过10小时；游泳馆免费开放32天，接待群众1.1万余人次。全市新增体育场地150个，新增场地面积41.93万平方米。

【晋城市体育场】 晋城市体育场位于市区凤台东街，占地面积11.67万平方米，建有全民健身中心、田径场、游泳馆、跳水馆等体育设施，总投资2.5亿元。田径场主要承担田径、足球等运动项目训练、比赛及市民健身运动，年接待人数20万人次。2021年，承办晋城市第七届运动会开幕式、"奔跑吧·少年"晋城市第五届人保财险"贺岁杯"足球赛等赛事。

全民健身中心建筑面积9900平方米，开展体育项目有羽毛球、篮球、毽球、健身秧歌等。2021年，举办乒乓球、羽毛球、篮球等培训，培训人数1.96万人次；开展社会体育指导员培训2次，培训人数近千人。

【晋城市游泳馆】 晋城市游泳馆总建筑面积7219.4平方米，用地面积5000平方米，室内场地面积3859平方米，室外场地面积786平方米，看台总座位数1507个，总投资2342万元，于2002年年底投入使用，是晋城市最大的集训练、比赛、健身、娱乐于一体的现代化、多功能体育场馆之一。

2021年，共开放332天，法定节假日免费开放32天，总接待人数10.7万余人次，免费接待人数1.1万余人次，平均每天到馆参加锻炼人数290余人次。免费为25个党政机关、企事业单位、社会团体提供活动场所，免费开展溺水知识讲座进校园活动5次，免费开展国民体质监测3000余人次，组织免费、低收费游泳赛事3次。

【晋城市跳水馆】 晋城市跳水馆于2010年底投入使用。占地面积2475.5平方米，建筑面积5621平方米，总投资1961万元。地下一层、地上三层、局部夹层，其中一层为比赛用房，主要包括25米×21米标准跳水池，水深5.5米，观众席位400座；二层为动作训练室；三层为体能训练室。不对外开放，仅供游泳学校专业运动员训练使用。2021年，承办"奔跑吧·少年"2021年山西省跳水冠军赛暨山西省第十六届运动会跳水资格赛。

【体育广场】 体育广场原为阳电体育场，占地面积2.5万平方米。常年免费对市民开放，供各单位免费举办大型活动和市民早晚锻炼。

（李　霞）

体育教育

【山西省体校晋城市教学班】 2021年，山西省体校晋城市教学班（晋城市少年业余体育学校）开办中专班、初中班、小学班，开设田径、篮球、击剑、摔跤、柔道、射箭、武术、散打、举重、乒乓球、跆拳道、足球、拳击、自行车、空手道、网球等运动项目；开设语文、数学、物理、化学、英语、政治、法律、历史、计算机、普通话等基础文化课；开设运动解剖学、运动保健学、运动训练学、学校体育学、运动竞赛学、体育场地学、反兴奋剂教育等专业基础理论课和田径、球类、体操、武术、健美操、游戏、队列等专业技术课及礼仪、国学、书法、党史等特色教育课。9月，参加第十四届全国运动会，学生王忠获举重比赛67公斤级银牌，连续2次抓举破全国青年纪录，总成绩破全国青年纪录；输送运动员方玉婷获射箭女子团体铜牌。参加山西省第十六届运动会年度比赛项目18个，取得30个第一、18个第二、7个第三。参加省体育局举行的运动员文化教育系列活动，共获奖项12个，学校获得优秀组织奖。

【晋城市游泳学校】 2021年，晋城市游泳学校为九年一贯制（小学、初中）学校，专业课设游泳、跳水2个大项，文化教学开设语文、数学、英语、道德与法治、信息技术、音乐、美术、书法、历史等基础文化课。参加山西省第十六届省运会年度赛比赛游泳、跳水、羽毛球3个项目，获金牌19枚、银牌32枚、铜牌17枚。学生杨畅参加2021年中国游泳争霸赛（石家庄站）获100米蛙泳第3名；参加2021年全国游泳冠军赛暨东京奥运会选拔赛获100米蛙泳第3名；参加全国第十四届学生运动会游泳比赛获100米蛙泳第1名；参加全国第十四届运动会获100米蛙泳第3名；学生焦雨田参加2021年全国青年跳水锦标赛暨全运会跳水资格赛获得一米板第8名。市游泳学校被国家体育总局授予“2017—2020年度全国群众体育先进单位”称号。

【体育人才培养】 2021年，晋城市引进优秀体育教练3名，其中，篮球职业教练2名，水上运动教练1名。探索体育类社会组织量化考核，培训健身技术骨干130名、社会体育指导员360名。举办田径、毽球裁判员培训班，150余人参加培训。制定《晋城市体育局关于运动员技术等级监督管理办法》，申报一级裁判员50名、二级等级运动员46名。13名运动员被大专院校录取。

（李 霞）

群众体育

【全民健身组织建设】 2021年，晋城市结合省体育局全民健身项目下基层暨全运会展演项目技能培训活动，组织体育协会和各县（市、区）160名全民健身骨干进行广场舞、广播体操项目培训；分批对各县（市、区）360名社会体育指导员进行培训。至年底，全市社会体育指导员总人数6693名，每千人拥有社会体育指导员2.65名。

【全民健身活动】 2021年，晋城市贯彻落实全民健身国家战略，采取“线上+线下”“活动+赛事”的方式丰富健身活动。举办形式多样、群众喜闻乐见的象棋、体育舞蹈、武术等传统赛事和市直单位篮球赛、“贺岁杯”足球赛等品牌赛事。全年，市、县两级共举办群体活动115项（次），直接参与人数26万人次。

【全民健身指导】 2021年，晋城市体育局、市卫健委在晋城综合广播（FM107.2频道）联合开办“全民健身线上指导大讲堂”栏目，围绕跑步、篮球、游泳等群众参与度高的体育项目，制作播出节目6期；在市体育局微信公众平台推送科学健身知识72篇，为群众提供健身指导，引导提升科学健身水平。开展全国第五次国民体质监测，免费对3940名3~79周岁公民进行抽样检测，为不同人群开具科学健身运动处方，提供科学健身方法。

【“我要上全运”第十四届全运会群众赛事活动山西省毽球选拔赛暨2021年山西省毽球锦标赛】 2021年6月11日至14日在晋城市凤凰山体育馆举办。比赛由山西省体育局主办，山西省全民健身中心、省毽球协会和晋城市体育局共同承办，晋城市毽球协会协办。全省28支代表队，260名运动员和裁判员参加。比赛选拔出的优秀运动员代表山西省参加第十四届全国运动会群众赛事毽球项目的比赛。

【2021年山西（晋城）体育舞蹈全国公开赛暨山西省第二十九届体育舞蹈锦标赛】 2021年10月2日至5日在晋城举行。由晋城市体育局、晋城市总工会、山西省体育舞蹈运动协会主办，共设比赛项目300余个。全省59支代表队，近800名职业、专业和业余体育舞蹈运动员参加比赛。同时，立足山西、面向全国，吸引包括国家队选手在内的诸多优秀选手参加比赛。

【“人保财险杯”晋城市第三届市直单位篮球赛】 2021年12月16日至24日在市全民健身中心举办。联赛由市直工委、市文明办、市体育局、市总工会主办，市篮球协会承办，中国人民财产保险股份有限公司晋城市分公司协办。全市19支代表队300多名干部职工参加比赛。

【“奔跑吧·少年”晋城市第五届人保财险“贺岁杯”足球赛】 2021年12月17日至19日在晋城市体育场举办。由晋城市体育局、晋城市教育局、晋城市融媒体中心共同主办，晋城市体校、方程红心

2021年12月16日，2021年“人保财险杯”晋城市第三届市直单位篮球赛在市全民健身中心开幕　　（李　霞　供图）

足球俱乐部、晋城市城区足球协会承办，中国人民财产保险股份有限公司晋城市分公司协办。比赛按年龄分甲组（五、六年级）、乙组（三、四年级）、丙组（一、二年级）和女子组进行，全市31支代表队、近500名小学生参赛。

（李　霞）

竞技体育

【晋城市第七届运动会】 2021年10月13日，2021“彤康杯”晋城市第七届运动会在市体育场开幕，至11月9日结束。全市31支代表团、3000多名运动员参19个大项、211个小项的比赛，决出奖牌2016枚。此次市运会首创会歌，采取市县两级全域办赛模式。是晋城市举办的规模最大、规格最高、影响最广的综合性体育赛事。

【“奔跑吧·少年”山西省篮球锦标赛暨山西省第十六届运动会篮球资格赛】 2021年11月26日至12月1日在晋城市成功举办。全省11个地市的男、女20支代表队300名运动员参赛。本次比赛由山西省体育局主办，山西省自行车击剑球类运动中心、山西省全民健身中心、晋城市体育局承办，晋城职业技术学院、晋城市篮球协会协办。太原、晋城、长治代表队分别获男子组前三名，太原、忻州、晋中三代表队分别获得女子组前三名。晋城市男子组获2022年年省运会资格赛。

【山西省乒乓球锦标赛】 2021年12月2日至7日，在晋城市城区举办。全省10个地市的19支代表队133名运动员参赛。

【山西省自行车锦标赛】 2021年12月6日至7日，在沁水县成功举办。全省6个地市的6支代表队55名运动员参赛。比赛设男子30公里、女子20公里个人计时赛；男子70公里、女子50公里个人赛组别。大同市的15号选手兰文博获男子30公里个人计时赛第一名，大同市的8号选手张明夏获女子20公里个人计时赛第一名，晋中市的19号选手张江浩获男子70公里个人赛第一名，大同市的7号选手姜雨彤女子50公里个人赛第一名。

【“奔跑吧·少年”2021年山西省跳水冠军赛暨山西省第十六届运动会跳水资格赛】 2021年7月27日至31日，在晋城市成功举办。来自全省6个地市的6支代表队79名运动员参赛。晋城市游泳学校获全省第二名。

2021年10月13日晚，2021“彤康杯”晋城市第七届运动会在市体育场开幕　　（李　霞　供图）

【参加省运会资格赛】 2021年，晋城市取得省运会项目资格赛的注册运动员626名，438名运动员参加21个大项的比赛，共获49金牌49枚、银牌50枚、铜牌34枚。

【参加第十四届全运会】 2021年，晋城市组织参加第十四届全国运动会，11名运动员参加比赛，举重运动员王忠获67公斤级决赛银牌，同时打破全国青年抓举和总成绩纪录；射击运动员方玉婷获射箭女子反曲弓团体铜牌；游泳运动员杨畅获得女子100米蛙泳铜牌。

（李　霞）

体育产业

【体育产业发展】 2021年，晋城市贯彻落实《关于促进全民健身和体育消费推动体育产业高质量发展的若干措施》和《山西省市场主体倍增实施方案》，初步形成以竞赛表演活动为带动，以健身休闲、体育培训为基础，市场驱动、融合发展、社会协同、群众参与的体育产业发展新格局。发挥晋城市康养大会永久会址优势，以每年定期举办的康养产业大会为平台，引进大型体育赛事，加速“体育+”融合力度，促进体育与康养、文化、旅游、医疗等产业互动融合，延伸体育产业链。

【体育彩票销售】 2021年，晋城市落实省体彩中心渠道规划，实行老网点提升和新网点拓展，推动现有代销网点提档升级，全市新增体育彩票机46台。探索“彩票+”发展战略，拓展便利连锁渠道，与142家神利便利连锁店签约，销售彩票246万元。全年，全市体彩销量2.24亿元，比上年增长41.2%，超额完成省中心下达的销售任务。

（李　霞）

综　述

【概况】　2021年5月31日，晋城市乡村振兴局正式挂牌，设综合协调组、党建人事组、计划财务组、监测帮扶组、驻村帮扶组、振兴考核组、行业振兴组、社会帮扶组8个组。6月4日，各县（市、区）乡村振兴局相继挂牌，开启脱贫攻坚和乡村振兴有效衔接的新征程。经过对所有帮扶村、帮扶单位及帮扶力量的基本情况进行5次排查摸底，最终确定全市重点乡村的派驻范围：14个重点乡镇、146个脱贫村、29个脱贫人口100人以上的易地扶贫搬迁安置点、40个乡村振兴示范村、139个党组织软弱涣散村和16个其他类型帮扶村。市、县两级帮扶单位共选派205支驻村工作队、808名第一书记和驻村工作队员。为市派驻村干部统一购买人身意外伤害保险，每人每年300元。市县两级举办干部驻村帮扶示范培训班14期，培训2500人次。6月，市乡村振兴局被人社部、国家乡村振兴局授予“全国乡村振兴（扶贫）系统先进集体”称号，获山西省人社厅“脱贫攻坚专项工作记大功奖励”，被山西省脱贫攻坚普查工作领导小组评为“普查工作突出集体”。

【防返贫动态监测】　2021年，晋城市出台《进一步做好防贫动态监测和帮扶工作的意见》，市委农村工作领导小组制订《关于健全防止返贫动态监测和帮扶机制的实施方案》，明确采取农户自主申报、基层干部排查、部门筛查预警、舆情信访预警4种方式，对易返贫致贫风险的农户进行监测。全市原有建档立卡贫困村200个，其中不涉及合并的建档立卡贫困村68个，涉及合并的贫困村132个，合并为85个行政村。对全市1608个行政村（社区）655249户进行全面排查，至年底，新识别监测对象81户208人，全市共有监测对象1331户3101人，全部实施“一对一”结对帮扶。出台《晋城市“1+N”防贫综合保险实施方案》，市县两级财政投入资金650万元，对脱贫户和监测户生产生活全过程实施“1+N”防贫保险，至年底，完成赔付348.32万元。

【农村人居环境整治】　2021年，晋城市召开全市巩固拓展脱贫攻坚成果暨农村人居环境“六乱”整治工作会，印发实施方案和整治标准，明确“六乱”（乱搭乱建、乱堆乱放、乱设摊点、乱拉乱挂、乱贴乱写乱画、乱扔乱吐）整治“五个重点、五级动员、五项结合”具体要求，建立“三报两督一考”推进机制。全市共宣传发动农民参与54.15万户，清理整治12.8万处、垃圾46.4万吨，消除交通安全隐患3012处，取缔违法占地14.6公顷，复垦农田233.34公顷，行动成果在省级评价中被列为“好”等次通报表扬。

【精准扶贫档案归集】　2021年，晋城市出台《关于做好精准扶贫档案的指导意见》，市、县两级成立精准扶贫档案工作领导小组，明确具体工作要求和标准，与档案部门密切配合，通过自查自验、联合检查、通报督促，推动精准扶贫档案归集工作按时完成。2000—2020年精准扶贫档案全部移交档案馆，共归整永久档案181件、长期（30年）档案1445件、短期（10年）档案4182件。

【脱贫攻坚宣传】 2021年，晋城市开展脱贫攻坚系列宣传活动，编印《脱贫攻坚·晋城实践》《脱贫攻坚·晋城故事》和《脱贫攻坚·晋城帮扶》系列丛书和画册，全面展示晋城市在脱贫攻坚过程中的总体成效、经验做法和先进典型。编发《晋城脱贫攻坚（乡村振兴）快报》32期、《新一轮“晋城的事，大家想、大家说、大家干”思想解放大讨论活动简报》14期、《“六乱”整治专题简报》12期、《党史学习教育简报》33期。开展脱贫攻坚口述史征文、“我的脱贫故事”“永远跟党走”社会主义核心价值观微电影等征集活动。

（都亚云）

【老区建设】 2021年，晋城市老区建设促进会推进老区村产业发展，确定泽州县郭背村、阳城县中庄村、陵川县附城村3个村为晋城老区发展建设“康养基地”示范村，帮助郭背村发展香椿产业、中庄村发展旅游康养产业、附城村发展肉丸产业。加大老区历史贡献宣传力度，与市新闻传媒集团合作，在晋城电视台、《太行日报》播出和发表文章、报道20余篇，在《山西老区开发报》发表文章5篇，宣传老区村的历史贡献、革命历程、发展实践。泽州县土岭村挖掘红色文化、开发绿色资源，投入资金200万元，维修土岭事件纪念馆、牺盟会旧址，拓宽进村道路和停车场，搭建观光平台，修建登山步道，开办农家乐8家。阳城县润城镇上庄村、北留镇皇城村、东冶镇独泉村入选AAA级乡村旅游示范村。

（陈苏洲）

精准扶贫

【易地搬迁扶贫】 2021年，晋城市调整和完善“十四五”时期易地扶贫搬迁工作领导小组，对47个集中安置点进行质量安全排查和产业就业保障专项行动。全市5577户搬迁户未发现房屋质量安全问题。47个集中安置点共配套建设扶贫车间25个、农牧业产业基地（园区）7个、物流园区1个，发展旅游产业项目2个。800人以上安置点共配套产业项目8个。搬迁家庭中，有劳动能力的3753户8581人，就业6985人，实现有劳动能力的搬迁户每户至少1人就业的目标。新成立社区居委会3个、基层党组织15个，其余的安置点依托当地村（居）委进行管理，均能正常开展工作。搬迁对象入住率100%，无出租、出售等违规情况。通过排查摸底，将各集中安置点在产业就业、基础设施、公共服务、素质培训等方面需要提升的项目，纳入“十四五”时期易地扶贫搬迁后续扶持项目库。

【就业扶贫】 2021年，晋城市各级扶贫部门和人社部门密切配合，开展“春风行动直播带岗”“互联网+就业”“春风送岗位、就业暖人心”等主题就业招聘活动，提供优先返岗、优先复工、优先吸纳、优先招聘、优先培训的“五优先”点对点帮扶服务。至年底，全市脱贫劳动力外出务工26257人，省外务工3224人，完成山西省下达的脱贫劳动力外出务工人数和省外务工“两个高于”目标。培训乡村振兴致富带头人5期300人，

2021年3月，高平市野川镇圪台村易地扶贫搬迁安置点

（都亚云　供图）

完成全年培训目标。9月，采取“订单式”“点餐式”方式，举办药茶产业乡村振兴致富带头人培训班，66人参加培训。

【光伏扶贫】 2021年，晋城市204座村级光伏电站享受国家电价补贴政策，发电收益394.69万元，占年度目标任务的161.1%。按照“按需设岗、以岗聘任、在岗领补、有序退岗”管理模式，合理设置公益岗位，增加脱贫群众的工资性收入。全年收益分配122.63万元，带动公益岗位就业518人，奖励补助58户。

【小额信贷扶贫】 2021年，晋城市推进扶贫小额信贷工作，对全市贷款情况进行摸底，对照山西省下达晋城市8000万元目标任务，综合各县（市）脱贫人口和边缘易致贫人口数量、历年贷款情况、2021年到期贷款情况等因素，将全市2021年度脱贫人口小额信贷任务分解至各县（市）。至年底，全市完成小额信贷2230户10821.57万元，占年度任务的135.27%。

【消费扶贫】 2021年，晋城市稳步推进消费帮扶，安装消费扶贫专柜100台，并上线运营。推进“扶贫产品”认定工作，《全国扶贫产品目录》公示至第17批，涉及晋城市供应商42个、产品75种，全市认定产品价值总量5.87亿元。

（都亚云）

巩固脱贫攻坚成果

【专项工作考核】 2021年，晋城市对照山西省下达的《晋城市2021年巩固拓展脱贫攻坚成果有效衔接乡村振兴任务清单》，拟定《各县（市、区）2021年巩固拓展脱贫攻坚成果专项工作考核事项》，出台《全市巩固拓展脱贫攻坚成果专项考核办法》，细化考核标准。印发《2021年度晋城市乡镇巩固脱贫攻坚成果考核办法》，对乡镇巩固脱贫攻坚成果工作进行考核，将4项考核指标纳入全市“三农”工作考核中，每月对乡镇进行排队。

【问题排查整改】 2021年，晋城市印发《晋城市2020年国家脱贫攻坚成效考核反馈问题整改工作方案》和《关于做好山西省“两不愁三保障”问题排查整改工作的通知》，进行“两不愁三保障”（“两不愁”即农村贫困人口不愁吃、不愁穿；“三保障”即保障其义务教育、基本医疗和住房安全）问题排查。9月，按照山西省统一安排，开展问题排查整改专项行动，印发《晋城市巩固脱贫攻坚成果问题排查整改专项行动实施方案》，召开动员会议、推进会议、调度会议，要求各县（市、区）明确重点，按照时间节点，分段推进。市委、市政府乡村振兴督导组进行全程督导，市、县、乡、村全部建立问题排查整改台账，细化问题清单、责任清单、整改清单，逐项逐条对账销号。至年底，全市共动员13122人开展问题排查，排查问题1255条，全部完成整改验收。

【扶贫资金资产管理】 2021年，晋城市共投入财政衔接推进乡村振兴补助资金26404.23万元，安排项目465个，项目全部开工，资金支出率全市平均94.7%。加强扶贫项目资产管理，2013年以来晋城市投入的各类扶贫资金形成5772个扶贫项目资产，资产原值29.14亿元，全部确权移交，确权比例、移交比例均为100%。

（都亚云）

社会生活

人口家庭

【人口构成与分布】 2021年底，晋城市常住总人口218.86万人，比上年底减少0.57万人，其中城镇常住人口139.08万人，占总人口比重（常住人口城镇化率）的63.55%，比上年底提高0.83个百分点。全年，全市出生人口1.76万人，出生率8.03‰；死亡人口1.79万人，死亡率8.16‰；自然增长率－0.13‰。常住总人口性别比为102.58（以女性人口为100）。

（市统计局）

表25　2021年晋城市各地区人口数和出生率、死亡率、自然增长率一览表

地　区	年底人口数（人）	出生率（‰）	死亡率（‰）	自然增长率（‰）
合　计	2188632	8.03	8.16	–0.13
城　区	582364	9.06	3.84	5.22
沁水县	194762	5.39	11.50	–6.10
阳城县	346832	6.55	9.94	–3.39
陵川县	199491	7.63	10.93	–3.30
泽州县	414416	8.78	8.04	0.74
高平市	450767	8.49	9.67	–1.18

表26　2021年晋城市各地区人口城乡构成一览表

地　区	人口数	城镇人口		乡村人口	
		人口数	比重（%）	人口数	比重（%）
2021	2188632	1390775	63.55	797857	36.45
城　区	582364	582364	100.00		
沁水县	194762	96788	49.70	97974	50.30
阳城县	346832	176038	50.76	170794	49.24
陵川县	199491	89327	44.78	110164	55.22
泽州县	414416	200710	48.43	213706	51.57
高平市	450767	245548	54.47	205219	45.53

【婚姻登记】 2021年，晋城市居民登记结婚数14644对。初婚人数25198人，再婚人数4090人。晋城市居民登记离婚人数2435人。

【养老服务】 2021年，晋城市公布施行《晋城市养老服务条例》，是山西省唯一对养老服务进行立法的市，入选全省养老服务“惠民生、增福祉”10件大事。编制《晋城市“十四五”养老服务体系规划》，成为山西省唯一编制养老服务规划的市。出台《晋城市养老服务业财政资金扶持办法》《关于支持社区居家养老服务发展的实施意见》等，健全完善养老服务政策体系。北岩矿社区养老幸福工程建成运营，在省政府民生实事专项评价中，2020年、2021年建设的城镇社区养老幸福工程全部获评优秀等次。市老年公寓扩建项目建成使用，晋城市智慧养老服务平台上线运营，通过平台为城区75周岁以上的低保和特困供养老年人提供上门服务，实现养老服务线上线下有效结合。城区实施“社区嵌入+精品日照+幸福驿站”分级分层次养老服务体系，探索社区和居家养老服务新路径。至年底，晋城市共建成住养型养老机构70所，城乡老年人日间照料中心991所(城市54所，农村937所)，居家养老服务机构13个，以“居家社区机构相协调、医养康养相结合”的具有晋城特色的养老服务体系初见成效。

【殡葬服务】 2021年，晋城市完成市殡仪馆回购工作，理顺市殡仪馆管理运行体制机制，由市民政局直属单位管理运营，体现基本殡葬服务的公益属性。高平市、沁水县殡仪馆项目竣工，陵川县殡仪馆项目完成主体建设，阳城县殡仪馆项目有序推进，在全省率先实现县级行政区域殡仪馆全覆盖的目标。9月12日至13日，全省殡葬基础设施建设暨民政领域移风易俗现场推进会在晋城召开，推广晋城市先进经验做法。 (申 林)

2021年9月12日至13日，全省殡葬基础设施建设暨民政领域移风易俗现场推进会在晋城召开 (申 林 供图)

劳动就业

【就业人口】 2021年，晋城市新增就业人口4.88万人。年底，全市就业人口128.37万人，其中第一产业就业者28.17万人，第二产业就业者38.81万人，第三产业就业者61.39万人，按城乡就业人员分，城镇就业人口77.39万人，乡村就业人口50.98万人。城镇非私营单位在岗职工人数34.05万人，城镇登记失业人数0.99万人，城镇失业登记率2.7%，低于年度控制目标1.8个百分点。

【“人人持证、技能社会”建设】 2021年，晋城市成立以市委书记、市长为组长的“人人持证、技能社会”建设领导小组，市委、市政府联合印发《晋城市新发展阶段“人人持证、技能社会”建设提质增效工作方案》，出台25条工作举措，将10万人培训、7万人取证的目标任务精准、实名制分解至各县(市、区)，各县(市、区)结合实际，逐级逐项分解至企业、培训评价机构。在全省率先建成“智慧人社”服务平台，真正实现“报名—培训—取证—就业”的全过程、链条式服务管理；按照省人社厅“领券培训”的工作部署，将培训中的通用券变为定向券，做法在全省推广。举办晋城市第二届职业技能大赛，开展“技能大师工作室”创建工作，共评选52个“技能大师工作室”。印发《关于对企业职工提升职业技能给予补贴的通知》，对自2020年1月1日起取得技师、高级技师职业资格证书或职业技能等级证书的高技能人才分别给予4000元、6000元补贴。至年底，完成培训13.55万人，占全年任务的135.5%；新增技能人才7.44万人，占全年任务的247.9%；新增高技能人才1.6万人，占全年任务的400.2%。

【就业促进】 2021年，晋城市采取线上线下方式，开展“迎新春送温暖、稳岗留工”专项行动、“技能圆梦想，就业有‘位’来”专项招聘活动等，全市人社部门组织线上线下招聘活动235场次，其中线上113场，线下122场；发布岗位信息9.5万余条，为服务对象提供公共就业服务17万余次，促进各类劳动者实现就业对接1.35万人。完成25家小微企业申报吸纳就业补助复核和7家小微企业申报补助的初审，核算发放补贴资金49.62万元；为累计吸纳390名的41家就业见习单位审核发放就业见习补贴283.3万元。为全市10家全日制普通高等学校、中等职业学校中家庭困难的应届毕业生326人每人发放求职创业补贴1000元。全年，全市城镇新增就业人数45159人，超出省定目标任务15.97个百分点，城镇登记失业率控制在2.88%以内，全市就业形势基本稳定。

【劳务输出】 2021年，晋城市召开向省外输出就业启动大会，举办元旦、春节期间逆周期劳动力流动输出活动，集聚长三角地区，确定上海同鑫科技有限公司、杭州卡费诺人力资源有限公司为晋城市“省外出务工人员服务站”协作单位，实现省外劳务输出就业20358人，主要输出地为江苏、北京、河南、浙江等省市。

【创业带动就业】 2021年，晋城市为821户创业者发放创业担保贷款18021万元，创业带动就业4366人；建设11个各具特色的创业孵化基地，入驻创业实体844户，带动就业3580人。参加全省星火项目创业大赛，获一等奖2个、二等奖3个、三等奖4个，综合评估全省第2。

【兜底保障就业】 2021年，晋城市为社区（村）重点帮扶对象提供“131”服务（至少提供1次职业指导、3个适合的岗位信息、1个培训项目），促进有就业意愿和就业能力的劳动者充分就业。发挥公益岗位和就业见习岗位的就业稳定器作用，安置就业困难高校毕业生、“4050”下岗失业人员、零就业家庭成员5738人，实现零就业家庭动态清零保障就业困难、家庭困难劳动者工资性收入来源。

【企业依法用工】 2021年，晋城市将扶持企业发展和维护员工权益放在同等重要的位置，畅通信访、投诉、仲裁等维权渠道，开展有针对性的维权活动，提供全方位的维权服务。全年，全市投诉案件按期结案率、全市人社信访案件有效处置率、全市劳动人事争议仲裁案件结案率均保持100%。处理拖欠工资案件51件，办结率100%，为453名农民工补发追发工资436.7万元。完成2020年度全省保障农民工工资支付考核，晋城市获评A级。青少年维权工作获全国“青少年维权岗”，清理整顿人力资源市场秩序专项行动受到人社部、公安部、市场监管总局通报表扬。

（陈建峰）

【线下招聘活动】 2021年，受新冠疫情影响，晋城市人才服务中心停办线下招聘活动3个月。全年，市人才服务中心举办或参与各类人才招聘活动91场，接待招聘单位1796家次，提供就业岗位1.8万个次，接待求职者1万人次，通过线下交流平台，3000多人次达成就业意向或调换工作岗位。

【线上网络招聘活动】 2021年，晋城市开展2021年就业援助月专项活动、2021年晋城市退役军人春季专场招聘会、2021年大中城市联合招聘高校毕业生春（秋）季专场招聘活动等一系列网络招聘活动。新增省外用工网络招聘，优化企业注册、复审功能，企业注册、复审全程实现线上操作。全年，晋城人才网公众号关注数量45090人，单位会员8617家，未到期企业会员1495家，库存简历19038条，有效简历1316条。

【“直播带岗”服务专栏】 2021年，晋城人才网“直播带岗”专栏通过“晋城人才网微信公众号”播出13期，430人通过视频找到工作。累计播出20期，招聘单位59家，提供职位360个，帮助就业480人。

（谭李军）

收入消费

【居民收支】 2021年，晋城市居民人均可支配收入29891元，比上年增长8.8%。按常住地分，城镇居民人均可支配收入39089元，增长7.6%，城镇居民人均消费支出23796元，增长5.6%；农村居民人均可支配收入17744元，增长10.5%，农村居民人均消费支出12970元，增长12.5%。

【消费水平】 2021年，晋城市城镇居民家庭恩格尔系数(即居民家庭食品消费支出占家庭消费支出的比重)21.33%，农村居民家庭恩格尔系数21.14%。居民消费价格比上年上涨1%。工业生产者出厂价格上涨30.2%。

（市统计局）

社会保险

【养老保险】 2021年，晋城市完成2020年调整退休人员养老金工作，为符合规定的7.7万名企业退休人员和3.1万名机关事业单位退休人员增加养老金，人均月增加分别为151.2元和160元，实现企业退休人员养老金17连增。全省第一笔城乡居民补充养老金在沁水县发放，共为25148名65周岁以上城乡老年居民发放56.3万元。完成养老保险统筹考核工作，综合得分排名全省第1，省政府奖励晋城市冲抵地方政府上缴省级统筹养老保险基金5000万元。实施全民参保计划，至年底，全市参加基本养老保险人数171.8万人，比上年底增加3.9万人。其中参加职工基本养老保险人数59.76万人，增加3.76万人；参加城乡居民基本养老保险人数112.04万人，增加0.14万人。

【失业保险】 2021年，晋城市继续实施失业保险缴费稳岗返还政策，参保企业符合上年度未裁员或裁员率不高于2020年全国调查失业率6%的控制目标，30人(含)以下的参保企业裁员率不高于参保职工总数20%的，均可申请失业保险稳岗返还补贴；对符合条件的大型企业按照企业及其职工上年度实际缴纳失业保险费的30%实施返还；中小微企业按照企业及其职工上年度实际缴纳失业保险费的60%实施返还。至年底，全市参加失业保险职工人数35.41万人，增加1.81万人。

【工伤保险】 2021年，晋城市按照山西省《关于2021年调整全省工伤保险待遇的通知》，从1月1日起，对2020年12月31日前按月领取伤残津贴、生活护理费和供养亲属抚恤金的工伤职工和因工死亡职工供养亲属，调整伤残津贴、生活护理费和供养亲属抚恤金水平。伤残津贴月人均增加161元，生活护理费月人均增加114元，供养亲属抚恤金月人均增加66.2元。至年底，全市参加工伤保险职工人数51万人，增加1.6万人。

（陈建峰）

【医疗保险】 2021年，晋城市被确定为长期护理保险国家级试点，在全市50万名职工中全面实施，为居家自主护理的参保职工每年减轻10950元经济负担，为入驻机构护理的参保职工每年减少25550元经济负担。至年底，全市参加基本医疗保险人数213.87万人，增加0.78万人。其中参加职工基本医疗保险人数51.72万人，增加2.17万人；参加城乡居民基本医疗保险人数162.15万人，减少1.4万人。

（尹迎春）

社会救助

【社会救助政策体系】 2021年，晋城市完善社会救助政策体系，全面建立健全城乡低保、支出型低保、特困供养、临时救助、价格临时补贴等制度，形成相互补充、有效衔接的政策体系，组织开展巩固社会救助兜底保障成果“回头看”和“农村低保专项治理巩固提升”等行动，做到“应保尽保”“应救尽救”，保障困难群众基本生活。城区、沁水县完成全省困难家庭救助帮扶综合评估试点任务。

【城乡低保】 2021年，晋城市提高城乡低保标准，提标后，城市低保标准达到每人每年7920元，保障水平居全省第2；农村低保标准达到每人每年5640元，保障水平位居全省第3。至年底，全市城市低保人数6339人，减少1851人；农村低保人数31293人，减少8600人。享受国家定期抚恤补助的优抚对象17592人。全年发放各类社会救助资金3.12亿元。

【流浪乞讨人员救助】 2021年，晋城市加强流浪乞讨人员救助工作，开展救助服务质量大提升行动，落实照料服务达标、救助寻亲服务、街面巡查和综合治理、落户安置、源头治理等任务，启动“冬送温暖、夏送清凉”街面巡查救助专项行动，全年累计巡查624人次，救助流浪乞讨人员118人次，护送返乡22人，寻亲成功8人。

（申　林）

【医疗救助】 2021年，晋城市及时向新冠肺炎定点救治医院预拨专项救治资金2000万元，确保定点救治医院不因总额控费影响救治；将新冠肺炎治疗药品、诊疗费用纳入医保报销范围，确保新冠肺炎患者得到及时救治。下调核酸检测收费标准，由75元降至40元以内；上解新冠肺炎疫苗费用和下拨接种费用2.1亿元，提前完成接种任务。巩固拓展医疗保障脱贫攻坚成果，衔接乡村振兴战略，开展“三保险三救助”（基本医疗保险、大病保险、补充医疗保险，参保缴费救助、辅助器具免费适配救助、特殊困难帮扶救助）帮扶行动，制定出台参保分类资助、基本医疗普惠、大病保险倾斜、医疗救助托底保障政策，推行“一站式”结算服务，确保已脱贫人口医疗费用及时结算，实现困难群体待遇保障全覆盖。全年，已脱贫人口住院报销13469人次，基金支付8471.88万元，报销比例91.37%，超出省定目标1.37个百分点。

（尹迎春）

【慈善救助】 2021年7月13日，晋城市民政局组织开展2021年度福彩公益金助学活动，资助对象为：参加2021年全国高校统一招生考试并被省、部级以上本科院校录取的城乡低保家庭、残疾、单亲家庭等及其他低收入困难家庭的学生；全市共资助100名，每人5000元。11月，市红十字会对21户困难家庭进行救助，每户救助2000元。12月7日，由晋城市民政局、市总工会、市慈善总会联合开展的2022年“送温暖、献爱心”“慈善情暖万家”活动正式启动。此次活动从2021年12月7日开始，持续到2022年春节前结束，共发放救助金与物资（折价）728.4万元，惠及困难群众家庭3300多户。

【社会救助支出】 2021年，晋城市社会救助支出31610万元，其中最低生活保障支出22271万元，临时救助支出1826万元，特困人员救助支出7384万元，其他生活救助支出129万元。

（申　林）

社会福利

【社会福利事业单位】 2021年，晋城市有收养性福利事业单位1个，即市儿童福利院。全市福利部门工作人员55人，其中国家办（在编制部门登记）11人。救助管理单位1个，工作人员25人。殡葬服务单位1个，工作人员19人。

【社会福利事业支出】 2021年，晋城市社会福利事业支出16292万元；其中儿童福利支出627万元，老年人福利支出1934万元，养老服务支出2325万元，残疾人福利支出4041万元，殡葬支出6610万元，社会福利事业单位支出750万元，其他社会福利支出6万元。

【儿童福利】 2021年，晋城市政府成立由市长担任主任的晋城市未成年人保护工作委员会，明确主要职责、组成人员和办公室设置等，统筹协调处理关爱保护未成年人权益相关工作，形成齐抓共管合力。启动《中华人民共和国未成年人保护法》宣传月活动，在晋城电视台开辟未成年人保护工作宣传专栏，组织开展多场《中华人民共和国未成年人保护法》专题宣讲，开通未成年人保护热线，到基层开展关心关爱活动10场，为未成年人特别是农村留守和困境儿童送去温暖。在全市所有乡镇(街道)、村(社区)建立儿童督导员和儿童主任队伍,依托儿童工作队伍定期开展走访排查,困境儿童信息全部纳入系统实现台账管理,122名事实无人抚养儿童、106名社会散居孤儿全部享受到基本生活补助;市社会福利院集中养育的203名孤儿生活得到保障。9月,晋城市民政事业发展中心获"全国农村留守儿童关爱保护和困境儿童保障工作先进集体"称号。

(申　林)

【老年福利】 2021年,晋城市为25687名老年人进行健康评估,为3410名签约失能老人提供健康服务;为3314名90~99周岁老年人发放高龄补贴金795.36万元,为268名市直单位离退休非晋城籍80周岁以上老人发放高龄补贴金24.16万元,为100名60岁以上老人捐赠意外伤害保险。在二级以上医疗机构开设老年人就医"绿色通道",设置挂号、缴费、检验报告打印等人工服务窗口等,优化老年人医疗健康服务。城区开发区街道东圣社区、沁水县龙港镇梅苑社区创建为2021年全国示范性老年友好型社区。全市创建全省老年友善医疗机构52家,占总数的53.6%,超额完成省定任务(省定任务40%)。

(李涛林)

住房保障

【棚户区改造】 2021年,晋城市棚户区住房改造新开工6414套(其中老城区1695套),完成年度任务4776套的134.3%;棚户区住房改造基本建成2979套,完成年度任务663套的449.3%;城镇保障性安居工程完成投资26.88亿元,完成年度任务14.3亿元的188%;城镇住房保障家庭租赁补贴发放685户,完成年度任务670户的102.2%。

【住房续建项目攻坚行动】 2017年底前,晋城市累计开工的住房项目共61847套,按计划应于2020年底前全部基本建成。截至2020年底,累计基本建成53298套,未建成10121套,涉及项目28个,未建成比例16.4%。2021年,晋城市实施续建项目攻坚行动,至年底,4个项目1189套基本建成,2个项目部分套数(383套)基本建成;24个项目8549套未建成,其中:城区8个项目3534套,泽州县5个项目2199套,阳城县8个项目1266套,沁水县2个项目1046套,陵川县1个项目504套。

【城镇老旧小区改造】 2021年,晋城市起草《晋城市城镇老旧小区改造攻坚行动方案(2021—2025年)》,完成意见征求和司法审查工作。至年底,全市121个城镇老旧小区改造全部开工,其中基本完成改造12个,累计完成投资5.19亿元。

【既有住宅加装电梯】 2021年,晋城市出台新《晋城市既有多层住宅加装电梯工作实施方案》,全年受理加装电梯65部(市区48部、高平市13部、阳城县4部),完工50部,正在施工3部,办理手续12部。全市累计受理98部,竣工83部,正在施工3部,办理手续12部,落实补助资金1032.48万元。

(张颜良)

【住房公积缴存和提取】 2021年,晋城市新增缴存单位358个,新增缴存职工19113人;缴存金额38.44亿元,比上年增长32.14%。至年底,全市实缴单位3007个,实缴职工272803人,缴存总额296.22亿元,缴存余额123.46亿元。提取金额24.49亿元,比上年增长49.86%。至年底,提取总额172.76亿元。发放贷款9864笔、42.64亿元,回收额9.2亿元,比上年分别增长68.90%、90.50%、22.89%。至年底,累计发放个人住房贷款5.56万笔、151.98亿元,贷款余额100.21亿元,个人住房贷款率81.17%,较上年底增加20.2个百分点。逾期个人住房贷款14笔、22.3万元,逾期率降至0.02‰,较上年底减少0.09个千分点,低于全国全省平均水平。增值收益1.48亿元。

【住房公积服务】 2021年,晋城市推进灵活就业人员参加住房公积金制度试点工作,为583名灵活就业人员建立住房公积金缴存账户,为47人办理住房公积金贷款,贷款金额1510.5万元。推动"跨省通办"8项业务落地,实现缴存人"单点登录、全国漫游、无感切换"。"12329"服务热线受理职工咨询、投诉、建议等来电46047个，满意度100%。下发《关于优化营商环境明确个贷审核有关细则的通知》，统一审核流程、审核要件，推动贷款管理工作规范化、标准化。不再向房地产开发企业收取公积金贷款保证金，减轻企业负担。

【住房公积信息化管理】 2021年，晋城市完成与住建部全国公积金小程序对接工作，拓宽公积金信息查询和业务办理渠道。拓展异地转移接续办理形式，市区实现不动产信息线上核查。扩大网办业务种类，6项查询打印业务、8项提取业务、4项贷款业务和异地转移接续业务可在手机APP上办理，5项业务可通过网厅办理，网办率达到95.24%。

【住房公积风险防控】 2021年，晋城市制定《晋城市住房公积金资金流动性风险预警管理暂行办法》《资金管理办法》《内部控制制度（试行）》《内部审计工作制度（试行）》等，加强住房公积风险防控。坚持压责任、建台账、查原因、立机制、早防范“五措并举”，加强逾期催收工作，逾期率低于全国全省平均水平，逾期催收经验被《晋城信息》刊登。

（赵　健）

基层自治组织建设

【村（居）委会换届选举】 2021年，晋城市总结推广阳城县试点经验，出台《关于认真做好全市村（社区）“两委”换届工作的实施意见》，印发《关于市级领导联系指导县（市、区）村（社区）“两委”换届选举工作的通知》和《晋城市村（社区）“两委”换届选举工作领导小组专项工作组组成人员及工作职责》，对全市涉及换届的村（社区）进行摸排，建立实行红、黄、绿“三色管理”选情分析研判制度，根据年龄、学历要求，逐村逐社区列出各职位确定人选、意向人选、无合适人选“三张清单”，举办换届专题培训，完成全市村（社区）“两委”换届选举工作。全市1552个村、157个社区全部完成“两委”换届选举任务，实现“两委”队伍年龄、学历结构“一升一降”目标。

【社区治理】 2021年，晋城市落实社区公共服务事项准入制度，对照《晋城市社区公共服务事项清单指导目录》所列内容，明确权责，依法分类建立清单。按照市级社区减负清单，厘清基层行政事务，规范基层自治组织出具证明工作，开展社区“万能章”整治。

【基层群众自治】 2021年，晋城市指导各县（市、区）及时修订完善村规民约（居民公约），修订完善率达100%，实现所有村（社区）全覆盖。全市1552个行政村全部成立红白理事会，修订完善《红白理事会章程》，推动改革婚丧陋俗。指导各县（市、区）编制村民议事协商目录，制定民主协商流程图，修订完善村务公开目录，规范公开程序及内容制定完善安置社区（村）议事规则，开展民主协商活动。

（申　林）

社会组织管理

【社会组织】 2021年底，晋城市登记注册的社会组织575个，其中市本级共有各类社会组织264个。各县（市、区）共有社会组织311个，其中城区32个，泽州县45个，高平市62个，阳城县90个，陵川县35个，沁水县47个。业务活动范围涉及文化、教育、卫生、科技、体育、农业、公益等领域。

【社会组织服务】 2021年，晋城市开展乡镇（街道）社会工作服务站试点工作，确定5个乡镇（街道）社会工作服务站试点，通过政府购买服务的方式，加强社会工作专业人才队伍，打造专业社会服务平台。至年底，5个试点全部挂牌成立，制定实施方案，开展场所设计、方案拟定等工作。

【社会组织监管】 2021年，晋城市召开进一步打击整治非法社会组织工作会议，成立晋城市社会组织管理工作领导小组，市民政局等16部门联合印发《进一步打击整治非法社会组织专项行动方案》，发现并及时处置非法社会组织线索13条，排查整治“僵尸型”社会组织32家。开展行业协会商会“我为企业减负担”工作，市级行业协会商会主动减免会费97.8万元。全市144个行业协会商会全部完成脱钩工作，实现机构、职能、资产财务、人员管理、党建外事等事项与原业务主管单位分离。

【社会组织党建工作】 2021年，晋城市全面加强社会组织党建工作，突出政治引领，开展“双强六好”（“双强”即党建强、发展强；“六好”即生产经营好、企业文化好、劳动关系好、党组织班子好、党员队伍好、社会评价好）党组织创建工作，成立党员志愿服务队，发挥党员先锋模范作用，引导社会组织实现健康有序发展，广泛深入参与社会治理。

（申　林）

区划地名管理

【乡级行政区划调整】 2021年5月6日，晋城市人民政府发布《关于我市部分乡级行政区划调整的通告》：泽州县撤销李寨乡、南岭乡，合并设立南岭镇。以原李寨乡和原南岭乡的行政区域为南岭镇的行政区域，镇人民政府驻李寨村正中街001号；泽州县撤销川底乡，设立川底镇。行政区域、政府驻地不变；高平市撤销永禄乡，整建制并入北城街街道。以原永禄乡和原北城街街道的行政区域为北城街街道的行政区域，街道办事处驻高平市区迎宾路21号；阳城县撤销驾岭乡，整建制并入河北镇。将河北镇的杨柏村划归横河镇管辖，镇人民政府驻河北村广场6号；阳城县撤销固隆乡，整建制并入次营镇。以原固隆乡和原次营镇的行政区域为次营镇的行政区域，镇人民政府驻南次营村西街6号；阳城县撤销白桑乡，设立白桑镇。将原白桑乡的洪上村划归凤城镇管辖，将蟒河镇的上白桑、后圪坨、东樊、西樊、南窑、北窑、涧坪、盘龙8个村划归白桑镇管辖。调整后，白桑镇辖白桑、张庄、吕河、通义、淇汭、刘庄、洽村、涝泉、苽底、墁上、南香台、炼上、上白桑、东樊、西樊、后圪坨、南窑、北窑、盘龙、涧坪20个村，镇人民政府驻白桑村马山腰路16号；阳城县撤销演礼乡，设立演礼镇。行政区域、政府驻地不变；陵川县撤销秦家庄乡，整建制并入平城镇。以原秦家庄乡和原平城镇的行政区域为平城镇的行政区域，镇人民政府驻南街村；沁水县撤销樊村河乡，整建制并入龙港镇。以原樊村河乡和原龙港镇的行政区域为龙港镇的行政区域，镇人民政府驻新建西街1515号；沁水县撤销苏庄乡，整建制并入郑庄镇。以原苏庄乡和原郑庄镇的行政区域为郑庄镇的行政区域，镇人民政府驻郑庄村。调整后，全市乡镇（街道）总数由84个（26个乡、48个镇、10个街道）优化为77个（15个乡、52个镇、10个街道）。

【地名管理】 2021年，晋城市加快推进全国第二次地名普查成果转化，组织编纂《晋城地名录》，印制《晋城市政区图》。泽州县开展丹河新城金村起步区区域相关地名的命名工作。拍摄播出20集地名文化纪录片《魅力地名康养晋城》，对全市主干道街路牌进行更换设置，提升晋城地名品牌价值。

【边界管理】 2021年，晋城市完成市界长治晋城线、县界陵川高平线、城区泽州线联检工作，与长治市签订《长治晋城平安边界建设协议书》，研究制定《边界管控专项资金分配管理工作办法》，完善界线有偿巡视、界桩有偿托管机制。

（申　林）

精神文明建设

【概况】 2021年，晋城市巩固拓展文明创建成果，提升文明城市质量成色，推进全域文明城市创建，提高文明村镇创建水平，增强文明单位创建内生动力，丰富文明家庭创建活动，深化文明校园创建活动，全市国家级各类典型总量71个，居全省第1。新时代文明实践建设全面展开，实现县、乡、村三级阵地全覆盖。晋城市通过2021年全国文明城市年度测评（市级），综合成绩全省第1；沁水县通过2021年全国文明城市年度测评（县级），综合成绩全省第1。

【文明城市创建】 2021年，晋城市围绕蝉联全国文明城市目标，坚持“巩固、拓展、提升、蝉联”工作方针，健全完善长效机制，推进全域文明创建深入开展。强化组织领导，召开全市深入推进全国文明城市建设工作动员会，明确网上资料申报83家责任单位、实地点位涉及171家责任单位职责分工。强化督导考核，建立健全“星级评定”考核办法等长效机制，根据2021年新版测评体系，制定晋城市创建全国文明城市实地标准共55类374项1960条。全年开展2次模拟测评，共测评点位49230个考核项目。采集图片15余万张，留存有效图片5万余张。完成网上申报资料规范性文件3个、说明报告48个、图片335张、表格1个、征求上级主管部门意见32个，负面清单考核指标28项；未成年人思想道德建设工作测评完成上报规范性文件44个、说明报告47个、图片74张、表格6个。市级领导走访实地点位、调研督导120余次，针对文明创建责任单位发放工作提示函115份、督办通知单71份，将文明城市创建专项考核纳入全市年度目标考核体系，巩固提升创建成效。强化系统观念，树立全市“一盘棋”思想，组织发动140余个单位5500余人在共建社区、分包路段常态化开展“文明交通”“联点共建”“主次干道责任分包”“一网格、双队伍、双责任”等志愿服务活动，提升市容市貌和城市综合治理水平。加强数字赋能，运用“实地考察动态展示系统”，构建网格化、信息化、全方位、多渠道、立体化社会治理体系，提升城市管理规范化、精细化、智能化水平。推进全域创建，对全市6个县（市、区）文明创建精准指导和针对性培训，提升县区创建水平。晋城市、沁水县蝉联全国文明城市称号；高平市、阳城县获第七届全国文明城市提名；陵川县正在创建山西省文明县城。加强学习交流，承办全省文明城市创建培训会议，推广晋城市创建全国文明城市工作经验，省内外五市二县考察团到晋城市参观学习。加强民生建设，围绕“环境治、交通畅、文化兴、布局优、产业旺、生态美”城市建设目标，实施重点片区特色化改造、老旧小区改造、城市内涝点治理、主城区清水复流、全市生态绿化品质提升工作等，优化城市布局、完善城市功能、提升城市品质。加强文化引领，统筹推进生态修复治理、古堡活化利用、交通网络提升、产业优化升级等工作，人民群众安全感、获得感、幸福感连续9年排名全省第1。

【文明村镇创建】 2021年，晋城市围绕“三农”工作专项考核、乡村振兴战略考核等工作，以提升农民文明素养、改善农村人居环境作为主要目标，广泛开展“星级文明户”等不同层级的评选表彰活动，推进乡村规划、厕所革命、垃圾治理，培育淳朴民风、文明乡风。扩大文明村镇创建规模，增加各级文明村镇数量，至年底，全市共有市级以上文明村镇312个，其中国家级33个；县级以上文明乡镇占乡镇总数的97.4%，文明村占行政村总数的82.1%。

【文明单位创建】 2021年，晋城市把文明单位创建工作融入全市巩固文明创建成果的大局，拓展文明单位创建工作的覆盖面和影响力，常态化推进文明单位创建向非公有制经济组织、社会组织等“两新组织”延伸。修订完善《晋城市文明单位创建管理办法》《晋城市文明单位（标兵）测评体系（2021年版）》，组织复查评选工作，完成2020—2021年度全市各类群众性精神文明创建活动先进集体推荐申报工作。号召全市各级文明单位（标兵）参与到文明城市创建、疫情防控等工作中，开展具有行业特色、职业特点、岗位风采的创建活动，全市共创建市级以上文明单位503个，其中国家级29个。

【文明家庭创建】 2021年，晋城市建立健全文明家庭推选、关爱、动态管理工作机制，以星级文明户创评推动文明家庭创建，全市创建农村星级文明户239378户，占农村总户数的35%。累计全国文明家庭3户，占全省国家级文明家庭总数的13.6%，居全省第1。注重家庭家风家教建设，发挥家庭在社会治理中的作用，组织调动全市463个各级文明家庭，参与到文明城市创建、疫情防控中，推动形成爱国爱家、相亲相爱、向上向善、共建共享的社会主义家庭文明新风尚。

【文明校园创建】 2021年，晋城市把培育和践行社会主义核心价值观贯穿于文明校园创建活动全过程，推荐城区凤鸣小学、沁水县实验小学、阳城县第一中学、晋城市凤城中学4所学校申报2021—2023年创建全国文明校园先进学校。截至年底，全市有市级以上文明校园36所，其中全国文明校园4所，省级文明校园15所，创建省级文明校园先进学校10所。

【新时代文明实践】 2021年，晋城市探索推进文明实践中心建设从农村地区向城市社区延伸，在全省率先由试点建设阶段进入全面建设新阶段。对6个县（市、区）的新时代文明实践中心（所、站）建设情况进行专项调研，提高新时代文明实践中心建设科学化、规范化、制度化水平，推动新时代文明实践由“晋城路径”走向“晋城样板”。全市建成县级新时代文明实践中心6个、乡级新时代文明实践所77个、村级（社区）新时代文明实践站1709个，实现三级阵地全覆盖。打造部门“主建”、实践中心“主战”、宣传部文明办牵头抓总的文明实践志愿服务工作格局，发展壮大农民身边的志愿服务队伍，开展政策宣讲、疫情防控等志愿服务2000余场次。

【公民思想道德建设】 2021年，晋城市持续实施公民道德建设工程，以日常教育为基础，以主题活动为牵引，以典型人物为引领，以宣传引导为推动，加强社会公德、职业道德、家庭美德和个人品德建设，鼓励支持多种形式的公益慈善活动，推进加强政务诚信、商务诚信、社会诚信和司法公信建设，促进市民文明程度的提高和良好社会风尚的形成。开展道德实践主题系列活动和各级各类道德模范先进典型的推选表彰，52人获第八届“晋城好人”称号，4人获“山西好人”称号，3人入选“中国好人榜”，郭子涵、宰红斌2人获“第八届全国道德模范提名奖”。围绕抗击新冠疫情、决胜全面小康、决战脱贫攻坚等重大事件，遴选出一批示范性强、影响力大的先进模范，以市委、市政府名义表彰先进个人70名、先进集体30个。市总工会为参与创建的工作人员和先进集体进行记功嘉奖，其中：个人一等功59名，二等功95名，三等功232名；集体一等功17个，二等功37个，三等功65个。

【未成年人思想道德建设】 2021年，晋城市强化青少年理想信念教育和“传承红色基因”系列教育，在全市未成年人中开展党史教育系列宣传，启迪和引导未成年人提升道德修养、培育高尚情操、自觉践行社会主义核心价值观。开展未成年人“扣好人生第一粒扣子”“童心向党”等系列主题教育实践活动，在全市征集弘扬社会主义核心价值观作品120件，征集未成年人思想道德建设工作“金点子”33个。推进乡村学校少年宫建设运转，开展文明校园、新时代文明实践中心（所、站）结对共建乡村学校少年宫活动，90所学校与90个乡村学校少年宫结对共建。向省文明办推荐的非物质文化遗产特色活动、剪纸等5个乡村学校少年宫特色志愿服务项目入选全省乡村学校少年宫“育苗行动”志愿服务项目。组织开展“新时代好少年”先进典型学习宣传活动，评选出30名“新时代晋城好少年”，4人获评“新时代山西好少年”，1人得“全国新时代好少年”称号。全国未成年人思想道德建设工作先进单位达到5个。

【志愿服务】 2021年，晋城市有

2021年12月15日，第八届“晋城好人”授奖仪式举行

（吉晓琴 供图）

2021年6月3日，晋城市“献礼百年　爱心送考”志愿服务活动启动仪式举行

（吉晓琴　供图）

注册志愿者36万名，专业志愿服务组织22个，社会专业志愿服务队及其他各类志愿者服务队2200余支，开展春运暖程、邻里守望、文明城市创建等10个系列50多项主题志愿服务活动，累计服务时长达260万小时。举办第14届“爱心送考”活动，近100所中小学成立“雨墨学雷锋志愿服务队分队”。2月、8月、11月、12月，省、市启动重大突发公共卫生事件响应后，全市有20.2万余名志愿者、730余支志愿服务组织投入联防联控、防疫消杀、便民服务等抗疫一线，开展志愿服务活动3.6万余次，累计时长305万余小时。举办2021年“公益创造营”优秀志愿服务项目大赛，打造一批具有示范性、实用性的志愿服务品牌。建立志愿服务培训师资库，开设志愿服务培训讲座20余场。13个志愿服务先进个人、组织和项目获得省级表彰，“同心同梦”关心关爱偏远山区未成年人志愿活动获得国家级表彰。

（吉晓琴）

【新时代文明培育】　2021年，晋城市广泛开展新时代文明风尚教育，普及工作生活、社会交往、人际关公共场所等方面的文明行为规范，倡导佩戴口罩、使用公筷公勺等文明行为和良好风尚。开展爱国卫生运动，普及健康知识，推进垃圾分类，推动全社会形成文明健康的交往模式、生活方式和风俗习惯，打造积极健康、昂扬向上的良好社会风貌。弘扬勤俭节约、艰苦奋斗的传统美德，开展“文明餐桌”行动。深化文明交通行动，组织近5500名志愿者开展文明交通劝导志愿服务。倡议“绿色交通、低碳出行”，巩固扩大“车让人·人守规”文明交通成效，深化“一盔一带”安全守护行动。以移风易俗为切入点，推进乡风文明建设，农村高价彩礼攀比之风、厚葬之风得到初步遏制。

【主题文化宣传活动】　2021年，晋城市把主题文化活动作为群众之需，创新手段载体做好宣传教育引导工作，开展“新时代文艺轻骑兵”“我爱上党戏暨道德模范文明行”等主题文化活动。在主流媒体开设专题专栏，开通网上留言功能，开设“我为文明建言”话题征集，共征集“金点子”150余条，制作播发10期“Vlog打卡文明”。利用新媒体平台，采取“云直播”等手段，开展“我们的节日——新时代晋城书享会”元宵、清明、端午、中秋、重阳节活动，5场活动观看量达269.72万人次，互动留言4.98万条。制作6部以动漫视频为载体的节日系列公益广告，展示传统节日的文化内涵和时代特色。参加全省公益广告大赛，4个系列作品分获一、二、三等奖。打造集网站、微信、微博、微信公众号、抖音号、人民号等新媒体账号于一体的文明晋城融媒体矩阵，“文明晋城”多个平台发稿量、影响力在全省同类型媒体中居第1。晋城文明城市创建的亮点做法和探索启示，被《前进》杂志、《精神文明报》、《新华每日电讯》、人民日报公众号和今日头条报道及转载，“山西晋城以文明创建引领高质量转型发展”图文被《中华人民共和国年鉴》收录。晋城文明网、文明晋城微博微信号、人民号等新媒体账号全年累计阅读量1000万次以上。

【服务党史学习教育】　2021年，晋城市把开展党史学习教育作为重大政治任务，以创新灵活的方式高标准高质量开展党史学习教育。在全市党员干部中组织开展“万名党员进党校”“学党史、感党恩、重走革命路”等主题宣教活动30余项。打造党史学习教育基地23个，发挥308处革命遗址教育功能，组建专兼结合、覆盖面广的宣讲队伍，全市7802个基层党组织和15.7万名党员全员参与，开展文明实践政策理论宣讲宣教活动3687场次，开展线上线下主题宣讲8200余场，受众人数280万人次。各县（市、区）1792个新时代文明实践中心（所、站）组建理论宣讲志愿服务队伍，开展形式多样的宣讲宣教活动。在各学校开展“开学第一课、永远跟党走”“青春同心·永跟党走”活动，20余万名大中小学生参与活动。在主流媒体开办理论专题专栏，运用互联网、新媒体等载体平台，开设《晋城英烈谱》《一百堂党史课》等专题专栏，发布报道210余篇。将党史学习教育融入“我们的节日”活动，并通过网络进行直播。依托党员先锋岗、党员志愿服务队、在职党员到社区报到等载体，推进“我为群众办实事”实践活动，把“为群众办实事、解难题”贯穿学习教育全过程，开设《我为文明建言·大讨论话题征集》《党史学习教育·“我为群众办实事”征集》专题，征集意见建议500余条，协调解决群众“急难愁盼”问题。创作《我们的精神底色》《长江支队》《申纪兰》等一批红色文艺精品，为党史学习教育提供生动教材。

（吉晓琴）

民族宗教事务

【少数民族概况】 2021年，晋城市有少数民族39个，少数民族人口7114人，其中人口上百的有回族4749人、满族461人、蒙古族261人、彝族240人、土家族275人、壮族102人，其他少数民族1026人。有5个回族群众相对聚居村：陵川县附城镇附城村（回族81户，403口人，占人口总数的8.9%）、陵川县礼义镇东街村（回族37户，116人，占人口总数的7%）、陵川县平城镇东街村（回族49户，193人，占人口总数的0.08%）、阳城县凤城镇东关社区（回族63户，230人，占人口总数的5.7%）、阳城县凤城镇南关社区（回族65户，228人，占人口总数的6.7%）。有民族团结进步创建基地3个：城区清真南寺、城区东关社区、陵川县附城镇附城村。无民族社会组织。

【少数民族村经济社会发展】 2021年，晋城市支持少数民族贫困地区巩固脱贫攻坚成果、支持衔接推进乡村振兴，共下达少数民族发展资金63万元，其中陵川县59万元，阳城县4万元。

【少数民族优惠政策落实】 2021年，晋城市委统战部（市民族宗教局）按照山西省扶持民族贸易和民族特需商品生产相关政策，开展少数民族特需品定点生产企业摸底、培育、筛选工作，阳城绿洲纺织、陵川星月食品和沁水恒泰农牧科技3家民品生产企业享受2021年国家贷款贴息政策扶持资金205.51万元。全年，市委统战部（市民族宗教局）接受公民民族成份变更咨询6次，变更公民民族成份1人次。

【民族团结创建活动】 2021年，晋城市以庆祝中国共产党成立100周年为契机，在民族团结进步创建基地、少数民族聚居地区等，开展民族团结创建活动10次。4月15日，开展国家安全教育宣传活动；4月25日，在阳城县町店战斗纪念园开展“学党史、颂党恩、跟党走”主题教育活动；5月8日，在清真南寺开展慈善募捐做奉献活动；6月22日，组织伊斯兰教协会和清真寺管委会负责人赴延安开展“爱党爱国爱社会主义”主题教育活动；7月1日至10日，开展庆祝中国共产党成立100周年主题系列文艺汇演；9月17日，在清真寺开展“迎中秋、庆佳节，民族团结一家亲”进步宣传教育活动；9月27日，在清真寺开展迎中秋庆佳节民族团结一家亲活动；9月29日，在城南中学开展普通话宣讲活动；10月1日，开展“升国旗、唱国歌、祖国在我心中”主题升旗仪式；10月20日，开展“厚植爱国情怀、凝聚团结力量”主题观影活动。

【宗教工作机制完善】 2021年，晋城市委统战部加强信教群众相对较多村班子建设，通过市县两级组织、统战部门分析研判，向市委常委会提出村级组织换届建议。市委常委、统战部部长、政法委书记石云峰对6个县(市、区)统战部部长和宗教局长进行集体约谈，指出各县(市、区)存在的突出问题，建立“一县一重点”问题清单、责任清单，统筹推进解决。配合公安、国安等部门，查处多起非法基督教活动。

【宗教爱国教育活动】 2021年，晋城市委统战部学习贯彻全国宗教工作会议精神，强化党的领导，开展宗教领域专项整治、“三爱四史”主题教育，举办宗教界“爱党爱国爱社会主义”第二届讲经交流活动，加强宗教团体自身建设，引导宗教与社会主义社会相适应。

【宗教法治建设】 2021年，晋城市完善“三级网络两级责任制”，确保基层宗教工作“有人管事”“有钱干事”“有阵地办事”。组织开展宗教场所法人登记、消防安全专项整治。

（贾婧婧）

关心下一代工作

【概况】 2021年，晋城市关心下一代工作委员会按照“五个一”工作思路。坚持一个主题：教育广大青少年听党话、感党恩、跟党走；利用好一个平台：使关工委组织成为承传红色基因、培育时代新人的平台；组织动员发挥好一支队伍作用：“五老”(老干部、老专家、老战士、老教师、老模范)队伍；树立起一个神圣的使命观：为党育人、为国育才的历史使命；力求关心下一代工作来一次质的飞跃，关心下一代工作实现新突破，获评全国“中华魂”(科技托起强国梦)主题教育活动先进集体，被中国关工委、中央政法委、司法部、团中央、中国法学会授予第四届“关爱明天，普法先行”先进集体称号。

【“学党史、颂党恩，听党话、跟党走”系列主题教育活动】 2021年，晋城市关心下一代工作委员会在全市青少年中广泛开展“学党史、颂党恩，听党话、跟党走”系列主题教育活动，组织开展7项活动：一是开展“传红双访”(寻访红色遗址，听革命前辈讲遗址背后的故事；拜访英模专家，听英雄模范专家讲奋斗创业故事)活动；二是与市教育局、市书法家协会联合举办晋城市“劝学杯”百校百名百幅大中小学生正书展；三是与市委宣传部、市教育局等11个部门联合开展“百名五老进学校、进乡村、进社区、进企业、进红色遗址为青少年讲党史”宣讲活动，举办党史宣讲教育745场次，受教育人数23.63万人次；四是在抖音平台举办线上“童心向党”手势舞比赛，全市学校和家长上传少年儿童视频1251个，总浏览量109.40万人次；五是编辑出刊针对未成年人红色教育的连环画册《红军忠魂——樊孝玉》；六是以阳城籍原云南省保山军分区司令员刘斌一家为原型，制作爱党爱国爱军的《满门忠烈》专题教育片；七是将全市“五老”在“进机关、进乡村、进社区、进企业、进红色遗址为青少年讲党史”宣讲活动中的优秀演讲稿汇编成册——《百年风华》。

【“中华魂”主题教育读书活动】 2021年，晋城市关心下一代工作委员会按照中国关心下一代工作

2021年7月9日，2021年“新时代晋城好少年”进行集体宣誓

（王晋临　供图）

委员会、教育部关心下一代工作委员会的安排，在全市青少年中组织开展“中华魂”（科技托起强国梦）主题教育活动。晋城市关工委获全国“中华魂”（科技托起强国梦）主题教育活动先进集体奖，23名个人分获全国一、二、三等奖，先进个人，优秀辅导员奖；4个单位获全省先进集体奖，28名个人获全省一、二、三等奖和先进个人、优秀辅导奖。

【青少年法治教育】 2021年，晋城市关心下一代工作委员会推进“关爱明天，普法先行”青少年法治教育活动，宣传贯彻《中华人民共和国未成年人保护法》《中华人民共和国预防未成年人犯罪法》《中华人民共和国家庭教育促进法》，强化青少年法治教育。陵川县关工委以案释法抓帮教，以文艺节目形式，向未成年人开展法治宣传教育，“三帮一”活动（关工委派一名“五老”帮教员、村或社区定一名村干部、家庭选一名亲人）经验，受到省关工委肯定和推广；城区关工委翻印《中华人民共和国未成年人保护法》《中华人民共和国预防未成年人犯罪法》2万册，分发全区中小学校；泽州县关工委借鉴工读教育学校的办学模式，在晋庙铺镇天井关村小学旧址创办晋城市春华青少年素质教育咨询中心，对“问题青少年”开展行为矫正，对家庭失管、学校失教、道德失控青少年集中管理，疏导矫正。晋城市关工委被推荐为全国青少年普法教育先进集体，3名基层关心下一代工作者被推荐为全国普法教育先进工作者和优秀辅导员。

【红色教育基地建设】 2021年，晋城市关心下一代工作委员会多次到城区白马寺山长江支队纪念林、泽州县巴公镇桥岭村八路军军鞋厂调研指导，协调市、区（县）有关部门争取资金，规划修建纪念馆。桥岭村八路军军鞋厂纪念馆被列入巴公镇“红廊绿带”总体规划，年底投入使用，成为城郊型美丽乡村建设的红色名片。7月，桥岭村八路军军鞋厂旧址遭受大雨冲刷，造成坍塌，经实地考察，研究制定修复方案，筹集资金5万元用于遗址修缮。

（王晋临）

综　述

【概况】 2021年，晋城市共发生各类生产安全事故38起，死亡45人；比上年分别下降22.4%、18.2%。亿元生产总值死亡率为0.024（省控指标为0.032），煤矿百万吨死亡率为0（省控指标为0.04），未发生重大及以上生产安全事故。市应急管理局连续3年获全国、全省线上安全知识竞赛山西省第1；组队参加第三届全国应急管理普法知识竞赛，被应急管理部、司法部和中华全国总工会联合授予优秀组织奖；被中共中央直属机关事务管理局、国家机关事务管理局、国家发改委和财政部联合授予“节约型机关”称号。局事故调查科科长崔天方获首届全国应急管理系统先进工作者称号。

【应急预案编制修订】 2021年4月19日，晋城市应急救援总指挥部办公室印发《关于进一步做好2021年度全市应急预案编制修订工作的通知》，在全面梳理原有预案的基础上，将一些高危行业和领域的部门预案升级为市级专项预案；对一些新出现的风险和风险较大的行业或领域，增加相应的市级专项预案。编制和修订范围包括市总体应急预案、市级专项应急预案、市直部门应急预案，县级总体应急预案、专项应急预案和部门应急预案，基层组织和企事业单位应急预案。

至年底，共编制修订市级应急预案122部，其中总体预案1部，专项预案56部，部门预案65部，编制修订进度全省第1。

【应急管理体制建设】 2021年，晋城市出台《应急救援总指挥部工作规则（试行）》，明确市应急救援总指挥部全体会议制度、会商研判制度等7项工作制度。印发《应急救援联动工作机制（试行）的通知》，采取政府单一来源采购的方式，购买山西成功通用航空公司应急救援服务，弥补晋城市航空救援的空白。市应急救援指挥中心建成使用，总投资1400万元。市应急总值班室、市应急救援总指挥部办公室等8个办公室挂牌运行。

【应急管理执法改革】 2021年，晋城市印发《关于推进重点行业领域安全生产分类分级监管的通知》，将煤矿、危险化学品等12个重点行业领域生产经营单位，按照发生安全事故的风险程度从高到低依次进行分类，实行动态管理。制定《2021年双随机、一公开工作方案》，完善《行政规范性文件审核办法》，细化处罚案件的法制审核办法和程序。市应急管理局牵头起草《晋城市深化应急管理综合行政执法改革的实施方案》，进入征求意见阶段，推动监管执法规范化。

【应急管理审批】 2021年，晋城市开展优化营商环境专项整治，解决应急管理“审批效率低下、审批质量不高”等5个方面的问题83个。制定《晋城市安全生产轻微违法行为不予行政处罚清单》

《安全生产和应急管理随机抽查事项清单》等优化营商环境方面的文件10余个。印发《晋城市应急管理局关于委托部分行政审批事项的通知》,将行政审批时限由18个工作日压缩至13个工作日,并将部分危险化学品经营许可证的延期换证权限委托至县(市、区)相应审批部门。

(尚鹏飞)

2021年5月8日,晋城市防震减灾中心在市区金凤凰广场开展防震减灾宣传活动 (李 玮 供图)

防灾减灾

【概况】 2021年,晋城市共发生4起森林火灾(泽州、陵川、阳城、沁水各1起),及时进行科学处置,未发生人员伤亡。入汛期间,晋城市连续遭遇多轮强降雨天气过程,全市累计平均降水量为1160.98毫米,突破1956年有气象记录以来历史极值,是历年平均降水量的2倍。市防汛抗旱指挥部启动一般应急响应3次、较大应急响应4次、重大应急响应1次,全市共投入各种救援力量3.2万人次,投入救援设备1600余台(套),转移危险区群众8万多人。围绕推进防震减灾业务体系现代化建设,成立市地震监测台网行业技术中心,建成山西省首个市级自建GNSS卫星观测台站,实现县级地震信息平台全覆盖,全市创建国家级、省级防震减灾科普示范学校8所。

(尚鹏飞)

【防震减灾宣传】 2021年,晋城市在"5·12"防灾减灾日、"7·28"防震减灾宣传周、国际减灾日、安全生产月、科普活动周等活动时间节点,开展防震减灾宣传教育活动。全年,共举办防震减灾科普讲座28场,受众4600余人次;推送防震减灾宣传短信1万余条;开展防震减灾"六进"(进学校、进社区、进家庭、进农村、进企业、进机关)宣传活动32场,发放宣传资料5000份。

【防震减灾示范创建】 2021年,晋城市推进防震减灾科普教育基地和示范学校创建工作,创建国家级防震减灾科普示范学校2所,省级防震减灾科普示范学校6所,省级防震减灾科普教育基地1处。认定市级防震减灾科普示范学校18所。

【地震监测防灾】 2021年,晋城市防震减灾中心围绕推进防震减灾业务体系现代化建设,制定《关于进一步加强地震监测预报工作的实施方案》,组建市地震监测台网行业技术中心,并被认定为市级行业技术中心。制定《晋城市地震宏观观测网建设和管理要求》市级地方技术标准。开展地震监测预报科技研究,形成《陵川YRY-4型四分量钻孔应变地震仪运行数据分析》科技理论研究成果,被《山西地震》采用发表。推进落实《中国地球物理地壳形变站网规划(2020—2030)》,推广运用国际先进的GNSS新型观测技术,按照国家基准站的标准,建成山西省首个市级自建GNSS地壳形变观测站。

【地震应急演练】 2021年,晋城市防震减灾中心修订完善《晋城市防震减灾中心地震应急预案》,组织开展市县防震减灾部门地震应急演练1次,组织参加全省防震减灾系统地震应急演练。加强市地震应急指挥中心维护管理,视频会议联调连通率100%。加强地震应急避难场所建设和维护管理,共维护地震应急避难场所9处。

【地震灾害风险评估】 2021年，晋城市继续开展地震灾害风险评估工作，在高平市、阳城县完成地震灾害风险评估工作基础上，完成沁水县、陵川县地震灾害风险评估工作。贯彻落实第一次全国自然灾害综合风险普查工作精神，开展地震灾害风险普查工作。市防震减灾中心对各县（市、区）工程场地地震安全性评价报告资料进行摸底，到市档案馆借阅工程场地地震安全性评价报告档案21份，收集整理48个钻孔资料，形成地震工程条件钻孔调查报告。

（李 玮）

【气象防灾减灾体系建设】 2021年，晋城市加强气象防灾减灾体系建设，完成气象信息员、预警信息服务对象的信息更新、上报与备案，组织开展气象信息员培训，全市2000余名信息员参加培训。组织开展全市突发事件预警信息发布应急演练。

【气象灾害综合风险普查】 2021年，晋城市印发《晋城市气象灾害综合风险普查工作方案》，成立普查工作领导小组，组织开展各类气象灾害数据的整理审核汇交工作，举办气象灾害综合风险普查业务培训。

【气象部门应急保障】 2021年，晋城市气象部门组建应急气象服务分队，参加陵川“2·20”火灾、阳城“5·26”火情、沁水“6·4”火灾、“7·11”山洪救灾，及时提供现场应急气象服务。全年，共提供火情火灾专报150期，山洪灾害救援专报286期。

【畜牧业灾情防控】 2021年7月23日，晋城市畜牧兽医服务中心参加全市农业防灾减灾“送政策、送技术、送物资”下乡活动，调拨价值5万元的消毒用具、防护服等应急物资和20吨消毒液，用于畜牧业受灾场户防疫消毒。

（胡 伟）

【森林草原防火防汛】 2021年，晋城市森林草原防灭火指挥部办公室组织开展森林草原防火安全隐患大排查大整治“百日行动”。从2月22日起至5月30日，以乡镇、村、林场自查县级全覆盖检查，市级抽查检查的方式进行。重点内容包括贯彻落实上级精神情况、隐患排查情况、火源管控情况、巡查看护情况、信息化建设情况、队伍建设情况、防火宣传情况、经费保障情况、应急值守情况、联防联治情况等10项重点内容。其中乡（镇）、村、林场自查要落实排查责任人，建立隐患排查台账，列出隐患排查清单和整改清单，明确完成隐患整改时间。指挥部成立6个督查组，到重点乡（镇）、林场以及重点防火村进行实地督查，对督查中发现的隐患排查整治不重视、排查整治走过场的责任部门和责任人进行通报，对造成火灾事故的加重追责问责。3月31日，晋城市举行森林草原火灾应急预案桌面推演。全年共接警28起，其中火情17起，一般森林火灾3起，较大火灾1起，其他情况7起。过火面积5208亩，受害面积1157亩，受害率低于省控指标。

（梁 彬）

【水旱灾害防御】 2021年，晋城市遭遇有气象记录以来最大强降雨，造成严重的洪涝灾害。市水务局及时研判雨情汛情，科学应对，精准调度，发布山洪灾害气象风险预警800余次、短信16万余条，提请转移撤避群众8万余人，全市重点水利工程平稳度汛。同时，开展灾后恢复重建工作，制定工作方案，明确时间表、任务书、路线图，争取上级资金3015万元，修复农村供水管网517千米、堤防232千米、水库79座、水电站24座。

（张小军）

安全监管

【安全生产责任落实】 2021年，晋城市制定党政领导干部安全生产责任清单，出台《晋城市管行业必须管安全、管业务必须管安全、管生产经营必须管安全实施细则》和《关于加强市县乡安全生产监管能力建设的实施意见》，对各级党政领导干部安全生产责任进行量化，对全市46个部门的安全生产职责进行再明确，对重点行业监管部门执法经费和乡镇（街道）建立专职应急机构进行规范。在重点行业领域推行生产经营单位主要负责人安全生产履职尽责承诺，承诺率达100%。

【安全风险防范】 2021年，晋城市围绕安全生产专项整治三年行动“攻坚年”和“零事故”单位创建活动，在煤矿、危险化学品等19个重点行业领域组织开展安全生产隐患大排查大整治，采取党政领导包联督查、主要负责人“双签字、双承诺”、对非法违法企业实行“停供水、气、电”等措施，全市共排查一般隐患87407条，整改率90.1%；排查重大隐患91条，整改率100%；责令停产整顿企业108家，行政处罚3543万元。

【重点行业监管】 2021年，晋城市对煤矿实行安全监管专员制度，选派158名干部对全市92座生产矿井实行常态化监管；开展重组整合煤矿专项整治、煤矿外包工程和资源整合煤矿专项整治等，排查治理一大批安全隐患。对全市30家重大危险源生产（储存）企业，全部落实重大危险源安全包保责任制。市应急管理局联合市公安局、市规划和自然资源局等单位，对非煤矿山企业民用爆炸物品安全管理情况进行专项检查，发现安全隐患59处，全部整改完毕。

【事故处置和隐患排查整治】 2021年，晋城市汲取“2·20”森林火灾、鑫环球铸业“2·23”事故等教训，在煤矿、危险化学品、非煤矿山、冶金工贸、消防、城镇燃气、建筑施工等7个重点领域开展隐患排查整治。出台《森林防火四条特别规定》，从防、救、打击野外用火、严肃责任追究等4个方面强化森林防灭火工作。印发《关于严肃查处迟报谎报瞒报事故的通知》，对5起生产安全事故和5起自然灾害按照“四不放过”原则进行调查处理，对重大涉险事故比照亡人事故进行处理，追究相关责任人114人。

2021年6月16日，晋城市组织开展全国第二十个“安全生产月”活动

（尚鹏飞　供图）

【安全宣传培训】 2021年，晋城市组织开展“安全生产月”、安全宣传“五进”等活动，参与人数25万人次。市应急管理局每月开设一期“应急管理大讲堂”，邀请省级以上专家讲解新《中华人民共和国安全生产法》等法律法规；组织媒体记者开展以曝光反面典型为主的“晋城安全行”集中采访报道活动，曝光违法违规企业26家、存在重大事故隐患园区1个。依托安全教育培训基地和市委党校，对600余名应急管理干部及市安委会重点成员单位分管负责人进行全覆盖专题培训。全年，全市共培训各类从业人员近10万人次。

（尚鹏飞）

消防救援

【应急救援】 2021年，晋城市消防救援系统共接警2799次（其中火灾736起），出动消防车辆5074辆、消防人员26838人次，抢救被困人员411人，疏散被困人员1336人，抢救保护财产价值1413万余元。参加“2·20”泽州县柳树口森林火灾、“5·29”二广高速公路柏盘隧道火灾、“6·4”沁水县中沃泉村森林火灾、“7·11”泽州县南岭镇、阳城县东冶镇防汛救灾及“援豫抗洪”等应急救援任务。陈念念获首届全国应急管理系统先进个人称号。

【火灾防控】 2021年，晋城市政府印发《关于深化消防执法改革的实施意见》，出台违法行为12项包容免罚清单。市消防救援支队联合行业部门拆除违法违规彩钢板170.12万平方米，整改高层建筑隐患2942条。开展行业部门消防安全标准化管理达标创建

2021年6月4日，晋城市消防救援支队参加沁水县中沃泉村森林火灾救援（王 飞 供图）

活动，教育、文物、民政、卫健等行业系统达标。新建市级消防教育基地2家、县级消防教育基地3家。

【实战实训】 2021年，晋城市消防救援支队先后举办冬春体能对抗赛暨执勤岗位大练兵、消防行业职业技能竞赛，参加山西省总队山岳救援培训。优化调整灭火救援专家组和示教队，组建应急救援专业队8支。与住建、交警、大数据等部门协作，雪松、蓝天等7支社会救援力量实现联勤联动；与水利、气象、地震等11个部门签订战略协议，17支企业应急救援队、907个微型消防站实现音视频互联互通。

【消防设施建设】 2021年，晋城市消防救援支队两栋公寓楼、应急救援培训基地项目保障楼和培训楼完成主体建设，高平二号站、金匠站、丹河新城站主体竣工。全年，共购置执勤车辆27台、装备器材12400余件（套）。

（郭丽霞）

晋城市城区

【概况】 晋城市城区位于晋城市中心，是晋城市的政治、经济、科技、文化中心，为晋城市人民政府、城区人民政府机关驻地。地理坐标为北纬35°24′55″～35°35′45″，东经112°45′10″～112°55′08″。总面积142.59平方千米，南北长17.50千米，东西宽15.40千米，占晋城市总面积的1.55%。四周与泽州县的7个乡镇毗邻，分别是：东邻金村镇；西接东沟镇、川底乡；南连南村镇、大箕镇；北接巴公镇、高都镇。2021年末，下辖南村1个镇(代管)，东街、西街、南街、北街、钟家庄、西上庄、开发区7个街道。共89个社区、58个行政村。常住人口58.24万人。

城区区位优越，交通便捷。双轨电气化太焦铁路贯穿南北，有铁路专用线10多条。晋(城)阳(城)、晋(城)焦(作)、长(治)晋(城)、晋(城)济(源)高速公路，在境内交会。G207国道、太(原)洛(阳)、晋(城)韩(城)、晋(城)陵(川)、晋(城)张(路口)、晋(城)辉(县)等干线公路，纵横交织。

旅游业是城区的新兴产业。境内省级森林公园有白马寺山森林公园1个。全国重点文物保护单位1处，省级文物保护单位3处，市级文物保护单位29处，区级文物保护单位1处。省级生态文明村有洞头生态旅游村1个。省级科普教育基地1个，市级科普教育基地6个。市级爱国主义教育基地4个。主要旅游景点有司徒小镇、白马寺山森林公园、洞头生态旅游景区、泽州公园、吴王山森林公园、凤凰岭森林公园、玉龙潭公园、文笔峰塔、怀覃会馆、程颢书院等。驻区旅行社、旅游公司有友好国际旅行社、太行旅行社、假日旅行社、铁道旅行社、东方旅行社等。

晋城市城区先后获全国义务教育发展基本均衡区、全国科技进步先进县(区)、国家卫生城市、国家餐饮服务食品安全示范区、全国法治县(区)创建活动先进单位、山西省林业生态区、山西省“增加农民收入先进区”、山西省城乡居民养老保险经办管理示范区、山西省实施“十二五”妇女儿童发展规划示范区、山西省老龄工作示范区、山西省级慢性病综合防控示范区、山西省社会管理综合治理先进集体、山西省平安城区、山西省无邪教创建示范县区等称号。

【综合经济】 2021年，晋城市城区实现生产总值420.71亿元，比上年增长8.0%。其中，第一产业增加值0.76亿元，增长6.7%，占生产总值的比重为0.2%；第二产业增加值132.80亿元，增长4.4%，占生产总值的比重为31.6%；第三产业增加值287.15亿元，增长9.5%，占生产总值的比重为68.2%。人均地区生产总值72713元。

【农业】 2021年，晋城市城区农作物总种植面积23836.2亩，比上年减少113.9亩。其中，粮食种植面积21481.7亩，减少469.4亩；蔬菜种植面积2070.0亩，增加541.5亩；油料种植面积192.0亩，减少

259.0亩。全年粮食总产量7097.4吨，比上年增长1836.9吨，增产34.9%。全年肉类总产量693.7吨，比上年增长55.2%。年末生猪存栏1044头，下降60.0%；生猪出栏3874头，增长82.1%。禽蛋产量1586.2吨，增长27.4%。年末全区农业机械总动力15065千瓦，比上年末增长3.7%。

【工业建筑业】 2021年，晋城市城区规模以上工业增加值比上年增长9.0%；完成总产值56.78亿元，增长18.4%；完成销售产值54.70亿元，增长14.4%。规模以上工业全年实现营业收入56.04亿元，比上年增长8.7%。二轻集体企业全年实现利税总额2579万元，比上年增长46.0%。

全区具有资质等级的总承包和专业承包建筑业企业77家；签订合同额122.59亿元，比上年增长39.7%；完成总产值41.64亿元，比上年增长40.6%。房屋建筑施工面积3360850平方米，比上年增长40.0%；竣工产值163162万元，比上年下降44.6%。

【民营经济】 2021年，晋城市城区民营经济完成总产值80.06亿元，比上年增长23.2%；增加值93.25亿元，增长11.7%；营业收入262.51亿元，增长14.8%；利税总额18.80亿元，增长6.4%。其中，民营企业完成总产值77.93亿元，比上年增长23.3%；增加值76.17亿元，增长15.7%；营业收入219.60亿元，增长16.0%；利税总额14.75亿元，增长1.4%。

【服务业】 2021年，晋城市城区服务业增加值287.15亿元，比上年增长9.5%。批发和零售业增加值49.05亿元，比上年增长11.2%；交通运输、仓储和邮政业增加值33.65亿元，增长4.4%；住宿和餐饮业增加值5.93亿元，增长16.6%；金融业增加值49.71亿元，增长6.7%；房地产业增加值29.57亿元，增长15.7%；营利性服务业增加值60.77亿元，增长11.7%；非营利性服务业增加值58.37亿元，增长7.8%。全年规模以上服务业企业营业收入比上年增长13.4%。

【城市品质提升】 2021年，晋城市城区实施空间发展战略，全面提升城市品质。抓重点工程征拆，累计拆除各类建筑976处、面积76.1万平方米。抓市容环境整治，完成7个批次723处整治任务，累计清运垃圾8.9万立方米，平整土地37.7万平方米，城市面貌得到有效提升和改善。抓“多彩花海”行动，栽种法桐、樱花、海棠等乔木花灌2.1万棵，栽种竹子3.3万棵、地被花13万株，撒种草籽20余万平方米，白马寺山赏樱胜地初具雏形。抓老旧小区改造，第一批10个大型老旧小区完成改造，第二批50个老旧小区开工，第三批214个老旧小区完成项目包装。抓“城中村”改造，玉苑、金华、西马匠、连川等改造项目进展顺利，老城更新与保护一期工程36栋回迁安置楼，8栋交付使用、22栋主体封顶。河东、回军、文峰等新模式城改项目启动实施。

【民生事业】 2021年，晋城市城区民生支出14.48亿元，完成8件民生实事。东上庄、山门、二圣头3所幼儿园投入使用，凤鸣中学、星河学校等5所中小学完成基础设施改造。市二院综合办医水平显著提升，医疗卫生一体化改革迈向深入。顺利通过国家卫生城市复审，保障性安居工程新开工1413套。房屋产权登记比例达60%。完成3100人的气化任务。灾后重建进展顺利，共安排4228万元用于重点领域重建和群众生活生产秩序恢复。有效应对多轮疫情冲击，疫苗接种覆盖人群比例达97%。全年全区参加城乡居民养老保险70280人，增加52人。参加城镇职工基本医疗保险38378人，增加1402人。参加城乡居民基本医疗保险187483人，增加4166人，参保率达100%。参加失业保险30471人，减少870人。全区城镇居民人均可支配收入41588元，比上年增长7.2%。

（王翠平）

泽州县

【概况】 泽州县位于太行山南端、山西省东南部。史称“河东屏翰，冀南雄镇”。地理坐标为北纬35°12′~35°42′，东经112°31′~113°14′。地域分布在晋城市城区四周，东连陵川，西接阳城、沁水，北靠高平，南与河南省的辉县、修武、博爱、沁阳、济源等市、县毗邻。总面积2023平方千米，占晋城市总面积的21.30%，占山西省总面积的1.20%。2020年底，泽州县辖16个镇，434个村(居)民委员会。全县常住人口为414416人。

境内地貌以山地丘陵为主，山地、丘陵、平川面积之比为6:3:1。最高点为西北部的武神山主峰，海拔1346.60米，最低点为东南丹河出口处的三姑泉，海拔296米。相对高差1050.60米。全县平均海拔650~1000米之间。境内主要河流有沁河、丹河，均属黄河水系。年平均气温10℃，大陆性季风气候明显。无霜期192.60天。年降水量618.30毫米，但年际、月际降水量的相对变率较大。年日照时数为2580小时，日照率67%。

境内自然资源丰富，尤以"煤铁"为最。全县煤炭地质储量44亿吨，铁矿石储量5亿吨，硫铁矿、铝矾土、石灰石、大理石、银、铜、锰、石膏等储量也很丰富。全县水资源总量2.81亿立方米，属相对富水区。全县年末耕地保有量5.12万公顷。封山育林面积5400公顷。全县省级自然保护区1个，自然保护区面积9.38万公顷。全县林木绿化覆盖率达到46.43%，森林覆盖率达到28.19%。野生动植物种类繁多，其中国家二、三级保护的珍稀动物有猕猴、大壁虎；国家保护的植物有青檀木等。丰富的自然资源为泽州县经济的发展提供了重要的物质基础和条件，使泽州县成为山西省能源重化工基地及全国无烟煤生产基地的重要组成部分。

【农业】 2021年，全县农作物种植面积52789.6公顷，比上年增加1071.8公顷。粮食总产量18.9万吨，比上年增加0.2万吨，同比增产1.1%。全年完成造林面积233公顷，下降36.5%，其中经济林新增面积33.3公顷，与2019年持平。全年肉类总产量44941.9吨，比上年增长20.2%。禽蛋总产量23289.3吨，增长11.9%；水产品产量380吨，增长8.6%。截至2021年底，全县农业机械总动力19.5万千瓦，增长1.6%。机械耕地面积3788公顷，下降11.8%；机械播种面积38790公顷，下降5.1%；机械收获面积37701公顷，下降0.5%。

2021年，泽州县被农业农村部评为"畜牧业统计监测工作综合评估优秀县"。荣获省级有机旱作农业示范县、省级农产品质量安全县。

【工业建筑业】 2021年末，全县规模以上工业企业131家，全年全县规模以上工业增加值同比增长19.2%。规模以上工业实现主营业务收入906.1亿元，比2020年增长59%；工业企业实现利润78.7亿元，增长99.7%；实现利税132.4亿元，增长74.2%。

全年全县建筑业实现增加值6亿元，同比增长0.6%。截至2021年底，全县具有资质等级总承包和专业建筑业企业27家，完成总产值44.1亿元，同比增长12.6%。

【投资贸易】 2021年，全县固定资产投资完成165.8亿元，增长18.5%，总量和增速均排全市第一。一般公共预算收入完成37.4亿元，同比增长41.2%，总量在全省117个县(市、区)中排名第一。全年房地产开发投资33.5亿元，增长162.4%；商品房销售额6.37亿元，同比增长354%。其中，住宅销售额6.28亿元，增长360.7%。10项高质量发展指标领跑全市，高质量发展综合绩考核保持在全省第一方阵，一举成为全省名副其实的经济强县、发展大县。

全年全县社会消费品零售总额55.8亿元，增长14.5%。全县海关进出口总额24.7亿元，下降10.4%。

【金融保险】 截至2021年底，泽州县金融机构各项存款余额331.2亿元，比年初增加4.2亿元，增长1.3%。各项贷款余额159.6亿元，比年初增加31.3亿元，增长24.4%。全县保费收入24516.4万元，同比增长12.7%。全年支付各类赔款及给付9155.2万元，增长73.1%。

【交通邮电】 2021年，全县公路线路里程2543千米，其中高速公路134千米。全县完成邮电业务总量23315万元，增长11.9%。农村固定电话用户0.9万户，移动电话用户年末达到37.8万户，全县宽带接入用户数达14.1万户。

【文化旅游】 2021年，全县共有艺术表演团体6个，新创作首演剧目2个，本年上演剧目36余个，演出场次800余场，收入172万元，全县共有公共文化馆1个，公共图书馆1个，乡镇文化站16个，村级农家书屋442个，共藏书约148万册。广播电台1座，电视台1座。全年共有旅游景区（点）8处，共有农家乐348家。全年共接待游客49.6万人次，实现旅游总收入1169.9万元，旅游经营收入3717万元。

2021年，"百村百院"6个重点康养村一期工程投入运营，44个大院启用迎客，高都古镇、司徒小镇成功创建国家AAA级、AAAA级旅游景区。旅游厕所总量达到162座、全市第一，被评为"山西省文旅建设先进县"，成功入选"全国县域旅游发展潜力百佳县"。

【教育科技】 2021年，泽州县共有幼儿园80所，小学83所，普通初中23所，普通高中4所，高职中学2所，教师进修学校1所，特殊教育学校1所。年末全县共有各级各类在校学生数41947人。截至2021年底，小学学龄儿童入学率100%；小学和初中升学率均达100%。2021年全县专利授权量351件。其中，发明专利授权6件，实用新型授权277件，外观设计授权68件。有效发明专利拥有量49件。

【卫生体育】 2021年，泽州县共有卫生机构（含诊所）748个，其中：县医院1个，县妇幼保健院1个，疾病预防控制中心（防疫站）1个，其他医院9个，乡镇卫生院26个，村级卫生室632个，个体诊所78个。全县共有床位数2330张，医生1177人，注册护士1155人。县乡村三级医疗机构达标率为100%。全年全县共举办各级各类体育赛事6次，参加运动会运动员人数3000余人。运动员在市级以上重大比赛中获金、银、铜牌分别为40枚、33枚、32枚。

【社会保障】 2021年，全县参加城镇职工基本养老保险60700人，比2020年末增加4964人；参加城乡居民基本养老保险307200人，增加482人；参加城镇职工基本医疗保险42419人，增加463人；参加城乡居民基本医疗保险402019人，减少1344人；参加失业保险31862人，增加5221人；参加工伤保险88500人，增加8130人；参加生育保险33480人，增加275人。城镇低保人数624人，保障户数599户；农村低保人数6152人，保障户数4022户。

【脱贫攻坚】 2021年，泽州县不断巩固脱贫成果，持续抓好返贫人口动态监测、消费扶贫、易地搬迁后续帮扶、产业扶贫等工作，脱贫户基本医疗保险参保率达到100%，脱贫劳动力就业4083人，守住了防返贫风险底线。县扶贫开发中心被省委省政府授予"山西省脱贫攻坚先进集体"荣誉称号。

【乡村振兴】 2021年，泽州县扎实推进"五化共建"，开工建设总投资28.5亿元的157个项目，完成投资19.06亿元。大力发展现代农业，深入实施农业"特""优"战略，稳步推进五大产业提升工程，粮食总产量完成2.93亿公斤，生猪出栏65万头，创建市级现代农业产业园2家，"一镇一园"现代农业发展格局初具雏形。深入开展"六乱"整治，太行一号国家风景道文旅康养和乡村振兴融合示范带。41个村全部达到三星级标准，全县新增三星级村108个、四星级村17个、五星级村4个。全面完成水电自供区接收改造，102个行政村、4.38万居民用上"国网电""放心电"。全年新增集中供热面积达到92万平方米，集中供热覆盖率达到68%；新增通气人口7万人，居民气化率提高到85.4%；农村改厕完成9949座，位居全市第一。

【生态建设】 2021年，泽州县大力推进大气、水和土壤综合污染防治，坚决遏制"两高"项目发展，全力推进碳达峰、碳中和工作，深入推进采煤沉陷区和矿山生态修复治理，高标准筑牢了生态基底。持续改善大气质量，严格落实能耗"双控"，牺牲产值13.6亿元关停搬迁市区周边5家重点工业企业，投资18.9亿元对晋钢等重点工业企业进行升级改造、减量替换，投资4.3亿元推动北部5镇余热集中供暖、替代散煤11万吨。全力推进水污染治理，投资13.3亿元用于农村生活污水治理，薛庄湿地建成运营，背荫湿地主体完工，8个污水处理厂投用，110千米二级管网建成，41个村庄污水处理工程完工，农村生活污水治理率达到37.4%。扎实开展矿山修复,45个历史遗留露天矿山综合治理项目全部完成,高铁东站废弃石灰岩矿山地质环境综合治理项目一、二区完工,三区完成60%,四、五、六区开工建设。全县二级以上天数达到270天、同比增加4天;$PM_{2.5}$同比下降28.57%,改善幅度全省第一;PM_{10}同比下降15.63%,改善幅度全省第二。

【疫情防控】 2021年,泽州县常态化推进疫情防控,提前一个月率先在全市完成了疫苗接种任务,乡镇核酸检测演练实现全覆盖。建成核酸检测固定式方舱实验室,成功应对30余起省外疫情输入冲击,全年未发生一例疫情感染,坚定守好了“泽州阵地”。

(张 静)

高平市

【概况】 高平市位于山西省东南部、晋城市北部。雄踞太行山麓,背靠三晋腹地,面对千里中原,地理位置优越。地理坐标为北纬35°39′~35°59′,东经112°42′~113°09′。四周东至铁佛岭与陵川县相接,南至界牌岭与泽州县毗邻,西至老马岭与沁水县交界,西北至丹朱岭与长子县为邻,东北至金泉山与长治县相接。东、西、北三面环山,中为平川,整体地貌状如簸箕。境内地势北高南低,北部金泉山最高,海拔1391.10米,南部杜村附近丹河河床最低,海拔780米。境域周边为侵蚀剥蚀中低山区,内侧为绵延起伏的黄土丘陵,中部为冲洪积的带状平川。总面积946平方千米,山区面积占39.60%,丘陵面积占36.20%,平川面积占24.20%。

1993年5月12日,经国务院批准,撤销高平县,设立高平市,全市辖9个镇、4个乡、3个街道办事处。2021年,下辖3个街道,9个镇和3个乡,304个行政村,总面积980.35平方千米。

高平是中华民族人文始祖炎帝的故里,中国历史上长平之战的发生地,太行太岳革命老区、“煤铁之乡”“黄梨之乡”“生猪之乡”和“上党梆子戏剧之乡”。发现的东庙遗址、李家庄遗址等,证明早在旧石器时代晚期这里就有人类繁衍生息。

市境地处交通枢纽,太(原)澳(门)高速公路、国道G207线、省道长(治)晋(城)线和太(原)焦(作)铁路南北纵贯,省道坪曲线东西横越,交通便利。

高平市域属黄河水系,全市地表水年平均径流量约3888万立方米,平均径流深35.70毫米,地下水1.49亿立方米。境内大小河流30余条,流域面积在30平方千米以上的有丹河、许河、大东仓河、小东仓河、东大河、永录河等6条。最大的河流为丹河,其余大部分为丹河的支流,丹河由西北至东南纵穿市境中部,其流域成带状平川,向南渐宽。境内河流均为季节性河流。

【农业农村】 2021年,全年粮食播种面积53.26万亩,比上年增长0.4%。全年粮食总产18.15万吨,平均单产340.8公斤/亩,比上年分别增长0.9%和0.5%。其中:夏粮总产0.24万吨,比上年增长3.0%,平均单产277公斤/亩,比上年增长2.2%;秋收粮食总产17.92万吨,平均单产341.9公斤/亩,比上年分别增长0.8%和0.5%。主要粮食品种玉米产量14.56万吨,同比下降0.6%。高平市蔬菜总产量11.65万吨,同比增长11.9%。水果总产量2.76万吨,同比增长8.3%,其中梨产量1.78万吨,同比增长8.6%,核桃产量0.14万吨,同比下降35.5%,中草药产量0.17万吨,同比增长138.2%。畜禽肉类产量4.54万吨,比上年增长27.2%;禽蛋产量1.6万吨,比上年增长2%。

农业机械总动力9.55万千瓦,同比增长6.1%。农村用电量20452.41万千瓦时,同比增长2.3%。造林5400亩,森林覆盖率12.35%。

【工业建筑业】 2021年,高平市规模以上工业企业90家,规模以上工业增加值增长15.2%。工业总产值3900748.5万元,增长73.6%。工业销售产值3845617.5万元,增长77.3%。产品销售率98.6%,上升2.1个百分点。规模以上工业企业营业收入4396937.1万元,增长69.3%。其中,国有控股企业2932750.1万元,增长67.5%,集体控股30699.5万元,增长27.6%,私人控股1356117.9万元,增长70.3%。煤炭、化工、饮料和黑色金属冶炼及压延加工业行业分别实现营业收入2896931.6万元、765656.4万元、18124.1万元、209587.4万元，分别增长98.0%、36.8%、3.0%和34.3%。

规模以上工业实现利税总额929844.8万元，增长306.4%。其中，实现利润527479.4万元，同比增长1115.9%；国有控股企业实现利润总额440734.1万元，同比增长3398.2%；集体控股企业实现利润总额2733万元，下降490.9%；私人控股企业实现利润总额39489.7万元，增长40.8%。规模以上工业企业中，亏损企业20个，比2020年减少3个，亏损额99952.4万元，同比下降16.2%。

2021年，高平市建筑业产值完成114217.6万元，增长36.2%。其中建筑工程产值为103730.9万元，增长30.4%；安装工程产值7792.5万元，增长16.5%。

【能源】 2021年，全社会原煤产量3306.6万吨，增长8.71%。其中，规模以上工业企业原煤产量3298.6万吨，增长8.47%；洗煤1761.5万吨，增长5.53%；氮肥（折含N100%）60.2万吨，下降11.4%；水泥57.2万吨，增长19.5%；生铁24.1万吨，增长0.94%；焦炭72.3万吨，下降24.4%。

【固定资产投资】 2021年，全市固定资产投资完成1028946万元，同比增长10.1%，其中，国有经济投资完成611621万元，同比增长6.8%；非国有经济投资完成417325万元，同比增长15.3%。房地产开发投资完成259642万元，同比增长16.1%。第一产业投资完成86500万元，同比增长31.4%；第二产业投资完成354379万元，同比增长15.7%；第三产业投资完成588067万元，同比增长4.5%。

【交通邮电】 2021年，全年货物运输总量981.06万吨，增长10%，货物运输周转量33217.95万吨公里，增长10%。旅客运输总量1055.64万人，增长84.42%，旅客运输周转量16095.61万人，增长77.06%。全市公路线路里程1363.3千米，其中，干线公路175.3千米，12条县道209.6千米，63条乡道413.7千米，455条村道564.7千米。公路密度139.1千米/百平方千米。

2021年，邮政部门完成业务总量2360.62万元，增长0.41%，业务收入2632.1万元，较2020年同期增幅18.38%。邮政支局（所）17处，其中农村14处，报纸期发数584.3万份，杂志期发数22.7万份。

【财政金融】 2021年，完成财政总收入757046万元，增长54.2%。一般公共预算收入完成360166万元，增长51.7%，一般公共预算支出492468万元，增长10.3%。

截至2021年年底，金融部门本外币各项存款余额3924181万元，较年初增加425335万元，增长12.2%，其中，住户存款年末余额2942727万元，较年初增加301102万元，增长11.4%。各项贷款余额1854806万元，较年初增长209054万元，增长12.7%。

【教育科技】 2021年，高平市共有中小学72所，其中，普通中学25所，在校学生数19623人，招生数6429人；各类小学47所，在校学生数23539人，招生数3786人；特殊教育学校1所，在校学生数96人，招生数6人；全市共有幼儿园73所，入园人数4621人，在园人数13638人。全年义务教育普及率100%，高中阶段毛入学率98.4%，学前三年毛入园率98.03%。

全市技术合同交易额18.9亿元；截至2021年年末，全市拥有省级工程技术研究中心1个，省级民营科技企业5个。

【文体卫生】 2021年，高平市共有艺术表演团体7个，公共图书馆1个，博物馆1个，档案馆1个，文化馆1个，融媒体中心1个，农家书屋304个。送戏下乡124余场，开展农村公益电影放映演出5208场，更新图书20580册，订阅报纸杂志247种。

全市各种体育协会、俱乐部35个，普查体育场地1996个，人均体育场地面积达到2.33平方米。成功举办了2021赛季高平市男子篮球联赛，河西篮球邀请赛，第四届野川自行车公开赛等特色品牌赛事。开展了“职工文化月”“万步有约”等群众体育赛事活动。举办了第26届中小学生田径运动会以及篮球、足球、象棋等各类青少年单项体育比赛。

代表山西省出征第十四届全运会健身秧歌比赛荣获第二名。积极组团参加晋城市第七届运动会各项比赛，金牌和奖牌总数均位列县区组首位。全年全市国家级非遗项目3项、省级12项、晋城市级16项、高平市级74项。国家级非遗传承人2人、省级17人，晋城市级36人。

全市共有各级医疗卫生机构606个，其中，医院20个（市直2个、民营18个），市直卫生机构3个，乡镇卫生院16个，乡镇卫生院分院2个，社区卫生服务中心3个，诊所（卫生所431个、个体办医124个、其他医疗机构10个）565个。卫生卫计人员3208名，护理人员1170个，床位数2253张，万元以上医疗设备2703台（件），业务用房面积161211.02平方米。

【社会保障】 2021年，高平市居民家庭人均可支配收入为28852元，增长8.7%，按常住地分，城镇常住居民人均可支配收入39356元，增8.2%；农村常住居民人均可支配收入18284元，增长10.0%。参加城镇职工基本养老保险人数77278人；参加城乡居民基本养老保险人数273597人；参加城镇职工基本医疗保险63019人；参加失业保险人数35826人；参加工伤保险人数69004人。参加生育保险46356人。全市共有371559人参加城乡居民医疗保险。

【产业转型】 五个“园中园”基础设施加快建设，甲醇制氢燃料电池、不锈钢产业园等项目进展顺利，山西康硕获批全国智能制造示范工厂、晋城唯一；与全国唯一的国家级铸造技术研究所——中国机械科学研究总院沈阳铸造所，共建高端装备轻合金铸造技术国家重点实验室；全省首家县级智创城建成投用，全省唯一的山西省海峡两岸产业园落户高平，高平市被认定为晋城唯一的省级现代农业产业园、全省农村电商强县。

【改革开放】 坚持改革不停顿、开放不止步，“六个一”集成改革形成制度性成果，“无证明城市”破题起步，多项改革持续走在全省前列，5G智慧医疗受到全国表彰。举办第六届海峡两岸神农炎帝经贸文化旅游招商系列活动，层次越来越高、影响越来越大、效果越来越好。

【城乡融合】 坚持城乡一体、产城融合，以“一轴、一带、一廊”为牵引，奏响新型城镇化和乡村振兴两个篇章。23公里炎帝大道成为城乡融合发展的“动力轴”，串起4个乡镇、3个街道；52千米太行一号旅游公路成为文旅康养和乡村振兴融合发展的示范带，串起5个乡镇、2个街道，直接连起80个农业园区、10个旅游景区、18个文保单位；10千米丹河生态廊道串起老城新区。

【生态建设】 坚持治山、治水、治气、治城一体推进，立体性解决环保问题。二级优良天数278天，空气质量综合指数创近年来最好水平；城乡集中供热面积1295万平方米，第三热源厂并网发电；农村供水、排水、改厕、治污一体化推进，丹河沿线农村生活污水治理完成20个村，改厕1万户、累计达到6.2万户；改造8.7千米市区雨污分流管网，完成城市一污提标改造，二污稳定运行，15个镇区生活污水处理厂（站）全覆盖，考核断面水质稳定达标。

【民生事业】 坚持以人民为中心，全年财政民生类支出占85%以上。疫情防控始终保持“零确诊、零感染”。“人人持证、技能社会”培训12392人，新增城镇就业人数7126人，农村劳动力转移就业人数6038人。“九年一贯制”七中、八中及锦华幼儿园主体完工，神农幼儿园交付使用，特殊教育学校具备使用条件；“四所医院”建设稳步推进；高平大酒店重启建设、投入运营，龙渠社区南内环段全线通车；34条背街小巷完成提升改造，高平市被命名为“四好农村路”全国示范县。生产安全亡人事故起数和死亡人数控制在指标之内，信访积案基本清零，扫黑除恶持续保持高压态势，群众安全感和满意度调查测评排名晋城第2、创历史最好成绩。

（牛　彬）

阳城县

【概况】 阳城县位于晋城市西南部，地处太行、太岳、中条山三山之间。地理坐标为北纬35°

12′30″~35°41′12″、东经112°01′02″~112°37′28″。东沿樊山、华阳山、沁河与泽州县搭界，西以云蒙山与运城市垣曲县相连，南以大岭头、原山、鳌背山与河南省济源市毗邻，从西到北，有东岩根、梁树腰、地棚岭、皇岩底、险坪、柿树凹、后韩山、大安头与沁水县相接。南北长约54千米，东西宽约53千米，县域面积1968平方千米，下辖12个镇、3个乡；设有324个行政村，11个社区。截至2021年末，公安部门户籍登记总户数163482户，总人口378858人。

阳城古称濩泽，历史悠久，文化源远流长。唐至清末县内130多人中进士。有明万历吏部尚书王国光、天启工部尚书白所知、南明吏部尚书张慎言，清康熙文渊阁大学士兼吏部尚书陈廷敬、雍正初的文华殿大学士兼吏部尚书田从典，还有世称“天下第一清官”的明成化佥都御史杨继宗及南宋著名画家萧照、清代著名数学家张敦仁。抗日战争时期，阳城是晋豫边革命根据地的中心，朱德、彭德怀、邓小平、徐向前等老一辈革命家曾在此战斗、生活。1946—1949年，太岳行署进驻阳城，阳城成为太岳区中心。

主要山脉南部有析城山、云蒙山、小尖山、鳌背山、大乐岭、风山岭、老虎岭、指柱山，西部、北部有仙翁山、白龙山、黄龙山等。沁河是境内最大的河流，其次为南大河、芦苇河、涧河。境内交通发达。侯月铁路穿越县境，阳翼高速、晋阳高速、阳济、陵沁、阳垣等出境公路构成交通网。阳城工业以煤炭产业为支撑，形成以安阳工业集中发展区、北留工业园区、芹池煤化工园区、演礼工业园区为主导的“1+4”的工业强县的产业格局；亚洲最大的火力发电厂——阳城电厂位于境内。旅游业发展较快，主要有国家AAAAA级旅游景区皇城相府，国家AAAA级旅游景区蟒河风景区、亚高山草甸析城山景区。

【农业】 2021年，阳城县粮食种植面积32458.9公顷，比上年增加1552.5公顷。粮食产量188378.3吨，比上年增加2000.1吨，增产1.1%。棉花播种面积3.4公顷，比上年增加1.7公顷，总产量5.7吨，比上年增产137.5%。油料播种面积2069.0公顷，比上年增加206.6公顷，总产量5319.5吨，比上年增产48.9%。蔬菜播种面积1393.9公顷，比上年增加259.4公顷，总产量71071.4吨，比上年增产19.6%。水果总产量10068.0吨，比上年增产9.8%。坚果总产量5247.2吨，比上年增产9.4%。完成造林面积754公顷，四旁和义务植树145万株，育苗面积400公顷。2021年末牛存栏1633头，比上年增长4.4%。猪存栏268597头，比上年增长22.4%。羊存栏55788只，比上年增长9.8%。鸡存栏321万只，比上年增长8.4%。肉类总产量35641.3吨，比上年增长20.7%。禽蛋总产量45341吨，比上年增长6.8%。蚕茧总产量1580.5吨，比上年增长16.4%。

【工业建筑业】 2021年，阳城县全部工业增加值2143870万元，比上年增长15.1%。其中，规模以上工业企业91家，增加值比上年增长18.2%。全年规模以上工业企业实现营业收入3739505万元，比上年增长46.8%。规模以上工业企业实现利润258036万元，比上年增长17.4%。全年完成建筑业增加值18835万元，比上年增长6.9%。2021年末全县具有资质以上的建筑业企业13家，完成总产值63595万元，比上年增长70.2%。

【固定资产投资】 2021年，阳城县固定资产投资完成1146166万元，比上年增长10.7%。其中，基础设施投资337381万元，增长4.8%；民间固定资产投资474449万元，下降12.1%。房地产开发投资91878万元，比上年下降32.0%。全年房屋施工面积1316198平方米，增长9.7%。

【能源】 2021年，阳城县一次能源生产折标准煤1603.5万吨，比上年增长9.3%；二次能源生产折标准煤1785.7万吨，比上年增长2.2%。全年全社会用电总量43.3亿千瓦时。

【内外贸易】 2021年，阳城县社会消费品零售总额完成401086万元，比上年增长15.7%。全年实现外贸进出口总额8456万元，比上年下降13.1%。进出口差额(出口减进口)4292万元，比上年下降40.1%。

【交通邮电】 2021年,阳城县公路货运总量2023万吨,比上年下降12.5%。公路货物周转量71120万吨千米,比上年下降12.1%。公路旅客运输总量21万人次,比上年增长10.5%。公路旅客周转量4100万人千米,比上年增长5.1%。邮政业务总量3516万元,比上年增长10.8%。订销报纸439万份,订销杂志10万份,邮政快递业务量16万件,发送信件2万件。电信业务总量20981万元,比上年增长6.4%。年末全县固定电话用户17992户,比上年增加653部。移动电话用户38.4万部,比上年减少0.2万部。计算机互联网用户13.1万户,比上年增加0.5万户。

【财政收支】 2021年,阳城县财政总收入599428万元,比上年增长38.5%。一般公共预算收入300519万元,比上年增长52.5%,其中,税收收入120359万元,增长32.5%。一般公共预算支出401399万元,比上年增长8.1%。

【金融保险】 2021年,阳城县金融机构人民币各项存款余额3100593万元,比年初增加453527万元。金融机构人民币各项贷款余额1502294万元,比年初增加214921万元。保费收入74466万元,比上年下降0.5%。其中,财产险保费收入15452万元,人身险保费收入59014万元。

【教育】 2021年,阳城县普通中学24所,在校学生12587人,教职工1736人;职业高级中学2所,在校学生2045人,教职工226人;小学44所,在校学生13568人,教职工1447人;幼儿园88所,在园幼儿8576人,教职工585人;特殊教育学校1所,在校学生76人,教职工16人。全县高考一本达线率首次突破30%,二本达线率达到72.7%。600分以上共119人,全省文理科前100名共6人。职业高中入选省级"双高"计划。山西晋城文旅康养职业学院建设项目成功签约。

【科技】 2021年,阳城县高新企业总数达到18家,21家企业入选2021年度晋城市科技型中小企业。科技研发专项资金740万元,涵盖全县科技成果转化的工业、农业、农林文旅康、乡村振兴产业等各个领域的25个项目。新增省级星创天地1家,与3所大学达成产学研合作协议,建设高校科技成果转化基地3个、智库示范基地2个、高校科研平台延伸基地1个。

【文化旅游】 2021年,阳城县共有文化馆1个,公共图书馆1个,文物博物馆1个,档案馆1个,电视台1座。全年组织免费送戏下乡175场,放映公益电影4941场。举办了中国共产党成立100周年系列群众文化活动,大力推进"书香阳城"建设。2021年年末全县国家A级旅游景区共11家,其中,AAAAA级旅游景区1家,AAAA级旅游景区4家。

【生态建设】 2021年,阳城县耕地面积39087.5公顷。城市绿化覆盖率45.5%,绿地率40.5%,人均公园绿地面积12.6平方米。全年空气质量二级以上优良天数287天。$PM_{2.5}$平均浓度下降8.3%。PM_{10}平均浓度下降7.2%。二氧化硫平均浓度下降22.2%,二氧化氮平均浓度上升20%。环境空气综合指数为4.03。

【乡村振兴】 2021年,阳城县农产品加工销售收入21.88亿元,与2020年相比实现增量4.67亿元,增速27%;全县精深加工十大产业集群实现产值12.65亿元,与2020年相比实现增量8.85亿元,增速233%。圣鑫农业开发有限公司是2019年北留镇招商引资引进的一家农业主体公司,近年来累计投资1800多万元,在北留镇头南村、石苑村和南庄村流转5320亩土地进行连翘和金丝皇菊栽植,直接带动北留镇241户360多名农村闲置劳动力实现就业增收。

(邹　帅)

陵川县

【概况】 陵川县位于北纬35°25′~35°53′4″,东经113°1′30″~113°37′,全县总面积1751平方千米。2021年,辖7个镇4个乡,265个行政村,7个居民社区,1个园区。截至2021年年底,全县常住人口为199491人,比上年末减少5289人。其中,城镇人口89327人,乡村人口110164人。全年出生人口1562

人，人口出生率为7.63‰；死亡人口2238人，死亡率为10.93‰；自然增长率为－3.30‰。性别比为102.98（以女性人口为100）。按常住人口计算，城镇化率达到44.78%。

境内万峰环列，沟壑纵横，山势险峻，较大的山峰有70余座。地形东北高、西南低，板山海拔最高1791.90米，甘河海拔最低628米。河流分丹河和卫河两个流域，分别属于黄河和海河两大水系。境内属大陆性季风气候区，气候特别凉爽，年平均气温为7℃～9℃，年平均降水量700毫米～1000毫米。日照时数平均为2380小时～2730小时。境内矿产资源丰富，矿种主要有煤、铁、硫、铝、黏土、大理石、硅石等。全县水资源总量为62872.62万立方米，是山西省水资源较丰富的地区之一。

陵川县人杰地灵。古代著名人物有金代武氏三状元、金代教育家元好问老师郝天挺、元代国信使郝经等。现代人物有中共山西省委原第一书记卫恒、作家韩文洲、电影《上甘岭》编剧崔家俊等。全国重点文物保护单位有西溪二仙庙、小会岭二仙庙、崔府君庙、白玉宫、玉皇庙、寺润三教堂、南神头二仙庙、玉泉东岳庙、南吉祥寺、北吉祥寺、三圣瑞现塔、崇安寺、龙岩寺等，省级文物保护单位有南庙宫、南召文庙、千佛造像碑等。主要风景名胜区有王莽岭、棋子山、黄围山、西溪风景区。

【农业】 2021年，陵川县农作物播种面积30400.6公顷，同比增长19.5%。粮食种植面积22496.9公顷，增加3公顷。全年油料产量786.8吨，增产17.8%；药材产量7212.26吨，增产37.5%。园林水果产量3624.3吨，增产9.9%。食用坚果1331.1吨，增产37.4%。蔬菜产量61810.2吨，增产31.8%。茶叶产量37.8吨，增产5%。全县森林面积138.81万亩，森林覆盖率达到48.24%。全年完成造林面积600公顷。“四旁”植树145万株；育苗面积333公顷。全县农业机械总动力达到5.6448万千瓦，同比增长4.6%。

【工业建筑业】 2021年，陵川县规模以上工业企业实现营业收入388533万元，增长88.5%。其中，煤炭行业93904万元，增长101.1%；化工行业50584万元，增长34.5%；医药制造业8079万元，增长7.2%；黑色金属冶炼和压延加工业149462万元，增长270.1%；非金属矿物制品业55101万元，增长16.6%；电力、热力生产和供应业25270万元，增长22.5%；燃气生产和供应业6133万元，增长1.8%。规模以上工业企业实现利税66182万元，增长109.5%；实现利润49703万元，增长142.1%。全县民营经济增加值完成18亿元，同比增长6.7%；总产值完成57.17亿元，同比增长9.1%；营业收入达到48.6亿元，同比增长9.5%。全县建筑业增加值完成2.0亿元，同比下降1.8%。年末全县具有资质等级的总承包和专业承包建筑业企业共有2家，完成总产值9556.9万元，增长7.3%；竣工产值10371.5万元，增长28%。

【投资贸易】 2020年，陵川县招商引资签约项目28个，签约金额81.71亿元，任务完成率占目标（35亿元）的233.46%。当年签约项目开工数27个，开工率达到96.43%；新开工项目计划投资额35.66亿元，占目标投资额（10亿元）的356.6%；固定资产投资项目到位资金9.6亿元，占目标金额（4亿元）的240%；非固定资产投资项目到位资金5100万元，完成率171.33%。全年固定资产投资累计完成32.39亿元，同比增长15.3%。全年在建固定资产投资项目148个。其中，5000万元以上项目33个，累计完成投资195094万元，占全县固定资产投资的比重达到60.2%。县生态文化旅游示范区全年在库项目25个，完成投资66149万元，同比增长29.1%。其中，新建产业类项目投资完成37136万元。

【能源】 2021年，陵川县全县原煤（全社会）生产149.5万吨，同比下降27.8%；洗煤完成56.2万吨，同比增长5.3%；发电量完成4.7亿千瓦时，同比增长80.8%；供热总量完成217.0万吉焦，同比降低3.6%。全县全年全社会用电量58700万千瓦时，同比增长21.3%。其中线损2378万千瓦时，厂用电量1287万千瓦时，全社会有效用电55035万千瓦时。根据用电用途，城乡居民生活用电7602万千瓦时，占13.8%；行业用电47433万千瓦时，占86.2%。全县全年冬季清洁取暖完成503户。其中，集中供热新增503户。

【贸易】 2020年，陵川县限额以上的贸易业共52个，全年净增17个，其中，批发零售业39个，住宿餐饮业13个。全年社会消费品零售总额累计完成19.3亿元，同比增长15%。分行业看，批发业销售额完成158375.9万元，同比增长118.4%；零售业销售额完成160262.4万元，同比增长20.1%；住宿业营业额完成6932.5万元，同比增长40.6%；餐饮业营业额完成52921.4万元，同比增长25.4%。在限额以上批发和零售业零售额中，粮油食品类增长9.7%，饮料类增长9.6%，烟酒类下降10.5%，服装鞋帽、针、纺织类增长8.3%，化妆品类增长48.9%，金银珠宝类下降24.3%，日用品类增长39%，五金电器类增长30.6%，体育娱乐用品类下降12.9%，中西药品类增长34.8%，文化办公用品类增长36.5%，通信器材类增长11.7%，汽车类下降0.5%，其他类增长118.7%。

【交通邮电】 2021年，陵川县全县公路通车里程达到1668.8千米。其中，高速公路44.8千米，国道135.3千米，省道30.3千米，县道199.8千米，乡村道1258.6千米。全县邮政业务总量完成2184万元，增长17.4%；全县电信业务总量完成11772.3万元，同比增长4.2%。全县移动电话用户达到19.8万户，增加4292户，增长2.2%；宽带接入用户达到73939户，增加2585户，增长3.62%。全年交通运输、仓储和邮政业增加值完成1.3亿元，增长13.2%。

【旅游】 2021年，陵川县旅游景点15处，旅游企业33个，旅游从业人员5005人，全年共接待旅游人数465.29万人次，旅游总收入实现22.85亿元。

【金融保险业】 2021年，陵川县金融机构各项存款余额达到1307062万元，比年初增加136525万元，增长11.7%。年末各项贷款余额370789万元，比年初增加3904万元，增长1.06%。全年全县保险费收入26598.22万元，同比增长1.44%。全年支付各类赔款支出5911.05万元，同比增长15.7%。其中，人身险给付支出1703.57万元，同比上升1.2%。

【教育科学】 2021年，陵川县共有各级各类学校122所。其中，中学15所，小学72所，幼儿园及其他35个。全县教学点共有26个。全县共有各级各类在校学生26596人，其中，高中在校生4758人，高中毕业生1676人；初中在校生5727人，初中毕业生2191人；小学在校生10676人，小学毕业生1979人；在园幼儿5435人。全县教职工2949人，其中，专任教师2502人，教辅人员238人，其他人员209人。全县科技三项经费支出达到200万元，占年度目标200万元的100%，同比增长167%。全年科技项目立项数达到21项，其中，市级1项，县级20项；完成科技项目数8项，其中，市级3项，县级5项。全县具有初级以上专业技术职称的人员共有3225人，其中，高级职称313人，中级职称1132人，初级职称1780人。

【文化卫生体育】 2021年，陵川县共有1个县级文化馆，12个乡镇文化站；2个公共图书馆，总藏书量13.5万册；1个文物馆，藏品件数13084件；2个电影院，全年放映收入达到181.5万元。全县共有各级医疗卫生机构379个，开放床位822张，卫生从业人员1464人，执业医师273人。村卫生室达到374个，覆盖率达到100%，县、乡、村三级医疗机构达标率99%。全县儿童“七苗”全程接种率以乡镇为单位均达到了93%。碘盐覆盖率达到100%、合格碘盐食用率儿童94%、孕妇达到87%，碘盐合格率达到91.6%，各种地方病得到了有效控制。全县室内体育场馆2个，公共体育场2个，各级裁判员50人，各级举办运动会12次。

【社会保障】 2021年，陵川县基本养老保险参保人数达到161617人，占年度目标任务的100.52%，基金收入完成25538万元。城乡居民基本养老保险参保135203人，占年度目标任务100.31%，基金征收完成1936万元。全县基本医疗保险参保人数达到229780人，基金征收完成10852.4万元，占年度目标任务的98.70%。城乡居民参保212385人，基金征收完成5946.8万元，占年度目标任务的98.64%。全县工伤保险参保人数达到28829人，占年度目标任务的111%，基金征收完成960.63万元。全县失业保险参保人数达到9956人，占年度目标任务的105%，基金征收完成356.23万元。城镇低保人数610人，同比减少82人，全年城镇保障资金发放464.5万元；农村低保人数6753人，同比减少747人，全年农村保障资金发放4270.2万元。农村集中供养“五保户”351人；分散供养“五保户”1493人。全县各类社会福利收养单位6个，床位550张，收养各类人员351人。全年享受伤残抚恤金人数196人；享受定期补助人数1966人。优待对象户数130户，优待总金额330.16万元。全年安置143个残疾人就业，累计安置1323人。

【环境保护】 2021年，陵川县自然保护区23565.2公顷。县城集中供热普及率达到95.39%；建成区绿化覆盖率达到41.53%。全年县区环境空气质量二级以上天数达到304天，空气质量优良比例达到83.3%，较2020年增长5.2个百分点；$PM_{2.5}$年均浓度下降率达到24%，较2020年下降25个百分点；大气环境综合污染指数为3.32，较2020年下降14.9个百分点。全年平均气温为9.9度，年降水量1224.7毫米，年内最大积雪深度达到16厘米，年无霜期达到208天，年日照百分率达到51%。

【财政金融】 2021年，陵川县财政总收入完成57960万元，增长49.0%。全县一般公共预算收入完成33104万元，增长66.2%。其中，税收入完成14703万元，增长37.5%；非税收入完成18401万元，增长99.5%。一般公共预算支出达到213064万元，下降10.9%，其中：一般公共服务支出增长12.1%，公共安全支出下降3.0%，教育支出增长5.8%，节能环保支出下降61.2%，科学技术支出下降75.8%，文化旅游体育与传媒支出增长1.4%，社会保障支出增长8.8%，卫生健康支出增长7.0%，城乡社区支出下降27.6%。

【脱贫攻坚】 2021年，陵川县自然增加183人涉及103户脱贫户，自然减少365人涉及211户脱贫户，单人单户减少62户，脱贫人口由原来的9310户25518人变为9194户25339人。全县脱贫户人均可支配收入为10316.7元，较去年增长11.5%。全县共有监测对象570户1416人，其中脱贫不稳定户有278户720人，边缘易致贫户有97户247人，严重困难户有195户449人。全县未发生规模性致贫返贫现象。对11个乡镇、88个重点帮扶村、5个乡村振兴示范村、8个搬迁安置村（点），连同23个软弱涣散村，派出357名第一书记和驻村（乡镇）工作队，巩固帮扶成效。全县1964户搬迁户中，有劳动力的搬迁家庭1579户，实现就业的劳动力2914人，全县有劳动力的搬迁家庭至少一人就业。全年资助学生8579人次、519.38万元；实施饮水安全工程36处，惠及9个乡镇40个行政村3.4万人（脱贫人口1221人）；实施农村危房改造130户，其中脱贫户28户；继续推行医疗救助“一站式结算”，综合报销比例达91.93%，政策内慢性病报销率100%，双签约服务103354户次。

【生态建设】 2021年，陵川县高标准推进太行一号旅游公路沿线边坡治理和复绿还绿工作，严厉开展两个“专项行动”，全年新增造林面积9000亩，绿化美化95万平方米。持续打好“蓝天、碧水、净土”三大保卫战，空气质量二级以上天数达到304天，综合指数同比改善14.9%，排名全市第一、全省第五。市考断面水质优良率100%。危废企业规范化考核达标率达到93.8%。古陵大地的山更绿、水更清，空气更加清新。

【安全生产】 2021年，陵川县共发生各类事故96起，较2020年增加10起，增加11.6%；死亡28人，增加55.6%。96起事故中，其中3起为安全生产事故，死亡6人；其余93起为道路交通事故，死亡22人。每亿元地区生产值生产安全事故死亡率达到9.75%，较2020年增加5.63个百分点。

（郎江丽）

沁水县

【概况】 沁水县位于山西省东南部，晋城市西北部，地处太行、太岳、中条三大山系衔接处，地理坐标北纬35°23′48″～36°04′03″，东经111°56′02″～112°47′20″。县境四周环山，构成与邻县的天然分界。东与高平市、泽州县以老马岭、岳神山为界；西与翼城县以东坞岭为界；南邻阳城县，以仙翁山为界；北接长子县、安泽县、浮山县，以宇峻山、关爷岭、香山岭为界；西南与垣曲县以历山舜王坪为界。总面积2676.6平方千米，下辖龙港、中村、郑庄、端氏、嘉峰、郑村、柿庄7个镇和土沃、张村、胡底、固县、十里5个乡，182个建制村，10个居民委员会。

境内自然资源丰富，其中煤炭和煤层气储量最大。全县含煤面积2421.9平方千米，占全县总面积的90.5%，煤炭地质总储量265.25亿吨，年产原煤2905.8万吨（包括基建工程煤28.9万吨）。煤层气资源沁水盆地储量6.85万亿立方米，县域境内储量6000亿立方米，是国内最大的煤层气开发利用基地和第一个国家级煤层气高技术产业化示范基地。全县林地面积17.98万公顷，森林覆盖率48.63%。有野生植物400余种，属国家重点保护的植物11种。野生动物220余种，属国家重点保护的珍稀动物26种。位于县城西南部的历山是国家级自然保护区，被誉为“山西动植物宝库”。

沁水县人杰地灵，文化底蕴深厚。古有著名的画家荆浩、散曲家常伦，今有人民作家赵树理、作曲家乔谷、儿童文学家靳兵煊。沁水历史悠久。历山脚下发掘有“下川遗址”，证明早在2.3万年到1.6万年前就有人类在这里繁衍生息。境内有武安村战国古寨、河头村汉墓群、柳氏民居、湘峪古城、窦庄夫人城等人文景观。沁水是革命老区，抗日战争时期，晋豫特委、太岳区党委、太岳行署、太岳军区、抗日军政大学第七分校、决死三纵队和八路军23个正规团相继进驻沁水。刘少奇、朱德、彭德怀、邓小平、徐向前、陈赓、王震等老一辈革命家曾在这里生活战斗。上党战役最后一战的桃川战斗就发生在境内。

沁水交通便利，晋（城）侯（马）高速公路穿越境内东西，侯（马）月（山）铁路西连同蒲线，东接太（原）焦（作）线。高（平）沁（水）高速公路通车运营。村村通水泥路，通信网络覆盖全境。

【综合经济】 2021年，全县地区生产总值完成331.1亿元，增长11%，首次突破300亿元大关，总量位居全省91个县（市）第五；一般公共预算收入完成25.4亿元，增长56.6%，总量位居全省117个县（市、区）第九；规上工业增加值增长14.4%；固定资产投资完成85.5亿元，增长11.4%；社会消费品零售总额完成31.3亿元，增长16.6%；全县居民人均可支配收入完成23172元，增长9%，增幅位居全市第一；全年二级以上天数328天，优良率90.4%，空气质量综合指数全省第九。成为全省唯一一个GDP超300亿元、一般公共预算收入超25亿元、空气质量排名前十的经济、生态“双赢”县。开发区考核位列全省56个同类开发区第二，比2020年大幅前移32个位次。

【产业发展】 2021年，原煤产量达到3883万吨，增长7.7%，首次突破3800万吨大关；郑庄、东大、里必3座大型现代化矿井加速建设，17个智能化改造项目全面完成，煤炭产业集约化、智能化水平进入全省第一方阵。煤层气新增探明储量201亿方，累计3478亿方；新增钻井620口，累计9811口；产量达到35.4亿立方米，增长12.4%，占全国43%、全省58%、全市83%；京津冀LNG调峰储备中心开工建设，液化储气能力内陆地区最大；煤层气产业实训基地投入运行，专业化水平全国一流。兰花、海得两个分散式风电和鹿台山瓦斯发电项目加快推进，新增装机容量128兆瓦，增长21.7%。成功创建省级现代农业产业园1个、市级7个，认定国家级龙头企业1家、省级4家、市级18家，“一乡一业”格局初步形成。电商物流仓储配送中心开工建设，新媒体直播孵化基地建成投用，培育“小升规”企业15户，民营经济增加值完成117.8亿元，增长35.8%。

【创优环境】 2021年，开发区累计建成标准厂房11.5万平方米，动态收储“熟地”1078亩，“三化”改革入选全省试点，开发区国库上线运行，全省同类首家。项目建设成效显著，全年招引项目81

个，计划投资额423.6亿元；森鼎立、碳基新材料等一批产业转型项目扎实推进，省市重点工程完成率全市第一。营商环境持续优化，办事环节精简73项，审批时限压缩66.8%，综合考评全市第二，投资项目在线审批办理率全省第二、全市第一。入选“2021中国县域电商竞争力百强榜”，全市唯一。与中国石油大学、中国地质大学、中国矿业大学等6所高校战略合作，挂牌成立山西（沁水）煤层气全产业链研发中心，全省唯一。

【生态建设】 2021年，围绕百里沁河生态经济带，深度谋划25类76个项目，总投资275亿元；实施14个项目，总投资37亿元，当年完成投资5.94亿元。围绕太行一号旅游公路示范带，1条主线提质贯通，5条支线主体完成，6个驿站投入使用，7个观景台全面建成，石室驿站、青龙湖观景台成为新的网红打卡点。围绕污染防治攻坚，完成257个生态井场修复和635个煤层气防渗池建设，19处集中式饮用水水源地、3个地表水考核断面稳定达标；环境空气质量6项指标全部达到二级标准，全市唯一；实力捧回“两山”理论实践创新基地国字招牌，全市首家。

【城乡发展】 2021年，围绕大县城建设，实施县城品质提升工程，中国蜜蜂博物馆（山西馆）完成主体，全省唯一；大剧院、游泳馆建成投用，全市一流；大医院完成部分主体；城隍庙商业广场开工建设；南山道路二期、玉皇山外环路扎实推进。围绕乡村振兴，沃泉、杏则、南阳、鹿台4个康养小镇集中连片建成；中西部地区首家以蜜蜂为主题的特色小镇——柿元蜜蜂小镇惊艳亮相，赢得社会各界广泛赞誉；南阳和柿元两个村入围省级乡村振兴示范创建对象；全县121个村达到人居环境三星级以上标准；乡村振兴典型经验被农业农村部收录，全省唯一。

【民生事业】 2021年，定都小学二期主体完工，青少年活动中心完成部分主体。县乡医疗卫生机构一体化改革加速推进，农村妇女“两癌”检查完成率100%。长期护理保险国家试点在全市率先落地，城乡居民补充养老保险在全省率先开展。文化惠民工程惠及10万人次。城镇就业新增4136人，转移农村劳动力4313人，技能人才总量突破3.1万人。完成通自然庄硬化路34.8千米、农村户厕改造6500户、清洁取暖改造5202户。年初承诺的十件民生实事全部完成。人民群众的获得感、幸福感、安全感连续十年稳居全省前列。

【安全工作】 2021年，面对最强秋汛，县委、县政府高效指挥、科学调度，各级各部门快速反应、协同作战，全县上下迎难而上、重建家园，连续应对9轮强降雨无一伤亡，401座因灾受损民房全部修缮重建。面对多轮疫情冲击，严格落实常态化防控措施，累计免费接种新冠疫苗43万剂次，守住了沁水阵地。全面压实安全生产责任，事故起数和死亡人数连续6年“双下降”。着力化解社会矛盾，加强创新社会治理，积极化解信访积案，获“平安山西建设示范县”称号。

（张丽霞）

新任市级领导

王 震 男，汉族，1965年10月生，省委党校研究生，中共党员，2021年5月任晋城市委书记。

常 青 男，汉族，1965年7月生，大学，工商管理硕士，中共党员，2021年2月任晋城市人大常委会党组副书记、主任；2021年3月任晋城市人大常委会党组书记、主任。

薛明耀 男，汉族，1973年8月生，大学，公共管理硕士，中共党员，2021年8月任晋城市委副书记，副市长、代理市长。

冯志亮 男，汉族，1963年10月生，大学，中共党员，2021年1月任市政协党组副书记，市政府副市长；2021年2月任市政协党组副书记、市政协主席、市政府副市长；2021年3月任政协党组书记、市政协主席、市政府副市长。

武健鹏 男，汉族，1971年3月生，研究生，经济学博士，中共党员，现任市委常委，市政府党组成员、副市长，市委宣传部部长。2021年10月任晋城市委常委、副市长、宣传部部长。

刘振华 男，汉族，1971年5月生，中央党校大学，中共党员，2021年9月任晋城市委常委、市纪委书记。

田志军 男，汉族，1978年6月生，大学，工程硕士，中共党员，2021年2月任晋城市委秘书长，市委国家安全委员会办公室主任（兼），市委全面深化改革委员会办公室主任（兼）；2021年3月任晋城市委常委、市委秘书长，市委国家安全委员会办公室主任（兼），市委全面深化改革委员会办公室主任（兼）。

黄登宇 男，汉族，1968年11月生，研究生，工学博士，民革党员，2021年11月任晋城市政府副市长。

邓志蓉 女，汉族，1971年3月生，大学，法学硕士，中共党员，2021年11月任晋城市政府副市长。

先进个人

2021年晋城市获全国五一劳动奖章

王 有 山西兰花科技创业股份有限公司田悦化肥分公司总工程师，工程师

2021年晋城市获全国最美公务员

李素琴 泽州县行政审批服务管理局四级主任科员

2021年晋城市获第八届全国道德模范提名奖

辛红斌 国网山西省电力公司晋城供电公司运维检修部正高级工程师

郭子涵 陵川县附城镇台北村第一书记

2021年晋城市获全国应急管理系统先进工作者

崔天方 晋城市应急管理局事故调查科科长、一级主任科员

陈念念　泽州县消防救援大队政治教导员

2016—2020年全国普法工作先进个人

郭建民　晋城市城区北街街道办事处中后河社区主任

宋晓勇　陵川县崇文镇小召村党支部书记

王　霞（女）　高平市妇联党组书记、主席

2017—2020年度全国群众体育先进个人

范春俊　晋城市体育局党组书记、局长

赵海瑞　晋城市体育服务中心科员

段春雷　沁水县玛里集训冠深青少年体育俱乐部教练

陈建军　晋城市城区卫生健康和体育局主任科员

先进集体

2021年晋城市获全国工人先锋号

富泰华精密工业（晋城）有限公司iPEBG华北晋城制造处组装一厂山西天地王坡煤业有限公司综采二队

2016—2020年全国普法工作先进单位

晋城市司法局

2016—2020年全国依法治理创建活动先进单位

泽州县行政审批服务管理局

2017—2020年度全国群众体育先进单位

晋城市游泳学校

晋城市体育舞蹈协会

晋城市城区钟家庄街道办事处

高平市卫生健康和体育局

2021年机构设置和负责人名录

中国共产党晋城市委员会

书　记　张志川* 王　震

副书记　王　震* 薛明耀　姚　逊

常　委　孙世新　石云峰　邢志茂* 辛艾艾(女)
荆俊明　陈望远　范兆森* 武健鹏
刘振华　张利锋* 田志军

秘书长　孙世新* 田志军

常务副秘书长　王学忠

副秘书长　邹树琦　崔国炜　牛泽民(兼)
李克平(兼)* 宋军民　曹广全
李靖芳* 任露旭(兼)

晋城市人民代表大会常务委员会

主　任　范丽霞(女)* 常　青

副主任　张斌胜　郭治琛　冯裕民
李翠叶(女)　史晓莉(女)　窦三马

秘书长　王学琦

副秘书长　蒋志红(兼)　赵红生* 牛　晋
李咏锋

晋城市人民政府

市　长　王　震* 薛明耀(代)

副市长　陈望远　武健鹏　张利锋*
梁丽萍(女)* 冯志亮* 王宏微
黄登宇　邓志蓉(女)

秘书长　田志军* 杨晓雷

副秘书长　杨金中* 李俊强　张俊威　刘宇亮
宋　彪　李军雷　李　勇　赵　耀
李子荣* 赵　军* 司国奇(兼)*
李晋楚(兼)* 张　宏(女,兼)*
安旭敏(兼)

政协晋城市委员会

主　席　常国荣* 冯志亮

副主席　武四海(女)　焦新文　阴建正
郭向阳

秘书长　和贵喜

副秘书长　赵三毛

中国共产党晋城市纪律检查委员会

书　记　邢志茂* 刘振华

副书记 杨德培 李宏军* 王煜东 杨晓红

常 委 郭天德* 杨晓红* 霍晋斌 岳友谊
闫立志 梁飞昊 程晋霞(女)

晋城市监察委员会

主 任 那志茂* 刘振华(代)

副主任 李宏军* 杨德培 王煜东 杨晓红

委 员 郭天德* 杨晓红* 安 铭* 霍晋斌
梁飞昊 程晋霞(女) 申福林
牛中文

晋城市中级人民法院

党组书记、院长 张建康

党组副书记、常务副院长 王世运* 栗向东

副院长 高国林* 李秋红 祁连关 李东明

政治部主任 韩建岗

审委会专职委员 张晓彬 李凌云(女)

市纪委监委驻市中院纪检监察组组长 梁晋旗

晋城市人民检察院

党组书记、检察长 张世荣

党组副书记、主持日常工作的副检察长
苏文革* 董新宇

副检察长 王万虎* 赵贵炉* 王红玲(女)*
许关生 冯文莉(女)

政治部主任 杨学勤

检察委员会专职委员 杨学勤* 殷泉平
田永斌*

市纪委监委驻市检察院纪检监察组组长
王继荣(女)

市委工作部门和部门管理机构

市委办公室

主 任 王学忠(兼)

市纪委监委驻市委办纪检监察组组长
宋丽莉(女)

市委组织部

部 长 辛艾艾(女)

常务副部长 董小清

副部长 李 炎(兼)* 尹文德 杜 琳
李英杰(兼) 吴 洪

市委党建办主任 杜 琳

市公务员局局长 吴 洪(兼)

部务委员 王志清 魏 鑫(女)* 柴高原

市纪委监委驻市委组织部纪检监察组组长
陈永军

市委宣传部

部 长 武健鹏

常务副部长 王联民* 张全胜

副部长 鲍瑞卿 李兴文(兼) 侯虎胜
李华文(兼) 王 毅(兼)
李建亮(兼) 王晓艳(女)*

市纪委监委驻市委宣传部纪检监察组组长
王玉亭

市委统一战线工作部

部 长 石云峰

常务副部长 王志强

副部长 刘东平(女) 李凌志* 李向阳
牛俊峰 李凌志(兼)

市委政法委员会

书 记 姚 逊* 石云峰

常务副书记 常先勤(女)

副书记 王文全 孔建宁 殷 辰

政治部主任 崔志鹏* 郭笑笑(女)

市委政策研究室

主　任　宋军民* 　李靖芳

副主任　张　敏（女）　王　军

市委全面深化改革委员会办公室

（设在市委政策研究室）

主　任　孙世新（兼）* 　田志军（兼）

常务副主任　宋军民* 　李靖芳

副主任　张　敏（女）　王　军

市委全面依法治市委员会办公室

（设在市司法局）

主　任　石云峰（兼）

副主任　傅彦虎

市委国家安全委员会办公室

（设在市委政法委员会）

主　任　孙世新（兼）* 　田志军（兼）

专职副主任　李向阳* 　任露旭

市委网络安全和信息化委员会办公室

主　任　李华文

副主任　石少平　武　琼（女）

市委财经委员会办公室

（设在市发展和改革委员会）

主　任　王学忠（兼）* 　崔国炜

副主任　邹树琦* 　马树敬

市委外事工作委员会办公室

（设在市政府外事办公室）

主　任　曹广全* 　张一晴（女）

市委机构编制委员会办公室

主　任　张高峰

副主任　任林书　张春林

市事业单位登记事务中心主任　张一晴（女）*

市委审计委员会办公室（设在市审计局）

主　任　杜　平* 　张国文

市委教育工作领导小组办公室（设在市教育局）

主　任　李志忠

市委农村工作领导小组办公室

（设在市农业农村局）

主　任　武小雅（女）

市直机关工委

书　记　樊小润

副书记　王江海　车建利* 　王鸿鹰（女）

纪工委书记　郭玉青（女）

市委巡察办

主　任　郭天德* 　霍晋斌

副主任　程晋霞（女）* 　原永和　张晔英（女）

市委老干部局

党委书记、局长　李　炎* 　李英杰

副局长　郭旭勤　郭向奎（援疆）

市精神文明建设指导委员会办公室

主　任　王　毅

副主任　秦志刚　史丽娟（女）

市人民代表大会常务委员会工作机构

法制委员会

主任委员　贾晓娥（女）

副主任委员　张革平

法制工作委员会

主　任　贾晓娥（女）

副主任　贾　飞* 　刘艳霞（女）

财政经济委员会

主任委员　李　斌

副主任委员　贾　飞

教育科学文化卫生工作委员会

主　任　刘晓丽（女）* 　赵红生

副主任　郭玲玲* 　张国瑞

农业与农村工作委员会

主　任　王振堂

副主任　张平生

城建环保工作委员会
（2021年更名为环境与资源保护工作委员会）

主　任　郭云龙

副主任　田玉珍

人事代表工作委员会

主　任　梁红兵

副主任　李　慧（女）

社会建设委员会

主任委员　闫建升

副主任委员　刘文华

民族宗教侨务外事工作委员会

主　任　闫建升

副主任　刘文华

研究室

主　任　蒋志红

副主任　张建军

监察和司法工作委员会

主　任　蒋志红（兼）

副主任　张革平（兼）

信访接待室

主　任　郭云龙*　石　霞（女）

信息中心

主　任　牛　晋*　李政芳（女）

市纪委监委驻人大机关纪检监察组组长

冯永源

市政府工作部门和部门管理机构

市政府办公室

主　任　田志军（兼）*　杨晓雷（兼）

市纪委监委驻市政府办公室纪检监察组组长

张晔英（女）*　李瑾卿

市发展改革委员会

党组书记、主任　邹树琦*　马树敬

副主任　杨跃卿　黄天明*　任智慧　邢海斌*

孟凡前（实践锻炼）　李　琳

市项目推进中心主任　周军军

市区域合作交流中心主任　贺俊峰

市纪委监委驻市发改委纪检监察组组长

娄新才

市教育局

党组书记、局长　李志忠

教育工委专职副书记　程晋鹏

副局长　来庭会　原红卫

市招生考试管理中心主任　田静妮（女）

督　学　李雪明

市纪委监委驻市教育局纪检监察组组长

张一军

市科学技术局

党组书记、局长　郑　泽

副局长　张建树　贾莹峰

总工程师　申瑾瑜

市工业和信息化局（国资委）

党组书记、局长　马树敬*

党组书记、党委书记、局长　席学武

党委专职副书记　梁建刚*　靳海峰

副局长　周军军*　李新明（实践锻炼）

连陆军　原向东　卢瑞莲（女）

市纪委监委驻市工信局纪检监察组组长

栗松林*　谢　彬

市公安局

党委书记、局长　陈　浩

常务副局长　赵建云*

副局长　杜志强　张　宁　文海潮　李　平

政治部主任　李　平*　王宏伟

市纪委监委驻市公安局纪检监察组组长

姬金恒

市民政局

党组书记、局长　王　涛

副局长　刘学胜　栗　莎(女)*　赵世静(女)

市司法局

党组书记、局长　傅彦虎

副局长　孙晋军　李建民　陈旭伟　马林屯

政治部主任　李振亚*

市纪委监委驻市司法局纪检监察组组长　王卫东

市财政局

党组书记、局长　崔国炜*　杜　平

副局长　段志坚*　续永福　杨兴文

总会计师　王　健*

财政发展和保障中心(国库集中支付中心)主任　李　军

预算评审中心主任　李瑞刚

市纪委监委驻市财政局纪检监察组组长　焦有栋

市人力资源和社会保障局

党组书记、局长　马阳光*　申连太

副局长　赵志义　司惠民

市纪委监委驻市人社局纪检监察组组长　李加文*

市规划和自然资源局

党组书记、局长　刘　闯

副局长　商国富　毋建喜　高青定*　李培红　原志非　杜建莲(女)　裴小霞(女)　车文莲(女)

市国土资源监察支队支队长　原保瑞*

市土地收购储备中心主任　张怀慎

市生态环境局

党组书记、局长　郎诗华

副局长　李维民　刘永会　冯晓伟*　孟　晨

山西省生态环境监测部副部长　贾书庆

生态环境保护综合行政执法队队长　李乾元*　韩　栋

保障中心主任　郭前进

市住房和城乡建设局

党组书记、局长　鲍瑞卿*　马阳光

副局长　王俊红　米晋斌　张海忠

总工程师　原明碧*

市公用事业建设服务中心主任　郭建军*　陈明龙

市纪委监委驻市住建局纪检监察组组长　李甫安

市城市管理局

党组书记、局长　王秀峰*　杨鸿飞

副局长　靳海峰　王江元

城市管理综合行政执法队队长　刘云雷

市交通运输局

党组书记、局长　张海芳

副局长　乔宪民*　靳小东(兼)　王卫军　李明建

交通运输综合行政执法队队长　唐大海

交通运输事业发展中心主任　崔俊文

市纪委监委驻市交通运输局纪检监察组组长　李红梅(女)

市水务局

党组书记、局长　张国文*　张　宏

副局长　樊武斌　李　英(女)

水文水资源事务中心主任　张仰续

水保水生态事务中心主任　张国宏

市纪委监委驻市水务局纪检监察组组长　李留兵

市农业农村局

党组书记、局长　武小雅(女)

副局长　王天圣*　刘鹏飞　刘建云(女)　梁敏斌

市畜牧兽医服务中心主任　王万荣*　秦树兵

市农业机械发展中心主任　苗富才*　段君毅

市农业综合行政执法队队长　魏建明
沁水示范牧场场长　王友战*
市纪委监委驻市农业农村局纪检监察组组长
　秦书平*

市商务局

党组书记、局长　申连太*　王秀峰
副局长　王加强　段玉太　乔荣生
　　　　李　英(女)

市文化和旅游局

党组书记、局长　王　丽(女)*　王　强
副局长　岳建明　马小林*　李立新　郑忠社
　　　　侯俊玲(女)　赵　芳(女)

市卫生健康委员会

党组书记、主任　刘　冰
市计生协专职副会长　尚光宇
副主任　赵锦会　李　琳(女)
市纪委监委驻市卫健委纪检监察组组长
　李保金

市退役军人事务局

党组书记、局长　张四祥*　陈建军
副局长　白军龙*　张　涛

市应急管理局

党委书记、局长　郭明太
防震减灾中心主任　刘建光*　郭向奎
副局长　王洪太　范常胜　焦志成
政治部主任　魏亚东
综合行政执法队队长　李建骏
救护队队长　徐旭庆*

市审计局

党组书记、局长　杜　平*　张国文
副局长　王国斌*　曹和生　郭义光
　　　　吕丽芳(女)　张向阳

市政府外事办公室

党组书记、主任　曹广全*　张一晴(女)
副主任　原张晋　赵　赫

市市场监督管理局

党组书记、局长　白亚平
副局长　李先锁　赵智慧　阎建鸿
　　　　司丽芳(女)　李建平(女)　王瑞新*
　　　　闫莉莉(女)
市纪委监委驻市市场监督管理局纪检监察组组长
　于建斌

市体育局

党组书记、局长　范春俊
副局长　刘宇光*　马　晶　李　鑫

市统计局

党组书记、局长　张志兴
副局长　姜孝则*　李鸿贤*　郭惠芳(女)
　　　　李　璐

市医疗保障局

党组书记、局长　赵　军
党组书记　李东升*
党组副书记、局长　尚光宇*
副局长　原沁霞(女)　成文鹏
市医疗保险事务中心主任　陈保国

市行政审批服务管理局

党组书记、局长　司国奇*　聂永平
副局长　陈亚东*　刘鹏鹏　秦文峰
　　　　吴俊霞(女)
市政务服务中心主任　牛大伟
市公共资源交易中心主任　王力丰　陈亚东(兼)*
市纪委监委驻行政审批管理局纪检监察组组长
　李艳芳(女)

市信访局

党组书记、局长　张　宏*　安旭敏
副局长　邢军霞(女)*　原学忠　张建兵*
李国忠

市政府金融工作办公室

党组书记、主任　任志忠*　李晋楚

副主任　王敬峰　丁勇军

市能源局

党组书记、局长　席学武*　邢海斌

副局长　秦　强*　朱晓波*　许德旺　原前进

王　勇(实践锻炼)

市能源发展中心主任　郭卫东

市纪委监委驻市能源局纪检监察组组长

栗松林

市人民防空办公室

党组书记、主任　田永健

副主任　张宝明　杨雄伟

市大数据应用局

党组书记、局长　聂永平

副局长　李满红　郎荷宝　于朝阳

刘　杨(挂职)

数字政府服务中心主任　王杰斌

政协晋城市委员会工作机构

调研室

主　任　许国胜

提案委员会

主　任　王晓光

副主任　陈会卿(女)

经济委员会

主　任　赵晋阳*

副主任　贾俊玲(女)

农业和农村委员会

主　任　朱国胜

副主任　张建明

教科卫体委员会

主　任　郝　锐*

社会法制委员会

主　任　毕明荣

文化文史和学习委员会

主　任　靳虎松*

市直属事业机构

市委党校

校　长　辛艾艾(女,兼)

常务副校长　上官建红

副校长　卢　路　赵旭杰　陈究盆

任丽丽(女)

市社会主义学院

院　长　阴建正(兼)

副院长　刘完保

市委党史研究室(市地方志研究室)

主　任　邵俊生*　王晓艳(女)

副主任　宋喜俊(女)　李军雷*

市委新闻中心

主　任　侯虎胜*　李建亮

副主任　王　林　李芬芳(女)

市融媒体中心

主　任　徐　浩

总编辑　王　健

副主任　牛龙飞

市政府发展研究中心

党组书记、主任　李晋楚*

副主任　成少宏*　李　海*　邱亚南(女)

司进锋

市机关事务服务中心

主　任　牛泽民

副主任　司国振　李会峰　闫茂盛　姬建民

市档案馆

馆　长　李克平*　程　鹏

副馆长　程　鹏*　焦　健(女)

市投资促进中心

党组书记、主任　吴华芳(女)

副主任　王　强*　李树忠　原永强

市园林绿化服务中心

党组书记、主任　陈建军*

副主任　赵新龙（主持工作）　高连江*
　　　　李安国　李小马

市中小企业发展促进中心（市民营经济发展促进中心）

党组书记、主任　朱全红

副主任　常俊龙　邢　捷　刘小虎

市城镇集体工业联合社

党组书记、主任　郭马军

副主任　焦晋莎　谭青芳（女）

市乡村振兴中心

党组书记、主任　赵启明*　白军龙

副主任　原粉娥（女）　刘黎晖　牛　昆

市住房公积金管理中心

主　任　梁云辉*　张雪梅（女）*　杨利生

副主任　梁云辉　张永林

市供销合作社联合社

党组书记、主任　张祥林

副主任　闫海荣　魏　斌

监事会主任　郜长安*　姚俊义

驻市单位

市税务局

党委书记、局长　张锁林*　高向东

副局长　乔春铭　乔　霞（女）　原　锋
　　　　卢坤军　张欣义*

总会计师　田卫东

总经济师　李晓峰*

纪检组组长　张小刚*　李晓峰

市烟草专卖局（公司）

党组书记、局长（经理）　杨　军

副局长　王　军

总会计师　王浩卫

工会主席　毋晋民

纪检组组长　金　鹏

山西省公路局晋城分局

局　长　马　远

党委书记　张根法

副局长　王振明　陈建国　徐　斌

纪委书记　赵锁金

工会主席　申济众*

总工程师　陈建国（兼）

山西省高速公路综合行政执法总队晋城支队（2021年9月3日成立）

党委书记、支队长　王卫华

副支队长　王黎平　谢小兵

市气象局

党组书记、局长　帅克杰

副局长　常素萍（女）　张　磊*　王会芳（女）

纪检组组长　相　铭

人行晋城市中心支行

党委书记、行长　王东红*　白　静（女）

副行长　原晋凉*　冷菊梅（女）　许雪峰
　　　　杨建国

工会主任　袁浩波

纪委书记　陈良军

晋城银保监分局

党委书记、局长　王亮清*　许晋波

副局长　琚美霞（女）　贾建平

纪委书记　郭　锐

邮政管理局

党组书记、局长　靳小东

副局长、纪检组组长　郭宏发

晋城国调队

党组书记、队长　原　广

副队长　尚红梅(女)　李梅梅(女)

纪检组长　张灵龙

晋城海关

党委书记、关长　杨学智*　李　刚

副关长　刘小继

太原海关党委第四派驻纪检组组长　连庚寅

市无线电管理局

局　长　孙文晖

支部书记、副局长　程福建

晋城市消防救援支队

支队长、党委副书记　赵　新

政治委员、党委书记　杜石头

副支队长　马　骏　刘风波　宋　坚　任杰群

副政治委员　董　静(女)

政治部主任　成剑波

群众团体

市总工会

主　席　张斌胜(兼)

党组书记、常务副主席　李勤才*　李子荣

副主席　韩敦锋　丁文彬　冯静梅(女,挂职)
　　　　杨建平(兼)　王高毅(兼)
　　　　张永国(兼)

共青团晋城市委员会

党组书记　常　阳

副书记　李　剑(女)　庞雅亮　马芳芳(女)
　　　　张建国(兼)　吴　凡(兼)
　　　　冯志喆(兼)

市妇女联合会

党组书记、主席　宋丽云(女)

副主席　申李玲(女)　黄　璟(女)
　　　　成　琳(女)　张玉凤(女,挂职)

市科学技术协会

党组书记、主席　焦　勇

副主席　冯文忠　曹峰毅　李振宇(女)

市文学艺术工作者联合会

党组书记、主席　刘泽宇

副主席　谢红俭(女)*　韩有珍(女)*　潘　登

市归国华侨联合会

党组书记、主席　闫　芳(女)

副主席　王晋萍(女)　张晋生(兼)

市残疾人联合会

党组书记、理事长　原保红

副理事长　和建平　李向青

市法学会

会　长　石云峰

专职副会长　王瑞新

副会长　苏　洁(女)

市红十字会

常务副会长　商浩辉*

党组书记、常务副会长　张　沁

驻外办事处

市政府驻北京联络处

主　任　张强胜

副主任　秦　凯　王　娟(女)　张学亮

学校医院

山西科技学院

党委书记　师东海

院　长　梁丽萍

党委副书记　吉育峰

纪委书记　成广海

副院长　李保英　田玉明

晋城职业技术学院

党委书记　王贵平

党委副书记、院长　邱建国
党委副书记　姬爱国
纪委书记　王殿梅
副院长　毕文才　王宏亮　李雪明
　　　　卢文汇*　杨玉琴（女）*

晋城一中

党总支书记　周双林
校　长　周双林*　张建国
副校长　李坤明　张建国*　张晋斌　吴建平
党总支副书记　卫俊婷（女）
工会主席　陈雁芳（女）

晋城开放大学

党总支书记、校长　裴家留*
副校长　车军社　赵春明　娄俊丽

晋城市中等专业学校

校　长　李永富
副校长　任学文　张　敏　陈广瑞　董笑红

高平市中等专业学校

校　长　牛惠军
副校长　申青山　赵海青　张玉凤（女）
　　　　冯忠孝

市人民医院

党委书记　刘　冰
院　长　贾龙斌
副院长　赵红亮*　焦振恒　侯志云
　　　　茹小红　尹利强
纪委书记　张　宁
工会主席　李二军

晋城大医院

院　长　赵瑞峰
党委书记　薛伟民
副院长　张红庆　王光林　李华兵　徐　峰
　　　　靳江涛
纪委书记　赵立生

晋城经济技术开发区

开发区党工委

书　记　范兆森*
副书记　史小林（主持工作）　李韶华*
　　　　赵永红
纪工委书记　赵德富

开发区管委会

主　任　范兆森*
副主任　史小林（主持工作）　李韶华
　　　　董海顺　郜培法

民主党派与工商联

中国国民党革命委员会晋城市委员会

主任委员　原　云*
副主任委员　姚承辉*　刘海屯*　贾祥瑞*
　　　　　　冯雪松*　张慧敏（女）
秘书长　丁　铎*

中国民主同盟晋城市委员会

主任委员　梁丽萍（女）
副主任委员　郭建英（女）　王小桃（女）
　　　　　　钱红林　贺新刚
秘书长　李军团

中国民主建国会晋城市委员会

主任委员　阴建正
副主任委员　冯德强*　韩连弟（女）*　柴慧青
　　　　　　郭荣林*　王庆琰　魏　潇（女）
　　　　　　司艳英（女）
秘书长　符纯美（女）

中国民主促进会晋城市委员会

主任委员　郭向阳
副主任委员　王国亮　李卫国　王军民
　　　　　　李　琳　原向东
秘书长　李卫国（兼）

中国农工民主党晋城市委员会

主任委员　赵红亮
副主任委员　孙夏芳（女）　常海云（女）
　　　　　　李咪咪（女）　田志华

秘书长　宋泽蒙(女)

九三学社晋城市委员会

主任委员　程春明

副主任委员　解小竹(女)　安建峰
　　王小芳(女)　王淑静(女)

秘书长　张　建

晋城市工商联合会

党组书记　李凌志

主　席　程刚强

副主席　杨月书　陕建锋　牛俊峰*　吴　鹏

各县(市、区)

城区

区委书记　王文全*　孙世新

区人大常委会主任　晋　昕(女)

区人民政府区长　李晓峰

区政协主席　申军生

泽州县

县委书记　高喜全

县人大常委会主任　靳水生*　张韶华

县人民政府县长　张　军

泽州县政协主席　李正根*　赵宏斌

高平市

市委书记　胡晓刚

市人大常委会主任　张志刚*　李培安

市人民政府市长　原　健

市政协主席　李培安*　郜红宁

阳城县

县委书记　姚　逊

县人大常委会主任　张保国*　王晚红

县人民政府县长　史小林*　牛　琛

县政协主席　王晚红*　白继军

陵川县

县委书记　侯贵宝

县人大常委会主任　王立新

县人民政府县长　杨晓雷*　王　丽(女)

县政协主席　王　京

沁水县

县委书记　原光辉*　任彩虹(女)

县人大常委会主任　窦书瑾

县人民政府县长　任彩虹(女)*　闫晋中

县政协主席　张瑞忠

说明：所记载机构为市级正处级以上机构，机构和领导人名录排序不作为其他依据；2021年1月1日至12月31日凡调离原岗位的都在姓名后右上角标注*。

（市委组织部、驻市单位、各民主党派等）

统计资料

2021年晋城市国民经济和社会发展统计公报

◎说明：统计公报中图表不按全书图表排序

2021年，在市委、市政府的坚强领导下，全市上下坚持以习近平新时代中国特色社会主义思想为指引，全面贯彻党的十九大和十九届历次全会精神，深入贯彻习近平总书记视察山西重要讲话重要指示精神，全面落实省第十二次党代会和市第八次党代会精神，完整、准确、全面把握新发展理念，坚持稳中求进工作总基调，持续巩固拓展疫情防控和经济社会发展成果，全年全市经济稳定恢复、稳中加固、稳中向好，全方位推动高质量发展成势见效，实现了“十四五”良好开局。

一、综合

初步核算，全年全市生产总值1912.4亿元，按可比价格计算，比上年增长11.6%，两年平均增长8.8%。其中，第一产业增加值77.0亿元，增长7.4%，占生产总值的比重为4.0%；第二产业增加值1154.3亿元，增长12.7%，占生产总值的比重为60.4%；第三产业增加值681.2亿元，增长10.7%，占生产总值的比重为35.6%。人均地区生产总值87265元，按2021年平均汇率计算为13526美元。

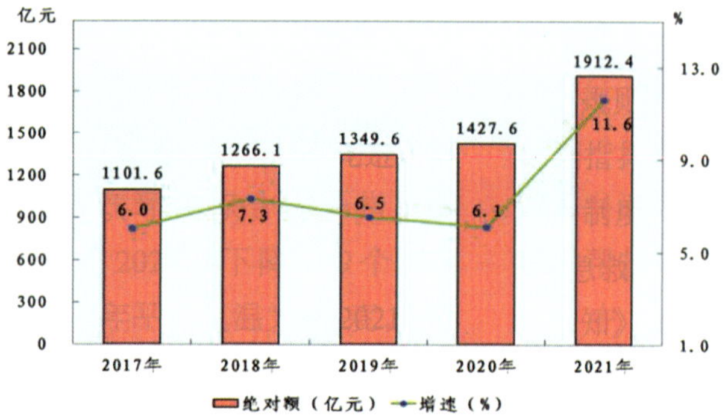

图1　2017—2021年全市生产总值及增长速度

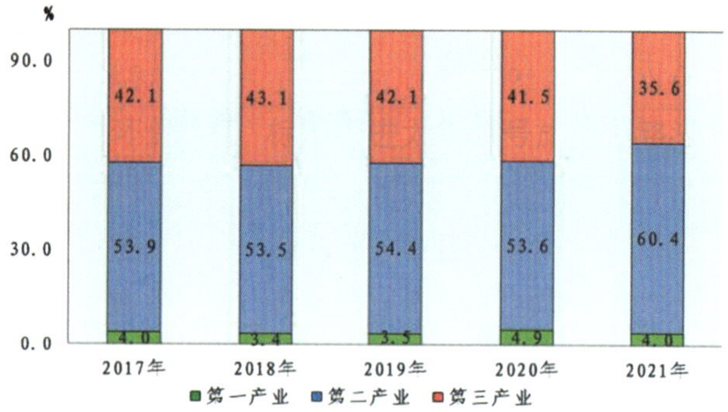

图2　2017—2021年三次产业增加值占全市生产总值比重

据2021年人口抽样调查，年末全市常住总人口为218.86万人，比上年末减少0.57万人，其中城镇常住人口139.08万人，占总人口比重（常住人口城镇化率）为63.55%，比上年末提高0.83个百分点。全年全市出生人口1.76万人，出生率为8.03‰；死亡人口1.79万人，死亡率为8.16‰；自然增长率为－0.13‰。常住总人口性别比为102.58（以女性人口为100）。

表1　2021年末人口数及其构成

单位：万人

指　标	年末数	比重(%)
全市常住人口	218.86	
其中：城　镇	139.08	63.55
乡　村	79.78	36.45
其中：男　性	110.82	50.64
女　性	108.04	49.36

全年全市城镇新增就业4.88万人。年末城镇登记失业率2.70%。

居民消费价格比上年上涨1.0%。工业生产者出厂价格上涨30.2%。

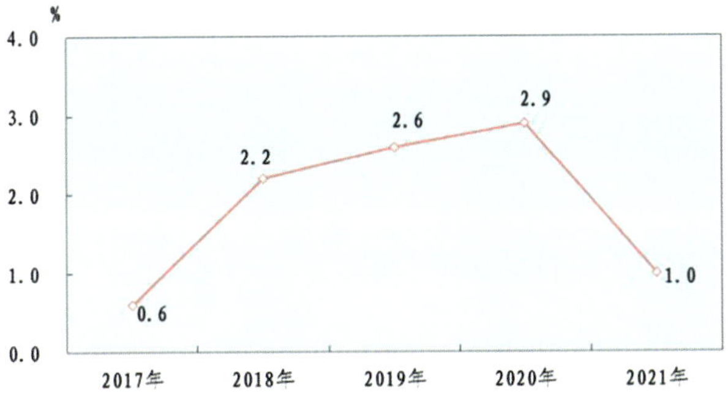

图3　2017—2021年居民消费价格比上年涨跌幅度

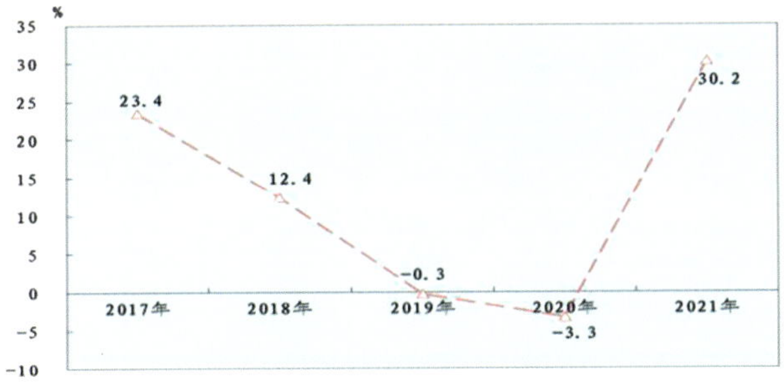

图4　2017—2021年工业生产者出厂价格比上年涨跌幅度

表2　2021年居民消费价格比上年涨跌幅度

单位：%

指　标	涨跌幅度
居民消费价格	1.0
食品烟酒	1.3
衣着	1.2
居住	-0.8
生活用品及服务	0.1
交通和通信	3.2
教育文化和娱乐	5.2
医疗保健	-2.1
其他用品和服务	-1.3

新兴产业较快增长。全年规模以上工业中，战略性新兴产业增加值增长9.1%，占规模以上工业增加值的比重为16.0%；高技术制造业增加值增长2.9%，占规模以上工业增加值的比重为4.3%；装备制造业增加值增长3.0%，占规模以上工业增加值的比重为5.6%。全年高技术制造业投资增长107.8%。全年新登记市场主体27265户，日均新登记企业75户，年末市场主体总数达181674户。

二、农业

全年全市农作物种植面积270.8万亩，增加9.0万亩。其中，粮食种植面积241.1万亩，增加0.5万亩；油料种植面积6.6万亩，增加1.0万亩；棉花种植面积1138.9亩，减少14.6亩。在粮食种植面积中，玉米种植面积129.2万亩，增加2.5万亩；小麦种植面积62.8万亩，增加225亩；谷子种植面积17.3万亩，减少0.5万亩；豆类种植面积20.9万亩，减少3.2万亩；薯类种植面积9.1万亩，增加0.8万亩。

全年粮食产量67.0万吨，增加0.7万吨，增长1.0%。其中，夏粮17.2万吨，增长3.3%；秋粮49.8万吨，增长0.3%。

表3　2021年主要农林产品产量及增长速度

单位：万吨

产品名称	产量	增长(%)
粮食	67.0	1.0
其中：玉　米	39.3	2.0
小　麦	17.2	3.3
谷　子	3.5	-14.2
豆　类	3.6	-13.2
薯　类	2.7	9.5
油　料	1.0	45.4
棉　花	0.01	7.5
蔬菜及食用菌	40.2	18.6
水　果	8.1	8.0
其中：瓜果类	0.3	20.7
园林水果	7.8	8.3
食用坚果	1.2	1.8
其中：核桃	1.1	1.2

全年完成造林面积3.7千公顷，增长188.4%；“四旁”植树780万株，增长28.9%。全年木材产量11902立方米，下降42.2%。

初步统计，全年全市肉类总产量15.3万吨，增长33.0%。全年猪牛羊肉总产量12.3万吨，增长37.6%。其中，猪肉产量11.8万吨，增长37.6%；牛肉产量0.1万吨，下降3.5%；羊肉产量0.3万吨，增长50.8%。年末生猪存栏93.6万头，增长21.9%；生猪出栏145.9万头，增长32.6%。牛奶产量0.02万吨，下降37.8%；禽蛋产量9.2万吨，增长5.8%；水产品产量0.2万吨，增长2.9%。

全年全市设施蔬菜产量7.7万吨，下降3.0%；食用菌1.3万吨，增长23.1%；蚕茧0.2万吨，增长10.4%；蜂蜜0.3万吨，下降0.5%；药材4.4万吨，增长45.9%。

年末全市农业机械总动力65.1万千瓦，增长2.4%。机械耕地面积135.3千公顷，增长0.07%；机械播种面积131.3千公顷，增长3.1%；机械收获面积102.1千公顷，增长4.3%。

三、工业和建筑业

规模以上工业增加值比上年增长15.7%。分门类看，采矿业增长18.4%，制造业增长11.1%，电力、热力、燃气及水生产和供应业增长0.2%。年末规模以上工业企业达到471家。

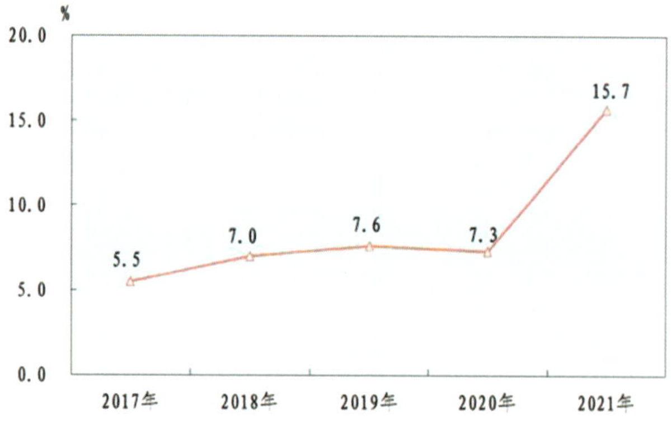

图5 2017—2021年规模以上工业增加值增长速度

全年全社会原煤产量12542万吨，增长4.8%；水泥349万吨，增长5.1%；精甲醇159万吨，增长9.4%；光电子器件125370万只（片、套），增长97.3%；生铁498万吨，下降4.4%；钢材478万吨，下降7.0%；规模以上工业发电量248亿千瓦时，下降6.6%。

表4 2021年规模以上工业增加值增长速度

指　标	增长(%)
规模以上工业	15.7
其中：轻工业	7.8
重工业	15.8
其中：国有控股企业	7.0
其中：集体企业	–
股份制企业	18.0
外商及港澳台投资企业	1.0
其中：煤炭开采和洗选业	20.0
黑色金属冶炼和压延加工业	–5.5
电力、热力生产和供应业	–3.7
石油和天然气开采业	3.4
化学原料和化学制品制造业	9.5
石油、煤炭及其他燃料加工业	4.9
非金属矿物制品业	28.1
通用设备制造业	74.2
专用设备制造业	24.6
计算机、通信和其他电子设备制造业	2.6

表5 2021年规模以上工业主要工业产品产量及增长速度

产品名称	单位	产量	增长(%)
原　煤(全社会)	万吨	12542	4.5
洗煤	万吨	8325	14.3
煤层气	亿立方米	52	4.1
金属切削工具	万件	735	23.5
矿山专用设备	吨	56797	19.0
光电子器件	万只(片、套)	125370	97.3
焦炭	万吨	90	–22

续表5

产品名称	单位	产量	增长%
合成氨	万吨	332	2.8
精甲醇	万吨	159	9.4
水泥	万吨	349	5.1
农用化肥（折纯）	万吨	231	-2.3
生铁	万吨	498	-4.4
钢材	万吨	478	-7.0
发电量	亿千瓦时	248	-6.6

全年规模以上工业企业实现营业收入2450.5亿元，增长36.3%。其中，煤炭、煤层气、装备制造、冶铸、化工和电力六大行业分别实现营业收入1353.2亿元、138.1亿元、199.3亿元、277.3亿元、246.6亿元和94.3亿元，增速分别为53.6%、28.9%、-12.3%、25.5%、36.9%和2.0%；非金属矿物制品业、金属制品业、废弃资源综合利用业分别实现营业收入76.6亿元、30.3亿元、89.1亿元，同比分别增长43.8%、22.2%、98.7%。

规模以上工业企业实现利税472.3亿元，增长80.2%；实现利润285.6亿元，增长89.0%；每百元成本费用71.99元，同比下降8元。

表6　2021年规模以上工业企业利润总额及增长速度

单位：亿元

指标	利润总额	增长(%)
规模以上工业	285.6	89.0
其中：国有控股企业	183.4	126.4
其中：股份制企业	224.8	128.9
外商及港澳台商投资企业	59.0	9.9

年末全市具有资质等级的总承包和专业承包建筑业企业194家，完成总产值123.1亿元，增长21.5%；房屋施工面积741.5万平方米，增长31.4%；签订合同额为286.3亿元，增长37.7%。

四、服务业

全年服务业增加值681.2亿元，比上年增长10.7%。批发和零售业增加值102.6亿元，比上年增长13.5%；交通运输、仓储和邮政业增加值99.5亿元，增长9.8%；住宿和餐饮业增加值17.2亿元，增长16.5%；金融业增加值80.2亿元，增长7.0%；房地产业增加值90.2亿元，增长22.2%；营利性服务业增加值102.6亿元，增长8.1%；非营利性服务业增加值185.4亿元，增长7.7%。全年规模以上服务业企业营业收入比上年增长16.0%。

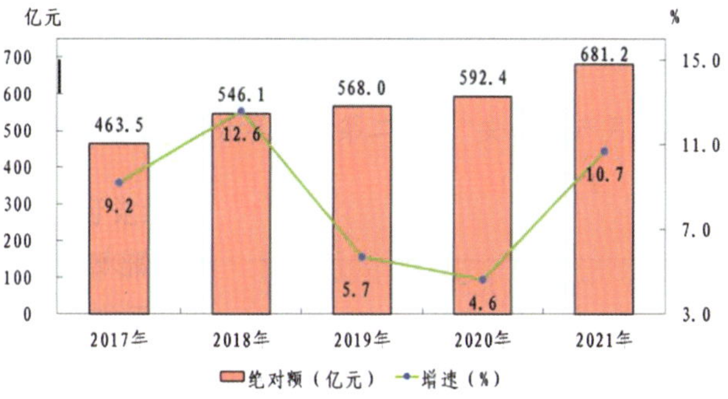

图6　2017—2021年服务业增加值及其增长速度

年末全市公路线路里程9716公里。其中，高速公路429公里。

全年全市完成邮政业务总量4.58亿元，比上年增长36.6%。电信业务总量23亿元，增长22.6%。年末移动电话用户252万户，其中，5G电话用户53万户，全市(固定)互联网宽带接入用户88.0万户。

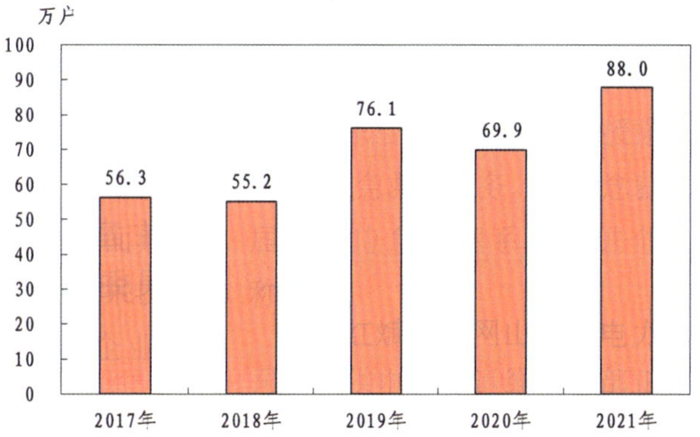

图7　2017—2021年全市宽带接入用户

五、国内贸易

全年全市社会消费品零售总额536.4亿元，增长14.4%。按经营地统计，城镇消费品零售额449.2亿元，增长12.2%；乡村消费品零售额87.1亿元，增长26.8%。按消费类型统计，商品零售额448.1亿元，增长10.9%；餐饮收入88.3亿元，增长35.9%。

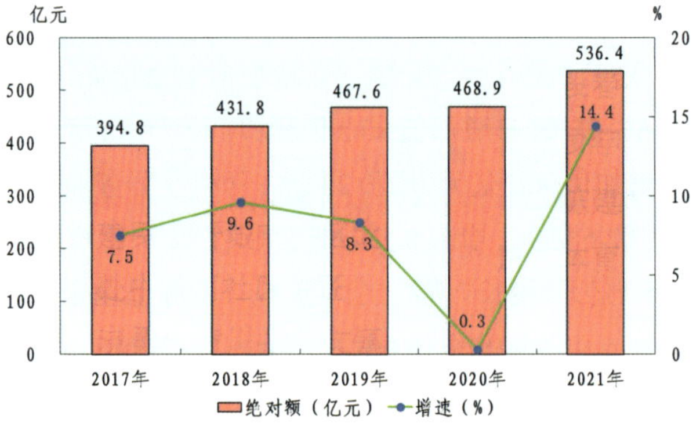

图8　2017—2021年社会消费品零售额及增长速度

表7　2021年社会消费品零售总额及增长速度

单位：亿元

指　标	绝对数	增长(%)
社会消费品零售总额	536.4	14.4
分地域：城　镇	449.2	12.2
其中：城　区	324.6	17.3
乡　村	87.1	26.8
分行业：批发业	34.9	3.2
零售业	413.0	11.6
住宿业	7.3	27.6
餐饮业	81.2	36.7

表8　2021年限额以上批发和零售业零售额及增长速度

单位：亿元

指　标	绝对数	增长(%)
粮油、食品类	204228.4	
饮料类	23120.4	
烟酒类	75167.0	
服装、鞋帽、针纺织品类	128520.4	
化妆品类	22442.3	
金银珠宝类	10085.6	

续表8

指　标	绝对数	增长(%)
日用品类	25737.2	
五金、电料类	7570.4	
体育、娱乐用品类	1099.5	
书报杂志类	15272.4	
电子出版物及音像制品类	1347.8	
家用电器和音像器材类	54298.0	
中西药品类	44882.8	
文化办公用品类	7168.5	
家具类	6634.9	
通讯器材类	33198.3	
煤炭及制品类	35441.8	
石油及制品类	236212.0	
建筑及装潢材料类	29679.0	
机电产品及设备类	10899.8	
汽车类	467881.7	
其他类	84468.4	

六、固定资产投资

全年全市固定资产投资完成652.3亿元，增长12.8%。其中，国有控股投资360.6亿元，增长13.8%。民间投资271.2亿元，增长11.1%。

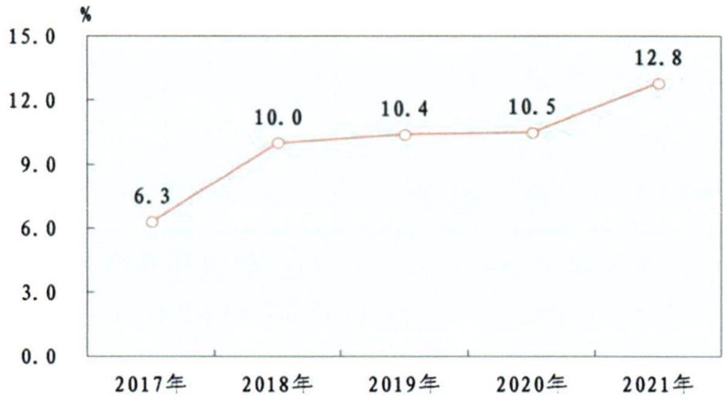

图9　2017—2021年固定资产投资增长速度

在固定资产投资中，第一产业投资30.7亿元，增长34.6%；第二产业投资257.2亿元，增长14.8%；第三产业投资364.3亿元，增长10.0%。在第二产业中，工业投资257.2亿元，增长14.8%。

表9 2021年分行业固定资产投资及增长速度

行业	绝对数	增长(%)
总计	652.3	12.8
农林牧渔业	30.9	29.4
采矿业	93.1	9.9
制造业	113.9	24.0
电力、热力、燃气及水的生产和供应业	50.2	5.5
建筑业	0.0	—
批发和零售业	1.1	-37.8
交通运输、仓储和邮政业	32.1	-30.6
住宿和餐饮业	7.7	49.7
信息传输、软件和信息技术服务业	9.7	66.1
金融业	0.0	—
房地产业	174.5	27.6
租赁和商务服务业	4.8	-23.5
科学研究和技术服务业	2.0	300.4
水利、环境和公共设施管理业	75.5	-16.6
居民服务、修理和其他服务业	0.9	21.9
教育	26.7	153.5
卫生、社会工作	14.0	52.6
文化、体育和娱乐业	13.3	-2.9
公共管理、社会保障和社会组织	1.9	-34.7

全年全市在库项目1902个。其中，5亿元以上项目176个，计划总投资2290.8亿元，本年完成投资337.8亿元，占全市固定资产投资的比重为51.8%。

全年房地产开发投资135.7亿元，增长20.0%。其中，住宅投资96.1亿元，增长19.9%；商业营业用房投资13.0亿元，增长40.3%。

全年房屋新开工面积420.6万平方米，增长21.4%。其中，住宅新开工面积329.6万平方米，增长26.1%。商品房销售面积281.5万平方米，增长113.4%。其中，住宅销售面积278.0万平方米，增长114.9%。商品房销售额181.8亿元，增长130.5%。其中，住宅销售额177.7亿元，增长134.2%。房地产开发企业土地购置面积39.8万平方米，下降14.1%。房地产开发企业本年实际到位资金175.0亿元，增长25.8%。其中，国内贷款下降58.6%；自筹资金增长12.0%；定金及预售款增长6.8%；个人按揭贷款增长232.1%；其他到位资金增长40.1%。

表10 2021年房地产开发和销售情况

指 标	单位	绝对数	增长(%)
投资完成额	亿元	135.7	20.0
其中：住 宅	亿元	96.1	19.9
房屋施工面积	万平方米	1410.1	30.7
其中：住 宅	万平方米	1056.0	31.9
房屋新开工面积	万平方米	420.6	21.4
其中：住 宅	万平方米	329.6	26.1
房屋竣工面积	万平方米	103.9	20.6
其中：住 宅	万平方米	72.9	6.1
商品房销售面积	万平方米	281.5	113.4
其中：住 宅	万平方米	278.0	114.9

七、对外经济

全年全市海关进出口总额52.1亿元，下降19.0%。其中，进口额39.9亿元，下降26.8%；出口额12.2亿元，增长24.7%。

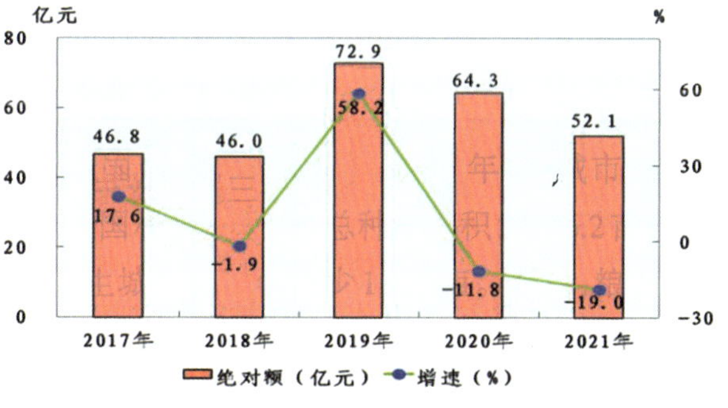

图10 2017—2021年外贸进出口总额及增长速度

表11　2021年海关进出口总额及增长速度

单位：万元

指　标	绝对数	增长(%)
进出口总额	521204	-19.0
出口额	122415	24.7
其中：一般贸易	67007	23.2
加工贸易	55191	26.2
其中：机电产品	92472	26.0
高新技术产品	38986	36.4
其中：国有企业	2077	-5.6
外商投资企业	51574	-1.9
进口额	398789	-26.8
其中：一般贸易	159303	-27.8
加工贸易	36839	-17.2
其中：机电产品	164919	-40.9
高新技术产品	142972	-43.8
其中：国有企业	5847	-3.9
外商投资企业	10343	-8.1

全年出口机电产品9.2亿元，增长26.0%；出口高新技术产品3.9亿元，增长36.4%；出口电器及电子产品5.9亿元，增长41.3%；出口计算机及通信技术产品2.4亿元，增长116.1%。

全年进口铁矿砂22.8亿元，下降11.3%；进口机电产品16.5亿元，下降40.9%；进口集成电路10亿元，下降49.5%；进口电子技术产品10.9亿元，下降50.1%；进口计算机集成制造技术产品8040万元，增长125.5%。

表12　2021年与晋城有贸易往来的主要国家和地区进出口情况

单位：万元

国家和地区	进出口	增长(%)	出口额	增长(%)	进出口	增长(%)
中国香港	37641	-2.1	37635	-1.9	5	-93.5
中国台湾	79237	-1.0	15306	36.2	63931	-7.0
印度	12628	4026.4	12185	3882.4	443	874991

续表12

国家和地区	进出口	增长(%)	出口额	增长(%)	进出口	增长(%)
日本	78432	-53.2	6908	21.0	71524	-55.8
韩国	10611	-47.2	2419	-35.6	8192	-49.9
德国	755	-76.1	488	-49.1	267	-87.9
意大利	234	-59.1	233	-59.3	1	410.3
巴西	53761	-11.0	281	24.7	53480	-11.1
美国	25700	57.4	23324	54.0	2376	101.0
澳大利亚	159730	7.1	720	154.2	159010	-7.4

全年全市按全口径统计实际使用外商直接投资金额3.84亿美元，增长21.1%。

八、财政金融

全年全市财政总收入364.6亿元，增长35.9%。其中，资源税59.4亿元，增长47.5%；企业所得税57.6亿元，增长32.2%；增值税123.2亿元，增长29.4%；个人所得税5.5亿元，增长25.9%。一般公共预算收入201.3亿元，增长38.6%。其中，税收收入113.6亿元，增长34.3%。一般公共预算支出292.1亿元，增长2.9%。其中，城乡社区支出增长26.9%，交通运输支出增长6.2%，文化旅游体育与传媒支出增长5.8%，教育支出增长4.3%，卫生健康支出增长4.0%，社会保障和就业支出增长3.7%。

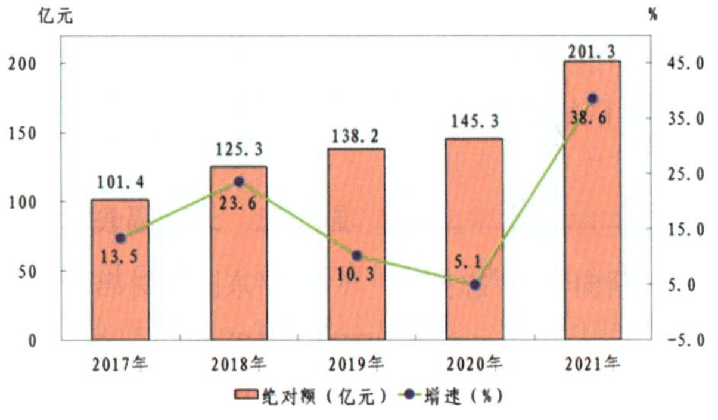

图11　2017—2021年一般公共预算收入及增长速度

年末全市金融机构本外币各项存款余额2961.5亿元，比年初增加202.0亿元，增长7.3%。各项贷款余额2104.4亿元，比年初增加392.6亿元，增长22.9%。

表13 2021年年末金融机构本外币存贷款及增长速度

单位:亿元

指 标	年末数	比年初增长(%)
各项存款余额	2961.5	7.3
其中:非金融企业存款	854.8	4.7
住户存款	1720.5	11.5
其中:人民币	1718.0	11.6
各项贷款余额	2104.4	22.9
其中:短期贷款	749.5	16.1
中长期贷款	945.7	9.3
其中:个人消费性贷款(人民币)	257.3	10.3

年末全市共有证券营业部6家,从业人员92人。累计资金开户数23.4万户,银证转入资金58.9亿元。全年营业收入5147.5万元;利润总额974.7万元。

全年全市保费收入56.75亿元,增长4.84%。其中,寿险业务保费收入42.0亿元,增长9.5%;财产险业务保费收入14.75亿元,下降6.5%。

九、居民收入消费和社会保障

全年全市居民人均可支配收入29891元,增长8.8%。按常住地分,城镇居民人均可支配收入39089元,增长7.6%,城镇居民人均消费支出23796元,增长5.6%;农村居民人均可支配收入17744元,增长10.5%,农村居民人均消费支出12970元,增长12.5%。城镇居民家庭恩格尔系数(即居民家庭食品消费支出占家庭消费支出的比重)21.33%,农村居民家庭恩格尔系数21.14%。

年末全市参加基本养老保险171.80万人,比上年末增加3.9万人,其中,参加职工基本养老保险59.76万人,增加3.76万人;参加城乡居民基本养老保险112.04万人,增加0.14万人。参加基本医疗保险213.87万人,增加0.78万人,其中,参加职工基本医疗保险51.72万人,增加2.17万人;参加城乡居民基本医疗保险162.15万人,减少1.4万人。参加失业保险35.41万人,增加1.81万人。参加工伤保险51.0万人,增加1.6万人。

年末城市低保人数6339人,减少1851人;农村低保人数31293人,减少8600人。享受国家定期抚恤补助的优抚对象17592人。全年共发放最低保障资金2.23亿元。全市共有住养型养老机构69所,床位数7289张,其中,公办35所,床位数2749张;民办34所,床位数4540张。全市社区养老机构和设施996个。福利彩票发行单位1个。

十、科学技术和教育

全年全市组织实施市级科技项目45项。其中,市级重点研发计划(高新领域)项目13项、市级社发类项目32项。全年全市技术合同交易456项,交易总额73.88亿元;新认定省级新型研发机构1个,新认定省级重点实验室1个,新认定省级众创空间2个,新认定省级星创天地3个,新认定省级技术创新中心1个,新认定市级技术创新中心7个。截至2021年末,全市拥有国家级重点实验室1个,省级重点实验室2个,省级新型研发机构1个,省级技术创新中心1个,省级科技企业孵化器3家,省级众创空间7个, 通过国家备案众创空间2个,国家级星创天地2个,省级星创天地3个,省级民营科技企业25家,省级科普基地11个,市级技术创新中心7个。

年末全市普通高等学校1所,独立设置的成人高等学校1所。高中阶段毛入学率98.3%。

表14 2021年各类教育发展情况

单位:人

指 标	招生	在校生	毕业生
普通高等教育	1460	3959	1533
中等职业教育	5091	15402	4337
普通高中	13215	40606	13708
初 中	17331	53432	21521
小 学	17627	111065	17575
特殊教育	102	667	1008
学前教育	21064	67038	18024

十一、文化旅游、卫生健康和体育

年末全市共有艺术表演团体10个,演出场次1882场,演出收入1145.8万元;全市共有艺术表演场馆3个，文化馆7个，美术馆2个，公共图书馆7个，总藏量344万册。

年末全市共有A级景区29个。其中，5A级景区1个，4A级景区12个，3A级景区15个，2A级景区1个。共有星级饭店17家。其中，五星级2家、四星级9家、三星级5家、二星级1家。全年全市重点监测景区接待游客137.01万人次，门票收入5037.21万元，经营性收入9034.81万元。

年末全市共有各级医疗卫生机构3135个，其中妇幼保健院(所、站)7个。医院和卫生院床位14.1千张，卫生专业技术人员1.73万人。村卫生室覆盖率100%、县乡村三级医疗机构达标率均为100%。全年各县(市、区)的儿童“五苗”全程接种率以乡镇为单位均达到了90%以上。碘盐覆盖率达到99.61%，合格碘盐食用率达到95.5%，各种地方病得到了有效控制。全市乡镇卫生监督站覆盖率达到100%。

年末全市拥有各级各类体育场馆9238个，全年我市运动员在省级以上重大比赛中获金、银、铜牌分别为53枚、52枚和29枚(包括非奥运项目比赛)。全市销售中国体育彩票2.24亿元，增长41.2%。

十二、资源、环境和应急管理

全市有自然保护区5个，自然保护区面积达到14.6万公顷。

全年全市一次能源生产折标准煤9628.6万吨，增长5.1%；二次能源生产折标准煤8048.7万吨，增长18.9%。

全年全市向省外运输煤炭6392.3万吨，增长17.9%，外运煤炭占原煤产量51.0%。向省外输送电力149.5亿千瓦小时，下降9.7%，外输电量占发电量的60.3%。

全年全市全社会用电总量227.8亿千瓦时。其中，第一产业用电1.4亿千瓦时，占全社会用电量的0.6%；第二产业用电198.5亿千瓦时，占全社会用电量的87.1%，其中，工业用电197.3亿千瓦时；第三产业用电16.6亿千瓦时，占全社会用电量的7.3%；城乡居民生活用电11.3亿千瓦时，占全社会用电量的5.0%。

全年市区环境空气质量二级以上天数达到253天。其中，一级天数54天。空气综合污染指数为4.53，较上年下降14.5%。细颗粒物($PM_{2.5}$)年平均浓度35微克／立方米，比上年下降23.9%。7个国家地表水考核断面中，达到或优于Ⅲ类水体比例为85.7%，劣Ⅴ类水体比例为0。

城市污水处理率达到99.4%；城市生活垃圾无害化处理率达到100%。

全市共发生各类生产安全事故38起，事故死亡45人。亿元GDP生产安全事故死亡率0.024，煤矿百万吨死亡率0。

（市统计局）

2021年全市经济运行情况综述

2021年，在市委、市政府坚强领导下，全市上下坚持以习近平新时代中国特色社会主义思想为指引，全面贯彻党的十九大和十九届历次全会精神，深入贯彻习近平总书记视察山西重要讲话重要指示精神，全面落实省第十二次党代会和市第八次党代会精神，完整、准确、全面把握新发展理念，坚持稳中求进工作总基调，持续巩固拓展疫情防控和经济社会发展成果，全年全市经济稳定恢复、稳中加固、稳中向好，全方位推动高质量发展成势见效，实现“十四五”扎实开局。

根据地区生产总值统一核算结果，全年全市生产总值为1912.4亿元，按可比价格计算，比上年同期增长11.6%，分别高于全国(8.1%)、全省(9.1%)3.5个和2.5个百分点；两年平均增长8.8%，分别高于全国(5.1%)、全省(6.3%)3.7个和2.5个百分点。分产业看，第一产业增加值为76.9亿元，增长7.4%；第二产业增加值为1154.3亿元，增长12.7%；第三产业增加值为681.2亿元，增长10.7%。

分县(市、区)看，全年生产总值按增幅由高到低排序分别为：泽州县15.4%；陵川县12.3%；阳城县

11.9%;高平市11.6%;沁水县11.0%;城区8.0%。

一、农业

全年全市实现农林牧渔业(包括农林牧渔服务业)增加值80.5亿元,按可比价格计算,比上年同期增长7.3%;全年全市实现农林牧渔业总产值118.8亿元,同比增长9.1%。全市粮食产量增长1.0%,水果和油料产量分别增长8.8%、1.0%,蔬菜及食用菌产量增长18.6%。

二、工业

全年全市规上工业增加值同比增长15.7%,增速排全省第2位,分别高于全国(9.6%)、全省(12.7%)6.1个和3个百分点;两年平均增长11.4%,增速排全省第2位,分别高于全国(6.1%)、全省(9.1%)5.3个和2.3个百分点。

按照六大主导行业分类。煤炭行业(占比73.2%)增长20.0%;煤层气行业(占比6.1%)增长4.9%;装备制造业(占比5.6%)增长3.0%(其中光机电增长1.6%);化工行业(占比2.6%)增长7.7%;电力行业(占比2.5%)下降4.8%;冶铸行业(占比3.7%)下降5.5%。

分县(市、区)看,全年规上工业增加值按增幅由高到低排序分别为:陵川县29.7%;泽州县19.2%;阳城县18.2%;高平市15.2%;沁水县14.4%;城区2.0%。开发区(一区四园)13.1%。

企业效益:全年全市规上工业企业实现利税总额472.2亿元,增长80.2%;实现利润总额285.6亿元,增长89.1%。

全年全市全社会用电量227.8亿千瓦时,增长7.1%;其中,工业用电量197.3亿千瓦时,增长6.3%。

三、固定资产投资

全年全市实现固定资产投资652.3亿元,同比增长12.8%,增速排全省第3位,分别高于全国(4.9%)、全省(8.7%)7.9个和4.1个百分点;两年平均增长11.6%,增速排全省第3位,分别高于全国(3.9%)、全省(9.6%)7.7个和2.0个百分点。

全市固定资产投资中,第一产业完成投资30.7亿元,同比增长34.6%;第二产业完成投资257.2亿元,同比增长14.8%;第三产业完成投资364.3亿元,同比增长10.0%。三次产业投资比重为4.7:39.4:55.9。

分县(市、区)看,全年固定资产投资按增幅由高到低排序分别为:泽州县18.5%;陵川县15.3%;沁水县11.4%;阳城县10.7%;高平市10.1%;城区7.2%。开发区(“一区四园”)18.6%。

四、消费

全年全市实现社会消费品零售总额536.4亿元,同比增长14.4%,增速排全省第9位,高于全国(12.5%)1.9个百分点,低于全省(14.8%)0.4个百分点;两年平均增长7.1%,增速排全省第1位,分别高于全国(3.9%)、全省(5.0%)3.2个和2.1个百分点。其中,限额以上消费品零售额161.1亿元,增长16.6%。按经营地统计,城镇消费品零售额449.2亿元,增长12.2%;乡村消费品零售额87.1亿元,增长26.8%。按消费形态分,商品零售额448.1亿元,增长10.9%;餐饮收入额88.3亿元,增长35.9%。

分县(市、区)看,全年社会消费品零售总额按增幅由高到低排序分别为:沁水县16.6%;高平市15.9%;阳城县15.7%;陵川县15.0%;泽州县14.5%;城区13.6%。

五、财政

全年全市一般公共预算收入完成201.3亿元,同比增长38.6%,增速排全省第1位,其中:税收收入完成113.6亿元,同比增长34.3%;非税收入完成87.7亿元,同比增长44.6%。一般公共预算支出292.2亿元,同比增长2.9%,增速排全省第2位。其中,民生支出234亿元,占一般公共预算支出的80.1%。

六、金融

12月末,全市金融机构本外币各项存款余额2961.5亿元,比年初增加202亿元,比上年同期多增73.9亿元;各项贷款余额2104.4亿元,比年初增加392.6亿元,比上年同期多增227.9亿元。12月末,全市金融机构本外币存贷比71.1%。

七、物价

全年全市居民消费价格上涨1.0%,涨幅较上年全年回落1.9个百分点,与全省价格涨幅持平。分类别看,食品烟酒价格上涨1.3%,衣着上涨1.2%,居住下降0.8%,生活用品及服务上涨0.1%,交通和通信上涨3.2%,教育文化和娱乐上涨5.2%,医疗保健下降2.1%，其他用品和服务下降1.3%。

八、居民收入

全年全市城镇居民人均可支配收入为39089元，增长7.6%，较上年全年加快2.7个百分点，同期全省增长7.6%。农村居民人均可支配收入为17744元，增长10.5%，较上年全年加快2.1个百分点，同期全省增长10.3%。

总的来看，2021年全市经济稳中加固、稳中向好，全方位推动高质量发展迈出坚实步伐，“十四五”扎实开局。同时也要看到，当前外部环境更趋复杂严峻，疫情仍然是最大不确定因素，宏观经济发展面临需求收缩、供给冲击、预期转弱三重压力，“双碳”“双控”刚性约束加大，诸多因素交织叠加，进一步增加了做好本年工作的艰巨性复杂性。

2022年，全市上下要坚持以习近平新时代中国特色社会主义思想为指导，全面贯彻党的十九大和十九届历次全会精神，弘扬伟大建党精神，深入贯彻中央和省委经济工作会议精神、市第八次党代会和市委经济工作会议精神，坚持稳中求进工作总基调，立足新发展阶段，完整、准确、全面贯彻新发展理念，抢抓构建新发展格局战略机遇，按照全方位推动高质量发展建设共同富裕新晋城的目标要求，以供给侧结构性改革为主线，统筹疫情防控和经济社会发展，统筹发展和安全，继续做好“六稳”“六保”工作，保持经济运行在合理区间，持续改善民生，保持社会大局稳定，以优异成绩迎接党的二十大胜利召开。

（市统计局）

文献选登

晋城市国民经济和社会发展第十四个五年规划和2035年远景目标纲要（节选）

2021年2月25日，市第七届人民代表大会第七次会议审查并原则通过《晋城市国民经济和社会发展第十四个五年规划和2035年远景目标纲要（草案）》。

一、转型出雏型，迈向新征程

（一）“十三五”发展成就

“十三五”规划确定的主要目标任务基本完成，我市转型综改示范区的先行区、能源革命排头兵的领跑者、对外开放新高地的桥头堡建设取得重大成果，美丽晋城高质量转型发展迈出坚实步伐，全面建成小康社会取得决定性成就。

（二）“十四五”发展形势

我市和全省一样，正处于资源型经济从成熟期到衰退期的演变阶段，未来5~10年是转型发展的窗口期、关键期，是转变发展方式、优化经济结构、转换增长动力的攻坚期。进入新发展阶段，我市面临的机遇更多元化、全局化，迎接的挑战也更具复杂性、紧迫性。

（三）2035年远景目标

在全面建成小康社会的基础上，经过15年努力，我市综合经济实力大幅提高，主要经济指标达到或超出全国平均水平，保持全省前列，进入中原城市群第一方阵，资源型经济转型任务全面完成，实现更高质量更有效率更加公平更可持续更为安全的发展。

二、“十四五”时期发展的指导思想、原则、定位和目标

（一）指导思想

高举中国特色社会主义伟大旗帜，全面贯彻党的十九大和十九届二中、三中、四中、五中全会精神，

坚持以马克思列宁主义、毛泽东思想、邓小平理论、“三个代表”重要思想、科学发展观、习近平新时代中国特色社会主义思想为指导，深入贯彻落实习近平总书记视察山西重要讲话重要指示，坚决贯彻落实中央及省委各项决策部署，统筹推进经济建设、政治建设、文化建设、社会建设、生态文明建设的总体布局，协调推进全面建设社会主义现代化国家、全面深化改革、全面依法治国、全面从严治党的战略布局，坚定不移贯彻创新、协调、绿色、开放、共享的新发展理念，坚持稳中求进工作总基调，按照省委“四为四高两同步”总体思路和要求，坚持山西大发展、晋城要先行，以高质量转型发展为主题，以供给侧结构性改革为主线，以国家资源型经济转型综合配套改革试验区建设为统领，以改革创新为根本动力，以满足人民日益增长的美好生活需要为根本目的，统筹发展和安全，解放思想，先行先试，狠抓落实，聚焦“五个三”战略，加快形成“两只翅膀腾飞、三足鼎立支撑、城市两翼发展”的高质量转型发展格局，努力实现高质量高速度发展，确保实现转型出雏型，在转型发展上率先蹚出一条新路来，在全面建设社会主义现代化新征程中开好局、起好步。

（二）基本原则

六个坚持：

1.坚持党的全面领导。

2.坚持以人民为中心。

3.坚持新发展理念。

4.坚持转型发展。

5.坚持深化改革开放。

6.坚持系统观念。

（三）战略定位

六个战略定位：

1.转型综改试验区的“先行区”。

2.能源革命排头兵的“领跑者”。

3.对外开放新高地的“桥头堡”。

4.数字经济建设的“示范区”。

5.光机电产业的“集聚区”。

6.全国康养旅游的“目的地”。

（四）主要目标

1.“十四五”时期经济社会发展主要目标

八个“新”目标：

①创新生态建设迈上新台阶。

②战略性新兴产业实现新突破。

③绿色能源供应形成新优势。

④改革开放迈出新步伐。

⑤城乡融合发展步入新阶段。

⑥民生福祉达到新水平。

⑦生态文明建设取得新进展。

⑧社会治理得到新提升。

2.“十四五”主要指标

经济发展（6个）：

①地区生产总值年均增速。

②常住人口城镇化率。

③规上工业企业数量。

④工业增加值占地区生产总值比重。

⑤战略性新兴产业增加值占地区生产总值比重。

⑥全员劳动生产率增长。

八个创新驱动（8个）：

①研发经费投入增。

②国家实验室/国家级重点实验室/国家级技术创新中心/国家级工程研究中心。

③大科学装置。

④省实验室/省级重点实验室/省级技术创新中心/省级工程研究中心。

⑤国家自然科学奖/技术发明奖/科学技术进步奖。

⑥高等院校。

⑦国家A类学科。

⑧高技术制造业增加值增速。

“六新”突破与产业开级（7个）：

①5G网络用户普及率（新基建）。

②每万人口高价值发明专利拥有量（新技术）。

③新材料生产企业主营业务收入增速（新材料）。

④高端装备制造业增加值增速（新装备）。

⑤新产品开发项目数量年均增速（新产品）。

⑥数字经济核心产业增加值占GDP比重（新业态）。

⑦制造业增加值占规上工业增加值比重。

绿色生态(5个)：

①城市空气质量优良天数比率。

②地表水达到或好于Ⅲ类水体比例。

③森林覆盖率。

④单位地区生产总值能源消耗降低。

⑤单位地区生产总值二氧化碳排放降低。

人的全面发展(10个)：

①从业人员持证率。

②全社会劳动力持证率。

③居民人均可支配收入增速

④城镇调查失业率。

⑤劳动年龄人口平均受教育年限。

⑥每千人口拥有执业(助理)医师数。

⑦基本养老保险参保率。

⑧每千人口拥有3岁以下婴幼儿托位数。

⑨人均预期寿命。

⑩体育人口占比。

安全保障(2个)：

①粮食综合生产能力。

②能源综合生产能力。

三、"十四五"转型出雏型的十一大战略举措

(一)坚持创新驱动发展,打造一流创新生态

坚持以创新驱动引领经济社会高质量高速度发展,不断强化创新能力、完善创新链条、优化创新环境,努力激发全社会创新活力与创造潜力,提升科技创新对经济增长的贡献率,推进经济社会发展由资源驱动为主向创新驱动为主转变。

(二)聚焦"六新"突破,塑造换道赛跑新优势

把握新一轮科技革命和产业变革"时间窗口",把"六新"突破作为"蹚新路"的方向目标、路径要求和战略举措,实施换道领跑战略和"数字晋城"战略,抢占未来发展制高点,打造数字经济建设示范区和中等新型智慧城市标杆市。

(三)加快转型升级,建设具有竞争力的现代产业体系

实施非均衡发展和优势转化战略,培育壮大转型发展新动能,做好现代能源经济大文章。坚持把发展经济着力点放在实体经济上,改造提升传统优势产业,着力培育战略性新兴产业,加快发展现代服务业,构建以"两只翅膀腾飞,三足鼎立支撑"为主导的现代产业体系。

(四)全面深化改革,加快融入新发展格局

以转型综改试验区建设为统领,注重提高改革的战略性、前瞻性、针对性。更加注重综合配套改革,推动有效市场和有为政府更好结合,推进改革和发展深度融合、高效联动,激发高质量发展活力,全面融入国内国际双循环新发展格局。

(五)深化对外合作,构建全方位高水平开放新空间

积极参与区域及国际分工协作,持续推进晋城经济、社会、文化等各领域对内对外合作,不断拓展合作领域、创新合作模式、提升合作质量,努力开创全方位、多层次、高水平开放发展新局面。

(六)实施乡村振兴战略,加快农业农村现代化建设

坚持把解决"三农"问题作为全市工作的重中之重,实施农业"特""优"战略,加快推进乡村振兴,促进农业高质高效、乡村宜居宜业、农民富裕富足。

(七)深入实施新型城镇化战略,建设"三宜三晋"美丽晋城

坚持推进以人为核心的新型城镇化,落实主体功能区规划要求,科学谋划空间功能定位,推进区域协调发展。围绕"三宜三晋",抓住用好区域重大战略机遇,全力建设市域中心城市,推进县城扩容提质和小城镇特色发展,持续提升新型城镇化水平,加快城乡融合,促进区域均衡发展,打造高质量高速度转型发展的空间支撑体系和动力系统。

(八)提升文化软实力,加强社会主义精神文明建设

坚定文化自信,坚持以社会主义核心价值观为引领,深入实施文化强市战略,提升文化软实力,弘扬社会新风尚,打造思想高地、文明高地、文化事业和文化产业高地。

(九)坚持绿色发展,全面加强生态文明建设

深入践行"绿水青山就是金山银山"理念,实施可持续发展战略,统筹山水林田湖草综合治理、系统

治理、源头治理，以“一山两河一流域”为主战场，坚持治山、治水、治气、治城一体推进，全方位全地域全过程加强生态文明建设，以高水平生态环境保护促进高质量转型发展，推动形成绿色低碳的发展和生活方式，为建设人与自然和谐共生的现代化美丽晋城奠定坚实基础。

（十）加强社会建设，提高人民生活品质

坚持发展为了人民、发展依靠人民、发展成果由人民共享，实施技能富民战略，完善为民办实事长效机制，推进富民惠民安民、推进共同富裕新举措，提升城乡居民创造美好生活的能力，完善人的全生命周期民生服务，实现幼有善育、学有优教、劳有厚得、病有良医、老有颐养、住有宜居、弱有众扶，不断增强人民群众获得感、幸福感、安全感，促进人的全面发展和社会全面进步。

（十一）实现安全发展，建设平安晋城

全面落实总体国家安全观，强化“大平安”理念，坚持底线思维，统筹传统安全和非传统安全，完善平安建设体系，防范和化解影响现代化进程的各种风险。

四、加强规划实施保障

实现“十四五”规划和二〇三五年远景目标，必须坚持党的全面领导，坚持和完善党领导经济社会发展的体制机制，完善健全规划体系实施机制，突出重大项目对规划实施的支撑作用，组织实施一批重大项目和重点工程，充分调动一切积极因素，广泛团结一切可以团结的力量，凝聚形成推动发展的强大合力，为转型发展蹚新路提供坚强保障。

晋城市推进数字化转型大力发展数字经济争先领跑三年行动计划（2021—2023年）

晋市政发〔2021〕20号

数字经济是引领未来的新经济形态，是我市构建新发展格局，全方位推进高质量发展的战略支撑。省委省政府高度重视数字经济发展，作出实施数字山西战略部署，明确要求推动经济社会数字化转型、大力发展数字经济。市委市政府坚决贯彻落实，明确了数字产业化、产业数字化的基本定位。为抢抓数字经济发展的战略机遇，持续扩大“1183”工程形成的数字基础优势，以更大努力推动数字经济在全省争先领跑，结合我市实际，制定本行动计划。

一、总体要求

坚持以习近平新时代中国特色社会主义思想为指导，深入贯彻习近平总书记视察山西重要讲话重要指示，按照省委省政府决策部署和市委市政府安排要求，聚焦“六新”突破、大胆先行先试，主动顺应新一轮科技革命和产业变革大势，充分发挥数据作为关键生产要素的倍增效应，以“数字产业化、产业数字化”为核心，深入实施数字经济发展“1468”战略，即：以打造中等新型智慧城市标杆市为抓手，突出数字政府、数字经济、数字社会、数字城市四大重点领域，开展数基、数产、数智、数惠、数创、数安六大行动，建设算力中心提升、城市大脑构造、数字政府牵引、数字产业培育、智能制造示范、数字乡村振兴、数字生活惠民、数据治理增效八大重点工程，加快提升全市数字经济发展能级，蹚出赋能高质量发展的晋城路径。

二、发展目标

通过三年努力，推动全市数字经济先进基础设施基本建成，数字产业创新能力显著增强，公共数据资源开放共享机制更加完善，数字化转型实现重大突破，数字经济迈入快速扩展期，全市数字经济核心产业增加值占GDP比重6.5%以上，数字经济发展水平综合指数挺进全省第一方阵，建成全省数字经济建设示范区、数字技术应用先导区、数字产业发展集聚区、数字城市发展领军区和中原城市群核心区数字中心。

——新型基础设施更加完善。基本建成具备网络基础稳固、数据智能融合、创新平台活跃、安全可信可控等特征的新型信息基础设施，“云、数、物、智、链”

等基础技术平台全省领先，为数字经济发展提供坚强支撑。

——主要领域应用场景全覆盖。新一代信息技术与传统产业实现深度融合，煤炭、煤化工、钢铁铸造、光机电、煤层气、全域旅游和康养等重点领域数字化水平显著提高，城市治理、公共服务实现数字化智能化，培育一批可复制、可推广的示范应用场景。

——数字核心产业呈现雏形。发挥数据资源基础作用，推动数字应用创新，壮大产业规模，提升市场核心竞争能力，优化产业结构，将数字产业打造成我市重要战略性新兴产业。

——数字经济比重大幅提升。加快数字产业化，2021年，全市数字经济核心产业增加值同比增长17%以上，占CDP比重5,6%以上。到2023年，全市数字经济核心产业增加值年均增速18%以上，占GDP比重6.5%以上，部分细分领域发展领跑全国中等城市。

——数字创新能力不断增强。建成一批国家级和省级重点实验室及企业数字创新技术中心，企业数字化创新主体地位显著提升，高水平人才队伍集聚效应明显，智力支撑作用持续增强。

——数字经济生态体系初成。数据采集治理、数据共享交易、数据价值化利用初步形成闭环，数据驱动、人机协同、平台赋能的治理模式基本形成，为新装备、新业态、新产品开辟广阔空间。

三、主要任务

(一)开展"数基"行动，打造数字经济发展新赛道

坚持数字赋能、适度超前，围绕强算力、扩网络、建平台，加快新基建布局，夯实新型信息基础支撑，赋能高质量高速度转型发展。2021年，新建5G基站1000座，建成城市智能中枢系统与城市智能运行中心，智能算力中心升级扩展到13000核计算能力。到2023年，5G基站突破3500座，供给能力与行业应用深度融合，建成全国一体化大数据中心市级枢纽节点和中原城市群核心区数据中心，构筑数字经济高速通道。

(二)开展"数产"行动，打造数字经济发展新业态

大力发展数字经济核心产业，把信创产业作为战略工程，加快布局数字经济产业园，精准化开展招商引资，引进培育互联网龙头企业、头部企业和准独角兽企业，壮大数字产业集群。2021年，引进网库集团建立山西区域总部运营中心，完成首批10个单品平台，培育一批本地信息服务企业。2023年，数字经济核心产业布局形成雏形，打造30个单品产业互联网平台，光机电、工业机器人、5G光通讯器件等优势产业领跑全省、辐射中原城市群。

(三)开展"数智"行动，打造数字经济发展新引擎

推进一二三产与数字化、智能化深度融合发展，加快智能化改造步伐，支持工业富联推进"智造谷"建设，打造工业互联网大数据中心，用数字赋能煤炭、煤化工、钢铁铸造、煤层气、光机电、农业、现代服务业、全域旅游和康养等重点产业，大幅提升数字经济融合度。2021年，加快建设14个重点工业互联网项目，积极推进2座智能化矿山和151个煤矿智能化采掘工作面建设，培育15户智能工厂和数字化车间。2023年，城市重点产业数字化转型达到全国中等城市先进水平。

(四)开展"数惠"行动，打造数字经济发展新品牌

以加强数字政府建设为牵引，实施新型智慧城市建设工程，加快推进"5G+人工智能"示范应用，统筹整合各级各部门资源，深化政务一网通办，推进城市一网统管，完善城市运行决策体系，构建新型智慧交通体系，搭建智慧水务综合平台，深度赋能市域社会治理，提升城市管理和服务的现代化水平。2021年，聚焦城市治理和民生服务两大领域，基于城市大脑打造10个以上特色应用场景。2023年，实现主要领域重点应用场景全覆盖，数字政府和智慧城市水平持续领跑全省、领军全国中等城市。

(五)开展"数创"行动，打造数字经济发展新生态

坚持把创新驱动摆在数字经济发展的核心位置，加大研发投入，推进应用技术开发，加快数字化平台建设，规划布局数创产业园，提升全民数字技能。2021年，建成互联网创新中心和数字化产业链平台，培育3个数字化应用示范项目，实现数字创新能力综合指数争先进位，力争达到全省上游水平。2023年，数字创新生态明显改善，发展活力充分彰显，数字化创新能力走在全省前列。

(六)开展"数安"行动，打造数字经济发展新防线

以贯彻落实网络安全等级保护制度为基础，全面加强网络安全保障体系和能力建设，围绕网络设施、软硬件平台、数据资源、应用系统等关键环节，建设物防

与人防深度融合、线上与线下高效协同的安全运营体系。强化工业互联网安全保障,建立重要工业控制系统目录清单,实现重点行业工业控制系统与上级工业互联网安全监测平台对接,完善安全监管手段、提升安全防护能力。

强化安全防范、等保测评、风险评估、容灾备份等安全措施,建立网络安全联动机制,完善一体化协同安全保障体系。定期举办网络安全攻防演练和护网行动,联合建设攻防实验室和实训基地,强化对算力和数据资源的安全防护,加强对数据资源全生命周期的安全管控,筑牢数字经济发展的铜墙铁壁。2021年,建成高等级安全防护能力支撑系统、网络攻击监测与感知系统和等保三级防护体系。2023年,全面建成城市信息安全运营中心,等级保护测评率进入全省第一方阵。

四、重点工程

(一)算力中心提升工程

1.升级算力基础设施。统筹全市各类数据中心集约化服务,提供10万核计算能力和10PB存储空间,支持百万级物联感知设备的接入和分析,满足全市各级政府与各类产业智能化转型的实时计算和大规模存储分析需求。

2.扩展电子政务外网。按照全省"一张网"总体要求,对市电子政务外网进行提速扩容升级改造,按照统一标准实现到县(市、区)、乡镇(街道)全覆盖,按需延伸到村,推动物联网、视联网、移动网、非涉密部门业务专网整合对接到政务外网,完成市—区县电子政务外网IPr6全覆盖。

3.建设区块链基础平台。引进具有自主知识产权的区块链技术,建设区块管理、权限控制、数据认证、流转溯源等联盟链基础设施,在数据共享、电子证照、执法存证、溯源管理、政府采购等领域建设场景化应用,建立"不可伪造、步步留痕、方便追溯、公开透明"的智能可信体系。

(二)城市大脑构造工程

1.建设城市信息模型(CIM)。建成数字孪生城市底座,实现城市虚实互联,从空间和时间维度对城市进行全方位、全生命周期的数字化描述。建设全市域精度模型,在城建、社区、道路、管廊、河道、景区、园区等场景打造数字孪生示范应用。

2.搭建城市智能中枢系统。制定城市大脑中枢协议标准,构建人工智能中台,保障业务信息即时在线、数据实时流动,进而实现跨部门、县(市、区)间的业务协同、数据协同,支撑城市交通、城市管理、公共安全、公共服务等领域多样化的应用需求。

3.建设城市智能运行中心。整合"12345"、城管、应急、水体治理和市场监管等平台,推进城市治理各领域数字化改革,统筹对全市物联感知设备、音视频、车辆、物资、信息系统等资源进行数字化、在线化、标签化管理,明晰事项清单,建立综合网络,构建城市运行"一网统管"应用体系。创新数字城市"规、建、管、维"新型框架,构建全程管控、智能协同的规划建设管理和运营一体化平台。

(三)数字政府牵引工程

1.推进政务服务数字化改革。按照全省"五个一"要求,建设数字政府综合应用系统。依托"一云一网一中心",大力拓展一体化在线政务平台,推进与数据共享交换平台互联互通、有效共享,实现市县(市、区)更多政务服务事项网上办理。围绕投资项目、企业运营、公民个人三类"一件事",重塑重构审批模式,市县(市、区)各打造不少于120项高频服务套餐。依托一体化平台推动政务服务向基层延伸,打通"最后一公里",实现更多事项"就近办"。再推动50项热门服务在"三晋通""晋来办"App上办理。拓展"12345"政务服务热线平台功能,畅通政民互通渠道。

2.推进政务协同数字化改革。强化系统观念,以群众需求为导向、以信息技术为手段,打破"数据孤岛""信息壁垒""业务障碍",着力解决内外融合、相互对接等难题,促进部门之间高效协同。完善智能政务办公平台,对各部门、各领域业务数字化应用迭代升级集成,推动重大任务、重点领域跨部门跨系统数字化改革,建设全业务协同应用的功能模块。迭代升级领导驾驶舱,统筹汇聚政府和社会数据,向县(市、区)、街道拓展覆盖,持续完善政务服务、经济监测、重点工程、产业发展、应急管理等领域数据、系统集成,丰富监测指标,定制专属版块,实现智能推送,服务领导决策,提升治理能力。

3.推进社会治理数字化改革。建设社会治理大数据和综合网格指挥平台,健全公共安全视频联网应用和立体化智能化社会治安防控体系,建设全国市域社会治理现代化试点市。打造天空地一体化应急管理体系，整合全市各方应急基础信息资源，逐步实现市、县（市、区）、重点乡镇及企业各风险领域全面覆盖监测预警和高效处置。持续推进生态环境智慧治理，加强对生态环境监测数据分析研判。深化“互联网+监管”，推动监管数据创新利用。

（四）数字产业培育工程

1.做优做强数字产业。大力支持发展电子信息机电制造业、专用电子设备制造业、互联网及相关服务业、软件和信息技术服务业等数字经济核心领域产业。鼓励发展信创产业，建立信创适配基地，引进1~2家信创核心企业设立分支机构，培育3~5家本地信创企业，形成区域级信创产业集群雏形。围绕打追“世界光谷”，培育机器视觉和精密刀具细分领域世界龙头，支持光机电产业研究院建设先进半导体电器件与系统集成重点实验室，延伸发展上游半导体材料及下游终端电子产品。依托晋能集团、富士康、金鼎煤机开展工业机器人研发制造。依托富晋精密、烽通光电、山西晋元等企业，加快发展5G光通讯器件，增强我市5G新基建配套器件供应能力。支持新兴数字文化产品和产业发展，鼓励新型数字创意产业设施及服务，将数字技术和文化创意元素注入传统产业，促进数字创意产业与周边产业交互赋能，打造集内容制作、技术开发、平台运营和终端服务于一体的数字创意类园区建设。

2.加强数字化载体建设。立足各级各类开发区、丹河新城、空港新区和“山西智创城N0.6”，支持建设业务互联、协同互动、供需互补的数字经济园区，充分发挥产业园区集聚效应，培育10家以上高新技术企业。大胆引进一流人才和团队，联合组建“未来城市数字技术研究院”“数字经济现代研究院”，开展“城市信息模型”等数字孪生关键技术研究和示范应用。依托晋城云祥和晋城云时代等大数据企业发展壮大，打造数字经济发展旗舰企业。

3.提升全民数字化技能。联合清华大学、太原理工大学、华为、安恒、阿里云大学、云栖工程院等产教融合资源，依托本地党校（行政学院）、本科院校、职业技术学院、技师学院及各类社会化培训机构，面向党政机关、企事业单位和村（社区）等各类人员开展数字化技能培训，培养数字化思维，提高数字化素养。加强数字经济领域智库建设，为数字经济发展提供决策咨询和智力支持。

（五）智能制造示范工程

1.建设工业服务云平台。围绕“上云用数赋智”，推进工业企业设备联网上云、数据集成上云、应用服务上云。建设数字化转型公共服务平台，推动数字化企业与实体企业深度结合。持续开展“两化”融合贯标，鼓励重点优势产业工业互联网标识节点申报，推动工业企业注册加入国家标识解析体系。

2.构建行业工业互联网。发挥兴高焦化等省级智能制造示范企业引领作用，依托工业富联“智造谷”，构建以产业发展监测、供应链服务、公共技术服务、设备共享服务、数字模块云服务、产品品牌数字化服务等为核心的工业互联应用体系，培育2~3个具有全省影响力的行业级工业互联网平台和10家工业互联网深度应用示范企业。

3.加快智能化改造步伐。建设5G智慧矿山、智慧园区、智慧工厂3个数字化应用示范项目。鼓励煤矿企业利用5G、人工智能等先进技术，建设智能化采掘工作面，构建产运销一体化管理平台和企业数字驾驶舱。推进工业园区、产业集群数字化改造，支持建设业务互联、协同互动、供需互补的数字化园区。推动工业机器人在铸造业、煤层气产业、电力装备、生物医药、集成电路装备、食品、化工、能源等领域的应用示范。

（六）数字乡村振兴工程

建立全市农业农村资源资产大数据体系，推动农村各类产权交易公开规范运行，建设完善重要农产品全产业链监测预警系统、农产品和投入品质量安全追溯系统、农村人居环境智能监测系统及数字乡村综合管理和公共服务平台。推进养殖场（屠宰、饲料、兽药企业等）数据直联直报，构建“一场（企）一码、一畜（禽）一标”动态数据库，实现畜牧生产、流通、屠宰各环节信息互联互通。开展特色农业数字赋能，因地制宜推广数字化技术应用，支持建立智慧农业示范基地、智慧农场。巩固提升电子商务村级服务站点120个，推进“互联网+”农产品出村进城，加快市、县（市、区）、乡、村四级快递物流网络全覆盖，打造晋城电商精品网货。

（七）数字生活惠民工程

1.推进5G+智慧应用。建设全光教育网络体系，搭建本地教学资源库和智慧教育云平台，运用5G+人工智能技术，推动专递课堂、名师课堂、名校网络课堂的普及应用，推进数字校园全覆盖。推进“5G+智慧医疗”，推进数字化改革赋能“三医”联动，建设线上线下一体化的智慧医院，打破信息壁垒，促进医疗服务“健康一码通”，逐步扩宽电子医保卡应用，加快县域、城市医疗集团等数据互通互认建设，建立健全远程会诊、影像会诊、心电诊断、双向转诊等智慧服务体系。开发部署交通态势感知系统，利用5G网络将实时路况、拥堵预警等数据接入交通指挥系统，实现信号灯配时自动优化；完善智慧停车平台，实现全市停车资源的统一管理与智能导引，打造靶向停车、共享停车、信用停车、无感支付等便捷出行场景应用。

2. 拓展城市服务新场景。优化升级“晋来办”App，突出千人千面，增强智能检索，推进高频便民服务事项“一部手机、进来就办”。建设城市一码通，打造城市范围内就医问诊、交通出行、游玩入园等场景的小额快捷支付服务生态。建立智慧社区综合管理服务平台，融合社区服务资源、部门数据资源、社区数字资源，为居民、企业、基层政府人员，提供智慧政务、智慧生活、智慧物业、智慧管理、智慧党建等数字化服务。

3. 培育现代服务新业态。推进发展数字消费、信息消费、智慧消费、体验消费、康养消费等新热点，催生数字营销、在线商务、直播带货、无人零售等新模式。建设“物流云”平台，支持蓝远快递物流园数字化智能化改造，赋能空港物流园、中通快递产业园、中农联冷链物流中心等现代智慧物流园区。推进太行一号线5G全覆盖，对不同来源地自驾游客的游玩偏好进行动态监测，加速“交旅融合”，实现精准营销。建设智慧景区运行系统，支持A级以上景区数字化智能化改造，实现智慧管理、智慧服务、智慧营销和智慧安防。构建文物监管与展示综合服务平台，面向红色文化、数字古堡、文物复建等领域开展三维建模，开发基于VR/AR/MR的沉浸式数字消费产品、文旅IP及文创产品，推动传统优秀文化传播传承。推进白马寺高端康养示范片区和“百村百院”特色康养院落数字化赋能，促进文旅康养智能化融合发展。

（八）数据治理增效工程

依托市数据共享交换平台，进一步完善基础数据库，分批建设主题库、专题库和通用业务库，健全数据资源体系，支撑数字化治理。探索政府、企业、社会多方数据资源融合应用新模式，推进公共数据开放，鼓励企业和行业协会、研究机构等社会组织开展数据整合共享，有效释放数据红利。积极构建数据资源体系，打造分级分类使用的“数字资源超市”，支持培育大数据交易服·务平台，创新公共数据资源运营模式，加强数据归集、整合、共享、分析、开放和保护，推进数据要素价值化、资源化、资本化。

五、保障措施

（一）加强组织领导，健全工作机制

市委市政府决定把加快数字化转型、大力发展数字经济，作为转型发展的基础性引领性战略性工作，成立数字经济发展领导小组，统筹全市数据资源整合共享、数字化转型和数字经济发展顶层设计、政策制定、决策部署、工作协调、重点项目建设及重大问题处置等工作。领导小组办公室设在市大数据应用局。各县（市、区）要对照行动计划抓好落实，确保取得成效。

（二）强化政策支撑，保障制度供给

认真贯彻《山西省政务数据管理与应用办法》《山西省政务数据资产管理试行办法》《山西省大数据发展应用促进条例》，结合实际制定贯彻意见和落实机制。鼓励引进数字化领军企业、科研机构和高水平团队，支持社会资本参与数字经济领域建设。统筹各级财政专项资金，加大对数字经济重点领域、重大平台、重大项目及试点示范的支持力度。建立新型基础设施和数字产业企业清单目录，建设数字经济企业统一服务系统，实时动态跟踪，统筹落实各类优惠政策，提供全方位、全流程服务。加大市级专项投资基金、国投资金、融资担保对数字经济发展的支持力度，引导社会资本投入，科学谋划、系统实施一批数字经济重大示范工程。开展数字经济创新发展试点工作，按照“一事一议、一企一策”原则，汇聚一流团队和一流人才，扶持培育一批数字化智能化标杆企业，创建一批数字经济示范园区和示范平台。开展“借力借脑借势”活动，积极争取上级政策资金支持，加强与高端企业、高端机构、高端人才合作。

（三）加强运行监测，狠抓责任落实

研究制定科学严密系统完整的数字经济指标体系，建立数字经济监测和评价机制。坚持项目为王、结果导向，强化“答卷”意识，实行项目化管理，一切行动项目化，项目管理责任化。建立考核督查机制，强化考核督查结果应用，把数字化转型、数字经济发展作为对各级各部门目标责任的专项考核，纳入市委、市政府重点督查。组织开展绩效评估和真督硬考，考核督查结果作为干部选拔任用、奖优罚劣的重要依据。

（四）加大宣传力度，营造浓厚氛围

用好各种招商引资平台和重大活动，开展数字化论坛、技术交流、供需对接、示范推广等主题活动；鼓励龙头企业、社会团体牵头举办全国性数字峰会论坛，大力宣传推介我市发展数字经济产业环境和优惠政策。各级宣传部门要充分运用主流媒体和新媒体平台，开设数字经济发展专题专栏，拓展宣传渠道、加强政策解读，及时总结推广成功经验和典型案例，增强数字化转型社会认知，激发社会各界创新热情，为数字经济发展提供强大舆论支撑和良好环境氛围。

晋城市沁河流域生态修复与保护条例

（2021年4月22日晋城市第七届人民代表大会常务委员会第四十二次会议通过
2021年5月28日山西省第十三届人民代表大会常务委员会第二十七次会议批准）

第一章　总　则

第一条　为了保护和改善沁河流域生态环境，规范流域保护、治理、开发、利用等活动，保障流域用水安全和生态健康，促进流域高质量发展，根据相关法律、法规，结合本市实际，制定本条例。

第二条　本市行政区域内沁河流域的流域协同与规划、水环境保护与治理、生态涵养与修复以及监督管理等活动，适用本条例。

本条例所称沁河流域，是指本市行政区域内沁河干流、丹河等支流汇水面积内的水域和陆域。

第三条　沁河流域生态修复与保护应当坚持保护优先、量水而行、流域统筹、综合治理、损害担责的原则，促进流域生态修复保护与经济社会发展相协调。

第四条　市、县（市、区）人民政府负责流域生态修复与保护的组织、管理、协调和监督工作，应当将流域生态修复与保护工作纳入国民经济和社会发展规划，制定并组织实施沁河流域生态修复与保护目标和年度计划。

流域内乡（镇）人民政府、街道办事处负责本辖区内流域生态修复与保护的相关工作。

鼓励流域内村（居）民委员会将流域生态修复与保护纳入村规民约（居民公约）。

第五条　市、县（市、区）生态环境主管部门负责辖区内水污染防治的统一监督管理；市、县（市、区）水行政主管部门负责辖区内水资源管理和河湖生态修复与保护的统一监督管理；市、县（市、区）自然资源主管部门负责组织开展辖区内生态修复与保护工作。

市、县（市、区）人民政府发展和改革、工业和信息化、公安、财政、住房和城乡建设、城市管理、交通运输等有关主管部门，按照各自职责，负责本行政区域内流域生态修复与保护的相关工作。

第六条　任何单位和个人都有保护流域生态环境的义务，有权对破坏流域生态环境的行为予以劝阻、制止或者举报。

对在沁河流域生态修复与保护工作中作出突出贡献的单位和个人，按照国家和省有关规定给予表彰和奖励。

第七条　沁河流域实行河（湖）长制。

市、县（市、区）河（湖）长负责协调和监督相关主管部门实施责任水域治理和保护。

乡级河（湖）长负责协调和监督责任水域治理和保护具体任务的落实。

第八条　市、县（市、区）人民政府应当将流域生态修复与保护的资金列入同级政府财政预算。

市、县（市、区）人民政府应当建立流域生态修复与保护多元化投融资机制，引导社会资本参与流域生态修复与保护工作。

第九条 各级人民政府应当加强流域生态修复与保护的宣传教育，普及相关科学知识和法律法规。

鼓励基层群众性自治组织、社会组织、环保志愿者开展多种形式的流域生态修复与保护宣传活动，参与流域生态修复与保护的监督。

新闻媒体应当开展流域生态修复与保护的公益宣传，对违法行为进行舆论监督。

第二章 流域协同与规划

第十条 市人民政府应当在省人民政府统一领导下，与上游同级人民政府协商，建立上、下游流域生态修复与保护协同共治机制，通过建立联席会议、签订协议等方式，推动流域生态环境的系统保护和综合治理，协调解决流域生态修复与保护中的重大问题。

第十一条 市人民政府根据需要与上游同级人民政府在政府规章制定、规划编制、监督执法等方面建立协作机制。

第十二条 市人民政府应当与上游同级人民政府建立流域信息共享机制，实现跨界河流水质和水量监测结果、自然资源、生态环境等方面的信息共享。

第十三条 市人民政府应当与上游同级人民政府协商建立健全生态环境联合预防预警机制，完善相关生态环境风险预警和报告制度。对发现的重大生态环境隐患和问题，除按照规定程序报告外，应当及时通报上游同级人民政府。

第十四条 市人民政府应当与上游同级人民政府协商建立突发生态环境事件协同处置机制，强化突发事件应急准备、应急处置和事后恢复等方面的协同，实现生态环境风险联防联控。

第十五条 市人民政府应当与上游同级人民政府协同建立沁河流域生态修复与保护责任共担、流域环境共治、生态效益共享的生态保护补偿机制。

第十六条 市人民政府按照省人民政府及其有关部门编制的山西省沁河流域生态修复与保护相关规划，编制本市沁河流域生态修复与保护规划，并向社会公开。

县(市、区)人民政府有关部门按照本市沁河流域生态修复与保护规划，编制本行政区域沁河流域生态修复与保护实施方案，报同级人民政府批准，并向社会公开。

沁河流域生态修复与保护规划、生态修复与保护实施方案应当包括水污染防治、饮用水水源保护、地下水保护、生态流量保障、河湖空间维护、湿地修复与保护、生物多样性保护等内容。

第十七条 沁河流域生态修复与保护规划应当按照国土空间规划要求，统筹考虑流域水资源和水环境承载能力，与水资源综合规划、生态环境保护规划和水土保持规划等相协调。

第十八条 市、县(市、区)人民政府自然资源主管部门按照国土空间规划，对所辖沁河流域国土空间实施分区、分类用途管制。

沁河流域国土空间开发利用活动应当符合国土空间用途管制要求，并依法取得规划许可。对不符合国土空间用途管制要求的，市、县(市、区)人民政府规划许可审批主管部门不得办理规划许可。

第十九条 沁河流域产业结构和布局应当与流域生态系统和资源环境承载能力相适应。

市、县(市、区)人民政府应当根据水资源和水环境承载能力，按照水生态环境功能区划和重要水体保护区范围限制性规定，组织编制沁河流域产业发展规划，不得规划建设高耗水、高污染、高环境风险项目。

第二十条 鼓励依托沁河流域特有资源，发展古堡文化等具有地方特色的旅游业。利用水域从事旅游资源的开发与利用应当与水生态环境保护相协调，不得污染水体和影响行洪安全。

第三章 水环境保护与治理

第二十一条 市、县(市、区)人民政府应当依法提出饮用水水源保护区划定方案，按照规定程序报批。

市人民政府应当协商临汾市人民政府依法提出张峰水库饮用水水源保护区划定方案，按照规定程序报省人民政府批准。

第二十二条 市人民政府应当与临汾市人民政府协商建立张峰水库饮用水水源保护区协同保护机

制，加强张峰水库饮用水水源地的协同保护和管理。

第二十三条 市、县（市、区）人民政府应当按照“谁保护、谁受益”的原则，多渠道筹集资金，建立健全饮用水水源生态保护补偿机制。

第二十四条 市、县（市、区）人民政府可以根据水生态环境功能保护的需要，将下列区域或者水体划定为保护区：

（一）主要河流源头区；

（二）岩溶泉泉水出露区；

（三）风景名胜区水体；

（四）重要湖泊、水库、湿地和水源涵养区；

（五）具有特殊经济文化价值的水体；

（六）其他具有重要生态功能价值的区域和水体。

保护区内不得新建排污口；禁止建设工业项目，对现有项目应当进行改造提升、关停或者搬迁；严格控制经营性建设项目；不得从事污染水环境、破坏水生态和减少水域面积的开发活动。

第二十五条 市、县（市、区）人民政府应当在沁河流域范围内实施国家节水行动方案，统筹兼顾生产、生活和生态用水，严格水资源消耗总量和强度控制管理，全面提升用水效率，建设节水型社会。

第二十六条 市、县（市、区）生态环境主管部门应当明确入河排污口设置、检查、监测、关闭等管理要求，规范入河排污口设置管理。

市、县（市、区）生态环境主管部门应当按照水环境功能区划和水环境承载能力，依法划定河流禁止设置排污口的重点保护河段。

排污单位应当按照法律、行政法规和国务院环境保护、水行政主管部门的规定设置入河排污口，并安装标志牌。排污口设置后不得随意变动。

第二十七条 市、县（市、区）人民政府工业类开发区或者工业集聚区的主管部门应当规划建设开发区或者集聚区污水收集管网和集中处理设施，实现污水集中处理和达标排放。

已设立但未实现污水集中处理的开发区或者集聚区，应当制定改造规划，逐步配套建设污水集中处理设施。新建工业类开发区或者工业集聚区应当同步规划、同步设计、同步建设污水集中处理设施。

工业类开发区或者工业集聚区应当建立污水分级分类处理利用的水污染治理体系，建立企业、园区、河流三级水环境风险防控体系，建立污水排放分级监测监管和预警体系。

第二十八条 市、县（市、区）人民政府有关部门应当规范煤炭采选、煤层气开发、煤化工等重点行业用水、排水的管理。

鼓励煤炭采选企业将矿井水处理达标后优先回用于工业、农业和生态环境用水。

煤层气开发企业应当因地制宜建设分散或者集中式排采水处理设施，处理达标后出水优先就近回用于工业、农业、生态环境用水，不能回用的应当实现达标排放。

煤化工企业应当开展水盐平衡测试、用水分质计量，采取排水分类处理措施，提高用水效率，实现达标排放。

第二十九条 市、县（市、区）人民政府应当按照流域生态修复与保护规划和流域城镇发展实际，规划建设城镇污水收集和处理设施，保证处理设施的建设规模、工艺、排放标准与水环境功能要求相适应。

第三十条 市、县（市、区）人民政府应当按照流域生态修复与保护规划，制定并实施沁河流域农村生活污水治理专项规划和农村生活污水处理设施建设方案，推动美丽乡村建设。

市、县（市、区）人民政府应当将农村生活污水处理设施建设投资和运行费用列入财政预算。

第三十一条 市、县（市、区）生态环境主管部门应当会同农业农村主管部门根据相关法律划定畜禽养殖禁养区，报请同级人民政府批准并向社会公布。

畜禽散养密集区所在地县、乡级人民政府应当组织对畜禽粪便污水进行分户收集、集中处理和利用。

第三十二条 市、县（市、区）生态环境主管部门应当加强农业面源污染治理工作的监督管理。市、县（市、区）农业农村主管部门应当指导农产品产地环境管理和农业清洁生产，积极推广测土配方施肥等技术以及低毒低残留农药，组织开展病虫害绿色防控，实施农药、化肥减量工程。

第四章　生态涵养与修复

第三十三条　市、县(市、区)人民政府应当坚持保护优先、自然恢复为主的原则,推进山水林田湖草系统治理,修复生态系统结构和功能,提高流域生态环境承载能力,维护流域生态系统健康。

第三十四条　市人民政府水行政主管部门应当会同生态环境主管部门按照权限核定河湖的生态水量,制定生态水量保障方案并组织实施。

市、县(市、区)人民政府开发利用水资源,应当维持河流的合理流量和湖泊、水库、地下水的合理水位。

第三十五条　市、县(市、区)人民政府水行政主管部门应当会同发展和改革、自然资源、能源等部门加强地下水超采区综合治理,在地表水源工程覆盖的地下水超采区采取水源置换、关井压采等措施,实现地下水采补平衡。

市、县(市、区)人民政府应当组织生态环境、规划和自然资源、水行政等有关部门加强地下水水质监测,开展地下水污染治理工作。

第三十六条　市、县(市、区)人民政府应当加强对海绵城市建设工作的组织实施,动员全社会共同推动海绵城市建设。

海绵城市建设应当遵循源头减排、过程控制、系统治理的原则,综合采用渗、滞、蓄、净、用、排等技术措施,降低城市开发建设对沁河流域自然水循环的不利影响,改善城市生态环境、提升城市防灾减灾能力。

第三十七条　市、县(市、区)水行政主管部门依法划定河湖和水利工程管理与保护范围。自然资源主管部门依法做好河湖和水利工程管理范围的确权登记工作。

第三十八条　河湖和水利工程管理与保护范围内的水域和土地利用,应当符合行洪、输水、滩涂开发的要求,并采取以下保护措施:

(一)严格限制建设项目、农用地占用自然岸线和河道空间;

(二)禁止在河道管理和引调水工程沿线保护范围内从事非法采石、采砂、取土、爆破等影响河势稳定、危害河岸堤防安全和其他妨碍河道行洪的活动;

(三)禁止在河道管理范围内倾倒垃圾、渣土等固体废弃物;

(四)禁止在河道管理范围内种植阻碍行洪的林木和高秆植物;

(五)在河道管理范围内建设桥梁、码头和其他拦河、跨河、临河建筑物、构筑物,铺设跨河管道、电缆,应当符合国家规定的防洪标准和其他有关技术要求,工程建设方案应当依法报经行政审批主管部门审查同意。

第三十九条　市、县(市、区)人民政府应当加强沁河流域内的水源涵养林、人工湿地、沿河植被缓冲带和隔离带等生态修复与保护工程建设。在造林绿化工程区和封山育林区,应当采取禁牧措施。

禁止违法占用或者征收、征用沁河流域内的一级保护林地和天然草甸,禁止随意变更水源涵养林地和天然草甸的用途。

第四十条　市、县(市、区)人民政府应当按照水土保持规划,采取封育保护、植树种草等措施,扩大林草覆盖面积,预防和减轻水土流失。

建设可能造成水土流失的项目,建设单位应当依法编制水土保持方案,并按照批准的水土保持方案,采取预防和治理水土流失的措施。

第四十一条　市、县(市、区)人民政府及其有关部门应当根据流域内野生动植物资源状况,健全生物多样性保护监督管理制度,定期组织开展野生动植物资源调查与监测,建立野生动植物资源数据库,对种群濒危的野生动植物及其栖息环境,采取人工驯养繁殖(植)或者封育等措施进行恢复。

第四十二条　市、县(市、区)人民政府自然资源主管部门或者林业主管部门应当定期对流域范围内的湿地资源及湿地被侵占情况进行调查,制定修复与保护方案并组织实施。

第四十三条　市、县(市、区)人民政府应当在煤矿采空区、矸石山区、煤层气集中开采区等区域,划定重点生态修复治理区,实施区域性生态修复。

第四十四条　水电站经营单位应当制定河流生态流量保障方案,合理安排生产计划,调节生产负荷,维持河流生态流量。水电站取水量、取水方式发生重大变更时，应当申请重新核定最小下泄生态流量。

第五章　监督管理

第四十五条　市人民政府应当按照沁河流域生态修复与保护目标，对县（市、区）人民政府生态修复与保护工作进行监督检查和考核评价。

市、县（市、区）人民政府对本级人民政府各职能部门生态修复与保护工作进行监督检查和考核评价。

第四十六条　市、县（市、区）人民政府应当建立沁河流域生态修复与保护巡查制度，及时发现和查处破坏流域生态环境的违法行为。

有关乡（镇）人民政府、街道办事处应当组织和指导村（居）民委员会开展流域内生态修复与保护巡查；发现违法行为的，应当及时采取措施并向有关主管部门报告。

鼓励公民、法人或者其他组织参与流域内生态修复与保护巡查工作。

第四十七条　市、县（市、区）人民政府应当完善流域生态环境监测体系，健全流域生态环境调查和资源环境承载能力预警机制，实行流域生态环境保护数据信息共享。

第四十八条　市、县（市、区）人民政府应当建立联合执法检查机制，对影响和破坏流域生态修复与保护的违法行为，有关部门依法进行处理。

第四十九条　市、县（市、区）人民政府每年向本级人民代表大会或者人民代表大会常务委员会报告环境状况和环境保护目标完成情况时，报告内容应当包括沁河流域生态修复与保护的相关情况，并向社会公开。

第六章　法律责任

第五十条　违反本条例规定，法律、行政法规、省人民代表大会及其常务委员会制定的地方性法规已有法律责任规定的，从其规定。

第五十一条　违反本条例规定，擅自在引调水工程沿线保护范围内从事采石、采砂、取土、爆破等活动的，由市、县（市、区）人民政府水行政主管部门责令停止违法行为，限期采取补救措施，并处一万元以上五万元以下罚款，有违法所得的没收违法所得。

第五十二条　违反本条例规定，擅自在河道管理范围内建设桥梁、码头和其他拦河、跨河、临河建筑物、构筑物，铺设跨河管道、电缆的，由市、县（市、区）人民政府水行政主管部门责令停止违法行为，限期补办有关手续；逾期不补办或者补办未被批准的，责令限期拆除违法建筑物、构筑物；逾期不拆除的，对违法建筑物、构筑物依法处理，并处一万元以上十万元以下罚款。

第五十三条　负有监督管理职责的工作人员在流域生态修复和保护工作中滥用职权、玩忽职守、徇私舞弊的，依法给予处分；构成犯罪的，依法追究刑事责任。

第七章　附　则

第五十四条　本条例自2021年10月1日起实施。

说 明 (1)本索引以人名、地名、机构名称、活动名称、事件(事物)名称等为主题词进行检索。(2)本索引按主题词汉语拼音字母顺序排列(数字开头主题词另排序),主题词后面的数字和字母分别表示所在页码和分栏位置(a b c表示本页码左、中、右三栏)。(3)本索引主题词主要选自本年鉴正文部分,特载、专记、大事记、文献辑录以及图表、照片不在索引范围内。

X